Friederike Heinzel (Hrsg.)
Methoden der Kindheitsforschung

D1668801

Kindheiten

Herausgegeben von Imbke Behnken und Jürgen Zinnecker

Friederike Heinzel (Hrsg.)

Methoden der Kindheitsforschung

Ein Überblick über Forschungszugänge
zur kindlichen Perspektive

2., überarbeitete Auflage

Bibliografische Information der Deutschen Nationalbibliothek

Die Deutsche Nationalbibliothek verzeichnet diese Publikation in der
Deutschen Nationalbibliografie; detaillierte bibliografische Daten sind
im Internet über http://dnb.d-nb.de abrufbar.

1. Auflage 2000
2., überarbeitete Auflage 2012

© 2012 Beltz Juventa · Weinheim und Basel
www.beltz.de · www.juventa.de
Druck und Bindung: Beltz Druckpartner GmbH & Co. KG, Hemsbach
Printed in Germany

ISBN 978-3-7799-1553-9

Inhalt

Quantitative Kindheitsforschung

Friederike Heinzel

Einleitung

Dieser Band, der nun in der zweiten Auflage erscheint und gründlich überarbeitet wurde, setzt sich mit vielen der, beim Forschen mit Kindern immer
wieder auftretenden, methodischen und methodologischen Herausforderungen auseinander. Im Rahmen der sozialwissenschaftlichen Kindheitsforschung wurde im letzten Jahrzehnt intensiv erörtert, ob und wie Kindheitsforschung als Forschung „aus der Perspektive von Kindern" konzipiert
werden kann.
   Die sozialwissenschaftlich orientierte Kindheitsforschung, die sich seit
den 1980er-Jahren herausbildete, ergänzte die wissenschaftlich fundierten
Auffassungen über Kindheit als Entwicklungsphase, sozialisierende Vorbe-
reitungsphase und Übergangsraum auf das Erwachsenendasein um eine weitere Perspektive: Kindheit wird als eigene Lebensphase begriffen und als
Konstrukt generationaler Verhältnisse betrachtet. Kinder werden als Personen
wahrgenommen, die – wie alle übrigen Gesellschaftsmitglieder auch – in
konkreten aktuellen Verhältnissen leben, ihre sozialen Beziehungen mitgestalten und eigene Muster der Verarbeitung ihrer lebensweltlichen Umwelt
ausbilden. Das Forschungsinteresse in der erziehungswissenschaft-lichen und
soziologischen Kindheitsforschung richtet sich insbesondere auf die Lebensbedingungen, Alltagserfahrungen und Sozialbeziehungen von Kindern.
   Dies hatte Konsequenzen für die Auswahl und Anwendung von Forschungsmethoden. Entscheidend war, dass Kinder zu ihren Ansichten zunehmend auch selbst befragt wurden und ihnen vonseiten der Wissenschaft
zuverlässige Antworten zugetraut wurden. Es entstanden zunehmend stärker standardisierte Kinderbefragungen mit großen und repräsentativen
Stichproben. Außerdem wurde in zahlreichen Untersuchungen mit qualitativen Forschungsmethoden daran gearbeitet, Forschungszugänge zur „Perspektive von Kindern" zu eröffnen.
   Darstellungen von Erfahrungen mit Methoden in der Kindheitsforschung waren, als dieser Band erstmals herausgegeben wurde, äußerst selten. Inzwischen liegen doch einige methodische und methodologische Reflexionen vor, die in diesem Band zusammengeführt werden. Noch immer
gilt, was Hans Oswald im Geleitwort zur ersten Auflage des Bandes formuliert hat: dass wir sehr kritisch mit unseren Methoden der Kindheitsforschung umgehen müssen (vgl. den Wiederabdruck in diesem Band). Sehr
deutlich zeigen alle Beiträge dieses Bandes, wie theoretische Zugänge die

methodologischen Reflexionen und methodischen Entscheidungen zu beeinflussen vermögen.

In diesem Band werden Forschungsmethoden und Forschungszugänge vorgestellt, die beanspruchen, Sichtweisen von Kindern zu erfassen. Kolleginnen und Kollegen aus verschiedenen Fachdisziplinen stellen ihre Erfahrungen vor. Das Buch soll all denjenigen, die wissen wollen, was methodische Verfahren in der Kindheitsforschung bieten und wie sie sich anwenden lassen, fundierte Informationen geben. Die Beiträge skizzieren den aktuellen Stand in den jeweiligen Methodenbereichen in Bezug auf Anregungen und Innovationen für die Kindheitsforschung. Möglichkeiten und Grenzen der Verfahren bei der Forschung mit Kindern werden aufgezeigt. Außerdem werden in verständlicher Form Erläuterungen und teilweise auch modellhafte Hinweise angeboten, die eigenes Erproben der Leserinnen und Leser anzuleiten vermögen.

Die Gliederung orientiert sich an der in den Sozialwissenschaften üblichen Klassifizierung von Forschungsmethoden. Es werden sowohl quantitative als auch qualitative Verfahren berücksichtigt, obwohl die schon in der ersten Auflage bestehende Präferenz für den Einsatz qualitativer Methoden bestehen blieb und weiter ausgebaut wurde. Gegenüber der ersten Auflage wurden Fragen der Auswertung stärker berücksichtigt.

Das Buch umfasst fünf Teile. Es beginnt mit zwei Überblicksbeiträgen, einem Überblick der Herausgeberin über qualitative Forschungsmethoden in der Kindheitsforschung und einem Überblick über quantitative Methoden in der Kindheitsforschung (Grunert/Krüger). Diese Beiträge dienen der Orientierung und fassen die Diskussion in den jeweiligen Forschungsrichtungen zusammen. Es folgt eine einführende Auseinandersetzung mit Prämissen der verstehenden Sozialforschung und den Konsequenzen für die Kindheitsforschung. Ermuntert wird zu einer Auflockerung methodologischer Postulate in der Kindheitsforschung, soweit diese an den restriktiven Bedingungen der Erwachseneninteraktion orientiert sind (Hülst).

Die Beiträge des zweiten Teils widmen sich der Frage, wie Erhebungssituationen in der qualitativen Kindheitsforschung gestaltet werden können. Hier werden methodologische und methodische Aspekte von qualitativen Interviews und Gruppendiskussionen behandelt (Fuhs; Heinzel) und grundlegende Überlegungen zur Teilnehmenden Beobachtung von Kindern vorgestellt (Scholz). Am Beispiel einer Beobachtung in Kindergärten werden die Bedingungen für den Einsatz von Videotechnik reflektiert (Huhn/Dittrich/Dörfler/Schneider). Zudem geht es um schriftliche Produkte und Zeichnungen als von Kindern hinterlassene „Spuren", die der wissenschaftlichen Analyse zugänglich gemacht werden können (Röhner; Reiß). Mit der ersten Auflage des Bandes war die Hoffnung verknüpft, dass auch Anregungen aus der didaktischen Forschung (Erzähldidaktik, Schreibdidaktik, Philosophiedidaktik) in Erhebungssituationen mit. Kindern aufgegriffen werden, die sich aber bislang kaum erfüllt hat.

Der dritte Teil des Bandes zeigt besonders deutlich die Entwicklung in der Methodendiskussion der sozialwissenschaftlichen Kindheitsforschung. Die Frage, wie verbales und nonverbales Handeln von Kindern interpretiert werden kann, stellt nach wie vor die größte Herausforderung für die qualitative Kindheitsforschung dar und wird intensiv diskutiert. Es werden verschiedene sequenzanalytische Verfahren vorgestellt, die sich mit der Interpretation von Kinder-Interaktionen und Erwachsenen-Kind-Interaktionen auseinandersetzen. Ein an der Methode der Objektiven Hermeneutik orientiertes Verfahren wird vorgestellt und als gewinnbringende Methode eingeschätzt, um Aussagen von Kindern zu verstehen und zu deuten (Schütz/Breuer/Reh). Die Eignung der Dokumentarischen Methode (Alexi/Fürstenau) und des narrationsstrukturellen Verfahrens (Ecarius/Köbel) für Untersuchungen im Bereich der Kindheitsforschung werden erörtert. Außerdem wird eine Interaktionssequenz aus dem Kindergarten mit dem Verfahren der Interaktionsanalyse rekonstruiert, die auf inhaltsbezogene Vorstellungen von Kindern gerichtet ist (Krummheuer). Einzig der Beitrag zur sozialwissenschaftlichen Diskursanalyse (Schutter), der diesen Teil des Buches abschließt, bezieht sich nicht auf Interaktionen, sondern darauf, wie über Kinder gesprochen wird. Hier wird die Frage aufgeworfen, ob es überhaupt einen Diskurs der Kinder geben kann.

Im vierten Teil des Buches werden qualitative Forschungsstrategien und Forschungsstile vorgestellt, die Erhebung und Auswertung kombinieren. Ethnografische Kindheitsforschung richtet ihr Forschungsinteresse auf den Alltag der Kinderakteure und die Konstitutions- und Konstruktionsprozesse von Kindheit (Lange/Wiesemann). Der Forschungsstil der Grounded Theory Methodologie beansprucht, der Pluralität und Individualität der Sozialwelt von Kindern besonders gerecht zu werden (Hülst). Zwei weitere Beiträge beschäftigen sich mit fallbezogenen Ansätzen in der pädagogischen und therapeutischen Praxis. Arbeitsschritte und Methodenbeispiele werden vorgestellt, um beim fallorientierten Handeln in pädagogischen Handlungsfeldern den Perspektivenwechsel zwischen der professionellen Perspektive der älteren Generation und der Perspektive der Kindergeneration zu fördern (Prengel). Weil szenisches Verstehen wertvolle Zugänge zu Verletzungen bieten kann, die Kindern zugefügt werden, wird außerdem gezeigt, wie eine psychoanalytische Fallstudie entsteht (Ahlheim).

Der fünfte Teil des Buches widmet sich der quantitativen Kindheitsforschung. Es wird ein Überblick über die Kindersurvey-Forschung in den letzten vier Jahrzehnten gegeben und auf Fragen zum Design standardisierter Kinder-Befragungen sowie zu deren Durchführung eingegangen (Maschke/Stecher). Außerdem werden Einschränkungen der Datenqualität in Kinderinterviews und die Eignung von standardisierten Befragungen bei Kindern diskutiert (Emde/Fuchs). Ein weiterer Beitrag beschäftigt sich mit standardisierten Testverfahren aus der empirisch forschenden Psychologie und setzt sich mit der von der sozialwissenschaftlichen Kindheitsforschung vorgetragenen Kritik an diesen Verfahren auseinander (Läzer). Im letzten Beitrag dieses Buches wird das DJI-Kinderpanel als Sozialberichterstattung „der neuen Art" beschrieben und hervorgehoben, wie sehr die Weiterentwicklung der Sozialberichterstattung über Kinder auf eine Verknüpfung qualitativer und quantitativer Verfahren angewiesen ist.

Auch mit dieser zweiten Auflage der „Methoden der Kindheitsforschung" möchte ich die Diskussion um methodologische und methodische Fragen der Kindheitsforschung weiter anregen. Sie erscheint in dankbarer Erinnerung an Jürgen Zinnecker, der mir gemeinsam mit Imbke Behnken die Gelegenheit gab, den Band seinerzeit herauszugeben. Dieses Vertrauen hat mich ermutigt und war sehr wichtig für meinen weiteren wissenschaftlichen Lebensweg.

Möglich geworden ist diese Publikation durch die wertvollen Überlegungen aller Autorinnen und Autoren, die sich beteiligt haben. Ihnen danke ich für die aktualisierten und neuen Beiträge sowie für die Geduld, die sie bis zum Erscheinen dieses Buches aufbringen mussten. Mein Dank gilt auch dem Juventa-Verlag.

Das Buch konnte nur entstehen, weil Bettina Hegemann mit großer Sorgfalt das Layout bewältigt hat und meine Mitarbeiterinnen, Sarah Alexi und Uta Marini, das Manuskript gewissenhaft Korrektur gelesen haben. Ihnen gilt mein besonderer Dank. Außerdem danke ich meiner Familie für ihre liebevolle Unterstützung und für originelle Anregungen.

Kassel, im Dezember 2011
Friederike Heinzel

Hans Oswald

Geleitwort zur ersten Auflage

Methoden konstituieren ihren Gegenstand. Die in der Forschung über moderne Kindheit angewandten Methoden erzeugen, was nicht nur in der Wissenschaft vom Kinde, sondern auch in der praktischen Pädagogik, in der öffentlichen Meinung und in der Politik unter Kindern und Kindheit verstanden wird. Wir produzieren mit unserem Wissen über Details des Kinderlebens „Bilder der Kindheit". Diese können erhellend sein und dem Umgang mit Kindern und damit diesen selbst nützen. Sie können auch in die Irre führen. Sehr kritisch müssen wir deshalb mit unseren Methoden der Kindheitsforschung umgehen, damit wir zur Aufklärung beitragen und nicht zur Mythenbildung.

Zu den irreführenden Bildern gehört das schon vor längerer Zeit verkündete „Verschwinden der Kindheit" ebenso wie das neuerdings proklamierte „Ende der Sozialisationsforschung". Solche Slogans sind griffig, sie verbreiten sich schnell, bieten Diskussionsstoff und können so die Forschung wieder anregen. Beide Bilder können aber vor der Fülle des Materials, das mit den in diesem Band vorgestellten Methoden erhoben wurde, nicht bestehen. Ich möchte den Anlass dieses Vorwortes benutzen, um die beiden zitierten Vorstellungen in Frage zu stellen und damit die Notwendigkeit begründen, die hier detailliert ausgebreiteten Einzelmethoden zu verknüpfen, um zu einer umfassenderen Sichtweise über Kinder und Kindheit zu kommen.

Es gehört zu den beglückendsten und erkenntnisträchtigsten Erlebnissen meiner Forscherlaufbahn, dass ich zusammen mit Lothar Krappmann in einer intensiven qualitativen Studie über Jahre hinweg Kinder entdecken durfte (Krappmann/Oswald 1995). Dabei habe ich allerdings gelernt, dass systematisches Beobachten von Kindern und systematisches Reden mit Kindern für sich genommen noch nicht zur wissenschaftlichen Erkenntnis führen. Zwar konnten wir vieles Wichtige erzählen und können es bis heute und wir beide möchten diese erfahrungsgesättigten Erkenntnisse nicht missen. Ich rate geradezu allen Kinderforscherinnen und -forschern, sich dieser Erfahrung selbst auszusetzen und sich die Daten nicht nur von anderen sammeln zu lassen. Aber die eigentliche, die weiterführende und generalisierbare Erkenntnis entsteht erst mit der systematischen Analyse der Daten (Oswald 1997a).

Erst durch den systematischen Vergleich vieler beobachteter Ereignisse können Zusammenhänge und Muster entdeckt werden. Wir haben einige Entdeckungen gemacht, wie beispielsweise die dem empirischen Zugriff nicht standhaltende Undifferenziertheit des Begriffes Peergroup oder die Problematik des Helfens, von denen wir während der Feldphase schlechterdings nichts merkten. Die erste dieser beiden Entdeckungen hat uns zu der Unterscheidung zwischen Gruppe, Geflecht und Interaktionsfeld geführt und zu der Hypothese, dass es in der Kinderwelt selten zu Gruppenbildung in einem soziologisch und sozialpsychologisch relevanten Sinn kommt (Krappmann/Oswald 1983; Oswald/Krappmann 1984; vgl. auch Krappmann/Oswald 1995, Kapitel 3 und 4). In Bezug auf die Entdeckung des problematischen Helfens hatten wir zwar schon während der Feldphase bemerkt, dass manche Kinder nicht besonders begierig sind, anderen zu helfen. Und ebenso hatten wir bemerkt, dass Hilfe gelegentlich recht unschön gegeben oder verweigert wurde. Aber das waren für uns Einzelfälle, auf die wir wenig achteten. Glücklicherweise haben wir diese Ereignisse trotzdem penibel aufgeschrieben, weil unsere methodologische Maxime lautete, auch nebensächlichste Details des Kinderhandelns festzuhalten. Insofern finden sich in unseren ausführlichen Beobachtungsprotokollen zahlreiche Fälle verweigerter und unschön gegebener oder angenommener Hilfen. Dass es sich bei diesen problematischen Hilfen um ein wichtiges Muster der Kinderwelt handelt, haben wir erst bei den Analysen zum dritten Aufsatz, in dem Hilfe thematisiert wurde, in seiner ganzen Schärfe erkannt (Krappmann/Oswald 1988, 1995, Kapitel 9; Zornemann 1998). Inzwischen hat sich die Generalisierbarkeit dieses Befundes durch eine Paralleluntersuchung in ganz anderer kultureller Umwelt bestätigt (Kauke/Auhagen 1996).

Haben wir nun mit unserer Kindheitsforschung das Verschwinden der Kindheit gefunden? Keineswegs. Zu deutlich zeigten unsere Ergebnisse die Eigenständigkeit dieser Kinderwelt, die Andersartigkeit der Kinder im Grundschulalter im Vergleich zu Jugendlichen und Erwachsenen. Sicherlich haben sich kulturelle Formen geändert und ändern sich weiterhin. Und die Medien sind ein bestimmender Teil dieser geänderten Kultur. Aber wer könnte im Ernst behaupten, die Entwicklungssequenzen in der kognitiven und sozio-emotionalen Entwicklung hätten sich geändert. Selbst wenn es in manchen Bereichen zu kulturbedingter Akzelleration kommt, wie beispielsweise in der körperlichen Entwicklung mit der Vorverlagerung der Pubertät, so ist doch unverkennbar, dass beispielsweise die Entwicklung der Fähigkeit zur Perspektivenübernahme, die Entwicklung des moralischen Urteilens, des Freundschaftskonzeptes, des logischen Denkens den vorgegebenen Entwicklungspfaden folgt und die Erfahrungswelt der Kinder von der der Älteren trennt. Die Tatsache der allmählichen Entwicklung von Fähigkeiten begründet die Sozialisationsbedürftigkeit des Kindes und macht seine Erfahrungswelt deutlich von der der Erwachsenen unterscheidbar.

Aber auch die Spiele sind erstaunlich ähnlich geblieben. So fanden wir in Berlin unter Jungen Murmelspiele, wie sie Piaget in seiner großartigen qualitativen Studie über die Moralentwicklung des Kindes 1932 beschrieb. So ist Seilhüpfen, heute oft in der Form des Gummitwist, unter Mädchen nach wie vor ebenso populär wie die kunstfertigen Abklatschspiele, von denen wir Varianten noch von unserer eigenen Kindheit her kennen. In Abzählreimen und Wechselgesängen schlüpfrigen Inhalts sind kulturelle Elemente der Agrargesellschaft seltener geworden, als Formen kindlicher Interaktion haben sie sich erhalten. Über Ländergrenzen hinweg erfreuen Spiele wie „Mädchen fangen Jungen, Jungen fangen Mädchen" die Kinder – und nur die Kinder. Anderes Spielzeug ist mit dem Wandel der Gesellschaft hinzugekommen. Das seit jeher beliebte Kriegsspielzeug hat sich entsprechend der modernen Technik verändert, es bleibt Kriegsspielzeug in Kinderspielen, auch wenn die interstellare Dimension inzwischen dazugehört. Besonders deutlich ist die Kindheit Kindheit geblieben in den Spielen, die man „rough and tumble play" nennt (Oswald 1997b). Das Herumrolzen und Herumtoben, die spannenden Spiele auf der Grenze zwischen Spaß und Spiel mit ihren fließenden Grenzen zur Aggression werden vielleicht derzeit im Zuge der Diskussion um steigende Gewalt an Schulen von Erwachsenen unterdrückt und reduziert (Oswald/Krappmann 2000), aber rough and tumble play dürfte alle Abgesänge an die Kindheit überleben.

Was hat es mit dem Ende der Sozialisationsforschung auf sich? Mein Erstaunen über diese Feststellung ist umso größer, als wir selbst mit unserer Kindheitsforschung zu den Totengräbern der Sozialisationsforschung gehören sollen. Unter anderem mit unserer Studie sei der Übergang von der Sozialisationsforschung zur Soziologie der Kindheit vollzogen worden (Zinnecker 1996). Sicherlich kann unsere Beschreibung der eigenständigen Kinderwelt unter die Überschrift „Soziologie der Kindheit" ebenso gestellt werden wie die akribischen Beobachtungsstudien Corsaros (z.B. Corsaro 1988, 1990; Corsaro/Eder 1990). Aber wir haben unsere Studien der Kinderwelt als Sozialisationsforschung konzipiert und wir interpretieren wie Corsaro und Eder unsere Ergebnisse sozialisationstheoretisch. Ausdrücklich ging es uns von Beginn an um den sozialisatorischen Beitrag der Interaktionen zwischen Gleichaltrigen, ein Thema, das als Peer- oder Peer-group-Sozialisation schon Jahrzehnte erforscht wurde, bevor von der Soziologie der Kindheit die Rede war. Die stringente methodische Fokussierung auf Kinderinteraktionen außerhalb der Reichweite von Erwachseneneingriffen ändert nichts daran, dass unsere theoretische Orientierung in allen Analysen und Veröffentlichungen auf Sozialisation und Entwicklung gerichtet war.

Das Missverständnis, bei Kinderweltforschung, wie wir sie betreiben, handle es sich nicht um Sozialisationsforschung, konnte meiner Meinung nach aus zwei Gründen aufkommen. Einmal beziehen wir die Sozialisationsinstanz Schule und in ihr das Handeln der Lehrer nicht in unsere Analysen mit ein, sondern blenden sie bewusst aus. Zum anderen verstehen wir unter Sozialisation Konstruktion als Eigenleistung des Kindes und nicht Prägung durch die Umwelt. Mit diesen beiden Kennzeichen unserer Untersuchungsanlage und theoretischen Orientierung befinden wir uns indessen in einer langjährigen Tradition der Sozialisationsforschung.

Was das Ausblenden der Schule anbetrifft, stützen wir uns auf praktische und theoretische Erwägungen. Die *praktischen* Erwägungen bezogen sich darauf, dass man die Erlaubnis, monatelang in demselben Klassenzimmer zu beobachten, wohl von kaum einem Lehrer bekommen kann, wenn dieser selbst unter Beobachtung steht; auch dürfte die gleichzeitige valide und reliable Aufzeichnung von Kind-Kind-Interaktionen und Lehrerhandeln sehr schwierig sein. Aus ähnlichen Gründen beschränken sich viele Sozialisationsstudien nur auf isolierte Sozialisationsinstanzen, obgleich dies eine Verfahrensweise ist, die überwunden werden sollte, weil es zwischen unterschiedlichen sozialen Kontexten synergistische Effekte im Sinne Bronfenbrenners (1990; Oswald 1992) gibt. Die Not der Beschränkung auf nur einen Kontext sollte nicht zu einer Tugend hochstilisiert werden. *Theoretisch* ging es uns darum, die Wechselseitigkeit der Interaktionen zwischen Kindern zu beobachten, soweit sie vom Lehrer oder einem anderen Erwachsenen nicht direkt beeinflusst wurde, weil in der Forschung zur Peer-Sozialisation die These verfolgt wird, dass sich die sozialisatorische Bedeutung der Peer-Interaktionen nur oder vor allem dort entfalten kann, wo die Kinder die Erwachsenenwelt selbst ausblenden. Diese Fokussierung schließt nicht ausdrücklich aus, dass die jeweiligen Kontexte und insbesondere pädagogisch-institutionelle Arrangements den Möglichkeiten der Kinder Grenzen setzen, mit denen sie umgehen müssen. Insofern kann eine sinnvolle weiterführende Forschung darin bestehen, die Kontexte der Peer-Interaktionen kontrolliert in die Analysen mit einzubeziehen.

Was die Auffassung der Sozialisation als Konstruktion angeht, steht sie in einer Tradition pädagogischer Sozialisationsforschung, die vom produktiv realitätsverarbeitenden Subjekt spricht (Hurrelmann 1983). Allerdings haben wir neben der Orientierung an entsprechenden soziologischen Traditionen des Symbolischen Interaktionismus und der Phänomenologie die Orientierung an einer empirisch erfolgversprechenden Tradition in der Nachfolge von Piaget (1932) und Sullivan (1953), wie sie etwa von Youniss (1995) vertreten wird, gesetzt. Dadurch wird zwar der Entwicklungsaspekt stärker betont, als es in der soziologischen Sozialisationsforschung üblich ist, aber es handelt sich um einen Beitrag, den man mit Grundmann (1999) „konstruktivistische Sozialisationsforschung" nennen kann.

Man kann im Konstruktivismus einen Paradigmenwechsel im Vergleich zur klassischen Sozialisationsforschung im Sinne der Rollentheorie und des Struktur-Funktionalismus sehen, aber dieser Paradigmenwechsel hat nicht erst mit der Soziologie der Kindheit begonnen und ist nicht an diese gebunden. Vor allem aber bezieht der Konstruktivismus in den meisten seiner Varianten die sozialen Kontexte explizit mit ein. Soziale Kontexte setzen den Konstruktionsleistungen Grenzen. Insofern macht auch die Schule bestimmte Konstruktionsleistungen unmöglich und legt andere nahe. Deshalb wäre es sehr wünschenswert, gleichartige Interaktionen in unterschiedlichen Settings zu beobachten. Aus praktischen Gründen sind dem Grenzen gesetzt, die in künftiger Forschung überwunden werden sollten.

Soziologie der Kindheit als Untersuchung der kindlichen Eigenwelt steht somit in keinem grundsätzlichen paradigmatischen Gegensatz zur Sozialisationsperspektive. Allerdings kann der Aspekt von Entwicklung und Sozialisation aus der Kinderforschung ausgeblendet werden. Dies ist explizit der Fall in einer Reihe von Studien, die sich der Ethnografie der Kindheit zuordnen lassen. Hier wird von einem neuen Paradigma der Soziologie der Kindheit (Prout/James 1990) deshalb gesprochen, weil es um die Konstruktion der Kinderwelt durch Kinder ohne den theoretischen Bezug auf Entwicklung und Sozialisation geht. Die Hoffnung und Absicht besteht darin, durch den Verzicht auf die Sozialisationsperspektive die Konstruktionsleistungen der Kinder leichter zu verstehen und neue Aspekte der Kinderwelt zu entdecken.

Der Vorteil dieser Vorgehensweise kann darin bestehen, dass die Kinder und ihre Konstruktionen in einem neuen Licht erscheinen und dass die Ergebnisse für andere theoretische Bezüge als die der Sozialisationsforschung fruchtbar gemacht werden können. Die Konzentration auf die Praktiken der Kinder, in denen sie soziale Realität herstellen, liefert beispielsweise wichtige Beiträge zur Konversationsanalyse (Goodwin/Goodwin 1987), zur feministischen Theoriebildung (Thorne 1993), zu Modernisierungstheorien (Zeiher/Zeiher 1994) oder zur Allgemeinen Soziologischen Theorie (Eder 1991). Zu letzterem mag auch ein eigener Versuch gezählt werden, mit dem ich zu dem Geiger-Popitz-Paradigma von Norm- und Sanktionsprozessen beitragen wollte (Oswald 1993). Kelle und Breidenstein haben in einem Übersichtsaufsatz diese Leistungsfähigkeit einer Ethnografie der Kindheit herauszuarbeiten versucht (1996), wobei Sie allerdings meiner Meinung nach die Bedeutung der Sozialisationstheorie für diese Forschung zu gering gewichteten. Ihr eigenes Forschungsprojekt (Breidenstein/Kelle 1998) bietet aber ein gutes Beispiel für akribische ethnografische Analysen des „doing gender" ohne sozialisationstheoretischen Bezug. Da der Konstruktionsprozess der Kinder detailliert rekonstruiert wird, kann die Studie als Beitrag zum Symbolischen Interaktionismus gewertet werden, obgleich dies im Text nur vorsichtig angedeutet und der Ertrag für eine interaktionistische Theorie nicht ausdrücklich herausgearbeitet wird.

Ich möchte betonen, dass ich Kinderforschung, die sich nicht auf die Sozialisationsfrage einlässt, sondern in anderen theoretischen Bezügen steht, für legitim halte. Bei der Konzentration auf die Kinderperspektive und die Eigenständigkeit der Kinderwelt werden mit und ohne Bezug auf die Sozialisationsperspektive allenthalben Ergebnisse erzielt, die die Diskussion weiterführen und in vielfältigen theoretischen Bezügen relevant sein können. Ich halte es auch nicht für falsch, einen Teil dieser Forschung als ein neues Paradigma der Soziologie der Kindheit oder der Kindheitsforschung zu bezeichnen, weil so die Unterschiedlichkeit besser herausgearbeitet werden kann. Auf der anderen Seite können alle diese Studien aber auch sozialisationstheoretisch fruchtbar gemacht werden, weil mit jeder Konstruktionsleistung der Kinder Entwicklungsschritte in sozialen Kontexten verbunden sind. In diesem Sinne wird Forschung über Kinder immer zur Entwicklungs- und Sozialisationsforschung beitragen, auch wenn einige Ethnografen der Kindheit selbst diesen Schritt nicht vollziehen. In der amerikanischen Forschung in der Tradition des Symbolischen Interaktionismus scheint mir diese Verbindung von Ethnografie und Sozialisationsperspektive ganz unbefangen zu geschehen, etwa in dem neuen Buch von Adler und Adler (1998), in dem ausdrücklich die Perspektive des Kindes eingenommen und gleichzeitig immer wieder von antizipatorischer Sozialisation gesprochen wird. Auch bei den Goodwins (1987) und bei Thorne (1993) wird immer wieder auf die Tatsache des Hineinwachsens in die Gesellschaft Bezug genommen.

Insofern halte ich es wie Zinnecker (1996) für begrüßenswert, wenn sich auch das Potential einer sozialisationstheoretisch nicht gebundenen Kindheitsforschung entfaltet, weil die so gewonnenen Ergebnisse gleichzeitig Antworten auf die Fragen nach Sozialisation und Entwicklung erbringen. Je vielfältiger die in diesem Band beschriebenen Methoden der Kindheitsforschung angewandt werden und Ergebnisse für unterschiedliche theoretische Bezüge zur Verfügung stellen, desto größer wird der Nutzen für das Verständnis von Kindern und Kinderwelt sein. Damit wird diese Forschung aber auch zur Weiterentwicklung von Sozialisations- und Entwicklungstheorien beitragen.

Literatur

Adler, P. A.; Adler, P. (1998): Peer power. Preadolescent culture and identity. New Brunswick u. a.

Breidenstein, G.; Kelle, H. (1998): Geschlechteralltag in der Schulklasse. Ethnografische Studien zur Gleichaltrigenkultur. Weinheim u. München.

Bronfenbrenner, U. (1990): Ökologische Modelle in der Jugendforschung: Anspruch und Wirklichkeit. In: Melzer, W.; Ferchhoff; W.; Neubauer. G. (Hrsg.): Jugend in Israel und in der Bundesrepublik. Sozialisationsbedingungen im Kulturvergleich. Weinheim u. München, S. 33-54.

Corsaro, W. A. (1988): Routines in the peer culture of American and Italian nursery school children. Sociology of Education, 61, 1, S. 1-14.

Corsaro, W. A. (1990): The underlife of the nursery school: Young children's social representations of adult rules. In: Lloyd, D.; Duveen, G. (Hrsg.): Social Representations and the Development of knowledge. Cambridge, S. 11-26.

Corsaro, W. A.; Eder, D. (1990): Children's peer cultures. Annual Review of Sociology, 16, S. 197-220.

Eder, D. (1991): The role of teasing in adolescent peer group culture. In: Cahill, S. (Hrsg.): Sociological Studies of Child Development. Vol. 4. Greenwich u. London, S. 181-197.

Goodwin, M. H.; Goodwin, C. (1987): Children's arguing. In: Philips, S. U.; Steele, S.; Tanz, C. (Hrsg.): Language, gender and sex in comparative perspectives. New York u. Cambridge, S. 200-248.

Grundmann, M. (Hrsg.) (1999): Konstruktivistische Sozialisationsforschung. Frankfurt a. M.

Hurrelmann, K. (1983): Das Modell des produktiv realitätsverarbeitenden Subjekts in der Sozialisationsforschung. Anmerkungen zu neueren theoretischen und methodologischen Konzeptionen. In: Zeitschrift für Sozialisationsforschung und Erziehungssoziologie 3, 1, S. 91-103.

Kauke, M.; Auhagen, E. (1996): Wenn Kinder Kindern helfen – Eine Beobachtungsstudie prosozialen Verhaltens. In: Zeitschrift für Sozialpsychologie, 27, 3, S. 224-241.

Kelle, H.; Breidenstein, G. (1996): Kinder als Akteure. Ethnografische Ansätze in der Kindheitsforschung. In: Zeitschrift für Sozialisationsforschung und Erziehungssoziologie, 16, 1, S. 47-67.

Krappmann, L.; Oswald, H. (1983): Beziehungsgeflechte und Gruppen von gleichaltrigen Kindern in der Schule. In: Neidhardt, F. (Hrsg.): Soziologie der Gruppe. Sonderheft 25 der Kölner Zeitschrift für Soziologie und Sozialpsychologie. Opladen, S. 420-450.

Krappmann, L.; Oswald, H. (1988): Probleme des Helfens unter Kindern. In: Bierhoff, H. W.; Montada, L. (Hrsg.): Altruismus – Bedingungen der Hilfsbereitschaft. Göttingen, S. 206-223.

Krappmann, L.; Oswald. H. (1995): Alltag der Schulkinder. Beobachtungen und Analysen von Interaktionen und Sozialbeziehungen. Weinheim u. München.

Oswald, H. (1992): Beziehungen zu Gleichaltrigen. In: Jugendwerk der Deutschen Shell (Hrsg.): Jugend '92. Bd. 2. Opladen, S. 319-332.

Oswald, H. (1993): Norm-Sanktions-Prozesse unter Grundschulkindern – Über einige Schwierigkeiten, mit Theodor Geigers Modell empirisch zu arbeiten. In: Fazis, U.; Nett, J. C. (Hrsg.): Gesellschaftstheorie und Normtheorie – Theodor Geiger Symposium. Basel, S. 207-216.

Oswald, H. (1997a): Was heißt qualitativ forschen? Eine Einführung in Zugänge und Verfahren. In: Friebertshäuser, B.; Prengel, A. (Hrsg.): Handbuch Qualitativer Forschungsmethoden in der Erziehungswissenschaft. Weinheim u. München, S. 71-87.

Oswald, H. (1997b): Zur sozialisatorischen Bedeutung von Kampf- und Tobespielen (Rough and tumble play). In: Renner, E. (Hrsg.): Spiele der Kinder – Interdisziplinäre Annäherung. Weinheim, S. 154-167.

Oswald, H.; Krappmann, L. (1984): Konstanz und Veränderung in den sozialen Beziehungen von Schulkindern. In: Zeitschrift für Sozialisationsforschung und Erziehungssoziologie, 4, 2, S. 271-286.

Oswald, H.; Krappmann, L. (2000): Phänomenologische und funktionale Vielfalt von Gewalt unter Kindern. In: Praxis der Kinderpsychologie und Kinderpsychiatrie 49, 1, S. 3-15.

Piaget, J. (1932/1986): Das moralische Urteil beim Kinde. München.

Prout, A.; James, A. (1990): A new paradigm für the sociology of childhood? Provenunce, promise and problems. In: Prout, A.; James, A. (Hrsg.): Constructing and reconstructing childhood. London, S. 7-34.

Sullivan, H. S. (1953/1983): Die interpersonale Theorie der Psychiatrie. Frankfurt a. M.

Thorne, B. (1993): Gender pay. Girls and boys in school. Buckingham.

Youniss, J. (1995): Konstruktion und Psychische Entwicklung. Frankfurt a. M.

Zeiher, H. J.; Zeiher, H. (1994): Orte und Zeiten der Kinder. Soziales Leben im Alltag von Großstadtkindern. Weinheim u. München.

Zinnecker, J. (1996): Soziologie der Kindheit oder Sozialisation des Kindes? Überlegungen zu einem aktuellen Paradigmenstreit. In: Honig, M.-S. (Hrsg.): Kinder und Kindheit. Weinheim u. München, S. 31-54.

Zornemann, P. (1998): Hilfe und Unterstützung im Kinderalltag. Eine qualitative Untersuchung von Interaktionen unter Gleichaltrigen anhand von videographierten Beobachtungen in einer Grundschulklasse. Online: http://www.diss.fu-berlin.de/ diss/receive/FUDISS_thesis_000000000113 (26.11.2010).

Zur Übersicht

Friederike Heinzel

Qualitative Methoden in der Kindheitsforschung
Ein Überblick

Untersuchungsgegenstand der qualitativen Kindheitsforschung ist das Handeln und Interagieren von Kindern in ihrem Alltag. Sie zielt darauf ab, die Wirklichkeit von Kindern aus deren Sicht zu rekonstruieren. Durch den offenen Charakter der Datenerhebung und das interpretative Vorgehen bei der Datenauswertung sollen Akteursperspektiven, Handlungsorientierungen oder Deutungsmuster von Kindern erfasst werden. Qualitative Forschungsmethoden eignen sich zudem besonders gut zur Analyse sozialer Prozesse unter Gleichaltrigen.

Da sich die Perspektiven von Kindern und Erwachsenen unterscheiden und das Handeln von Kindern und dessen „Eigensinn" Erwachsenen nicht unbedingt zugänglich sind, liegt die Entscheidung für qualitative Methoden beim Forschen *mit* Kindern nahe. Wenn die Forschung auf die Rekonstruktion subjektiver Lebenserfahrungen von Kindern gerichtet ist und Kinder als Akteure zum Thema von Forschungsarbeiten werden, muss im Forschungsprozess Offenheit für die Sinn- und Regelsysteme der Kinder hergestellt werden, um diese in „natürlichen Situationen" mit interpretativen Mitteln erschließen zu können. Zudem kann im Rahmen qualitativer Forschung auch die Kommunikation der erwachsenen Forschenden mit den beteiligten Kindern zum Bestandteil der Erkenntnis gemacht werden.

In diesem Beitrag bleibt die biografisch orientierte Forschung mit Erwachsenen zu Kindheitserinnerungen und damit die Analyse lebensgeschichtlicher Interviews oder die Erschließung historischer Quellen unberücksichtigt (vgl. dazu Krüger/Marotzki 2006; Klinka 2010). Es wird nur auf Methoden der Forschung *mit* Kindern eingegangen, die unter Rückgriff auf das klassische qualitative Methodenrepertoire der Sozialforschung dieses reflektieren und modifizieren, um Kindern in Forschungssituationen besser zu entsprechen und ihnen durch einen angemessenen Gebrauch von Forschungsmethoden „eine Stimme zu geben".

Beim Forschen *mit* Kindern beruft sich die qualitative Kindheitsforschung häufig auf Forschungsansätze von Siegfried Bernfeld, Martha und Hans-Heinrich Muchow oder Clara und William Stern aus den ersten drei

Jahrzehnten des 20. Jahrhunderts (z.B. Muchow/Muchow 1998/1935). Mit der Entstehung der „Neuen Kindheitsforschung" seit Mitte der 1980er-Jahre – in Soziologie und Erziehungswissenschaft – wurden Herausforderungen des Forschens mit Kindern intensiver diskutiert.

Im Folgenden wird zunächst der Anspruch der Kindheitsforschung expliziert, „die Perspektive der Kinder" einzunehmen und Möglichkeiten zur Umsetzung dieses Anspruches erörtert. Dann werden zentrale Konzepte der Kindheitsforschung skizziert und grundlegende Methodenprobleme bezeichnet. Schließlich wird ein Überblick über Erhebungs- und Auswertungsverfahren der qualitativen Kindheitsforschung gegeben und dabei das Befragen, Beobachten und Verstehen thematisiert.

Die „Perspektive der Kinder"

Ein zentraler Anspruch der qualitativen Kindheitsforschung besteht darin, die „Perspektive der Kinder" zu erfassen. Dies bedeutet zunächst einmal anzuerkennen, dass zwischen Kindern und Erwachsenen eine Perspektivendifferenz besteht, die aus den Handlungen rekonstruierbar ist. Damit sind sowohl forschungsmethodische als auch theoretische Herausforderungen verbunden.

Wenn in der sozialwissenschaftlichen Kindheitsforschung von „der Perspektive von Kindern" gesprochen wird, bezieht sich dies auf die von Kindern erlebte und entworfene Wirklichkeit und auf die Positionierung des Kindes in der Gesellschaft. Zudem werden methodologische Fragen der Perspektivität erörtert, wie die Unterscheidung von Kindern und Erwachsenen oder die Bedeutung der Kontexte des Kinderlebens. Darüber hinaus werden forschungspraktische Fragen einer kindgerechten Forschung intensiv diskutiert. Insgesamt kann bilanziert werden, dass im letzten Jahrzehnt mit dem Ziel, eine auf die „Perspektive von Kindern" ausgerichtete Forschungspraxis zu entwickeln, methodologische und methodische Herausforderungen zunehmend systematisch behandelt wurden (z.B. Christensen/James 2000; Grunert 2002; Grunert/Krüger 2006; Heinzel 1997, 2000, 2010; Honig 1999; Richter 1997; Rohrmann 1996; Lange/Mierendorf 2009; Mey 2005a; Nentwig-Gesemann/Wagner-Willi 2007).

Die Frage, wie Kinder in Forschungssituationen gebührend zu Wort kommen und ob ihre Sichtweisen von den erwachsenen Forscherinnen und Forschern angemessen verstanden werden, sind zentrale Probleme der qualitativen Kindheitsforschung, die sich darum bemüht, Forschung „aus der Perspektive von Kindern" zu betreiben. Nentwig-Gesemann und Wagner-Willi betonen zum Beispiel, dass es Erhebungs- und Auswertungsmethoden anzuwenden gilt, „die sprachliche *und* (Hervorhebung d. Verf.) körperliche Ausdrucks- und Verständigungsmöglichkeiten gleichermaßen ernst nehmen" (Nentwig-Gesemann/Wagner-Willi 2007, S. 213). Doch kann jede

Kindheitsforschung, die sich auf „die Perspektive von Kindern" beruft, Erfahrungen und Interessen von Kindern nur stellvertretend artikulieren. Es kann nicht von der Wiedergabe einer „Perspektive der Kinder" gesprochen werden, nur weil die Beforschten selbst zu Wort kommen. Immer ist zu berücksichtigen, dass erwachsene Forschende und beforschte Kinder aufeinander treffen und gemeinsam eine generationale Ordnung herstellen, die zum Ausgangspunkt für die Rekonstruktion von Kindheit und die Beschreibung von Kindern gemacht werden muss.

Hinzu kommt, dass beim Versuch, Sichtweisen von Kindern aufzunehmen und nachzuvollziehen, Forscherinnen und Forscher ihrerseits verschiedene Blickwinkel einnehmen. Die Forschungszugänge zur kindlichen Perspektive sind folglich perspektivisch verfasst. Die Arbeit der Forschenden wird beeinflusst durch ihre Fachdisziplinen, ihre theoretischen Orientierungen, ihre Forschungsfragen, ihre Haltungen zu Kindern und Kindheit, ihre Motive und ihre Methodenwahl, wobei die Methoden den Gegenstand, den sie zu erforschen helfen, mit konstituieren, wie der Gegenstand andererseits die Methoden beeinflusst.

Konzepte der Kindheitsforschung

In der sozialwissenschaftlichen Kindheitsforschung sind zwei grundlegende Konzepte zu unterscheiden: „das Kind als sozialer Akteur" und „das Konzept der generationalen Ordnung". Damit verbunden erfolgt die Ausdifferenzierung in akteurs- und subjektbezogene Ansätze der Kindheitsforschung einerseits sowie struktur- und kontextbezogene Ansätze andererseits.

Das „*Konzept vom Kind als sozialem Akteur*" wurde als Gegenkonzept zum „Kind als Entwicklungswesen" entworfen und geht von der Annahme aus, dass Kinder an ihrer Entwicklung durch eigene Aktivitäten mitwirken. Diese Denkweise beinhaltet auch, Kinder als Gesellschaftsmitglieder und nicht länger als „Menschen in Vorbereitung" zu verstehen oder auf ihr „Mitglied-Werden" in der Gesellschaft zu reduzieren. Das von Hurrelmann (1983) entworfene Sozialisations- und Subjektkonzept der produktiven Realitätsverarbeitung entwirft Heranwachsende als aktiv an der Entwicklung ihrer Persönlichkeit beteiligt. Umweltfaktoren werden zwar als gesellschaftlich durchdrungen interpretiert und in ihren Auswirkungen auf kindliche Wahrnehmungsmuster analysiert, aber Kinder auch als gestaltende Subjekte ihrer Lerntätigkeit und Realitätsverarbeitung betrachtet. Die sozialwissenschaftliche Kindheitsforschung betont die Bedeutung der Peers als Sozialisationsinstanz neben Familie und Schule (Krappmann/Oswald 1995). Folgt man interaktions- oder praxistheoretischen Ansätzen, so wird dort zugrunde gelegt, dass Subjektivierung in sozialen Interaktionen und Praktiken erfolgt. Demnach existieren Subjekte nur innerhalb des Vollzugs sozialer Praktiken, die als kleinste Einheiten des Sozialen gelten und aus routinisierten Handlungen bestehen (Reckwitz 2003).

Das „Konzept der generationalen Ordnung" bezieht sich auf die machtbezogene Relation von Älteren und Jüngeren, aber auch Praktiken der Unterscheidung zwischen Kindern und Erwachsenen sowie die soziale Organisation von Wissen (Alanen 2005). „Generation" wird als sozialstrukturelle Kategorie verstanden, die auf das Verhältnis von Erwachsenen und Kindern in der Gesellschaft hinweist und zudem zur Differenzierung zwischen Kindern und Erwachsenen beiträgt. Die Einteilung der Gesellschaftsmitglieder nach Alter gilt als gesellschaftliche Konstruktion, nicht als „natürliche Ordnung". Indem die ökonomischen, politischen, sozialen und symbolisch-kulturellen Rahmenbedingungen der Kindheit einbezogen werden, wird die Verknüpfung und Verwandtschaft der quasi-natürlich begründeten Ungleichheit zwischen Kindern und Erwachsenen mit anderen Dimensionen sozialer Ungleichheit hervorgehoben.

Diesen beiden, hier nur sehr kurz skizzierten Konzepten liegt die Dualität von Handeln und Struktur zugrunde. In Anlehnung an Hengst und Zeiher (2005, S. 13 ff.) können verschiedene Ansätze unterschieden werden, wie mit dem Verhältnis von Handeln und Struktur auf der Ebene der Forschung konkret umgegangen wird:

Mikrosoziologische Ansätze nehmen Kinder als kompetente Akteure in den Blick und bemühen sich, das Alltagshandeln von Kindern zu erfassen. Diese Ansätze arbeiten insbesondere mit der teilnehmenden Beobachtung, der Videobeobachtung, mit offenen Interviews oder Gruppendiskussionen. Viele Studien entstehen auf der Basis der ethnographischen Forschungsstrategie und tragen dazu bei, traditionelles Wissen über Kinder und Kindheit zu verunsichern. In anderen Untersuchungen kommen rekonstruktive Interpretationsverfahren zum Einsatz.

Der *sozialstrukturellen Soziologie der Kindheit* geht es um die Position der Kinder in der Gesellschaft, um die Verteilung der Ressourcen zwischen den Generationen und um das Wohlbefinden von Kindern. Ihre Untersuchungen sind darauf gerichtet, wie Kinder in die Sozialstruktur der Gesellschaft integriert sind und wie Generationengerechtigkeit hergestellt werden kann. Hier wird mit standardisierten Befragungen, mit demografischen und sozialstatistischen Daten, aber auch mit qualitativen Interviews gearbeitet.

Dekonstruktive Ansätze, in denen Kindheit als „Bündel von Diskursen" (Hengst/Zeiher 2005, S. 15; Bühler-Niederberger 2005) untersucht wird, richten den forschenden Blick auf Kindheitsrhetorik und Kindheitsbilder, um zu analysieren, wie die Herstellung von Kindheit funktioniert (Schutter in diesem Band). Bislang werden Diskurse von Erwachsenen bearbeitet, doch könnten auch Diskurse von Kindern untersucht werden. Interessantes Datenmaterial liegt allerorts vor, denn Kinder produzieren in der Schule und in der Freizeit vielfältige Formen von Texten und Bildern, es gibt Archive für Kindertexte und zudem veröffentlichen Kinder im Internet.

In der Kindheitsforschung finden sich zudem entwicklungspsychologische Ansätze. Mit Bezug auf Bronfenbrenner (1981) rücken sie den sozial-ökologischen Kontext als Bedingung für die Entwicklung von Kindern ins Zentrum. Qualitativ-entwicklungspsychologische Zugänge verstehen das Kind in seiner Lebenswelt als diese Welt deutendes und in ihr aktiv handelndes, selbstreflexives Subjekt. Ihr Interesse gilt dem individuellen Erleben und Handeln aus der Sicht der Subjekte (vgl. Mey 2005a, b). Psychoanalytisch-entwicklungspsychologische Konzepte blicken auf langjährige Praxiserfahrungen der Kinderanalyse und qualitativen Fallarbeit zurück (Ahlheim in diesem Band).

Die skizzierten Konzepte der Kindheitsforschung bestimmen den forschenden Blick auf Kinder und Kindheit mit und tragen zu den im Folgenden beschriebenen Herausforderungen bei (Heinzel 2010, S. 709 ff.).

Herausforderungen beim Forschen mit Kindern

Die Bilder der erwachsenen Forscherinnen und Forscher von Kindern und Kindheit, ihre Erwachsenenzentriertheit, Unterschiede in den Ausdrucksformen sowie die gleichzeitige Einbindung von Kindern in Generationen- und Gleichaltrigenbeziehungen stellen zentrale Herausforderungen des Forschens mit Kindern dar, auf die im Folgenden kurz eingegangen werden soll. Es muss erwähnt werden, dass bereits die Beschreibung dieser Herausforderungen ihrerseits zur Konstruktion der Differenz von Kindheit und Erwachsenheit beiträgt.

Bilder der Forscherinnen und Forscher von Kindern und Kindheit

Schon eine als „kindgerecht" ausgewiesene Forschung geht auf Kindheitsbilder von Erwachsenen zurück. Zu berücksichtigen ist, dass die Bilder über Kinder und Kindheit kulturell und historisch variieren. In den Forschungsfragen, den Forschungsdesigns und den Ergebnissen könnten eigene Kindheitserfahrungen, Berufserfahrungen und familiale Kontakte mit Kindern sowie gesellschaftliche Kindheitskonstruktionen eine wesentliche Rolle spielen und Übertragung von Erwartungen, Wünschen und Befürchtungen auftreten (Fuhs 1999).

Erwachsenenzentriertheit von Forschung und Forschenden

Die Beschäftigung mit Kindern nimmt in der Hierarchie der Forschungsgegenstände keinen besonders hohen Rang ein und wird zudem von „Forschungsmoden" und der Einbindung in anerkannte Forschungszusammenhänge beeinflusst. Die Forschungsinteressen von Erwachsenen bilden den Hintergrund jeder Erforschung der Sichtweisen von Kindern. Während der Datenerhebung fließen häufig normative Unterstellungen von Erwachsenen in die Untersuchungen ein und auch die Interpretationen orientieren sich an Regeln und Bedeutungen der Erwachsenenkommunikation. Selbst das Konstrukt des Expertentums von Kindern für Fragen ihrer Lebenswelt orientiert sich am Wertsystem von Erwachsenen.

Kindtypische Ausdrucksformen

Sprachliche und schriftliche Äußerungen von Kindern sind vom Stand ihrer kognitiven Entwicklung und von ihrer Sprach-, Lese- und Schreibfähigkeit abhängig. Außerdem unterscheiden sich kindliche Erklärungsmuster und Sinnstrukturen von denen der erwachsenen Forscherinnen und Forscher. Häufig verschränken Kinder sprachlichen und körperlichen Ausdruck auf dramaturgische Weise (Nentwig-Gesemann/Wagner-Willi 2007).

Deshalb wird Kinderaussagen im Bereich der Forschung häufig mit Skepsis begegnet. Als Vorbehalte werden formuliert, dass Angaben von Kindern nicht verlässlich seien, Kinder Wahrheit und Fiktion nicht unterscheiden könnten, bei ihren Äußerungen die soziale Erwünschtheit eine große Rolle spiele, Kinder Fragen anders behandeln als Erwachsene und sie anderen moralischen Prinzipien folgen (dazu auch Emde/Fuchs in diesem Band).

Interaktiv und kollektiv verankerte Orientierungen

Kinder sind in Generationenbeziehungen und -verhältnisse eingebunden und ihr Handeln ist mit dem von Erwachsenen vernetzt. Das Leben von Kindern ist zudem durchzogen von Erziehungserfahrungen, die sie auch in Untersuchungssituationen einbringen. In Erhebungssituationen werden auch Generationenbeziehungen gestaltet und die Kommunikation zwischen forschenden Erwachsenen und beforschten Kindern kann als Verständigung zwischen ungleichen Partnern gekennzeichnet werden. Diese hierarchische Situation wird von den Kindern auf dem Hintergrund ihrer je individuellen Lebenserfahrung bewältigt.

Diese Herausforderungen gilt es beim Forschen mit Kindern bei der Datenerhebung und bei der Datenauswertung im Blick zu behalten.

Erhebung in der qualitativen Kindheitsforschung

Kinder entwickeln wesentliche Orientierungen in der Familie und in Interaktionsgeflechten mit Gleichaltrigen. Orientierungen, die unter Peers entstehen, richten sich teilweise gegen Erwachsene. Die Isolierung von Kindern in Einzelinterviews kann zwar einerseits zur Vermeidung von chaotisch wirkenden Interviewsituationen führen und soziale Bezugnahme auf Gleichaltrige unterbinden, doch bewirkt diese Vereinzelung in der Forschungssituation andererseits eine stärkere Anpassung an die Normen der Erwachsenenwelt. Deshalb eignen sich Gruppendiskussionen und teilnehmende Beobachtung für Erhebungsphasen in der Kindheitsforschung besonders gut. Außerdem sind non-reaktive Verfahren, die „Spuren" analysieren, die Kinder bei ihren Handlungen hinterlassen, wie freie Kindertexte, Tagebücher, Briefe, Kinderzeichnungen, Poesiealben oder Produktionen im Internet, besonders interessant (Reiß und Röhner in diesem Band).

Kinder befragen

Der Einsatz offener Einzelinterviews wird in der Kindheitsforschung im Hinblick auf die kommunikativen Fähigkeiten von Kindern intensiv diskutiert. Dabei wird thematisiert, ab welchem Alter ausreichende Verbalisierungsfähigkeiten bei Kindern vorliegen und ob das notwendige Erzählen, reflektieren oder biografische Erinnern möglich ist (vgl. Köhler 2001; Ecarius und Köbel in diesem Band). Unbestritten müssen spezifische Anreize geschaffen werden, um Kinder in Einzelinterviews zu längeren Erzählungen anzuregen (Petillon 1993; Heinzel 1997; Trautmann 2010). Besondere Aufmerksamkeit sollten der Zugang zur Kinderwelt, die Interviewdauer, der Ort des Interviews sowie das Gesprächsverhalten der Interviewenden erhalten. In Anlehnung an Schulerfahrungen neigen Kinder zu der Annahme, sie müssten im Interview fehlerfreie Antworten geben. Vor dem Hintergrund der Zurückhaltung von Kindern bei bestimmten Themenbereichen und ihrer spezifischen Art des Präsentierens, Erzählens und Erinnerns schlägt Fuhs (in diesem Band) eine eigene Systematisierung von qualitativen Interviews in der Kindheitsforschung vor, die sich an der Erinnerungs- und Erzählkompetenz von Kindern orientiert.

Ein zentrales Prinzip der Qualitativen Sozialforschung ist das Prinzip der Offenheit; es bezieht sich auf den Forschungsgegenstand, den Forschungsprozess und die untersuchten Personen. Als besondere Schwierigkeiten qualitativer Interviews mit Kindern kann gerade die Einhaltung dieses Prinzips gelten, denn einerseits besteht zwar der Anspruch der Forscherinnen und Forscher darin, die Lebenswelten der Kinder zu akzeptieren, andererseits begegnen Kinder diesem Anspruch mit einem gewissen, durchaus berechtigten Misstrauen. Die Folge davon ist, dass Kinderantworten, die durch Erwachsene „herausgelockt" werden, immer gemeinsame Konstruktionen von befragtem Kind und erwachsenen Interviewenden sind.

Dies gilt auch für Gruppendiskussionen, eine andere offene Befragungsform, die in der Kindheitsforschung zunehmend Verwendung findet. Gruppendiskussionen eignen sich besonders gut, um kollektive und konjunktive Erfahrungen von Kindern zu erfassen, sollten aber trotzdem als „Interaktionen zwischen Generationen" verstanden werden (Bock 2010). In Gruppendiskussionen wird eine realitätsnahe Situation unter Gleichaltrigen hergestellt und die gegenseitige Beeinflussung der Teilnehmenden ist konstitutiver Bestandteil des Verfahrens. Die Chancen von Gruppendiskussionen liegen darin, dass Kinder in dieser Forschungskonstellation zahlenmäßig überwiegen und die Mehrheitsverhältnisse sowie die Stärkung durch die Gleichaltrigen der Dominanz der forschenden Erwachsenen entgegenstehen (Heinzel in diesem Band).

Dennoch bleiben Erwachsene und Kinder in Befragungssituationen ungleiche Gesprächspartner und die Hierarchie beeinflusst die Rollen und den Verlauf, auch wenn eine offene Kommunikation unterstützt wird. Ein partnerschaftliches Gespräch, eine wertschätzende Haltung und eine vermittelnde Sprache stellen aber eine wesentliche Orientierung während der Befragung dar.

Kinder beobachten

Die teilnehmende Beobachtung wird in der Kindheitsforschung gerne eingesetzt, weil hier die Bedeutung von Handlungen der Kinder für diese beobachtet werden können. Sprachbarrieren sind weniger bedeutsam als in Befragungssituationen. Als Herausforderung ergibt sich, dass das Feld nicht als Ganzes beobachtet werden kann (Scholz in diesem Band).

Besonders die ethnografische Kindheitsforschung hat sich in den letzten Jahren um kulturanalytische Beschreibungen auf der Basis von Beobachtung bemüht. In der ethnographischen Kindheitsforschung werden Handlungs- und Interaktionsordnungen von Kindern untersucht und diese dann mikrosoziologisch theoretisiert. Wiesemann und Lange (in diesem Band) nennen als zentralen Bezugspunkt aller Kindheitsethnografien den Alltag der Kinderakteure.

Inzwischen wird zunehmend mit Videoaufzeichnungen im Feld gearbeitet, um ethnografische Beschreibungen hervorzubringen und implizite Sinnstrukturen kultureller Praxis mit dem Ziel herauszuarbeiten, alltägliches Vorwissen zu verunsichern (Mohn 2010). Außerdem werden Videobeobachtungen eingesetzt, um das Performative des Handelns von Kindern, also Aspekte wie Körperlichkeit oder Theatralität besser berücksichtigen zu können (Nentwig-Gesemann/Wagner-Willi 2007). Beim forschenden Einsatz der Videokamera ist zu berücksichtigen, dass Filmaufnahmen nur den ausgewählten Blick des oder der Filmenden wiedergeben (Huhn u. a. in diesem Band).

Zu bedenken ist ferner, dass jede Beobachtung bereits eine Interpretation beinhaltet und bei der Anfertigung von Beobachtungsprotokollen die Gefahr besteht, erwachsenenzentrierte Wahrnehmungen zu fixieren. Bei der teilnehmenden Beobachtung (ohne oder mit Kamera) wirken der Forscher oder die Forscherin immer bei der Herstellung dessen mit, was beobachtet wird. Beobachtungsprotokolle oder Filmdokumente können deshalb nicht als neutrale Beschreibungen von Sachverhalten aufgefasst werden. Zudem beeinflusst es das Handeln der Kinder, in welcher Rolle die Beobachter von ihnen wahrgenommen werden.

Non-reaktive Verfahren

In den Anfängen der entwicklungspsychologischen Forschung wurden wiederholt Tagebücher von Jugendlichen als Quelle herangezogen. In der aktuellen Kindheitsforschung werden Alltagsdokumente hingegen selten genutzt, obgleich Kinder vielfältige Formen von Texten, Zeichnungen und Bildern an sehr unterschiedlichen Orten (zu Hause, in der Schule, im Internet, an Wänden, auf Bänken usw.) präsentieren und damit ein reicher Fundus an Fundstücken für die Kindheitsforschung zur Verfügung steht (Röhner und Reiß in diesem Band). Mit Kinderzeichnungen befasst sich vor allem die psychologische und mit Kindertexten die deutschdidaktische Forschung.

Einerseits wird davon ausgegangen, dass Alltagsdokumente einen „unverstellten Blick in Lebenswelten und Lebensgeschichten" (Mey 2005b, S. 169) von Kindern ermöglichen, andererseits erschweren fehlende Kenntnisse über die produzierenden Kinder und die Kontexte der Entstehung der Produkte eine Rekonstruktion ihrer Sichtweisen.

Hierzu eine Alltagsszene: Ein Kind, dessen Eltern getrennt leben, soll in der Grundschule sein Wohnhaus malen. Das Kind malt zunächst zwei Häuser. Der Lehrer kritisiert das Produkt mit den Worten: „Du solltest ein Wohnhaus malen". Das Kind malt daraufhin nur ein Haus und wählt damit die sozial erwünschte Fassung. Läge nur das zweite Bild für die Analyse vor, dann wären wertvolle Hinweise auf die Vorstellungswelt des Kindes verloren gegangen.

Auswertung in der qualitativen Kindheitsforschung

Bei der Frage, ob wir Kinder verstehen, geht es darum, wie den erhobenen „Daten" Sinn verliehen und wie Sinn rekonstruiert wird. Auch Kinder als Mitglieder der Gesellschaft handeln, indem sie soziale Situationen interpretieren. Das „Interpretative Paradigma" der qualitativen Sozialforschung betont die Deutungsleistungen der handelnden und interagierenden Akteure. Das Problem der angemessenen Analyse von Aussagen oder Handlungen von Kindern wird in der qualitativen Kindheitsforschung intensiv erörtert, während in der quantitativen Forschung hierzu kaum Reflexionen angestellt werden, was aber durchaus nötig wäre, wie sich an den ungleichheitslegitimierenden Praktiken zeigt, die beispielsweise auch in die Kinderberichterstattung eingelassen sind (Andresen 2010; Betz 2008).

In der qualitativen Forschung wird aufmerksam diskutiert, ob die erwachsenen Forscherinnen und Forscher möglicherweise nur dem Bild aufsitzen, das sie sich über Kinder machen. Dabei wird reflektiert, dass interpretative Verfahren der sozialwissenschaftlichen Kindheitsforschung auf die Beschreibung der Herstellung sozialer Situationen und sinnhafter Ordnungen durch Kinder im Rahmen der generationalen Ordnung zielen. Sie orientieren sich häufig an den Kommunikationszügen, der Diskursorganisation und der Kultur von Erwachsenen. Deshalb müssen die interpretativen Verfahren differenziert werden hinsichtlich der kollektiven, spielerischen, szenischen, körperlichen und sinnlich-symbolischen Ausdrucksformen von Kindern und ihren ritualisierten Formen der Spiel- und Sprachpraxis.

Hülst (in diesem Band) verweist darauf, dass der Rahmen für Verstehen erheblich eingeschränkt erscheint, wenn an Kriterien erwachsenenzentrierter Kommunikation und entsprechenden Normalitätsunterstellungen festgehalten wird. Erst die Unterscheidung zwischen Verstehen, was Kinder *meinen* (Sinn-Verstehen) und Verstehen, was *bedeutet*, was Kinder meinen (verstehende Interpretation aus der jeweiligen wissenschaftlichen Perspektive) eröffne, vermittelt durch alltagsweltliche probate Kompetenzen, einen Zugang zu kindspezifischen Konstruktionen der Wirklichkeit und ihrer wissenschaftlichen, erwachsenenorientierten Deutung.

Insgesamt sollte unterschieden werden zwischen Situationen, in denen Kinder mit Kindern interagieren und solchen, in denen Kinder mit Erwachsenen sprechen. Die „Erwachsenenzentrierung" interpretativer Analyseverfahren müsste noch stärker auch als empirisches Phänomen rekonstruiert werden (Hausendorf-Quasthoff 2005, S. 600f.) und das „doing gender" in Deutungen einbezogen und zum Gegenstand von Analysen gemacht werden.

Für bestimmte Fragerichtungen in der sozialwissenschaftlichen Kindheitsforschung eignen sich spezifische Forschungsstrategien und Auswertungsverfahren, die abschließend noch umrissen und abgegrenzt werden sollen.

Selbst- und Weltentwürfe von Kindern verstehen. Wenn sich die Forschungsfragen auf den Wandel von Kindheit richten und die subjektiven, biografisch geformten Erfahrungen und Verläufe von Kindheiten interessieren, wird das narrationsstrukturelle Verfahren eingesetzt (Ecarius/Köbel in diesem Band). Durch Interpretation biografischer Erzählungen soll der Selbst- und Weltentwurf, der den Geschichten der Kinder zugrunde liegt, erfasst werden. Geht es darum, Welterfahrungen von Kindern unter sinnlich-leiblichen Dimensionen zu verstehen, dann werden phänomenologische Analysen vorgenommen (z.B. Lippitz 1993; Dunker u.a. 2004).

Strukturen in den Generationenbeziehungen und kollektive Orientierungen rekonstruieren. Die verschiedenen Verfahren der sozialwissenschaftlichen Hermeneutik zielen auf den sequenziellen Sinnaufbau von Protokollen der sozialen Wirklichkeit. Mit sequenziellen Verfahren wie z.B. der Objektiven Hermeneutik können Strukturen der generationalen Ordnung entdeckt werden (Schütz/Breuer/Reh in diesem Band). Auf dem Wege der dokumentarischen Interpretation erschließen sich kollektive Sinn- oder Orientierungsmuster von Kindern (Alexi/Fürstenau in diesem Band).

Herstellung von Kindheit analysieren. Ethnographisches Arbeiten untersucht mit welchen alltagspraktischen Handlungen die kulturelle Ordnung der Kindheit hergestellt wird (Lange/Wiesemann in diesem Band). Durch die ethnographische Perspektive auf Kindheit und das Handeln von Kindern gelingt es, entwicklungspsychologische Zuschreibungen zu überwinden. Auch Interaktionsanalysen und ethnomethodologische Konversationsanalysen eigenen sich, um Interaktionen unter Kindern oder Interaktionen von Kindern und Erwachsenen bezüglich der Kindheitskonstruktionen zu analysieren (Krummheuer in diesem Band).

Kindheit diskursiv bearbeiten. Sozialwissenschaftliche Diskursanalyse untersucht dominante Deutungen von Kindheit und sprachliche Vorgänge der Legitimation dieser Deutungen. Bislang werden nur Diskurse von Erwachsenen bearbeitet, da angenommen wird, dass der Diskurs über Kindheit von Machtstrukturen bestimmt ist. Die diskursive Bearbeitung will zeigen, wie intergenerationale Machtverhältnisse bearbeitet, ideologisiert und kritisiert werden (Schutter in diesem Band). Im Rahmen einer diskursiven Bearbeitung von Kindheit wird die Frage gestellt, ob es einen Diskurs der Kinder überhaupt geben kann, da Vorgänge der Legitimation durch diejenigen gesteuert werden, denen der herrschende Diskurs Deutungsmacht verleiht. Doch ist diese Beobachterunterstellung der Diskursanalyse mit der Gefahr verbunden, schlicht einen weiteren Diskurs über Kindheit zu erzeugen. Es erscheint deshalb sinnvoll, auch den Diskurs der diskursiven Bearbeitung von Kindheit zu untersuchen. Ob Kinder als „machtlose Gruppe" konstruiert werden können, wie das der dekonstruktiv-diskursanalytische Ansatz tut, sollte in der Kindheitsforschung in Zukunft intensiver diskutiert werden.

Fazit

Abschließend kann bilanziert werden, dass im letzten Jahrzehnt eine Ausdifferenzierung des qualitativen sozialwissenschaftlichen Methodenrepertoires in der Kindheitsforschung zu konstatieren ist. Dies bezieht sich sowohl auf die Gestaltung der Erhebungsmethoden und die Konzeption der Interpretationsverfahren als auch auf die methodologischen Reflexionen in Bezug auf das Forschen mit Kindern.

Es hat eine intensive Diskussion um den Anspruch stattgefunden, die Perspektive von Kindern erfassen zu wollen. Reflexionen zur Analyse der Normen und Konstruktionen der erwachsenen Forscherinnen und Forscher sind zum festen Bestandteil methodologischer Diskussionen in der qualitativen Kindheitsforschung geworden. Zudem wird in den Erhebungs- und Auswertungsverfahren die Bedeutung des nicht-sprachlichen und szenischen Handelns von Kindern inzwischen stärker berücksichtigt.

Um die qualitativen Methoden für das Forschen mit Kindern noch weiter ausarbeiten zu können, sind Untersuchungen notwendig, die der Frage nachgehen, wie Kinder Forschungssituationen interpretieren und wie sie Forscher und Forscherinnen sehen. Die Ergebnisse dieser Studien müssten abgestimmt werden mit Analysen der Erwachsenenbilder von Kindern. Außerdem sollte beim Forschen mit Kindern das Wissen über Regeln, die für Kommunikationsprozesse zwischen Kindern und Erwachsenen sowie unter Kindern gelten, berücksichtigt und erweitert werden. Nicht zuletzt erscheint es notwendig, die Verstehensvoraussetzungen der Auswertungsmethoden noch weiter zu explizieren. Qualitative Forschung mit Kindern sollte durch Evaluation und kritische Diskussion immer auch zur Methodenentwicklung in der Kindheitsforschung beitragen.

Literatur

Alanen, L. (2005): Kindheit als generationales Konzept. In: Hengst, H.; Zeiher, H. (Hrsg.): Kindheit soziologisch. Wiesbaden, S. 65-82.
Andresen, S. (2010): Kinderberichterstattung. In: Heinzel, F. (Hrsg.): Kinder in Gesellschaft. Was wissen wir über aktuelle Kindheiten? Beiträge zur Reform der Grundschule. Frankfurt a. M.: Grundschulverband, S. 32-40.
Betz, T. (2008): Ungleiche Kindheiten. Theoretische und empirische Analysen zur Sozialberichterstattung über Kinder. Weinheim u. München.
Bock, K. (2010): Kinderalltag – Kinderwelten: Rekonstruktive Analysen von Gruppendiskussionen mit Kindern. Opladen.
Bronfenbrenner, U. (1981): Die Ökologie der menschlichen Entwicklung. Opladen.

Bühler-Niederberger, D. (2005): Kindheit und die Ordnung der Verhältnisse. München.

Christensen, P.; James, A. (Hrsg.) (2000): Research with Children. Perspectives and Practices. London u. New York.

Duncker, L.; Scheunpflug, A.; Schultheis, K. (2004): Schulkindheit. Anthropologie des Lernens im Schulalter. Stuttgart.

Fuhs, B. (1999): Die Generationenproblematik in der Kindheitsforschung. In: Honig, M.-S.; Lange, A.; Leu, H.-R. (Hrsg.): Aus der Perspektive von Kindern? Zur Methodologie der Kindheitsforschung. Weinheim u. München, S. 153-161.

Grunert, C.; Krüger, H.-H. (2006): Kindheit und Kindheitsforschung in Deutschland. Forschungszugänge und Lebenslagen. Opladen.

Grunert, C. (2002): Qualitative Methoden in der Kindheits- und Jugendforschung. In: Krüger, H.-H.; Grunert, C.: Handbuch Kindheits- und Jugendforschung. Opladen.

Hausendorff, H.; Quasthoff, U. M. (2005): Konversations-/Diskursanalyse: (Sprach)Entwicklung durch Interaktion. In: Mey, G. (Hrsg.): Handbuch Qualitative Entwicklungspsychologie. Positionen und Verfahren. Köln, S. 585-618.

Heinzel, F. (Hrsg.) (2010): Zugänge zur kindlichen Perspektive – Methoden der Kindheitsforschung. In: Friebertshäuser, B.; Prengel, A. (Hrsg.): Handbuch Qualitative Forschungsmethoden in der Erziehungswissenschaft. Weinheim u. München, S. 707-722.

Heinzel, F. (Hrsg.) (2000): Methoden der Kindheitsforschung. Ein Überblick über Forschungszugänge zur kindlichen Perspektive. Weinheim u. München.

Heinzel, F. (1997): Qualitative Interviews mit Kindern. In: Friebertshäuser, B.; Prengel, A. (Hrsg.): Handbuch Qualitative Forschungsmethoden in der Erziehungswissenschaft. Weinheim u. München, S. 396-413.

Hengst, H.; Zeiher, H. (2005): Von Kinderwissenschaften zu generationalen Analysen. Einleitung. In: Hengst, H.; Zeiher, H. (Hrsg.): Kindheit soziologisch. Wiesbaden, S. 9-23.

Honig, M.-S.; Lange, A.; Leu, H.-R. (Hrsg.) (1999): Aus der Perspektive von Kindern? Zur Methodologie der Kindheitsforschung. Weinheim u. München.

Hurrelmann, K. (1983): Das Modell des produktiv realitätsverarbeitenden Subjekts in der Sozialisationsforschung. In: Zeitschrift für Soziologie der Erziehung und Sozialisation 3, 1, S. 91-96.

Klinka, D. (2010): Methodische Zugänge der historischen Kindheitsforschung. In: Friebertshäuser, B.; Prengel, A. (Hrsg.): Handbuch Qualitative Forschungsmethoden in der Erziehungswissenschaft. Weinheim u. München, S. 687-705.

Köhler, L. (2001): Zur Entstehung des autobiographischen Gedächtnisses. In: Behnken, I.; Zinnecker, J. (Hrsg.): Kinder – Kindheit – Lebensgeschichte. Ein Handbuch. Bonn, S. 65-83.

Krappmann, L.; Oswald, H. (1995): Alltag der Schulkinder. Beobachtungen und Analysen von Interaktionen und Sozialbeziehungen. Weinheim u. München.

Krüger, H.-H.; Marotzki, W. (2006): Handbuch erziehungswissenschaftliche Biographieforschung. Wiesbaden.

Lange, A.; Mierendorff, J. (2009): Methoden der Kindheitsforschung. Überlegungen zur kindheitssoziologischen Perspektive. In: Honig, M.-S. (Hrsg.): Ordnungen der Kindheit. Problemstellungen und Perspektiven der Kindheitsforschung. Weinheim u. München, S. 183-210.

Lippitz, W. (1993): Phänomenologische Forschungen zur Anthropologie des Kindes. In: Lippitz, W. (Hrsg.): Phänomenologische Studien in der Pädagogik. Weinheim, S. 131-272.

Mey, G. (Hrsg.) (2005a): Handbuch Qualitative Entwicklungspsychologie. Positionen und Verfahren. Köln.

Mey, G. (2005b): Forschung mit Kindern – Zur Relativität kindangemessener Verfahren. In: Mey, G. (Hrsg.): Handbuch Qualitative Entwicklungspsychologie. Positionen und Verfahren. Köln, S. 151-183.

Mohn, B. (2010): Dichtes Zeigen beginnt beim Drehen. Durch Kameraführung und Videoschnitt ethnographische Blicke auf Unterrichtssituationen und Bildungsprozesse entwerfen. In: Heinzel, F.; Thole, W.; Cloos, P.; Kongeter, A. (Hrsg.): Ethnographische Forschung im Kontext des Bildungs- und Sozialwesens. Wiesbaden, S.153-169.

Muchow, M.; Muchow, H. H. (1998/1935): Der Lebensraum des Großstadtkindes. Neuausgabe mit biografischem Kalender und Bibliografie. Herausgegeben und eingeleitet von Jürgen Zinnecker. Weinheim.

Nentwig-Gesemann, I.; Wagner-Willi, M. (2007): Rekonstruktive Kindheitsforschung. Zur Analyse von Diskurs- und Handlungspraxis bei Gleichaltrigen. In: Wulf, C.; Zirfas, J. (Hrsg.): Pädagogik des Performativen. Theorien, Methoden, Perspektiven. Weinheim u. Basel, S. 213-223.

Petillon, H. (1993): Das Sozialleben des Schulanfängers. Weinheim.

Reckwitz, A. (2003): Grundelemente einer Theorie sozialer Praktiken. Eine sozialtheoretische Perspektive. In: Zeitschrift für Soziologie, 32, 4, S. 282-301.

Richter, R. (1997): Qualitative Methoden in der Kindheitsforschung. In: Österreichische Zeitschrift für Soziologie, 22, 4, S. 74-98.

Rohrmann, T. (1996): Beobachtungsverfahren und Befragungsmöglichkeiten von Kindern im Kleinkindalter. Deutsches Jugendinstitut. München.

Trautmann, T. (2010): Interviews mit Kindern. Grundlagen, Techniken, Besonderheiten, Beispiele. Wiesbaden.

Cathleen Grunert, Heinz-Hermann Krüger

Quantitative Methoden in der Kindheitsforschung
Ein Überblick

Einleitung

Während standardisiert-quantitative Forschungsmethoden in der Jugendforschung bereits seit Beginn des 20. Jahrhunderts Verwendung fanden, haben sie sich auf dem Gebiet der sozialwissenschaftlichen Kindheitsforschung erst seit Beginn der 1980er-Jahre zunehmend etabliert. Die in dieser Zeit aufkommende neue Sichtweise auf Kindheit, die Kinder nicht mehr nur als Menschen in Entwicklung begreift, sondern die Eigenständigkeit dieser Lebensphase betont und Kindheit auch als ein spezifisches kulturelles Muster wahrnimmt (vgl. Krüger/Grunert 2010, S. 22), zog nicht nur eine Betonung der Notwendigkeit qualitativer Forschungszugänge nach sich. Darüber hinaus führte die im Zuge dessen ebenso kritisierte Tatsache, dass Kinder in den meisten amtlichen Statistiken entweder überhaupt nicht oder lediglich als Haushalts- und Familienmitglieder Eingang fanden (vgl. Bertram 1993) zu einer verstärkten Forderung nach einer Analyse des Sozialstatus Kind und der Untersuchung der Lebensverhältnisse von Kindern. Kindheit sollte zu einer eigenständigen Untersuchungseinheit gemacht werden, um so ein angemesseneres Bild über Kinder als soziale Kategorie zu gewinnen (vgl. Qvortrup 1993, S. 119). Vor diesem Hintergrund kommt es seit den 1990er-Jahren in der Bundesrepublik Deutschland vermehrt zu Berichterstattungen über die spezifischen Lebenslagen und -bedingungen von Kindern (vgl. etwa Nauck 1995; BMFSFJ 1998, 2005). Gleichzeitig werden in Kindersurveys auch die Kinder selbst als individuelle Meinungsträger ernst genommen, so dass deren subjektive Sichtweise zunehmend Eingang in die Berichterstattung über Kindheit findet (vgl. Maschke und Stecher in diesem Band). So wurde im Jahr 1980 der erste Kindersurvey mit über 2.000 8- bis 10-jährigen Kindern und etwa 1.300 Eltern in Westdeutschland durchgeführt (vgl. Lang 1985). Seitdem finden sich auf dem Gebiet der Kindheitsforschung eine ganze Reihe von Studien, die die Perspektive der Kinder selbst in den Mittelpunkt stellen und mit einem standardisiert-quantitativen Zugang operieren (vgl. etwa Fend 1990; Zinnecker/Silbereisen 1996; Alt 2005; Hurrelmann/Andresen 2007; Klöckner u.a. 2007).

Während im Hinblick auf die Auswertungsmethoden keine spezifischen Strategien für die Analyse von kindbezogenen Daten existieren, sind vor allem bei der Datenerhebung einige Spezifika zu beachten, die allererst eine profunde Datenbasis gewährleisten. Grundsätzlich gilt für einen quantitativen Forschungszugang, dass dieser nur dann Verwendung finden sollte, wenn bereits ausreichend Wissen über den zu untersuchenden Gegenstand vorhanden ist, handelt es sich hier doch um eine primär hypothesenprüfende Forschungslogik und lassen sich standardisierte Erhebungsinstrumente nicht ohne ein breites Vorabwissen entwickeln. Handelt es sich um ein neues Forschungsfeld oder relativ unbekanntes Terrain, dann sollte eher auf qualitative Forschungsmethoden zurückgegriffen werden. Zudem eignen sich quantitative Zugänge nicht für Analysen individueller biografischer Prozesse oder von Fragestellungen, bei denen auch das implizite Wissen der Akteure eine Rolle spielt. Darüber hinaus sind Kontexteinflüsse immer nur begrenzt, in dem Maße wie sie die Forscher in ihrer Untersuchungskonzeption berücksichtigen, analysierbar.

Methoden der Datenerhebung in der quantitativen Kindheitsforschung

Standardisierte Befragungen

Standardisierte Befragungen sollten vor allem dann eingesetzt werden, wenn die Forschungsfrage auf quantifizierbare Inhalte abzielt und Aussagen über die quantitative Verteilung bestimmter bei den Beteiligten abfragbarer Merkmale in einer definierbaren Grundgesamtheit getroffen werden sollen (vgl. Brake 2005). Unterscheiden bei dieser Art der Datenerhebung muss man dabei zwingend zwischen Selbstauskünften und Fremdauskünften. Während für die Erhebung von subjektiven Einstellungen, Werthaltungen, persönlichen Zielen und Orientierungen Selbstauskünfte unverzichtbar sind, müssen vor allem bei jüngeren Kindern oder in Bezug auf Aspekte, über die Kinder kaum auf gesichertes Wissen zurückgreifen können (z. B. Schul- oder Berufsausbildung der Eltern, Einkommen der Eltern etc.), auch Fremdauskünfte, etwa von Eltern, Erziehern oder Lehrern, Eingang in die Befragung finden (vgl. Walper/Tippelt 2010, S. 209), um zu möglichst verlässlichen Daten zu gelangen.

Spätestens seit der Studie von Lang aus dem Jahr 1985, der Kinder selber zu ihren Lebenslagen und Lebensbedingungen befragte, setzten jedoch nicht nur in sozial- und erziehungswissenschaftlichen Forschungsarbeiten und der Gesundheitsforschung, sondern auch in der Markt- und Meinungsforschung in Deutschland Bemühungen ein, Kinder selbst als Datenquelle in standardisierte Umfragen einzubeziehen (vgl. etwa KIM 2006; KiGGS 2007). Zinnecker (1996) wertet das gestiegene Interesse der Surveyforschung an der Befragung von Kindern selbst und die damit verbundene Anerkennung von Kindern als „Wissende" auch als Indikator für den Wandel des sozialen Status von Kindern.

Bei jüngeren Kindern gestaltet sich jedoch eine direkte Befragung der Kinder selbst eher schwierig. Nicht nur aufgrund sprachlicher Fähigkeiten, sondern auch zur Absicherung der Vergleichbarkeit und Verlässlichkeit der Daten, sollte diese Form der Erhebung erst bei Kindern eingesetzt werden, die grundlegende Lese- und Schreibfähigkeiten aufweisen. Sollen Charakteristika des Kinderverhaltens und der Lebenssituation bei Kindern im vorschulischen Alter erschlossen werden, so werden dazu meist Fremdauskünfte eingeholt und Bezugspersonen wie Eltern, Kindergärtnerinnen oder sonstige Betreuer befragt. So sind etwa bei Studien zur Analyse familialer Einstellungen zu Erziehungspraktiken und dem Umgang mit kleinen Kindern schriftliche Befragungen von Eltern weit verbreitet (vgl. etwa Arbeitsgruppe Deutsche Child Behavior Checklist 2000). Auch in der Krippen- und Kindergartenforschung werden häufig Erzieherinnen in standardisierter Form mit dem Ziel befragt, Informationen über subjektive Erziehungskonzepte oder den Kindergartenalltag zu erhalten (vgl. etwa Bien u. a. 2007).

Aber auch bei Befragungen von Kindern im Grundschulalter müssen komplexe Inhalte vereinfacht und kindgerecht präsentiert werden. Zeiträume und geographische Entfernungen sollten möglichst konkret formuliert werden. Nicht eindeutig differenzierbare Antwortkategorien (z.B. manchmal und oft) sollten hingegen vermieden werden (vgl. Kränzl-Nagl/Wilk 2000, S. 65). Sinnvoll ist es zudem, die Bedeutung der Antwortalternativen durch symbolische Ratingskalen oder visuelle Analogskalen (z.B. eine Gesichterskala) zu illustrieren. Eine andere in der Kindheitsforschung verwendete quantitative Befragungstechnik ist die Soziometrie. Kinder in einer Gruppe (Kindergartengruppen, Schulklassen etc.) werden dabei gebeten, Kinder zu benennen, die sie am liebsten und die sie am wenigsten mögen. Aus den Normierungen können dann soziale Präferenzwerte und soziale Wirkungswerte berechnet werden (vgl. Dollase 2000; für ältere Kinder auch Dollase u. a. 2002). Grundsätzlich gilt für standardisierte Befragungen bei Kindern, dass das Erhebungsinstrumentarium vor Beginn der Untersuchung intensiv auf Verständlichkeit und Nachvollziehbarkeit getestet werden muss. Zur Durchführung von Pretests liegen mittlerweile differenzierte Vorschläge etwa zur Kombination von Standard- und kognitiven Pretests vor (vgl. etwa Prüfer/Rexroth 2000, 2005), die auch für die Kindheitsforschung fruchtbar gemacht werden könnten.

Trotz der Bemühungen um Veranschaulichungen und kindgerechte Formulierungen stößt das Erhebungsinstrument der schriftlichen Befragung in der Kindheitsforschung punktuell an Grenzen. Ein Problem ist, dass lernschwache Kinder aus benachteiligten sozialen Lebenslagen Schwierigkeiten beim Ausfüllen von Fragebögen haben. Außerdem wird die Verlässlichkeit der Angaben von Kindern generell als Problem diskutiert. Schwierigkeiten bereitet vor allem die Erfassung soziodemographischer Daten durch Kinderbefragungen, vor allem die Angaben zur finanziellen Situation oder zu den Ausbildungsabschlüssen und beruflichen Tätigkeiten der Eltern. Insbesondere bezogen auf die elterlichen Schulabschlüsse, sind zum einen bei der Befragung von Kindern relativ viele Ausfälle zu verzeichnen und zum anderen neigen Kinder tendenziell zu einer Überschätzung der Schulabschlüsse ihrer Eltern (zusammenfassend Lipski 2000). Allerdings zeigen die Ergebnisse einer Studie von Lang und Breuer (1985), die die Angaben acht- bis zehnjähriger Grundschüler über den Beruf des Vaters mit den entsprechenden Informationen der Eltern verglichen haben, dass man bei Kindern im Grundschulalter mit recht zuverlässigen Antworten zu den Berufen der Eltern rechnen kann. Dennoch werden gerade bei Fragen nach dem sozioökonomischen Status oder anderen sozialstatistischen Merkmalen der Familie, aber nicht nur aus diesem Grunde, in einer Reihe von Studien Kinder- durch Elternbefragungen ergänzt (Lang/Breuer 1985; Zinnecker/Silbereisen 1996; Alt 2005; KiGGS 2007).

Standardisierte Befragungen finden im Rahmen der Kindheitsforschung entweder in Form von persönlichen Gesprächen statt, bei denen Interviewer die Antworten der Kinder in einen Fragebogen übertragen (vgl. z.B. Zinnecker/Silbereisen 1996, S. 11) oder sie werden als schriftliche Befragungen von Kindern im schulischen Klassenverband durchgeführt (vgl. etwa Büchner u.a. 1996). Standardisierte schriftliche oder mündliche Befragungen werden erstens im Kontext von Querschnittstudien eingesetzt, bei denen unterschiedliche Altersgruppen einmalig untersucht werden. So wurden zum Beispiel in dem repräsentativen Survey von Büchner, Fuhs und Krüger (1996) Mitte der 1990er-Jahre Heranwachsende im Alter zwischen 10 und 15 Jahren zum Erziehungsverhalten der Eltern, zu ihren Einbindungen in Gleichaltrigengruppen und Freizeitwelten sowie zu ihren biografischen Schritten der Verselbständigung befragt. Standardisierte Befragungen sind zweitens ein zentrales Erhebungsinstrument im Rahmen von Trendstudien, bei denen ein vergleichbarer Personenkreis, z.B. die Altersgruppe Kinder, zu unterschiedlichen Zeitpunkten wiederholt untersucht werden. So liefern Trendstudien etwa in Gestalt von Replikationsstudien, bei denen z.B. eine vergleichbare Stichprobe von Heranwachsenden im Verlaufe der 1990er-Jahre mehrfach befragt wurde, Informationen zum Wandel von Einstellungen (vgl. etwa Krüger/Pfaff 2002). Schriftliche oder mündliche Befragungen sind drittens ein wichtiges Instrument der Datenerhebung im Rahmen von Längsschnittstudien (Panel), bei denen wiederholte Erhebungen bei denselben Personen durchgeführt werden (vgl. Walper/Tippelt 2010, S. 17; etwa Alt 2005). Panelstudien scheinen gerade für die Kindheitsforschung in besonderer Weise geeignet zu sein, da sie Aussagen über altersbezogene Veränderungen von Individuen oder Gruppen im Zeitverlauf und die Prüfung von Kausalhypothesen ermöglichen. Besonders in längsschnittlich angelegten Studien, aber auch beim Querschnitt über unterschiedliche Altersstufen stellt sich neben allgemeinen Problemen der Veränderungsmessung wie Lern- und Erinnerungseffekten speziell bei Kindern das Problem der Messäquivalenz (vgl. Hartmann 2005, S. 326 ff.; Gerlach 2008, S. 43). Das heißt, dass gemessene Konstrukte oder Begriffe, die man in der Befragung von Sechsjährigen verwendet, bei zehnjährigen Kindern eine andere Bedeutung haben können. Unter Umständen kann also die Verwendung von zwei objektiv verschiedenen, aber bedeutungsäquivalenten Verfahren für verschiedene Altersstufen eine bessere Vergleichbarkeit der Messungen ermöglichen als die Verwendung zweier identischer Verfahren, die auf verschiedene Altersgruppen unterschiedlich wirken (vgl. Petermann/Windmann 1993, S. 127; Miller 1998, S. 41).

Testverfahren

Tests, die in der Kindheitsforschung Anwendung finden, stammen in der Regel aus der Psychologie, die eine ganze Bandbreite an Tests zur Verfügung stellt. Psychologische Tests mit Kindern wurden insbesondere für Forschungen zu entwicklungspsychologischen und diagnostischen Fragestellungen entwickelt (vgl. Heinzel 2000, S. 29; siehe auch Läzer in diesem Band). Dabei kann man etwa zwischen Entwicklungstests, Persönlichkeitstests, Intelligenztests, Schulleistungstests und Tests für Kinder mit sonderpädagogischem Förderbedarf unterscheiden. Tests gelten als wissenschaftliche Routineverfahren zur Untersuchung eines oder mehrerer abgrenzbarer Persönlichkeitsmerkmale mit dem Ziel einer möglichst quantitativen Aussage über den Grad der individuellen Merkmalsausprägung (vgl. Krüger 2001, S. 233).

Testverfahren werden auch schon in Studien mit Säuglingen und Kleinkindern angewendet. So hat etwa Beller (2000, S. 253) in Weiterentwicklung angloamerikanischer Entwicklungstests, die sich mit den Funktionen der Wahrnehmung, der Sprache, des Denkens, der sozialen Anpassung und der Motorik beschäftigen, eine Entwicklungstabelle mit 620 Items entwickelt, die die Kompetenzen, Leistungen und das Verhalten von Kindern im Alter von 0 bis 3 Jahren in natürlichen Situationen erfassen soll. Um ein differenziertes Bild des Kindes zu erhalten, sind die Inhalte der Tabellen in acht Entwicklungsbereiche aufgeteilt: Selbständigkeit in der Körperpflege, Umweltbewusstsein, sozial-emotionales Verhalten, Entwicklungsaufgaben des Spiels, Sprache, kognitive Kompetenz, Fein- und Grobmotorik. Die aus der Entwicklungstabelle gewonnenen Informationen sollen den Erzieherinnen in Kinderkrippe und Kindergarten Kenntnisse über den jeweiligen Entwicklungsstand des Kindes geben und Anregungen für die Ausarbeitung von pädagogischen Angeboten bieten (vgl. Beller 2000, S. 253). Eine ähnliche Zielrichtung haben etwa Sprachentwicklungstests, die in Kindergärten zum Einsatz kommen und zur Feststellung des Förderbedarfs sprachlicher

Fähigkeiten dienen. So ist etwa der nicht unumstrittene an der Universität Dortmund entwickelte „Delfin 4"-Test (Fried u.a. 2009) in Nordrhein-Westfalen wie auch in Sachsen-Anhalt zwei Jahre vor Beginn der Schulzeit verbindlich vorgeschrieben.

Ein anderes insbesondere im Gefolge des PISA-Schocks inzwischen stärker verbreitetes Testverfahren bei Kindern im Grundschulbereich sind Schulleistungstests. Während in der Münchener SCHOLASTIK-Studie (vgl. Weinert/Helmke 1997) die fachspezifischen Kenntnisse von Grundschulkindern in Mathematik, Naturwissenschaften und Rechtschreibung lediglich an einer regionalen Schülerstichprobe allerdings in einem Längsschnittdesign in Tests überprüft wurden, wurden in den Untersuchungen IGLU und IGLU-E (vgl. Bos u.a. 2004) erstmals die Kompetenzen von Grundschülern im Rechtschreiben, in Mathematik und in der Kenntnis naturwissenschaftlicher Konzepte im internationalen Vergleich sowie im Vergleich zwischen sechs Bundesländern mit Hilfe von Testverfahren analysiert. Ziel der Testauswertung war es, aus der Vielzahl der beantworteten Testfragen für jeden Schüler einen Kennwert für das jeweils getestete Lese-, Mathematik- und Naturwissenschaftsverständnis sowie seine Fähigkeiten in Ortho-graphie und Aufsatz zu ermitteln, um Aussagen über Leistungsunterschiede zwischen Gruppen von Schülern machen zu können. Damit die Unterrichtsfächer in genügender Breite abgebildet, die Schüler aber gleichzeitig nicht über Gebühr belastet werden, kam ein Testdesign mit rotierten Aufgabenblöcken (Multi Matrix Design) zur Anwendung (vgl. Bos u.a. 2004, S. 17). Während an bisherigen Testverfahren oft die fehlende Realitätsnähe solcher Tests zum Alltag der Kinder kritisiert wurde, sind die Autoren der IGLU-Studie in besonderer Weise bemüht, Testaufgaben zu formulieren, die auf die Alltagssituationen von Heranwachsenden Bezug nehmen.

Standardisierte Beobachtung

Standardisierte Beobachtungsverfahren haben etwa im Vergleich zu schriftlichen Befragungen den Vorteil, dass sie auch für Forschungen mit Säuglingen und Kleinkindern genutzt werden können. Deshalb werden sie häufig in der Kleinkindforschung (vgl. Beller 2000), aber auch in der Unterrichtsforschung bei Kindern im Grundschulbereich (vgl. etwa Weinert/Helmke 1997) eingesetzt. Im Unterschied zur offenen teilnehmenden Beobachtung sind standardisierte Beobachtungsverfahren dadurch gekennzeichnet, das sie sich an einem systematisch entwickelten Kategoriensystem orientieren, mit dem versucht wird, Verhalten in künstlichen Laborsituationen oder in natürlichen Feldsituationen festzuhalten. Bei einem hoch strukturierten Beobachtungsschema werden nicht nur die allgemeinen Merkmale, sondern präzise und operational definierte Kategorien der einzelnen Merkmalsdimensionen vorgegeben. Zur Protokollierung der Kategorien kann entweder ein ja-nein oder eine Ratingskala genutzt werden (vgl. Beller 2000, S. 257). Durch den Einsatz von klar strukturierten Beobachtungsbögen soll dem Problem der Verzerrung durch selektive Wahrnehmung sowie dem Problem der Fehlinterpretation des beobachteten sozialen Geschehens entgegengewirkt werden. Weitere Möglichkeiten, das Risiko einer selektiven Verzerrung von Beobachtungsdaten zu verhindern, sind detaillierte Instruktionen an die Beobachter, ein intensives Beobachtertraining, der Einsatz mehrerer Beobachter und die Kontrolle der Beobachterübereinstimmung sowie die Verwendung technischer Hilfsmittel, z.B. Videoaufnahmen (vgl. Diekmann 2007, S. 458).

In der Kleinkindforschung hat im deutschsprachigen Raum insbesondere Beller (2000) das Verfahren der standardisierten Beobachtung in mehreren Untersuchungen eingesetzt. So hat er etwa den Zusammenhang zwischen dem Erziehungsstil von Erzieherinnen in Krippen und der Entwicklung der Kinder untersucht. Dabei wurden 19 vergebenc Kategorien des Erziehungsverhaltens und 9 Kategorien des Kindverhaltens in drei Alltagssituation 23 Minuten lang in 15-Sekunden-Intervallen am Anfang und Ende der Untersuchung beobachtet und auch die Realität zwischen den sechs Beobachtern empirisch geprüft (vgl. Beller 2000, S. 258).

Die Methode der standardisierten Verhaltensbeobachtung hat gegenüber anderen Methoden den Vorteil, dass sie auch bereits bei kleinen Kindern vorgenommen werden kann, da sie nicht vom verbalen Material abhängt und Kinder zudem die Anwesenheit eines Beobachters besser ignorieren können. Nachteile ergeben sich aus der gewissen Willkür, mit der die Beobachtungseinheiten ausgewählt und theoretisch abgegrenzt werden (vgl. Petermann/Windmann 1993, S. 135). Außerdem wird bislang das Problem einer erwachsenenzentrierten Fixierung bei der Beobachtung von Kindern bislang noch zu wenig methodologisch reflektiert.

Nicht-reaktive quantitative Verfahren

Einen größeren Stellenwert im Rahmen der Kindheitsforschung haben in den vergangenen zwei Jahrzehnten auch nicht-reaktive quantitative Verfahren bekommen. Dazu gehören zum einen quantitative Inhaltsanalysen von für den Kinderalltag relevanten Dokumenten, zum anderen Sekundäranalysen von amtlichen Daten, die über die Lebenslagen von Kindern Auskunft geben. Quantitative Inhaltsanalysen, die Häufigkeiten und Kontingenzen von theoretisch hergeleiteten Kategorien in Texten zu berechnen suchen, werden etwa von Purcell und Stewart (1990) zu Frage nach der Stärke von Geschlechterrollenstereotypen in Lesebüchern für Kinder durchgeführt. Bos und Straka (1989, S. 213) haben mit Hilfe dieses Verfahrens untersucht, welches Gewicht fachliche bzw. politische Qualifikationsziele in chinesischen Grundschulbüchern haben.

Wichtige Grundinformationen über die Lebenslagen und institutionellen Bedingungen des Aufwachsens von Kindern bieten die amtlichen Statistiken in den Fachserien des Statistischen Bundesamtes, die sekundäranalytisch ausgewertet werden können. Dabei sind für die Kindheitsforschung insbesondere die Bildungs- und Jugendhilfestatistik von Relevanz, aber auch die Daten zur Bevölkerung und Erwerbstätigkeit oder zu den Sozialleistungen können wichtige Hintergrundinformationen zu den familialen Lebensbedingungen von Kindern liefern. Diese Statistiken bieten zudem den Vorteil, dass nun auf ihrer Basis institutionelle Entwicklungen gezeichnet werden können, weil großenteils aus den statistischen Daten Zeitreihen gebildet werden können (vgl. Walper/Tippelt 2010, S. 221). Der Nachteil an der sekundäranalytischen Auswertung amtlicher Daten ist jedoch, dass das Spektrum an Forschungsfragen durch das vorgegebene Datenmaterial begrenzt ist. Allerdings ist es den Bildungs- und Jugendhilfeforschern in den letzten Jahren gelungen, Einfluss auf den Inhalt und Umfang der amtlichen Erhebung zu nehmen, so dass z. B. die Erhebungsinstrumente zur Erfassung der Kinder in Tageseinrichtungen in jüngster Zeit erweitert werden konnten (vgl. Schilling 2005, S. 171).

Methoden der Datenauswertung in der quantitativen Kindheitsforschung

Dateneingabe und -prüfung, univariate und bivariate Analysen

Da statistische Berechnungen heute auch in der quantitativ orientierten Kindheitsforschung nahezu ausschließlich mit dem Computer durchgeführt werden, ist dazu eine bestimmte Aufbereitung der Daten erforderlich. Zunächst werden alle Daten codiert, auch solche, die mit offenen Fragen ohne feste Antwortvorgaben erhoben worden sind. Das bedeutet, dass die gesammelten Daten in numerische oder alphanumerische Symbole übertragen und anschließend in das jeweils verwendete Statistikprogramm übertragen werden müssen. Darauf folgt zunächst die Prüfung des Datensatzes auf Eingabefehler. Diese Datenbereinigung kann sich an der Plausibilität der vorliegenden Daten orientieren, z. B. zweifelhaft erscheinende Altersangaben oder unlogische Werte und Datenverbindungen (vgl. Schnell u. a. 2008, S. 436 ff.). Wichtig ist zudem eine Prüfung des Datensatzes auf systematische Ausfälle bei bestimmten Variablen, z. B. hat eine bestimmte Gruppe von Befragten keine Angaben zur Schulausbildung der Eltern gemacht.

Die eigentliche quantitative Datenanalyse beginnt dann in der Regel mit der Erstellung einer Grundauszählung, die das Ergebnis der Berechnung der Häufigkeitsverteilung der untersuchten Merkmale ist. So hat etwa die Variable gewünschter Schulabschluss mehrere diskrete Ausprägungen (wie kein Abschluss, Hauptschulabschluss, mittlere Reife, Abitur), deren relative

Häufigkeiten oder auch Prozentanteile je Kategorie sich angeben und bspw. in Balkendiagrammen graphisch darstellen lassen. Weitere Techniken der univariaten Datenanalyse sind die Berechnung der Maßzahlen der zentralen Tendenz, die die Lage des Zentrums einer Verteilung charakterisieren. Je nach Skalenniveau und Art der Verteilung kann dabei das Arithmetische Mittel, der Median oder der Modalwert sinnvoll sein. Bei metrisch skalierten Variablen ist zusätzlich die Berechnung von Streuungsmaßen (z.B. Varianz und Standardabweichung) notwendig, um das Ausmaß der Unterschiedlichkeit oder Variabilität einer Verteilung zu charakterisieren (vgl. Kromrey 2006, S. 435 ff.).

Handelt es sich bei univariaten Analysen um Verfahren, die sich auf die Charakterisierung oder Verteilung einzelner Variablen durch Häufigkeitsauszählungen, Lage- und Streuungsmaße beschränken, so zielen bivariate Analysen auf die Erforschung von Unterschieden oder Zusammenhängen zwischen zwei Variablen ab (vgl. Krüger 2001, S. 235).

Zum einen geschieht dies durch die Analyse gemeinsamer Häufigkeitsverteilungen zweier Variablen etwa über Kreuztabellierung. Dabei wird geprüft, inwieweit sich die Daten bestimmter Gruppen von Befragten (etwa Jungen und Mädchen) im Hinblick auf eine bestimmte Variable (etwa Aktivitäten in der Freizeit) voneinander unterscheiden. Mittels Signifikanztests kann dann unter der Voraussetzung einer Zufallsstichprobe auch geprüft werden, ob die erhobenen Unterschiede nicht nur aufgrund der spezifischen Stichprobe zustande kommen, sondern so oder ähnlich auch in der Grundgesamtheit existieren.

Während Kreuztabellierung vor allem bei nominal- oder ordinalskalierten Daten zum Einsatz kommt, bieten sich bei metrischen Daten Mittelwertvergleiche oder etwa das Verfahren der Korrelationsanalyse an, mit der die Stärke und die Richtung eines Zusammenhangs zwischen zwei (metrischen) Variablen untersucht werden kann. Das Ausmaß der Stärke eines Zusammenhangs wird mit Hilfe von Korrelationskoeffizienten quantitativ beschrieben. Demgegenüber lässt sich mittels einer linearen Regressionsanalyse zusätzlich die Art des untersuchten linearen Zusammenhangs überprüfen und der Frage nachgehen, wie eine abhängige Variable (etwa die Anzahl der Termine in der Freizeit) durch eine unabhängige Variable (etwa das Alter der Kinder) beeinflusst wird.

Bei der Auswertung von Surveydaten auf der Basis nicht-experimenteller Designs ist jedoch zu berücksichtigen, dass bivariate Auswertungen etwa mit Hilfe von Korrelationsanalysen möglicherweise verzerrenden Einflüssen durch Drittvariablen keine Rechnung tragen. So kann zwar ein Kausalzusammenhang zwischen niedrigem Bildungsniveau der Eltern und geringeren Chancen der Kinder zum Gymnasialbesuch existieren. Man weiß jedoch angesichts von Korrelationen nicht, in welchem Ausmaß und welche weiteren Faktoren (z.B. die Wohngegend oder die Intelligenz des Kindes) als Verbindungsstücke oder Mediatoren fungieren (vgl. Dieckmann 2007,

S. 571). Korrelationen müssen also als deskriptive Maße und nicht als kausalerklärende interpretiert werden (vgl. Walper/Tippelt 2010, S. 232).

Multivariate Datenanalysen

Bieten die Verfahren der deskriptiven Statistik nur die Möglichkeit, die Verteilung und Zusammenhänge zwischen zwei Variablen zu untersuchen, so gibt es mittlerweile eine ganze Reihe von Verfahren, die die gleichzeitige Berücksichtigung mehrerer Variablen, d.h. multivariate Auswertungen erlauben. Die angemessene Verwendung solcher Verfahren setzt voraus, dass die Variablen eine möglichst hohe Skalenqualität besitzen und dass sich die Untersuchung auf ein konsistentes theoretisches Modell bezieht (vgl. Friedrich 1985, S. 392).

Wichtige Techniken der multivariaten Datenanalyse sind z.B. Faktoren- oder Clusteranalysen (vgl. Bortz 2004, S. 511 ff.). So ermöglicht die exploratorische Faktorenanalyse aus der Matrix der Korrelation aller Variablen Dimensionen (Faktoren) zu extrahieren, die einen engen Zusammenhang zwischen mehreren Variablen beschreiben. So können Variablen herausgefiltert werden, die etwas Ähnliches messen und auf dieselbe Hintergrundvariable verweisen, so dass dieses Verfahren auch der Datenreduktion dient und forschungspraktisch oft auch bereits in der Phase der Datenaufbereitung eingesetzt wird, um komplexe Operationalisierungen statistisch zu verdichten. Ein weiteres Verfahren zur Identifikation von Mustern in der Struktur der Daten ist die Clusteranalyse, die es erlaubt, aus der Gesamtzahl einer Untersuchungsgruppe Teilgruppen herauszufiltern, die im Hinblick auf eine ausgewählte Zielvariable ein homogenes Muster zeigen.

Manchmal werden in quantitativen Untersuchungen im Bereich der Kindheitsforschung auch beide Auswertungsstrategien miteinander kombiniert. So haben wir in einer Studie zum Wandel der Eltern-Kind-Beziehungen aus einer Vielzahl von Einzelitems mit Hilfe einer Faktoranalyse fünf Faktoren (z.B. Elternzentriertheit des Familienalltags, elterliches Strafverhalten, kindliche Durchsetzungsstrategien) gebildet, die unterschiedliche Facetten der Eltern-Kind-Beziehungen ausleuchten und anschließend mit Hilfe einer Clusteranalyse untersucht, wie sich die Qualitätsmerkmale der Eltern-Kind-Beziehungen in verschiedenen Teilgruppen unterscheiden (vgl. Büchner u.a. 1996).

Um kausale Abhängigkeiten von Beziehungen zwischen ganz verschiedenen Merkmalen empirisch analysieren und dabei komplexe Bedingungsmodelle prüfen zu können, entstanden in den letzten Jahrzehnten eine Reihe von Verfahren, die aufbauend auf dem Ansatz der Regressionsanalyse diesen in verschiedene Richtungen weiterentwickelt haben. So bieten sich Pfad- und Strukturgleichungsmodelle (vgl. z.B. Diamantoppoulos/Siguaw 2000) vor allem dann als Analysemethoden an, wenn neben unabhängigen und abhängigen auch vermittelnde Variablen unterschieden werden sollen. Ein Beispiel dafür ist etwa die in der Studie von Walper (2001) durchgeführte pfadanalytische Formalisierung und empirische Überprüfung von Modellannahmen zur Rolle ökonomischer und sozialer Belastungen als Mediatoren zwischen Familienstruktur und den Belastungen des subjektiven Wohlbefindens von Kindern. Dabei konnte aufgezeigt werden, dass es vor allem die geringeren sozialen Ressourcen der ökonomisch deprivierten Kinder sind, die deren größere Belastungen des Wohlbefindens erklären. Eine Weiterentwicklung der Pfadanalyse sind lineare Strukturgleichungsmodelle, die nicht nur wechselseitige Kausalbeziehungen der untersuchten Merkmale analysieren, sondern zusätzlich Hypothesen überprüfen können, die sich auf latente, nicht direkt beobachtbare Merkmale bzw. deren Beziehungen untereinander und zu den untersuchten Merkmalen beziehen. Beispiele für solche latenten Faktoren sind etwa verschiedene Facetten von Einstellungen zur Schule, das Familienklima oder unterschiedliche Belastungsindikatoren (vgl. Böhm-Kasper 2004, S. 148).

Ein weiteres in der kindheitsbezogenen Schulforschung in den letzten Jahren eingesetztes komplexeres quantitatives Auswertungsverfahren ist die sog. Mehrebenenanalyse, die auf einer hierarchisch-linearen Regression basiert und mit deren Hilfe etwa die Frage beantwortet werden kann, inwieweit individuelles Leistungsverhalten auf personengebundene Einflüsse, Merkmale der Schulklasse oder der Schule zurückgeführt werden kann. So haben etwa Bryk und Raudenbusch (1989) auf der Basis der Daten einer Längsschnittstudie unter Bezug auf das Verfahren der Mehrebenenanalyse die Rechen- und Lese/Rechtschreibleistungen von Schülern in Abhängigkeit von personengebundenen Einflussfaktoren (mütterliche Bildung und Familieneinkommen unter- vs. oberhalb der Armutsgrenze) und schulbezogenen Merkmalen (Armutskonzentration an der Schule) untersucht. Hatten die Daten zunächst nahegelegt, dass Kinder aus armen Familien schlechtere Schulleistungen erbringen als jene aus finanziell gesicherten Verhältnissen, so machte die Mehrebenenanalyse deutlich, dass schulbezogene Risikofaktoren, nämlich die Häufung armer Kinder an einer Schule, für die schlechten Eingangsleistungen in Lesen und Rechnen ausschlaggebend waren (vgl. Walper/Tippelt 2010, S. 225).

Fazit

Insgesamt gesehen kann man somit abschließend feststellen, dass in der Kindheitsforschung im deutschsprachigen Raum seit dem letzten Jahrzehnt elaborierte quantitative Auswertungsverfahren häufiger eingesetzt werden (vgl. Heinzel 2000, S. 23). Was jedoch fehlt, sind groß angelegte und langlaufende Längsschnittstudien, die bereits bei der Geburt beginnen und die durch die Einbeziehung unterschiedlicher Kohorten die Realisierung von

Kohorten-Sequenz-Analysen ermöglichen. In Deutschland wurde mit dem Kinderlängsschnitt des Deutschen Jugendinstituts (vgl. Alt 2005) hierzu ein Anfang gemacht, bei dem zwei größere und repräsentative Kohorten beginnend mit fünf- und achtjährigen Kindern allerdings nur über einen Zeitraum von drei Jahren untersucht werden. Im Vergleich zu den großen Längsschnittstudien, wie sie in Großbritannien, Kanada und den USA seit Jahrzehnten durchgeführt werden, ist dies allerdings nur ein eher bescheidener Beginn (vgl. Strehmel 2002, S. 279). Künftig könnte jedoch das aktuell laufende Nationale Bildungspanel (NEPS) zu einem ersten Meilenstein in dieser Hinsicht werden. Ziel dieser groß angelegten Panelstudie ist es, beginnend mit der Geburt, Informationen über Kompetenzentwicklung, Bildungsprozesse, Bildungsentscheidungen und Bildungsrenditen in formalen, nicht-formalen und informellen Kontexten über die gesamte Lebensspanne hinweg zu erheben und diese Daten der scientific community zur Analyse zur Verfügung zu stellen (http://www.uni-bamberg.de/neps).

Ebenfalls immer noch zu selten werden in der Kindheitsforschung Studien realisiert, die quantitative und qualitative Zugänge miteinander verbinden (vgl. Grunert 2010, S. 265). Eine Variante der Triangulation quantitativer und qualitativer Verfahren sind dabei die sogenannten Komplementaritätsmodelle, die in einigen Projekten aus dem Umfeld der ökologischen Kindheitsforschung angewandt worden sind (vgl. Krüger/Pfaff 2004). Hier werden Sekundäranalysen statistischer Daten über Gesellschaft und Umwelt mit Fragebogenerhebungen und ethnografischen Methoden der teilnehmenden Beobachtung gleichzeitig miteinander verbunden, um zu differenzierenden Analysen von kindlichen Lebensräumen und Situationsdefinitionen im gesamtgesellschaftlichen Kontext zu gelangen (vgl. bereits Projektgruppe Jugendbüro 1977).

Eine zweite Variante der Triangulation quantitativer und qualitativer Zugänge sind sogenannte Phasenmodelle, bei der Survey- und Fallstudien in zeitlich sequenzieller Abfolge durchgeführt werden. Der sequenzielle Einsatz qualitativer und quantitativer Forschungsmethoden innerhalb eines Forschungsdesigns kann unter methodologischen Gesichtspunkten als die unproblematischste Form der Methodentriangulation bewertet werden, da es hierbei nicht zu unzulässigen Vermischungen der Forschungslogiken kommt, sondern qualitative und quantitative Teilstudien zunächst gesondert voneinander behandelt werden (vgl. Krüger/Pfaff 2004). Bei der Verknüpfung von Survey- und Fallstudien können zwei unterschiedliche Wege in der zeitlichen Abfolge beider methodischer Zugänge gewählt werden. Eine Möglichkeit besteht darin, eine in einer quantitativen Untersuchung herausgefundene Problemgruppe, z.B. eine Risikogruppe der Intensivnutzer von Fernsehen, Video- oder Computerspielen, in einer anschließenden qualitativen Studie mit ethnografischen und biografischen Methoden genauer zu untersuchen. Man kann jedoch die Blickrichtung genauso gut umkehren und fragen, inwieweit die quantitativen Methoden einen Beitrag zur Verallgemeinerung qualitativ gewonnener Ergebnisse leisten können. So hat etwa Kötters (2000) in einer quantitativen Studie untersucht, wie oft verschiedene von uns in einer qualitativen Untersuchung herausgearbeitete biografische Handlungsmuster von Kindern in der sozialen Realität vorkommen (vgl. Krüger u. a. 1994).

Gerade solche Modelle der Triangulation quantitativer und qualitativer Zugänge scheinen somit forschungsmethodisch in besonderer Weise geeignet zu sein, einen mehrperspektivischen Blick auf die Lebenslagen und Orientierungen von Kindern zu eröffnen, bei dem individuelle Entwicklungsprozesse und Verarbeitungsmuster in ihrer Abhängigkeit von ökologischen und gesamtgesellschaftlichen Einflussfaktoren gleichzeitig erfasst werden. Insofern stellt ihre methodologische Weiterentwicklung und forschungspraktische Umsetzung eine der zentralen Herausforderungen für die zukünftige Kindheitsforschung dar.

Literatur

Alt, C. (Hrsg.) (2005): Kinder-Leben. Aufwachsen zwischen Familie, Freunden und Institutionen. Wiesbaden.

Arbeitsgruppe Deutsche Child Behavior Checklist (2000): Elternfragebogen für Klein- und Vorschulkinder (CBCL/1 1/2-5). Köln: Arbeitsgruppe Kinder-, Jugend- und Familiendiagnostik (KJFD).

Beller, K. (2000): Forschung mit Säuglingen und Kleinkindern. In: Heinzel, F. (Hrsg.): Methoden der Kindheitsforschung. Weinheim u. München, S. 247-264.

Bertram, H. (1993): Sozialberichterstattung zur Kindheit. In: Markefka, M.; Nauck, B. (Hrsg.): Handbuch der Kindheitsforschung. Neuwied u. a., S. 91-108.

Bien, W.; Rauschenbach, T.; Riedel, B. (Hrsg.) (2007): Wer betreut Deutschlands Kinder? DJI-Kinderbetreuungsstudie. Berlin.

BMSFSJ (Hrsg.) (1998): 10. Kinder- und Jugendbericht. Bericht über die Lebenssituation von Kindern und die Leistungen der Kinderhilfen in Deutschland. Berlin.

BMSFSJ (Hrsg.) (2005): 12. Kinder- und Jugendbericht. Bericht über die Lebenssituation junger Menschen und die Leistungen der Kinder- und Jugendhilfe in Deutschland. Berlin.

Böhm-Kasper, O. (2004): Schulische Belastung und Beanspruchung. Münster u. a.

Bortz, J. (2004): Statistik für Human- und Sozialwissenschaftler. 6. Aufl. Heidelberg.

Bos, W.; Lankes, E.-M.; Prenzel, M.; Schwippert, K.; Valtin, R.; Walther, G. (Hrsg.) (2004): IGLU. Einige Länder der Bundesrepublik Deutschland im nationalen und internationalen Vergleich. Münster u. a.

Bos, W.; Straka, G. A. (1989): Multivariate Verfahren zur heuristischen Analyse kategorialer Daten. Eine Inhaltsanalyse von Lesebüchern der chinesischen Grundschule. In: Bos, W.; Tarnai, C. (Hrsg.): Angewandte Inhaltsanalyse in Empirischer Pädagogik und Psychologie. Münster, S. 61-72.

Brake, A. (2005): Schriftliche Befragung. In: Kühl, S.; Strodtholz, P.; Taffertshofer, A. (Hrsg.): Quantitative Methoden der Organisationsforschung. Ein Handbuch. Wiesbaden, S. 33-58.

Bryk, A. S.; Raudenbusch, S. W. (1989): Toward a more appropriate conceptualisation of research on school effects. In: Bock, R. D. (Hrsg.): Multilevel Analysis of Educational Data. San Diego, S. 159-204.

Büchner, P.; Fuhs, B.; Krüger, H.-H. (Hrsg.) (1996): Vom Teddybär zum ersten Kuss. Wege aus der Kindheit in Ost- und Westdeutschland. Opladen.

Diamantoppoulos, A.; Siguaw, J. A. (2000): Introducing LISREL. London.

Diekmann, A. (2007): Empirische Sozialforschung. 18. Aufl. Reinbek.

Dollase, R. (2000): Kinder zwischen Familie und Peers. Ergebnisse soziometrischer Zeitwandelstudien in Kindergärten, Grund- und Hauptschulen zwischen 1972 und 1976. In: Herlth, A.; Engelbert, A.; Mansel, J.; Palentien, C. (Hrsg.): Spannungsfeld Familienkindheit. Opladen, S. 176-191.

Dollase, R.; Ridder, A.; Bieler, A.; Woitowitz, K.; Köhnemann, I. (2002): Soziometrische Beziehungen und Fremdenfeindlichkeit in Schulklassen mit unterschiedlichem Ausländeranteil. In: Boehnke, K.; Fuß, D.; Hagan, J. (Hrsg.): Jugendgewalt und Rechtsextremismus. Soziologische und psychologische Analysen in internationaler Perspektive. Weinheim u. München, S. 183-194.

Fend, H. (1990): Vom Kind zum Jugendlichen. Der Übergang und seine Risiken. Bern.

Fried, L.; Briedigkeit, E.; Isele, P.; Schunder, R. (2009): Delfin 4 – Sprachkompetenzmodell und Messgüte eines Instrumentariums zur Diagnose, Förderung und Elternarbeit in Bezug auf die Sprachkompetenz vierjähriger Kinder. Zeitschrift für Grundschulforschung, 2, 2, S. 13-26.

Friedrich, J. (1985): Methoden der empirischen Sozialforschung. 13. Aufl., Opladen.

Gerlach, E. (2008): Sportengagement und Persönlichkeitsentwicklung. Eine längsschnittliche Analyse. Aachen.

Grunert, C. (2010): Methoden und Ergebnisse der qualitativen Kindheits- und Jugendforschung. In: Krüger, H.-H.; Grunert, C. (Hrsg.): Handbuch Kindheits- und Jugendforschung. Wiesbaden, S. 245-272.

Hartmann, D. P. (2005): Assessing Growth in Longitudinal Investigations: Selected Measurement and Design Issues. In: Teti, D. M. (Hrsg.): Handbook of Research Methods in Developmental Science. Malden, MA, S. 319-339.

Heinzel, F. (Hrsg.) (2000): Methoden der Kindheitsforschung. Ein Überblick über Forschungszugänge zur kindlichen Perspektive. Weinheim u. München.

Hurrelmann, K.; Andresen, S. (2007): Kinder in Deutschland 2007. 1. World Vision Kinderstudie. Frankfurt a. M.

KiGGS (2007): Der Kinder- und Jugendgesundheitssurvey (KiGGS). Bundesgesundheitsblatt – Gesundheitsforschung – Gesundheitsschutz 50, H. 5/6.

KIM (2006): Medienpädagogischer Forschungsverbund Südwest: KIM-Studie 2006. Kinder + Medien, Computer + Internet. Basisuntersuchung zum Medienumgang 6- bis 13-Jähriger in Deutschland. Stuttgart.

Klöckner, C.; Beisenkamp, A.; Hallmann, S. (2007): LBS-Kinderbarometer. Deutschland 2007. Stimmungen, Meinungen, Trends von Kindern in sieben Bundesländern. Herten.

Kötters, C. (2000): Wege aus der Kindheit in die Jugendphase. Biografische Schritte der Verselbständigung im Ost-West-Vergleich. Opladen.

Kränzl-Nagl, R.; Wilk, L. (2000): Möglichkeiten und Grenzen standardisierter Befragungen unter besonderer Berücksichtigung der Faktoren soziale und personale Wünschbarkeit. In: Heinzel, F. (Hrsg.): Methoden der Kindheitsforschung. Weinheim u. München, S. 59-76.

Kromrey, H. (2006): Empirische Sozialforschung. 11. Aufl., Stuttgart.

Krüger, H.-H. (2001): Einführung in Theorien und Methoden der Erziehungswissenschaft. 3. Aufl., Opladen.

Krüger, H.-H.; Ecarius, J.; Grunert, C. (1994): KinderBiografien: Verselbständigungs-schritte und Lebensentwürfe. In: Bois-Reymond, M. du; Büchner, P.; Krüger, H.-H. u.a.: Kinderleben. Modernisierung im interkulturellen Vergleich. Opladen, S. 221-271.

Krüger, H.-H.; Grunert, C. (2010): Geschichte und Perspektiven der Kindheits- und Jugendforschung. In: Krüger, H.-H.; Grunert, C. (Hrsg.): Handbuch Kindheits- und Jugendforschung. Wiesbaden, S. 11-42.

Krüger, H.-H.; Pfaff, N. (2002): Rechte jugendkulturelle Orientierungen, Gewaltaffinität und Ausländerfeindlichkeit als Probleme für die Schule. In: Krüger, H.-H.; Reinhardt, S.; Kötters-König, C.; Pfaff, N.; Schmidt, R.; Krappidel, A.; Tillmann, F.: Jugend und Demokratie – Politische Bildung auf dem Prüfstand. Opladen, S. 75-102.

Krüger, H.-H.; Pfaff, N. (2004): Triangulation quantitativer und qualitativer Methoden in der Schulforschung. In: Helsper, W.; Böhme, J. (Hrsg.): Handbuch der Schulforschung. Wiesbaden, S. 159-182.

Lang, S. (1985): Lebensbedingungen und Lebensqualität von Kindern. Frankfurt a. M.

Lang, S.; Breuer, S. (1985): Die Verlässlichkeit von Angaben acht- bis zehnjähriger Kinder über den Beruf des Vaters. In: Zeitschrift für Soziologie der Erziehung und Sozialisation, 18, 4, S. 403-422.

Lipski, J. (2000): Zur Verlässlichkeit der Angaben von Kindern bei standardisierten Befragungen. In: Heinzel, F. (Hrsg.): Methoden der Kindheitsforschung. Weinheim u. München, S. 77-86.

Miller, S. A. (1998): Developmental research methods. Engelwood Cliffs, NJ.

Nauck, B. (1995): Kinder als Gegenstand der Sozialberichterstattung – Konzepte, Methoden und Befunde im Überblick. In: Nauck, B.; Bertram, H. (Hrsg.): Kinder in Deutschland. Lebensverhältnisse von Kindern im Regionalvergleich. Opladen, S. 11-90.

Petermann, F.; Windmann, F. (1993): Sozialwissenschaftliche Erhebungstechniken bei Kindern. In: Markefka, M.; Nauck, B. (Hrsg.): Handbuch der Kindheitsforschung. Neuwied u. a., S. 125-142.

Projektgruppe Jugendbüro (1977): Subkultur und Familie als Orientierungsmuster. Zur Lebenswelt von Hauptschülern. München.

Prüfer, P.; Rexroth, M. (2000): Zwei-Phasen-Pretesting. In: Mohler, P. P.; Lüttinger, P. (Hrsg.): Querschnitt. Festschrift für Max Kaase. Mannheim, S. 203-219.

Prüfer, P.; Rexroth, M. (2005): Kognitive Interviews. In: ZUMA. How-to-Reihe, 15. Mannheim.

Purcell, P.; Stewart, L. (1990): Dick und Jane in 1989. In: Sex Roles, 22, 3-4, S. 177-185.

Qvortrup, J. (1993): Die soziale Definition von Kindheit. In: Markefka, M.; Nauck, B. (Hrsg.): Handbuch der Kindheitsforschung. Neuwied u. a., S. 109-124.

Schilling, M. (2005): Der Beitrag der Sekundäranalyse zur Jugendhilfeforschung in Kindertageseinrichtungen. In: Schweppe, C.; Thole, W. (Hrsg.): Sozialpädagogik als forschende Disziplin. Weinheim u. München, S. 161-174.

Schnell, R.; Hill, P. B.; Esser, E. (2008): Methoden der empirischen Sozialforschung. 8. Aufl., München.

Strehmel, P. (2002): Von der Geburt bis ins Erwachsenenalter – ein Überblick über die internationale Längsschnittforschung. In: Merkens, H.; Zinnecker, J. (Hrsg.): Jahrbuch Jugendforschung 2. Opladen, S. 267-284.

Walper, S. (2001): Ökonomische Knappheit im Erleben ost- und westdeutscher Kinder und Jugendlicher: Einflüsse der Familienstruktur auf die Befindlichkeit. In: Klocke, A.; Hurrelmann, K. (Hrsg.): Kinder und Jugendliche in Armut. 2. Aufl., Wiesbaden, S. 169-187.

Walper, S.; Tippelt, R. (2010): Methoden und Ergebnisse der quantitativen Kindheits- und Jugendforschung. In: Krüger, H.-H.; Grunert, C. (Hrsg.): Handbuch Kindheits- und Jugendforschung. Wiesbaden, S. 205-244.

Weinert, F. E.; Helmke, A. (Hrsg.) (1997): Entwicklung im Grundschulalter. München.

Zinnecker, J. (1996): Soziologie der Kindheit oder Sozialisation des Kindes? In: Honig, M.-S.; Leu, H. R.; Nissen, U. (Hrsg.): Kinder und Kindheit. Weinheim u. München, S. 31-54.

Zinnecker, J.; Silbereisen, R. K. (1996): Kindheit in Deutschland. Aktueller Survey über Kinder und ihre Eltern. Weinheim u. München.

Dirk Hülst

Das wissenschaftliche Verstehen von Kindern

Dem ‚Verstehen' verpflichtete Sozialforschung findet sich in den Human-
oder Sozialwissenschaften in vielfältiger Form und Methodik. Dabei folgen
die unterschiedlichen Disziplinen zwar ähnlichen methodologischen Grund-
regeln – die Frage jedoch, inwieweit die Äußerungen ihrer Untersuchungs-
objekte angemessen, d.h. durch Verstehen ihres subjektiven, von den Handelnden gemeinten Sinns gedeutet werden kann, bleibt als Bezugspunkt
immer wieder aufkeimender Kontroversen erhalten. Der folgende Beitrag
diskutiert dazu einige Herausforderungen, die sich im Untersuchungsbereich der Kinder- oder Kindheitsforschung ergeben. Er ermuntert zu einer
Auflockerung methodologischer Postulate.

Neuere Kindheitsforschung und die Akzentverschiebung auf die Binnensicht von Kindern

Der seit einigen Jahrzehnten präsente Paradigmenwechsel in der Erforschung von Kindern legt einen anderen Blick auf die ‚Lebensphase Kindheit' nahe. In Abgrenzung zu älteren Ansätzen versucht die neuere Kindheitsforschung, deterministische Vorstellungen von kindlicher Entwicklung
unter der Perspektive des Erwachsen-Werdens zu vermeiden und die Entstehung von kindlicher Identität und Eigen-Sinn nicht als alleiniges Produkt
von formativen Instanzen zu begreifen. Sie konzentriert sich stattdessen auf
die Untersuchung von alltagskulturellen Praxen, mit denen Kinder alltägliche Welt erschließen und Orientierung gewinnen.
   Die aktuelle gesellschaftliche Lebensform ‚Kindheit' erscheint damit als
Spezialfall historisch wandelbarer Kindheiten, die sich in der Gestalt besonderer kultureller Muster als Aspekte der sozialen Konstruktion von
Kindheiten durch Kinder selbst verobjektivieren (vgl. z.B. Alanen 1992;
Qvortrup 1993; Zeiher 1996a, b; Honig u.a. 1996; Zinnecker 1996; Leu
1996; Jenkins 1998).
   Für die Kindheitsforschung spielt zudem das gesellschaftliche Ver-
ständnis von Generationenbeziehungen eine wichtige Rolle: Durch sie werden einerseits kulturelle Aspekte gebündelt und andererseits unterschiedli-

che soziale Einheiten historisch und sozialräumlich voneinander abgegrenzt. Auch wenn die kindlichen Lebensverhältnisse eng an soziale Institutionen gekoppelt bleiben, so lässt sich aufgrund eigener Erfahrungsmöglichkeiten der Kinder doch eine zunehmende Distanz zu den Erfahrungen und Wertmustern der Erwachsenen nachweisen, wodurch das generative Eltern-Kind-Verhältnis im Kern betroffen erscheint. Es wandelt sich allmählich vom Erziehungs- zum Beziehungsverhältnis (Rendtorff 2000), und mit veränderten Erziehungszielen und Erziehungspraxen in Richtung egalitärer (Walter 2002) bzw. Anerkennung beanspruchender Verhaltensentwürfe.

Kindheit erscheint unter diesen Prämissen als von Kindern in unterschiedlichen Anteilen selbst gestaltete Lebensform (Fölling-Albers 2001). Als Handelnde und gleichwertige Mitgestalter soziokultureller Umwelten (u.a. Geulen 1994; Behnken/Jaumann 1995; Kemper 1995; Renner 1995; Weiss 1995; Bründel/Hurrelmann 1996; Kelle/Breidenstein 1996), als ,Akteure' (Hurrelmann/Bründel 2003, S. 7f.) angesehen, verschiebt sich das Erkennt-nisinteresse der Kindheitsforschung von den Sozialisationsbedingungen auf Besonderheiten der Lebensführung von Kindern (Bründel/ Hurrelmann 1996; Röhner 2003; Herold/Landherr 2003; Bosse 2004; Messner 2004). Als eigene Perspektive gewinnt ihre „Binnensicht" (Behnken/Zinnecker 2001, S. 157) besonderes Gewicht (Honig 1999). Aus dieser Wende haben sich bedeutsame Konsequenzen für die Ausrichtung von Forschungsprozessen ergeben; sie lenkt die Aufmerksamkeit auf das orientierende und handlungsleitende Denken und Fühlen von Kindern, auf ihre Welttheorien und ihr konkretes Handeln (Behnken/Zinnecker 2001).

Gegen diese Wandlung der Kindheitsforschung wurden zahlreiche Einwände erhoben. Neben Ratschlägen, sich nicht von der „Formel" der Kindheit als Konstrukt blenden zu lassen (Kupffer 2000, S. 419), wurde geargwöhnt, das Kind als (sozialer) Akteur sei lediglich eine „Konstruktion der neuen Kindheitsforschung". Kinder, aus der Akteursperspektive untersucht und portraitiert, würden von der Forschung überhaupt erst als „Akteure" konstruiert (Klaßen 2006, S. 121). Diese Kritik schließt an ältere Überlegungen (Rousseau 1762/1998; Flitner 1958)[1] an, die zu bedenken gegeben hatten, dass eine jede Kindzentrierung von Erwachsenen unausweichlich mit der Problematik behaftet sei, die Äußerungen und das Ausdrucksverhalten der Kinder überhaupt zu verstehen[2] (z.B. Reiser 1993; Herrmann 1997; Schäfer 1997).

---

1 Bereits Rousseau (1762/1998) behauptete, dass wir „uns nie in ein Kind hineinversetzen können" und deshalb allenfalls unsere (erwachsenen) Vorstellungen auf Kinder projizieren.

2 Einen drastischen Vergleich mit ihrem Schmusekätzchen ziehen Fine und Sandstrom (1988, S. 47): „Discovering what children ,really' know may be *almost* as difficult as learning what our pet kitten really knows; we can't trust or quite understand the sounds they make".

Unter Absehung von diesen Einwänden soll im Folgenden Kindheit als Teil der generationalen Ordnung, als Gegenpol zu Erwachsensein definiert und damit als besondere soziale Struktur begriffen werden, die – wie die übrigen Sozialstrukturen – als Ausdruck der Selbstorganisation von Gesellschaften entsteht, deren Wirklichkeit historisch wandelbar erscheint und an deren Konstitution zunehmend Kinder beteiligt sind. Die von der Kindheitsforschung thematisierten Problemstellungen verweisen somit über das einzelne Kind bzw. dessen Eigenart hinaus auf den übergeordneten (gesellschaftlichen) Zusammenhang des für das jeweilige Forschungsinteresse zentralen Phänomens.

Aus diesen Gründen richtet sich das ‚Verstehen' als sozialwissenschaftliche Methode im Rahmen kindheitssoziologischer Fragestellungen auf zwei sorgfältig zu unterscheidende Erkenntnisgegenstände: verstehen, was Kinder mit ihren Äußerungen *meinen* (Sinn-Verstehen) und verstehen, was es (unter der jeweils angelegten fachspezifischen Perspektive) *bedeutet*, was Kinder mit ihren Äußerungen meinen (verstehende Interpretation).

Auf der Grundlage dieser Unterscheidung verliert der Hinweis, dass Kompetenzunterschiede zwischen Erwachsenen und Kindern diese nur gering befähige, an Forschungsvorhaben teilzunehmen (Beispiele bei: Mayall 1994; Fine/Sandstrom 1988) erheblich an Bedeutung. Mag zwar die Objektivität kindlicher Aussagen (wie die von Erwachsenen auch) schwer zu bewerten sein, so ist dieses Problem vor allem für die Variante empirischer Forschung relevant, in der von den Subjekten tragfähige (‚Realitäts'-gerechte) Informationen über Aspekte ihres Verhaltens und ihrer Wissensbestände erwartet werden. Demgegenüber richtet die interpretative Sozialforschung ihre Verfahren, vermittelt durch Verstehensprozesse der Forscher/innen, auf die *Deutung* der Äußerungen von Kindern (Primärtexte, transkribierte Gespräche, in Text übersetzte Bilder o.ä.), weshalb die Anforderungen an Objektivität, Reliabilität oder Validität nicht den Wahrheitsgehalt der Mitteilungen der ‚Informanten' betreffen, sondern die Haltbarkeit der Interpretationsergebnisse der Forscher/innen.

Der Erfolg von Kindheitsforschung im beschriebenen Sinne hängt demnach insbesondere davon ab, dass (erwachsene) Forscher/innen die (manifesten) Äußerungen von Kindern ‚verstehen' und die darin enthaltenen (nicht selten latenten) Aspekte ihres Lebenshintergrunds in einer angemessenen Deutung entsprechend der Forschungsfragestellung interpretierend herausarbeiten.

Forschung: Probleme der Kommunikation zwischen ungleichen Partnern

Kinder sind Erwachsenen gegenüber in mehrfacher Hinsicht benachteiligt: sowohl ihre körperliche Schwäche wie auch ihr geringerer Vorrat an Wissen und Erfahrung macht sie von Erwachsenen abhängig; darüber hinaus erzeugen die unterschiedlichen politischen und ökonomischen Machtverhältnisse und die (temporäre) Vorenthaltung eines Teils der zivilen und bürgerlichen Rechte, die in überkommenen Einstellungen der Erwachsenen bezüglich Kindheit und Eigenart der Kinder gründet, ihre stärkere Verletzlichkeit (vgl. Landsdown 1994).

Neben derartigen Differenzen wird vor allem auf Kompetenzunterschiede zwischen Erwachsenen und Kindern verwiesen, die sie nur gering befähige, an Forschungsvorhaben teilzunehmen. Die mögliche Liste behaupteter oder bewiesener Kompetenzunterschiede ist lang, beispielhaft sollen einige in diesem Zusammenhang immer wieder vorgebrachte Hinweise angeführt werden:

- Kinder können Wahrheit und Fiktion nicht unterscheiden
- Kinder geben Gefälligkeitsantworten
- Kinder haben zu wenig Erfahrung und Wissen, um ihre aktuellen Erlebnisse angemessen kommentieren zu können (mangelndes Kontextwissen)
- kindliche Deutungen und Welterklärungen sind nicht authentisch, sondern von den Erwachsenen auf sie zugeschnitten (sozial konstruiert) und kritiklos bzw. alternativlos übernommen
- Kinder geben nur das wieder, was ihnen die erwachsenen Bezugspersonen vorgeredet haben
- Kinder besetzen Dinge und Beziehungen mit unangemessenen Wertbezügen
- Kindern fehlt moralisches Bewusstsein
- kindliche Logik folgt eigenen, schwer bis überhaupt nicht nachvollziehbaren Wegen (vgl. Mayall 1994).

Trotz der begründeten Vermutung, dass ein Teil dieser Aussagen auch auf Erwachsene zutrifft, lässt sich aufrechterhalten, dass die Objektivität kindlicher Aussagen problematischer als in irgendeinem anderen Forschungsbereich zu bewerten ist, weil und wenn Kinder die von ihnen zu erhaltenden Beschreibungen und Deutungen ihrer Lebensverhältnisse von einer anderen sozialen Gruppe (Eltern, Peers) übernommen bzw. sie mit dieser abgestimmt haben und entsprechende Mitteilungen vielleicht bereits mit ihren eigenen (auch erst potentiellen) Entwürfen in Kontrast oder Konflikt stehen (vgl. Qvortrup u.a. 1994). Zugleich besteht jedoch ein Teil des Problems nicht zuletzt darin, dass im obigen Sinn die Verstehens-Beziehungen zwischen Erwachsenen und Kindern aus einer spezifischen (aber nicht der einzig möglichen) Perspektive betrachtet werden, die Kinder zu Informanten über Sachverhalte macht, die erwachsene Forscher/innen interessieren, einer Perspektive also, die bereits durch eine jeweils bestimmte (erwachsenenzentrierte) Interessenkonstellation gekennzeichnet ist.

Wird Verstehen jedoch nicht nur als *Erkenntnisverfahren* (innerhalb eines beobachtenden, kontrollierenden oder erforschenden Arrangements zwischen erwachsenen Forscher/innen und erwachsenen oder kindlichen Untersuchungssubjekten) genutzt, sondern seinerseits bereits als wesentlicher Bestandteil und grundsätzliche Interaktionsbedingung auf der *Ebene des sozialen Handelns* selbst betrachtet, dann wird deutlich, dass Verstehensprozesse sowohl (Erkenntnis-)*Gegenstand als auch* (Untersuchungs-) *Methode* der verstehenden Soziologie wie auch der neueren Kindheitsforschung[3] abgeben. Auch wenn die Überlegung, inwieweit Kinder *überhaupt* aus der Perspektive erwachsener Deutungsgewohnheiten, Relevanzsysteme und Wissensformen angemessen verstanden werden können, eine reizvolle Herausforderung für grundlagentheoretische Erörterungen[4] eröffnen mag, soll im Folgenden nicht die Frage, *ob* ‚Verstehen' als sozialwissenschaftliche Forschungsstrategie auf den Gegenstandsbereich der Kindheitsforschung überhaupt angewendet werden kann, diskutiert werden. Hier interessiert vor allem die Überlegung, *wie* dieses unter Berücksichtigung einiger die Verstehensprozesse im Gegenstandsbereich betreffender Erkenntnisse der neueren Soziologie geschehen könnte[5].

Dafür erscheint es aus zwei Gründen sinnvoll, zunächst die Bedingungen des Verstehens von Erwachsenen zu skizzieren. Zum einen werden Verstehensprozesse zwischen Erwachsenen und Kindern wie selbstverständlich an der inneren Logik der Erwachsenenkommunikation und der

---

3 Damit besteht, analytisch gesehen, eine dreifache unterteilte Struktur: Verstehen als ‚Verhalten' von Kindern, Verstehen als ‚Verhalten' zwischen Kindern und Erwachsenen und Verstehen als ‚Verhalten' zwischen erwachsenen Forschern und Kindern. Genau genommen tritt mit Verstehen als ‚Verhalten' zwischen erwachsenen Forschern und Eltern noch eine weitere Ebene hinzu, die hier aber vernachlässigt werden kann.

4 Ich will damit hervorheben, dass gegenüber dem forschungspraktischen Interesse die grundlagentheoretische Auseinandersetzung an Bedeutung verliert, wodurch sich das Thema dieses Aufsatzes beinahe von selbst in die Frage nach den forschungspraktischen Erfordernissen verwandelt, die entstehen, wenn Kinder dem methodisch kontrollierten Fremdverstehen von Forscher/-innen ausgesetzt werden. ‚Kinder' werden im vorliegenden Zusammenhang alle Menschen unter 18 Jahren genannt und beinahe überflüssig ist es, hier darauf hinzuweisen, dass der Begriff bereits eine beinahe unverantwortlich verallgemeinernde Typisierung beinhaltet.

5 Eine kritische Auseinandersetzung mit der Funktion des wissenschaftlich angeleiteten Verstehens von Kindern, die derartige Erkenntnisbemühungen vor allem aus pädagogischer Sicht als problematische Grenzüberschreitungen auffassten und in die Nähe eines unerwünschten Übergriffs (‚Kolonialismus') rückten, findet sich z. B. bei Brumlik 1983 und Lippitz 1995, 1997.

dabei ausgebildeten Vorstellung ‚korrekten' Verstehens gemessen, zum anderen kann die Besonderheit des Verstehens von Kindern nur im Kontrast zu diesen normativen Vorgaben konkretisiert werden.

Wie Erwachsene einander ‚verstehen' und welche Regeln für das Verstehen auch von Kindern gelten

Verstehen und Handlung: materielle und informationelle Praxis

Elementar für das Verständnis der Verstehensprozesse Erwachsener ist der Begriff der Handlung, auch: kommunikativen Handlung. Verstehen ist üblicherweise eingebettet in einen Aktionszusammenhang mit verschiedenen Parts der daran Beteiligten. Geistige Aktivität und praktische Aktivität wechseln sich ab und ergänzen einander, Handlung und Verstehen wirken als wechselseitige Korrektive und Interpretationen: die Handlung interpretiert die vorausgehende Verstehensleistung dadurch, dass sie dem Verständnis Ausdruck verleiht. Ein Kind geht zum Bäcker um ein Brot zu kaufen, ob er verstanden hat, erweist sich dadurch, dass er ihm das Brot gibt. Zugleich verlangt er, dass dafür zu bezahlen sei und das Kind reagiert, indem es das Geld hinüberreicht. Die *Reziprozität* der Handlung beweist, ob der Gegenstand der Kommunikation verstanden wurde. Korrekturen werden dann erforderlich, wenn die Handlung nicht mit dem intendierten Entwurf zumindest eines der Beteiligten zusammenpasst (das Brot nehmen, gehen und freundlich winken).

Eine Handlung beruht damit also auf der gemeinsamen (geglückten oder missglückten) Interpretation der Situation durch die an ihr Teilhabenden und verändert diese Situation materiell und/oder immateriell (informationell); a) *materiell*: das Brot wechselt seinen Besitzer und komplementär das Geld; b) *immateriell*: das Kind verspricht, am nächsten Tag zu bezahlen. Handlungen beruhen also – wie Kommunikationen – auf einer mehrstufigen Selektion[6], die zwischen den Beteiligten abgestimmt werden muss und diese wechselseitige selektive Koordination (oder koordinierte Selektivität) kann nur unter besonderen meta-kommunikativen Bedingungen (s. u.) zustande kommen.

Interaktionen (aus der Perspektive der Akteure) betreffen eine Veränderung der objektiven Situation durch *Produktion oder Austausch* von Gegen-

---

6 Für Kommunikationen gilt, dass Information, Mitteilung und Verstehen in einem Wechselverhältnis stehen (Luhmann): Die Bedeutung eines sprachlichen Ausdrucks (auch: Textes) ist sowohl von den Absichten/Selektionen des Sprechers abhängig wie von seinen Wirkungen/der Interpretation/Selektion des Hörers. Verstehen bedeutet dann, dass innerhalb dieses regelgeleiteten Systems Anschlussfähigkeit erhalten wird: Der Sprecher erzeugt eine Botschaft, die vom Hörer mit einer Gegenbotschaft (auch: Handlung) beantwortet wird usw.

ständen, Gesten, Zeichen oder Symbolen. Sie werden durch einen sinngebenden Hintergrund von Deutungsgewohnheiten für die Beteiligten verständlich und motiviert, weil zusammen mit den jeweiligen Bedeutungen der materiellen oder immateriellen Objekte die Relevanzen der Ereignisse (Werte, Unterscheidungskriterien, Begehren usw.) berufen werden.

Die elementare Beziehung zwischen Handlung und Verstehen hatte als erster Max Weber erläutert. Er unterscheidet am Beispiel der Soziologie zwei Kernstrategien der wissenschaftlichen Methode: „Soziologie soll heißen: eine Wissenschaft, welche soziales Handeln deutend verstehen und *dadurch* in seinem Ablauf und seinen Wirkungen ursächlich erklären will" (Herv. D. H.; Weber 1964, S. 3). Verstehen (des subjektiven Sinns) und das dadurch ermöglichte Erklären[7] der Handlungen von Subjekten (durch ihre bewussten oder unbewussten, rationalen oder nicht-rationalen Intentionen) sind die zentralen Hilfsmittel der Sozialwissenschaften. Damit wird herausgestellt, dass Verstehen methodologisch nur als Verstehen von Verhalten thematisiert werden kann.

Handeln (Verhalten) ist der primäre Gegenstand der Sozialwissenschaften, während die Untersuchung von sinnhaften Äußerungen nur der Weg sein kann, um *beobachtbares* Verhalten/Handeln zu erklären. Das bedeutet, dass Sinnverstehen nur auf Äußerungen bezogen werden kann, die beobachtetes Tun (Verhalten und Handeln) begleiten. Während umgekehrt geistige Produktionen von Kindern (wie von Erwachsenen) ausschließlich als (ihrerseits deutbare) Handlungen oder als Sinnhintergrund (Werte, Regeln, Absichten etc.) für Handlungen erschließbar sind.

Verstehen, Handlung und vorgeordnete sinnhafte Sozialprozesse

Menschen handeln nur in Ausnahmesituationen als isolierte Akteure in einem ansonsten menschenleeren Handlungsraum; generell gilt, dass ein beteiligter Akteur (A1) zunächst eine *Objektivation* (situationsverändernde Aktivität: Äußerung, Geste, Handlung) hervorbringt und darauf sein Gegenüber (A2), nachdem er die Situation und die Handlungskonditionen interpretiert und damit subjektiv ‚verstanden' hat, reagiert.

- Für *soziale* Interaktionen ist kennzeichnend, dass A1 seine Handlung bereits unter Antizipation einer Verstehensleistung und Reaktionsbereitschaft von A2 konzipiert. Das bedeutet, dass er immer schon ein Deutungssystem einsetzt und seine Handlung also bereits in Hinsicht auf das von A2 zu erwartende Verhalten gestaltet. Mit genau der gleichen Hal-

---

7 Weber: „Erklären bedeutet für eine mit dem Sinn des Handelns befasste Wissenschaft so viel wie: Erfassung des Sinnzusammenhangs, in den, seinem subjektiv gemeinten Sinn nach, ein aktuell verständliches Handeln hineingehört" (1964, S. 7).

tung geht A2 von eben diesem Sachverhalt aus: auch für seine Handlungen ist die Einschätzung des von A1 zu erwartenden Verhaltens von konstitutiver Bedeutung.

- Interaktionen stehen in einem komplementären Wechselverhältnis (systemische Rückkopplung): während A1 seine Handlung entwirft und vollzieht, *versichert er sich* bereits über das von A2 seiner Handlung entgegengebrachte Verständnis. A2 signalisiert i.d.R. während A1 noch aktiv ist, dass er *versteht*, was ‚vor sich geht‘, wie seine Reaktion wahrscheinlich ausfallen wird und ggf. inwieweit er überhaupt bereit ist, am Interaktionsgeschehen beteiligt zu bleiben. Diese interaktive Verhaltenskoordination verweist auf eine *kooperative Konstruktivität*, die aufzeigt, dass alle an einer Handlungsfolge Beteiligten einen gewissen, nicht vorab kontrollierbaren oder vorhersagbaren Anteil am Zustandekommen des Interaktionsgeschehens nehmen. Interaktionsverläufe sind somit durch eine grundlegende Dynamik und Offenheit für Interpretation und Umdeutung ausgezeichnet, die auch durch ritualisierte Regelsysteme niemals vollständig stillgestellt werden kann (vgl. Auwärter/Kirsch 1982).
- Gegen die hier zugrunde gelegten *handlungstheoretischen* Prämissen bzw. diese ergänzend oder überschreitend, lässt sich einwenden, dass sie von den umgreifenden Strukturen der Lebenswelt (Schütz), von der einer jeden Einzelexistenz immer schon vorausgehenden Sozialität (Mead) abstrahieren. Dieser Hintergrund aus Deutungsmustern, Sinnstrukturen, rituellen Mustern u.a. ermöglicht weitgehend die Koordination von Interaktionszügen. Er bildet eine dem handelnden Individuum vorausgehende und weitgehend von seinen Intentionen unabhängige sozio-kulturelle Realität, an der sich seine Aktivität grundsätzlich orientiert.

Diese drei Aspekte lassen sich für Zwecke der interpretativen Sozialforschung drei Sinnebenen zuordnen, für die unterschiedliche Deutungsverfahren entwickelt wurden[8].

1. Ebene: subjektiv intendierter Sinn der Befragten (Ziele, Interessen, Wünsche, Absichten, Motive) – im Kontext von Handlungen, Erlebnissen und Wünschen sowie von Orientierungen an Werten von Peers oder erwachsenen Bezugspersonen
2. Ebene: gruppenspezifische/milieuspezifische Deutungsmuster und Wissensbestände – auf dem Hintergrund konjunktiver Erfahrung konstruierte oder übernommene geistige Konstruktionen
3. Ebene: universale gesellschaftliche Sinnmuster – die aktuelle (personalisierte) Adaptation universaler Werte und Orientierungen/Sinnstruk-turen.

---

8 Vgl. die Vielzahl von Methodentexten zur qualitativen Sozialforschung.

Mit Hilfe dieser Unterscheidungen reagiert die empirische Forschung in methodologischer Hinsicht (Fragestellung, Hypothesen, Erkenntnisinteresse) auf sozialtheoretische Vorüberlegungen: Jede einzelne Forschungshandlung setzt eine Menge vorgängiger Entscheidungen über z.B. Themenfeld und relevante Phänomene im Objektbereich (auf Basis ‚theoretischer Sensibilität' der Beteiligten) voraus, von denen unmittelbar abhängt, welche Verfahren der Datengewinnung und Interpretation sich als angemessen erweisen werden[9]. Wenn also Sinnstrukturen (gesellschaftliche Wertorientierungen, Deutungsgewohnheiten o. ä.) rekonstruiert werden sollen, erfordert das eine andere Vorgehensweise, als wenn ihre milieuspezifisch besonderen konjunktiven Erfahrungsräume, szenisch vermittelte psychische oder habituelle Prägungen Erkenntnisgegenstand sein sollen.

Das innere Regelwerk sozialen Verstehens

Für Erwachseneninteraktionen ist u.a. von Alfred Schütz und von Aaron Cicourel herausgearbeitet worden, dass diese Verstehensprozesse durch universale Basisregeln (Schütze 1976, S. 30) oder auch: Kompetenzen geleitet werden, die wissentlich oder unwissentlich befolgt bzw. eingesetzt werden müssen, wenn Interaktionen zu einem erfolgreichen Abschluss gebracht werden sollen. Die ersten beiden der folgenden Regeln[10] betreffen die wesentliche Differenz zwischen Kinder- und Erwachsenenkommunikation. Sie ermöglichen, – als idealisierende Annahmen – in der Interaktion die Reziprozität der Perspektiven zu unterstellen.

- **Die Austauschbarkeit der Standpunkte** (Schütz 1971, S. 365). A1 setzt als selbstverständlich voraus, dass sein Mitmensch (A2) und er typisch die gleichen Erfahrungen von der gemeinsamen Welt machten, falls sie ihre Plätze tauschen würden.
- **Die Übereinstimmung der Relevanzsysteme** (Schütz 1971, S. 365). Solange kein Gegenbeweis vorliegt, ist es für A1 und für A2 selbstverständlich, dass die Unterschiedlichkeit der Perspektiven im Hinblick auf die aktuelle Situation unbeachtet bleiben kann.

Reziprozität entsteht überhaupt erst dann, wenn A1 sein Gegenüber (A2) als Persönlichkeit anerkennt, die ein anderer Weltstandort und andere Interessen auszeichnet.

- **Unterstellung eines gemeinsamen Handlungsschemas** (Goffman 1974, S. 301 f.; vgl. auch Schütze 1978, S. 102). Handlungen tragen neben ih-

---

9 Manche Formen der Ethnographie wollen hier eine Ausnahme machen.
10 Dazu: Schütz 1971; Cicourel 1973; Schütze 1978; im Überblick z.B.: Kraimer 1983.

rem materiellen Inhalt *zugleich Zeichencharakter*. Sie eröffnen damit einen Kontext, der als Handlungsrahmen Orientierung und Verhalten der Beteiligten (ihre Routinen) ermöglicht. Jede ihrer Handlungen wird diesen Rahmen[11] implizit berufen, manchmal korrigieren, aber nur in den seltensten Fällen thematisieren (Reflexivität).

Unter anderem dieses unumgängliche Verwiesensein auf Orientierungsrahmen als sinngebende Bedingungen und Vermittlungsformen interaktiver Prozesse führt zum mit Zeichen verbundenen *Interpretationszwang:* er verpflichtet dazu zu klären, ‚was gemeint ist' (Goffman 1971).

Die bisher dargestellten Seiten interaktiv strukturierten Verstehens erzeugen durch Vermittlung von Sinnstrukturen und Handlungsroutinen unterschiedlich komplexe Kommunikations- und Interaktionsverläufe[12], ohne dass einzelne Module einer Handlung immer wieder neu ‚erfunden' werden müssten. Dieser Vorgang wird durch zentrale Ergebnisse der Kognitionswissenschaften (insbesondere der *social cognition*[13]) weiter ausbuchstabiert.

Aus kognitionstheoretischer Sicht beginnt *Verstehen* mit der Aufnahme eines sprachlichen ‚Reizes' und von Aspekten des situativen Kontextes. Kognitive und motivationale Vorgänge der Beteiligten schreiten von Worterkennung, Satz- und Textanalyse, zur semantischen und pragmatischen Interpretation[14] als Komponenten des Sprachverarbeitungssystems fort (Dijkstra/Kempen 1993).

Da sprachliches Wissen allein nur selten eindeutiges Verstehen einer Sprachäußerung ermöglicht, muss auf situationsübergreifendes Hintergrundwissen zurückgegriffen werden. *Weltwissen* (Wettler 1980, S. 3) beinhaltet das den Kommunikationspartnern gemeinsame Wissen oder den vermuteten, wechselseitig unterstellten Bestand an relevantem Voraussetzungswissen (Clark/Schober 1992), das, neben aktuellen Erfahrungen, den Deutungshintergrund für das Verstehen der Beteiligten abgibt (vgl. Smith 1998, S. 392). Zugleich wird die Deutung des semantischen Gehalts von

---

11 ‚Rahmen' hat eine doppelte Funktion: als Deutungsschema ermöglicht er Verständnis der einzelnen Sequenzen (durch Interpretation) und als Gestaltungsmittel eröffnet erweiterte Spielzüge, Anschlüsse, Ketten, Abzweigungen (eben: Aktion) (Goffman 1977, S. 53, 274) – Rahmen können als Struktur und als Prozess gesehen werden.

12 Begreift man Kommunikation als Prozess des Verbindens von einzelnen Handlungen und Erlebnissen (der passive Teil einer Handlung) durch das Medium des Sinns, dann besteht zwischen Kommunikation und Interaktion kein Unterschied: das Aufeinander-Beziehen von Handlungen geschieht kommunikativ (auf Sinn verweisend).

13 Einen informativen Überblick geben Howard/Renfrow 2003.

14 Im Rahmen der Semantik wird der Aussagegehalt (der propositionale Gehalt) von Wörtern, Sätzen und Texten weitgehend ohne Bezug auf Eigenschaften der beteiligten Akteure untersucht. Gegenstand der Pragmatik ist die Betrachtung der Sprachbedeutung im sozialen Kontext.

Aussagen durch Bezug auf Information aus der pragmatischen Situation[15], ihren Handlungskontext, überlagert.

Zur Verarbeitung der sprachlichen Information wird sprachliches und/ oder vorsprachliches Wissen (tacit knowledge) verwendet: Es wird – kontextualisierend – Bezug auf Aspekte des verbalen und nonverbalen Hintergrunds einer Äußerung genommen.

Für das Gelingen der Deutungsarbeit spielen mentale Repräsentationsformen (schematische Wissensstrukturen: Schemata oder *frames*[16]) eine zentrale Rolle. Als Schablonen geistiger Orientierung steuern sie durch Ausrichtung der Aufmerksamkeit den Verlauf der Informationsverarbeitung automatisch und unbewusst (vgl. Fiske/Taylor 1991, S. 99; Bruner 1957; Bargh 1997; Linville/Carlston 1994; Schneider 1991; Strack 1988, 1997). Die Wirkung von schematischen kognitiven Verarbeitungsformen erleichtert einerseits die Wahrnehmung und Deutung von Ereignissen und vermindert den erforderlichen kognitiven Aufwand. Wegen der unbewussten Wirkung der Schemata können andererseits – nur schwer korrigierbare – Wahrnehmungsverzerrungen oder die Überlagerung von Information, die nicht zum gewählten Schema passt, auftreten.

Die verschiedenen Formen der kognitiven Informationsverarbeitung werden im Lauf des individuellen biografischen Lernprozesses ausgeprägt und beeinflussen dann den Umgang mit Information und das Verständnis anderer Akteure. Die altersabhängig wachsende Dichte an Kommunikation und Erleben sozialer Situationen und die biografisch im Vergleich mit Erwachsenen entsprechend geringer ausgeprägten Möglichkeiten der kognitiven Informationsverarbeitung erklären die altersabhängig-differente Art von Umfang und Festigkeit der kognitiven Strukturierung. Die Tabelle am Ende des Textes enthält die Zusammenstellung einiger entwicklungsbedingter kognitiver Fähigkeiten. Es ist zu erwarten, dass die Kenntnis der dargestellten (formalen) Kompetenzen in weiterer Forschung präzisiert und differenziert wird und dass ihre methodologischen Implikationen für künftige substanzielle (auf Inhalte bezogene) Kindheitsforschung genutzt werden kann.

---

15 Negative Schul-Beispiele listet Trautmann (1997, S. 60) auf: die gerunzelten Brauen, gespitzte Lippen, die in Falten gelegte Stirn, der belehrende Zeigefinge u. a.

16 Zumeist werden beide Begriffe synonym verwendet. Sie bilden den Oberbegriff für die Mehrzahl unterscheidbarer Wissensstrukturen wie Stereotyp, Skript oder Habit.

Alltagsverstehen und methodisch kontrolliertes Fremdverstehen

Wie verschiedene Autoren immer wieder betonen (Schütz 1971; Garfinkel 1973; Wilson 1973; Schütze u.a. 1973; Hoffmann-Riem 1980), folgen Alltagsinterpretationen und wissenschaftliche Verfahren qualitativer wie quantitativer (Wilson 1973, S. 60f.) Sozialforschung der gleichen Verstehenstechnik. Daraus folgen zwei bedeutsame Hinweise:

Erstens gründet eine jede kommunizierende Forschungshandlung (z.B. Interview, Erzählung, Falldarstellung) ihrerseits auf der basalen allgemeinen Interpretationslogik für alltagsweltliches kommunikatives Handeln[17].
Zweitens besteht aber auch auf der Ebene der Darstellung und Interpretation der Forschungsergebnisse die unumgängliche Notwendigkeit, erklärende Deutungen auf die Konstruktionen des Alltagshandelns zurück zu beziehen.

Die Bedeutungsordnungen strukturieren die Situation der Handelnden und zugleich strukturiert die jeweilige Situationsdefinition die Bedeutungsordnung, daher ist substanzielle Forschung, die wissenschaftlich ‚verstehen' will, darauf verwiesen, die für die jeweilige Situation geltenden strukturierenden Typisierungen, die Bedeutungszuordnungen und Sinnverleihungen der beteiligten Handelnden (1. Ordnung: Alltagswelt) aufzunehmen und mit anderen Bedeutungsordnungen in Beziehung zu setzen (2. Ordnung: wissenschaftliches Aussagensystem). Nur wenn die so erzeugten Konstrukte zweiter Ordnung aus den Konstrukten erster Ordnung schlüssig nachvollziehbar abgeleitet werden können, lässt sich von einem rationalen und kontrollierten Geschehen – dem methodisch kontrollierten Fremdverstehen – sprechen.
Angesichts der bisherigen Erwachsenenzentriertheit wurde innerhalb der soziologischen Grundlagenforschung bisher nur vereinzelt die Notwendigkeit betont, Interaktionsbedingungen zu untersuchen, die die Beziehungen zwischen Erwachsenen und Kindern und zwischen Kindern untereinander ermöglichen[18].

---

17 „Die Erzählung misslingt, wenn nicht z.B. die Idealisierung von ‚Kongruenz der Relevanzsysteme' in Kraft tritt und in Kraft bleibt" (Hoffmann-Riem 1980, S. 359).
18 Eine Ausnahme bilden Keenan 1974; Cicourel 1979; Auwärter/Kirsch 1979; Martens 1979 und natürlich linguistische Untersuchungen, z.B. Boueke/Klein 1983. Im Rahmen von Pädagogik und Psychologie finden sich zahlreiche Studien und ‚Trainingsprogramme' z.B.: Pallasch 1990; Egan 1990; Ritz-Fröhlich 1992; Ewers 1991; Claussen/Merkelbach 1995; Potthoff u.a. 1995; Krummheuer 1997; Trautmann 1997; lehrreich für alle, die Kindern wenig zutrauen: Matthews 1993. Diese Literatur erweist sich als Fundgrube, wenn sie unter der Perspektive gelesen wird, welche Forschungsverfahren für Kinder entwickelt werden könnten, exemplarisch: Pallasch 1990, Kap. 4: Lern- und Trainingsprogramme - Bausteine.

„Verstehen wir unsere Kinder wirklich?"[19]

Die bisherige Darstellung sollte verdeutlichen, wie restriktiv das Konzept des methodisch kontrollierten Fremdverstehens Verstehensvoraussetzungen formuliert und es zeichnet sich für die verstehende Kindheitsforschung ein Dilemma ab, dessen Bewältigung erst den Weg zu einer sinnvollen und angemessenen Verstehensmethodik eröffnet. *Einerseits* verpflichtet die wissenschaftliche Verfahrensweise die Forscher dazu, sich an der Logik der dokumentarischen Interpretation zu orientieren und das Sinnverständnis der Handelnden wie auch das rekonstruktive Verstehen dieses Verhaltens durch Basisregeln vermittelt zu erfassen und zu typifizieren[20]. *Andererseits* wird dieses Verfahren erheblich eingeschränkt, wenn nicht ganz grundsätzlich außer Kraft gesetzt, falls die zu erforschenden Handlungen nicht den Interaktionsbedingungen der erwachsenen Akteure (des von der UntersucherIn belebten Kulturkreises[21]) entsprechen[22]. Schärfer formuliert: Beobachter könnten nur verstehen, was sie bereits vorher irgendwann einmal verstanden haben, der Sinn einer beliebigen Interaktion wäre nur zugänglich, wenn die von den Akteuren (im Rahmen ihrer dokumentarischen Interpretation) berufenen situationsübergreifenden Muster den Beobachtern als Kontextwissen bereits bekannt sind, weil nur unter dieser Voraussetzung eine angemessene Rekonstruktion der handlungsleitenden Intentionen gelingen kann, seien sie als ‚Motive' bereits vor der Handlung auskristallisiert oder seien sie während des kommunikativen Aushandelns zustande gekommen.

Falls die vorgestellten Regeln *notwendige* Bedingungen für gelungenes bzw. gelingendes Verstehen beschreiben, dann kann weder davon gesprochen werden, dass Kinder einander verstehen, noch dass Erwachsene oder Forscher die Kinder verstehen[23]. Diese Annahme ist jedoch in Anbetracht

---

19 Vgl. Flitner 1958.
20 Typisieren: das, was die alltagsweltlichen Akteure tun; typifizieren, Typenbildung: das, was die Wissenschaft tut, wenn sie die Alltagswelt zum Thema macht. Zur Typenbildung siehe Kelle/Kluge 2010.
21 Hier eröffnet sich eine Forschungsproblematik, die der Ethnologie seit Anbeginn zugehört und nach Überwindung ihrer ethnozentristischen Frühphase zu variantenreichen Lösungsversuchen verholfen hat (z. B. Kohl 1993; Kelle/Breidenstein 1996).
22 Diese Differenz erklärt die grundlegende Irritation: einerseits lassen sich die Kinder offenbar ganz selbstverständlich ‚verstehen', andererseits schwindet diese unterstellte Sicherheit, sobald der kommunikative Umgang mit Kindern reflektiert wird, daher ist diese Problematik wohl auch zuerst im Rahmen der Pädagogik formuliert worden. Einen sehr lesenswerten Problemaufriss aus phänomenologischer Perspektive hat Lippitz 1997 veröffentlicht.
23 Üblicherweise werden die Regeln als ‚Idealisierungen' eingeführt, womit darauf verwiesen ist, dass sie auch in Erwachsenenkommunikationen nur als (bisweilen kontrafaktische) Unterstellungen ihre Wirkung entfalten. Aber auch als idealisierte Erwartungen dürften sie vor allem für Interaktionen von Erwachsenen charakteristisch sein. Interessant wäre herauszufinden, ob im Rahmen kindlicher Interaktionen

der im Großen und Ganzen ganz offensichtlich gelingenden Alltagshandlungen (von Kindern und zwischen Erwachsenen und Kindern) nicht aufrechtzuerhalten oder sollte angenommen werden, dass alle diese Handlungen ohne verständlichen Sinn ablaufen?

Alle Plausibilität spricht hier für die Vermutung, dass kindliche Interaktionen vor allem dann nicht verstanden werden, wenn sie an den restriktiven Bedingungen der formalisierten Erwachsenenkommunikation (Dominanz der Basisregeln, fixierte Bedeutungssysteme, feststehende Wertordnung, rationalistische Weltsicht, keine Akzeptanz der primärprozesshaften – etwa durch Verschiebung und Verdichtung – hervorgebrachten Gestaltbildungen, Bilder, Metaphern, Mythen) gemessen werden und dass ein großer Teil des von Erwachsenen den Kindern entgegengebrachten Unverständnisses auf deren allzu rigidem Festhalten an erwachsenenzentrierten Kommunikationsgewohnheiten und Normalitätsunterstellungen zurückzuführen ist[24]. Wird der damit verbundene Verstehenstyp jedoch weniger stark favorisiert, dann eröffnen sich wie selbstverständlich weitergehende Verstehenskompetenzen, die im Alltagsleben ihren Platz und ihre Berechtigung besitzen und die einen Zugang zu kindspezifischen Konstruktionen der Wirklichkeit eröffnen.

Betrachtungsweisen

Lösungsversuche des bezeichneten Dilemmas scheinen vor allem in vier Varianten der Typisierung von Kindheit vorzuliegen. Wenn man von selbstverständlich vorkommenden Überschneidungen absieht, lassen sich folgende Perspektiven (nach James 1995; vgl. auch Honig 1996, 2009) gegenüberstellen.

Kinder als unfertige Menschen: Die Kompetenzen der Kinder werden unterbewertet, ihre Aussagen werden nicht richtig ernst genommen oder überhaupt nicht für wahr gehalten; die Macht der Forscher liegt vor allem im Bereich der Interpretation der gesammelten Daten.

Kinder als eigenartige Ethnie: Kinder beleben eine autonome und von der Erwachsenenwelt unterschiedene Welt, innerhalb derer sie auf der Basis ei-

---

ähnliche Unterstellungen ihren Platz finden – eine nicht einfache, aber vielleicht reizvolle Forschungsaufgabe.

24 Dass diese Fixierung in gesellschaftlichen Strukturen gründet, die von Erwachsenen Verantwortlichkeit, Stabilität, Belastbarkeit, Verhaltenskonstanz, Zuverlässigkeit, Ordnung und weitere Selbstzwänge bis zur Selbstaufgabe fordern und dass diese Maximen vielleicht schon überholte Funktionsbedingungen einer auf schwindelerregender Produktivität und hemmungsloser Funktionalisierung aller Lebensbereiche basierenden Gesellschaft spiegeln, soll nur nebenbei vermerkt werden.

gener Regeln, Deutungsmuster und Vorhaben als kompetente Akteure auftreten können. Wenn Kinder jedoch an einer anderen Sinnwelt partizipieren, ist das, was sie tun, teilweise unerkennbar, unzugänglich; Erwachsene können ihre eigenen Attitüden und Deutungsgewohnheiten nicht ablegen, während sie teilnehmend beobachten. Zugleich würden sie die Kinder erheblich irritieren, wenn sie deren Erwartungen an Erwachsene konterkarieren.

Kinder als Erwachsende: Kinder werden als kompetente Teilnehmer an einer gemeinsamen aber erwachsenenzentrierten Welt aufgefasst; von Interesse ist die Perspektive der Kinder, ihr Verständnis und ihre Auffassung der Erwachsenenwelt, in die sie hineinwachsen sollen. Die erheblichen Statusunterschiede zwischen erwachsenen Forschern und Kindern belasten jede Forschungshandlung; Kinder über Themen zu befragen, zu denen sie noch keine eigenen Erfahrungen gemacht haben, legt den Erwachsenen nahe anzunehmen, dass sie ungeeignet sind, die Kinder zu verstehen.

Kindheit als sozial konstruierte[25] Eigenwelt: Diese Perspektive eröffnet die tragfähigste Lösung des bezeichneten Dilemmas. Kinder werden als den Erwachsenen vergleichbare, aber mit unterschiedlichen Kompetenzen ausgestattete Forschungssubjekte betrachtet. Diese konzeptionelle Veränderung erleichtert der Forschung, die objektive Verschiedenheit der Kindheit von anderen Lebensformen zu erfassen.

Wenn Kinder andere Fähigkeiten als Erwachsene besitzen, sollten sie ermutigt und ihnen Gelegenheit gegeben werden, ihre Geschicklichkeit im Umgang mit kindspezifischen Kommunikationsmedien – Zeichnungen, Erzählungen, Geschriebenes – zu nutzen, um sich auszudrücken. Der Zugriff auf diese Fähigkeiten führt erheblich weiter als das Verfahren, Kinder üblichen Interviewformen auszusetzen oder sie ungefragt zu Objekten von Beobachtungssettings zu machen. Hier eröffnet sich ein ausgedehnter Bereich neuer methodologischer Erprobungen[26], – während gemalte Bilder oder Zeichnungen beispielsweise eher in jüngeren Jahren angemessene Ausdrucksformen abgeben, gestatten die Fähigkeiten älterer Kinder auch nichtstan-

---

25 In dem Doppelsinn, dass Kinder und Erwachsene an der Konstruktionsarbeit teilhaben.

26 Zu diesem Ergebnis kommt auch eine Untersuchung von Rohrmann, der zahlreiche Forschungsarbeiten auf die Anwendbarkeit konventioneller Methoden der empirischen Sozialforschung im Zusammenhang der Untersuchung von Kindern im Kleinkindalter analysiert. Der Verfasser resümiert, dass aus seiner Analyse abzuleitende Empfehlungen weniger die Wahl einzelner Verfahren betreffen können als die Art des Umgangs mit den Forschungsinstrumenten und die Erweiterung der Strategien auf die Erfassung der Sichtweisen der Kinder (Rohrmann 1996, S. 59). Nicht die Ausarbeitung strengerer, komplexerer, und aufwändiger Verfahren scheint die Forschung mit Kindern zu beflügeln, sondern die Konzentration auf die Verfahren und Deutungsmöglichkeiten, die Zugänge zum Erleben und den Anschauungen auch von kleinen Kindern eröffnen.

dardisierte Gespräche zu (sie) interessierenden Themen oder die Bereitschaft der Kinder, teilnehmende Beobachtungen unbeeindruckt zuzulassen, verändert sich mit ihrem Alter. Aufdringlich eingreifende, konfrontierende Verfahren sollten vermieden werden zugunsten einer einfühlenden Anteilnahme, die immer auch die Kinder dazu ermutigt, ihre eigenen Produktionen zu deuten und zu kommentieren. Auf diesem Weg lassen sich die Chancen vergrößern, die ungleiche Machtverteilung zu kontrollieren und zu vermeiden, sie in Form erwachsenenzentrierter Sinndeutung in die Interpretationen einfließen zu lassen.

Aspekte einer veränderten Methodologie

Beobachtungen, Befragungen und alle übrigen Forschungshandlungen, die nicht aus der Distanz geschehen, sondern Kinder in irgendeiner Form ansprechen, beruhen grundsätzlich auf Austauschbeziehungen (Interesse gegen Sinn), die als soziale Beziehungen immer auch Machtanteile enthalten und *Effekte des Einmischens* auf das ausstrahlen, was gehandelt bzw. kommuniziert werden soll. Je nachdem, welches Verständnis, Vertrauen und welche Deutung die angesprochenen Subjekte der Person und den Intentionen der InterviewerInnen entgegenbringen (Kontextualisierung, Situationsdeutung), werden ihre Thematisierungsbereitschaft und ihre Antworten in größeren oder geringeren Nuancen variieren. Das Postulat wertneutraler, gegenstandsadäquater Forschung beinhaltet, die symbolische Gewalt, die in den Forschungshandlungen auf das Untersuchungssubjekt ausgeübt wird, zu reflektieren und zu minimieren (vgl. Morrow/Richards 1996); hier wird allein der gute Wille der ForscherInnen nicht ausreichend sein und ganz allgemein lässt sich als Grundstruktur der hier angemessenen Methodik eine Verstehenstriangulation[27] aus intuitivem, symbolorientiertem und methodisch geleitetem Verstehen vorschlagen. Genutzt wird die intuitive und gefühlsbezogene Alltagskompetenz, die die meisten Erwachsenen zum Umgang mit (ihren) Kindern befähigt, genutzt wird die durch alltägliche Symboldeutungskompetenz (Cassirer) und szenisches Verstehen (Lorenzer) eröffnete Einsicht in noch fremde Sinnzusammenhänge und genutzt wird die wissenschaftsmethodisch angeleitete Verstehenslogik, die mit Hilfe des Inventars der theoretischen verstehenden Soziologie die erforderlichen Situationsbestandteile rekonstruiert und zur Interpretation vorstellt: Situationsdefinitionen, Rahmen, Regeln, Objektivationen, Typisierungen, Habitualisierungen, Werte, Interessen, Sinn, etc.

Die Integration von Intuition, Symbolverständnis und Methode im Rahmen der Verstehenstriangulation wird nicht ohne eine aufgelockerte,

---

27 Triangulation: „die Kombination von Methodologien bei der Untersuchung des selben Phänomens" (Denzin 1978; vgl. auch Flick 1991 oder Schründer-Lenzen 1997).

von den Zwängen der etablierten Forschung sich freimachende Methodologie auskommen können[28]. Die Praxis substanzieller Sozialforschung findet ihren angemessenen Ausdruck weder in der überexakten Befolgung der Regeln, Restriktionen und Vorschriften einer mehr wissenschaftsgläubigen als erkenntnisorientierten Methodologie, noch in esoterischen Deutungsansätzen moderner Mystiker des verstehenden Verschmelzens.

Im Folgenden sollen abschließend Aspekte einer zwanglosen und dennoch an substanzieller Forschung orientierten Methodologie, für deren Notwendigkeit in den vorstehenden Ausführungen einige Argumente vorgetragen wurden, umrissen werden.

Übertragung und Gegenübertragung

Übertragung und Gegenübertragung bezeichnen die Wege unbewussten Bedeutungstransfers, der im Zusammenhang einer jeden face-to-face-Kommunikation stattfindet. Wird der Forscher als Vater, Lehrer, Polizist, Wissenschaftler usw. identifiziert, entstehen besondere Antwortbereitschaften oder auch Sperren (Übertragung); ähnliches gilt, wenn sich der Forscher als Vater, Wissenschaftler oder Moralist fühlt und dementsprechende Signale aussendet und empfangene Botschaften interpretiert (Gegenübertragung). Einem jeden Gespräch wird so ein die Beziehung definierender *Transfersinn* moduliert und diese Beimischung repräsentiert symbolische Gewaltformen. Nicht als wirklicher Vater, – aber *wie* ein Vater agiert der Beobachter/Interviewer und erzwingt beim beobachteten/befragten Kind, sich mit dem berufenen Vaterbild auseinanderzusetzen.

Jede Erhebungssituation als soziale Situation wird also grundsätzlich mit einer zusätzlichen Sinnkomponente ausgestattet, die in einer spezifischen Weise von den Beteiligten (sei es projektiv, sei es realistisch) entworfen und modelliert wird, ohne dass die Kinder oder die ForscherInnen, falls sie nicht besondere Vorkehrungen treffen, eine Chance hätten zu erfassen, was vor sich geht. Über die Bearbeitung der Forschungsaufgabe hinaus sollte daher durch geeignete reflexive Zwischenschritte herausgefunden werden, wie sich die Situation für *alle* Beteiligten darstellt: welches Verständnis der gerade ablaufenden Forschungsmethode besteht, welche Vorstellungen von der besonderen Beziehung, in der sich die Untersuchung gerade realisiert und welche Annahmen über die Ziele der Untersuchung vorliegen.

---

28 Dass die bedeutsamen Probleme hier nur eher ausschnitthaft behandelt werden können, sollte außer Frage stehen. Im Rahmen eines kurzen Aufsatzes ist nicht zu leisten, was erst im Verlauf ausgedehnter Forschungsarbeit und ihrer Reflexion allmählich konkretisiert und zum Bestandteil der Methodologie gemacht werden kann. In dieser Hinsicht gilt für den gesamten Text wie für die folgende Aufstellung, dass nur programmatische und daher unvollständige Hinweise gegeben werden.

Die doppelte Asymmetrie der Forschungssituation

Die Forschungssituation wird (a) vom Forscher definiert und nicht in gegenseitigem Einvernehmen ausgehandelt (wodurch evtl. der Sinn der Untersuchung verändert werden könnte oder die Forschungsinteressen bzw. ihre Operationalisierung neu gefasst werden müssten). Zugleich (b) nutzt eine jede Untersuchungsform die gesellschaftliche Asymmetrie zwischen Kind und Erwachsenem, die aus der unterschiedlichen sozialen Positionierung und der relativen Distanz der beiden Personen zueinander entspringt. Der Austausch der symbolischen und sprachlichen Figuren im Interview variiert mit der Beschaffenheit dieser Asymmetrien, die wegen ihrer objektiven Gegebenheit für die Beteiligten durch methodologische Geschicklichkeit wohl nur ungenügend ausgeglichen werden kann. Es empfiehlt sich, das Gefälle zwischen den Vorstellungen der Kinder und denen der Forscher über den Gegenstand der Untersuchung (das wie eine Zensur wirken, Betonungen verschieben oder ganz eigene Konstruktionen hervorbringen kann) festzustellen und Verzerrungen sowie suggestive Einflussnahmen zu neutralisieren.

Reduzierung der symbolischen Gewalt

Um die symbolische Gewalt, die durch die Untersuchungsform freigesetzt werden kann (beispielsweise durch das Gefühl, ausgehorcht, instrumentalisiert, erzogen oder auch – auf Seiten der Forscher – als ‚Experte' aufgewertet zu werden), weitgehend zu minimieren, empfiehlt es sich, eine mittlere Position zwischen dem unkontrollierten Laissez-faire eines nicht-direktiven Verfahrens und dem Dirigismus eines weitgehend standardisierten Erhebungsinstruments zu wählen und sich den zu erforschenden Kindern ohne Vorbehalte zu widmen, dazu gehört auch: die Einzigartigkeit ihres jeweils besonderen Lebenslaufs zu respektieren, wenigstens zeitweilig ihre Sichtweisen, Gefühle, Gedanken und vielleicht auch ihre Sprache anzunehmen (zur Perspektivität als konstitutives Forschungselement vgl. Prengel 1997, S. 603 ff.). Nur fundiertes Vorwissen, das im Laufe einer langen Forscherpraxis oder ausgedehnter vorausgehender Kontaktaufnahmen mit Kindern erworben werden kann, vermag ein theoretisches Äquivalent zu dem praktischen Wissen zu generieren, das aus Nähe und Vertrautheit entsteht und das die einfache Empathie begünstigt; zusätzlich erforderlich: ein hohes Maß an Aufgeschlossenheit, Zuwendung, Aufmerksamkeit und Unvoreingenommenheit, eine hingebungsvolle Offenheit für das Gegenüber – all das hilft, gekünstelte und deplazierte Fragen, die bestenfalls Unverständnis oder ritualisierte Äußerungen hervorbringen, zu vermeiden und an ihrer Stelle Raum zu schaffen für spontane (und auch als provisorische durchaus willkommene) Repräsentationen der Sinnwelten der Befragten.

Balance von Fremdheit und Vertrautheit

Nähe und Ferne konstituieren zwei problematische Pole einer jeden Beziehung: In allzu formalisierter Kommunikation wird Verständnis lediglich auf der Basis sehr allgemeiner, weitgehend inhaltsleerer Typisierungen (Floskeln) hergestellt, – allzu vertraute Kommunikationsformen, in denen ein ganzes Bündel von Vorverständnis unterstellt wird, neutralisieren die Chancen, Äußerungen als indexikalische Hinweise zu begreifen und um Erläuterung bemüht zu sein. Wahrscheinlich unterstellen Kinder – vor allem bei noch nicht ausgebildeter Fähigkeit, auf die Reziprozität der Perspektiven Rücksicht zu nehmen – ein hohes Maß an Vertrautheit des Forschers mit ihren Relevanzen und Assoziationen, gehen wie selbstverständlich davon aus, dass alles, was sie sagen, auch verstanden wird und sie ‚unterstellen', dass sie den Gegenüber richtig verstehen, während sie seine Äußerungen in ihren Verstehenshorizont integrieren.

Gefälligkeiten

Wenn Kinder allzu genau wissen, was der Forscher von ihnen will, stellen sie – nicht selten als Reaktion auf erfahrene symbolische Gewalt – eine bestimmte Situationsdefinition in den Vordergrund und drängen den verhandelten Inhalten die zugehörige Semantik auf, oft so unmerklich, dass der Interviewer glaubt, auf seine Fragen eine ‚ehrliche' Antwort zu erhalten.

Die künstliche Konstruktion erhält die Natürlichkeit der Situation

Je erfolgreicher das Untersuchungsverfahren und die ausführenden Kommunikationsprozesse konstruiert werden, desto unsichtbarer bleibt diese Anstrengung. Damit ist hier vor allem die unabdingbare Forderung gemeint, sich gedanklich an den Ort zu versetzen, den zu erforschende Subjekte im sozialen Raum einnehmen, von dieser Position aus die interessierenden Gegenstände zu thematisieren, die Relevanzen zu bekräftigen, nicht ‚selbstbewusst' die eigene Wertordnung zu projizieren, sondern die Fähigkeit des Selbst zur Empathie zu nutzen, um aus der Blickrichtung der Kinder auf die Dinge schauen zu können. Ein *generelles und genetisches Verständnis der Existenz des anderen* nennt Bourdieu (1997, S. 786) diese Kompetenz, sie basiert auf genauester Einsicht in die Existenzbedingungen und die untrennbar wirksamen psychischen und sozialen Prägungen, die mit dem biografischen Werdegang und mit der Position dieser speziellen Person im sozialen Raum aufs Engste verbunden sind. Und mit dieser Haltung ist mehr als Wohlwollen gefordert, es kommt darauf an, Interesse glaubhaft zu übermitteln, so, dass Kinder – wie im übrigen alle Beforschten – in der ihnen zugemuteten Forschungssituation einen *Sinn für sie selbst* erkennen (der diese beispielsweise als *Spiel* zu erfahren erlaubt), der sich nicht in vorgegebenen sozialen Konventionen (*„eine Umfrage"*) erschöpfen sollte.

Selbstirritation: Störung als Gewinn

Die Störungsanalyse als forschungsmethodischer Zugang zum Erleben anderer Subjekte und zu den Inhalten anderer Kulturen hat durchaus eine längere Tradition, bereits Devereux (1967) hat darauf hingewiesen, dass Forscher ihre Forschungshandlungen und damit auch ihre Objekte unter besonders strengen Methodenzwang stellen, wenn sie Berührungsangst entwickeln. Die Methode wird dann zur Störung einer den zu erforschenden Subjekten angemessenen Beziehung und die erhoffte Erkenntnis bleibt aus oder wird erheblich verzerrt. Irritationen als Anhaltspunkte des Deutungsverfahrens entstehen, wenn Gegenübertragungen des Forschers fragwürdig und damit erkennbar werden. Die Perspektive des vom Forscher betrachteten Kindes kommt dabei nicht in erster Linie in einem vorentworfenen Bild, sondern in dessen Störung zur Geltung (Schäfer 1997). Die Problematisierung des eigenen Verstehens, das Nicht-verstehen-Können als methodische Leistung (Reiser 1993) oder ‚Dummheit' als Methode (Hitzler 1991) verweisen auf die sinnvolle Möglichkeit, übliche Verstehensmuster und Deutungsgebräuche (die Erwachsenenperspektive) zeitweilig auszusetzen, um das beobachtete Geschehen aus einer erst noch zu konstruierenden Perspektive neu bewerten zu können – das eingeschliffene Alltagsverständnis wird wegen des Verdachts auf Voreingenommenheit und Erwachsenenzentrierung vorerst suspendiert.

Fazit

Es sollte deutlich geworden sein, dass wissenschaftlich gerichtete Verstehensprozesse zwischen Erwachsenen und Kindern auf im Einzelnen schwer formalisierbaren – und daher methodisch nicht unbedingt vollständig kontrollierbaren – Interaktionsbeziehungen gründen, die unterschiedliche Aspekte des Sinnverstehens (gegenseitige Anerkennung, Wertschätzung, Kontextualisierung und Beweglichkeit von Perspektiven) mit den Möglichkeiten angemessener Deutungsverfahren des subjektiven Sinns auf bisweilen verschlungenen Pfaden miteinander verschränken. Der Versuch, relevante Wirklichkeitsausschnitte aus der Perspektive von Kindern nachzuzeichnen, scheitert daher zumeist wohl weniger an der angeblich eingeschränkten Artikulierungsfähigkeit dieser Personengruppe, als an dem generativen gesellschaftlichen Vermächtnis, das in Form anscheinend allgemeingültiger Vorstellungen über Kinder und Kindheit den Zugang der erwachsenen ForscherInnen zur Wirklichkeit der jeweils ‚nachwachsenden' Generation erschwert.

Tabelle: Stationen der Entwicklung des Selbst und sozialer Kognition

Alter in Jahren	Selbstkonzept/Selbstwertgefühl	Soziale Kognitionen
unter 1	• Unterscheidung von Selbst und externer Umwelt • Sinn für persönliche Tätigkeit (Wissen um eigene Wirkmächtigkeit) entwickelt sich	• Bekannte werden von Unbekannten unterschieden • Familienangehörige werden bevorzugt
1–2	• Selbstwahrnehmung nimmt zu • Selbst- und Fremdklassifikation anhand sozialer Merkmale (Alter, Geschlecht), ein kategoriales Selbst wird entwickelt	• Erkennen, dass andere aufgrund von Absichten handeln • Kategorisierung anderer in sozial signifikante Dimensionen
3–5	• Selbstkonzept betont Aktionen • Leistung wird bewertet • Selbstwertgefühl nimmt zu • Rudimentäre theory of mind und privates Selbst entstehen • Leistungsmotivation reflektiert Fähigkeiten	• Eindrücke gründen auf Aktionen anderer und konkreten Eigenschaften • Wissensvorrat an ethnischen Stereotypen und Vorurteilen nimmt zu • Freundschaften resultieren aus gleichen Aktivitäten
6–10	• Selbstkonzepte betonen Persönlichkeitseigenschaften • Selbstwertgefühl wächst mit akademischen, physischen und sozialen Kompetenzen • Leistungszuschreibungen betrachten Fähigkeiten als Einheit	• Eindrücke basieren auf Eigenschaften anderer • Vorurteile nehmen zu • Freundschaften gründen vorrangig in psychischen Ähnlichkeiten und gemeinsamem Vertrauen
11 und älter	• Freundschaften und Anziehungskraft werden für Selbstwertgefühl bedeutsam • Selbstkonzept reflektiert Werte und Ideologien, wird abstrakter und integrierter • Identität wird im späten Jugend- oder jungen Erwachsenenalter erreicht	• Eindrücke basieren auf ‚psychologischen' Vergleichen • Vorurteile nehmen je nach sozialen Einflüssen zu oder ab • Freundschaften gründen auf Loyalität und Intimität/Nähe

Zusammengefasst nach Forschungsergebnissen, die Shaffer/Kipp (2010) erläutern.

Literatur

Alanen, L. (1992): Modern Childhood? Exploring the ‚child question' in Sociology. Research Report No 50. Institute for Educational Research. Univ. of Jyvaskyla. Finnland.

Auwärter, M.; Kirsch, E. (1979): Zur Interdependenz von kommunikativen und interaktiven Fähigkeiten in der Ontogenese: Einige methodische Erwägungen zur Analyse von Gesprächsprotokollen. In: Martens, K.: Kindliche Kommunikation. Theoretische

Perspektiven, empirische Analysen, methodologische Grundlagen. Frankfurt a. M., S. 243-267.

Auwärter, M.; Kirsch, E. (1982): Zur Entwicklung interaktiver Fähigkeiten. In: Zeitschrift für Pädagogik, 2, 28, S. 273-298.

Bargh, J. A. (1997): The automaticity in everyday life. In: Wyer, R. S. (Hrsg.): The automaticity of everyday life. Advances in social cognition. Bd. 10. Mahwah, NJ, S. 1-61.

Behnken, I.; Jaumann, O. (1995): Kindheit und Schule. Kinderleben im Blick von Grundschulpädagogik und Kindheitsforschung. Weinheim u. München.

Behnken, I.; Zinnecker, J. (2001): Neue Kindheitsforschung ohne eine Perspektive der Kinder? Kommentar zum Beitrag von Maria Fölling-Albers. In: Fölling-Albers, M.; Richter, S.; Brügelmann, H.; Speck-Hamdan, A. (Hrsg.): Jahrbuch Grundschule III. Fragen der Praxis - Befunde der Forschung. Seelze, S. 52-55.

Bosse, D. (Hrsg.) (2004): Unterricht, der Schülerinnen und Schüler herausfordert. Bad Heilbrunn.

Boueke, D.; Klein, W. (Hrsg.) (1983): Untersuchungen zur Dialogfähigkeit von Kindern. Tübingen.

Bourdieu, P. u. a. (1997): Das Elend der Welt. Zeugnisse und Diagnosen alltäglichen Leidens an der Gesellschaft. Konstanz, S. 779-822 (Verstehen).

Brumlik, M. (1983): Ist das Verstehen die Methode der Pädagogik? In: Garz, D.; Kraimer, K. (Hrsg.): Brauchen wir andere Forschungsmethoden? Beiträge zur Diskussion interpretativer Verfahren. Frankfurt a. M., S. 31-47.

Bründel, H.; Hurrelmann, K. (1996): Einführung in die Kindheitsforschung. Weinheim u. Basel.

Bruner, J. S. (1957): On perceptual readiness. Psychological Review, 64, S. 123-152.

Cicourel, A. V. (1973): Basisregeln und normative Regeln im Prozess des Aushandelns von Status und Rolle. In: Arbeitsgruppe Bielefelder Soziologen (Hrsg.): Alltagswissen, Interaktion und gesellschaftliche Wirklichkeit. Bd. 1: Symbolischer Interaktionismus und Ethnomethodologie. Reinbek, S. 147-188.

Cicourel, A. V. (1979): Interpretieren und Zusammenfassen: Probleme bei der kindlichen Aneignung der Sozialstruktur. In: Martens, K: Kindliche Kommunikation. Theoretische Perspektiven, empirische Analysen, methodologische Grundlagen. Frankfurt a. M., S. 202-241.

Clark, H. H.; Schober, M. F. (1992): Asking questions and influencing answers. In: Tanur, J. M. (Hrsg.): Questions about Questions: Inquiries into the Cognitive Bases of Surveys. New York.

Claussen, C.; Merkelbach, V. (1995): Erzählwerkstatt. Mündliches Erzählen. Braunschweig.

Denzin, N. K. (1978): The research act. New York.

Devereux, G. (1967): Angst und Methode in den Verhaltenswissenschaften. München.

Dijkstra, T.; Kempen, G. (1993): Einführung in die Psycholinguistik. Bern.

Egan, G. (1990): Helfen durch Gespräch. Ein Trainingsbuch für helfende Berufe. Weinheim u. Basel.

Ewers, H.-H. (Hrsg.) (1991): Kindliches Erzählen – Erzählen für Kinder. Weinheim u. Basel.

Fine, G.; Sandstrom, K. (1988): Knowing Children. Participant Observation with Minors. Qualitative research methods series, 15, Newbury Park (zitiert nach Morrow/Richards 1996).

Fiske, S. T.; Taylor, S. E. (1991): Social cognition. 2. Aufl. New York.

Flick, U. (1991): Triangulation. In: Flick U.; Kardorff, E. v.; Keupp, H. u. a.: Handbuch qualitative Sozialforschung. München, S. 432-434.

Flitner, W. (1958): Verstehen wir unsere Kinder wirklich? In: Gesammelte Schriften. Bd. 3. Hgg. von U. Herrmann. Paderborn 1989, S. 378-387.

Fölling-Albers, M. (2001): Veränderte Kindheit – revisited. Konzepte und Ergebnisse sozialwissenschaftlicher Kindheitsforschung der vergangenen 20 Jahre. In: Fölling-Albers, M.; Richter, S.; Brügelmann, H.; Speck-Hamdan, A. (Hrsg.): Jahrbuch Grundschule III. Fragen der Praxis – Befunde der Forschung. Seelze, S. 10-51.

Garfinkel, H. (1973): Das Alltagswissen über soziale und innerhalb sozialer Strukturen. In: Arbeitsgruppe Bielefelder Soziologen (Hrsg.): Alltagswissen, Interaktion und gesellschaftliche Wirklichkeit. Bd. 1: Symbolischer Interaktionismus und Ethnomethodologie. Reinbek, S. 189-262.

Geulen, D. (1994): Kindheit. Neue Realitäten und Aspekte. 2. Aufl. Weinheim.

Goffman, E. (1971): Interaktionsrituale. Über Verhalten in direkter Kommunikation. Frankfurt a. M.

Goffman, E. (1974): Das Individuum im öffentlichen Austausch. Frankfurt a. M.

Goffman, E. (1977): Rahmen Analyse. Frankfurt a. M.

Herold, M.; Landherr, B. (2003): SOL – Selbstorganisiertes Lernen. Hohengehren.

Herrmann, U. (1997): Können wir Kinder verstehen? Rousseau und die Folgen. In: Zeitschrift für Pädagogik, 43, 2, S. 187-196.

Hitzler, R. (1991): Dummheit als Methode. In: Garz, D.; Kraimer, K. (Hrsg.): Qualitativ-empirische Sozialforschung. Opladen.

Hoffmann-Riem, C. (1980): Die Sozialforschung einer interpretativen Soziologie. In: Kölner Zeitschrift für Soziologie und Sozialpsychologie, 32, 2, S. 339-372.

Honig, M.-S. (1996): Normative Implikationen der Kindheitsforschung. In: Zeitschrift für Sozialisationsforschung und Erziehungssoziologie, 16, 1, S. 9-25.

Honig, M.-S. (1999): Entwurf einer Theorie der Kindheit. Frankfurt a. M.

Honig, M.-S. (Hrsg.) (2009): Ordnungen der Kindheit: Problemstellungen und Perspektiven der Kindheitsforschung. Weinheim.

Honig, M.-S.; Leu, H. R.; Nissen, U. (1996): Kindheit als Sozialisationsphase und als kulturelles Muster. Zur Strukturierung eines Forschungsfeldes. In: Honig, M.-S.; Leu, H. R.; Nissen, U. (Hrsg.): Kinder und Kindheit. Soziokulturelle Muster – sozialisationstheoretische Perspektiven. Weinheim u. München, S. 9-30.

Howard, J. A.; Renfrow, D. G. (2003): Social Cognition. In: Handbook of Social Psychology. Edited by John Delamater. New York, S. 259-282.

Hurrelmann, K.; Bründel, H. (2003): Einführung in die Kindheitsforschung. Weinheim.

James, A. (1995): Children and Social Competence Conference. Guildford (zitiert nach Morrow/Richards 1996).

Jenkins, H. (1998): The Children's Culture Reader. New York.

Keenan, E. O. (1974): Conversational Competence in Children. In: Journal of Child Language 1, 2, S. 163-183. Deutsch: Gesprächskompetenz bei Kindern. In: Martens, K.: Kindliche Kommunikation. Theoretische Perspektiven, empirische Analysen, methodologische Grundlagen. Frankfurt a. M., S. 168-201.

Kelle, H.; Breidenstein, G. (1996): Kinder als Akteure: Ethnographische Ansätze in der Kindheitsforschung. In: Zeitschrift für Sozialisationsforschung und Erziehungssoziologie, 16, 1, S. 47-67.

Kelle, U.; Kluge, S. (2010): Vom Einzelfall zum Typus. 2. Aufl. Wiesbaden.

Kemper, H. (1995): ‚Das Kind wird nicht erst ein Mensch, es ist schon einer'. In: Renner, E. (Hrsg.): Kinderwelten. Pädagogische, ethnologische und literaturwissenschaftliche Annäherungen. Weinheim, S. 13-25.

Klaßen, S. V. (2006): Konstruktivismus „macht" Schule. Der Weg des Konstruktivismus in die Grundschule – von der neuen Kindheitsforschung zur Didaktik des Sachunterrichts. Online: http://geb.uni-giessen.de/geb/volltexte/2008/5649/pdf/ Klassen-Susanne-2006-02-02.pdf.

Kohl, K. H. (1993): Ethnologie – die Wissenschaft vom kulturell Fremden. Eine Einführung. München.

Kraimer, K. (1983): Anmerkungen zu einem ,erzählgenerierenden' Instrument der kommunikativen Sozialforschung (narratives Interview). In: Garz, D.; Kraimer, K. (Hrsg.): Brauchen wir andere Forschungsmethoden? Beiträge zur Diskussion interpretativer Verfahren. Frankfurt a. M., S. 86-112.

Krummheuer, G. (1997): Narrativität und Lernen. Mikrosoziologische Studien zur sozialen Konstitution schulischen Lernens. Weinheim.

Kupffer, H. (2000): „Kindheit" als gesellschaftliches Konstrukt. Pädagogische Anmerkungen zum Entwurf einer Theorie der Kindheit von Michael-Sebastian Honig. In: Neue Sammlung, 40, 3, S. 415-424.

Landsdown, G. (1994): Children's rights. In: Mayall, B.: Children's Childhoods: Observed and Experienced. London, S. 33-44.

Leu, H. R. (1996): Selbständige Kinder – Ein schwieriges Thema für die Sozialisationsforschung. In: Honig, M.-S.; Leu, H. R.; Nissen, U. (Hrsg.): Kindheit als Sozialisationsphase und als kulturelles Muster. Zur Strukturierung eines Forschungsfeldes. Weinheim u. München, S. 174-198.

Linville, P. W.; Carlston, D. E. (1994): Social cognition of the self. In: Devine, P. G.; Hamilton, D. L.; Ostrom, T. M. (Hrsg.): Social cognition: Impact on social psychology. San Diego, S. 143-193.

Lippitz, W. (1995): ,Fremd'-Verstehen. Irritationen pädagogischer Erfahrung. In: Neue Sammlung, 35, 2, S. 47-64.

Lippitz, W. (1997): Verschiedene Welten? Über Unterschiede in der Wahrnehmung von Kindern und Erwachsenen. In: ,und Kinder', Nr. 58: Das Spiel mit der Erde. Umweltbeziehung und Umwelterziehung bei jüngeren Kindern. Zürich.

Martens, K. (1979): Zur Herausbildung kommunikativer Handlungsmuster zwischen Kind und Bezugsperson: Unterstützung herstellen. In: Martens, K.: Kindliche Kommunikation. Theoretische Perspektiven, empirische Analysen, methodologische Grundlagen. Frankfurt a. M., S. 76-109.

Matthews, G. B. (1993): Philosophische Gespräche mit Kindern. Berlin.

Mayall, B. (1994): Children's Childhoods: Observed and Experienced. London.

Messner, R. (2004): Selbstständiges Lernen und PISA – Formen einer neuen Aufgabenkultur. In: Bosse, D. (Hrsg.): Unterricht, der Schülerinnen und Schüler herausfordert. Bad Heilbrunn, S. 29-47.

Morrow, V.; Richards, M. (1996): The Ethics of Social Research with Children: An Overview. In: Children and Society, 10, S. 90-105.

Pallasch, W. (1990): Pädagogisches Gesprächstraining. Weinheim u. München.

Potthoff, U.; Steck-Lüschow, A.; Zitzke, E. (1995): Gespräche mit Kindern. Gesprächssituationen – Methoden – Übungen, Kniffe, Ideen. Berlin.

Prengel, A. (1997): Perspektivität anerkennen – Zur Bedeutung von Praxisforschung in Erziehung und Erziehungswissenschaft. In: Friebertshäuser, B.; Prengel, A. (Hrsg.): Handbuch qualitative Forschungsmethoden in der Erziehungswissenschaft. Weinheim u. München, S. 599-627.

Qvortrup, J. (1993): Die soziale Definition von Kindheit. In: Markefka, M.; Nauck, B. (Hrsg.): Handbuch der Kindheitsforschung. Neuwied, S. 109-124.

Qvortrup, J.; Bardy, M.; Sgritta, G.; Wintersberger, H. (Hrsg.) (1994): Childhood Matters. Social Theory, Practice and Politics. Wien.

Reiser, H. (1993): Entwicklung und Störung – Vom Sinn kindlichen Verhaltens. In: Behindertenpädagogik, 3, 32, S. 254-263.

Rendtorff, B. (2000): Konfliktlinien zwischen Generationen- und Geschlechterdifferenz. Vortrag bei der Jahrestagung der Kommission ,Psychoanalytische Pädagogik' der

DGfE. In: Winterhager-Schmid, L. (Hrsg.): Erfahrung mit Generationendifferenz. Weinheim, S. 181-193.

Renner, E. (1995): Einleitung. In: Renner, E. (Hrsg.): Kinderwelten. Pädagogische, ethnologische und literaturwissenschaftliche Annäherungen. Weinheim, S. 7-12.

Ritz-Fröhlich, G. (1992): Kinderfragen im Unterricht. Bad Heilbrunn.

Röhner, C. (2003): Kinder zwischen Selbstsozialisation und Pädagogik. Opladen.

Rohrmann, T. (1996): Beobachtungsverfahren und Befragungsmöglichkeiten von Kindern im Kleinkindalter. München.

Rousseau, J.J. (1762/1998): Emile oder über die Erziehung. Stuttgart.

Schäfer, G. (1997): Aus der Perspektive des Kindes? Von der Kindheitsforschung zur ethnographischen Kinderforschung. In: Neue Sammlung, 37, 3, S. 377-394.

Schneider, D. J. (1991): Social cognition. In: Rosenzweig, M. R.; Porter, L. W. (Hrsg.): Annual review of psychology, 42, S. 527-561

Schründer-Lenzen, A. (1997): Triangulation und idealtypisches Verstehen in der (Re-) Konstruktion subjektiver Theorien. In: Friebertshäuser, B.; Prengel, A. (Hrsg.): Handbuch qualitative Forschungsmethoden in der Erziehungswissenschaft. Weinheim u. München, S. 107-117.

Schütz, A. (1971): Symbol, Wirklichkeit und Gesellschaft. In: Schütz, A.: Gesammelte Aufsätze. Bd. 1. Den Haag, S. 331-411.

Schütze, F. (1976): Zur soziologischen und linguistischen Analyse von Erzählungen. In: Internationales Jahrbuch für Wissens- und Religionssoziologie, 10, S. 7-41.

Schütze, F. (1978): Zur Konstitution sprachlicher Bedeutungen in Interaktionszusammenhängen. In: Quasthoff, U. (Hrsg.): Sprachstruktur – Sozialstruktur. Königstein, S. 98-113.

Schütze, F.; Meinefeld, W.; Springer, W.; Weymann, A. (1973): Grundlagentheoretische Voraussetzungen methodisch kontrollierten Fremdverstehens. In: Arbeitsgruppe Bielefelder Soziologen (Hrsg.): Alltagswissen, Interaktion und gesellschaftliche Wirklichkeit. Bd. 1: Symbolischer Interaktionismus und Ethnomethodologie. Reinbek, S. 433-495.

Shaffer D. R.; Kipp, K. (2010): Developmental Psychology: Childhood and Adolescence. 8. Aufl. Wadsworth.

Smith, E. R. (1998): Mental representation and memory. In: Gilbert, D. T.; Fiske, S. T.; Lindzey, G. (Hrsg.): The Handbook of Social Psychology. Vol. I. 4th edition. Boston MA, S. 391-445.

Strack, F. (1988): Social Cognition: Sozialpsychologie innerhalb des Paradigmas der Informationsverarbeitung. In: Psychologische Rundschau, 39, 2, S. 72-82.

Strack, F. (1997): Soziale Informationsverarbeitung. In: Frey, D.; Greif, S. (Hrsg.): Sozialpsychologie: Ein Handbuch in Schlüsselbegriffen. 4. Aufl. Weinheim, S. 306-311.

Trautmann, T. (1997): Wie redest Du denn mit mir? Kommunikation im Grundschulbereich. Hohengehren.

Walter, W. (2002): Das „Verschwinden" und „Wiederauftauchen" des Vaters. Gesellschaftliche Bedingungen und soziale Konstruktion. In: Walter, H. (Hrsg.): Männer als Väter. Sozialwissenschaftliche Theorie und Empirie. Gießen, S. 79-117.

Weber, M. (1964): Wirtschaft und Gesellschaft. Grundriss der verstehenden Soziologie, Tübingen.

Weiss, F. (1995): Kinder erhalten das Wort. Aussagen von Kindern in der Ethnologie. In: Renner, E. (Hrsg.): Kinderwelten. Pädagogische, ethnologische und literaturwissenschaftliche Annäherungen. Weinheim, S. 133-147.

Wettler, M. (1980): Sprache, Gedächtnis, Verstehen. Berlin u. New York.

Wilson, T. P. (1973): Theorien der Interaktion und Modelle soziologischer Erklärung. In: Arbeitsgruppe Bielefelder Soziologen (Hrsg.): Alltagswissen, Interaktion und gesellschaftliche Wirklichkeit. Bd. 1: Symbolischer Interaktionismus und Ethnomethodologie. Reinbek, S. 54-79.

Zeiher, H. (1996a): Editorial: Zugänge zur Kindheit. In: Zeitschrift für Sozialisationsforschung und Erziehungssoziologie, 16, 1, S. 6-8.

Zeiher, H. (1996b): Kinder in der Gesellschaft und Kindheit in der Soziologie. In: Zeitschrift für Sozialisationsforschung und Erziehungssoziologie, 16, 1, S. 26-46.

Zinnecker, J. (1996): Soziologie der Kindheit oder Sozialisation des Kindes? Überlegungen zu einem aktuellen Paradigmenstreit. In: Honig, M.-S.; Leu, H-R.; Nissen, U. (Hrsg.): Kinder und Kindheit. Soziokulturelle Muster – sozialisationstheoretische Perspektiven. Weinheim u. München, S. 31-54.

Qualitative Kindheitsforschung
Datenerhebung in der qualitativen
Kindheitsforschung

Burkhard Fuhs

Kinder im qualitativen Interview – Zur Erforschung subjektiver kindlicher Lebenswelten

Qualitative Interviews mit Kindern zu führen ist ein komplexes theoretisches, methodisches und auch kindheitspolitisches Thema, das nicht auf Fragen des instrumentellen Vorgehens reduziert werden kann. Im Folgenden sollen einige grundlegende Fragen zum Thema Interviews mit Kindern erörtert werden – ohne, dass das Thema erschöpfend behandelt werden kann oder soll. Gleich zu Beginn soll indes festgehalten werden, dass Interviews mit Kindern vom Vorschulalter an zum festen Methodenrepertoire der heutigen Kindheitswissenschaften, soweit sie empirisch orientiert sind, gehören. Gleichwohl bleibt ebenfalls anzumerken, dass unterschiedliche Fachdisziplinen unterschiedliche Vorstellungen von Kindern, deren Kompetenzen und Bedürfnissen haben und vor diesem Hintergrund unterschiedliche Interviewkonzepte, -ideen und auch Vorschriften entwickeln. Thomas Trautmann grenzt sich in seinem Lehrbuch zu Interviews mit Kindern als Unterrichtsforscher deutlich von der sozialwissenschaftlichen Kindheitsforschung ab (vgl. Trautmann 2010, S. 14, 46, 77) und entwirft einen „schulpädagogischen" Zugang zum Interview, der sich sehr eng an die Gesprächs- und Gedächtnistheorie der Transaktionsanalyse und deren Begriff und Grundannahme anlehnt und andere Zugänge weitgehend außen vor lässt. Dies ist umso bedauerlicher, als es in den letzten Jahren intensive Bemühungen um eine interdisziplinäre Verbindung von Kindheitsforschung und Schulforschung gegeben hat (vgl. Breidenstein/Prengel 2005).

Die folgenden Überlegungen diskutieren deshalb zunächst die Grundannahmen einer qualitativen interviewbasierten Kindheitsforschung, untersuchen dann die Interviewsituation näher und stellen verschiedene Interviewformen vor.

Das Interview in den Kinderwissenschaften

Das heutige Kinderleben und der Wandel der Kindheit sind in den letzten Jahrzehnten aus soziologischer, psychologischer, pädagogischer, schulpädagogischer, historischer und kulturwissenschaftlicher Perspektive durchleuchtet worden (vgl. Honig u.a. 1996; Markefka/Nauck 1993; Zeiher 1996). Im Rahmen dieser Untersuchungen ist eine Vielfalt von Interviewtechniken (vgl. Heinzel 1997) eingesetzt worden, die – im Spannungsfeld von Biografie- und Surveyforschung – von standardisierten Fragebogenuntersuchungen bis zur Erhebung narrativer Stegreiferzählungen reichen (vgl. Ecarius u.a. 1998). Dabei wurden nicht selten unterschiedliche Methoden miteinander kombiniert. Im Verlauf der Entwicklung und Ausdifferenzierung einer neuen sozialwissenschaftlichen Kindheitsforschung sind längst auch die Kinder selbst als Gesprächs- und Interviewpartner sowohl der quantitativen als auch der qualitativen Forschung entdeckt worden. Wenn man die Lebenswelt von Kindern untersuchen möchte, genügt es heutzutage nicht mehr, die Erwachsenen zu fragen, die für die Betreuung und Erziehung von Kindern zuständig sind.

Vielmehr sollten die Kinder von der Forschung als eigenständige Personen ernst genommen werden. „Die erweiterte Autonomie der Jüngeren, die ihnen im privaten Alltag und auf der politisch-gesellschaftlichen Ebene zugesprochen wird, schlägt sich als neue Norm oder soziale Etikette in der Forschungspraxis und -ethik nieder. Über die Angelegenheiten der Kinder sollen an erster Stelle die Kinder selbst Auskunft geben. Wir halten sie mittlerweile für kompetent genug; ihre Perspektive zählt tendenziell mehr als die der älteren Personen in ihrem Umkreis" (Zinnecker/Silbereisen 1996, S. 14). Das vermehrt zu beobachtende Interesse an Methodenfragen in der Kindheitsforschung ist mit Wandel des Bildes von Kindheit eng verbunden. Es sind nicht mehr die – medizinisch, psychologisch, pädagogisch, alltagsweltlich geschulten – Erwachsenen, die von vornherein wissen, was für Kinder richtig ist und wie die Kindheit aussieht; Kinder werden vielmehr auch als Personen mit eigenen Rechten, Interessen und Ansichten gesehen, die als Akteure ihr Leben mitgestalten und deren Meinungen und Wünsche gehört und berücksichtigt werden müssen (vgl. Filler u.a. 1994; Klein 1993).

Die ‚Entdeckung' der Kinder als Akteure (vgl. Honig 1996, S. 15) geht einher mit der Erkenntnis, dass die Welt der Kinder grundsätzlich von der Erwachsenenwelt verschieden ist. Kindheit ist eine Form der Wirklichkeit, die Erwachsenen tendenziell fremd ist und auf die sie eine Vielzahl von eigenen Wünschen, Ängsten und Bildern übertragen (vgl. Fuhs 1999). Eine der selbstgewählten Aufgaben der neueren Kindheitsforschung ist es nun, diese „soziale Konstruktion" von Kindheit (Scholz 1994) sichtbar zu machen und den Erwachsenen einen Zugang zu der unbekannten Kultur der Kinder zu ermöglichen. Vor allem die ethnografische Kindheitsforschung der letzten Jahre versucht durch kulturanalytische Beschreibungen „von innen heraus" an der Bedeutung der Lebenswelt für die Kinder selbst anzuknüpfen (Kelle/Breidenstein 1996, S. 50). Mit einer Reihe von ethnografischen Mitteln wie Teilnehmende Beobachtung, Dokumentenanalyse, aber auch mittels Befragung von Kindern in ihrer alltäglichen Umwelt wird versucht, die alltagskulturellen Praktiken der Kinder zu erfassen und die subjektiven Bedeutungen der kindlichen Lebenswelten zu entschlüsseln.

Zum Problem einer partnerschaftlichen Kindheitsforschung

Mit der verstärkten Erschließung der kindlichen Perspektive für die Kindheitswissenschaften seit den 1980er-Jahren (Rohlfs 2006, S. 23) haben qualitative Methoden an Bedeutung gewonnen, die ein direktes Gespräch mit Kindern ermöglichen. Gemeint ist damit eine Forschungsrichtung, die explizit nach „der Perspektive der Kinder" fragt und deren erklärtes Ziel es ist, nicht nur *über* Kinder zu forschen. Vielmehr werden Kinder – wie Angehörige anderer Altersgruppen – als aktiv Handelnde und (Mit-)Gestaltende betrachtet (siehe dazu ausführlich den „Entwurf einer Theorie der Kindheit" von Michael-Sebastian Honig 1999; Mey 2003, S. 4). Die Erforschung der Sicht der Kinder auf ihre eigene Lebenswelt und auf die Welt der Erwachsenen ist zum einem eine forschungstheoretische Notwendigkeit geworden, da sich herausgestellt hat, dass Kinder oft andere Denk- und Erfahrungsweisen, andere Interessen und einen anderen Geschmack als Erwachsene haben, und ist zum anderen Ausdruck eines gewandelten sozialen und politischen Kindheitsverständnisses, das nicht erst seit der UN-Kinderrechtskonvention den Kindern eine eigene kindgerechte Partizipation an allen gesellschaftlich relevanten Bereichen zugesteht. Qualitative Interviews mit Kindern zu führen ist also das Eingeständnis, dass die Erwachsenen nicht ohne weiteres wissen, was Kinder bewegt und was für Kinder „gut" und dass es notwendig ist – nimmt man das internationale Credo des „Children First" ernst – auch in der Forschung mit den Kindern selbst ins Gespräch zu kommen. Aus der Einsicht der relativen kulturellen, sozialen, kognitiven und emotionalen Eigenständigkeit der kindlichen Lebenswelten und der Forderung einer kindgerechten Umsetzung der Partizipationsrechte der Kinder ergibt sich der Grundcharakter der qualitativen Interviewmethoden in den unterschiedlichen Kindheitswissenschaften (vgl. Mey 2003).

Es ist Jürgen Zinnecker (1996a) zuzustimmen, dass die zentrale Herausforderung aller Interviews mit Kindern die Generierung einer Interviewsituation und einer Erwachsenen-Kind-Beziehung ist, die nicht vordringlich durch Machtverhältnisse geprägt ist, die eine offene freie Kommunikation fördert, wobei ein partnerschaftliches Gespräch und eine nicht-macht- und erwachsenenorientierte Sprache eher eine Verpflichtung und Orientierung als eine Realität während des Interviews darstellen. Zinnecker gibt einen Überblick über mögliche Modelle einer pädagogischen Ethnografie und wertet das „Freie Gespräch mit Kindern" als eine Form, den Kindern eine Chance zu geben, den „Sprachgürtel" zu durchdringen, der ihre subjektive Welt von der der Erwachsenen trennt (vgl. Zinnecker 1996a, S. 44). Im

„Freien Gespräch" werde den „Kindern die Gelegenheit gegeben, sich jenseits von Autoritäts- und Bewertungsschranken über ihre persönliche Lebenswelt im Gespräch zu äußern" (Zinnecker 1996a, S. 45). Die erwachsenen Kindheitsforscherinnen und -forscher, die mit Kindern in einen Dialog über deren Lebenswelt eintreten und Familie, Schule, Spielen, Streit, Strafe, Freundschaften oder Geheimnisse zum Thema werden lassen, erforschen nicht einen einfachen Gegenstand, sondern können als „Übersetzer" der kindlichen Lebenswelt für ein weites Publikum verstanden werden (Zinnecker 1996a, S. 61).

Die erwachsenen Forscher und Forscherinnen bewegen sich in einem Werte-Dilemma und methodischen Widerspruch, der im qualitativen Interview mit Kindern nur schwer aufzulösen ist. Wie für alle qualitative Forschung gilt auch für die Qualitative Interviewforschung mit Kindern grundsätzlich das Gebot der Offenheit und eine ethische Orientierung am Schutz der Persönlichkeitsrechte der Erforschten und eine grundlegende Akzeptanz der erzählten Erfahrungen und Einstellungen. Die Werte von Empathie, Toleranz und Akzeptanz, die auch qualitative Interviews mit Kindern prägen müssen, wenn sie erfolgreich sein wollen und es ernst meinen mit der Erhebung der subjektiven Sichten der Kinder, können in einer historischen Situation, in der der öffentliche Diskurs vielfach um das Leiden der Kinder geht, nicht in einen Kultur- und Lebensweltrelativismus münden. Qualitative Interviews mit Kindern sind – gewollt oder nicht – stets generational gerahmte Beziehungen, die einer werteorientierten, anwaltschaftlichen Perspektive verpflichtet bleiben, die sich an den Menschenrechten und der UN-Kinderrechtskonvention orientieren muss.

Die unhintergehbare Verstrickung der qualitativen Kindheitsforschung mit dem (sehr emotional und rigide geführten) Diskurs über Kindheit führt zu zwei grundlegenden Problemen der Forschung, die es im Blick zu behalten gilt, soll die Forschung sich der Leitidee einer partnerschaftlichen, partizipatorischen Ausrichtung annähern.

1. **Verlust der Offenheit:** In qualitativen Interviews mit Kindern besteht immer wieder die Gefahr des Verlustes der Offenheit gegenüber dem Feld (Friebertshäuser/Langer/Prengel 2010). Zwar ist in der Kindheitsforschung heute in der Regel akzeptiert, dass methodisch von einer systematischen „Fremdheit" des Feldes (Fuhs 2007) auszugehen ist, dass also die kindliche Lebenswelt sich von der der Erwachsenen unterscheidet und dass Erwachsene nicht grundsätzlich aus ihrer Erinnerung an die eigene Kindheit heutige Kindheit verstehen können. Aber diese methodische Annahme von Fremdheit (vgl. zur Fremdheit als ethnografische Perspektive Breidenstein 2006, S. 20) geht vielfach nicht mit einer Offenheit für das Feld der Kinderkultur einher. Zum einen verbindet sich die Forschung immer wieder mit negativen Werturteilen über den Wandel der Kindheit, betont schon in der Fragestellung gesellschaftliche

Problembereiche wie Gewalt, Sucht, Arbeitsverweigerung oder Übergewicht und lässt den Kinder nicht die Chance ihr gesamtes Leben darzustellen. Deutlich wird dies etwa an der Medienforschung. Wenn der Medienkonsum der Kindern etwa beim Computerspiel nicht in den gesamten Lebenskontext gestellt wird und das kindliche Medienhandeln isoliert von dem der Erwachsenen betrachtet wird, werden die Kinder durch die Forschung zu einer Problemgruppe gemacht. So wichtig die Grundannahme einer Differenz von Kindheit und Erwachsenheit für die qualitative Kindheitsforschung theoretisch und methodisch ist, so problematisch ist sie, wenn sie nicht mit Offenheit, sondern mit festen Vorannahmen operiert. Wenn etwa durch vielfältige Entwicklungstatsachen, die das Erinnern, Erzählen, das Fühlen und Denken umfassen, eine Voreinstellung und harte Grenze zwischen Kindern und Erwachsenen festgeschrieben wird, besteht die Gefahr, dass die Kinder defizitär beschrieben werden und Gemeinsamkeiten zwischen den Generationen im Forschungsprozess nicht mehr „gedacht" werden können. Aus einer methodischen Fremdheit wird leicht eine pädagogisch „gut gemeinte" Stigmatisierung der Kinder als „Noch-Nicht-Erwachsene". So heißt es etwa bei Trautmann über die Erstklässler: „Die Sprache wird weitgehend korrekt gebraucht und komplexe Geschichten können erzählt werden. Zwar wird über das Gesagte noch wenig reflektiert, dies steht aber einer erfolgreichen Kommunikation nicht im Wege, zumal die meisten Kinder bereits bewusst lügen können" (Trautmann 2010, S. 46). Deutlich tritt hier das Erwachsenenurteil über die Kinder in den Vordergrund und bestimmt die Sichtweise auf das Kind im Interview. Kinder werden hier in der Differenz zu den Erwachsenen definiert (wenig reflektiert). Die Balance zu halten zwischen dem (verständlichen) Wunsch von Pädagogen nach Sicherheit im Handeln gegenüber Kindern durch professionelles, gesichertes Expertenwissen und der Notwendigkeit, im qualitativen Forschungsprozess Unsicherheiten, Offenheiten und Nicht-Wissen als Grundeinstellung forschenden Denkens und Handels zuzulassen ist eine zentrale und immer wieder schwierige Aufgabe. Jürgen Zinnecker (vgl. 1996a) betont in diesem Zusammenhang, dass insbesondere Pädagogen in der Gefahr stehen, durch ihre professionelle Haltung gegenüber Kindern bei offenen Gesprächen die Sicht der Kinder nicht wahrnehmen zu können.

2. Instrumentalisierung von Interviews mit Kindern: Auch wenn die Handlungsforschung in den letzten Jahren wieder an Bedeutung gewonnen hat (vgl. Action research), ist große Vorsicht geboten, wenn qualitative Forschung mit pädagogischen Absichten verbunden wird. Das qualitative Interview hat zum Ziel, den subjektiven Sinn der Kinder als Akteure zu erschließen, es dient nicht, wie Trautmann vermutet, der Erhebung von „exakten Informationen über Gegenwärtiges" (Trautmann 2010,

S. 46). Die Gewinnung der Perspektive der Kinder steht jedenfalls vor dem pädagogischen Auftrag im Vordergrund, wenn über Kinderinterviews in der Regel nachgedacht wird (vgl. Mey 2003). Diese Aufgabe verträgt sich nicht damit, dass etwa „pädagogisch Verantwortliche" das qualitative Interview dazu nutzen, mit Kindern „Entwicklungsgespräche, Leistungsvereinbarungen, Verhaltensanalysen oder Normverdeutlichungen" zu führen, wie dies Thomas Trautmann (2010, S. 14) in seiner Begründung für den Einsatz aufführt. Ermahnungen, Beurteilungen, Predigten und Verhandlungen gehören jedenfalls nicht in das klassische Repertoire der Qualitativen Forschung und stehen in der Regel gegen fundamentale Grundsätze der Forschung.

Interviews mit Kindern als etablierte Praxis

Interviews mit Kindern haben sich in den letzten Jahren – trotz einer sehr schmalen Methodendiskussion auf diesem Gebiet – zu einem oft angewandten Instrument entwickelt. So wurden in unterschiedlichen Projekten Kinder mit ausführlichen qualitativen Interviews zu einer Vielzahl von Bereichen ihres täglichen Lebens befragt. In der Schulforschung findet sich eine ganze Reihe von Studien, die erfolgreich auf Interviews mit Kindern aufbauen (Fuhs 2010). Als ein Beispiel sei hier die Studie von Charlotte Röhner (2003) genannt, die mit Grundschulkindern biografische Interviews über ihre Erfahrungen in Unterricht und Schule, mit schulischem und außerschulischem Lernen im Kontext heutiger Kindheit geführt hat. „Schulkindheit" wurde dabei unter anderem als „Ort von Lern- und als Peerkultur untersucht. Unter dem theoretischen Feld von Selbstsozialisation, Selbstentwicklung und Bildung als Formung des Lebenslaufes […] [wurde] der Zusammenhang von biografischer Erfahrung, Entwicklung und Lernen in exemplarischen Fallstudien untersucht und reflektiert" (Röhner 2003, S. 12). Während Trautmann (2010, S. 83) das biografische Interview mit Kindern eher skeptisch sieht und betont, dass die Erwartungen „nicht zu hoch angesetzt" werden dürften, und aber einschränkend bei kompetenten Kindern, die über „ein solides Maß an Reflexions- und Erinnerungsvermögen – gekoppelt mit sprachlicher Klarheit" verfügen, „sehr interessante Ergebnisse" erreicht werden können, wird die Methode im interdisziplinären Forschungsgebiet zwischen Schul- und Kindheitsforschung längst erfolgreich eingesetzt. Quantitative und qualitative Interviews mit Kindern haben sich in den letzten Jahren vor allem auch in der Medienforschung etabliert (zur qualitativen Medienforschung mit Kindern vgl. Paus-Haase/Schorb 2000). So etwa in der Fernsehforschung (Theunert/Gebel 1996; Theunert/Wagner 2002) und im Bereich der Internetforschung (Feil u.a. 2004). Diese Forschungen sind in einigen Fällen eng mit Beobachtungsmethoden verbunden (Feil u.a. 2009) und es ist ein Trend zur ethnografischen Forschung festzustellen (Breidenstein 2006). Auch werden Befragungsmethoden bei jüngeren Kindern mit Spielmethoden verbunden (vgl. Theunert/Schorb 1996, S. 18). Die vorliegenden Studien zeigen zum einen, dass bei Interviews mit Kindern ein hoher methodischer Aufwand betrieben wird (und betrieben werden muss), dass aber qualitative Interviewmethoden etwa mit Techniken der Handpuppe bis in den Vorschulbereich erfolgreich eingesetzt werden können (vgl. Paus-Haase 1998).

Eine gut eingeführte Praxis der qualitativen Interviewforschung mit Kindern trifft auf einen immer noch großen methodischen Orientierungs- und Klärungsbedarf. Während im Bereich der Erwachsenen die qualitativen Methoden und vor allem die unterschiedlichen Formen des Interviews wissenschaftlich gut erforscht und dargestellt sind, bestehen auf dem Gebiet der Kinderwissenschaften Forschungslücken. Auch scheint es so, dass auf einem Gebiet gesicherte Wissensbestände der qualitativen Forschung wieder verloren gehen. Thomas Trautmann etwa konstatiert, dass „alle Interviewformen [...] zu den qualitativen Methoden" gehören (2010, S. 71) und zählt als erste Interviewform das „voll standardisierte Interview" (Trautmann 2010, S. 72) auf, das ohne Zweifel zu den quantitativen Methoden gehört (vgl. Mayring 2002, S. 66). Das zentrale Kriterium der Freiheitsgrade des Interviewenden und des Befragten, das den Unterschied zwischen qualitativem und quantitativem Interview markiert, fehlt hier vollständig.[1] Es besteht also Forschungs- und Diskussionsbedarf in den Kinderwissenschaften.

Obwohl unter den Forschenden Einigkeit darüber besteht, dass Methoden aus der Erforschung von Erwachsenen nicht einfach auf Kinder übertragen werden können (vgl. Oswald/Krappmann 1995, S. 25 ff.; Wilk 1996, S. 72), wird das methodische Vorgehen in der Kindheitsforschung bisher nur wenig reflektiert. Ebenso wie in der quantitativen Forschung (vgl. Zinnecker 1996 b; Ecarius u. a. 1998, S. 48 ff.) stehen auch in der qualitativen Kindheitsforschung methodische Überlegungen erst am Anfang (vgl. Heinzel 1997). In den folgenden Ausführungen soll nun dem Problem der Interviewmethode in der Kindheitsforschung in unterschiedlichen Zugängen nachgegangen werden. Zunächst stehen die Fragen im Vordergrund, warum es schwierig ist, mit Kindern zu sprechen und welche Möglichkeiten und Grenzen das Interview mit Kindern bietet. Danach sollen die Methodenfragen des Interviews mit Kindern am Beispiel konkreter Forschungsansätze behandelt werden.[2]

---

1 Das Lehrbuch von Trautmann (2010) weist leider noch eine Vielzahl weiterer Fehler und Ungenauigkeiten auf, etwa im Bereich „subjektiver" und „objektiver" Sinnstrukturen, in der Definition des narrativen Interviews oder bei der Frage der Gütekriterien (Trautmann 2010, S. 71).

2 Bei den Überlegungen wird insbesondere auf das Datenmaterial und die Erfahrungen des Projektes „Kinderleben" (vgl. Büchner u. a. 1998) zurückgegriffen.

So wünschenswert qualitative Interviews mit Kindern über ihre subjektive Lebenswelt sind, so schwierig gestaltet sich die methodische Umsetzung wissenschaftlicher Forschungsgespräche mit Kindern. Dies hat unterschiedliche Gründe, die im Folgenden nur kurz umrissen werden können.

Das besondere Gespräch: Kinder im Interview

Zwar wird – vor allem aus Sicht der Kinderpolitik – immer wieder die Wichtigkeit herausgehoben, mit Kindern selbst über ihr Leben zu sprechen, gleichzeitig aber sind diejenigen Methoden der Kindheitsforschung, die mit sprachlichem Datenmaterial arbeiten, zumeist mit einer großen Skepsis und mit kritischen Einwänden konfrontiert. In der Methodenliteratur zur qualitativen Forschung wird zwar immer wieder die Bedeutung der Sprache für die Erhebung subjektiver Sinnwelten betont (vgl. Hopf 1995; Lamnek 1995; König 1995), aber es bleibt unklar, inwieweit die Methodenkonzepte, die für Interviews mit Erwachsenen Gültigkeit haben, auf Kinder übertragbar sind. So wird beispielsweise der sprachliche Austausch zwischen Erwachsenen im Interview als „normal" vorausgesetzt (vgl. Schröer 1994) und für die Kommunikation zwischen erwachsenen Interviewern und erwachsenen Befragten zumeist das „Prinzip des Alltagsgespräches" konstatiert (Lamnek 1995, S. 64).[3] In der Kommunikation mit Kindern dagegen kann die Sprache nicht von vornherein vorausgesetzt werden. Für Erwachsene ist beispielsweise die kindliche Sprache von Kleinkindern manchmal unverständlich. Auch wirken Kinder in ihrer Sprache auf Erwachsene oftmals niedlich oder auch unfreiwillig komisch, wenn sie etwas unbeholfen oder ‚falsch' ausdrücken. Auch ist die Kommunikation zwischen Kindern und Erwachsenen nicht selten dadurch gekennzeichnet, dass die Erwachsenen den Sprachstil der Kinder nachahmen.

Für die Kindheitsforschung stellt – anders als bei Interviews mit Erwachsenen – also die sprachliche Kommunikation ein besonderes Problem dar, das nicht einfach ignoriert werden kann. Kinder werden in eine sprechende Umwelt hineingeboren und sie müssen sich diese Sprache erst aneignen (Grimm 1995, S. 713), wobei der sprachliche Sozialisationsprozess sich über die gesamte Kindheit erstreckt (Grimm 1995, S. 731). Generell gilt für die Entwicklung der kindlichen Ausdrucksformen, dass sie sich von den Gesten zur Sprache bewegen (Grimm 1995, S. 740); dies bedeutet für das Interviewen von Kindern durch Erwachsene, dass mit steigendem Alter

---

3 Dass es sich beim qualitativen Interview keineswegs um eine Alltagskommunikation handelt, verdeutlichen die zahlreichen Anweisungen für die Interviewenden in den Methodenbüchern (vgl. Hopf 1995, S. 182; Hermans 1995, S. 184). Das Interview in seinen unterschiedlichen Formen stellt eine Sonderform der Kommunikation dar.

der Kinder nonverbale Kommunikation zunehmend durch sprachliche Kommunikation ersetzt wird.

Die – in allen Bereichen der Sozialforschung relevante – Doppelung der Kommunikation zwischen dem *Sagbaren*, das beschrieben werden kann, und dem *Unsagbaren*, das nur gezeigt werden kann (vgl. Reichertz/ Soeffner 1994, S. 310), betrifft die Befragung von Kindern in besonderer Weise. Es muss damit gerechnet werden, dass Kinder unterschiedlichen Alters unterschiedlich gut ihre subjektive Welt sprachlich ausdrücken können. Die Kindheitsforschung hat sich bemüht, diesem Kommunikationsproblem zwischen Erwachsenen und Kindern gerecht zu werden und je nach Alter der Kinder ‚kindgerechte' Interviewformen zu entwickeln, die Sprachäußerungen mit anderen Ausdrucksformen, z.B. Zeichnen, Spielen, Zeigen von Dingen und Orten oder Tätigkeiten, Traumreisen (vgl. Heinzel 1997) kombinieren. Auch die Forderungen nach einer stärker ethnografisch orientierten Kindheitsforschung mit einer Betonung der Teilnehmenden Beobachtung beziehen sich auf die Probleme einer mündlichen Erforschung kindlicher Lebenswelten (vgl. Kelle/Breidenstein 1996).

Die mündliche Befragung von Kindern wird nicht nur dadurch erschwert, dass sich die Kinder erst im Laufe ihrer Biografie die nötigen sprachlichen Fähigkeiten erwerben. Hinzu kommt, dass die Sprachkompetenzen sowohl von Erwachsenen als auch von Kindern sehr kulturspezifisch ausgeprägt sind. So muss davon ausgegangen werden, dass Kinder nicht nur individuell sehr unterschiedliche sprachliche Kompetenzen in die Interviewsituation einbringen, sondern dass etwa Mädchen die Interviewsituation besser bewältigen können als Jungen oder dass Kinder aus Familien mit hohem sozialem Status sich im Interview sprachlich differenzierter äußern als Kinder aus Familien mit niedrigem sozialem Status (vgl. Grimm 1995, S. 754).

Ein weiteres Problem des Interviews als Methode in der Kindheitsforschung ist der Zweifel am Wahrheitsgehalt von kindlichen Aussagen. Die Methodendiskussion ist hier mit der Debatte um die Glaubwürdigkeit von Kindern konfrontiert, wie sie beispielsweise in Auseinandersetzungen zum Missbrauch von Kindern geführt wird. Hans Sebald etwa kritisiert den vielmehr unreflektierten Umgang mit kindlichen Erzählungen und Erinnerungen, wie er zuweilen in Gerichtsprozessen vorkomme (vgl. Sebald 1995). Es gebe, so Sebald, einen Mythos der kindlichen Wahrhaftigkeit, der in der Geschichte schon viel Unheil angerichtet habe. So seien in den Hexenverfolgungsprozessen der Frühen Neuzeit vor allem Kinder dazu gebracht worden, die absurdesten Anschuldigungen zu behaupten. Unter anderem beruhe die Manipulierbarkeit der Kinder darauf, dass sie weniger zwischen Phantasie und Realität unterschieden, dass sie oft übertreiben, dass sie sich den Wünschen der Erwachsenen anpassen, dass sie sich leicht verunsichern lassen, dass sie dazu neigen, mit Lügen zu experimentieren oder dass ihr Erinnerungsvermögen durch Vorurteile und Nöte verringert sein kann (Sebald 1995, S. 142). Die hohe Suggestibilität des Kindes, so seine Konsequenz, mahne zur Vorsicht.

Auch wenn die Diskussion um die Verlässlichkeit von Interviews mit Kindern nicht unter methodischen Gesichtspunkten geführt wird, scheint es für die Kindheitsforschung trotzdem wichtig, den angemeldeten Zweifeln durch eine besondere Sorgfalt in der Forschung zu begegnen. Beispielsweise sollten die kindlichen Fähigkeiten und Grenzen bei der Erinnerung von Geschehnissen in den Arbeiten stärker berücksichtigt werden. In der Entwicklungspsychologie ist mittlerweile eine Reihe von Arbeiten zum Thema der Gedächtnisleistungen von Kindern entstanden. So referieren Schneider und Büttner Forschungsergebnisse, die aussagen, dass Gedächtnisstärke ihren größten Zuwachs im Grundschulalter erhält, danach nur noch leicht ansteigt und sich im Alter von 14 bis 18 Jahren kaum noch verbessert (vgl. Schneider/Büttner 1995, S. 667). Auch für das autobiografische Gedächtnis lässt sich sagen, dass schon Vorschul- und Kindergartenkinder in der Lage sind, „wichtige persönliche Erfahrungen auch über einen längeren Zeitraum hinweg ziemlich genau zu erinnern" (Schneider/Büttner 1995, S. 699). Soll in der Forschung über die wichtigen, emotionalen Erlebnisse hinaus nach allgemeinen Aspekten des Kinderlebens gefragt werden, stößt die Interviewmethode eventuell bei Vorschulkindern auf Probleme, da erst ältere Kinder auch über einen längeren Zeitraum periphere Details von Geschehnissen erinnern. Wichtig für die Kindheitsforschung scheint auch der Befund zu sein, dass jüngere Kinder stärker auf Gedächtnishilfen angewiesen sind. Das heißt; es kann sich als sinnvoll erweisen, Kindern Anhaltspunkte für das Erinnern zu geben.[4] Es wird also deutlich, dass Kinderinterviews grundlegend unter einem Vorbehalt stehen und begründet werden müssen, sollen sie akzeptiert werden.

Für die Glaubwürdigkeit von Kindern vor Gericht kommen die Autoren zu dem Ergebnis, dass das Erinnern von Kindern von einer Reihe von Faktoren abhängt. So beeinträchtigen verwirrende Fragen oder starke Emotionen, wie Angst beispielsweise, die Erinnerungen. Auch sind die Informationen – so Schneider und Büttner – umso ungenauer, je jünger die Kinder sind (Schneider/Büttner 1995, S. 702 f.). Insgesamt lässt sich sagen, dass „Schulkinder ab etwa 7 Jahren in der Regel zuverlässige Berichte abgeben und durch irreführende Informationen wenig beeinflusst werden. Obwohl auch schon Vorschul- und Kindergartenkinder persönlich erlebte und bedeutungsvolle Ereignisse erstaunlich akkurat und langfristig speichern können, scheinen Kinder dieser Altersgruppe für Suggestivfragen wesentlich empfänglicher zu sein" (Schneider/Büttner 1995, S. 704).

---

4 So verbessern beispielsweise Fotos die Gedächtnisleistungen von Grundschulkindern (vgl. Schneider/Büttner 1995, S. 701). Weitere Anhaltspunkte könnten Zeichnungen, Filme, sprachliche Hinweise auf Geschehnisse oder auch die Begehung von Orten sein.

Auch Franz Petermann und Sabine Windmann kommen in ihrer Beurteilung sozialwissenschaftlicher Erhebungsverfahren bei Kindern zu einer Reihe von Problemen, die es bei der Forschung zu bedenken gilt (vgl. Petermann/Windmann 1993). Die Autoren machen deutlich, dass die Befragung von Kindern äußerst sorgfältig geplant und durchgeführt werden muss. Dabei kommen dem kindlichen Entwicklungsstand, der Erwartung des Kindes, seinen Vorerfahrungen, seiner Motivation, der sozialen Einbindung der Befragung, dem Verhalten des Interviewenden und auch den Räumlichkeiten und dem Ablauf der Befragung eine große Rolle zu (Petermann/Windmann 1993, S. 125 f.). Insgesamt aber – so können Petermann und Windmann zusammengefasst werden – sei bei kindgerechter Befragung die Gewinnung von Selbstauskünften von Kindern „durchaus legitim" (Petermann/Windmann 1993, S. 130). Liselotte Wilk (1996) und Jürgen Zinnecker (1996b) kommen zu ähnlichen Einschätzungen. Einigkeit besteht darüber, dass der sorgfältigen Gestaltung der Erhebungssituation und einer emphatischen Befragungshaltung der Interviewenden eine besondere Aufmerksamkeit zu schenken ist. Eine solche Aussage dient weniger der Interviewführung als der Legitimation der Methoden in der Erwachsenenwelt, denn auch Erwachseneninterviews sollten sorgfältig geführt werden.

Die Glaubwürdigkeit kindlicher Aussagen in qualitativen Interviews ist aber nicht nur eine Frage der kindlichen Psychologie. Ein ebenso großes Problem sind die Vorurteile und Kindheitsbilder derjenigen Erwachsenen, die Kinder nicht als kompetente Interviewpartner ernstnehmen. Ein wichtiger Teil der Methodendiskussion müsste demnach auch die Frage nach den Erwartungen und Einstellungen der Forschenden gegenüber den Kindern sein. Die Kindheitsforschung bewegt sich in dem Dilemma, dass jede Form der kindgerechten Methode stets ein bestimmtes Kindheitsbild voraussetzt und damit in der Gefahr steht, eben dieses Bild zu reproduzieren, während eigentlich von den Grundsätzen der qualitativen Forschung die unvoreingenommene Erforschung der Kindheit im Vordergrund stehen sollte.

Die Befragung von Kindern mit Hilfe von qualitativen Interviews bewegt sich also zwischen der Norm, Kinder zu Wort kommen zu lassen und den Kindheitsvorstellungen, die kindlichen Aussagen stets in einem entwicklungspsychologischen Kontext, also mit Vorbehalt, zu sehen. Vor diesem Hintergrund werden auch Empfehlungen, wie die von Petermann und Windmann, verständlich, die vorschlagen, dass zusätzlich zu den Interviews mit den Kindern in der Regel ausführliche und umfassende Befragungen der Bezugspersonen dieser Kinder (zum Beispiel Eltern, Geschwister, Lehrer) stattfinden sollen (vgl. Petermann/Windmann 1993, S. 130). Kindheitsforschung bewegt sich damit in dem generellen Konflikt, wie es möglich ist, die subjektive Welt der Kinder so zu übersetzen, dass die Aussagen der Kinder bei der Interpretation nicht wieder durch eine Erwachsensicht in Frage gestellt werden.

In der Anwendung der Interviewmethoden muss daher dem Verhältnis zwischen Erwachsenem und Kind eine besondere Aufmerksamkeit geschenkt werden. Wenn erwachsene Forscherinnen und Forscher Mädchen und Jungen interviewen, geschieht dies stets im Rahmen eines Generationenverhältnisses, das die Erhebungssituation definiert und das auch bei der Interpretation der Daten einen zentralen theoretischen Hintergrund bildet (vgl. Zeiher 1996, S. 38). Die Kommunikation zwischen Erwachsenen und Kindern ist in unserer Kultur in vielfacher Weise in Sorge- und Herrschaftsverhältnisse eingebunden, die die Erwachsenen als kompetent, ‚rational‘ und verantwortlich und die Kinder als ‚irrational‘, unwissend (lernend) und unmündig definieren. Wo Erwachsene und Kinder zusammentreffen, bestimmen in der Regel die Erwachsenen, was richtig und falsch ist und wie sich alle Beteiligten in einer Situation verhalten sollen. Kinder erleben auf diese Weise Erwachsene, mit denen sie engeren Kontakt haben, zumeist in einem pädagogischen Rahmen als Lehrer, Eltern oder Erzieher. Dieses hierarchische Generationenverhältnis wird in seiner Basis auch nicht durch die neuere Entwicklung des Eltern-Kind-Verhältnisses vom Befehls- zum Verhandlungshaushalt (vgl. Büchner 1983) aufgehoben, da die Erwachsenen immer noch die Rahmen der kindlichen Selbständigkeit bestimmen und letztendlich verantwortlich sind (vgl. Zeiher 1996).

Auch dort wo Erwachsene in besonderem Maße geschult sind, mit Kindern umzugehen, ist das Generationenverhältnis in der Forschung nicht unproblematisch, weil über pädagogische Kompetenz auch ein bestimmtes Bild von Kindheit konstruiert wird, das in die Forschungsergebnisse eingeht. Jürgen Zinnecker hat diese ethnografische Forschungsperspektive am Beispiel der kindlichen Lebenswelt der Grundschule aufgezeigt und stellt fest, dass „Lehrer und Mitschüler keineswegs und selbstverständlich Grundschule und Unterricht als gemeinsame Lebenswelt" teilen (Zinnecker 1996a, S. 42). Und er betont im weiteren, dass gerade Pädagoginnen und Pädagogen – unter dem Druck handlungspragmatischer Interessen und der Maßgabe einer einheitlichen Definition schulischer Wirklichkeit – für eine Wahrnehmung der subjektiven und pluralen Lebenswelten von Kindern „denkbar schlecht gerüstet" seien: „Eine pädagogische Ethnografie kindlicher Lebenswelten [...] bedeutet nicht mehr und nicht weniger, als die eingeübten Handlungs- und Kommunikationsstrategien des Pädagogenberufes [...] auf Zeit auszusetzen" (Zinnecker 1996a, S. 42). Eine solche Forderung ist in der Praxis nur sehr schwer umzusetzen, da sie für die Pädagoginnen und Pädagogen bedeutet, dass sie ein Stück ihres professionellen Selbstverständnisses aufgeben und sich auf emotionale Unsicherheiten einlassen müssen.

Aus diesen Überlegungen ergibt sich, dass qualitative Interviews mit Kindern in besonderem Maße mit dem Problem der Fremdheit im Vertrauten konfrontiert sind. Auf der einen Seite stehen die Forderungen nach einer neuen Akzeptanz der Kinder und ihrer subjektiven Lebenswelten, die tendenziell für Erwachsene fremd sind. Auf der anderen Seite steht eine entwickelte pädagogische Kultur, die von Eltern, Erzieherinnen und Erziehern sowie Lehrerinnen und Lehrern alltäglich gelebt wird. Hier handelt es sich um vertrautes Terrain.

Insgesamt lässt sich festhalten, dass die methodischen Voraussetzungen für Interviews mit Kindern bisher noch wenig erforscht sind. Vor allem wird dem Generationenverhältnis, das in jedem Interview mit Kindern zur methodischen Grundlage gehört, zu wenig Aufmerksamkeit geschenkt.

Nachdem einige Probleme der Interviewmethode für die Kindheitsforschung angerissen worden sind, soll nun an einigen ausgewählten Untersuchungen aufgezeigt werden, wie Kinder im Rahmen der heutigen Kindheitsforschung bisher interviewt worden sind.

Interviewmethoden in der Kindheitsforschung

Friederike Heinzel (1997) hat in ihrem Aufsatz zu qualitativen Interviews mit Kindern zahlreiche Informationen und Erfahrungen aus unterschiedlichen Kindheitsprojekten zusammengetragen und aufgezeigt, dass in der gegenwärtigen Forschungslandschaft eine Vielzahl von Interviewformen praktiziert wurde. Insgesamt sind die gemachten Erfahrungen sehr positiv und ermutigend. Im Vergleich mit anderen sozialwissenschaftlichen Forschungsgebieten erweist sich die Kindheitsforschung in der Methodenentwicklung als besonders innovativ und experimentierfreudig. Leider zeigt eine Durchsicht der einschlägigen Veröffentlichungen, dass den Methoden in der Kindheitsforschung zu wenig Bedeutung beigemessen wird. Interessante Ansätze finden sich lediglich in den unterschiedlichen Studien verstreut und müssen wie ein Puzzle mühselig zusammengesucht werden. Auch sind die entwickelten Methoden bisher nicht systematisch reflektiert worden. Erschwerend kommt hinzu, dass viele Autoren ihr methodisches Vorgehen nur knapp oder unzureichend dokumentieren und vor allem, dass positive und negative Erfahrungen mit einer Methode nicht zugänglich gemacht werden.

Schaut man darauf wie die Interviewmethoden in der Kindheitsforschung klassifiziert werden, zeigt sich, dass sich die Forschenden zumeist an die Einteilung der Methoden in der Erwachsenenforschung anlehnen. Die unterschiedlichen Interviewmethoden in der Kindheitsforschung werden beispielsweise nach dem Grad ihrer Standardisierung eingeteilt (vgl. Lamnek 1995, S. 35 ff.). So finden sich in der Forschungspraxis sowohl teilstandardisierte als auch narrative Interviews mit Kindern (vgl. Heinzel 1997, S. 402 f.).

In den Kinderwissenschaften – dies als grundlegende Anmerkung – sind prinzipiell alle Methoden einsetzbar, die auch in der Jugend- und Erwachsenenforschung Anwendung finden. Laura Wehr (2009) grenzt sich in ihrer gelungenen qualitativen Studie zur Zeitpraxis von Kindern von einer Kinderwissenschaft ab, die methodisch von vornherein die Methoden kindgerecht konstruiert und damit die zu erforschenden Kinder auf dieses Bild festlegt. Forschung mit Kindern muss aus diesem Grund immer auch eine Methodenforschung sein, die – vor dem Hintergrund der sich wandelnden Kinder- und Erwachsenenkultur – methodische Anforderungen und Vorgehensweisen neu entwickelt, evaluiert und kritisch diskutiert.

An dieser Stelle möchte ich eine Typisierung vorschlagen, die sich nicht an der Struktur des Interviews orientiert, sondern an der Art des Erinnerns, die von den Kindern während des Interviews eingefordert wird. Dabei ist es nicht das Ziel während des Interviews, die Aussage der Kinder in einem Erinnerungsraster zu klassifizieren, sondern zu Beginn der Forschung nach der zeitlichen Reichweite der zu erhebenden Lebenswelt zu fragen. Ein solcher Ansatz eignet sich auch für Jugendliche und Erwachsene. Ausgangsthese ist die Überlegung, dass jedes Interview auf Erinnerungen basiert. Im Interview wird das alltägliche Handeln ausgesetzt und im Nachhinein erzählt. Die Art des Erinnerns während eines Interviews wird von unterschiedlichen Faktoren bestimmt, so etwa von der Zeitspanne, die erinnert wird, von der räumlichen und zeitlichen Distanz zum Erinnerten, zu den möglichen Gedächtnishilfen und zu den unterschiedlichen Ausdrucksformen des Erinnerns, die nicht immer nur sprachlich-erzählend sein müssen, sondern sich auch dinglicher Erinnerungsformen (zum Beispiel Malen) bedienen können. Die Struktur der Interviews (von offen bis standardisiert) lässt sich als sekundäres Klassifizierungsmerkmal verstehen, das zu weiteren Varianten führt.

Die hier vorgeschlagenen Charakterisierungen der Interviews sollen im Folgenden an einigen exemplarischen Untersuchungen kurz vorgeführt werden. Unterschieden werden fünf Interviewformen. Die ersten vier stellen eine Abfolge zunehmender Erinnerungsleistungen dar, das heißt die Kinder müssen sich zunehmend an längere Zeiträume und weiter zurückliegende Zeiträume und weiter entfernt liegende Orte erinnern. Die fünfte Interviewform wurde „symbolisches Interview" genannt, weil bei diesen Methodenansätzen die erinnerten lebensweltlichen Bezüge nicht einfach erzählt werden, sondern die Kinder aufgefordert werden, ihre Weltsicht in ‚künstlerischer' Weise auszudrücken. Die Methode der Gedächtnishilfe, die quer zu allen fünf Formen liegt, wurde bisher nicht systematisch erprobt und stellt ein besonders Problem dar, auf das in diesem Rahmen leider nicht näher eingegangen werden kann.

Situationsnahe Interviewformen: das unmittelbare Erinnern

Die *situationsnahe Interviewform*[5] zeichnet sich dadurch aus, dass die Kinder zu Geschehnissen, Situationen und Handlungen befragt werden, die unmittelbar vergangen sind oder auch noch im Vollzug beobachtet werden können. Das Interview findet also in der konkreten räumlichen und zeitlichen Lebenswelt statt, in der auch der Gegenstand des Interviews angesiedelt ist. Dinge oder Tätigkeiten, die die Kinder nicht sprachlich erklären können, können sie so eventuell zeigen oder vormachen. Der Raum, in dem das Interview stattfindet, ist derselbe, in dem die erinnerte Situation stattfand. Der Raum und die Personen, mit denen die Kinder eben noch interagiert haben, dienen in dieser Interviewform als Gedächtnisstütze und Erzählhilfe, da er mit dem Handlungsraum identisch ist. Zeitlich wird nur das erzählt, was unmittelbar an die Gegenwart anschließt und nicht durch andere Ereignisse in eine Erinnerungsdistanz gerückt wird. Erzählgegenstand ist die konkret sichtbare Lebenswelt der Kinder und die ihr zugemessenen Bedeutungen.

Einsatzgebiete für eine solche erlebnisnahe Interviewform sind Interviews zum Spielverhalten der Kinder. Ein Beispiel ist die Studie von Blinkert zur städtischen Spielwelt von Kindern. Die Forscherinnen und Forscher unternahmen mit den Kindern Begehungen durch das jeweilige Wohngebiet und ließen sich die Aktivitätsorte der Kinder zeigen und erklären (vgl. zum Beispiel die Freiburger Kinderstudie, die den städtischen Nahraum von 5- bis 9-jährigen Kindern zum Thema hatte, Blinkert 1993, S. 31)[6].

Interviews, die sich auf unmittelbar erlebte Situationen beziehen, finden sich vor allem in ethnografischen Ansätzen; dort ergänzen sie häufig die teilnehmenden Beobachtungen um die subjektiven Bedeutungszuschreibungen der Kinder. Lothar Krappmann und Hans Oswald beispielsweise, die die Interaktionen von 6- bis 12-jährigen Schulkindern in der Peergroup beobachtet haben, sprachen immer wieder während der Beobachtungsphasen mit der Lehrerin und den Kindern über einzelne Ereignisse. „Solche Gespräche halfen, mehr über das Schulleben im Allgemeinen und über wichtige Ereignisse in der Zeit zwischen unseren Beobachtungen zu erfahren. Gelegentlich ergaben sich Hinweise für das Verständnis einzelner Geschehnisse oder Kinder" (Krappmann/Oswald 1995, S. 38). Situationsbezogene Interviews ermöglichen, das beobachtete Geschehen in einen größeren Zusammenhang zu stellen, in dem etwa die Vorgeschichte eines Ereignisses und die Handlungsmotive von den Kindern vermittelt werden können.

---

5 Die gewählten Bezeichnungen für die Interviewformen stellen einen ersten Versuch der Klassifizierung dar.
6 Zum Raumerleben und zur Erschließung von Räumen durch Kinder vgl. die Methode der subjektiven Landkarten (Behnken u. a. 1991, S. 81).

Sequenz-Interviews: das Erinnern von Tagesverläufen

Während situationsbezogene Interviews direkt singuläre Ereignisse thematisieren, die räumlich und zeitlich nur wenig distanziert sind und somit an das direkte Erleben der Kinder anknüpfen (eine Erzählform, die auch von jüngeren Kindern aufgrund ihrer Unmittelbarkeit bewältigt werden kann), erstrecken sich *Sequenz-Interviews* auf zusammenhängende Handlungsketten. Die erinnerten Orte hängen in dieser Interviewform nicht zusammen.

Eine spezielle Methode dieser Interviewform stellen die Tagesprotokolle dar, die sich auf Situationsketten beziehen, die einen einzelnen Tag umfassen. Diese Interviews erfordern von den Kindern schon größere Erinnerungsleistungen, da komplexe Handlungen und Situationen in ihrem zeitlichen Verlauf erinnert werden müssen. Jan-Uwe Rogge zum Beispiel hat sich – neben der direkten Beobachtung von Mediensituationen – solche Tagesläufe von Kindern (und ihren Eltern) erzählen lassen, um die Medien-Kulturen von Kindern zu erforschen (vgl. Rogge 1987). Indem Rogge die Bedeutung, die 13-jährige Kinder selbst ihrem Medienkonsum zumessen, entlang der Tagesereignisse erhoben hat, kommt er zu dem Ergebnis, dass es zwar in der Kinderkultur beunruhigende Entwicklungen gibt, dass die Kinder aber andererseits ihre eigenen Strategien haben, teilweise kompetent mit Medien umzugehen. Auch die Ethnologin Florence Weiss stellt in ihren Untersuchungen fest, dass Kinder im Alter von 5 bis 14 Jahren mit Präzision ihren Tag schildern konnten (vgl. Weiss 1993). Die positive Erfahrung mit der kindlichen Erzählkompetenz über den Tagesverlauf hat Florence Weiss sowohl mit Kindern aus der Schweiz als auch mit Kindern der Iatmul aus Papua-Neuguinea gemacht. Die von Weiss erhobenen Tagesschilderungen zeigen, dass Kinder in einer eigenen Welt leben, die in einem hohen Maße durch die Gleichaltrigen bestimmt wird und von der nur die Kinder selbst erzählen können.

Die Methode der Erforschung konkreter, einmaliger Tagesabläufe wurde für die neuere Kindheitsforschung von Hartmut J. Zeiher und Helga Zeiher in besonderem Maße weiterentwickelt (vgl. Zeiher/Zeiher 1994). Die beiden Forschenden haben am Beispiel von 10-jährigen Kindern die räumliche und zeitliche Hervorbringung von Kindheit durch die Kinder selbst erhoben. Dazu entwickelten sie ein differenziertes Protokollverfahren, das als Gedächtnishilfe während des Interviews eingesetzt wurde. Da es nicht möglich war, die Kinder während des ganzen Tages zu beobachten, und auch die Eltern keineswegs Auskunft darüber geben konnten, was ihre Kinder den ganzen Tag über wann und wo machen, war es nötig, die Kinder selbst zu ihrem Tagesablauf zu befragen. Das gewählte Verfahren besteht aus einer Kombination von simultaner und nachträglicher Erhebung der Tagesereignisse durch die Kinder. Während des Tages hielten die Kinder auf einem postkartengroßen Spiralblock kurz die jeweilige Tätigkeit, ihren Anfang und Ende sowie die beteiligten Personen fest (Zeiher/Zeiher 1994,

S. 208 f.). Am Tag nach dem Protokolltag wurden die Kinder dann von den Forschenden anhand der Notizen zu ihrem Tagesablauf befragt. Die eigenen Notizen fungierten dabei als Erinnerungshilfen und dienten zur genaueren Verortung der Tätigkeiten, die am Tag zuvor stattgefunden hatten, also durch eine Nacht von der Gegenwart der Kinder getrennt waren.

Interviews zu Situationsketten müssen sich nicht immer auf ganze Tage beziehen. Charakteristisch ist aber, dass die erinnerten Situationen zusammenhängen, das heißt, dass die erzählten Ereignisse nicht durch andere Ereignisse wie zum Beispiel Schlafen unterbrochen worden sind. Erzählungen zu einem Schultag oder zu einer Trainingsstunde in der Freizeit können somit auch unter diese Form der Sequenz-Interviews gefasst werden.

Lebensweltliche Interviews: Erinnerungen an den gegenwärtigen Alltag

Eine weitere Interviewform hat ebenfalls das direkte Erinnern zum Thema, bezieht sich aber nicht auf singuläre Situationen oder Situationsketten, sondern auf situationsübergreifende Aspekte des Kinderlebens. Da nicht mehr einzelne Situationen oder einzelne Tage erinnert werden sollen, wurde die Bezeichnung lebensweltliche Interviews gewählt. Auch hier lässt sich die Studie von Krappmann und Oswald als Beispiel nennen. Während situationsbezogene Interviews in ihrer Untersuchung eher beiläufig und wenig systematisch erhoben wurden, setzten die Forscher eine semistrukturierte Befragung ein, um gezielt Kontextwissen zu den beobachteten Interaktionen zu erheben. Neben der Beobachtung im Klassenzimmer wurden den Kindern in einem separaten Raum in 45-minütigen Interviews Fragen unter anderem zu Spielkameraden, Freundschaften, Beziehungen, zu Streit und zur Schule gestellt. „Semistrukturell" nennen die Autoren selbst ihre Interview-Mischform deshalb, weil nach einem Fragebogenteil, in dem die jeweiligen Fragen genau gestellt wurden, ein offener Interviewteil angefügt wurde, bei dem zu allen Fragen beliebig nachgefragt werden konnte und sollte. Die auf diese Weise erhobenen Daten beziehen sich nicht mehr direkt auf die beobachteten Situationen, aber sie thematisieren die aktuelle Lebenswelt der Kinder. Der Zeitbezug ist nicht ein einzelner Tag oder eine zusammenhängende Sequenz von Situationen, sondern die für die Kinder erinnerte Gegenwart ihres alltäglichen Lebens. Ähnlich wie bei den situationsbezogenen Interviews ist damit zwar auch hier die erinnerte zeitliche Distanz gering. Aber die Kinder müssen sich über den heutigen Tag hinaus daran erinnern, wie hier Leben verläuft. Charakteristisch für die lebensweltliche Interviewform ist, dass sie nicht singuläre Phänomene erfasst, sondern nach der Summe von Erfahrungen und nach zeitlich relativ stabilen Verhaltensmustern der Kinder fragt.

In dem Projekt „Kinderleben" wurden ebenfalls summierte Erfahrungen erhoben, aber im Unterschied zu der Erhebung von Krappmann und Oswald, die nach Kontextinformationen für konkrete, beobachtete Situationen gefragt haben, erfragte man hier „typische" Alltagshandlungen (vgl. du Bois-Reymond u. a. 1994). So wurde beispielsweise die Freizeit der Kinder nicht für einen Tag erhoben, sondern die Kinder wurden danach gefragt, wie ihre Freizeit während einer ganzen Woche aussieht. Diese Form der Interviews verlangt von den Kindern nicht nur, dass sie sich an einen größeren Zeitraum erinnern, sondern sie verlangt auch, dass die Kinder eine typische Woche konstruieren. Dass Kinder diese Aufgabe im Alter von zwölf Jahren verstehen, lässt sich an Äußerungen der Kinder im Interview ablesen. „In der Regel", sagt etwa ein 12-jähriges Mädchen aus Frankfurt, „habe ich am Mittwoch Klavierunterricht, aber diese Woche habe ich mit meiner Mutter die Omi besucht."

In ihrer Antwort unterscheidet die 12-Jährige zwischen der aktuellen Woche und dem Wochenverlauf, wie er normalerweise stattfindet. Hier geht es nicht um konkrete Handlungen und Erlebnisse während eines bestimmten Tages, sondern um die Erforschung der Regeln und typischen Handlungsverläufe des kindlichen Lebens. Die Autoren untersuchten auf diese Weise nicht nur die Freizeit der Kinder, sondern auch andere Lebensbereiche wie Freunde, Familie, Schule, Urlaub oder auch Strafen und Rituale in der Familie. Die Kinder wurden entlang eines Leitfadens befragt, so dass ihnen die jeweiligen Themengebiete, an die sie sich erinnern sollten, vorgegeben wurden.

Biografische Interviews

Während die lebensweltlichen Interviews sich auf überschaubare Handlungsbereiche und auf die typischen Ereignisse der Gegenwart der Kinder beziehen, verlangen biografische Interviews in einem besonderen Maße Erinnerungsvermögen und erzählerische Kompetenz. Die Kinder müssen bei den *biografischen Interviews* längere Zeiträume erinnern und erzählen als in den *lebensweltlichen Interviews*, die sich nur auf die Gegenwart des momentanen Lebens beziehen. Auch mit dieser Interviewform wurden im Projekt „Kinderleben" detaillierte Erfahrungen gemacht (vgl. Krüger u. a. 1993; Ecarius u. a. 1998). Die Kinder wurden in einem Eingangsstimulus zu einem narrativen Interview (nach Schütze) gebeten, sich an ihr bisheriges Leben zurückzuerinnern und dieses von ganz klein an bis heute zu erzählen. Erstaunlich viele Kinder haben diese Aufgabe der biografischen Konstruktion ihres Lebens gut erfüllt und entlang von Familienereignissen und Schule für sie wichtige Lebenserinnerungen chronologisch erzählt. Allerdings zeigen die biografischen Interviews auch die Grenzen der qualitativen Interviewmethode für die Kindheitsforschung auf. Nicht allen Kindern gelang es, strukturiert von ihrem Leben zu erzählen. Einige beispielsweise waren mit der Aufgabe überfordert und erzählten etwa lediglich eine Reihe von lustigen Streichen, die sie in ihrer Kindheit gemacht hatten, oder sie blieben bei einer Erinnerung, zum Beispiel dem Kindergarten, stehen. Es zeigte sich, dass 12-jährige Kinder ganz unterschiedliche Erzählkompetenzen für ein narratives Interview besitzen, wobei die Mädchen in der Regel sich leichter tun, biografisch zu erzählen als die Jungen. Erwartungsgemäß sind auch die Kinder aus Familien mit hohem sozialem Status mit dieser Art der Selbstdarstellung besser vertraut als Kinder aus Familien mit niedrigem sozialem Status. Insgesamt lässt sich als Projekterfahrung festhalten, dass es schwierig ist mit Kindern, die noch jünger als zwölf Jahre sind, biografische Interviews zu führen. Je jünger die Kinder sind, desto kürzer sollten somit die thematisierten Zeitspannen und desto konkreter sollten die erfragten Handlungen sein.

Symbolische Interviewformen

Während bei den vier bis jetzt vorgestellten Interviewformen die Forschenden direkt mit den Kindern über deren Lebenswelt gesprochen haben, steht bei den *symbolischen Interviews* die nonverbale Gestaltung der eigenen Weltsicht im Vordergrund. Die von den Kindern geschaffenen Produkte dienen dann als Ausgangs- und Anhaltspunkt für ein Gespräch über ihr Leben. Es gibt eine Vielfalt von symbolischen Interviewformen. Zum Beispiel kann man die Kinder bitten, zu bestimmten Themengebieten etwas zu malen, ein Märchen zu erzählen, etwas zu basteln oder mit Puppen ein Rollenspiel vorzuführen. Die subjektive Welt der Kinder drückt sich hier also in symbolischer Weise aus. Auf der einen Seite erscheinen solche Methoden besonders kindgerecht, da sie Bilder von heutiger Kindheit aufnehmen. Auf der anderen Seite ist die Interpretation der kindlichen Äußerungen oftmals schwierig, weil nicht klar ist, auf welche Weise die kindlichen Symboläußerungen auf die alltägliche Lebenswelt der Kinder bezogen werden können. Wenn etwa Kinder Bilder zu ihren Lieblings-Fernsehsendungen malen, ist es unklar, welche Rolle der Medienkonsum bei der Erstellung des Bildes gespielt hat. Allerdings eignen sich symbolische Verfahren besonders gut dazu, die imaginären Kinderwelten zu erforschen. Beispiele für symbolische Techniken sind etwa die subjektiven Landkarten, die die Kinder im Projekt „Kindheit im Siegerland" zeichnen sollten (vgl. Behnken u. a. 1991, S. 98 f.) und die Untersuchungen von Bernd Schorb zum Medienhandeln von Kindern (Schorb 1995).

Schorb stellte Mädchen und Jungen im Grundschulalter eine Vielzahl von Materialien zur Verfügung, aus denen die Kinder ihren persönlichen Fernsehhelden nachgestalten konnten. Die künstlerischen Nachbildungen ließen sich die Forscherinnen und Forscher durch die Kinder erklären und kommentieren und kamen so zu Aussagen über die subjektive Verarbeitung von Fernsehsendungen. Eine sehr interessante Variante des symbolischen Interviews findet sich in der österreichischen Studie von Liselotte Wilk und Johann Bacher (1994). In Anlehnung an die visuelle Anthropologie (vgl. Fuhs 1997) wurden die Kinder gebeten, jeweils drei Fotos mit positiven beziehungsweise negativen Motiven aus ihrer Wohnumgebung zu machen. Die Fotos stellten Dokumente der kindlichen Sicht auf ihre Nahwelt dar und dienten als Einstieg in ein Interview über die kindliche Bewertung der Wohnumgebung (vgl. Wilk/Bacher 1994, S. 45).

Als Fazit lässt sich festhalten, dass sich in den letzten Jahren eine Vielzahl von unterschiedlichen qualitativen Interviewmethoden in der Kindheitsforschung entwickelt hat. Dabei wurde eine Reihe vielversprechender Interviewmethoden erprobt, die bisher noch nicht genügend diskutiert und systematisch variiert worden sind. Methodische Standards und Regeln, die für alle Interviewformen gelten, lassen sich nur schwer aufstellen, da die methodischen Anforderungen je nach Fragestellung der Forschenden und nach Alter der Kinder sehr unterschiedlich ausfallen. Die Forscherinnen und Forscher sind sich einig, dass das qualitative Interview mit Kindern mit besonderer Sorgfalt eingesetzt werden muss. Es müssen die Rahmenbedingungen (z. B. Interviewort, Haltung der Eltern) ebenso berücksichtigt werden wie das Alter und die Kompetenzen der Kinder oder die besonders einfühlsame Interviewführung. Der nötige Aufwand ist aber gerechtfertigt, da Interviews mit Kindern den Forschenden die Welt der Kinder in einer Art und Weise erschließen, wie sie sonst Erwachsenen nicht zugänglich wäre.

Für die Klassifizierung der Interviewformen scheint es wichtig, nicht allein auf die Methodeneinteilungen der Erwachsenenforschung zurückzugreifen, sondern die Methoden unter Berücksichtigung der beteiligten Kinder neu zu ordnen. Eine Orientierung an den erforderlichen Erinnerungs- und Erzählformen der Kinder könnte hier ein möglicher Weg zur systematischen Weiterentwicklung der Interviewmethoden in der Kindheitsforschung sein.

Literatur

Bacher, J.; Muhr-Arnold, S.; Nagl, R. (1994): Die befragten Kinder. In: Wilk, L.; Bacher, J. (Hrsg.): Kindliche Lebenswelten. Eine sozialwissenschaftliche Annäherung. Opladen, S. 33-54.
Behnken, I. u.a. (1991): Projekt Kindheit im Siegerland. Methoden Manual Nr. 2, Siegen.
Blinkert, B. (1993): Aktionsräume von Kindern in der Stadt. Eine Untersuchung im Auftrag der Stadt Freiburg. Pfaffenweiler.
Büchner, P. (1983): Vom Befehlen und Gehorchen zum Verhandeln. Entwicklungstendenzen von Verhaltensstandards und Umgangsnormen seit 1945. In: Preuss-Lausitz, U.; Büchner, P.; Fischer-Kowalski, M.; Genien, D.; Karsten, M.E.; Kulke, C.; Rabe-Kleberg, U.; Rolff, H.-G.; Thunemeyer, B.; Schütze, Y.; Seidl, P.; Zeiher, H.; Zim-

mermann, P.: Kriegskinder, Konsumkinder, Krisenkinder. Zur Sozialisationsge-schichte seit dem Zweiten Weltkrieg. Weinheim u. Basel, S. 176-195.

Büchner, P.; Du Bois-Reymond, M. (1998): Kinderleben zwischen Teddybär und erstem Kuß. Einleitende Überlegungen zum Marburg-Halle-Leiden-Längsschnitt. In: Büchner, P.; Bois-Du Reymond, M.; Ecarius, J.; Fuhs, B.; Krüger, H.-H.: Teenie-Welten. Aufwachsen in drei europäischen Regionen. Opladen, S. 17-36.

Breidenstein, G. (2006): Teilnahme am Unterricht. Ethnografische Studien zum Schülerjob. Wiesbaden.

Breidenstein, G.; Prengel, A. (Hrsg.) (2005): Schulforschung und Kindheitsforschung – ein Gegensatz? Wiesbaden.

Du Bois-Reymond, M.; Büchner, P.; Krüger, H.-H. (Hrsg.) (1994): Kinderleben. Modernisierung von Kindheit im interkulturellen Vergleich. Opladen.

Ecarius, J.; Fuhs, B.; Brake, A. (1998): Methodenprobleme in der Kindheitsforschung. In: Büchner, P.; Du Bois-Reymond, M.; Ecarius, J.; Fuhs, B.; Krüger, H.-H.: Teenie-Welten. Aufwachsen in drei europäischen Regionen. Opladen, S. 37-62.

Erdheim, M.; Nadig, M. (1988): Die Zerstörung der wissenschaftlichen Erfahrung durch das akademische Milieu. Ethnopsychoanalytische Überlegungen zur Aggressivität in der Wissenschaft. In: Erdheim, M.: Psychoanalyse und Unbewußtheit. Frankfurt a. M., S. 99-115.

Feil, C.; Decker, R.; Gieger, C. (2004): Wie entdecken Kinder das Internet? Beobachtungen bei 5- bis 12jährigen Kindern. Wiesbaden.

Feil, C.; Gieger, C.; Quellenberg, H. (2009): Lernen mit dem Internet. Beobachtungen und Befragungen in der Grundschule. Wiesbaden.

Filler, E.; Kern, A.; Kölbl, D.; Trnka, S.; Wintersbergen, H. (Hrsg.) (1994): Kinder, Kinderrechte und Kinderpolitik. Enquête Wien, Österreich 2.-4. Mai 1994. Europäisches Zentrum für Wohlfahrtspolitik und Sozialforschung. Wien.

Flick, U.; Kardorff, E. v.; Keupp, H.; Rosenstiel, L. v.; Wolff, S. (Hrsg.) (1995): Handbuch Qualitative Sozialforschung. Grundlagen, Konzepte, Methoden und Anwendungen. 2. Aufl. Weinheim.

Friebertshäuser, B. (1997): Interviewtechniken – ein Überblick. In: Friebertshäuser, B.; Prengel, A. (Hrsg.) (1997): Handbuch Qualitative Forschungsmethoden in der Erziehungswissenschaft. Weinheim u. München, S. 371-395.

Friebertshäuser, B.; Langer, A.; Prengel, A. (Hrsg.) (2010): Handbuch Qualitative Forschungsmethoden in der Erziehungswissenschaft. Weinheim u. München.

Fuhs, B. (1997): Fotografie und qualitative Forschung. Zur Verwendung fotografischer Quellen in den Erziehungswissenschaften. In: Friebertshäuser, B.; Prengel, A. (Hrsg.): Handbuch Qualitative Forschungsmethoden in der Erziehungswissenschaft. Weinheim u. München, S. 265-285.

Fuhs, B. (1999): Kinderwelten aus Elternsicht. Zur Modernisierung von Kindheit. Opladen.

Fuhs, B. (2004): Kinder erzählen lassen. In: Grundschule. 7-8, S. 36-37.

Fuhs, B. (2007): Qualitative Methoden in der Erziehungswissenschaft. Darmstadt.

Fuhs, B. (2010): Qualitative Schulforschung. Der Beitrag der Qualitativen Forschung zur Erforschung der Schulwirklichkeit. In: Moser, H. (Hrsg.): Aus der Empirie lernen? Forschung in der Lehrerbildung. Bd. 10. Lehrerwissen kompakt: Grundlagen für die Aus- und Weiterbildung von Lehrerinnen und Lehrern. Hohengehren.

Grimm, H. (1995): Sprachentwicklung – allgemeintheoretisch und differentiell betrachtet. In: Oerter, M.; Montada, L. (Hrsg.): Entwicklungspsychologie. Ein Lehrbuch. 3. Aufl. Weinheim, S. 705-757.

Heinzel, F. (1997): Qualitative Interviews mit Kindern. In: Friebertshäuser, B; Prengel, A. (Hrsg.): Handbuch Qualitative Methoden in der Erziehungswissenschaft. Weinheim u. München, S. 396-413.

Hermans, H. (1995): Narratives Interview. In: Flick, U.; Kardorff, E. v.; Keupp, H.; Rosenstiel, L. v.; Wolff, S. (Hrsg.): Handbuch Qualitative Sozialforschung. Grundlagen, Konzepte, Methoden und Anwendungen. 2. Aufl. Weinheim, S. 182-185.

Honig, M.-S. (1996): Normative Implikationen der Kindheitsforschung. In: Zeitschrift für Sozialisationsforschung und Erziehungssoziologie, 16, 1, S. 9-25.

Honig, M.-S. (1999). Entwurf einer Theorie der Kindheit. Frankfurt a. M.

Honig, M.-S.; Leu, H. R.; Nissen, U. (Hrsg.) (1996): Kinder und Kindheit. Soziokulturelle Muster – sozialisationstheoretische Perspektiven. Weinheim u. München.

Hopf, C. (1995): Qualitative Interviews in der Sozialforschung. Ein Überblick. In: Flick, U.; Kardorff, E. v.; Keupp, H.; Rosenstiel, L. v.; Wolff, S. (Hrsg.) (1995): Handbuch Qualitative Sozialforschung. Grundlagen, Konzepte, Methoden und Anwendungen. 2. Aufl. Weinheim, S. 177-188.

Hopf, C.; Weingarten, E. (Hrsg.) (1993): Qualitative Sozialforschung. 3. Aufl., Stuttgart.

Kelle, H.; Breidenstein, G. (1996): Kinder als Akteure: Ethnografische Ansätze in der Kindheitsforschung. In: Zeitschrift für Sozialisationsforschung und Erziehungssoziologie, 16, 1, S. 47-67.

Klein, A. (1993): Kinder, Kultur, Politik. Perspektiven kommunaler Kinderkulturarbeit. Opladen.

König, E. (1995): Qualitative Forschung subjektiver Theorien. In: König, E.; Zedler, P. (Hrsg.): Bilanz qualitativer Forschung. Bd. 2. Methoden. Weinheim.

Krappmann, L.; Oswald, H. (1995): Alltag der Schulkinder. Beobachtungen und Analysen von Interaktionen und Sozialbeziehungen. Weinheim u. München.

Krüger, H.-H.; Ecarius, J.; Grunert, C. (1993): Kindheit in Ostdeutschland. Familiale Generationenbeziehungen und kindliche Biografieverläufe. Halle (Saale) (Projektbericht).

Lamnek, S. (1993): Qualitative Sozialforschung. Bd 1. Methodologie. 2. korr. und erw. Aufl. Weinheim.

Lamnek, S. (1995): Qualitative Sozialforschung. Bd. 2. Methoden und Techniken. 3. korr. Aufl. Weinheim.

Mayring, P. (2002): Einführung in die Qualitative Sozialforschung. Weinheim u. Basel.

Markefka, M.; Nauck, B. (Hrsg.) (1993): Handbuch der Kindheitsforschung. Neuwied u. a.

Mey, G. (2003): Zugänge zur kindlichen Perspektive. Methoden der Kindheitsforschung. Forschungsbericht aus der Abteilung Psychologie im Institut für Sozialwissenschaften der Technischen Universität Berlin, Nr. 2003-1.

Oswald, H.; Krappmann, L. (1995): Kinder. In: Flick, U.; Kardoff, E. v.; Keupp, H.; Rosenstiel, L. v.; Wolff, S. (Hrsg.): Handbuch Qualitative Sozialforschung. Grundlagen, Konzepte, Methoden und Anwendungen. 2. Aufl. Weinheim, S. 355-358.

Paus-Haase, I. (1998): Heldenbilder im Fernsehen. Eine Untersuchung zur Symbolik von Serienfavoriten in Kindergarten, Peer-Group und Kinderfreundschaften. Opladen.

Paus-Haase, I.; Schorb, B. (Hrsg.) (2000): Qualitative Kinder- und Jugendmedienforschung. Theorie und Methoden: ein Arbeitsbuch. München.

Petermann, F.; Windmann, S. (1993): Sozialwissenschaftliche Erhebungstechniken bei Kindern. In: Markefka, M.; Nauck, B. (Hrsg.): Handbuch der Kindheitsforschung. Neuwied u. a., S. 125-139.

Reichertz, J.; Soeffner, H.-G. (1994): Von Texten und Überzeugungen. In: Schröer, N. (Hrsg.): Interpretative Sozialforschung. Auf dem Wege zu einer hermeneutischen Wissenssoziologie. Opladen, S. 310-327.

Richardson, S. A.; Snell Dohrenwend, B.; Klein, D. (1993): Die „Suggestivfrage". Erwartungen und Unterstellungen im Interview. In: Hopf, C.; Weingarten, E. (Hrsg.): Qualitative Sozialforschung. 3. Aufl., Stuttgart, S. 205-232.

Rohlfs, C. (2006): Freizeitwelten von Grundschulkindern. Eine qualitative Sekundäranalyse von Fallstudien. Weinheim u. a.

Röhner, C. (2003): Kinder zwischen Selbstsozialisation und Pädagogik. Opladen.

Rogge, J.-U. (1987): Der Hunger nach Erleben und „action". In: Kinderkultur. 25. Deutscher Volkskundekongreß in Bremen vom 7. bis 12. Oktober 1985. Bremen, S. 247-254.

Sebald, H. (1995): Hexenkinder. Der Mythos der kindlichen Wahrhaftigkeit. In: Bayerische Blätter für Volkskunde, 22, 3, S. 129-143.

Schneider, W.; Büttner, G. (1995): Entwicklung des Gedächtnisses. In: Oerter, R.; Montada, L. (Hrsg.): Entwicklungspsychologie. Ein Lehrbuch. 3. Aufl. Weinheim, S. 654-704.

Schorb, B. (1995): Medienalltag und Handeln. Medienpädagogik im Spiegel von Geschichte, Forschung und Praxis. Opladen.

Schröer, N. (Hrsg.) (1994): Interpretative Sozialforschung. Auf dem Wege zu einer hermeneutischen Wissenssoziologie. Opladen.

Scholz, G. (1994): Die Konstruktion des Kindes. Opladen.

Theunert, H.; Gebel, C. (Hrsg.) (1996): Lehrstücke fürs Leben in Fortsetzung: Serienrezeption zwischen Kindheit und Jugend. München.

Theunert, H.; Schorb, B. (Hrsg.) (1996): Begleiter der Kindheit. Zeichentrick und die Rezeption der Kinder. München.

Theunert, H. (Hrsg.) (2007): Medienkinder von Geburt an. Medienaneignung in den ersten sechs Lebensjahren. München.

Theunert, H.; Wagner, U. (Hrsg.) (2002): Medienkonvergenz: Angebot und Nutzung. Eine Fachdiskussion veranstaltet von BLM und ZDF. BLM-Schriftenreihe, Bd. 70. München.

Trautmann, T. (2010): Interviews mit Kindern. Grundlagen, Techniken, Besonderheiten, Beispiele. Wiesbaden.

Weiss, F. (1993): Von der Schwierigkeit über Kinder zu forschen. Die Iatmul in Papua-Neuguinea. In: Loo, M.-J. van de; Reinhart, M. (Hrsg.): Kinder. Ethnologische Forschungen in fünf Kontinenten. München, S. 96-155.

Wehr, L. (2009): Alltagszeiten der Kinder: Die Zeitpraxis von Kindern im Kontext generationaler Ordnungen. Weinheim u. München.

Wilk, L. (1996): Die Studie „Kindsein" in Österreich. Kinder und ihre Lebenswelten als Gegenstand empirischer Sozialforschung – Chancen und Grenzen einer Surveyerhebung. In: Honig, M.-S.; Leu, H. R.; Nissen, U. (Hrsg.): Kinder und Kindheit. Soziokulturelle Muster – sozialisationstheoretische Perspektiven. Weinheim u. München, S. 55-76.

Wilk, L.; Bacher, J. (Hrsg.) (1994): Kindliche Lebenswelten. Eine sozialwissenschaftliche Annäherung. Opladen.

Zeiher, H. (1996): Kinder in der Gesellschaft und Kindheit in der Soziologie. In: Zeitschrift für Sozialisationsforschung und Erziehungssoziologie, 16, 1, S. 26-46.

Zeiher, H. J.; Zeiher, H. (1994): Orte und Zeiten der Kinder. Soziales Leben im Alltag von Großstadtkindern. Weinheim u. München.

Zinnecker, J. (1996a): Grundschule als Lebenswelt des Kindes. Plädoyer für eine pädagogische Ethnografie. In: Bartmann, T.; Ulonska, H. (Hrsg.): Kinder in der Grundschule. Anthropologische Grundlagenforschung. Bad Heilbrunn, S. 41-74.

Zinnecker, J. (1996b): Kindersurveys. Ein neues Kapitel Kindheit und Kindheitsfor-schung. In: Clausen, L. (Hrsg.): Gesellschaft im Umbruch. Verhandlungen des 27. Kongresses der Deutschen Gesellschaft für Soziologie in Halle an der Saale 1995. Frankfurt a. M. u. New York, S. 783-795.

Zinnecker, J.; Silbereisen, R. K. (1996): Einleitung. In: Zinnecker, J.; Silbereisen, R. K.: Kindheit in Deutschland. Aktueller Survey über Kinder und ihre Eltern. Weinheim u. München, S. 11-22.

Zinnecker, J.; Silbereisen, R. K. (1996): Kindheit in Deutschland. Aktueller Survey über Kinder und ihre Eltern. Weinheim u. München.

Friederike Heinzel

Gruppendiskussion und Kreisgespräch

Gruppendiskussionen werden in der sozialwissenschaftlichen Kindheitsforschung als Erhebungsmethode zunehmend genutzt und auch reflektiert. Die Gruppendiskussion als mündliche Befragung mehrerer Kinder ist deshalb besonders geeignet, die Perspektiven von Kindern zu erfassen, weil diese hier zahlenmäßig überwiegen und damit zumindest die Mehrheitsverhältnisse in der Erhebungssituation der generationenbedingten Dominanz der Erwachsenen entgegenstehen.

In Gruppendiskussionen können Meinungen und Einstellungen von Kindern zu ihrer Lebenssituation erfragt werden. Gruppendiskussionen mit Kindern lassen darüber hinaus Einsichten in Prozesse der kollektiven Erfahrungsbildung und in kollektiv verankerte Orientierungen zu.

In diesem Beitrag werde ich zuerst die Methode der Gruppendiskussion kurz vorstellen. Dann gehe ich auf Möglichkeiten und Probleme des Einsatzes bei der Forschung mit Kindern ein. Anschließend werde ich darlegen, dass auch Kreisgespräche an Grundschulen für Gruppendiskussionen genutzt werden können. Zuletzt werden ausgewählte Untersuchungen vorgestellt, in denen Gruppendiskussionen mit Kindern durchgeführt und methodologisch reflektiert wurden.

Die Methode der Gruppendiskussion

Die Gruppendiskussion ist eine Erhebungsmethode der empirischen Sozialforschung, die im anglo-amerikanischen Raum erstmals in den 1930er-Jahren von Lewin (1936) und im deutschsprachigen Raum in den 1950er-Jahren am Frankfurter Institut für Sozialforschung eingesetzt wurde (vgl. Pollock 1955; Mangold 1960, 1973). Die Gruppendiskussion wird eher in der qualitativen Forschung genutzt, aber auch in quantitativen Studien eingesetzt. Seit den 1980er-Jahren mündet das lebhafte Interesse an der Gruppendiskussion in eine vielfältige sozialwissenschaftliche Forschungspraxis und eine intensive Methodenreflexion (vgl. Bohnsack 1991; Lamnek 2005; Loos/Schäffer 2001; Bohnsack u.a. 2010; Kühn/Koschel 2011). In der Bildungs- und Evaluationsforschung, aber auch in der Markt- und Medienforschung, kommen Gruppendiskussionen häufig zum Einsatz.

In einer Gruppendiskussion erörtern die Beteiligten Themen, Erfahrungen, Ansichten und Argumente, wobei der Gegenstand der Diskussion von Forscherinnen oder Forschern bestimmt wird. Es werden „in einer Gruppe fremdinitiiert Kommunikationsprozesse angestoßen (...), die sich in ihrem Ablauf und der Struktur zumindest phasenweise einem normalen Gespräch annähern" (Loos/Schäffer 2001, S. 13).

Zu unterscheiden sind ermittelnde und vermittelnde Gruppendiskussionen (vgl. Lamnek 2005, S. 29 ff.). Vermittelnde Gruppendiskussionen, die in der Handlungs- und Aktionsforschung eingesetzt werden, wollen Gruppenprozesse anregen und Veränderungen in den Subjekten hervorrufen. Ermittelnde Gruppendiskussionen, die in der empirischen Sozialforschung und der Marktforschung Verwendung finden, zielen auf die Gewinnung von Informationen über Meinungen und Einstellungen der Gruppe und deren Teilnehmer zum Thema der Diskussion. Auch das Aushandeln und die Herausbildung der Gruppenmeinungen stehen häufig im Zentrum des Forschungsinteresses. Oder die Analyse zielt auf die Rekonstruktion kollektiver Orientierungsmuster und konjunktiver Erfahrungen (vgl. Bohnsack 2010; auch Alexi/Fürstenau in diesem Band).

Die Zusammensetzung der Gruppen ist vom Untersuchungsziel abhängig. Es kann sich um Teilnehmende handeln, die vor der Untersuchung eine Gruppe bilden (Realgruppen) oder um künstliche, zu Forschungszwecken konstituierte Gruppen. Der Diskussionsgegenstand sollte für die Teilnehmenden nachvollziehbar und persönlich bedeutsam sein. Die Diskussion wird in der Regel von einem der Gruppe nicht angehörenden Interviewer oder einer Interviewerin initiiert. Die Interviewenden stellen sich zu Beginn der Gruppendiskussion vor, erläutern die eigene Rolle und geben Aufschluss über das Thema. Die Diskussion wird zunächst mit einem Grundreiz in Gang gesetzt. Ein wesentliches Ziel der Interviewenden besteht in der Initiierung einer gering gelenkten Diskussion. Sie beschränken sich auf die Rolle der aufmerksamen Zuhörer, moderieren das Gespräch zurückhaltend und verzichten auf eigene Stellungnahmen.[1] Das Verhalten der Moderatorin oder des Moderators bestimmt den Inhalt, den Verlauf und die Ergebnisse jeder Gruppendiskussion jeweils mit.

Wenn die räumlichen und technischen Bedingungen nicht zu ungünstig sind, kann die Kommunikationssituation eine recht hohe Natürlichkeit erlangen, da die alltäglichen Regeln der Kommunikation bei den Beteiligten zur Geltung kommen können. Insbesondere wenn Realgruppen gebildet werden, können sich in Gruppendiskussionen „alltägliche Interaktionen gewissermaßen en miniature widerspiegeln" (Kölbl/Billmann-Mahecha 2005, S. 327 f.).

Eine Veränderung der geäußerten Ansichten im Verlauf der Diskussion ist möglich, da die Gruppendynamik den Verlauf beeinflusst. Durch eine

---

[1] Hinweise zur Durchführung finden sich in Kühn/Koschel (2011), Lamnek (2005) oder Loos/Schäffer (2001).

offene Diskussionsführung, die auf die Erzeugung von Autopoiesis gerichtet ist und die interaktive Beeinflussung der Teilnehmerinnen können sich während des Gesprächs immer wieder neue und unerwartete Aspekte und Relevanzstrukturen einstellen. Deutungen und Interpretationen werden bereits im Diskussionsprozess von den Teilnehmenden geleistet. Die im Gruppenprozess konstruierte Wirklichkeit wird damit sichtbar und analysierbar. Gruppendiskussionen gelten besonders dann als geeignetes Befragungsverfahren, wenn der Handlungs- und Kommunikationskontext Einfluss auf das Einstellungs- und Meinungsbild hat (vgl. Lamnek 2005, S. 32) oder kollektive Phänomene in erziehungs- und sozialwissenschaftlichen Feldern erfasst werden sollen (vgl. Loos/Schäffer 2001, S. 9).

Die Diskussion sollte mit Hilfe eines Tonbandes und/oder einer Kamera aufgezeichnet werden. Vor der Auswertung müssen die aufgenommenen Diskussionen transkribiert werden, wobei visuelle Aufzeichnungen eine besondere Herausforderung darstellen, da sie es ermöglichen, auch nichtsprachliches Handeln in den Text aufzunehmen. Die Regeln für die Transkription sollten in Abhängigkeit vom gewählten Auswertungsverfahren festgelegt werden. Gruppendiskussionen werden in der Kindheitsforschung dann eher kategorial oder sequenziell ausgewertet. Einen Überblick über verschiedene Auswertungsverfahren von Gruppendiskussionen gibt Lamnek (2005, S. 177 ff.). Nicht berücksichtigt werden hier tiefenhermeneutische Analysen (vgl. dazu Lorenzer 1986; Leithäuser/Volmerg 1988; König 1997; Klein 2010 und das Verfahren der dokumentarischen Interpretation kollektiver Orientierungsmuster, das im Rahmen von Gruppendiskussionen mit Jugendlichen entwickelt wurde (vgl. Bohnsack 1989, 1991; auch Bohnsack u.a. 2010 und Loos/Schäffer 2001). Die Rekonstruktion kollektiver Orientierungen konnte inzwischen auch auf die Auswertung von Gruppendiskussionen mit Kindern übertragen werden (vgl. Nentwig-Gesemann 2002, 2010; s.a. Alexi/Fürstenau in diesem Band).

Das Gruppendiskussionsverfahren wurde in der Kindheitsforschung bislang genutzt, um alltagskulturelle Praktiken und Kindheitskonstruktionen der Kinder selbst zu untersuchen und der Frage nachzugehen, wie Kinder ihren Alltag sehen, wie sie ihre Lebenswelt verstehen und welche handlungsleitenden Orientierungen sie entwickeln (Nentwig-Gesemann 2002; Bock 2010; Fürstenau 2011). Kollektive Orientierungen konnten auch im Bereich der Geschlechtervorstellungen von Drittklässlern zum Junge-Sein rekonstruiert werden (Michalek 2006; Schönknecht 2006). Gruppendiskussionen wurden zudem eingesetzt zur Rekonstruktion der Meinungen von Kindern über Schule (Schönknecht/Michalek 2005), zur Evaluierung pädagogischer Projekte (Küchler 2004) und zur Bewertung von Unterrichtsmethoden (Lähnemann 2009). Außerdem kamen Gruppendiskussionen mit Kindern auch in der Werbeforschung zum Einsatz (Barlovic/Clausnitzer 2005).

Möglichkeiten und Grenzen des Einsatzes der Gruppendiskussion bei der Forschung mit Kindern

In der sozialwissenschaftlichen Kindheitsforschung werden Kinder als Akteure und Angehörige der jeweiligen Kindergeneration untersucht, aber auch die Herrschaftsverhältnisse zwischen Kinder- und Erwachsenengenerationen in den Blick genommen.

Bohnsack (1991) hat in Anlehnung an Mannheim (1964, 1980) herausgestellt, dass Generationen gemeinsame Lebenserfahrungen machen, die in einer verbindenden „Erlebnisschichtung" konstituiert sind. Es entstehen Verflechtungen zwischen Menschen, die auf konjunktiven oder kollektiv geteilten Erfahrungen beruhen. Das kollektive Erleben kann besonders dann thematisiert werden, wenn sich natürliche Gruppen zusammenfinden, die faktisch gemeinsame Erfahrungen machen (vgl. Bohnsack 1991, S. 111 f.). Kinder einer Generation und selbstverständlich Kinder in ihrem Freundeskreis oder in institutionellen Zusammenhängen (Kindergartengruppen, Klassen, Hortgruppen, Freizeitgruppen) sind durch eine solche fundamentale Sinnschicht verbunden. Finden sie sich in Gruppen zusammen und reden miteinander, dann können diese Gespräche als Dokumente ihrer kollektiven Erfahrungen verstanden werden. In Gruppendiskussionen werden, wenn deren Mitglieder über einen konjunktiven Erfahrungsraum verfügen, deren Erfahrungen, Orientierungen oder Werthaltungen im Prozess der Gruppendiskussion aktualisiert.

Da in der Kindheitsforschung kollektive Erfahrungen von Kindern im generationalen Zusammenhang zum Gegenstand werden (vgl. Honig 1999), erscheint die ausschließliche, individuelle Isolierung der Erforschten problematisch und die Untersuchung von Kindergruppen unerlässlich. In Gruppeninteraktionen verarbeiten Kinder Gemeinsamkeiten und suchen nach Zugehörigkeit. Mithilfe von Gruppendiskussionen können Prozesse der probehaften Entfaltung biografischer Orientierungen und der experimentierenden Suche nach habitueller Übereinstimmung oder Differenzierung rekonstruiert werden (vgl. Bohnsack 2010).

Gemeinsames Erleben von Kindern in für sie relevanten Lebensbereichen kann in Gruppendiskussionen von ihnen in ihrer Sprache thematisiert werden. Die teilnehmenden Kinder können sich gegenseitig zu Beiträgen anregen und liefern sich Anknüpfungspunkte für das Erinnern. Wenn die Diskussionsleitung nach einem kindgerechten Impuls am Beginn der Diskussion die Kinderäußerungen angemessen moderiert und sich als Assistent oder Assistentin der Kinder versteht, verliert die Forschungssituation ihre Fremdheit. Die Alltagsnähe, die durch Gruppendiskussionen eröffnet wird, kann zum Abbau von Ängsten in Befragungssituationen beitragen. Die Interaktionen der Kinder und ihre Deutungen im Kommunikationsprozess bestimmen dann das Geschehen.

Die in der Interaktion geleisteten intuitiven Verstehensleistungen der

Kinder können irritieren (z.B. die Kinder lachen über Äußerungen anderer Kinder, während der Forscher oder die Forscherin über diese Äußerungen eher bestürzt ist). Sie müssen interpretiert werden und vermögen zu einem angemessenen Verstehen der Perspektiven von Kindern beizutragen. Gruppendiskussionen mit Kindern ermöglichen auch die Untersuchung gruppendynamischer Prozesse unter Gleichaltrigen. Die Kooperationen unter Kindern gründen meist weniger auf Hierarchie als ihre Beziehungen mit Erwachsenen und werden stärker in Wechselseitigkeit erarbeitet (vgl. Youniss 1980). Gleichwohl sind die alltäglichen Interaktionen unter Kindern sowohl in institutionellen Kontexten als auch im privaten Bereich von zahlreichen Aushandlungen begleitet, die teilweise interne Dynamiken der Über- und Unterordnung hervorbringen (vgl. Krappmann/Oswald 1995). Auch diese gruppendynamischen Prozesse werden sichtbar und können analysiert werden, denn die gegenseitige Beeinflussung der Teilnehmenden ist konstitutiver Bestandteil der Gruppendiskussion.

Den Möglichkeiten, welche die Methode der Gruppendiskussion bietet, stehen verschiedene Probleme gegenüber. „Grenzen der Methode ergeben sich überall dort, wo man annehmen kann, dass der Äußerung subjektiver Deutungsmuster durch die Gruppensituation unüberwindliche Barrieren entgegengestellt werden" (Kölbl/Billman-Mahecha 2005, S. 331). Gruppengespräche lassen kaum Aussagen über einzelne Kinder und deren Entwicklung zu. Die Wirkungen sozialer und sprachlicher Barrieren sind in Gruppendiskussionen mit Kindern ausgeprägter als in Erwachsenengruppen. Die Zusammensetzung „künstlicher" Gruppen mit Kindern ist kaum praktikabel, denn hierzu sind Kooperationen mit unterschiedlichen Eltern erforderlich, die ihre Kinder für Forschungszwecke zu einem bestimmten Zeitpunkt an einen bestimmten Ort bringen müssen. Außerdem fällt es Kindern schwer, mit fremden Kindern an einem fremden Ort ins Gespräch zu kommen. In der Forschung mit Kindern sind deshalb natürliche Gruppen (z.B. Freundesgruppen, Spielgruppen, Kita-Gruppen, Schulklassen) zu bevorzugen. Doch auch Gruppendiskussionen in natürlichen Gruppen werfen methodische Probleme auf, denn die Gruppendynamik und soziale Unterscheidungspraktiken der Kinder innerhalb von Gruppen (vgl. Breidenstein/ Kelle 1998) können das Thema der Diskussion dominieren. Wenn Kinder, die miteinander vertraut sind, zu Gruppendiskussionen zusammenkommen, dann haben sich bereits Meinungsführer herausgebildet. Andererseits gibt es Kinder, die nicht das Wort ergreifen. Ein weiteres Problem kann die Gruppensolidarität der Kinder darstellen. Die Dynamisierung der Situation beschränkt die Möglichkeit, „wahre" Meinungen von Kindern herauszuarbeiten, denn Anpassungsmechanismen schränken individuelle Meinungsäußerungen ein.

Von Richter (1997, S. 88 ff.) werden zudem die fehlende Diskussionskultur von Kindern, ihre eingeschränkten Verbalisierungsfähigkeiten, Hemmungen durch die Gruppensituation und deren öffentliche Atmosphäre sowie Schwierigkeiten bei Interaktionen zwischen Mädchen und Jungen formuliert. Vogt (2010) untersuchte interaktive, diskursorische und kognitive Fähigkeiten von Kindern und Jugendlichen (im Alter von 6 bis 15 Jahren) in Gruppendiskussionen und stellte fest, dass die Teilnehmer mit zunehmendem Alter ruhiger wurden, weniger durcheinander sprachen und sich länger konzentrieren konnten, aber auch weniger bereit waren, sich zu äußern. „Besonderheiten der kindlichen Kommunikation" (Billmann-Mahecha 1994, S. 342), wie ein für Erwachsene wenig geordneter, teilweise auch chaotisch wirkender Diskussionsverlauf, können aber auch dahingehend interpretiert werden, dass Kinder ihre Gedanken beim Sprechen mit anderen Kindern allmählich herausbilden. Bei genauer Betrachtung der Prozesse in Gruppendiskussionen stellt sich heraus, dass die Kinder immer wieder auf die Fragen und Aspekte zurückkommen, die sie früher eingebracht hatten (Billmann-Mahecha 1994, S. 343).

Insgesamt überwiegen die Potenziale dieses Verfahrens für die Kindheitsforschung zweifellos die Schwierigkeiten. Viele der angedeuteten Probleme (z. B. Meinungsführer und Schweiger, Kohäsion in Realgruppen, Geschlechteralltag) beeinflussen auch Gruppendiskussionen mit Erwachsenen. Zurückhaltung beim Einsatz dieser Methode ist vermutlich darauf zurückzuführen, dass ForscherInnen zu wenig Zutrauen in die Kommunikationsfähigkeiten von Kindern haben und vor der Moderation von Diskussionen mit Kindern zurückschrecken. Im Folgenden werde ich deshalb auf die an vielen Grundschulen entwickelte Diskussionskultur von Kindern in moderierten Kreisgesprächen eingehen und daraus entstehende Möglichkeiten für die Forschungspraxis skizzieren, wobei zu berücksichtigen ist, dass diese dann im schulischen Rahmen stattfinden.

Kinder in schulischen Kreisgesprächen

Kreisgespräche nehmen einen festen Platz im Schulvormittag vieler Grundschulen ein und eröffnen kommunikative Spielräume (Heinzel 2001, 2003, 2004). Durch die Anordnung der Kinder in der Kreisform verbessert sich die Interaktionssituation gegenüber dem frontalen Klassenunterricht, weil alle Beteiligten sich sehen können und die egalitäre Anordnung den Erwachsenen (Lehrpersonen, Forschenden) zunächst keinen dominanten Platz einräumt. Damit ist die Möglichkeit für kindzentrierte Gespräche gegeben.

Regeln und Rituale zum Ablauf von Kreisgesprächen gehören zur Kultur vieler Grundschulklassen und beziehen sich meist auf Ablauf, Gesprächsregeln und Moderation. Eine häufige Praxis von Kreisgesprächen an Grundschulen besteht darin, dass Kindern hier die Gelegenheit gegeben wird, schulische und außerschulische Ereignisse und Erlebnisse mitzuteilen oder Themen zu diskutieren, die von den Kindern oder der Lehrperson gewählt werden können. Häufig kommt es im Alltag von Kreisgesprächen zu

Aushandlungsprozessen und Diskussionen unter Kindern. Wie in Gruppendiskussionen wird hier erzählt, spielerisch inszeniert und diskutiert.

Kinder, die über längere Erfahrungen mit Kreisgesprächen verfügen, haben meist gelernt, zu den Kindern ihrer Klasse zu sprechen. Durch die Anordnung in der Kreisform ist ein Austausch der Kinder untereinander und mit den anwesenden Erwachsenen vielfach erleichtert. Über die Regeln, die für ein angemessenes Verhalten in der Kreissituation wichtig sind, klären die Kinder die Forschenden meist selbst auf (vgl. Heinzel 2004).

Die Forschungspotenziale, die sich aus der skizzierten Gesprächskultur von Kindern für die Kindheitsforschung ergeben, werden bislang aber kaum genutzt. Kreisgespräche in der Schule werden in der Kindheitsforschung bisher nicht herangezogen, um Meinungen und Einstellungen oder kollektives Erleben von Kindern zu ermitteln. Kreisgespräche könnten durch die Anwesenheit einer Forscherin bzw. eines Forschers in der Runde der Kinder und durch das Einbringen eines die Kinder betreffenden Forschungsthemas zum Erhebungsinstrument der Kindheitsforschung werden. Hervorzuheben ist, dass nur in solchen Klassen Untersuchungen zu den Perspektiven von Kindern möglich sind, in denen schülerzentrierte Kreisgespräche etabliert sind und damit Inhalte und Themen der Kinder im Mittelpunkt stehen, Kinder also die Möglichkeit erhalten, Gesprächsinhalte zu generieren und Themen zu konstituieren. Notwendig ist eine moderierende und „neutrale" Diskussionsleitung. Es ist sinnvoll, dass nicht die Lehrpersonen die Moderation übernehmen, sondern die Forscherinnen oder Forscher, doch müssen sich diese zuvor mit den in der Klasse bestehenden Regeln der Kreisgespräche vertraut gemacht haben.

Zur Aufzeichnung sollte eine Kamera verwendet werden, die in der Totale alle beteiligten Kinder und Erwachsenen erfasst und zusätzlich ein digitales Audioaufzeichnungsgerät. Die eingesetzten Aufnahmegeräte haben für die Kinder in der Kreissituation zunächst eine große Attraktivität, da sie eine Abwechslung im Schulalltag darstellen; sie verlieren diese Anziehungskraft aber recht schnell.

Die Analyse von Kreisgesprächen bietet sowohl die Möglichkeit, Meinungen von Kindern zu bestimmten Themen kennenzulernen als auch kollektive Orientierungen im Rahmen der Schulklasse, die ganz wesentlich den Kinderalltag beeinflussen, zu rekonstruieren. Immer muss bei der Analyse die schulische Rahmung der Gesprächssituation bedacht werden. Sowohl individuelle Erfahrungen und Verarbeitungsstrategien von Kindern einer Jahrgangsklasse, die durch Gemeinsamkeiten und Verschiedenheiten miteinander verbunden sind, als auch kollektive Erfahrungen, die durch gemeinsame Erlebnisse und Interaktionsgewohnheiten entstehen, können rekonstruiert werden. Kreisgespräche im Rahmen der Grundschule eignen sich besonders gut, um kollektive Orientierungen von Kindern zwischen Gleichaltrigenkultur und schulischer Ordnung zu erfassen.

Die Gruppendiskussion in Untersuchungen der Kindheitsforschung

Im Folgenden stelle ich drei Untersuchungen aus dem Bereich der Kindheitsforschung vor, in denen mit dem Erhebungsverfahren der Gruppendiskussion Perspektiven von Kindern untersucht wurden. Die Untersuchungen wurden insbesondere deshalb ausgewählt, weil in ihnen auch eine Methodenreflexion geleistet wurde.

Nentwig-Gesemann (2002, 2010) hat die Spielpraxis und Diskursorganisation von Kindern im Vor- und Grundschulalter untersucht. Es wurden Gruppendiskussionen mit Kindern im Alter zwischen vier und neun Jahren zum Thema „Pokémon" durchgeführt und videografiert, die auf das Spielen, Tauschen und Kämpfen mit Pokémon-Karten gerichtet waren. Es ging dabei ausdrücklich nicht um eine Bewertung der Spielmittel, sondern um die Analyse der Spielpraxis von Kindern (Nentwig-Gesemann 2010, S. 25). Nentwig-Gesemann wollte klären, ob „die zur Rekonstruktion kultureller Phänomene in den verschiedenen anderen Forschungsfeldern bereits bewährte Methode der Gruppendiskussion als Erhebungsverfahren auch für Kinder im Vor- und Grundschulalter geeignet ist" (Nentwig-Gesemann 2002, S. 43).

Die Kinder konnten im Rahmen der Gruppendiskussion kollektive Spielpraktiken als szenische Darstellungen entfalten. Die Autorin betont, dass das Potenzial von Gruppendiskussionen mit Kindern gerade darin liegt, dass kollektive Handlungs- und Spielprozesse angestoßen werden oder sich selbstläufig entfalten können. Hervorgehoben wird die interaktive Intensität des nicht-sprachlichen Handelns der Kinder. In den Gruppendiskussionen wird deutlich, dass nicht das Reden über Pokémons, sondern das Spielen die kollektive Handlungspraxis darstellt. Es ergeben sich „Fokussierungsakte im Sinne besonders selbstläufiger und interaktiv dichter szenischer Aufführungen" (Nentwig-Gesemann 2002, S. 48; Nentwig-Gesemann 2010, S. 40 ff.). Die szenischen Darstellungen der Kinder im Verlauf der Gruppendiskussion werden so verstanden, dass Kinder hier „sich und ihre Welt" aufführen, Erfahrungen verarbeiten und erzeugen und damit Wirklichkeit herstellen (Nentwig-Gesemann 2010, S. 55). Die Sprach- und Körperdiskurse der Kinder werden als Dokumente einer gemeinsamen Erlebnisschichtung analysiert, die auf gemeinsamen Milieus oder geteilten Erfahrungen beruhen. Nentwig-Gesemann betont, dass Selbstläufigkeit in der Gruppendiskussion nur dann erzeugt werden kann, wenn die Kinder jederzeit zwischen sprachlichem Diskurs und korporierten Praktiken wechseln können (Nentwig-Gesemann 2010, S. 28).

Ruth Michalek (2006) untersucht Geschlechtervorstellungen von Kindern im Grundschulalter und geht der Frage nach, was es für Jungen bedeutet, „ein Junge zu sein" und welche Geschlechtervorstellungen Jungen haben (Michalek 2006, S. 15). Sie bezieht sich darauf, dass Kinder im untersuchten Grundschulalter überwiegend mit Kindern des gleichen Geschlechts (stabile) soziale Beziehungen aufbauen und im Umgang mit Gleichaltrigen lernen, „wie Geschlecht ,korrekt' interagiert wird" (Michalek 2006, S. 16). Es wurden Gruppendiskussionen mit Jungen durchgeführt, die als Experten für Jungenfragen interviewt wurden. Die Gespräche wurden in Bezug darauf analysiert, „wie in den Interaktionen der Kinder Geschlecht als Kategorie aktualisiert wird" (Michalek 2006, S. 90). Michalek arbeitet heraus, dass die Jungen in ihren Interaktionen unterschiedliche Darstellungsmöglichkeiten für „richtiges" Junge-Sein voneinander lernen und sich in das einweisen, was sie von Männlichkeit und Geschlechterverhältnissen verstanden haben. Die Kontrastierung von zwei Gruppendiskussionen zeigt sehr unterschiedliche und zudem variable Geschlechtervorstellungen der Jungen.

Ausführlich beschreibt und analysiert Michalek ihre Erfahrungen mit dem Erhebungsverfahren der Gruppendiskussion. Sie führt aus, dass sich die Gruppendiskussionen der Kinder in Bezug auf die „Diskussionskultur" von denen Erwachsener unterscheiden. Mehr Bewegung und eine höhere Lautstärke seien festzustellen, aber auch, dass die Jungen gleichwohl aufeinander eingehen (Michalek 2006, S. 93). Die Autorin bilanziert, dass die Jungen gerne erzählen, sich ernst genommen fühlen, sich gut artikulieren können und auf die Themen eingehen, manchmal allerdings mit Abschweifungen (Michalek 2006, S. 98). Wenn die Kinder mit Aussagen der Interviewenden nicht einverstanden sind, komme es zu Widerspruch (Michalek 2006, S. 103). Als Stärke der Verwendung von Gruppendiskussionen wird hervorgehoben, dass sich Interaktionen unter Gleichaltrigen detailliert rekonstruieren lassen und Kinder selbst Deutungen ihrer Handlungen erzählen (Michalek 2006, S. 249).

In der Studie von Karin Bock (2010) zu Lebenswelten von Kindern wird untersucht, wie Kinder ihren Alltag sehen. Die Studie verfolgt theoretisch und empirisch, wie Kinder im Alter zwischen sechs und elf Jahren ihren Alltag im Rahmen von Gruppendiskussionen gemeinsam (re-)konstruieren.

Es werden sechs in Sachsen erhobene Gruppendiskussionen vorgestellt und zwei Typen von Kinderwelten rekonstruiert, „belastete Kinderwelten" und „unbelastete Kinderwelten", denen jeweils drei Muster zugeordnet werden: im Typ 1: Kinderalltag als „Gefahrendschungel" (a), „als konfuse Suche nach verbindlichen Regeln" (b) und als „Offenlegung von Geheimnissen" (c) und im Typ 2: Kinderalltag als „routinierter Ablauf mit Höhepunkten" (d), „phantasievolle Welterprobungen" (e) und „phantastische Selbstinszenierungen" (f).

Karin Bock zeigt in ihrer Untersuchung, dass durch Gruppendiskussionen nicht einfach kollektive Orientierungen von Gleichaltrigen erhoben werden können. Sie rückt auch den Diskurs zwischen den forschenden Erwachsenen und erforschten Kindern ins Zentrum. Gruppendiskussionen mit Kindern versteht sie als intergeneratives und hochgradig spezifiziertes In-

teraktionsereignis mit einzigartigen Inszenierungen und spezifischen Logi-
ken der Kommunikation und des Handelns bei der Herstellung eines Ausschnitts sozialer Wirklichkeit. In ihrer Arbeit wird eine neue Qualität in der
Betrachtung des Datenmaterials einer Gruppendiskussion mit Kindern
erreicht, denn es wird deutlich, dass die spezifische Diskurspraxis, die
Sprach- und Ordnungslogiken bei der Herstellung von intergenerationaler
wie intragenerationaler kollektiver Kommunikation in den Blick zu nehmen
sind.

Die Wirklichkeitskonstruktion in den Gruppendiskussionen werden als
Interaktion zwischen den Generationen verstanden und die Organisation der
Generationeninteraktionen in den belasteten und unbelasteten Kinderwelten
einander gegenübergestellt. Insgesamt zeigt sich, dass die intergenerationale Interaktion eine geeignete Kategorie darstellt, um die Gruppendiskussionen als jeweils aktuell hergestellte Wirklichkeit analysieren zu können, wobei sich die Gesprächsorganisation und die Mechanismen der Verständnis-
sicherung oder -verweigerung als gewichtig darstellen. Die Äußerungen der
Kinder in den von Bock durchgeführten Gruppendiskussionen erweisen
sich als selbstdarstellerische Handlungsakte, wobei in den belasteten Kinderwelten andere Selbstdarstellungen zu erkennen sind als in den unbelasteten Kinderwelten.

Fazit

Insgesamt könnten Gruppendiskussionen der „Königsweg" der Befragung
von Kindern sein, wenn es darum geht, ihre Meinungen und Perspektiven
zu erfassen oder ihre kollektiven Orientierungen zu rekonstruieren. Zu berücksichtigen ist, dass sich der Diskussionsstil von Kindern und Erwachsenen teilweise unterscheidet und spielerisches Handeln sowie szenische Darstellungen ein konstitutiver Bestandteil der Gruppendiskussionen mit Kindern sind. Die Chancen dieser Methode überwiegen die Schwierigkeiten
deutlich, denn nicht ein Kind sitzt einem Erwachsenen bei der Befragung
gegenüber, sondern mehrere Kinder geben einander Sicherheit und nehmen
schon in der Interaktionssituation selbst Deutungen ihrer Handlungen vor.
Die Kinder können Erfahrungen aus ihrer Lebenswelt in ihrer (auch szenischen) Sprache thematisieren. Es besteht eine höhere Alltagsnähe als in einem Einzelinterview, da Kinder in der Schule und in ihrer Freizeit häufig
mit ihren Peers zusammen sind. Zudem dokumentiert sich in den Gruppendiskussionen das kollektive Erleben von Kindheit. Nicht zuletzt wird durch
die Anwesenheit der Forschenden neben der intragenerationalen auch eine
intergenerationale Kommunikationssituation geschaffen, deren Analyse im
Rahmen der Kindheitsforschung gewinnbringend erscheint.

Literatur

Barlovic, I.; Clausnitzer, C. (2005): Kommerzielle Werbeforschung bei Kindern. Ziele, Methoden und der Blick auf das Kind. In: Merz. Medien + Erziehung, 49, 1, München, S. 17-23.

Billmann-Mahecha, E. (1994): Zur kommunikativen Kompetenz von Kindern in Gruppendiskussionen. In: Wessel, K. F.; Naumann, F. (Hrsg.): Kommunikation und Humanontogenese. Bielefeld, S. 341-346.

Bock, K. (2010): Kinderalltag – Kinderwelten: Rekonstruktive Analysen von Gruppendiskussionen mit Kindern. Opladen.

Bohnsack, R. (1989): Generation, Milieu und Geschlecht. Ergebnisse aus Gruppendiskussionen mit Jugendlichen. Opladen.

Bohnsack, R. (1991): Rekonstruktive Sozialforschung. Einführung in die Methodologie und Praxis. Opladen.

Bohnsack, R. (2010): Gruppendiskussionsverfahren und dokumentarische Methode. In: Friebertshäuser, B.; Langer, A.; Prengel, A. (Hrsg.): Handbuch Qualitative Forschungsmethoden in der Erziehungswissenschaft. Weinheim u. München, S. 205-218.

Bohnsack, R.; Przyborsky, A.; Schäffer, B. (2010): Das Gruppendiskussionsverfahren in der Forschungspraxis. 2. überarbeitete Aufl. Opladen u. Farmington Hills.

Breidenstein, G.; Kelle, H. (1998): Geschlechteralltag in der Schulklasse. Ethnographische Studien zur Gleichaltrigenkultur. Weinheim u. München.

Fürstenau, R. (2011): Kindheit aus Kindersicht. In: Promotionskolleg Kinder und Kindheiten im Spannungsfeld gesellschaftlicher Modernisierung (Hrsg.): Kindheitsbilder und die Akteure generationaler Arrangements. Opladen, S. 43-58.

Heinzel, F. (2001): Lernen im Kreisgespräch. In: Rossbach, H.-G.; Nölle, K.; Czerwenka, K. (Hrsg.): Forschungen zu Lehr- und Lernkonzepten für die Grundschule. Opladen, S. 189-196.

Heinzel, F. (2003): Zwischen Kindheit und Schule – Kreisgespräche als Zwischenraum. Zeitschrift für qualitative Bildungs-, Beratungs- und Sozialforschung, 1, S. 105-122.

Heinzel, F. (2004): Kreisgespräche – Versammlungen, die herausfordern. In: Bosse, D. (Hrsg.): Unterricht, der Schülerinnen und Schüler herausfordert. Bad Heilbrunn, S. 101-121.

Honig, M.-S. (1999): Entwurf einer Theorie der Kindheit. Frankfurt a.M.

Klein, R. (2010): Tiefenhermeneutische Analyse. In: Friebertshäuser, B.; Langer, A.; Prengel, A. (Hrsg.): Handbuch Qualitative Forschungsmethoden in der Erziehungswissenschaft. Weinheim u. München, S. 263-280.

König, H.-D. (1997): Tiefenhermeneutik. In: Hitzler, R.; Honer, A. (Hrsg.): Sozialwissenschaftliche Hermeneutik. Opladen, S. 213-244.

Köbl, C.; Billmann-Mahecha, E. (2005): Die Gruppendiskussion. Schattendasein einer Methode und Plädoyer für ihre Entdeckung in der Entwicklungspsychologie. In: Mey, G. (Hrsg.): Handbuch Qualitative Entwicklungspsychologie. Köln, S. 321-350.

Krappmann, L.; Oswald, H. (1995): Alltag der Schulkinder. Beobachtungen und Analysen von Interaktionen und Sozialbeziehungen. Weinheim u. München.

Küchler, R. (2004): Gruppendiskussionen mit Kindern zur Evaluierung von kulturpädagogischen Projekten in Grundschulen. Abschlussbericht. Hamburg.

Kühn, T.; Koschel, K.-V. (2011): Gruppendiskussionen: Ein Praxis-Handbuch. Wiesbaden.

Lähnemann, C. (2009): Freiarbeit aus Schülerperspektive. Wiesbaden.

Lamnek, S. (2005): Gruppendiskussion. Theorie und Praxis. 2. überarbeitete Aufl., Weinheim.

Leithäuser, T.; Volmerg, B. (1988). Psychoanalyse in der Sozialforschung. Eine Einführung am Beispiel einer Sozialpsychologie der Arbeit. Opladen: Westdeutscher Verlag.

Lewin, K. (1936): Principles of topical psychologie. New York.

Loos, P.; Schäffer, B. (2001): Das Gruppendiskussionsverfahren. Theoretische Grundlagen und empirische Anwendung. Opladen.

Lorenzer, A. (1986): Tiefenhermeneutische Kulturanalyse. In: König, H.-D. u.a. (Hrsg.): Kultur-Analysen. Psychoanalytische Studien zur Kultur. Frankfurt a.M., S. 11-98.

Mangold, W. (1960): Gegenstand und Methode des Gruppendiskussionsverfahrens. Frankfurt a.M.

Mangold, W. (1973): Gruppendiskussionen. In: König, R. (Hrsg.): Handbuch der empirischen Sozialforschung. Bd. 2. 3. Aufl. Stuttgart, S. 228-259.

Mannheim, K. (1964): Das Problem der Generation. In: Mannheim, K.: Wissenssoziologie. Neuwied, S. 509-565.

Mannheim, K. (1980): Strukturen des Denkens. Frankfurt a.M.

Michalek, R. (2006): „Also, wir Jungs sind...". Geschlechtervorstellungen von Grundschülern. Münster.

Nentwig-Gesemann, I. (2002): Gruppendiskussionen mit Kindern. Eine dokumentarische Interpretation von Spielpraxis und Diskursorganisation. In: Zeitschrift für qualitative Bildungs-, Beratungs- und Sozialforschung, 1, S. 41-64.

Nentwig-Gesemann, I. (2010): Regelgeleitete, habituelle und aktionistische Spielpraxis. Die Analyse von Kinderspielkultur mit Hilfe videogestützter Gruppendiskussionen. In: Bohnsack, R.; Przyborsky, A.; Schäffer, B.: Das Gruppendiskussionsverfahren in der Forschungspraxis. Opladen, S. 25-44.

Pollock, F. (Hrsg.) (1955): Gruppenexperiment. Ein Studienbericht. Frankfurter Beiträge zur Soziologie. Bd. 2. Frankfurt a.M.

Richter, R. (1997): Qualitative Methoden in der Kindheitsforschung. In: Österreichische Zeitschrift für Soziologie, 22, 4, S. 74-98.

Schönknecht, G.; Michalek, R. (2005): Kinder sprechen über Schule – Inhalte von Gruppendiskussionen mit Kindern im Grundschulalter. In: Götz, M.; Müller, K.: Grundschule zwischen den Ansprüchen der Standardisierung und Individualisierung. Wiesbaden, S. 69-75.

Schönknecht, G. (2006): Themen und Inhalte in Gruppendiskussionen mit Jungen – Schwerpunkt Jungen und Schule. In: Schultheis, K.; Strobel-Eisele, G.; Fuhr, T. (Hrsg.): Kinder: Geschlecht männlich. Beiträge zur pädagogischen Jungenforschung. Stuttgart, S. 186-205.

Vogt, Susanne (2005): Gruppendiskussionen mit Kindern: Methodische und methodologische Besonderheiten. In: ZA-Information 57, S. 28-60

Youniss, J. (1980): Parents and peers in social development: A Sullivan-Piaget perspective. Chicago.

Gerold Scholz

Teilnehmende Beobachtung

Vorbemerkung

Als zentrale Methode ethnografischer Forschung kann die der Teilnehmenden Beobachtung betrachtet werden. Dies gilt grundsätzlich für die Ethnologie und im Zuge einer Entwicklung, die dazu führte, die eigene Kultur
wie eine fremde Kultur zu betrachten, auch für Teilbereiche der Soziologie
und der Erziehungswissenschaft. Kennzeichnend für Teilnehmende Beobachtung ist für Lüders die persönliche Teilnahme der Forscherin, des
Forschers an der Praxis derjenigen, die er oder sie erforschen will:

> „[...] über deren Handeln und Denken er bzw. sie Daten erzeugen
> möchten. Dabei ist die Annahme leitend, dass durch die Teilnahme an
> face-to-face-Interaktionen bzw. die unmittelbare Erfahrung von Situati-
> onen Aspekte des Handelns und Denkens beobachtbar werden, die in
> Gesprächen und Dokumenten – gleich welcher Art – über diese Interak-
> tionen bzw. Situationen nicht in dieser Weise zugänglich wären." (Lü-
> ders 2003, S. 151)

Lüders grenzt eine Methodologie der Teilnehmenden Beobachtung ab von
einem Verständnis Teilnehmender Beobachtung als „ein allgemeines, me-
thodenplurales, triangulatives Forschungskonzept" (Lüders 2003, S. 151 f.).
     Er kritisiert, dass in der Forschungspraxis ein weitgehender Verzicht auf
methodische Regeln zu beobachten sei und damit auch die Besonderheiten
und spezifischen Herausforderungen der Teilnehmenden Beobachtung gar
nicht oder nur heterogen diskutiert würden. Er sieht eine Ursache für die
Vernachlässigung der Teilnehmenden Beobachtung als eigenständiger Methodologie darin, dass sich – als Erbe der Rollentheorie – die Diskussion
verkürzt habe auf Fragen nach der Rolle des Beobachters, auf Fragen des
Zuganges, des Aufenthaltes im Feld und dem Ausstieg aus dem Feld. Beispielhaft dafür sei die Debatte um den Widerspruch zwischen notwendiger
„Nähe zum Feld, die er benötigt, um die entsprechenden Daten erzeugen zu
können, und Distanz, die er wahren muss, um überhaupt beobachten zu
können" (Lüders 2003, S. 152).
     Deshalb sei es notwendig, in Bezug auf die Teilnehmende Beobachtung
die folgenden Fragen zu stellen:

- „was eigentlich wie durch einen Feldaufenthalt eines relativ ‚fremden‘ Forschers bzw. einer relativ fremden Forscherin in einer konkreten Situation zugänglich bzw. beobachtbar wird."
- Was unter „Protokoll" zu verstehen ist. Ob Protokolle aufzufassen sind als „vergleichsweise neutrale Beschreibung von Sachverhalten" oder als „Erzählungen des Beobachters."
- Genauer nach der ethischen Dimension zu fragen. Zum einen erzeuge jede Teilnehmende Beobachtung „de facto personenbezogene Daten", zum zweiten sei der kulturelle Unterschied zwischen Beobachter und Beobachteten zu reflektieren (Lüders 2003, S. 152 f.).

Alle drei Fragen richten sich gegen ein Verständnis von Teilnehmender Beobachtung, in dem implizite Authentizitätsannahmen mitspielen. Lüders wendet sich gegen die Annahme, dass die Teilnehmende Beobachtung zu echteren oder wahreren Einsichten führe, als etwa retrospektive Berichte der Beteiligten und hebt hervor: „Demgegenüber kann es nur z. B. im Vergleich zum Interview – um *andere* Einsichten gehen und es wäre methodologisch und inhaltlich zu präzisieren, was diese andere Qualität jeweils auszeichnet" (Lüders 2003, S. 152).

Als Leitfragen kristallisieren sich mithin zwei heraus: (1) Was ist das Feld? und (2) Was kann ein Beobachter beobachten? Beiden Fragen soll im Folgenden nachgegangen werden. Zu beachten ist dabei, dass gerade die Teilnehmende Beobachtung an dem Besonderen, am Einzelfall und an der konkreten Komplexität interessiert ist.

Allgemein formuliert kann man sagen, dass die Forschungsmethode abhängt von der zu beantwortenden Frage. Man kann nach Quantitäten fragen, nach mehr oder weniger, nach stark oder schwach usw. oder nach Qualitäten, also nach Bedeutungen oder nach Bedeutsamkeit. Auch Bedeutungen lassen sich quantifizieren, aber dann geht es eben um die Häufigkeit zuvor aggregierter Cluster, Phasen, Typen oder Muster und nicht um die Komplexität ihrer Inhalte. Man kann nach dem Alter von Kindern fragen oder nach alterstypischen Phänomenen. Man kann aber auch fragen, welche Bedeutung Alter und die damit verbundenen alterstypischen Phänomene in der Interaktion von Kindern miteinander bekommen. Ich gehe davon aus, dass Teilnehmende Bedeutung als Forschungsmethode nicht an Quantitäten interessiert ist und auch nicht an objektivierbaren Gesetzmäßigkeiten, sondern an Bedeutungen. Um es an einem Beispiel anzudeuten: „Armut" ist ein umstrittener, aber soziologisch definierbarer Begriff. Nur mit der Methode der Teilnehmenden Beobachtung lässt sich erforschen, was Armut für Menschen im Umgang mit anderen Menschen bedeutet. Dies grenzt die Teilnehmende Beobachtung etwa auch von einem Interview ab, dass nach Meinungen und Einstellungen fragt. Die Teilnehmende Beobachtung beobachtet die Bedeutung von Handlungen zwischen den handelnden Personen für diese Personen.

Merkmale der qualitativen Forschung

Teilnehmende Beobachtung ist eine Methode der qualitativen Feldforschung. Bogdan und Biklen führen fünf allgemeine Merkmale an. Diese werden im Folgenden dargestellt und um Anmerkungen und Fragen ergänzt.

„Natural setting" und „key instrument"

„Qualitative research has the natural setting as the direct source of data and the researcher is the key instrument" (Bogdan/Biklen 1982, S. 27). So oder ähnlich finden sich Formulierungen in vielen Texten. Die Rede ist von „Teilnahme am alltäglichen Leben" (Friebertshäuser 1997, S. 503), von Verhalten „in vivo" (Friebertshäuser 1997, S. 505), von dem Interesse für das „Alltägliche, Gewöhnliche und Wiederkehrende" (Friebertshäuser 1997, S. 510), von „Lebenswelt und Lebensstil" (Friebertshäuser 1997, S. 509), die erforscht werden sollen.

Diese Vielfalt der aufgeführten Begriffe kann skeptisch machen, vor allem, wenn sie noch mit der Forderung verbunden werden, die Perspektive der Teilnehmer an einem Alltag zu verstehen, der ihnen, wie dem Forschenden nicht gänzlich zugänglich sein kann. Der kurze Satz enthält tatsächlich zwei hochkomplexe Fragen: Auf welche Weise kann der Forscher „key instrument" sein und was ist eigentlich ein „natural setting"? Zunächst zum Begriff des Feldes, zum „natural setting". Für Bogdan und Biklen lautet die Antwort:

„Qualitative researchers go to the particular setting under study because they are concerned with context [...] they want to know where, how, and under what circumstances it came into being [...] To divorce the act, word or gesture from its context is, for the qualitative researcher, to lose sight of significance" (Bogdan/Biklen 1982, S. 27).

„Feld" oder „natural setting" meint zunächst schlicht den Ort, an dem sich die Menschen üblicherweise aufhalten, die untersucht werden sollen. Das unterscheidet ethnografische Methoden grundsätzlich von allen anderen Verfahren, sei es Forschung im Labor oder die Befragung einzelner Mitglieder einer Sozietät usw. Feldforschung belässt die Menschen an ihrem Ort, untersucht ihren Alltag und geht davon aus, dass sich in der Interaktion im Alltag ein anderes Verhalten beobachten lässt als zum Beispiel in einem Labor. Der Schlüsselbegriff dafür lautet „Kontext". Kontext meint hier einerseits den historischen Kontext, die Geschichte der Entstehung von etwas, meint die Bedingungen einer Entwicklung aber auch die Methoden, Formen, Umstände, Einflüsse, Entscheidungen, Motive, Hintergründe etc. einer Entwicklung. Es geht darum zu wissen, wie das geworden ist, was ist.

Kontext meint zweitens: „qualitative researcher assume that the human behavior is significantly influenced by the setting in which it occurs, and wherever possible, got there" (Bogdan/Biklen, S. 28). Das ist deutlich ein hermeneutischer Ansatz: Das Einzelne aus der Gesamtheit erklären zu wollen und die Gesamtheit, das komplexe Ganze, aus der Stimmigkeit des Einzelnen zu einem Gesamtbild. Teilnehmende Beobachtung reklamiert einen „holistischen Ansatz".

Nun stellt sich das grundsätzliche Problem, dass jede wissenschaftliche Methode Komplexität reduzieren muss. Alle Alltagssituationen sind gewissermaßen überkomplex. Über eine Szene, die vielleicht eine Minute dauert, lässt sich ein Buch mit 500 Seiten schreiben. Es gibt keine Szenen, die sich – unabhängig von einer gestellten Frage – voneinander logisch abgrenzen lassen. Und es gibt keine Wörter, die nicht in einem unendlichen Kontext mit anderen Wörtern stehen. Ebenso ist die Komplexität zwischen „human behavior" und „setting" als „überkomplex" bezeichenbar, d.h. in ihrer Vollständigkeit nicht beschreibbar. Jede Wahrnehmung eines Beobachters ist begrenzt und im Kern interessengeleitet. Aber auch das Feld ist nicht im Ganzen beobachtbar. Man kann nicht gleichzeitig an mehreren Orten sein, nicht zu allen Teilnehmern eines Feldes gleiche Beziehungen herstellen und schließlich wird man nicht zu allen Orten und Situationen zugelassen. Das ist einerseits ein forschungspraktisches Problem, andererseits aber auch ein methodologisches. Der Widerspruch zwischen Komplexität eines Feldes und wissenschaftlich notwendiger Reduktion von Komplexität lässt sich dann lösen, wenn hinreichend geklärt ist, worin die Frage besteht, die man untersucht. Jede Frage, etwa die nach dem Alter, hat dann jeweils einen Kontext, der gewissermaßen in seinen Wirkungen auf jene Beobachtungen beachtet werden sollte, die im Kern der Fragestellung liegen. Der Kontext wird als Bedingung dafür aufgefasst, dass bestimmte beobachtete Vorgänge so und nicht anders aufgetreten sind.

An der Langzeitstudie, die Beck und Scholz 1995 durchgeführt haben, lässt sich dies illustrieren. Wir haben zu zweit über vier Jahre den Unterricht einer Grundschulklasse beobachtet. Uns interessierte vor allem, was die Kinder miteinander taten und sagten. Aus allen Kindern der Schulklasse konzentrierten wir uns auf sechs Kinder. Wir beobachteten diese sechs Kinder und damit auch jene, die mit einem dieser Kinder handelten oder sprachen. Ebenso protokollierten wir das Verhalten und die Inszenierungen der Lehrer und Lehrerinnen. In dieser Konstruktion ist die Umgebung der einzelnen beobachteten Kinder der Kontext, dessen Kenntnis notwendig ist, um zu verstehen, welchen Sinn die Handlung des Kindes für das Kind ergeben könnte. Ebenso haben wir Interviews mit Kindern wie mit den Lehrenden durchgeführt und Dokumente gesammelt, sowie fotografiert und gefilmt. Diese – nicht durch Teilnehmende Beobachtung – sondern eben durch Interviews und Dokumentensammlung erhobenen Daten verstanden wir als Mittel zur Kontrolle der Daten, die wir durch Teilnehmende Beobachtung gewonnen haben.

Beschreiben statt Zählen

„Qualitative research is descriptive. The data collected is in the form of words or pictures rather than numbers. [...] qualitative researchers do not reduce the pages upon pages of narration and other data to numerical symbols. They try to analyze it with all its richness as closely as possible to the form in which it was recorded or transcribed." (Bogdan/Biklen 1982, S. 28)

In Deutschland ist es weitgehend üblich geworden, qualitativ erhobene Daten in einer Weise zu bearbeiten, dass daraus Quantifizierungen möglich werden. Inhaltliche Aussagen werden durch Codierung zu quantifizierbaren Größen gemacht. Relativ unbeachtet bleibt dabei, dass jede Umsetzung qualitativ erhobener Daten in quantitative Daten davon ausgehen muss, „its richness" zu vernachlässigen. Jede Form der Kategorisierung muss notwendig danach fragen, was an dem konkret aufgenommenen Text nicht das Besondere ist, sondern das daran Verallgemeinerbare. Wer sich an „richness" orientiert, muss die Besonderheit z.B. einer Aussage gegenüber ähnlichen Aussagen in den Mittelpunkt seiner Aufmerksamkeit stellen. Das unterscheidet sich grundsätzlich von einer Vorgehensweise, die versucht, „[...] das Material so zu reduzieren, dass die wesentlichen Inhalte erhalten bleiben, durch Abstraktion einen überschaubaren Corpus zu schaffen, der immer noch ein Abbild des Grundmaterials ist" (Mayring 1993, S. 54).

Da es üblich geworden ist qualitative Daten anschließend durch Codierungen in quantitative zu transformieren, liegt mir daran, deutlich zu machen, worin die Konsequenzen dieser Transformation bestehen. Klassifikationen sind grundsätzlich von außen herangetragene Ordnungen, auch dann, wenn sie induktiv und nicht deduktiv erstellt wurden oder auch dann, wenn sie im Zuge eines Forschungsvorhabens verändert werden. Klassifikationen als Ordnungsschemata haben zum Problem die Struktur einer Ordnung. Klassifikationen und die daraus folgende Berechnung ihrer Häufigkeitsverteilungen suchen nach Strukturen, die von Individuen losgelöst betrachtet werden können. Wenn man aber nach Bedeutungen fragt, dann heißt dies, dass qualitativ erhobene Daten auch qualitativ ausgewertet werden sollten. Denn für qualitative Forschung kann gelten: „that nothing is trivial" (Bogdan/Biklen 1982, S. 28). Ziffern haben notwendig die Eigenschaft, von Inhalten abzusehen und können nur bestimmte Merkmale von Phänomenen eben unter Absehung von Motiven, Ursachen und Bedingungen zu Quantitäten aggregieren. Quantitative Studien können eine Vielzahl von Beziehungen zwischen einzelnen an Phänomenen festmachbaren Aspekten miteinander vergleichen. Sie bleiben damit immer statistische Aussagen über Zusammenhänge. Ein zweites grundsätzliches Problem der Quantifizierung qualitativ erhobener Daten besteht darin, dass sie als gewissermaßen „gleichwertig" angesehen werden müssen. Tatsächlich aber gibt es bei jeder

Feldforschung nicht nur einen Prozess der Veränderung auf Seiten der Erforschten, sondern auch einen Lernprozess beim Forschenden. Faktisch
verändert sich die Qualität der erhobenen Daten in Abhängigkeit von der im
Feld verbrachten Zeit. Diese Veränderung kann durchaus in dem Widerspruch gesehen werden zwischen zunehmender Professionalität der Beobachtung durch Stabilisierung der Beobachtungsfähigkeit einerseits und
Verlust an Professionalität durch einen Prozess des „going native", einer
schleichenden Anpassung von Forscher und Erforschten, andererseits.
Der Charme der Zahlen scheint mir in ihrer vermeintlichen Eindeutig-
keit zu liegen. Wissenschaftliche Darstellungen aus Forschungen mit der
Methode der Teilnehmenden Beobachtung sind dagegen theoriehaltige Beschreibungen. Ausgehend von einer Verschränkung von Empirie und Theorie kommen Amann und Hirschauer (1997, S. 36) zu der These: „Theorien
sind in diesem Verständnis kein Forschungsziel, sondern Denkwerkzeuge,
ein intellektuelles Kapital, das in ‚Empiriebildung' reinvestiert werden
muss, um seine Produktivität zu entfalten." Was als Ergebnis dargestellt
wird, trennt nicht mehr eindeutig zwischen Beobachtung und Interpretation.
Die Beobachtung wird immer schon als interpretierte dargestellt: „Beschriebene Beobachtungen, Ereignisse oder Erlebnisse werden erst durch
Sinnstiftungen des Autors zu ethnografischen Daten" (Amann/Hirschauer,
S. 31).

Prozess statt Produkt

„Qualitative researchers are concerned with process rather than simply
with outcomes or products" (Bogdan/Biklen 1982, S. 28).

In dieser Bestimmung liegt vielleicht ein Grund für die Attraktivität qualitativer Verfahren für Erziehungs-, Unterrichts- und Bildungsprozesse. Kinder
und Jugendliche werden als Werdende interpretiert. Nun enthält der Prozessbegriff zwei unterschiedliche Sachverhalte. Einmal kann man fragen,
wie etwas, was sich am Ende als Produkt bezeichnen lässt, entstanden ist.
Zum zweiten aber lässt sich fragen, wie sich etwas verändert. In diesem Fall
werden gewissermaßen „Produkte" betrachtet und zwar in Bezug auf Prozesse, denen sie unterliegen. Generell ist also zu unterscheiden zwischen
einer Orientierung an einem „Zustand" und der Frage, wie er entstanden ist
und der Beobachtung von Prozessen, verbunden mit der Frage, was die
Veränderung bewirkt oder vorangetrieben hat. Man kann den Zusammenhang zwischen Zustand und Prozess an der Neuen Kindheitsforschung verdeutlichen. Sie ist orientiert an dem „hier" und „heute" von Kindern, an ihrer Weltsicht, der Bedeutung der peer-group, an ihren Wahrnehmungen und
Interpretationen, kurz: an ihrer Kultur. Gleichzeitig kann aber das nicht un-
terschlagen werden, was man „Entwicklungstatsache" nennen kann. Damit

ist nicht „Entwicklung" als von Natur aus gegebener Fakt gemeint, sondern ein kulturelles Konstrukt, das grundsätzlich Kinder als Menschen wahrnimmt, die sich in einer Entwicklung befinden. Für die Wahrnehmung der Kinder über sich und damit ihr Verhältnis zu Welt ist dieser Aspekt ebenfalls konstitutiv. Kinder sehen sich notwendig in unserer Kultur selbst als Menschen, die noch erwachsen werden, d. h. sich in einer Entwicklung befinden. Hier wird deutlich, dass es wenig Sinn macht, Begriffe wie „Lernen", „Sozialisation" oder „Entwicklung" ontologisch zu fassen. Aus meiner Sicht stehen diese Begriffe stellvertretend für bestimmte methodologische Ansätze, mit denen in Bezug auf eine komplexe Situation bestimmte Forschungsperspektiven als Perspektiven auf die komplexe Situation beschrieben werden.

Dieses Ineinander von Zustand und Prozess gilt für jegliche qualitative Forschung in modernen Kulturen. Denn moderne Kulturen sind als offene Kulturen beschreibbar, die prinzipiell auf Veränderung angelegt sind.[1] Wissenschaftstheoretisch verbirgt sich hinter dem Prozessbegriff die Frage, ob nicht die Beschreibung von Menschen und ihren sozialen und kulturellen Prozessen grundsätzlich nur als Prozess und nicht als Zustand geschehen kann. Von einem Stein kann man erwarten, dass er sich ohne Einwirkung von außen nicht verändert. Für menschliche Zusammenhänge kann diese Erwartung nicht gelten, weil sie selbst tätig sind und ihr Leben und damit auch die Beobachtung durch einen Teilnehmenden Beobachter selbst interpretieren und aufgrund dieser Interpretation auch ändern. Forschungsberichte, die auf der Teilnehmenden Beobachtung basieren, können keine Regeln im Sinne naturwissenschaftlicher Gesetze aufstellen. Im Sinne einer naturwissenschaftlichen Regel kann die gleiche Handlung nicht verschieden interpretiert werden. Im Kontext eines Prozesses und einer komplexen Situation führen geringfügige, zeitlich nicht stabile Faktoren zu einer Veränderung der Bedeutung einer Handlung. Die mit einer Handlung verbundene Sinnstiftung kann variieren. Die Teilnehmende Beobachtung hat ihre Stärke in der Wahrnehmung dieser geringfügigen, eben häufig nicht stabilen Faktoren. Deren Darstellung bedarf nun allerdings auch ein eigenständiges Verfahren, das hier kurz als „Erzählung" bezeichnet werden soll. Die Erzählung beschreibt keine statistischen Zusammenhänge und auch keine strengen Ursache-Wirkungs-Relationen. Sie ist dennoch nicht zufällig, denn sie muss plausibel sein und die einzelnen Handlungen als sinnvolle Elemente eines Prozesses darstellen.

---

1 Man kann auch fragen, ob der Begriff der „traditionalen Kultur" aus heutiger Sicht noch haltbar ist. Möglicherweise ist dieser Begriff aus einer Forschungshaltung entstanden, die ihre Aufmerksamkeit auf die Differenz zwischen der eigenen und der fremden Kultur legte und nicht aufmerksam war für Veränderungsprozesse in der fremden Kultur.

Induktion statt Deduktion

„Qualitative researchers tend to analyze their data inductively." Als Erläuterung schreiben Bogdan und Biklen (1982, S. 29):

> „You are not putting together a puzzle, whose picture you already know. You are constructing a picture which takes shape as you collect and examine the parts. [...] The qualitative researcher plans to use part of the study to learn what the important questions are."

Man kann Bogdan und Biklen ergänzen: Es geht auch nicht um eine Ansammlung von Puzzleteilen. Damit ist man allerdings mitten in einer komplizierten Debatte. Denn man kann fragen, wie man als Forscher dazu kommt, bestimmen zu können, welches die wichtigen Fragen sind.

Eindeutig ist: im Unterschied zu einer hypothesenüberprüfenden Forschungsmethode wird hier der Forschungsprozess (auch) als Lernprozess des Forschers betrachtet. In diesem Kontext spielt sich ein großer Teil der forschungsmethodischen Literatur ab. Im Kern geht es dabei immer um die Beziehung zwischen theoretischer Konstruktion und empirischer Beobachtung. Die „grounded theory" hat dafür ein eigenständiges Verfahren entwickelt (vgl. Strauss 1994): Der Forscher geht auf der Grundlage von Vorannahmen in das Feld und begibt sich von da an in ein Wechselspiel von Anwendung seiner Vorannahme auf die Interpretation seiner Beobachtungen und die Veränderung seiner Vorannahmen durch die Beobachtung. Häufig übersehen wird, dass dieser Vorgang der jeweiligen Überprüfung der Beobachtungen durch Theorien und die Überprüfung der entwickelten Theorie mehrfach wiederholt werden muss. Wenn man Strauss folgt, so sind Langzeitstudien die notwendige Konsequenz dieses Vorgehens. Der Gewinn besteht darin, produktiv mit der Tatsache umzugehen, dass jeder Forscher Vorwissen, Vorannahmen und Vorurteile in seine Forschung einbringt. Es geht nun darum, diesen Vorgang nicht zu verleugnen sondern methodisch zu kontrollieren. Das Feldforschungstagebuch, die „memos" usw. sind Dokumente, mit denen der Forschende seine eigene Wahrnehmung, seine Befindlichkeit und seine Vorannahmen, Vorurteile, Interpretationen, theoretischen Gedanken etc. festhalten soll. Dabei handelt es sich um erprobte Verfahren der Teilnehmenden Beobachtung. Grundsätzlich aber kann man fragen, ob die Selbstreflexion der eigenen Methode nicht für alle empirischen Ansätze gilt. Denn jede Form von Beobachtung lässt sich charakterisieren als „[...] Findung von Prinzipien und allgemeiner Anschauungsformen in theoriegeleiteter Beobachtung und Auseinandersetzung mit den verbleibenden Widersprüchen zwischen Denkkonstruktionen und empirischen ‚Fakten'" (Plümacher 1996, S. 188).

Plümacher setzt das Wort „Fakten" in Anführungsstriche, um deutlich zu machen, dass etwas durch eine Theorie zu einem „Fakt" wird. Das gilt ebenso für quantitative wie qualitative Methoden. Dies rückt die Vergewisserung über den Prozess der Entwicklung von Kategorien in den Mittelpunkt der Aufmerksamkeit. Der Forschende muss sich beim Beobachten beobachten. Gegenstand der Beobachtung ist der Forscher sowohl als Forscher als auch als Mensch.

Zunächst zur Beobachtung des Forschers

Es gehört zu den Mythen der Wissenschaftsgeschichte, dass sich die Wissenschaften entlang ihrer, gewissermaßen in der Natur vorfindbaren Gegenstände unterschieden. Tatsächlich konstruieren die einzelnen Wissenschaften mit ihren Methoden einen Gegenstand, den sie dann wieder mit ihren Methoden untersuchen. Was die empirische Forschung „Daten" nennt, sind durch Methoden konstruierte Beobachtungsgegenstände. Jede wissenschaftliche Frage konstruiert das zu beobachtende Feld in einer bestimmten Weise. Wenn man fragt, was der Forscher als Wissenschaftler wissen kann, so wird man untersuchen müssen, mit welchen Konstruktionsweisen sich seine Wissenschaft die Gegenstände konstruiert. Für die Soziologie gelten andere Konstruktionsregeln als beispielsweise für die Psychologie und wieder andere für die Erziehungswissenschaft. „Einzig die Art von Theorie, deren man sich bedient, entscheidet, ob ein gegebenes Phänomen nun zum Datum der eignen oder anderen Wissenschaft wird" (Devereux 1967, S. 40).

Erst vor diesem Hintergrund lässt sich fragen, auf welche Weise die Teilnehmende Beobachtung ein Feld zu einem Gegenstand der Forschung macht. Am Beispiel der Kindheitsforschung kann dies deutlich werden. Es ist in unserer Kultur nicht möglich, die Unterscheidung zwischen „Kind" und „Erwachsenem" zu negieren. Auch wer sich mit Kindern auf den Teppich setzt und mit ihnen spielt (least adult) weiß, dass er erwachsen ist und die Kinder wissen es auch. Diese Unterscheidung zwischen Kind und Erwachsenem ist die Voraussetzung der Erforschung von Kindern. Allgemeiner formuliert: Jede Forschung hat mit der Differenz zwischen Forschern und Erforschten zu tun. Was, so kann man fragen, ist eigentlich das Interesse der Forscher an der Kultur der Kinder? Eine Antwort könnte lauten: Durch qualitative Forschung, vor allem durch Teilnehmende Beobachtung, lässt sich eine sehr gute Einsicht in die Binnenstrukturen kindlichen Denkens und Handelns gewinnen. Eine Absicht dieser Forschung könnte darin bestehen, Grundlagen für effektivere Erziehungsmaßnahmen zu erarbeiten. Man kann Kinder nicht fragen, ob sie daran interessiert sind. Das Interesse der Forschung ist – im Kern – die Veränderung der Erforschten. Wenn, wie die Wahrnehmungsforschung zeigt, menschliche Gehirne bedeutungsgenerierende und nicht bedeutungszuschreibende Organe sind, dann ergibt es wenig Sinn, von einer Gegenüberstellung von Induktion und Deduktion auszugehen. Ein Festhalten an der Gegenüberstellung drängt den Eindruck auf, hier würde größere Authentizität reklamiert. Entgegen Bogdan und Biklen und auch anderen Autoren zur Teilnehmenden Beobachtung, gehe ich davon aus, dass Wahrnehmung Interpretation ist. Die Beziehung zwischen Wahrnehmung und Interpretation lässt sich nicht auflösen, allerdings reflektieren. Für die Kindheitsforschung besteht eine dieser nicht auflösbaren Fragen darin, ob das Konstrukt des „produktiv realitätsverarbeitenden Subjekts" (Hurrelmann 1983) eine Konstruktion von Erwachsenen ist, mit denen sie ihre Abstinenz von Erziehung und Verantwortung legitimieren oder ein Konstrukt, das der Autonomie des Kindes gerecht wird. Diese Frage lässt sich nur unterschiedlich auslegen aber nicht beantworten. Ähnliche Fragen lassen sich für soziologische oder ethnologische Ansätze stellen.

Weil qualitative Methoden und vor allem die Teilnehmende Beobachtung die Möglichkeiten der Erforschten, sich zu verstellen, sich taktische oder strategische Antworten auf die Fragen der Forschung zu geben, einschränkt, steigt die Verantwortung der Wissenschaftler für die Reflexion ihres eigenen Weltbildes.

Was wir wahrnehmen

Nun ist die Frage, was ein Wissenschaftler über sich als Wissenschaftler wissen kann, zumindest theoretisch bearbeitbar. Schwieriger wird es in Bezug auf den Wissenschaftler als Menschen. Die Debatte innerhalb der qualitativen Forschung, nach der man zwischen Datenerhebung und Dateninterpretation trennen könne, übersieht, dass Wahrnehmung Interpretation ist. Jede halbwegs ausreichend dokumentierte ethnografische Studie verrät etwas über die Erforschten und über den Forscher. Das Feldtagebuch, die Memos, die Dokumentation der Forschungsgeschichte, der eigenen Lage und Befindlichkeiten, der eigenen Wertvorstellungen, Sichtweisen, Interessen und Gefühle sind für diesen Zusammenhang wichtige Instrumente. Übersehen wird dabei aber oft, dass sie nicht nur eine Rolle spielen bei der Reflexion des eigenen Lernprozesses, sondern eigentlich eine Kategorie bei der Interpretation erhobener Daten sein müssten. Die eigene Interpretation ist eigentlich immer in Bezug auf die Perspektivität der eigenen Wahrnehmung zu prüfen.

Wenn man sich auf Wahrnehmungstheorie einlässt, so stellt sich die Frage, was eigentlich die Bedingungen für Wahrnehmung sind. Sagen lässt sich, dass Wahrnehmungen Differenzen zur Voraussetzung haben, seien es Differenzen im beobachteten Gegenstand oder Differenzen zwischen Beobachtung und der Erwartung, was man beobachten würde. Es ist banal, aber Tatsache: Eine schwarze Wand lässt sich nicht vor einer schwarzen Wand erkennen. Es muss zumindest minimale Farbunterschiede geben. Ebenso trivial ist die Tatsache, dass es offenbar zu menschlichen Gewohnheiten gehört, in etwas Beobachtetes eine Ordnung hineinzulegen. Konsequent gehen Devereux (1967) und auf ihm aufbauend Gerd E. Schäfer (1999) von einem Störungsbegriff aus: Wahrnehmung setzt eine Störung voraus.

In der Theorie von Devereux findet die Störung „innerhalb" des Beobachters statt. Er plädiert dafür, dass der Beobachter sich selbst „qua Beobachter" verstehen solle, dass das Objekt, das am ehesten dazu taugt, wissenschaftlich auswertbares Verhalten zu manifestieren, der Beobachter selber ist" (Devereux 1967, S. 20). Der Beobachter als Selbstbeobachter beobachtet danach die Wirkung der Szene auf sich, die er gemeinsam mit den von ihm erforschten Menschen konstruiert hat. Wenn es zutreffend ist, dass er auch dabei aus dem Hintergrundrauschen seiner Wahrnehmungen nur für bestimmte aufmerksam ist, so lässt sich sagen, dass er für jene Wahrnehmungen aufmerksam ist, die sich als „Störung" bezeichnen lassen. Die Untersuchung der „Störungen" ist es nun, die wissenschaftlich verwertbare Daten abgibt.

Eine Störung erlebt der Forscher in zwei möglichen Bereichen: im körperlichen Bereich oder dem seiner mehr oder minder theoretisch begründeten Erwartungen. Ein Verhalten kann ihn stören, weil es seinen, ihm selbst nicht bewussten Alltagsroutinen widerspricht oder es kann ihn stören, weil es seinem Bild widerspricht oder weil er ein anderes Verhalten erwartet hat. Ebenso ist es möglich, dass der Forscher die von ihm beobachteten Personen „stört" und er dies selbst wahrnimmt. Die in einer Szene beobachtbare Störung des Erforschten durch den Forscher ist für den Forscher ein wichtiger Beobachtungsgegenstand. Denn die Art und Weise, in der der Forscher als Störung wahrgenommen wird, gibt Auskunft über die Handlungs- und Deutungsmuster, gegen die sein Verhalten verstoßen hat. Der Forscher ist also in einem doppelten Sinne das geeignete Forschungsobjekt. Einmal in dem, dass er sich selbst gewissermaßen als Seismograph verstehen kann und zum zweiten, indem er beobachtet, welche „Wellen" der Erregung er verursacht.

Theoretisch lässt sich gegen dieses Verständnis einwenden, dass es in eben jenem Bereich versagen muss, den Forscher wie Erforschte für selbstverständlich halten. Dass Menschen Essen in der Regel nicht als etwas Intimes empfinden, ist in diesem Sinne eine Selbstverständlichkeit, die als solche erst in den Blick gerät, wenn diese Gewohnheit durchbrochen wird. Devereux setzt mit seiner Methode Fremdheit zwischen Forscher und Erforschten voraus. Dort, wo die Nähe zu groß ist, muss deshalb Befremdung als bewusste Konstruktion eingesetzt werden. Eine Hilfe zur Schärfung der eigenen Wahrnehmung kann auch darin bestehen, sich zu vergewissern, wie das, was man beobachtet, zu anderen Zeiten oder in anderen Kulturen gehandhabt wurde bzw. wird.

Bedeutung von „Bedeutung"

„‚Meaning' is of essential concern to the qualitative approach. Researchers who use this approach are interested in the ways different people make sense out of their lives. In other words, qualitative researchers are concerned with what are called participant perspectives." (Bogdan/Biklen 1982, S. 29).

So oder ähnlich formuliert gehört der Gedanke von Bogdan und Biklen zu den Grundlagen der Teilnehmenden Beobachtung. Man wird aber genauer fragen müssen. Man kann bei Kindern beobachten, dass die einen sich zu einem Fußballspiel zusammenfinden, die anderen nicht. Man kann also Alltagsroutinen beobachten. Was das gemeinsame Fußballspiel für das eine mitspielende Kind bedeutet, wird es mir als Forscher nicht sagen können, weil sich niemandem, weder einem Kind noch einem Erwachsenen der Sinnzusammenhang des eigenen Lebens vollständig erschließt. Als erwachsener Forscher wird man – gewissermaßen stellvertretend für das Kind – auf Theorien basierende Hypothesen generieren können. Gleiches gilt auch für die Frage, warum in der Regel Jungen und nicht Mädchen Fußball spielen. Die Perspektive der Erforschten ist eine Forscherperspektive. Es sind die Forscher, die einer Beobachtung einen Sinn verleihen. Die Erforschung der Perspektiven der Erforschten, gleich ob Kinder oder Erwachsene, ist ein Paradigma der Forschung. Es grenzt Fragen ein und fokussiert sie. In keinem Fall aber, auch dann nicht, wenn die Erforschten fast nur selbst zu Wort kommen, kann von einer Wiedergabe der Perspektive der Erforschten gesprochen werden. Worüber Erwachsene Auskunft geben können, ist ihre Interpretation eines Sinnzusammenhanges. Wenn man Jungen im Grundschulalter fragt, ob sie mit Mädchen spielen, so werden sie dies verneinen. Wenn man sie beobachtet, so stellt man eine Vielfalt von Spielen zwischen Jungen und Mädchen fest. Wenn man sie mit dem Widerspruch konfrontiert, wird das entsprechende Mädchen nun als etwas Besonderes und nicht als „Mädchen" klassifiziert. Bedeutung ist von daher eine Kategorie, die eigentlich nicht zugänglich ist. Nun ist „meaning" ein zentraler Begriff der Teilnehmenden Beobachtung. Es geht darum zu begründen, inwiefern die Teilnehmende Beobachtung dazu geeignet sein kann, Sinndeutungen der Erforschten zu beschreiben. „Sinndeutung" muss sich dabei, wenn man nicht metaphysisch argumentieren will, aus einer Methode ergeben, die in der Lage ist, die Herstellung ihrer empirisch erhobenen Daten zu beschreiben und zu begründen. Damit lässt sich auch nicht mehr von „Verstehen" sprechen, sondern nur noch von „Auslegen" oder „Interpretieren".

Teilnehmende Beobachtung bedarf als Methode einer Theorie oder anders formuliert einer Bestimmung des Gegenstandes, der beobachtet wird. Dies ist meines Erachtens Kultur.

Zum Kulturbegriff

Es ist das Verdienst von Clifford Geertz, Kultur weder als Behälter noch als Produkt zu beschreiben, sondern als Prozess. Entscheidend dabei ist seine Annahme, dass dieser Prozess in gemeinsamen Handlungen von Menschen miteinander hergestellt wird. Clifford Geertz (1994, S. 9) schreibt:

„Der Kulturbegriff, den ich vertrete [...] ist wesentlich ein semiotischer. Ich meine mit Max Weber, dass der Mensch ein Wesen ist, das in selbstgesponnene Bedeutungsgewebe verstrickt ist, wobei ich Kultur als dieses Gewebe ansehe. Ihre Untersuchung ist daher keine experimentelle Wissenschaft, die nach Gesetzen sucht, sondern eine interpretierende, die nach Bedeutungen sucht. Mir geht es um Erläuterungen, um das Deuten gesellschaftlicher Ausdrucksformen, die zunächst rätselhaft erscheinen."

Dieser Passus ist häufig zitiert. In meiner Lesart besteht die entscheidende, im Kern phänomenologische Aussage darin, dass Geertz zwar einerseits die Verschiedenartigkeit von Kulturen hervorhebt, aber andererseits davon ausgeht, dass sich die Existenz von Geweben für alle Kulturen als gegeben unterstellen lässt.[2] Daraus folgt, dass bei aller Unterschiedlichkeit der Gewebe, sich Strukturen angeben lassen müssten, die nun nicht mehr bloß funktionalistisch zu bestimmen wären als Organisationsform des Lebens und Überlebens, sondern als eine Antwort auf die Herausforderung, dem, was man wahrnimmt, denkt und tut, eine Bedeutung zu geben. Geertz versteht Kultur als einen Kontext, als „ineinandergreifende Systeme auslegbarer Zeichen" (1994, S. 21). Es gibt Dinge, es gibt Gespräche, Verhaltensweisen, Regeln, Gewohnheiten etc. Geertz interessieren all diese Phänomene nicht an sich, sondern in ihrer Bedeutung. Ihre Bedeutung knüpft sich an die Handlung oder das Ereignis – aber ist damit nicht deckungsgleich. Die Handlungen etwa sind Handlungen und zugleich Zeichen oder Symbole, die zusammengenommen so etwas bilden wie eine Vorstellungswelt, ein System. Die Kultur ist einerseits der umfassende Kontext und andererseits gewissermaßen zwischen den Dingen und Menschen angesiedelt und integriert.

Man kann den Zusammenhang zwischen Symbol und Handlung, zwischen Prozess und Produkt an einem einfachen Beispiel erläutern. Eine naturwissenschaftlich orientierte Beschreibung könnte etwa das Heben eines Armes und damit zusammenhängend das Strecken eines Fingers beschreiben. Im Schulkontext würden wir diese Bewegung als „Melden" wahrnehmen und interpretieren; auf einem Segelschiff als den Versuch, die Windrichtung zu bestimmen, im Parlament als Abstimmung. Geertz bezeichnet die Beschreibung der bloßen Bewegung im Anschluss an Ryle als „dünne Beschreibung"; das Wort „Melden" gibt dieser Bewegung bereits einen

---

2 Geertz verlässt diese Position in seinem Buch „After the Fact" (1995).

Sinn, eine Bedeutung. Geertz nennt die Beschreibung der Bedeutung „dichte Beschreibung" (1994, S. 11 f.). Eine der Schwierigkeiten der Rezeption von Geertz besteht darin, dass er nicht zwischen Handlung und Symbol unterscheidet. Es gibt bei Geertz kein Symbolsystem, auf das Menschen zurückgreifen, um ihre Erfahrungen zu deuten. Jede Handlung kann zu einem Zeichen oder Symbol werden und umgekehrt: Menschen empfinden, denken, urteilen und handeln in Symbolen: Die menschliche Erfahrung ist keineswegs reine Empfindung, sondern interpretierte Empfindung, begriffene Empfindung. Aus dieser Sicht ist „Text" nicht das Gegenteil von „Erfahrung". Greift man die beiden Begriffe, Text und Empfindung auf, so setzt sich Erfahrung aus beidem zusammen: den textlich durchwebten Empfindungen und den von Empfindungen bestimmten Texten. Die Zeichen ermöglichen Verhaltensdispositionen.

Die Bedeutung eines Symbols ergibt sich daraus, was mit ihm gemacht wird. Sie ergibt sich aus seinem Gebrauch. Wenn man ein Symbol gebraucht, so geht dies nicht ohne Rückgriff auf das kulturelle Gedächtnis einer Gemeinschaft – aber der Gebrauch eines Symbols ist nicht identisch mit seinem Inhalt in dem kulturellen Gedächtnis. Mit anderen Worten: Kultur ist kein Produkt, sondern ein Prozess. Als Prozess baut er schon auf Produkten auf, aber wandelt sie um. Deutlich ist auch, dass Symbole sich nicht nur auf Handlungen oder Wissen beziehen. Menschen empfinden, denken, urteilen und handeln in Symbolen.

Der Ausdruck „dichte Beschreibung" hat zu mancher Verwirrung geführt. Am Beispiel des „Meldens" ist deutlich geworden, dass es eine Vielzahl von Möglichkeiten gibt, was Handlungen bedeuten können oder was ein kultureller Kontext sein kann.

In meiner Interpretation meint Geertz, es gäbe zwar eine Vielfalt an Bedeutungen, aber keine Willkür. Bei aller Komplexität sei die Welt nicht zufällig und nicht willkürlich. Die „dichte Beschreibung" beschreibt so verstanden Darstellungsformen. Für jede Kultur aber ist die Auswahl der Themen, die sie dramatisiert, unterschiedlich und auch die Art und Weise ihrer Darstellung. Insofern ist die Ausdrucksform nicht unabhängig von der Kultur – anders formuliert – die Ausdrucksform als öffentliche Form ist interpretierbar als Ausdruck einer bestimmten Kultur.

Teilnehmende Beobachtung als Beobachtung der Rahmung von Handlungen

Aus der Sicht des „linguistic turn" kann die Teilnehmende Beobachtung kommunikationstheoretisch erklärt werden. Das betrifft zunächst die Rolle des Forschers im Feld. Der Forscher kann auch als Forscher in einer Kultur anerkannt werden. Voraussetzung dafür ist die Unterstellung der anderen als kompetente Teilnehmer in der Kommunikation (vgl. Dammann 1991,

S. 124). Wenn der Ethnologe ebenso Objekt Teilnehmender Beobachtung ist, wie die von ihm Erforschten (vgl. Hauser-Schäublin 2003, S. 52), dann ist Teilnehmende Beobachtung eine Methode, die auf gegenseitiger Anerkennung der Unterschiedlichkeit der Rollen beruht. Teilnahme im Rahmen Teilnehmender Beobachtung bedeutet damit, Teil der Kultur zu werden. Der Forscher bleibt dennoch ein anderer als die anderen, eben ein akzeptierter Beobachter. Er wirkt mit bei der Aushandlung von Bedeutungen. Der Forscher muss aus dieser Sicht nicht wie ein Einheimischer handeln können.

Teilnehmende Beobachtung ist grundsätzlich nur durch eine Kooperation aller Beteiligten möglich (vgl. Dammann 1991, S. 134), und es ist Sache der Erforschten, den Forscher zu akzeptieren. Verstehen und Verständnis, das arbeitet Dammann heraus, ist nicht durch Anpassung, Einfühlung oder Empathie zu erreichen, sondern nur über einen grundsätzlich kommunikativen Akt des Herstellens gemeinsamer Bedeutungen (vgl. Dammann 1991, S. 135). Dieser grundsätzlich „reziproke Prozess" (Dammann 1991, S. 139) bedarf zwar einerseits der ständigen Kontrolle und der Selbstreflexion, ermöglicht aber andererseits eine bewusste Übernahme geeigneter Rollen durch den Forscher. Zur Teilnahme gehört damit ein gewisses Maß an „impression management" (Dammann 1991, S. 139).[3] „Dass der Feldforscher seinem Selbst- wie dem Fremdverständnis der untersuchten Anderen entsprechend immer ein Außenseiter bleibt und zu bleiben hat, sollte sich dabei methodisch als durchaus fruchtbar erweisen" (Dammann 1991, S. 139 f.).

Ich möchte diesen Ansatz, der sich bei Dammann noch auf die Frage nach der Beziehung von Forscher und Erforschten, von Nähe und Distanz beschränkt, grundsätzlich ausweiten. Teilnehmen lässt sich aus dieser Sicht an der Kommunikation der Erforschten. Und durch die Teilnahme an der Kommunikation wird dem Forscher erkennbar, was sich als „Bedeutung in einer Kultur" bezeichnen lässt. Innerhalb einer Sozietät ist Bedeutung dasjenige, was darüber Auskunft gibt, wie das verstanden werden soll, was getan wird. Bedeutung ist eine Rahmung von Handlungen. Jede Sozietät hat sich schon immer nonverbal darüber verständigt, was das bedeuten soll, was man gerade tut. Erst im Konfliktfall muss die Bedeutung verbalisiert werden.

Man kann dies an Als-Ob-Spielen von Kindern erläutern. Wenn Kinder sich in einem Als-Ob-Spiel prügeln, so vermitteln sie sich, solange das Spiel läuft, die folgende Botschaft: Die Handlungen, die ich jetzt in dem Spiel ausführe, bedeuten nicht das, was sie bedeuten würden, wenn wir

---

3 Auf humorvolle Weise macht John Lofland (1971, S. 101) darauf aufmerksam, dass Feldforscher meistens jung sind und folglich in den Augen ihrer Umgebung einer Unterweisung bedürfen und er rät, sich in diese Rolle zu fügen, denn sie bringe eine große Menge an Informationen, auch wenn sie erniedrigend sein mag.

nicht spielen würden. Bateson (1981) nennt dies „Rahmung". Wichtig ist für Bateson, beides zu sehen: Den Rahmen und die Selbstdarstellung des Einzelnen, der an der Herstellung des Rahmens beteiligt ist.

Was Geertz „Perspektive der Teilnehmer" nennt, ist nämlich nicht das subjektive Wissen der Teilnehmer, sondern jener Kontext, der im Zusammenwirken mit mehreren Menschen gemeinsam produziert wird und den Rahmen abgibt, auf den sich die individuellen und subjektiven Sinndeutungen beziehen. Die einzelnen Individuen produzieren zusammen etwas, was nicht die Addition der Produkte der Individuen ist. Wenn ich die konkrete Perspektive des einzelnen Individuums beschreiben will, so muss ich nach seinem Verhältnis zu dem von ihm mitproduzierten Kontext fragen. Also nach der Beziehung von Kontext und Biografie. Lasse ich die biografische Frage weg, erfahre ich etwas über die Kultur – und zwar über eine konkrete Kultur.

Die These ist: Die leibliche Teilnahme eines Forschenden an der Interaktion und Kommunikation von Menschen ermöglicht ihm, an der nonverbalen Verständigung über die Rahmung mitzuwirken. Diese bewusste Beteiligung an der Rahmung der Situation unterscheidet die Teilnehmende Beobachtung grundlegend von allen Verfahren, die experimentell vorgehen, die die zu Beobachtenden hinter eine Glasscheibe setzen oder nur mit technischen Mitteln arbeiten. Man kann sagen, dass auch Verfahren der Forschung im Labor, Videographie oder Interviews Forscher mit Erforschten in eine Situation mit anderen Menschen bringen. Für die Teilnehmende Beobachtung scheint entscheidend, dass sie diese Grundbedingung ihrer Forschung zum einen bewusst herstellt und zum anderen zur Grundlage ihrer Auswertung macht. Für Teilnehmende Beobachtung kann man sagen: Die leibliche Teilnahme ist Teilnahme an Situationen. Die Beobachtung bezieht sich auf die Kommunikation und Interaktion der in der Situation beteiligten Menschen. Diese verständigen sich, wie gesagt notwendig, darüber, was das bedeuten soll, was sie gerade tun und sagen. Insofern sind der konkrete Raum und die konkrete Zeit wesentlicher Aspekt der Situation. Beobachtet wird also nicht das Gespräch oder die Interaktion an sich, sondern das, was dem Sprechen und Handeln als Vereinbarung über die Bedeutung des Sprechens und Handelns entnommen werden kann. Der Forscher wirkt also mit bei der Herstellung dessen, was er beobachtet. Alle von ihm wahrnehmbaren Daten sind Ergebnis einer Ko-Konstruktion von Forscher und Erforschten. Bei der Teilnehmenden Beobachtung ist der Forscher Teil einer Situation, die von allen Beteiligten insoweit bestimmt werden muss, dass sie darin gemeinsam handeln können. Diese, in der Regel nonverbale oder implizite Bestimmung ist dem Beobachter zugänglich. Nicht zugänglich sind ihm all jene Bereiche menschlichen oder kulturellen Lebens, die sich nicht auf Handlungsmöglichkeiten hin orientierte sprachliche Verständigung beziehen. Was die einzelne Aussage für den Sprecher selbst bedeutet, bleibt damit ebenso undeutlich wie etwa seine „wahren" Motive. Die Teilnehmende Beobachtung erfasst aus dieser Sicht keine authentischen Situationen, sondern eine Leistung der Sprache in einer Kooperation.

Aus meiner Sicht ist dieser eher kognitive Ansatz um eine phänomenologische Position zu ergänzen. Hermann Schmitz (2002, S. 46) hebt hervor:

> „Zu einer Situation in meinem Sinn kann alles Beliebige gehören, als obligatorischer Kern aber ein binnendiffuser, d.h. nicht vorgängig in lauter Einzelnes aufgegliederter Hof der Bedeutsamkeit, der aus Sachverhalten, Programmen oder Problemen besteht, in dem er das Ganze der Situation zusammenhält und nach außen abhebt oder abschließt."

Menschen schaffen Situationen. In diesen Situationen ist alles enthalten, was die Umgebung ermöglicht und die Menschen in sie einbringen: ihre Gefühle, ihre Erfahrungen, ihr Wissen, ihre Absichten usw. In Schmitz' Worten: Sachverhalte, Programme und Probleme. Situationen verdichten sich zu Atmosphären. Eine bestimmte Atmosphäre entsteht dadurch, dass alle Beteiligten eine gemeinsame Haltung gegenüber dem einnehmen, was sie tun. In dem Begriff „Haltung" stecken sowohl leibliche Momente, wie Momente der Deutung der Situation. Wichtig ist also nicht nur – und dies in Abgrenzung zur Phänomenologie – was man tut, sondern wie es geschieht und was man denkt, was das bedeutet, was man tut, also die eigene Konstruktion der Realität. Die Atmosphäre und damit die Situation wird mitbestimmt durch Körperhaltung, durch Mimik und Gestik, durch die Stimmlage, die Stimmhöhe, die Redegeschwindigkeit usw. Aber auch durch Erwartungen, die wiederum durch einen kulturellen Lernprozess erzeugt sind, die mit bestimmten Situationen verbunden werden. – Situationen beruhen auf einer Kultur des Umgangs mit Dingen und Menschen.

Mit diesem Ansatz lassen sich die am Anfang des Beitrages aufgeworfenen Fragen angemessen beantworten. Sowohl der Begriff „Feld" als auch der des Forschers als „key instrument" können nun präziser bestimmt werden. „Feld" ist danach jene Art von Kommunikation zwischen Menschen, mit denen sie sich versichern, was die Handlungen bedeuten, die sie gerade durchführen. Nur wer an dieser Kommunikation beteiligt ist, versteht diese Rahmung. Diese Kommunikation geschieht in der Regel nonverbal, sie geschieht im Wissen um Situationen. Sie kann nur von demjenigen verstanden werden, der an der Situation teilnimmt und zwar leiblich. Dies ist die Bedeutung des Forschers als „key instrument". Alles was er sonst noch an Daten sammeln mag – Interviews, Gespräche, Fotos, Videoaufzeichnungen, Tonbandmitschnitte – bleibt in diesem Sinne „sinnlos", wenn ein Wissen über die Rahmung der Situation fehlt, in der die Dokumente erhoben wurden.

Literatur

Amann, K.; Hirschauer, S. (1997): Die Befremdung der eigenen Kultur. Ein Pro-gramm. In: Hirschauer S.; Amann, K. (Hrsg.): Die Befremdung der eigenen Kultur. Zur ethnografischen Herausforderung soziologischer Empirie. Frankfurt a. M., S. 7-52.

Bateson, G. (1985): Ökologie des Geistes. Anthropologische, psychologische, biologische und epistemologische Perspektiven. Frankfurt a. M.

Beck, G.; Scholz, G. (1995): Beobachten im Schulalltag. Ein Studien- und Praxisbuch. Frankfurt a. M.

Bogdan, B. C.; Biklen, S. K. (1982): Qualitative research for education: An introduction to theory and methods. Boston u. a.

Dammann, R. (1991): Die dialogische Praxis der Feldforschung. Der ethnografische Blick als Paradigma der Erkenntnisgewinnung. Frankfurt a. M. u. New York.

Devereux, G. (1967): Angst und Methode in den Verhaltenswissenschaften. München.

Friebertshäuser, B. (1997): Feldforschung und teilnehmende Beobachtung. In: Friebertshäuser, B.; Prengel, A. (Hrsg.): Handbuch Qualitative Forschungsmethoden in der Erziehungswissenschaft. Weinheim u. München, S. 503-534.

Geertz, C. (1994): Dichte Beschreibung. Beiträge zum Verstehen kultureller Systeme, 2. Aufl. Frankfurt a. M.

Geertz, C. (1995): After the fact: two countries, four decades, one anthropologist. Cambridge u. London.

Hauser-Schäublin, B. (2003): Teilnehmende Beobachtung. In: Beer, B. (Hrsg.): Methoden und Techniken der Feldforschung. Berlin. S. 33-54.

Hurrelmann, K. (1983): Das Modell des produktiv realitätverarbeitenden Subjekts in der Sozialisationsforschung. In: Zeitschrift für Sozialisationsforschung und Erziehungssoziologie, 3, 1, S. 91-103.

Lofland, J. (1971): Analyzing Social Settings. Wadsworth Publishing Company. Belmont, California.

Lüders, C. (2003): Teilnehmende Beobachtung. Stichwort. In: Bohnsack, R.; Marotzki, W.; Meuser, M. (Hrsg.): Hauptbegriffe qualitativer Sozialforschung. Opladen, S. 151-153.

Mayring, P. (1993): Qualitative Inhaltsanalyse. Grundlagen und Techniken. 4. Aufl. Weinheim.

Schäfer, G. E. (1999): Bild – Bilder – Bildung. Deutscher Studienverlag. Weinheim.

Schmitz, H. (2002): Die sprachliche Verarbeitung der Welt. In: Schmitz, H.; Marx, G.; Moldzio, A. (Hrsg.): Begriffene Erfahrung. Beiträge zur antireduktionistischen Phänomenologie. Rostock, S. 44-53.

Strauss, A. L. (1994): Grundlagen qualitativer Sozialforschung. München.

Plümacher, M. (1996): Philosophie nach 1945 in der Bundesrepublik Deutschland. Reinbek b. Hamburg.

Norbert Huhn, Gisela Dittrich,
Mechthild Dörfler, Kornelia Schneider

Videografieren als Beobachtungs-methode – am Beispiel eines Feldforschungsprojekts zum Konfliktverhalten von Kindern

Grundlage für diesen Beitrag ist das Projekt „Konfliktverhalten von Kindern in Kindertagesstätten", das im Deutschen Jugendinstitut 1996 bis 1999 durchgeführt wurde. Es handelt sich dabei um eine Beobachtungsstudie über Konflikte unter Kindern im Alter von einem Jahr bis zu sechs Jahren. Mit Hilfe von Videoaufnahmen wurde in diesem Projekt analysiert, wie Konflikte unter Kindern entstehen, wie sie verlaufen und was die Kinder tun, um sie zu lösen. Die Erfahrungen und Ergebnisse dieses Projekts sind publiziert im Abschlussbericht (Dittrich u.a. 2001) und wurden außerdem verarbeitet in Materialien für die Aus- und Fortbildung von Erzieher/innen (Dörfler u.a. 2002).

Es ist inzwischen noch verbreiteter als vor zehn Jahren, mit Video zu arbeiten, wenn das Verhalten von Kindern beobachtet werden soll, dennoch gibt es kaum Beiträge in der Fachliteratur darüber, welche methodischen Probleme und Konsequenzen Videoaufzeichnungen beinhalten. Auch zehn Jahre nach unserer Studie hat sich kaum etwas daran geändert, dass Video in der Sozialwissenschaft weitgehend unhinterfragt benutzt wird, so, wie es jeder Amateur macht. Zwar wird inzwischen häufiger die Analyse der Videodaten theoretisch und methodisch reflektiert (vgl. z.B. Knoblauch u.a. 2006), kaum aber der Einsatz von Video als Beobachtungsverfahren[1].

Ziel der folgenden Anmerkungen zur Datenerhebung mit Video in der Sozialforschung ist deshalb zum einen, methodologische Überzeugungsarbeit zu leisten, zum anderen, einige allgemeine methodische und praktische Hinweise für die Forschungsarbeit mit Video zu geben, die im Rahmen der fachlichen Beratung für das o.g. Forschungsprojekt entstanden sind. Vom Projekt aus war die fachliche Beratung zunächst als rein videotechnische Einführung und Begleitung gedacht. Es stellte sich jedoch schnell heraus,

---

1 Selbst bei einem Workshop, der Video als Beobachtungsverfahren zum Inhalt hatte, wurde Video als Erhebungsmethode nicht thematisiert (vgl. DJI 2008).

dass technische Fragen zu methodischen Fragen führen. Norbert Huhn, der die Video-Beratung für das Projekt übernommen hatte, hat in diesem Zusammenhang die folgenden methodologischen Überlegungen entwickelt und in das laufende Forschungsvorhaben eingebracht. Im zweiten Abschnitt werden die Konsequenzen dieser Überlegungen für das praktische Vorgehen im Projekt beschrieben, ergänzt durch einen Exkurs zum Einsatz einer sichtbaren Kamera.

Methodologische Überlegungen
Norbert Huhn

Wenn in der Kinder- und Familienforschung mit Videodaten gearbeitet wird, ist es bis auf wenige Ausnahmen immer noch üblich, davon auszugehen, dass Videoaufnahmen als „ikonisch äquivalentes Abbild" mit der dargestellten Wirklichkeit gleichzusetzen wären. Jeder versteht Film- oder Videobilder sofort, aber es ist schwer, sie zu erklären. Christian Metz hat dies als Aufgabe für eine Filmsemiotik formuliert[2]. Filmbilder sind für Menschen faszinierend, da sie sich außerordentlich der „Reproduktion von Realität" nähern, wie es Siegfried Kracauer, einer der frühen Filmtheoretiker, beschrieben hat. Deswegen wird in den letzten 35 Jahren Video in der Sozialforschung eingesetzt, um Realität zu fixieren, insbesondere, wenn Beobachtungen nonverbalen Verhaltens im Vordergrund stehen wie bei Kindern. Das Subjekt

> „akzeptiert, da es den Aufnahmevorgang selbst konstruiert hat, die Objektivität des technischen Verfahrens […]. Es akzeptiert auch eine Aufzeichnung eines Geschehens, bei dem es selbst nicht anwesend war, als adäquates Abbild und zweifelt nicht daran, daß sich das Geschehen so ereignet hat." (Thiel 1997, S. 355 f.)

Diese angenommene Objektivität führt dazu, dass der Aufnahmevorgang selbst methodisch nicht mehr hinterfragt wird oder auch nicht mehr hinterfragt werden soll, sondern erst die Auswertung des erstellten Materials methodisch diskutiert wird. Da es jedoch verschiedene Spielarten des Kameragebrauchs beim Dokumentieren gibt (vgl. Mohn 2002, S. 4 f.) und Filmaufnahmen immer den ausgewählten Blick des oder der Filmenden wiedergeben (vgl. Huhn 2005, S. 414), mache ich im Folgenden einige kritische methodologische Anmerkungen dazu.

Als erstes soll der Unterschied sowie der Zusammenhang zwischenmenschlicher Wahrnehmung und technischer Videoaufnahme dargestellt werden.

---

2 Zu den filmtheoretischen Hintergründen s. Monaco 1997.

Video als Technik speichert beliebig, nicht aber die Wahrnehmung

Der Videoapparat wird alles aufnehmen, was ihm vor die Linse kommt, Pixel für Pixel ein Bild zeichnen, Bild für Bild Sequenzen erzeugen. Dem Apparat ist es egal, ob er nur einen grauen Himmel aufnimmt oder ein interessantes Gesicht. Alles ist für ihn reflektierendes Licht (plus Tonwellen), das er mittels elektronischer Steuerung linear umsetzt, speichert und damit fixiert. Die Videoaufzeichnung kann beliebig vor- und zurückgespult werden, da sie eine blinde sequenzielle Speicherung enthält.

Menschen nehmen völlig anders auf. Das optische System ist noch vergleichbar, doch wir entscheiden in Bruchteilen von Sekunden, ob etwas interessant und wichtig ist. Wenn wir es schon kennen oder glauben zu kennen, dann „vergessen" wir es möglichst schnell. Wir speichern nichts, sondern bauen gewichtig erscheinende Eindrücke in unsere Erinnerung ein. In einem ‚neuronalen Feuerwerk', wie es Bewusstseinsforscher ihrem momentanen Kenntnisstand entsprechend beschreiben (vgl. Schnabel/Sentker 1997), wird die Erinnerung fortwährend mittels selektiver Wahrnehmung neu konstruiert. Diese dynamische Eigenschaft einer permanenten Rekonstruktion von Wirklichkeit führt dazu, dass Erinnerungen von Natur aus nicht in einem 1:1-Verhältnis darstellbar sind – und schon gar nicht in sequenzieller Form, da diese für den Menschen so nicht existiert. Sie sind als aktuell bedeutsame Auswahl eingebettet in Szenen oder Assoziationsketten, die wir jederzeit verändern können.

Mit Hilfe der Apparatur potenzieren wir die aufgezeichnete Menge von Bildzeichen und Sprache in einem Umfang, den andere Aufzeichnungsverfahren nicht bieten. Wir haben eine Zeichenmaschine erfunden, die die motorischen Fähigkeiten von Menschen weit übersteigt und ein naturalistisches „Daumenkino" ermöglicht, das die Grenzen bisheriger Forschungstechniken erweitert. Unsere Fähigkeit, Aufnehmen und Erinnern zu verknüpfen, macht uns wahrnehmend sehend gegenüber dem blinden Sehen einer technischen Apparatur, die nur aufzeichnet – auch wenn sie so komplex und technisch ausgefeilt ist wie eine moderne Videokamera.

Für die menschliche Wahrnehmung von Videobildern heißt dies, dass sie in einem Abgleich zusammen mit Erinnerungen verarbeitet werden, als Wiedererkennen oder Neukonstruktion einer schon vorhandenen Konstruktion von Realität. Die Möglichkeit, umfangreiche Äquivalenzen in unserem erinnernden Wahrnehmen herzustellen, lässt uns Realität und Videodarstellung so schwer unterscheiden, da wir z.B. selbstverständlich die dritte Dimension erinnernd, diese in die Wahrnehmung eines zweidimensionalen Videos einbauen. Diese menschliche Möglichkeit macht gleichzeitig die Attraktivität filmischer Bilder aus.

Trotz des vielversprechenden Umfangs der mittels Video erzeugten Bildzeichen darf nicht übersehen werden, dass Videofilme nur reduzierte, abstrahierte Zeichensysteme darstellen gegenüber der komplexen menschlichen Wahrnehmungsfähigkeit und Erfahrungswelt. Die Videokamera bleibt beschränkt in ihrem Blickfeld, in der Räumlichkeit der Tonaufnahme, in ihrem endlichen, zeitlichen Ausschnitt, in der Reduzierung auf nur zwei Sinne. „Die scheinbare Objektivität technischer Geräte kann [...] darüber hinwegtäuschen, dass auch mediengestützte Aufzeichnungen nur einen begrenzten Ausschnitt aus der Wirklichkeit wiedergeben und der umfassenderen Fähigkeit des Menschen zur Gestaltwahrnehmung in mancher Hinsicht prinzipiell unterlegen sind" (Rohrmann 1996, S. 14). Auch wenn durch die Weiterentwicklung der Technik, durch die zunehmende Differenziertheit der Bilder, noch mehr Zeichen abgebildet werden können, wird nie eine absolute Äquivalenz zwischen Realität und Abbildung entstehen. Video ist als Technik einer bewegten Aufzeichnung anderen Protokolltechniken überlegen, aber für die methodologische Fragestellung ändert sich dadurch nichts.

Die Subjektivität der Kamera beherrscht die Technik

In dem Moment, in dem ich durch den Sucher blicke und mich entscheide, den Einschaltknopf zu drücken, wird Video zum Protokoll, zum Protokoll einer subjektiven Wahrnehmung, wie die Bezeichnung der Apparatur schon sagt: „Video" = „ICH sehe", nicht die Kamera.

Diese Beschränktheit der Apparatur zwingt die filmenden Forscherinnen, immer wieder Entscheidungen zu treffen, um im Rahmen der technischen Begrenzungen das Gemeinte der eigenen Wahrnehmung darzustellen und als bildliche Interpretation von Realität zu formulieren.

„Diese Entscheidungen sind mehr oder weniger bewußt, mehr oder weniger rekonstruierbar. Und mit Sicherheit sind sie u.a. strukturiert durch meine eigene Verwicklung [...] ins Thema auf der einen Seite und meine Vorliebe für wissenschaftliche Vorabtheorien über meinen Untersuchungsgegenstand auf der anderen" (Hoeltje 1996, S. 48).

In der Filmwissenschaft ist diese Erkenntnis unter dem Stichwort ‚Manipulation und Objektivität im Dokumentarfilm' Anfang der siebziger Jahre deutlich herausgearbeitet worden und hat in der Ethnologie zu methodischen Reflexionen der Forschungsarbeit mit Film geführt (vgl. Ballhaus/ Engelbrecht 1995). In der ideologiekritischen Filmbetrachtung geht man heute soweit, den Unterschied zwischen dokumentarischem und fiktivem Film aufzuheben, zumindest im Sinne von Objektivität.

Wenn Videobilder subjektive Momentaufnahmen bleiben, muss geklärt werden, wie die nichtsdestotrotz geglaubte Authentizität einem überprüfbaren Urteil unterzogen werden kann. Der Aufnahmevorgang muss in einen Diskurs über Objektivität im Sinne von Vergleichbarkeit und Nachvollziehbarkeit eingebunden werden, um ihn für wissenschaftliches Arbeiten zugänglich zu machen. Die Ethnologin Beate Engelbrecht meint, dass die „sichtbare Subjektivität, wie auch immer diese erreicht werden kann, eine mögliche Lösung sein kann" (Engelbrecht 1995, S. 148).

Wie kommen wir zur Wissenschaftlichkeit beim Videografieren?

Dass eine abgebildete Treppe nicht eindeutig nach oben oder unten führt, ist spätestens seit Eschers populären Vexierbildern bekannt. Wir können uns aber einigen, nach welchen Regeln wir wahrnehmen wollen. Schauen wir auf eine Schachtelecke oder sehen wir eine Raumecke, sind drei Striche überhaupt bedeutsam? Die Lösung liegt nicht in einer objektiven Wahrheit, sondern in der Verständigung über die Bedeutung von Wahrgenommenem, was ich ‚Ikonografisieren' nennen möchte, angelehnt an einen Begriff der Kunstgeschichte. Ikonografie heißt z.B., dass bestimmte Farben in mittelalterlichen Darstellungen eine vereinbarte religiöse Wirklichkeit bedeuteten, die uns heute spontan bedeutungsleer erscheint.

Das Ikonografisieren ist dabei als ein Prozess zu betrachten, bei dem im Wesentlichen drei Schritte zu unterscheiden sind: die Verabredungen und Reflexionen über Ziele, Mittel und Interessen vor dem Aufnehmen mit Video, das Aufnehmen selbst und die diskursive Überprüfung der Aufnahmen, gemessen an den selbstgesteckten Zielen.

Die Verabredung vor der Aufnahme legt fest, was aufgenommen, was erfasst und einer Auswertung zugänglich gemacht werden soll. Auf diesem Weg werden Kategorien in sprachlicher Form entwickelt, die die inhaltliche Beliebigkeit des möglichen Materials einschränken und zugleich die filmischen Mittel begrenzen. Die Kategorien bilden für das Aufnehmen selbst einen festen Rahmen, der dazu führt, dass die Videotechnik zielgerichtet und bewusst eingesetzt werden kann. Damit werden auch die Voraussetzungen geschaffen, eine methodische Reflexion überhaupt zu ermöglichen. Die Dokumentation dieser Entscheidungen und Konzepte bildet die Grundlage dafür, Nachvollziehbarkeit und Vergleichbarkeit zu erreichen.

Ohne eine solche konzeptionelle Verabredung schleichen sich im problematischen Fall – als eine Möglichkeit der Subjektivität – vorurteilsbehaftete, sich selbst legitimierende Videodaten in das Untersuchungsdesign. Im unangenehmen Fall wird sehr viel leeres Material geschaffen – also für den gedachten Zweck uninteressante Videofilme. Von daher ist es sowohl unter arbeitsökonomischen als auch unter qualitativen Gesichtspunkten unabdingbar, die Videoaufnahmen vor dem ersten Knopfdruck so umfangreich wie möglich zu reflektieren und dafür ausreichend Zeit im Forschungsdesign einzuplanen. Als komplexe Darstellung der eigenen Interpretation von Realität wird ein Videofilm auch nur die Genauigkeit und Präzision erreichen, die die eigene Sichtweise besitzt.

Die Verabredungen haben Konsequenzen in der unmittelbaren Situation des Aufnehmens. Je mehr ich die Technik beherrsche, desto eindeutiger kann ich die Subjektivität der eigenen Wahrnehmung mit der Kamera protokollieren, d.h. bewusst mein Interesse und meine Sichtweise als Haltung in die Technik der Aufnahme einfließen lassen, so dass sie sichtbar und entschlüsselbar wird und die Bilder nicht als gegeben hingenommen werden müssen. Damit wird deutlich, dass das erzeugte Videomaterial nicht ein neutrales Dokument von Realität ist, sondern Dokument für die Sichtweise der Aufnehmenden, die auch hinterfragt werden kann: Warum steht die Kamerafrau dort und nicht hier, warum sucht sie die Nähe oder die Distanz etc.? Für mich als interpretierenden Betrachter ist es nicht mehr die Frage, warum ich dies oder jenes nicht sehen kann, sondern warum mir dies und das nicht gezeigt werden. Der Forschungsgegenstand als zu untersuchende Realität ist nicht zu planen, aber wie ich ihn erfasse und darstellen kann und will, ist planbar.

Die Komplexität menschlichen Verhaltens macht auch die Abbildung komplex. Bezogen auf eine konkrete Fragestellung werden viele Aspekte und Artefakte mit fixiert, die diffus sind und die Bilder in einem ikonografischen Sinn ungenau machen. So wird es z.B. bei Aufnahmen von Gruppen unvermeidbar sein, dass einzelne Personen nur in der Rückenansicht zu sehen sind und damit deren mimische Kommunikationsbeteiligung im Videomaterial nicht unmittelbar zu beobachten ist.

Die Videotechnik bietet heute grundsätzlich die Möglichkeit, ohne großen Kostenaufwand immer wieder Aufnahmen von wiederholt auftretenden vergleichbaren Phänomenen zu machen. Dies ermöglicht, im Forschungsdesign eine Prüfschleife einzubauen, in der sich die Forscherinnen reflexiv oder intersubjektiv immer wieder sprachlich und emotional über die entstandenen Bilder verständigen können, bevor weitere Aufnahmen gemacht werden. Wir sind in der Lage, in reduzierter Form eine subjektive Wahrnehmungsselektion durch Reproduktion zu prüfen. In einem solchen rekursiven Prozess können die Videoaufnahmen in ihrer inhaltlichen Detailliertheit geschärft werden, ohne dass dieser Prozess je vollständig abgeschlossen werden kann.

Die subjektive Interpretation von Realität mittels Video wird in einem kommunikativen Kontext zu einem ikonografischen Videocode und überwindet so das individuelle Erinnern bei der Rekonstruktion von Wirklichkeit. Es kann ein Videocode mit einer dem inhaltlichen Interesse dienenden Randschärfe vereinbart werden, wonach sich bestimmt, was als ein ausreichend valides Material definiert wird.

Zusammenfassung

Im Gegensatz zu Thomas Thiel (1997) gehe ich davon aus, dass Fixierung und Auswertung nicht völlig voneinander getrennt werden können, dass der Fixierungsprozess selbst schon Interpretation beinhaltet, einen Prozess des Ikonografisierens mit dem Ergebnis eines möglichst genau fassbaren Videocodes. Damit ist der Aufnahmevorgang selbst Interpretation und kann nicht mehr als ‚ikonische Äquivalenz' gegenüber der Realität angesehen werden, wie von Thomas Thiel angenommen. Erst im Diskurs kann überprüft werden, ob die vorgeführte Authentizität plausibel ist. Diese Beurteilung bildet die Grundlage für weitere Interpretationen. Das hat zur Konsequenz, dass die Interpretation des fixierten Videomaterials keine Codierung von Realität, sondern Decodierung einer ikonografisch codierten Realität bedeutet und die Entstehung des Videomaterials mit einbeziehen muss.

Videotechnik ist keine Methode, aber das Aufnehmen, das Wahrnehmen mittels Videotechnik impliziert immer Methoden, die im Rahmen der Darstellung des ikonografischen Prozesses offengelegt werden. Damit unterliegen die Videoaufnahmen selbst grundsätzlich den Problemstellungen von nicht videofixierten Verhaltensbeobachtungen und sind entsprechend methodisch zu problematisieren, da das Auswerten von Videomaterial nur so gut sein kann, wie es als Material selbst Gütekriterien standhält[3].

Die methodische Reflexion zum videotechnischen Aufnehmen wird keine einzige allgemeingültige Methode hervorbringen, sondern je nach Fragestellung des Forschungsvorhabens wird die komplexe Videotechnik unterschiedlich genutzt werden, so dass die methodischen Herangehensweisen erweitert und auch neue geschaffen werden. Die folgende Beschreibung des Einsatzes der Videokamera im Projekt Konfliktverhalten ist nur ein Beispiel aus der Vielfalt methodischer Möglichkeiten. Sie ist als ein Beitrag zu verstehen, die methodischen Implikationen des Aufnahmevorganges aufzuzeigen.

---

3 Dazu möchte ich anmerken, dass nicht nur die Entstehung des Videomaterials offengelegt werden muss, sondern auch das Videomaterial selbst, genauso wie z.B. Interview-Texte zumindest im Materialband zugänglich sind. Hat der ursprünglich verhältnismäßig hohe Aufwand für das Zusammenschneiden und Kopieren von Videomaterial dies früher aus materiellen Gründen verhindert, dürfte das heute angesichts der Verbreitung von digitaler Technik kein Problem mehr sein.

Methodische Überlegungen und die exemplarische Entwicklung einer konkreten Methode für den praktischen Einsatz von Video

Gisela Dittrich, Mechthild Dörfler, Kornelia Schneider

In diesem Abschnitt beschreiben wir das Konzept für den Einsatz von Video im Projekt „Konfliktverhalten von Kindern in Kindertagesstätten" (Deutsches Jugendinstitut, Okt. 1995-März 1999), das Norbert Huhn im Rahmen der Video-Beratung mit uns zusammen entwickelt hat und das auf seinen eingangs beschriebenen methodologischen Überlegungen aufbaut. Wir verbinden hier Vorschläge für praktische Schritte bei der Planung und Durchführung von Videobeobachtungen mit unserem konkreten Vorgehen im Projekt. Allen, die vorhaben, in einem sozialwissenschaftlichen Forschungsprojekt mit Video zu arbeiten, empfehlen wir, sich vorher beraten zu lassen und evtl. eine fachliche Begleitung zu organisieren, um die Technik im Sinne der Fragestellung und Zielsetzung der Forschung sinnvoll einsetzen zu können.

Was praktisch zu bedenken ist

Es gibt bei Video ein paar technisch-organisatorische Probleme, auf die man vorbereitet sein sollte, um sie adäquat handhaben zu können. Da die Videotechnik ständig weiterentwickelt wird, sollte ein Fachmann/eine Fachfrau zu Rate gezogen werden, bevor Videogeräte angeschafft werden, um zu klären, was gebraucht wird und was auf dem Markt ist. Was sollen die Geräte leisten, mit welcher Technik soll gearbeitet werden? Diese Frage hängt eng zusammen mit der Fragestellung und Zielsetzung des Projektvorhabens. Der kameratechnische Umgang mit Lichtverhältnissen, Raumverhältnissen und Bewegung muss geübt werden.

- Ein grundlegendes Problem bei Video ist die Qualität der Tonaufnahme: Der Ton wird lediglich flächig aufgenommen, einzelne Gespräche gehen in einem „Sprachbrei" unter, vor allem dort, wo viele Kinder ihre Gespräche gleichzeitig führen. Die Stimmen der Kinder werden leicht von den Stimmen der Erzieherinnen übertönt, auch wenn die Erwachsenen sich gar nicht im nahen Bereich des Kamera-Fokus befinden.
- Der Zeitaufwand für die Arbeit mit Video ist nicht zu unterschätzen: Alles, was aufgenommen wird, muss auch angeschaut werden! Das heißt, es ist zu klären, wie viel Zeit real zur Verfügung steht, um Aufnahmen zu machen und auszuwerten. Wie viel Material soll erhoben werden, wie soll die Auswertung gestaltet werden, in welchem Verhältnis stehen der Zeitaufwand für die Erhebung und für die Auswertung des Materials? Ein wichtiger Gesichtspunkt für die Zeitperspektive ist auch die Not-

wendigkeit, Aufnahmen anzuschauen und zu diskutieren, um zu garantieren, dass die Aufnahmen nach dem gleichen Verfahren produziert und dass die gleichen Interpretationskategorien angewendet werden. Für solche Video-Reflexionen ist relativ viel Zeit einzuplanen.

- Zur Planung gehört außerdem die Frage der Aufgabenverteilung im Projekt: 1. Wer soll die Aufnahmen und wer soll die Auswertung machen, wie wird die Kooperation gestaltet? Führen die Forscher/innen selbst die Kamera? Arbeiten sie am gleichen Ort oder erheben sie Videomaterial an unterschiedlichen Orten? 2. Wie wird die Materialverwaltung geregelt? Wie sollen die Videoaufzeichnungen geordnet und archiviert werden, welche Arbeitsmittel werden dafür gebraucht, wer ist dafür zuständig, für wen muss das Material zugänglich sein? Wie wird die Gerätewartung organisiert, wer ist dafür zuständig?

Was methodisch zu bedenken ist

Wie bei jeder wissenschaftlichen Untersuchung ist grundsätzlich zu klären, welche Arbeitsschritte der Datenerhebung und -auswertung anstehen. Bei der Arbeit mit Video ist speziell herauszuarbeiten, welche Besonderheiten bei der Anwendung dieses Beobachtungsmittels zu beachten sind. Für die Methode der Teilnehmenden Beobachtung in Kindertagesstätten unter Einsatz von Video halten wir die folgenden Arbeitsschritte für unabdingbar:

- Erarbeitung der Fragestellung und Begründung für die gewählte Art der Arbeit mit Video
- Recherche im Feld vor dem Einsatz von Video
- Recherche und Datenerhebung mit Video
- Vertextung der Videoszenen, die ausgewertet werden sollen
- Kodierung und Auswertung der ausgewählten Videoszenen[4]
- Darstellung/Veröffentlichung der Ergebnisse

Wir fassen diese Arbeitsschritte als verschiedene Stufen der Interpretation auf (angelehnt an Hoeltje 1996, S. 47 ff.), die nachvollziehbar für andere dargestellt werden sollten. Hier befassen wir uns nur mit den ersten drei Punkten.

---

4 Für die Analyse von Videoaufzeichnungen stehen inzwischen Computer-Programme zur Verfügung, die eine textliche Bearbeitung auf dem Bildschirm parallel zur Videoszene ermöglichen (vgl. dazu z. B. den Beitrag von Rimmele „Videoanalysen mit Videograph" in DJI 2008).

Erarbeitung der Fragestellung und Begründung für die Art der Arbeit mit Video

Grundsätzlich ist vor Beginn jeder Videoaufzeichnung für Forschungszwecke nach der Zielsetzung der Beobachtung und der Begründung für den Einsatz von Video zu fragen:

- Was soll erfasst werden und aus welchen Gründen eignet sich Video dafür besser als andere Beobachtungsmethoden?
- Was sollen die Bilder/Filme zeigen und wie muss Video eingesetzt werden, damit das gelingen kann?
- Wie soll das Material verarbeitet werden?
- Was für ein Produkt soll entstehen (z.B. Material für die Aus- oder Fortbildung; eine Fernsehproduktion; eine CD-ROM oder DVD mit Videoszenen als Zugabe zu schriftlichen Produkten oder anstelle einer Buchveröffentlichung)?

Bei unserer Feldforschung zum Konfliktverhalten von Kindern in Kindertagesstätten handelt es sich um eine Beobachtungsstudie. In ausgewählten Tageseinrichtungen für Kinder im vorschulischen Alter sollten Interaktionssequenzen im Spiel der Kinder mittels Teilnehmender Beobachtung festgehalten werden. Da wir es auf Konfliktverläufe und ihre Inhalte, nicht auf Konflikte als Ereignisse abgesehen hatten, brauchten wir eine Beobachtungstechnik, die den Prozess von Interaktionen dokumentiert. Dafür schienen uns Videoaufzeichnungen am besten geeignet, weil sie die Möglichkeit bieten, die Dynamik und Komplexität von Kommunikationsprozessen und den zeitlichen Ablauf der Interaktionssequenzen darzustellen und dabei auch nonverbale Anteile zu erfassen (vgl. Thiel 1997, S. 351 f.). Gerade Kinder setzen in ihren Interaktionen sehr viele nonverbale Verhaltensweisen ein – umso mehr, je jünger sie sind. Bei Schriftprotokollen zur Beschreibung von Interaktionssequenzen ist es schwierig, alle Handlungsaspekte einschließlich Gestik und Mimik schnell genug festzuhalten, selbst wenn nebenher Tonbandaufzeichnungen gemacht werden.

Unser erkenntnisleitendes Interesse richtete sich auf die soziale Kompetenz von Kindern beim Umgang mit Konflikten, und zwar mit dem Ziel, uns der „Perspektive der Kinder" zu nähern. Wir haben nach einem verstehenden Zugang gesucht, der es ermöglicht, die Bedeutung von Konflikten für Kinder zu erfassen. Das Video-Material sollte Aufschluss geben über Konfliktanlässe, Konfliktverläufe, deren Inhalte und Ergebnisse. Es sollte sich auch dafür eignen, einen Videofilm für Fortbildungszwecke daraus zu erstellen.

Recherche im Feld vor dem Einsatz von Video

Hier geht es neben dem möglichst unvoreingenommenen Kennenlernen des Forschungsfelds, wie es der Methode der Teilnehmenden Beobachtung eigen ist (vgl. Rohrmann 1996, S. 16 f.), vor allem um die Frage, welche Situationen erfasst und mit Hilfe von Video protokolliert werden sollen.

Die Beobachtungen zum Konfliktverhalten von Kindern wurden in fünf Kindertagesstätten mit unterschiedlichen Organisationsformen durchgeführt. Den Beobachtungen ging eine Erfassung der Rahmenbedingungen, der geltenden Regeln und der Strukturen des Alltagsgeschehens in den Kindergruppen bzw. der Einrichtung voraus. Die ersten Beobachtungen wurden in schriftlicher Form festgehalten, die Videokamera wurde erst später eingesetzt. Zusätzlich wurden mit den beteiligten Teams, den Leiterinnen und je zwei „Kontakterzieherinnen" pro Einrichtung Interviews durchgeführt über ihre Einstellungen zu Konflikten und ihren Erfahrungen mit Konflikten in ihrer Arbeit.

Diese Orientierungs- und Erhebungsphase ohne Video war entscheidend als Vorbereitung für die Video-Beobachtung. Anhand der vorläufigen Ergebnisse unserer Recherchen und Erhebungen, in welchen Situationen während des Tageslaufs und an welchen Orten Videoaufnahmen für das Dokumentieren von Konflikten unter Kindern am ergiebigsten sind, haben wir mit unserem Video-Berater erste Thesen für ein Aufnahmekonzept entwickelt.

Recherche und Datenerhebung mit Video

Vor dem Beginn der Datenerhebung mit Video sollte die Recherche mit Video stehen. Sie dient dazu, 1. den Personen im Untersuchungsfeld Gelegenheit zu geben, sich darauf einzustellen, wie mit der Kamera gearbeitet wird, 2. selbst mit der Kamera-Arbeit vertraut zu werden und den technischen Umgang mit der Videokamera zu üben und 3. die Brauchbarkeit der methodischen Vorüberlegungen zum Beobachtungskonzept zu überprüfen. Wenn die Phase der Datenerhebung mit Video auf diese Weise vorbereitet ist, erhöht sich die Wahrscheinlichkeit, valides Material zu erhalten.

Um die Aufnahmequalität (sowohl technisch als auch inhaltlich) zu kontrollieren, um Fehler korrigieren zu können, ist eine begleitende Reflexion unabdingbar. Forscher/innen sollten möglichst oft und kontinuierlich Aufnahmen im Team anschauen und diskutieren, ob diese den abgesprochenen Kriterien genügen[5].

---

5 Diese begleitende Reflexion war in unserem Fall unzureichend, da wir nur etwa im Abstand von je zwei Monaten als Forschungsteam zusammenkommen und uns mit Norbert Huhn beraten konnten. Es wäre besser gewesen, Schwierigkeiten bei der Ein-

Der subjektive Faktor von Videoaufnahmen erfordert mehr als andere Beobachtungsmethoden einen Diskurs über die Ziele und Operationalisierungen der Aufnahmekonzeption, um die Objektivierungsmöglichkeiten bei der Auswertung der dokumentierten Interaktionen zu verbessern – und zwar fortlaufend während der Aufnahmepraxis, nicht erst, wenn die Erhebungsphase vorbei und an der Qualität der Aufnahmen nichts mehr zu ändern ist.

Unserer Konfliktdefinition gemäß wollten wir solche Szenen erfassen, in denen zwischen zwei oder mehreren Kindern Uneinigkeit sichtbar oder hörbar wird, die die Kinder zum Aushandeln oder Streiten veranlasst und mit einem einmaligen Hin und Her noch nicht erledigt ist. Die entscheidende Frage war: Wie können wir solche Szenen am besten ins Bild setzen und wie kommen wir zu möglichst vielen Konfliktsituationen, ohne zu viel Material zu produzieren? Zu welchen Zeiten und welche Ausschnitte aus dem Alltag wollen wir filmen?

Unser Forschungsinteresse schloss von vornherein ganz bestimmte Vorgehensweisen aus. Time-Sampling, d.h. das Erstellen von Videomaterial nach festgelegten Zeitintervallen als Zeitstichprobe, kam für uns nicht in Frage, da wir keine Aussagen über die Häufigkeit des Auftretens von Konflikten machen, sondern Konfliktverläufe erfassen wollten. Weil uns interessierte, wie Kinder in Konflikt miteinander geraten und was sie dann tun, ging es uns darum, sie in Situationen aufzunehmen, in denen sie ohne Anleitung durch Erwachsene zusammen spielen oder sich anderweitig frei beschäftigen. Schwierig war die Entscheidung, wann wir anfangen und aufhören sollten zu filmen. Auf keinen Fall konnten wir (nach der Methode des Event-Sampling, d.h. Erfassen aller Konflikte als Ereignis-Stichprobe) abwarten, wann ein Konflikt auftaucht, um ihn dann zu filmen. Wir hätten jedes Mal den Anfang verpasst. Da wir nicht im Voraus wissen können, wann es zu einem Konflikt kommt, bleibt nichts anderes übrig, als irgendwann zu beginnen.

Es war beabsichtigt, möglichst viele typische und unterschiedliche Konfliktsituationen aus dem Alltag der Kinder zu erfassen. Unter Bezug auf unsere Erfahrungen in der vorhergehenden Recherche-Phase konnten Drehorte sowie erste Konzepte für Kamerapositionen, -einstellungen und -bewegungen festlegt werden. Das Aufnahmekonzept wurde im Laufe der Video-Recherche-Phase ausprobiert und verfeinert.

---

haltung des Aufnahmekonzepts jeweils direkt zu besprechen, um Unsicherheiten oder auch Unstimmigkeiten im Team in Bezug auf die Aufnahmekriterien eher entdecken und so die Aufnahmequalität verbessern zu können.

Erarbeitung einer Methode zur praktischen Handhabung des Videoeinsatzes als Strukturierung der Beobachtung

Auch beim Beobachten mit Video muss das Verfahren so beschrieben sein, dass andere es nachvollziehen und selbst anwenden können. Dazu dient das Erstellen eines „Drehbuchs", das für jeden Take einen Plan enthält, was ich beobachten will und welches Ziel ich dabei verfolge. Im Einzelnen geht es um folgende Gesichtspunkte:

- die Bestimmung der Situationen, auf die die Kamera gelenkt werden soll, verbunden mit der Auswahl der Akteure, die aufgenommen werden sollen und mit der Festlegung des Fokus für die Kameraführung (auf eine Person oder auf das, was sich zwischen mehreren Akteuren abspielt);
- eine Arbeitshypothese, inwiefern das Verhalten, das beobachtet werden soll (= Forschungsgegenstand), dort zu erwarten ist;
- die Begründung für die Kameraposition in Zusammenhang mit der Hypothese und den räumlichen Bedingungen;
- die Klärung, ob es sinnvoller ist, mit feststehender oder mit beweglicher Kamera zu arbeiten und was es bringt, bei der Kamera zu bleiben (Teilnehmende Beobachtung) oder die Kamera so zu installieren, dass sie ohne Anwesenheit einer Person hinter der Kamera laufen kann (wie eine Überwachungskamera);
- die Klärung, ob es notwendig ist, weitere Arbeitsmittel für die Dokumentation der Szene einzusetzen, z.B. nebenher zu protokollieren, ein Extra-Mikrophon zu installieren (mit Tonmeisterin oder ohne), mit mehr als einer Kamera zu arbeiten (d.h. auch zu klären, wie viele Personen für die Videoaufzeichnungen gebraucht werden bzw. im Feld zu verkraften sind).

Die Aufnahmebedingungen in Kindertagesstätten stellen Video-Beobachter/innen vor spezielle Probleme. Häufig sind die Räumlichkeiten beengt oder Kinder spielen in Ecken, die schwer zugänglich sind, so dass viel technischer Aufwand den Rahmen der räumlichen Möglichkeiten sprengen würde. Ein anderes Problem besteht darin, dass es für Kinder typisch ist, in Bewegung zu sein, so dass sie unter Umständen relativ schnell den Handlungsort wechseln. Daher ist es geboten, mit der Ausstattung möglichst flexibel zu sein, also wenig Aufwand betreiben zu müssen, um die Kamera zu installieren und die Position zu wechseln.

Wir wollten grundsätzlich die Video-Beobachtungen mit so wenig Aufwand wie möglich durchführen, um den Alltag in den Einrichtungen möglichst nicht zu stören, die Kinder nicht von ihren Beschäftigungen abzulenken und ihre Interaktionen möglichst wenig zu beeinflussen. Aus diesem Grund haben wir auf alle Extras verzichtet und nur versucht, mit den gegebenen Möglichkeiten eine optimale Qualität der Bilder zu erreichen, d.h. die Kamera entsprechend der jeweils herrschenden Lichtverhältnisse ohne zusätzliche Ausleuchtung adäquat einzustellen und möglichst mit Stativ oder anderweitig fixierter Kamera (z. B. aufgelegt auf die feste Unterlage von passend stehenden Möbeln) zu arbeiten, um ruhige Bilder zu erzeugen.[6] Aus Kapazitätsgründen konnten wir nur jeweils einzeln mit einer Kamera in jeder Einrichtung arbeiten.

Jede Aufnahme sollte gründlich vorbereitet sein. Abgesehen von allen videotechnischen Vorarbeiten, die nötig sind, um die Kamera für die Aufnahme bereitstehen zu haben, gehören zur Vorbereitung für jeden Take

- die Festlegung der Aufnahmesituation,
- das Notieren der Arbeitshypothese,
- das Platzieren der Kamera,
- das Erstellen und Aufnehmen einer „Klappe" (mit Angaben zum Datum, zur Drehzeit, zum Spielort und Spielgeschehen, zur Kameraposition, zur Spielgruppe und zum beabsichtigten Fokus).

Wir haben uns – entsprechend unserer Vorerfahrungen im Feld – dafür entschieden, uns an bestimmte Orte von Spielsituationen zu halten, um Interaktionen zwischen Kindern aufzunehmen, in denen wir Konflikte erwarteten. Wir haben ein „Bühnen"-Konzept entworfen, das darin mündet, in unseren Drehbuchnotizen für jede Aufnahme als erstes festzulegen, was wir als Bühne des Geschehens definieren. „Bühne" nennen wir eine klar begrenzte Raumsituation, die Kinder für bestimmte gemeinsame Aktionen nutzen, z. B. eine Bau-Ecke, die Hängematte, den Kletterbaum, den Maltisch, die Höhle unter der Treppe, die Wippe, eine Rollenspiel-Ecke, den Karate-Kampf-Schauplatz. Ziel war, diese Raumsituationen möglichst optimal in Szene zu setzen, so, dass alle Kinder, die an der Spielsituation beteiligt sind, möglichst gleichzeitig zu sehen und ihre Interaktionen zu erkennen sind. Die Bühne des Geschehens, das ich aufnehmen will, und die Kameraposition müssen so gewählt sein, dass ich Aufnahmen machen kann, die eine Überprüfung der Arbeitshypothese zulassen.

Die Arbeitshypothese leitet sich jeweils daraus ab, welche Vermutungen ich darüber habe, was auf dieser „Bühne" oder am Rand passieren wird, genauer, welche Konflikte ich in dieser Situation erwarte und wie ich zu dieser Erwartung komme. Damit lässt sich kontrollieren bzw. wenigstens offenlegen und bewusst darstellen, welche Anteile von Subjektivität die Kameraführung beeinflussen. Dazu ein Beispiel: Die ausgewählte ,Bühne' ist das Bällchenbad im Bewegungsraum neben dem Treppenaufgang zur Galerie. Dort geht es meistens sehr lebhaft zu. Heute spielen hier fünf Jungen zusammen. Die Gruppenzusammensetzung ist neu. Es könnte gut sein, dass dies – so die Arbeitshypothese – zu Konflikten führt, weil die Jungen sich

---

6 Es war geplant, ein externes Mikrofon an die Kamera anzuschließen, um die Tonqualität der aufgenommenen Dialoge zu verbessern, aber aufgrund einer Fehlinformation beim Kauf der Video-Ausstattung fehlte ein Anschluss für ein externes Mikrofon.

neu zusammenfinden müssen. Wie muss die Kamera installiert werden, so dass alle Beteiligten gut ins Bild gesetzt und Aushandlungen möglichst vollständig erfasst werden können? An welcher Stelle werden am ehesten entgegenstehende Interessen auftreten und ausgetragen werden? Wird sich das im Zentrum des Bällchenbads abspielen oder eher am Rand, wo es ums Ein- und Aussteigen, ums Drinnen- oder Draußensein geht?

Je nachdem, wie ich die Situation einschätze, wird eine Kameraposition sinnvoll sein, die sich auf die Mitte orientiert oder die grenzüberschreitenden Aktivitäten am Rand in den Blick nimmt oder den Überblick über alle Vorgänge sowohl im Zentrum als auch am Rand des Bällchenbads erlaubt. Wähle ich die Kamerahöhe in Kopfhöhe der Kinder, die sich draußen befinden, werde ich nicht sehen, was sich drinnen abspielt, wo die Kinder sich in der Regel hinsetzen oder hinlegen und sich unter den Kugeln vergraben. Will ich Einblick in alle Interaktionen zwischen allen Beteiligten haben, empfiehlt es sich, eine Perspektive von oben zu wählen und die Kamera z.B. auf der Treppe zu installieren. Die Frage „Warum stehe ich ausgerechnet hier mit der Kamera – in dieser Höhe und mit diesem Blickwinkel?" verdeutlicht, welche stillen Erwartungen ich habe.

Wenn ich mir vorher bewusst mache, was ich erfassen will und ob ich das mit der gewählten Kameraposition auch wirklich kann, lassen sich gezielter Aufnahmen herstellen, die den Blick für den Forschungsgegenstand schärfen. Solche Entscheidungen reflektiert zu treffen, ist nicht nur wesentlich für die technische und inhaltliche Bildqualität, die ich erzielen will, sondern auch dafür, dass ich mich nicht durch irgendwelche unvorhersehbaren Ereignisse ablenken lasse von meinem ausgewählten Fokus und z.B. die Kamera einer anderen Situation zuwende, weil mich dort gerade etwas emotional stark anspricht. Lasse ich mich bei der Kameraführung von meinen unbewussten subjektiven Empfindungen leiten, kann ich mir später zwar Rechenschaft darüber ablegen, was mich dazu gebracht hat, die Sicht und damit das Thema zu wechseln[7], aber ich kann kaum gezielt Interaktionsprozesse wie z.B. Konfliktverläufe aus der Perspektive der Kinder sichtbar machen. Selbstverständlich garantiert die bewusste Auswahl der Aufnahmesituation anhand einer Hypothese keine perfekten Videoaufnahmen, aber sie hilft auf alle Fälle, Störungen beim Verfolgen von Interaktionen zu minimieren.

Zu Beginn einer Aufnahme ist es sinnvoll, mit einem Rundblick in den Raum einzuführen, in dem die „Bühne" verortet ist. Die Kamera muss so installiert werden, dass der Aktionsraum der Kinder(-gruppe), die ich in Szene setzen will, voll erfasst wird bzw. erfasst werden kann durch geringfügige Zoom-Bewegung oder Schwenks. Der Aktionsraum wird nicht nur bestimmt durch Raumbegrenzungen und den szenisch vorgegebenen Rahmen der ausgewählten „Bühne", sondern auch durch den offenen Raum

---

7 Hoeltje (1996) bringt mehrere Beispiele für solche Erfahrungen.

(angrenzend an den Rahmen des Szenenausschnitts), von dem her andere Kinder dazukommen könn(t)en, sowie durch den jeweiligen Aufmerksamkeits- und Aktionsradius der Kinder, die beobachtet werden. Bis wohin geht die Reichweite ihrer Aufmerksamkeit und ihrer Aktionen? Die Kamerabewegung zur Erfassung des Aktionsraums sollte nicht zu ausgreifend geführt werden, sondern nur jeweils so weit, dass keines der Fokus-Kinder aus dem Blick gerät. Sollte ein Kind, auf das sich der Kamerablick konzentriert, die Szene verlassen, das Hauptgeschehen jedoch dort verbleiben, ist es nicht sinnvoll, dem Kind mit der Kamera zu folgen. Die Person hinter der Kamera kann notieren oder auf das Videoband sprechen, wohin sich das Kind wendet, das aus der Szene geht, was es macht und ob es wiederkommt. Evtl. genügt auch eine geringfügige Kamerabewegung als Information, z. B. dass die Kamera ein kleines Stück mit dem Kind mitgeht bzw. ihm entgegenblickt, wenn es zurückkommt.

Planung für eine systematische Erfassung des erstellten Videomaterials

Von Anfang an ist darauf zu achten, die Materialverwaltung nicht zu vernachlässigen: Alle Videokassetten müssen mit Datum versehen und durchnummeriert, die Inhalte katalogisiert und archiviert werden nach einem System, das die geplante Auswertung formal und inhaltlich unterstützt.

Dies ist möglichst vor Beginn der Video-Recherche zu planen, denn es geht dabei nicht nur um Ordnung und Verfügbarkeit, sondern auch um den Überblick und die Systematik der Inhalte, die als Ergebnis der Untersuchung dargestellt werden sollen. Wir haben für jede Einrichtung jeden Aufnahmetag fortlaufend nummeriert. Aus den Informationen der „Klappen" für jede Aufnahme wurden Szene-Deckblätter erstellt und durch Protokoll-Notizen ergänzt. Diese Unterlagen wurden in Ordnern für jede Einrichtung gesammelt.

Jedes Videoband (im Prinzip eines pro Aufnahmetag) wurde daraufhin durchforstet, ob es Konfliktszenen enthält. Für jedes Band wurde ein Erfassungsbogen erstellt, in dem alle Konfliktszenen pro Band nach bestimmten Wiedererkennungsmerkmalen mit Angabe der Bandlaufzahl zu Beginn und Ende der Szene festgehalten sind. Anhand dieser Konflikt-Erfassungsbögen pro Band wurde dann eine Szenekartei erstellt, die jede Konfliktszene einzeln erfasst. Die Szenekartei ist die Grundlage für die Auswertung. Sie ist im Computer mittels eines Datenbankprogramms gespeichert, so dass die Szenen nach verschiedenen Merkmalen aufgerufen werden können. Die Szenekartei erlaubt einen Überblick darüber, wie viele Konflikte wir insgesamt erfasst haben, wie lange sie dauern, wo und wann sie sich abspielen und wer daran beteiligt ist. Für jede Szene ist festgehalten, wie alt diese Kinder sind und welches Geschlecht sie haben, wie groß die Spielgruppe ist, in der es zum Konflikt kam, und wie viele Kinder davon (und ob nur Jungen oder nur Mädchen oder sowohl Jungen wie Mädchen) jeweils in den Konflikt einbezogen sind, ob die Konfliktpartner annähernd gleichen Alters sind oder einen großen Altersunterschied aufweisen, ob der Konflikt in Verbindung mit vorausgegangenen oder folgenden Konfliktszenen steht und um welche Themen sich der Konflikt dreht. Anhand der Szenekartei können die videografierten Konfliktszenen jeweils nach gemeinsamen Merkmalen gebündelt werden, so dass auch Kriterien für die Auswahl von Szenen für eine genauere Auswertung gegeben sind.

Exkurs: Vom Paradox der unsichtbaren Kamera[8]
Mechthild Dörfler

Die Kamera ist nicht bloß ein technisches Aufnahmegerät. Ihre Präsenz löst immer auch Reaktionen aus, die sie wiederum filmt. Und die Kinder sind keine „Gegenstände", die abgefilmt werden. Im Gegenteil: sie sind die zentralen Darsteller im Film, und das wissen sie auch. Dies immer wieder kritisch zu reflektieren, war Bestandteil unserer Methode.

Dennoch lag uns selbstverständlich daran, die beobachteten Interaktionen der Kinder so wenig wie möglich zu stören, um erfassen zu können, was für die Kinder in ihrer sozialen Welt wichtig ist und wie sie untereinander ihre Verständigung regeln. Für uns hieß das aber nicht, so unauffällig wie möglich vom Rande aus das Geschehen zu verfolgen. Statt uns „unsichtbar" zu machen, machten wir uns zunächst sehr sichtbar. Wir stellten uns den Kindern vor, erklärten ihnen, was wir tun, und gaben ihnen Antwort, wenn sie von sich aus danach fragten. Wir sagten ihnen, dass wir ihnen beim Spielen zuschauen. Damit waren sie zufrieden. Wenn sie Interesse zeigten, selbst in die Kamera zu schauen, ermöglichten wir ihnen dies in der Regel, bevor wir mit unseren gezielten Aufnahmen begannen. Wenn wir bereits am Filmen waren, sagten wir ihnen, dass uns dies jetzt bei unserer Arbeit stören würde. Meistens nahmen sie diese Erklärung an. Wenn einzelne Kinder sich während laufender Aufnahmen ins Blickfeld der Kamera stellten, um selbst aufgenommen zu werden, räumten sie meistens wieder das Feld, wenn wir ihnen sagten, dass wir Kinder aufnehmen, die mit anderen zusammen spielen.

Die Kinder reagierten zunächst höchst unterschiedlich auf die Videoka-

---

8 Obwohl es sich hier um eine sozialwissenschaftliche Fragestellung handelt, lassen sich doch viele Parallelen zu kulturwissenschaftlichen Ansätzen ziehen. Allen voran ist hier die wissenschaftliche Auseinandersetzung um den Ethnografischen Film zu nennen, der immerhin auf eine mehr als 100-jährige Geschichte zurückblicken kann. Seine Entwicklungsgeschichte ist ausführlich reflektiert und gut dokumentiert worden (vgl. Petermann 1984 sowie Ballhaus 1995).

mera. Einige kamen begeistert auf uns zu und erzählten freudig, dass ihre Eltern zu Hause auch so etwas hätten. Einige waren an der Apparatur interessiert und wollten wissen, wie sie funktioniert. Für manche war die Kamera ein Vehikel, mit uns in Kontakt zu kommen. Wieder andere nutzten sie dazu, sich selbst immer mal wieder „ins Bild zu rücken". Kokett und ernst zugleich bezogen sie Stellung vor der Linse, ganz so, als wären sie beim Fotografen. Auch Posen eines Stars im Fernsehen mit gemimtem Mikrofon kamen vor. Wieder andere zogen sich sichtlich vor der Kamera zurück, was wir respektierten. Einzelne Fünf- und Sechsjährige gaben ausdrücklich bekannt, dass sie grundsätzlich nicht einverstanden sind, gefilmt zu werden, bestanden aber nach einiger Zeit nicht mehr darauf. Ab und zu zeigten wir den Kindern, was wir gefilmt hatten, um ihnen unsere Arbeit durchsichtiger und damit sichtbar zu machen. Nicht alle hatten ein Interesse daran, sich im Film selbst anzuschauen, für die meisten war es jedoch eine Attraktion, sich selbst und andere in den Videoszenen zu entdecken.

Wir besuchten mehr als ein Jahr lang regelmäßig die Einrichtung und so entstand zwischen uns und den Kindern ein freundschaftlich-distanziertes Verhältnis. Die meisten Kinder genossen die Aufmerksamkeit, die wir ihrem Spiel entgegenbrachten und empfanden die Beobachtung als Beachtung. So war es mit der Zeit fast selbstverständlich, dass wir ihnen zuschauten, etwas aufschrieben oder mit der Videokamera Aufnahmen machten. Je mehr die Kinder von uns wussten, umso mehr widmeten sie sich ihrer eigenen Welt und umso weniger lenkten sie ihre Aufmerksamkeit auf uns bzw. auf die Kamera (vgl. Dittrich u.a. 1998). Je länger wir im Feld waren, desto öfter forderten sie uns auf, sie bei einem bestimmten Spiel aufzunehmen, d.h. sie setzten uns gemäß unserer Rolle, die sie akzeptierten, für ihr Interesse an Beachtung ein. Den Kindern war klar, dass wir nicht die Funktion von Erzieherinnen haben. Dennoch repräsentiert die Kamera den „Erwachsenen-Blick", wenn auch nicht den von Erzieherinnen. Unsere Kamera, wie wir sie eingeführt haben, signalisierte den Kindern immer auch, dass Erwachsene in ihrer Nähe sind. Dies war z.B. daran zu sehen, dass manchmal die Augen eines Kindes plötzlich aus einer Situation heraus zur Kamera gingen. Das kam zu Beginn der Beobachtungsphase mit Video ziemlich oft vor, mit der Zeit jedoch immer seltener.

Diesen dargestellten methodischen Zugang von Forscher/innen im Feld bezeichnen Krappmann und Oswald (1995) als „unsichtbar durch Sichtbarkeit". Vor dem Hintergrund einer interaktionistischen Vorstellung sozialen Handelns[9] gehen sie davon aus, dass Menschen und deren Verhalten wohl kaum etwas mehr irritiert, „als wenn sich eine Person in ihre Nähe begibt, deren Identität ihnen unklar ist" (S. 44). Insofern ist gerade dann ein verändertes Verhalten im Feld zu erwarten, wenn sich die Forscher/innen aus

---

9 Krappmann und Oswald beziehen sich hierbei vor allem auf George Herbert Mead und Erving Goffman.

dem gemeinsamen „Definitionsprozess", in den alle Interaktionspartner involviert sind, ausschließen. Anstatt sich möglichst unauffällig zu verhalten und gleichsam Unsichtbarkeit zu simulieren, empfehlen sie, dass die Forscher/innen ganz aktiv die Aushandlung der eigenen Rolle mitbetreiben sollten. Und die Kinder haben natürlich auch ein Recht darauf zu erfahren, wer ihnen zuschaut und was die Beobachtenden vorhaben. Jede ungeklärte Situation lenkt die Kinder eher ab und führt letztlich dazu, dass sie sich dauerhaft mit der Beobachtungssituation beschäftigen.

Unser offenes und eindeutiges Auftreten den Kindern gegenüber führte dazu, dass sie uns tatsächlich oft „vergaßen". Doch es gab immer wieder auch Situationen, in denen wir für sie sehr präsent waren. Der Blick von Kindern zur Kamera, der die Person hinter der Kamera meint, belegt es. Statt derartige Szenen als fehlerhaftes Material zur Seite zu legen, fanden wir es aufschlussreicher herauszufinden, was dieser zumeist kurze Blick hin zur Kamerafrau im Rahmen von Konfliktszenen jeweils bedeuten könnte. Häufig waren es Kontrollblicke, ob wir etwas durchgehen ließen, was vermutlich gegen die Regeln der Einrichtung verstieß, manchmal waren es hilfesuchende Blicke, wenn eine Konfliktsituation für ein Kind gar zu bedrohlich zu werden schien und es allein nicht mehr weiter wusste. Oft folgte nach dem Blick zur Kamera der direkte Gang zu einer Erzieherin, die weiterhelfen sollte.

Schlussbemerkung

Wir haben hier unsere Arbeitsschritte und Erfahrungen dargestellt, weil wir davon ausgehen, dass dies für andere Forschende oder für Studierende von Nutzen ist und als Ansatz zu einer weiterführenden Erarbeitung von geeigneten Methoden für die Forschungsarbeit mit Video in den Sozialwissenschaften dienen kann. Wir mussten uns unser methodisches Gerüst recht aufwändig erarbeiten, da wir nur in sehr beschränktem Maß auf bestehende methodische Überlegungen zurückgreifen konnten. Dieser Aufwand hat sich jedoch gelohnt, denn die Aufnahmebeispiele, die davon zeugen, dass wir das erarbeitete Aufnahmekonzept nicht konsequent verfolgt haben, sind meist kaum oder gar nicht für eine Auswertung zu gebrauchen gewesen, weil sie entscheidende Interaktionssequenzen undeutlich oder unvollständig erfassen oder sogar abbrechen. Das Aufnahmekonzept hat unterstützt, mit einer bewussten Intention Material für die Untersuchungsziele zu erheben. Zwar machten manchmal die momentanen Situationen einen Strich durch die Rechnung, weil sich irgendetwas anderes ergeben hatte als voraussehbar, doch hat sich auch in diesen Fällen das methodische Gerüst bewährt, weil es ermöglichte, in einem festgelegten Rahmen flexibel zu reagieren.

Literatur

Ballhaus, E. (1995): Film und Feldforschung. In: Ballhaus, E.; Engelbrecht, B. (Hrsg.): Der Ethnografische Film. Einführung in Methoden und Praxis. Berlin, S. 13-47.

Ballhaus, E.; Engelbrecht, B. (Hrsg.) (1995): Der Ethnografische Film. Einführung in Methoden und Praxis. Berlin.

Deutsches Jugendinstitut DJI (2008): Dokumentation „Video als Verfahren zur Beobachtung von Bildungs- und Lernprozessen im Kindergarten". Workshop am 12./13. Dezember 2007 im Deutschen Jugendinstitut. München.

Dittrich, G.; Dörfler, M.; Schneider, K. (1998): Konflikte unter Kindern beobachten und verstehen. Projektblatt 4/1998. Deutsches Jugendinstitut, München.

Dittrich, G.; Dörfler, M.; Schneider, K. (2001): Wenn Kinder in Konflikt geraten. Neuwied u. a.

Dörfler, M.; Dittrich, G.; Schneider, K. (2002): Konflikte unter Kindern – Ein Kinderspiel für Erwachsene? Arbeitsmaterialien für Erzieherinnen. Textbausteine, Leitfäden, Videobausteine und Video/CD im Set. Weinheim.

Engelbrecht, B. (1995): Film als Methode in der Ethnologie. In: Ballhaus, E.; Engelbrecht, B. (Hrsg.): Der Ethnografische Film. Einführung in Methoden und Praxis. Berlin, S. 143-187.

Hoeltje, B. (1996): Kinderszenen. Geschlechterdifferenz und sexuelle Entwicklung im Vorschulalter. Stuttgart.

Huhn, N. (2005): Mit Video einen Blick auf Verhaltensmuster konstruieren. Überlegungen für eine visuelle Interpretation von Videografien. In: Mey, Günter (Hrsg.): Handbuch Qualitative Entwicklungspsychologie. Köln, S. 413-434.

Knoblach, H.; Schnettler, B.; Raab, J.; Soeffner, H.-G. (Hrsg.) (2006): Video Analysis: Methodology and Methods. Qualitative Audiovisual Data Analysis in Sociology. Frankfurt a. M.

Krappmann, L.; Oswald, H. (1995): Unsichtbar durch Sichtbarkeit. Der teilnehmende Beobachter im Klassenzimmer. In: Behnken, I.; Jaumann, O. (Hrsg.): Kindheit und Schule. Kinderleben im Blick von Grundschulpädagogik und Kindheitsforschung. Weinheim u. München, S. 39-62.

Mohn, E. (2002): Filming Culture. Spielarten des Dokumentierens nach der Repräsentationskrise. Stuttgart.

Monaco, J. (1997): Film verstehen. überarb. Neuausgabe. Reinbek.

Rohrmann, T. (1996): Beobachtungsverfahren und Befragungsmöglichkeiten von Kindern im Kleinkindalter. Eine Expertise im Rahmen des Projekts „Konfliktverhalten von Kindern in Kindertagesstätten" des Deutschen Jugendinstituts (DJI). München.

Petermann, W. (1984): Geschichte des ethnografischen Films. Ein Überblick. In: Friedrich, M. (Hrsg.): Die Fremden sehen. Ethnologie und Film. München, S. 17-53.

Schnabel, U.; Sentker, A. (1997): Wie kommt die Welt in den Kopf? Reise durch die Werkstätten der Bewußtseinsforscher. Reinbek.

Thiel, T. (1997): Film- und Videotechnik in der Psychologie. Eine erkenntnistheoretische Analyse mit Jean Piaget und ein historischer Rückblick auf Kurt Lewin und Arnold Gesell. In: Keller, Heidi (Hrsg.): Handbuch der Kleinkindforschung. 2. vollst. überarb. Aufl. Bern, S. 347-384.

Charlotte Röhner

Freie Texte als Quellen der Kindheitsforschung

Kindertexte sind nach einer Definition Reinhard Fatkes (1993) „Ausdrucksformen des Kinderlebens" und als freie Texte authentische Zeugnisse kindlicher Erfahrungen und ihrer Lebenswelt. Mit der Einführung in die Schriftkultur lernen Kinder reale Erfahrungen symbolisch zu repräsentieren und eine Realität der Sprache außerhalb der sinnlich erfahrbaren zu schaffen. In der Begegnung mit Schrift und Literatur machen Kinder die Erfahrung, „dass Sprache allein in der Lage ist, mögliche Welten mit einer inneren Kohärenz und Logik zu erschaffen" (Artelt u.a. 2001, S. 75). In der Leistungsfähigkeit der Schrift, sich von der konkreten Anschauung zu lösen und eine eigene sprachlich-symbolische Realität zu schaffen, besteht auch ihr spezifisch ästhetisches Potential. Schreibanfänger, die beginnen, Texte zu verfassen, repräsentieren in ihren Verschriftungsversuchen überwiegend authentische lebensweltliche Erfahrungen (Röhner 1997). Die Gestaltung des Imaginativen, einer narrativen Realität außerhalb der sinnlich-erfahrbaren, vollzieht sich in der Regel zeitlich später, wenn über die reine Abbildungsfunktion der Schriftsprache und das funktionale Beherrschen der Schrift hinaus ihre umfassende Symbolisierungsfähigkeit und damit auch ihre literarische Dimension entdeckt wird. Texte entstehen in einem Schreibprozess, der nach den Befunden der Schreibprozessforschung spezifische Sichtweisen auf die subjektive Erlebniswelt des Ichs wie die Perspektiven des Schreibenden auf die Welt und die anderen sowie die Wechselseitigkeit der Perspektiven umfasst (Feilke 1988). Als gestaltete Sprache sind Kindertexte zugleich Produkt einer literarästhetischen Tätigkeit, die sich nach dem Verständnis von Dehn (1999) zwischen Adaption und Transformation von Bestehendem und Erfahrenem bewegt. Freie Kindertexte können zudem als Selbstzeugnisse von Kindern verstanden und analysiert werden (Kohl/Ritter 2011). Da die Forschenden mit Material arbeiten, das sie bereits vorfinden, handelt es sich hierbei um nichtreaktive qualitative Verfahren (vgl. Grunert/Krüger 2006, S. 44 f.).

Im Folgenden wird dargestellt, welche disziplinären Sichtweisen auf Kindertexte in der erziehungswissenschaftlichen wie pädagogisch-didaktischen Forschung entwickelt sind und welche forschungsmethodischen Zugänge für die Kindheitsforschung und ihr Erkenntnisinteresse an Kindern und kindlicher Lebenswelt als ertragreich eingeschätzt werden.

Wissenschaftliche Perspektiven auf Kindertexte

Freie Texte als Zeugnisse des Kinderlebens.
Der pädagogisch-kinderwissenschaftliche Blick auf Kindertexte

Die Idee des freien Textes entsteht in der Reformpädagogik zu Beginn des 20. Jahrhunderts und stellt das Kind als Autor in den Mittelpunkt des Schreibens. Nach ersten, zaghaften Ansätzen im 19. Jahrhundert bei Hildebrandt und Diesterweg (Merkelbach 1993), die das Kind als Subjekt des Schreibens entdeckten, sind es vor allem die reformpädagogischen Volksschullehrer Jensen/Lamszus (1910) und Gansberg (1914), die das freie, subjekt- und erlebnisorientierte Schreiben begründen. Freinet griff die Impulse der deutschen Reformpädagogen auf und entwickelte sie zu einem umfassenden Konzept des Freien Ausdrucks. Freie Texte erlauben es Kindern, „ihre eigenen Gefühle und Gedanken auszudrücken, sich nach außen zu wenden, in Verbindung zu treten mit entfernten Personen" (Freinet 1980, S. 45). Damit spricht Freinet zwei zentrale Dimensionen freien Schreibens an, die personal-innerpsychische („eigene Gefühle und Gedanken") und die sozialkommunikative („sich nach außen wenden, in Verbindung treten"). Dieser Prozess beginnt in dem Moment, wenn das Kind in der Lage ist, erste Wörter und Sätze zu schreiben, die persönlich bedeutsam sind.

Ausgangspunkt freier Texte sind die kindlichen Alltagserlebnisse und Erfahrungen in Familie und Umwelt. In persönlichen Tagebüchern (*livre de vie*) festgehalten, haben freie Texte auch eine biografisch-lebens-geschichtliche Dimension. Damit entsteht ein Textkorpus, in dem individuell-biografische wie auch sozial bedeutsame Facetten des Kinderlebens dokumentiert sind.

Freie Texte als subjektiver Ausdruck des Kinderlebens sind der erziehungswissenschaftlichen Analyse zugänglich, wenn sie von Lehrkräften, Eltern oder Kindern zur Verfügung gestellt werden.

Historische Textsammlungen gibt es in der Reformpädagogik seit Fritz Gansberg, der 1914 in seinem richtungsweisenden Buch „Der freie Aufsatz" auch Kindertexte publizierte, die Einblicke in die Lebens- und Gedankenwelt damaliger Kinder erlauben (Gansberg 1914). Freie Schüleraufsätze wurden neben Jugendtagebüchern (Bühler 1934; Soff 1989) in den 1920er-Jahren als Quellen der kinder- und jugendkundlichen Forschung entdeckt (Busemann 1925, Keilhacker 1933) und in zahlreichen Untersuchungen bis in die 1950er Jahre genutzt, um die Lebenswelt, Einstellungen und Haltungen von Heranwachsenden zu untersuchen (Heinritz 2001). Dabei wurden nicht vorgefundene Aufsätze analysiert, sondern solche, die für die jeweilige Fragestellung der Studie von Kindern und Jugendlichen explizit geschrieben wurden. Da man Kindern das freie Verfassen von Texten nicht zutraute, waren es überwiegend Jugendliche, die zu ausgewählten Aspekten ihrer Lebenswelt für die Jugendforschung sogenannte „Niederschriften" verfassten (Heinritz 2001, S. 104 f.). Den forschungsmethodischen Vorteil von Schüleraufsätzen sah Busemann darin, dass sie sich „in größerer Zahl sammeln (lassen), unter den verschiedensten Bedingungen, von allen Schichten, Klassen, Typen der Jugend und Kindheit" (Busemann 1925, S. 27). Eine der größten Sammlungen von über 70.000 Kinder- und Jugendaufsätzen veranlasste der Erziehungswissenschaftler Roeßler (1957) zur Erforschung des Lebens- und Erlebnisfelds der „Jugend der Gegenwart" (Heinritz 2001, S. 106 f.). Diese Entwicklungslinie der kinder- und jugendkundlichen Forschung trat mit der Entwicklung der Sozialisationsforschung und der Neuausrichtung der jugendpsychologischen Forschung in den 1960er und 1970er-Jahren in den Hintergrund.

Das Schreiben freier Texte konnte sich ab Mitte der 1980er-Jahre mit der Renaissance der Freinet-Pädagogik in Deutschland vor allem im Primarbereich etablieren und wurde in der Schreibdidaktik zu einem führenden Ansatz (Spitta 1998).

Als Textsammlungen, die ab diesem Zeitpunkt entstanden, sind die Publikationen von Wünnenberg (1989), Bambach (1989), Glantschnig (1993) sowie von Hesse/Wellershoff (1996) zu nennen, in denen sowohl realistische wie auch fiktionale und phantastisch-fiktive freie Texte von Kindern und Jugendlichen aus unterschiedlichen kulturellen Milieus zu finden sind. Sie sind primär pädagogisch-schreibdidaktisch orientiert und nehmen keinen Bezug zur kinderwissenschaftlichen Forschung. Das in jüngerer Zeit bei Eva Maria Kohl entstandene „Archiv für Kindertexte" stellt den Versuch dar, aktuelle wie historisch bedeutsame Kindertexte zu sammeln, zu dokumentieren und der wissenschaftlichen Analyse zugänglich zu machen (kindertextarchiv@paedagogik.uni-halle.de). Kohl (2000), die zahlreiche didaktische Methoden entwickelt, wie Schreibspielräume für Kinder geöffnet werden können, hebt besonders hervor, dass Wege der Worterfahrung auf Wege der Welterfahrung hinweisen.

Schreiben als kulturelle Tätigkeit.
Zum literarästhetischen Ansatz Mechthild Dehns

In der schreibdidaktischen Tradition steht Mechthild Dehns literarästhetischer Ansatz, der auf einem sprach- und literaturtheoretisch begründeten Verständnis des Schreibens fußt. In Dehns Konzeption wird das Narrative als wesentliches Moment der Entwicklung literarischer Kompetenz bezeichnet (Dehn 1999, S. 37). Die Strukturen des Narrativen wie Figurenkonstellation, Handlungsmomente und Bedeutungsmuster sind Heranwachsenden durch die literarisch-mediale Sozialisation in der Familie vertraut und werden im Prozess der Textproduktion zugänglich und verfügbar. In der „narrativen Konstruktion der Wirklichkeit" (Bruner 1998) erlaubt die Sprache Vergegenständlichung und Abstraktion von Erfahrung, Imagination und Erinnerung (Dehn 1999, S. 38 ff.). Gleichzeitig besteht eine „Wechselbeziehung zwischen Erinnerung und Imagination und den Ausdrucksmitteln des Geschriebenen, den Textsorten und Stilnormen" (Dehn 1999, S. 38). Mechthild Dehn weist in ihrer Analyse von Kindertexten nach, dass bereits junge Kinder über literarische Muster verfügen, wie sie ihnen aus Texten mit ästhetischer Funktion bekannt sind.

Insgesamt ist kritisch festzustellen, dass die vorliegenden Forschungsarbeiten zur Textkompetenz von Kindern und Jugendlichen auf die sprachlich-literarische Qualität ausgerichtet sind. Kaspar Spinner hat dies bereits 1982 als zentrales Defizit einer Analyse von Kindertexten bezeichnet, die den Blick auf die literarischen Merkmale und die sprachliche Oberfläche der Texte legt (Spinner 1982) und die Bedeutung des Schreibens für die Welt- und Selbstdeutung der Kinder und Jugendlichen nicht berücksichtigt.

Reinhard Fatkes erziehungswissenschaftliche Theorie phantastischer Geschichten

Reinhard Fatkes Theorie phantastischer Geschichten stellt einen pädagogisch-psychoanalytischen Ansatz dar, nachdem Kinder sich in Phantasiegeschichten mit zentralen psychosozialen Entwicklungsthemen auseinandersetzen. Formal unterscheidet Fatke drei Typen von Geschichten:

1. Geschichten von realen Begebenheiten, an denen die Kinder beobachtend oder handelnd teilgenommen haben.
2. Geschichten, in denen die Wirklichkeit stark durchsetzt ist mit eingebildeten oder erfundenen Elementen.
3. Fiktionale Geschichten, die dem Kind vorher erzählt worden sind und nacherzählt werden oder solche, die das Kind frei erfindet oder eine Kombination von Elementen aus bekannten Geschichten und frei erfundenen Bestandteilen (Fatke 1993, S. 47-62).

Fatke untersucht die mitgeteilten Geschichten in hermeneutisch-interpretierender Form und gelangt zu dem Ergebnis, dass in 90 Prozent der Geschichten Themen des seelischen Geschehens gestaltet werden:

„Diese werden nicht bewusst bearbeitet, also rational-kognitiv verarbeitet, sondern diese Themen verschaffen sich, eher unbewusst als bewusst, Ausdruck in symbolischer Form einer solchen erfundenen Geschichte. Die Themen haben mit tiefsitzenden Wunden, auch Ängsten, in jedem Fall mit seelischen Konfliktlagen zu tun. Immer wieder findet man in den Geschichten die folgenden Themen: Auseinandersetzung mit den elterlichen Autoritätsfiguren, mit deren Geboten und Verboten, die vom Kind mit Sicherheit als Bedrohung der eigenen Bedürfnisse des Triebverlangens erlebt werden. Es treten auf: Angst vor Liebesverlust, Geschwisterrivalität, Geschlechtsunterschiede, die damit verbundene Neugier bzw. Angst, das Verhältnis von Gut und Böse usw." (Fatke 1993, S. 53).

Fatke weist darauf hin, dass man vom Inhalt einer Geschichte nicht auf direkte Weise auf das seelische Thema schließen kann, sondern dieser als symbolische Form zu verstehen ist, der eine Brechung und Umgestaltung des zugrundeliegenden Themas darstellt. Fatke wendet sich gegen eine ausschließlich psychoanalytische Betrachtungsweise, die Geschichten als Spiegel der psychosexuellen Entwicklungsstufen bzw. als Gestaltung neurotischer Symptome zu betrachten und entwirft eine pädagogisch-anthropologische Sichtweise und Interpretation der Geschichten.

Er stellt dar, dass Phantasiegeschichten durch einen Grundkonflikt gekennzeichnet sind, der prinzipiell immer der gleiche ist:

„Zwei unterschiedlich starke Mächte stehen einander gegenüber, und aus der Überlegenheit der einen Macht ergibt sich eine Bedrohung und eine Gefahr für die andere. [...] Das Grundthema der Bedrohung erscheint entweder in der Version eines physischen Angriffs (Auffressen, Streit, Verletzung u. ä.) oder in der Version eines lebensbeeinträchtigenden Mangels (zum Beispiel Nahrung, Wärme, Gesundheit, Behausung)" (Fatke 1993, S. 54).

Diese Konstellation interpretiert Fatke als anthropologische Grundsituation des Kindes, das in der Befriedigung seiner elementaren Bedürfnisse von den mächtigen Erwachsenen abhängig und diesen ausgeliefert ist. Die Ausgestaltung dieses Grundkonflikts korrespondiert nach Fatkes Analyse mit der Altersentwicklung und den entwicklungsbedingten Lösungsmöglichkeiten. Zusammenfassend stellt er fest, dass die Themen der kindlichen Phantasie im „Spannungsverhältnis von Antithesen [...] der psychosozialen Situation des Kindes" verankert sind „die das Kind mit zunehmender Erfahrung ‚aufzuheben' versucht" (Fatke 1993, S. 57).

Kaspar Spinners identitätstheoretischer Ansatz des Schreibens. Schreiben als Ausdruck von Selbst- und Weltdeutung

Nach Spinners grundlegendem identitätstheoretischen Ansatz ist literarisches Schreiben als Ausdruck des Bemühens um Ich-Findung und Weltbewältigung zu verstehen. Spinners Ansatz literarischen Schreibens fußt auf der allgemeinen Erkenntnis, dass Sprache als grundlegendes Konstitutionsphänomen sozialer Wirklichkeit gilt und eine zentrale Bedeutung bei der Welterkenntnis und Persönlichkeitsentwicklung der Kinder übernimmt.

Sprache ist Voraussetzung und Bedingung individueller wie sozialer Existenz und wird in der älteren wie jüngeren sozialwissenschaftlichen Theoriebildung als gesellschaftskonstituierende Kraft verstanden. In konstruktivistischer Perspektive heißt es bei Maturana und Varela in diesem Zusammenhang: „Wir geben unserem Leben in der gegenseitigen Koppelung Gestalt – nicht, weil die Sprache es uns erlaubt, uns selbst zu offenbaren, sondern weil wir in der Sprache bestehen und zwar als dauerndes Werden, das wir zusammen mit den anderen hervorbringen" (Maturana/Varela 1987, S. 253 f.).

Erst die Sprache erlaubt den Aufbau sozialer und kultureller Handlungs- und Bedeutungskontexte und ermöglicht die Integration des Einzelnen in die Gesellschaft. Sprache ist aber nicht nur die Voraussetzung sozialen Handelns, sondern selbst eine Form sozialen Handelns. Die Analyse des sprachlichen Materials ermöglicht daher nach Mayntz, „Rückschlüsse auf die betreffenden individuellen und gesellschaftlichen nichtsprachlichen Phänomene zu ziehen" (Mayntz u. a. 1974, S. 151). Sprache erlaubt demjenigen, „der damit operiert, die Beschreibung seiner selbst und der Umstände seiner Existenz" (Maturana/Varela 1987, S. 227).

Da Sprache funktionell auf Kommunikation und sozialen Austausch angelegt ist, beinhaltet sie immer auch Aneignung und Objektivierung von Welt und ist somit Teil der kindlichen Selbst- und Weltdeutung. Als grundlegendes Zeichensystem des Menschen bildet die Sprache das Hauptmodell für die Entwicklung von Ich-Bewusstheit (Spinner 1980, S. 69). Nach diesem Modell ist sprachliche Kommunikation nicht nur das Reden oder Schreiben über einen Sachverhalt oder ein Bewirken einer Reaktion beim Adressaten, sondern immer auch „Medium des Ausdrucks von Subjektivität" (Spinner 1980, S. 73), also von Selbstdeutung. Umgekehrt ist die Entfaltung der Ich-Identität im kommunikativen Prozess immer auch bezogen auf Sachverhalte: „Das Ich eignet sich die natürliche und die von Menschen geschaffene Umwelt handelnd und begreifend in einem produktiven Strukturierungsprozess an, sodass sich auch darin das Individuum selbst gegenüber tritt oder finden kann" (Spinner 1980, S. 73). Insofern ist Sprache Mittel der Selbst- und Weltdeutung.

Bedeutung freier Texte für die kinderwissenschaftlich-kindheitstheoretische Forschung

Die wissenschaftlichen Zugänge zu freien Texten, wie sie in der reformpädagogischen Tradition und der neueren schreibdidaktischen Diskussion entwickelt sind, können Aussagen dazu treffen, wie, unter welchen Umständen und unter welchen literarischen Kon-Texten (Dehn 1999) freie Texte als Ausdrucksformen und Dokumente des Kinderlebens entstehen. Eine sozialwissenschaftliche Kontextualisierung der Schreibdokumente Heranwachsender ist im Ansatz Spinners (1980) repräsentiert, der freie

Texte in Anlehnung an den symbolischen Interaktionismus als Ausdruck von Selbst- und Weltdeutung interpretiert. Auch Kohl (2000) verweist auf die Erkenntnis, dass literarisches Schreiben als Weg der Welterfahrung von Kindern zu verstehen ist. Die ältere kinder- und jugendkundliche Forschung hat den Wert von ‚freien Aufsätzen' bereits in den 1920er-Jahren erkannt; auch im neueren kindheitsmethodologischen Diskurs wird auf die Inhalts- und Dokumentenanalyse als eine Quelle der Kindheitsforschung verwiesen (Lange/Mierendorff 2009).

In der qualitativen Inhaltsanalyse freier Texte kann gezeigt werden, wie Heranwachsende *sich selbst* und dabei die *Umstände ihrer Existenz* beschreiben (Maturana/Varela 1987). Unter methodologischer Perspektive können Selbstzeugnisse von Kindern als Erkenntnisquelle der sozialwissenschaftlichen Kindheitsforschung genutzt werden. Selbstzeugnisse von Kindern wurden (s. o.) und werden genutzt (vgl. Faulstich-Wieland/Horstkemper 1995), um von Kindern „Auskunft über die Wahrnehmung ihrer sozialen Welten, Lebensbedingungen und Umwelten zu erhalten" (Lange/Mierendorff 2009, S. 192). Die epistemologischen Fallstricke dieses Zugangs zu Kindern und Kindheit ranken sich, so Lange und Mierendorff (S. 192), um die Frage nach der Perspektive von Kindern. Das unhintergehbare methodologische Grundproblem der Kindheitsforschung (Heinzel 2000; Heinzel i. d. Bd.), dass sie als Wissenschaft von Erwachsenen verfasst und in dieser Perspektivität verhaftet ist, bleibt auch bei der Inhalts-, Dokumenten- und Diskursanalyse (Lange/Mierendorff 2009; vgl. Schutter i. d. Bd.) sprachlicher und nichtsprachlicher Ausdrucksformen des Kinderlebens erhalten und muss methodisch reflektiert werden.

Im Folgenden wird als ein nichtreaktives Verfahren der Kindheitsforschung die qualitative Inhaltsanalyse von freien Texten vorgestellt. Dabei wird gezeigt, dass Kinder in freien Texten sowohl Auskunft über die ‚Entwicklungstatsache' (Bernfeld 1925/1967) als auch über ihre Alltags- und Lebenswelt geben und insofern freie Texte als eine Quelle der Kindheitsforschung betrachtet werden können. Im Verständnis der neueren sozialwissenschaftlichen Kindheitsforschung, die Kindheit nicht als Inbegriff von Entwicklungs- und Sozialisationsprozessen, sondern als selektiven Kontext und sozialen Code versteht, der Entwicklungsprozesse normiert und den Kinder ihrerseits ‚interpretativ reproduzieren' (Honig 1999, S. 84), reproduzieren Heranwachsende in freien Texten interpretativ Kindheitserfahrungen, die in Inhalts-, Dokumenten- und Diskursanalysen methodisch kontrolliert erschlossen werden können.

Qualitative Inhaltsanalyse als forschungsmethodischer Zugang zu freien Texten

Freie Texte können als Selbstzeugnisse kindlichen Ausdrucks verstanden werden, in denen Heranwachsende ihre persönlich bedeutsamen Erfahrungen, Empfindungen und Gedanken festhalten und symbolisieren. Unter forschungsmethodologischen Aspekten stellen freie Texte spontane, von den Kindern und Jugendlichen selbst aufgebrachte Themen ihrer lebensweltlichen Erfahrung und Entwicklung dar, die mit Dilthey (1961) als „dauernd fixierte Lebensäußerungen" verstanden werden können. Untersucht man einen Textkorpus, der nicht eigens für den Untersuchungszweck angelegt ist, stellt dieser forschungsmethodisch den Idealfall eines nichtreaktiven Materials dar (Marotzki 1999, S. 117). Im Gegensatz zu Niederschriften, die zu Forschungszwecken von Heranwachsenden verfasst werden, stellen authentische freie Texte ein empirisches Material besonderer Güte dar, da sie keinen inhaltlichen Vorgaben folgen. Zum Aussagehorizont der Texte ist darauf hinzuweisen, dass diese nicht als Abbild des realen Kinderlebens verstanden werden können, sondern die subjektive Brechung dieser in den Texten der Kinder darstellen.

Für die inhaltsanalytische Untersuchung von freien Texten werden die Originale zuerst transkribiert, ohne sprachlich-inhaltliche Glättungen vorzunehmen. Aufbereitung und Analyse der Texte folgen den methodischen Schritten der strukturierten Inhaltsanalyse nach Mayring (1990), die eine Aufbereitung nach Inhaltsbereichen erlaubt. Ziel inhaltlicher Strukturierung ist es, „bestimmte Themen, Inhalte, Aspekte aus dem Material herauszufiltern und zusammenzufassen" (Mayring 1990, S. 83), die als Kategorien der folgenden Analyse induktiv aus dem Material erhoben und theoriegeleitet interpretiert werden. Für die Interpretation realistischer Texte lassen sich die Befunde der sozialwissenschaftlichen Kindheitsforschung heranziehen; bei der Analyse vielschichtiger phantastischer Texte ist die erziehungswissenschaftliche Theorie Fatkes (1993) leitend.

Inhaltsanalyse von freien Texten am Schulanfang

Eine Inhaltsanalyse freier, realistischer Texte (n=1000) weist nach, worüber Kinder am Schulanfang am häufigsten schreiben (Röhner 1997). Dabei lassen sich als Inhaltskategorien die Darstellung der Alltags- und Lebenswelt in der Familie, Freundschaften und Peerbeziehungen, Spiel- und Freizeitaktivitäten, Natur-, Technik- und Medienerfahrungen sowie musische und religiöse Erfahrungen identifizieren. Die Texte lassen sich auch nach den unterschiedlichen Interaktionspartnern und nach sozialökologischen Räumen analysieren (Bronfenbrenner 1981; Baacke 1983), über die Kinder berichten:

- Das wichtigste Thema, über das die Kinder am Schulanfang schreiben, sind die *anderen* Kinder. Die zentrale Bedeutung der Gleichaltrigen für das Leben und Aufwachsen der Kinder, die die Kindheitsforschung ausweist (Krappmann 1991; Krappmann/Oswald 1995; von Salisch 2000; Krappmann 2002; Traub 2006), findet in den Texten der Kinder eine unmittelbare Bestätigung.

- In fast gleichgewichtigem Umfang stellen die Kinder in ihren Texten Erlebnisse und Aktivitäten mit den Eltern und in der Familie bei Ausflügen, Festen und beim gemeinsamen Sport dar. Entwicklungsbedingt pendeln die Kinder noch stark zwischen Autonomie und familiärer Verbundenheit (vgl. World Vision e.V. 2010).

- Über Erfahrungen mit Tieren und der Natur schreiben die Kinder in ihren Texten an dritthäufigster Stelle. Folgt man angelsächsischen Befunden zur Frage kindlicher Naturbeziehungen, sind Grundschulkinder „ausgesprochen interessiert an der äußeren physischen Welt; sie suchen (mehr als in anderen Phasen) nach einem Verständnis der Welt (inklusive Pflanzen und Tiere) und auch ihren eigenen Platz darin" (Gebhard 1994, S. 89).

- Die Auseinandersetzung mit dem eigenen Körper stellt das vierte bedeutende Thema in den Texten der Kinder dar. Die Kinder nehmen diesen im Zusammenhang mit Krankheiten und Verletzungen sowie in seinen natürlichen Veränderungen, z.B. dem altersbedingten Zahnwechsel, wahr. Die Wahrnehmung des eigenen Körpers kann als Ausdruck kindlicher Selbstdeutung verstanden werden, in der dieser als leiblicher Ort des Ichs in seiner Entwicklung dargestellt und begriffen wird.

- Erfahrungen mit der technisch vermittelten Umwelt, Medienerlebnisse und musisch-kulturelle Aktivitäten nehmen in den Texten eine vergleichsweise und überraschend geringe Bedeutung ein.

- In den Texten stellen die Mädchen und Jungen auch ihre unterschiedlichen Wahrnehmungs- und Handlungsweisen insbesondere im Spiel-, Bewegungs- und Interaktionsverhalten, in der Auseinandersetzung mit ihrem Körper sowie der natürlichen und technisch vermittelten Umwelt dar. Während die Mädchen über alltagsorientierte Spielhandlungen berichten und in ihren Texten im Vergleich zu Jungen höhere Interessen an Tieren und der Natur zeigen, berichten Jungen über aktions- und bewegungsorientierte Spielformen und ausgeprägtere Interessen an der technisch-konstruktiven Welt. In der Gestaltung ihrer Beziehungen zeigen sich die Mädchen bindungsorientierter als Jungen, während diese in ihren Texten deutlichere Autonomiebestrebungen dokumentieren (vgl. Petillon 1993; Rohrmann 2005).

Aus den unterschiedlichen Themenbereichen der Kinder werden einige Textbeispiele vorgestellt:

Das Freundschaftsthema

Der Text des siebenjährigen Florian steht exemplarisch für das Freund-
schaftsthema, das in diesem Alter von hoher sozialisatorischer Bedeutung
ist. Er schreibt über das wechselseitige Besuchen der Kinder, das in diesem
Alter oft Gegenstand kindlichen Schreibens ist:

Besuch
Gestern hatte ich Besuch.
Wir haben Computer gespilt.
Wir haben Cowboy gespilt. Florian ging um 5.30 nach Hause.
Flo (7 Jahre)

Thema Familie

Das Thema Familie nimmt in den Texten der Kinder den zweitgrößten
Raum ein. Der siebenjährige Lucian reflektiert seine besondere Lebenssituation so:

Vater
Ich war bei meinem Vater das fand ich schön da habe ich im Gaten Fuhsball gespilt dan
bin ich wider reingegangen dan hap ich mit meinem Vater abent gegasen und übernach-
tet.
Lucian (7 Jahre)

Aus kindheitstheoretischer Perspektive erhält man in solchen Texten Ein-
blick in die neuen Familienkonstellationen und die Formen der Eltern-
Kind-Beziehungen (s. z.B. auch Peuckert 1996; Nave-Herz 2002a, b;
Ecarius 2007).

Thema Natur und Tiere

Über Natur- und Tiererfahrungen schreiben nach unserer Untersuchung
mehr Mädchen als Jungen. Während Jungen eher über das Beobachten von
Tieren berichten, umfasst das Spektrum der Texte, die Mädchen verfassen,
von der Geburt des Tieres an alle denkbaren Versorgungs- und Pflegesitua-
tionen, die das Aufwachsen eines Tierbabys ausmachen.

Mädchenthemen – Jungenthemen

Was sich in der Analyse der Texte bereits andeutete, soll an zwei weiteren Beispielen verdeutlicht werden: Mädchen und Jungen bringen in ihren freien Texten auch geschlechtstypische Erfahrungen und Interessen zum Ausdruck.

So berichtet die zehnjährige Julia von einem Erlebnis mit ihrem kleinen, „nervenden" Bruder und macht dabei eine überraschende Erfahrung im Umgang mit ihm:

> **Baby**
> Mein kleiner Bruder Manuel kann nerven. Gestern sollte ich draußen auf ihn aufpassen ich hatte gar keine Lust ich bin mit ihm spazieren gefahren. Da ist die die iede gekommen ein Eis zu kaufen. Wir sind nach Hause gefahren und haben Geld geholt. Dann sind wir zum Bäcker gefahren und haben Eis gegessen da war schön. Mit BABYS kann man doch spielen.
> Julia (9 Jahre)

Der Text steht exemplarisch für die Beziehungsorientierung der Mädchen, die sich in freien Texten dokumentiert, wobei in diesem Fall auch die Geschwisterbeziehung zum Thema des Schreibens wird (Nave-Herz 2006).

Das Abenteuer- und Heldenthema

Die Jungen des 3. und 4. Schuljahres widmen sich dagegen mit Vorliebe dem Abenteuer- und Heldenthema (Röhner/von Carlowitz 1998). Meist schreiben sie gruselige Geschichten über Ungeheuer, Dinosaurier, Monster, Skelette, Ninja-Kämpfer oder verborgene Schätze, in denen die männliche Hauptfigur zahlreichen Gefahren trotzen muss:

> Es war einmal ein Ritter der in einer Hölh gefangen war. Es gibt gerüchte, das in der / Höhle ein Drachen haust. Eines Tages geht der Ritter in einen gang und endeckt einen Drachen der schläft aber er wacht auf als der Ritter in die höle geht. Der Drachen kampft gegen den Ritter aber der Ritter ist schlauer und siegt.
> Andreas (9 Jahre)

In Abenteuer-, Kampf- und Heldengeschichten thematisieren die Jungen die Eroberung der Außenwelt, die als entwicklungs- und geschlechtstypisch bezeichnet werden kann. In diesen Texten setzen sich Jungen mit den kulturellen Symbolen der Männlichkeit auseinander und integrieren sie so in ihr Selbstkonzept (Petillon 1993; Hochhuth 1993; Spitta 1998; Röhner 2003).

Inhaltsanalyse freier Texte vom 3. bis 8. Schuljahr

In einer nachfolgenden Studie zur Entwicklung der Themenkonstitution und der Textkompetenz bei freien Texten wurden Texte von Schülerinnen und Schülern der Reformschule Kassel (N = 67 Texte) und der Montessori-Schule Würzburg (N = 65 Texte) in den Jahrgangsstufen 3 bis 8 im Querschnitt erhoben und inhaltlich wie sprachlich-stilistisch untersucht.

Zur Entwicklung der Themenkonstitution im 3. und 4. Schuljahr

Die Textanalysen zeigen, dass die Themen des freien Schreibens, wie sie am Schulanfang erhoben sind, im 3. und 4. Schuljahr fortgesetzt und ausdifferenziert werden. Im Übergang vom 2. zum 3. Schuljahr erscheint das Autonomiethema noch im Sinne des „Hänschen-Klein-Motivs", und es werden Geschichten erzählt, die das Sammeln von Erfahrungen im Sinne erster Verselbständigungsschritte darstellen. Das Streben nach Autonomie wird im Weiteren von Mädchen aufgegriffen, die Aspekte weiblicher Identitätsentwicklung im Sinne einer widerständigen Anpassung an geschlechtstypisierende gesellschaftliche Norm- und Rollenerwartungen thematisieren. Auffällig oft erscheinen bei Mädchen Familiengeschichten. Während im 1. und 2. Schuljahr eher über alltägliche Ereignisse in der Familie berichtet wird, werden im weiteren Verlauf eher problemhaltige Ereignisse und krisenhafte Entwicklungen insbesondere im Kontext von Geschwisterrivalität dargestellt (Nave-Herz 2006; Teubner 2005). Diese inhaltliche Ausrichtung der Texte wird zum einen als deutliche Orientierung der Mädchen an der Familie interpretiert, zum anderen kann die Akzentverschiebung in der Themengestaltung als eine erste kritisch distanzierte Sicht auf die Familie verstanden werden. Von den Jungen wird das Familienthema vergleichsweise wenig aufgegriffen, es sei denn, sie sind aktuell von familiären Ereignissen wie der Trennung der Eltern existentiell betroffen.

In den Texten der Jungen steht das Thema des Freundefindens korrespondierend mit der Thematisierung der Außenseiterproblematik im Zentrum des Schreibens. Zum einen kann dies als Ausdruck einer höheren Peerorientierung der Jungen interpretiert werden (Röhner 1997), andererseits werden die Probleme des Freundefindens in der Gruppe der Gleichaltrigen deutlich, der sich die Kinder stellen müssen, wenn sie befriedigende Kontakte zu anderen aufbauen wollen.

Eine Textform, die sich ausschließlich bei Jungen findet, ist die Heldengeschichte, die eine Auseinandersetzung mit zentralen Aspekten männlicher Identitätsfindung wie Macht, Kontrolle und Gewalt erlaubt. Sie erscheint bereits bei Schulanfängern und hat über das 3. und 4. Schuljahr hinaus Bedeutung (Röhner 2003).

Tiergeschichten, die am Schulanfang über reale Erlebnisse mit Tieren berichten, treten im 3. und 4. Schuljahr zugunsten phantastisch-fiktiver, fabelähnlicher Texte zurück, in denen Tiere stellvertretend für Menschen stehen und handeln. Eine ähnliche Tendenz zeigt sich in Texten, die Naturerfahrungen thematisieren. Während im 1. und 2. Schuljahr reale Erfahrungen in der Natur dargestellt werden, erscheint Natur im Weiteren als Metapher für Wachstum und die krisenhafte Entwicklung des kindlichen Ichs. Dass dabei relativ häufig eruptive Veränderungen in Form von Verpflanzungen darge-stellt werden, deutet darauf hin, dass die entwicklungsbedingten Veränderungen deutlich und zum Teil auch schmerzhaft erlebt werden. In naturhaften Vorgängen die innerpsychische Entwicklung der Protagonisten darzu-stellen, fußt auf literarischer Tradition. In diesem Sinne stehen Kindertexte im Kontext literarischer Texte und variieren narrative Muster und Themen in individuell spezifischer Form. Das Thema „Tiere" entwickelt sich bei Mädchen zum Thema „Pferde" fort (Adolph/Euler 1994; Hengst 1999).

Erste prospektive Entwürfe des Ichs in Form fiktiver Biografien werden von Jungen wie von Mädchen verfasst.

Zur Entwicklung der Themenkonstitution im 5. bis 8. Schuljahr

Qualitative Inhaltsanalyse freier Texte. Schlüsselt man die Themen freien Schreibens auf, wie sie sich im Textkorpus des 5. bis 8. Jahrgangs zeigen, ergeben sich schwerpunktmäßig die folgenden Inhaltsdimensionen:
1. Alltag und Lebenswelt der Kinder in der Familie
2. Freunde, Peers, Peergesellschaft
3. Kontaktaufnahme mit dem anderen Geschlecht, erste Liebesbeziehungen
4. Gesellschaftlich brisante Problemlagen wie Gewalt, Missbrauch
5. Kriminalität, Recht und Unrecht, gesellschaftliche Normen und Werte
6. Natur und Tiere

Themenkonstitution und Inhaltsanalyse freier Texte im Sekundarstufenalter. Die Themenkonstitution in freien Texten differenziert sich im Sekundarstufenalter weiter aus und erfährt neue Ausrichtungen. Im 4. Schuljahr dominieren noch die grundschultypischen Themen wie Freundschaft, Familie, Loslösung von den Eltern sowie Erlebnisse mit Tieren und in der Natur. Texte, in denen Problemlagen unter Peers dargestellt werden, spielen bei Jungen noch eine größere Rolle und erscheinen in der Variante der „Mutprobengeschichte" oder thematisieren Normkonflikte in der Gleichaltrigengesellschaft. Freundschaftstexte, in denen alltägliche Erfahrungen und Probleme unter gleichgeschlechtlichen Peers im Mittelpunkt des Erzählens stehen, nehmen ab dem 4. Schuljahr deutlich ab, und die Kontaktaufnahme und die Auseinandersetzung mit dem anderen Geschlecht tritt an diese Stelle (Breidenstein/Kelle 1998). Bei Mädchen entwickelt sich das Freund-schaftsthema zum Liebes- und Beziehungsthema fort.

Die Lebenswelt kindlicher Protagonisten, die im Alter der jungen Auto-rinnen und Autoren sind, steht im Zentrum des Schreibens, zunehmend werden jedoch fiktive Episoden aus dem Leben älterer Jugendlicher erzählt. In der Analyse zeigt sich, dass die psychosozialen Entwicklungsaufgaben der Adoleszenz zum Gegenstand des Schreibens werden, wie sie von Havighurst (1948/1982) definiert sind: Neue und reifere Beziehungen zu Altersgenossen beiderlei Geschlechts ausbauen, Übernahme der männli-chen oder weiblichen Geschlechtsrolle, Akzeptieren der eigenen körperli-chen Erscheinung und effektive Nutzung des Körpers, emotionale Unab-hängigkeit von den Eltern und anderen Erwachsenen erreichen, Vorberei-tung auf Ehe und Familienleben, Vorbereitung auf eine berufliche Karriere, Werte und ein ethisches System erlangen sowie sozial verantwortliches Verhalten erstreben und erreichen. Diese psychosozialen Themen der Ado-leszenzentwicklung werden in unterschiedlichen literarischen Formen und Sujets entfaltet:

In Prosaerzählungen stehen Alltagserfahrungen in der Familie und Epi-soden aus der Lebenswelt fiktiver Kinder und Jugendlicher im Zentrum lite-rarischen Schreibens. Dabei zeigt sich ein zunehmend kritisch-distanzierter Blick auf die Familie, der Ausdruck adoleszenter Autonomieentwicklung ist und zur endgültigen Ablösung von den Eltern führt. Solche Entwick-lungsprozesse werden auch in Form fiktiver Biografien gestaltet, die den Zeitraum bis zum Eintritt in das Erwachsenenleben umfassen, aber auch in lebensumfassender Perspektive verfasst sind.

Die Übernahme der Geschlechtsrolle, die Akzeptanz des sich entwi-ckelnden Körperbildes und der Aufbau neuer, reiferer Beziehungen zum anderen Geschlecht werden in vielfältiger Weise zum Thema literarischen Schreibens: Mädchen entwerfen sich in Märchen als emanzipierte Prinzes-sinnen und treten in fiktiven Biografien als Frauen auf, die sich ihren Part-ner selbst auswählen. Schwangerschafts- und Geburtsthemen erscheinen bei Mädchen häufig auch im Mantel von Pferdegeschichten. Jungen drücken die erwachenden Gefühle für das andere Geschlecht in pubertärer Naturly-rik aus, beschreiben ironisch-distanziert die stürmischen psychosexuellen Veränderungen, mit denen sie konfrontiert sind. Die Auseinandersetzung mit dem anderen Geschlecht leuchtet in vielen Texten auf, ohne im engeren Sinn Thema des Schreibens zu sein.

Gesellschaftlich brisante Problemlagen wie Gewalt in der Familie, auch sexuelle Gewalt, Kindesmisshandlung, Drogenmissbrauch, Sekten, Krieg, Vertreibung und ökologische Krisenszenarien bis hin zu negativen sozialen Utopien sind ein bevorzugtes Thema der Mädchen und zeigen auf eine deutliche Wahrnehmung und Orientierung an der sozialen Außenwelt hin. Mädchen spüren in solchen Texten der sozialen Realität seismographisch nach, um die verstörenden Erfahrungen und Phänomene zu verstehen. Bemerkenswert ist, dass die Auseinandersetzung mit gesellschaftlich brisanten Fragen bis auf einen Fall ausschließlich von Mädchen geführt wurde.

In Kriminalerzählungen, die sowohl von Mädchen als auch von Jungen verfasst werden, findet die Auseinandersetzung mit gesellschaftlichen Norm- und Moralvorstellungen statt. In Kriminalerzählungen wie in fiktiver biographischer Prosa, die moralische Konflikte darstellt, werden zentrale Aspekte der Moralentwicklung reflektiert, wie sie sich den Heranwachsenden in diesem Alter stellen (Kohlberg 1995). Gleichzeitig werden gesellschaftlich beunruhigende Erfahrungen mit Unrecht und Gewalt literarisch verarbeitet. Neben weniger schweren kriminellen Delikten wie einfacher Diebstahl und literarischen Varianten in der Stilform des Kinderkrimis wird in den Kriminalerzählungen die Bandbreite kapitaler Verbrechen wie Banküberfall, Mord, schwere Drogendelikte, Kindesmisshandlung oder Kidnapping dargestellt. Die Mädchen thematisieren eher Verbrechen, die sich gegen Personen richten, wie Kindesmissbrauch oder Kidnapping von Mädchen, aber auch Morde, die als Beziehungstaten ausgewiesen werden. Kriminelle Delikte an Kindern werden in den Texten der Jungen nicht darge-stellt. Man kann vermuten, dass Jungen sich weniger als potentielle Opfer von Gewalt begreifen als Mädchen. In Jungentexten stehen schwere Eigentumsdelikte und Mordtaten im Vordergrund. Bemerkenswert ist, dass auch die Drogenkriminalität mehrfach bei Jungen zum Thema des Schreibens wird, was auf eine intensivere Auseinandersetzung mit der Drogenthematik deutet.

In der narrativen Handlungsgestaltung werden die Krimis der Jungen in der Form der Gangsterjagd entwickelt, die zur Überwältigung des Täters durch den männlichen Protagonisten führt, während bei Mädchen die Auseinandersetzung mit den Motiven und Folgen krimineller Taten im Vordergrund steht. Interessanterweise greifen Mädchen gesellschaftliche Einflussfaktoren der Kriminalität mit auf und diskutieren kriminelle Handlungen auch in ihrem sozialen Kontext.

In Kriminalerzählungen werden Verstöße gegen die Normen des Zusammenlebens in literarischer Form dargestellt und zentrale Fragen nach Recht und Unrecht, Recht und Gerechtigkeit erörtert. Die Herausbildung eines eigenständigen moralischen Urteils und die Gewinnung ethischer Maßstäbe und Werte kann dabei eher in den Texten der Mädchen beobachtet werden. Bei den Jungen stehen eher die Einhaltung und Durchsetzung gesellschaftlicher Normen im Vordergrund, die einem konventionellen Moralverständnis entsprechen.

Die Natur wird in drei Varianten zum Gegenstand freier Texte: Zum einen werden in auffälliger Weise individuelle Gefährdungen in der Natur dargestellt, zum anderen die Bedrohung der Natur durch den Menschen in ökologischen Katastrophenszenarien. In neuer Weise wird Natur als psychischer Raum entdeckt, in dem die inneren Gefühlslagen zum Ausdruck gebracht werden können. Dies geschieht insbesondere in Form pubertärer Lyrik.

Zusammenfassung

Freie Texte sind Selbstzeugnisse des Kinderlebens und stellen spontane, von den Kindern selbst aufgebrachte Themen ihrer lebensweltlichen Erfahrung und Entwicklung dar, die mit Dilthey als „dauernd fixierte Lebensäußerungen" verstanden werden können. Die Analyse dieses sprachlichen Materials erlaubt es, Rückschlüsse auf die betreffenden individuellen und gesellschaftlichen nicht-sprachlichen Phänomene zu ziehen (Mayntz u. a. 1974, S. 151). Die Methode der strukturierten Inhaltsanalyse (Mayring 1990) ermöglicht es, die Themen der kindlichen Lebenswelt, wie sie sich in freien Texten zeigen, nach ihrer Häufigkeit zu erfassen und theoriegeleitet zu interpretieren. Diese Methode ist insbesondere für die Analyse realistischer Texte geeignet. Für die Analyse fiktiver und phantastischer Texte bieten Fatkes und Spinners Zugänge theoretische Folien, mit deren Hilfe freie Texte hermeneutisch erschlossen und erziehungswissenschaftlich-pädagogisch analysiert werden können.

Die Forschungsarbeiten der Autorin zur Inhaltsanalyse und der Interpretation freier Texte zeigen, dass Kinder und Jugendliche die Themen ihrer Lebenswelt und ihrer inneren Entwicklung darstellen und symbolisieren. In erziehungswissenschaftlich-kindheitstheoretischer Perspektive geben freie Texte Einblicke in das Kinderleben und die entwicklungsbedingten psychosozialen Themen. Sie können als Quellen der Kindheitsforschung genutzt werden (Röhner 2011), da Kinder in solchen Dokumenten „nicht allein über individuelle Entwicklungsfortschritte oder entwicklungsangemessene Kompetenzen Auskunft geben, sondern vor allem auch über das jeweils aktuelle soziale Leben, das Wohlbefinden, die Lebens- und Umwelten, die Lebensbedingungen u. ä." (Lange/Mierendorff 2009, S. 191).

Literatur

Adolph, H.; Euler, H. (1994): Warum Mädchen und Frauen reiten. Kassel.
Artelt, C.; Stanat, P.; Schneider, W.; Schiefele, U. (2001): Lesekompetenz: Testkonzeption und Ergebnisse. In: Baumert, J. u. a. (Hrsg.): PISA 2000 – Basiskompetenzen von Schülerinnen und Schülern im internationalen Vergleich. Opladen, S. 69-137.
Baacke, D. (1983): Die 13 – 18jährigen. Weinheim u. Basel.
Bambach, H. (1989): Erfundene Geschichten erzählen es richtig. Lesen und Leben in der Schule. Konstanz.
Bernfeld, S. (1925/1967): Sisyphos oder die Grenzen der Erziehung. Frankfurt a. M.
Breidenstein, G.; Kelle, H. (1998): Geschlechteralltag in der Schulklasse. Ethnographische Studien zur Gleichaltrigenkultur. Weinheim u. München.
Bronfenbrenner, U. (1981): Die Ökologie der menschlichen Entwicklung. Stuttgart.
Bruner, J. S. (1998): Vergangenheit und Gegenwart als narrative Konstruktion. Frankfurt a. M.
Bühler, C. (1934): Drei Generationen im Jugendtagebuch. Jena.

Busemann, A. (1925): Die Sprache der Jugend als Ausdruck der Entwicklungsrhythmik. Sprachstatistische Untersuchungen (Heft 2 der Quellen und Studien zur Jugendkunde, hg. von Dr. C. Bühler). Jena.

Dehn, M. (1999): Texte und Kontexte. Schreiben als kulturelle Tätigkeit in der Grundschule. Berlin.

Dilthey, W. (1961): Gesammelte Schriften. Stuttgart.

Ecarius, J. (Hrsg.) (2007): Handbuch Familie. Wiesbaden.

Fatke, R. (1993): Kinder erfinden Geschichten. Erkundungsfahrten in die Phantasie. In: Duncker, L.; Mauerer, F.; Schäfer, G. (Hrsg.): Kindliche Phantasie und ästhetische Erfahrung, 2. Aufl. Ulm, S. 47-62.

Feilke, H. (1988): Ordnung und Unordnung in argumentativen Texten. Zur Entwicklung der Fähigkeit, Texte zu strukturieren. In: Der Deutschunterricht, 3, S. 65-81.

Freinet, C. (1980): Pädagogische Texte. Hamburg.

Gansberg, F. (1914): Der freie Aufsatz. Seine Grundlagen und seine Möglichkeiten. Berlin.

Gebhard, U. (1994): Wieviel Natur braucht der Mensch? Psychologische Befunde und umweltpädagogische Konsequenzen. In: Schreier, H. (Hrsg.): Die Zukunft der Umwelterziehung. Hamburg, S. 83-118.

Glantschnig, H. (1993): Blume ist ein Kind von Wiese. 6. Aufl. Hamburg.

Grunert, K.; Krüger, H.-H. (2006): Kindheit und Kindheitsforschung in Deutschland. Forschungszugänge und Lebenslagen. Opladen.

Havighurst, R. J. (1948/1982): Developmental Tasks and Education, 7. Aufl. New York. Longman Inc.

Heinritz, C. (2001): Erlebnis und Biografie: freie Aufsätze von Kindern. In: Behnken, I.; Zinnecker, J. (Hrsg.): Kinder. Kindheit. Lebensgeschichte. Ein Handbuch. Seelze-Velber, S. 102-114.

Heinzel, F. (Hrsg.) (2000): Methoden der Kindheitsforschung. Weinheim u. München.

Hengst, H. (1999): Jungen tun das irgendwie weniger... In: Päd. Forum, 6, S. 480-488.

Hesse, I.; Wellershoff, H. (Hrsg.) (1996): „Es ist ein Vogel. Er kann fliegen im Text." Bremen.

Hochhuth, M. (1993): Gewalt in Kindertexten. In: Die Grundschulzeitschrift, 67, S. 38-40.

Honig, M.-S. (1999): Entwurf einer Theorie der Kindheit. Frankfurt a. M.

Jensen, A.; Lamszus, W. (1910): Unser Schulaufsatz ein verkappter Schundliterat. Hamburg.

Keilhacker, M. (1933): Die Verwendung von Aufsätzen im Dienste der Jugendpsychologie. In: Zeitschrift für angewandte Psychologie, 45, S. 289-332.

Kohl, E. M. (2000): Schreibspielräume für Kinder. In: Heinzel, F. (Hrsg.): Methoden der Kindheitsforschung. Weinheim u. München, S. 217- 229.

Kohl, E.-M.; Ritter, M. (2011): Die Stimmen der Kinder: Kindertexte in Forschungsperspektiven. Hohengehren.

Kohlberg, L. (1995): Die Psychologie der Moralentwicklung. Beiträge zur Soziogenese der Handlungsfähigkeit. Frankfurt a. M.

Krappmann, L. (2002): Kinder und ihre Freunde. In: LBS-Initiative Junge Familie (Hrsg.): Kindheit 2001 – Das LBS-Kinderbarometer. Opladen, S. 257-274.

Krappmann, L.; Oswald, H. (1995): Alltag der Schulkinder. Weinheim u. München.

Krappmann, L. (1991): Sozialisation in der Gruppe der Gleichaltrigen. In: Hurrelmann, K.; Ulich, D. (Hrsg.): Neues Handbuch der Sozialisationsforschung. Weinheim.

Lange, A.; Mierendorff, J. (2009): Methoden der Kindheitsforschung. Überlegungen zur kindheitssoziologischen Perspektive. In: Honig, M.-S. (Hrsg.): Ordnungen der Kindheit. Problemstellungen und Perspektiven der Kindheitsforschung. Weinheim u. München, S. 183-210.

Marotzki, W. (1999): Forschungsmethoden und -methodologie der Erziehungswissenschaftlichen Biografieforschung. In: Krüger, H.-H.; Marotzki, W. (Hrsg.): Handbuch erziehungswissenschaftliche Biografieforschung. Opladen, S. 109-133.

Maturana, R. H.; Varela, F. J. (1987): Der Baum der Erkenntnis. Bern.

Mayntz, R.; Holm, K.; Hübner, P. (1974): Einführung in die Methoden der empirischen Soziologie. Köln u. Opladen.

Mayring, P. (1990): Qualitative Inhaltsanalyse, 2. Aufl. Weinheim.

Merkelbach, V. (1993) (Hrsg.): Kreatives Schreiben. Braunschweig.

Nave-Herz, R. (2006): Geschwister – ausgewählte Aspekte ihrer möglichen gesamtgesellschaftlichen Bedeutung. In: Zeitschrift für Soziologie der Erziehung und Sozialisation, H. 3, S. 282-294; überarbeitete Fassung. In: Wadowski, D. (Hrgs.): Kultura – Media Spoleczenstwo. Lublin, S. 483-496.

Nave-Herz, R. (2002a): Familie heute: Wandel der Familienstrukturen und Folgen für die Erziehung. 2. überarb. u. ergänzte Aufl. Darmstadt.

Nave-Herz, R. (2002b): Family Change and Intergenerational Relationships in Germany. In: Nave-Herz, R. (Hrsg.): Family Change and Intergenerational Relations in Different Cultures. Bd. 9. Würzburg, S. 215-248.

Petillon, H. (1993): Das Sozialleben des Schulanfängers. Weinheim.

Peuckert, R. (1996): Familienformen im sozialen Wandel. 2. völlig übcrarbeitete und erweiterte Aufl. Opladen.

Röhner, C. (2011): Kindheitserfahrungen und Ich-Botschaften in freien Texten von Kindern und Jugendlichen. In: Kohl, E. M.; Ritter, M. (Hrsg.): Die Stimmen der Kinder. Kindertexte im Forschungsfokus. Baltmannsweiler.

Röhner, C. (2003): Kinder zwischen Selbstsozialisation und Pädagogik. Opladen.

Röhner, C.; Carlowitz, B. von (1998): Schriftkultur. Freies Schreiben und Texte verfassen. In: Röhner, C.; Skischus, S.; Thies, W. (Hrsg.): Was versuchen Versuchsschulen? Einblicke in die Reformschule Kassel. Baltmannsweiler, S. 244-268.

Röhner, C. (1997): Kindertexte im reformorientierten Anfangsunterricht. Baltmannsweiler.

Roeßler, W. (1957): Jugend im Erziehungsfeld. Haltung und Verhalten der deutschen Jugend in der ersten Hälfte des 20. Jahrhunderts unter besonderer Berücksichtigung der westdeutschen Jugend der Gegenwart. Düsseldorf.

Rohrmann, T. (2005): Geschlechtertrennung in der Kindheit: Empirische Forschung und pädagogische Praxis im Dialog. Abschlussbericht des Projekts „Identität und Geschlecht in der Kindheit". Hrsg. vom Braunschweiger Zentrum für Gender Studies. Braunschweig.

Soff, M. (1989): Jugend im Tagebuch. Analysen zur Ich-Entwicklung in Jugendtagebüchern verschiedener Generationen. Weinheim u. München.

Spinner, K. (1982): Poetisches Schreiben und Entwicklungsprozeß. In: Der Deutschunterricht, 4, S. 5-19.

Spinner, K. (1980): Identität und Deutschunterricht. Göttingen.

Spitta, G. (Hrsg.) (1998): Freies Schreiben – eigene Wege gehen. Lengwil.

Teubner, M. (2005): Brüderchen komm tanz mit mir … Geschwister als Entwicklungsressource für Kinder? In: Alt, C. (Hrsg.): Kinder-Leben. Aufwachsen zwischen Familie, Freunden und Institutionen. Bd. 2: Aufwachsen zwischen Freunden und Institutionen. Wiesbaden, S. 23-62.

Traub, A. (2006): Kontinuität und Kompensation. Die Bedeutung von Familie und gleichaltrigen (Peers) für Persönlichkeit und Problemverhalten in der mittleren Kindheit. In: Diskurs Kindheits- und Jugendforschung, 2, S. 197-216.

Salisch, M. von (2000): Zum Einfluss von Gleichaltrigen (Peers) und Freunden auf die Persönlichkeitsentwicklung. In: Amelang, M. (Hrsg.): Enzyklopädie der Psychologie. Themenbereich C: Theorie und Forschung. Serie VIII: Differentielle Psychologie und

Persönlichkeitsforschung. Bd. 4: Determinanten individueller Unterschiede. Göttingen.

World Vision e.V. (2010): Kinder in Deutschland 2010. 2. World Vision Kinderstudie. Frankfurt a. M.

Wünnenberg, H. H. (1989): -Boff- Kinder schreiben sich frei. Heinsberg.

kindertextarchiv@paedagogik.uni-halle.de

Wolfgang Reiß

Erhebung und Auswertung von Kinderzeichnungen

Die über einhundertjährige Beschäftigung mit der Kinderzeichnung hat zu einer unüberschaubaren Vielfalt und wissenschaftlichen Differenzierung geführt. Die Pädagogik und die Psychologie haben sich sehr früh und bis heute ausführlich mit der Kinderzeichnung befasst. Die einen wegen ihrer sichtbaren Kreativität, die anderen wegen der bildhaften Spur des Entwicklungsgeschehens.

In diesem Beitrag werden zunächst wesentliche Elemente der Kinderzeichnung dargestellt und theoretische Grundlinien skizziert. Im nachfolgenden Teil werden dann wesentliche methodische Ansätze zur Erhebung und Auswertung von Kinderzeichnungen der Erziehungswissenschaften und der Psychologie vorgestellt.

Kinderzeichnungen[1] sind produktive Äußerungen, die präsentativen Handlungsregeln unterliegen (vgl. Langer 1979). Das Bild entsteht durch einen raumzeitlichen Vorgang, und ist ein System von Bewegungsspuren. Dabei gilt seit Vasari die Prämisse, die Zeichnung als unmittelbaren Niederschlag des Vorstellungs- und Wahrnehmungsvermögens zu begreifen.

Zeichnen ist heute unverzichtbarer, pädagogisch geförderter Teil der Kindheit, aber zugleich auch persönliche kulturelle Praxis. Es ist eine Tätigkeit, die im Kommunikations- und Lebenszusammenhang von Familie, Kindergarten und Schule verankert ist (Zinnecker 1985, S. 173). Zeichnungen sind Produkte, täglich in millionenfacher Auflage hergestellte Zeugnisse von Kleinkindern, Kindern und Jugendlichen.

Malen, Zeichnen und plastisches Gestalten in Kindheit und Jugend sind keine Vorbereitung für eine spätere künstlerische Betätigung, sondern sind Mittel zur Selbstfindung und Welterfahrung einer elementaren Ausdrucksmöglichkeit. Obgleich die Kinderzeichnung vorrangig in der Entwicklungspsychologie untersucht wird, könnte sie auch aus der Perspektive der sozialwissenschaftlichen Kindheitsforschung aufschlussreich sein. Die bildnerischen Tätigkeiten werden heute in der Forschung als Belege für ein komplexes Verstehen gedeutet. Es sind zeichenhafte, zugleich auch kommuni-

---

1 Der Begriff der Zeichnung bezieht sich sowohl auf Produkte und Prozesse mit grafischem als auch mit malerischem Charakter.

kative Akte, die – je nach Fragestellung – Einblicke geben in das altersspezifische Denken und Fühlen, in das ästhetische Empfinden, in Vorstellungen, in Hoffnungen, Ängste und Wünsche, in das Selbstgefühl, aber auch in die Fähigkeiten kognitiver Denkoperationen.

Dazu ein Vergleichsbeispiel, das den Einfluss der konkreten Lebenssituation und des lebensgeschichtlichen Kontextes auf die Kinderzeichnung belegt.

Das Thema in der dritten Klasse lautete: „Villa Kunterbunt" oder „Mein Traum vom Wohnen". Das Bild, das die neunjährige Verena abgegeben hat (Abb. 1), stellt ein Ergebnis dar, welches morphogenetisch, inhaltlich und ästhetisch so erwartet werden darf. Thorsten, ebenfalls neun Jahre alt, legte ein Bild vor (Abb. 2), welches inhaltlich und gestalterisch überdeutlich zeigt, dass schwere Entwicklungsstörungen vorliegen und er Hilfe benötigt.

Abb. 1. Verena, 9 Jahre

Abb. 2. Thorsten, 9 Jahre

Zeichnen als Handlungsakt

Jeder zeichnerische Ausdruck enthält eine Vielzahl von Funktionen, deren Aussage kommunikative, ästhetische, emotionale und intellektuelle Anteile enthält. Die Funktionen des Narrativen, des Schönheits- und Gestaltungsempfindens, des Emotionalen sowie des Wissens bedingen einander und unterliegen ständig wechselnden Abhängigkeitsverhältnissen sowie situativen Bedingungsfeldern.

So beruht die Umsetzung der Bilder auf der Summe der Erfahrungen; es handelt sich um optische, räumliche, haptische, kognitive und affektive Erlebnisse der ganzen Persönlichkeit. Dieses wird besonders sinnfällig, wenn wir Bilder blinder – auch geburtsblinder – Kinder betrachten. Ihre Bilder gleichen, trotz aller technischen Mängel und einer immer vorhandenen Retardierung, den Bildern sehender Kinder. Sie durchlaufen auch die gleichen Stadien. Die Entwicklung endet zwangsläufig z.B. bei der Fluchtpunktperspektive, weil diese nur durch optisch aufnehmbare Sinneserlebnisse darstellbar ist (vgl. Spitzer/Lange 1982).

Nachfolgend wird die zeichnerische Handlung durch vier Aussagen näher charakterisiert (vgl. Reiß 1996, S. 24 f.):

- Warum zeichnen Kinder gern? Bei jedem Kind ist der Drang nach Reproduktion vorhanden. Für Piaget stehen die Fortschritte der Nachahmungsfunktion in direkter Beziehung mit dem Fortschritt bei der Entwicklung der Intelligenz. „Von Beginn des nachahmenden Verhaltens an gibt es fast so etwas wie einen Willen zum Erfolg" (Piaget 1969, S. 112). So ist es bei der zeichnerischen Nachahmung wie zweifellos in anderen Fällen auch: Das Zeichnen gründet sich auf das Lustgefühl, das jedes Wiederfinden des Bekannten begleitet. „Imitierende Handlungen machen Spaß", schreibt Daucher (Daucher 1990, S. 166 f.). Es bedarf keiner Motivation von außen, um Zeichen zu wiederholen und sie bei Bedarf zu verändern. Gleichzeitig möchte das Kind in seinem Bild einen hohen Grad von Übereinstimmung mit seiner Wirklichkeit erreichen. Im Zusammenhang mit diesen Tendenzen liegt nun der Anreiz, das eigene Geschaffene mit dem objektiv gegebenen Vorbild zu vergleichen.

- Das zeichnende Kind ist mimetisch orientiert, es verfügt mit seinen Äußerungen über einen konkreten Inhalt, der wiederum ein Ausschnitt aus der (ontogenetisch geprägten) „gegenständlichen Welt" ist. Da die Inhalte der Zeichnung stets zu tun haben mit Gegenstandsbedeutungen, stellen sie als Handlungsakt echte Elemente eines sozialen Geschehens dar.

- Hier zeigen sich auch die Grenzen der Ausdruckspsychologie wie z.B. bei Günther Mühle, weil dort die Formelemente und Konfigurationen der Kinderzeichnung immer neuen Deskriptionen und Typisierungen unterworfen werden, ohne die soziale Dimension mit einzubeziehen (vgl. Mühle 1975).

- Das Bild ist nicht objektiv gegeben, sondern es entsteht durch Einbildung im Subjekt Kind als ein „inneres Modell". Das Entäußern im Zeichenprozess richtet sich einerseits auf die Dingerkenntnis der Strukturgebilde, andererseits ist es geprägt von der Übertragung des jeweiligen

Empfindens auf die Gegenstände. Ästhetische Produktivität konstruiert Fiktionen (Mollenhauer 1996, S. 254). Somit enthält die Zeichnung immer einen affektiven Zug, ein gefühlshaftes Erleben.

- Wenn ein Kind zeichnet, dann orientiert es sich nicht primär an den gegebenen äußeren Reizeindrücken, sondern es stellt gespeicherte Vorstellungsinhalte dar oder anders gesagt, es zeigt ein im Bewusstsein vorgegebenes Strukturgebilde. Es bildet in seinem Tun die Erscheinungen seiner physischen und sozialen Umwelt nach und realisiert dies nach Maßgabe der Mittel, die ihm zur Verfügung stehen (selbst erworbene Symbolik). Entwicklung bedeutet Umstrukturierung und Umbau des syntaktischen und semantischen Bildgefüges (vgl. Richter 1972, S. 10).

Motiv und Prozess

Kinder bedürfen keiner besonderen Anregung zum Zeichnen, Malen oder Formen, wenn sie dazu die Gelegenheit erhalten. In einem poetischen Vergleich hat Gustav Kolb in den zwanziger Jahren dieses intrinsische Verhalten mit dem Satz beschrieben: Das Kind betätigt sich im Bereich des bildnerischen Gestaltens frei und absichtslos, so „wie der Vogel singt, wie die Blume blüht" (Kolb 1926, S. 65).

Neben dem Bedürfnis aus eigenem Antrieb ein Bild anzufertigen, hat der Anlass zur Zeichenhandlung vielfältige Motive. Motive können sein: Aufträge von Personen wie Lehrern zu erfüllen, an einem Malwettbewerb teilzunehmen oder einfach dem Wunsch nachzukommen, ein „schönes" Bild zu verschenken. Der Grund kann aber auch der Versuch sein, sich mit Hilfe des bildnerischen Gestaltens von seelischen Spannungen zu befreien, sich durch Nachahmung oder Durchpausen in den Besitz eines begehrten Motivs zu bringen, durch den Zeichenprozess ein Vorbild oder Idol noch einmal für sich zu erschaffen, durch heftige, gestische Bewegungen Entlastung zu finden oder im weitesten Sinne künstlerisch oder kunsthandwerklich tätig zu sein.

Dabei bilden Grundstimmungen wie: Begeisterung, lustlose Pflichtübung, Zwang, Testsituation, Freiwilligkeit oder Wunsch einen Hintergrund, der die Antizipationsphase, die Wahl der Motive wie auch den zeichnerischen oder malerischen Bewegungsvollzug selbst während des gesamten Prozesses mitbegleitet. Ist die Arbeit mit positiven Gefühlen besetzt, wird sie sehr wichtig genommen, besteht ein großer Bedürfnisdruck oder wird sie z.B. als Spiel bzw. Nachahmung aufgefasst, findet sich die Befriedigung nicht allein in der Erreichung des Ziels oder eines Nutzens, sondern bereits in der Tätigkeit selbst. Damit wird wiederum die endgültige Form, die Darstellungsweise (bildhaft-ausschmückend, detailfreudig, karg, rasch hingeworfen, technisch-konstruiert,) und ihr Ausdruck (heiter, leicht, dunkle Farbwahl oder Buntheit etc.) beeinflusst.

Funktionen, Motive und seelische Grundstimmungen steuern also den Verlauf der Zeichenhandlung inhaltlich und gestalterisch, aber auch unterschiedliche bildnerische Techniken können Einfluss nehmen, die das Gestalten und den Ausdrucksvorgang behindern oder fördern.

Der Prozess der Zeichenbewegung selbst schließt zugleich eine „Kontrolle" ein. Sie findet nicht als Schlusskontrolle statt, sondern sie gliedert sich während des Handlungsgeschehens in Teilziele und Teilhandlungen auf. Es findet eine permanente, die Handlung begleitende Überprüfung vor dem Endvergleich statt. Während dieses raumzeitlichen Vorgangs lassen sich die Zeichnerinnen und Zeichner von den optischen Wirkungen, die sie hervor-bringen, beeinflussen, und sie können bei Bedarf situativ ihren ursprünglichen Arbeitsplan ändern.

Während des Gestaltungsvorgangs entwickeln sich zwischen Kindern und Zeichnung permanente Wechselwirkungen. Die Anregungen, die sich auf den Gegenstand bzw. die Zeichnung richten, kehren in Form eines bestimmten Effektes zurück. Diesen Wirkungszusammenhang kann man als Funktionskreis bezeichnen. Verbunden mit dieser Wechselwirkung der Impulse sind die Phänomene der psychischen Spannung und Lösung, wobei das Moment des Spielerischen und Überraschenden gewahrt bleibt.

Man kann verallgemeinernd sagen, je jünger das Kind ist, desto einheitlicher wird die Phasenstruktur der Handlung vollzogen. Das Vorschulkind, das zeichnet, tut dies mit großer Selbstverständlichkeit, es behandelt den Gegenstand, den es entwirft, mit der Sachlichkeit, wie es die Weltsicht des Kindes verlangt. Das Kind geht in der Situation auf, wird eins mit seiner Absicht. Diese ernsthafte Intentionsgebundenheit verleiht dem Handlungsakt den Charakter der „Realität". Dennoch vergisst das Kind nicht, dass es zeichnet. Aber durch das zeitweise Aufgehen im Prozess erlebt es Phasen, in denen das Zeichengeschehen und die eigene emotionale Gestimmtheit miteinander verschmelzen. Dieses sensitiv-intentionale Aufgehen im Zeichenakt muss mit fortschreitendem Alter nicht aufgegeben werden, aber die Entwicklungsfortschritte der Heranwachsenden führen dazu, dass im Schulkindalter die Entscheidungen im Hinblick auf den Gestaltungsweg und das Ziel immer früher festgelegt werden. Damit wird das Bild in Aufbau, Form-, Farb-, Kompositions- und Raumdarstellung, in seinen Verfahren und Mitteln und der Vielfalt der Realisierungswege und des Ausdrucks schematischer, planungssicherer und anspruchsvoller. Es hat sich aber mit der Steigerung der geistigen Durchdringung auch der Abstand zum Prozess der Handlung vergrößert; die Folge ist ein Verlust der spontanen Unmittelbarkeit, einer wesentlichen Vollzugsform des ästhetischen Prozesses.

Methoden und Zugänge

Die Kinderzeichnung steht in dem ambivalenten Spannungsverhältnis zwischen Wahrnehmung und Außenwelt und sie gibt Hinweise auf Genese und Entwicklung der unterschiedlichen Repräsentationsleistungen. In der langen Forschungsgeschichte gab es viele Wenden. Einmal fragte man nach der künstlerischen Begabung, dann betonte man den rational-nachahmenden, ein anderes Mal den sinnlich-irrationalen Charakter dieses Ausdruckssystems.

Kinderzeichnungen sind ein Schlüssel zum Denken und Fühlen eines Kindes, nicht zuletzt deswegen, weil hier eine „objektivierte" Spur (Schuster 1990, S. 1) des Entwicklungsgeschehens vorliegt. Doch welcher Code gibt Zugang zu diesen Bildern und wie lassen sich ihre Botschaften interpretieren und verstehen?

Die Beschäftigung mit der Kinderzeichnung ist so alt wie die empirische Psychologie. Noch vor 1900 erfolgten in Europa und in den USA vielfältige Erhebungen mit den unterschiedlichsten Fragestellungen: Entwicklungsstufen, kindlicher Schönheitssinn, Zeichnen nach Vorlagen und spontanes Zeichnen, Vergleich mit der Kunst und mit der Kunst der Naturvölker, Kinderfehler (z.B. Zentralauge, Durchsichtigkeit, Affektperspektive), Gedächtniszeichnen und Ideenassoziation, Zeichnung und Intelligenz, Zeichnung und biogenetisches Grundgesetz, Kinderzeichnung und Zeichnungen Geisteskranker etc.

In einem gigantischen Unternehmen untersuchte Georg Kerschensteiner (vgl. Kerschensteiner 1905) zwischen 1898 und 1905 über 300.000 Kinderzeichnungen. Durch systematisches Klassifizieren erforschte er die Begabung und ihre Bedeutung für den Zeichenunterricht. Dabei fragte er nicht nach der Phantasie, sondern beurteilte den Grad der naturalistischen Darstellungsfähigkeit; nur sie war Ausdruck höchster Begabung. Das Ergebnis war enttäuschend. Unter 58.000 näher untersuchten Kinderbildern fanden sich nur 40 Kinder, die in der Lage waren, die menschliche Gestalt annähernd mimetisch darzustellen. Für ihn waren lediglich zwei dreizehnjährige Kinder in der Lage, „perfekt" zu zeichnen. Auf Grund dieser empirischen Ergebnisse wird verständlich, dass in späteren Untersuchungen der naturalistische Begabungsbegriff an Interesse verlor. Andere Fragestellungen traten nun in den Vordergrund.

Nachfolgend werden exemplarisch wichtige Beiträge zur Erhebung und Auswertung von Kinderzeichnungen aus den Bereichen der Kunstpädagogik, der Kunsttherapie und der Psychologie vorgestellt. Die Untersuchungsanlässe sind breit gestreut und reichen von Testverfahren oder dem psychologisch-klinischen Einsatz über pädagogische Fragestellungen bis zu interkulturellen Forschungen.

Untersuchungen zur Entwicklung der Kinderzeichnung

Um die Entwicklung klassifizieren zu können, wurden in vielen Studien die Struktur der Formbestände, der Formtendenzen und der Formprinzipien untersucht. Einzelne Motive (z.B. Mensch, Haus, Baum, Tier, Auto) unterzog man einer strukturanalytischen Betrachtungsweise und beurteilte sie im Zusammenhang mit dem Bildganzen (vgl. Meyers 1964; Ebert 1967; Mühle 1975). Bei der deskriptiven Bestimmung werden häufig auftretende morphologische Ähnlichkeiten einer bestimmten Phase zugeordnet. Als Orientierungshilfe und zur Kennzeichnung des bildnerischen Entwicklungsprozesses ist diese Kenntnis von allgemeiner Bedeutung. Für die Kunstpädagogik hat Ebert (1967) gezeigt, wie sich bestimmte Formtendenzen in den verschiedenen Altersstufen entwickeln. Er orientierte sich an Formqualitäten der Ganzheits- bzw. der Gestaltpsychologie (vgl. Mühle 1975).

Die frühe „deskriptive" Erforschung orientierte sich an den Untersuchungen Kerschensteiners, der ein gestuftes Entwicklungsmodell von der Kritzelphase über die Stufe des Schemas bis zur „formgemäßen Darstellung" vorlegte (vgl. Luquet 1927; Kellog 1969; Lowenfeld/Brittan 1982). Solche Phasenlehren waren zum einen in ihrer Wertung an der naturalistischen Richtigkeit orientiert und zum anderen konnten sie nur eine deskriptive Basis für Erklärungsversuche bilden, wie eine Veränderung zustande kommt.

Die empirisch orientierte Forschung zur Kinderzeichnung hatte nach dem zweiten Weltkrieg in Deutschland nur eine schmale Tradition. Es galt lange das Verdikt, dass sich die Kinderzeichnung mit quantifizierenden statistischen Erhebungsmethoden nicht erfassen lasse (vgl. Mühle 1975, Vorwort). Mit ihrer Untersuchung über das ästhetische Verhalten von Vorschulkindern eröffnete Adelheid Staudte (1977) für die kunstpädagogische Forschung eine neue Perspektive. Staudte untersuchte das ästhetische Verhalten von 225 Kindern in zehn Hamburger Vorschulklassen und erbrachte eine Reihe interessanter Ergebnisse: Mädchen neigen tendenziell zu „bunteren" Bildern, sie zeichnen häufiger als Jungen und gestalten Bilder differenzierter (Standte 1977, S. 187f.). Weitere wichtige Aussagen waren: die Wahrnehmungsleistungen sind „ganz eindeutig abhängig von schichtspezifischen Sozialisationsbedingungen" und die „Höhe des Artikulationsgrades der Bildzeichen ist abhängig von einem reichhaltigen Anregungsmilieu" (Standte 1977, S. 210).

1981 legte Helga John-Winde eine empirisch-pädagogische Längsschnittstudie zur Entwicklung der Kinderzeichnung vom 1. bis zum 4. Schuljahr vor. Sie vergleicht in dieser Studie Zeichnungen von Kindern aus unterschiedlichen Schuljahren (1. und 4. Klasse) mit dem gleichen Thema: „Harald schiebt sein Auto unter einen Baum". Der besondere Wert dieser Studie liegt in der genauen Operationalisierung der Kriterien für die statistischen Erhebungen der Bildzeichen Mensch-, Baum- und Autodarstellung sowie dem Handlungszusammenhang. Es gelingt ihr nachzuweisen, dass

Zeichnungen in den ersten vier Schuljahren einem deutlichen strukturellen Wandel unterliegen und die Kinder in dieser Zeitspanne zunehmend integrativer, differenzierter und realitätsnaher gestalten (John-Winde 1981, S. 243 f.).

Mit der Einbeziehung der erkenntnistheoretischen Grundlagen des Konzepts von Piaget, konnte John-Winde nachweisen, dass die Entwicklung der Kinderzeichnung im Sinne einer integrierten Umstrukturierung begriffen werden kann. Auch schon die ersten Zeichnungen des jüngeren Kindes sind demnach bereits dynamische Einheiten, die sich im Laufe der Entwicklung von Stufe zu Stufe vertiefen und erweitern, wie es jeweils der kognitiven Reifung und der Reifung der Emotionalität wie auch der Entwicklung der sozialen Funktionen entspricht.

In einer quantitativ empirischen Untersuchung, der eine große Anzahl (ca. 35.000) Kinderzeichnungen zugrunde lagen, analysierte Reiß (vgl. Reiß 1996), das bildnerische Verhalten der Kinder zwischen 6 und 14 Jahren der Bundesrepublik. Die Forschungsfragen erfassten sowohl die Eingabe von Bildvariablen (Raum, Farbe, Mensch, Sonne, schriftliche Zusätze etc.), als auch einen Abgleich mit den Variablen der Kinder (Alter, Geschlecht, Schulform, Ort etc.). Gleichzeitig mit dieser Datenerhebung (Querschnittsstudie) erfolgten weitere biografische Untersuchungen (Längsschnittstudie), sowie experimentelle Versuche mit Schulklassen und Einzelgespräche. Die inhaltsanalytische Auswertung erbrachte nicht nur eine Rangfolge der Themen, sondern es ließ sich sehr genau bestimmen, welche Einschätzungen, Ängste und welche Aspekte des Alltags aus der Perspektive der Betroffenen selbst wichtig sind. In dieser Untersuchung rangiert die Angst vor der Umweltzerstörung an erster Stelle (Reiß 1996, S. 137 f.). Parallel zur Themenanalyse lassen sich taxonomische Niveaustufen der Inhalte erfassen. Mit zunehmendem Alter wächst die Kritik- und Konfliktbereitschaft zugleich mit der Fähigkeit zur Reflexion über das eigene Erleben sowie der Beziehungen zur Umwelt.

Bei der Überprüfung morphogenetischer Entwicklungen der Menschdarstellung wurden die zeichnerischen Grundtypen im Rahmen eines idealtypischen Modells numerisch erfasst. Die Überprüfung des Modells mit den Altersangaben der Kinder erbrachte u.a. den Befund, dass heute Kinder bereits im frühen Schulkindalter fortgeschrittene figurale Darstellungen zeichnen, die man nach den bislang vorliegenden Entwicklungstheorien nur älteren Kindern zugebilligt hat. Diese akzelerativen Prozesse verweisen einerseits auf eine frühere bildnerische Sozialisation, andererseits hat sich bei der Frage nach der naturalistischen Zeichenfähigkeit offenbar nicht viel verändert: wie schon bei Kerschensteiner beschrieben, lassen sich auch in diesen Untersuchungen nur bei einigen Ausnahmekindern mimetische Fähigkeiten nachweisen (Reiß 1996, S. 93).

Die Wirkungen ästhetischer Erfahrung aus der Perspektive der Betroffenen selbst genauer zu erfassen, ist das Erkenntnisinteresse von Klaus Mollenhauer (1996). Für die methodischen Zugänge der Untersuchungen zur ästhetischen Erfahrung von Kindern ist die Einbeziehung verschiedener Analyseinstrumente kennzeichnend: neben theoretischen und empirischen Befunden gehören Selbstbeschreibungen, Bildbeurteilungen, Umgestaltungsprozesse und Bilder von Kindern zum qualitativen Forschungsansatz. Mit unterschiedlichen methodischen Verfahren werden Kinder befragt, ob sie in der Lage sind, ästhetische Prozesse selbstständig zu entwickeln, über die gemachten ästhetischen Erfahrungen zu sprechen und ihre Empfindungen zu beurteilen (Mollenhauer, S. 67f.). Der große Erkenntnisgewinn dieser Studie liegt darin begründet, dass es ihr unabhängig von der entwicklungspsychologischen Sicht und von sozial-pragmatischen Kontexten gelingt, den Nachweis darüber zu führen, dass Kinder in ihrer ästhetischen Tätigkeit sich nicht nur mit der „Welt" als Vorlage auseinandersetzen, sondern dass sie zusätzlich mit ihrem ästhetischen Eigensinn in der Lage sind, gestalterisch produktiv zu sein und neue fingierte Wirklichkeiten zu konstruieren (Mollenhauer, S. 254).

Anders als bei der quantitativen Forschung basiert die qualitative empirische Forschung auf Einzelbeobachtungen und -analysen. Für die Kinderzeichnung kann man auf frühe Anfänge von Fallstudien verweisen. Dazu gehören die „Monographien über die seelische Entwicklung des Kindes" von Clara und Wiliam Stern (1909), die Studien von Karl und Charlotte Bühler zwischen 1922 und 1938, und die Arbeiten von Walter Krötzsch (1917), Helga Eng (1927), Oskar Wulff (1927), Max Kläger (1974, 1978) und Walter Mosimann (1979).

Als Instrumente der Detailanalyse dient die biografische Methode in erster Linie der Erkundung von Prozessen und Verläufen von den ersten Zeichenversuchen im Kleinkindalter bis zur einsetzenden Pubertät. Aber sie wird ebenso zur Erforschung oder Bestätigung theoretischer Annahmen über die Gliederung in Phasen dieser Lebensspanne eingesetzt. Die Beobachtung des zeichnenden Kindes kann man als die bislang fruchtbarste Methode bezeichnen. Die teilnehmende Beobachtung und Registrierung bezieht sich nicht allein auf das fertige (End-)Produkt, sondern kann den Zeichenprozess im Zusammenhang mit ihn begleitenden Aktivitäten wie der Sprache, der Handlungsweise, sowie den spielerischen und kreativen Haltungen erfassen.

Es sollte bei diesen Einzelfall-Studien darauf geachtet werden, ob die Kinder, die vorgestellt werden, nicht aus einer privilegierten Lebenssituation kommen. Dann handelt es sich um Längsschnittstudien, die möglicherweise besonders begabte Kinder betreffen oder die durch häusliche Gegebenheiten vom Kleinkindalter an hervorragende Bedingungen erhalten haben, um sich künstlerisch zu betätigen. Damit sind sie in ihrem bildnerischen Verhalten für den Durchschnitt nicht repräsentativ (vgl. Kläger 1974; vgl. Mosimann 1979).

Die aktuelle qualitative Forschung versucht angesichts der Gleichzeitigkeit vielfältiger lebensweltlicher Einflussfaktoren, der kulturellen und biografischen Heterogenität Rechnung zu tragen (vgl. Peez 2000, 2007).

Auf der Grundlage des reichen Erfahrungsschatzes der Auswertung und Interpretation von Kinderzeichnungen gibt es eine weitgehende Übereinstimmung über die Entwicklung, die in vier Phasen gegliedert wird:

- Die Stufe 1 bezieht sich auf das sensomotorische Denken im Säuglingsalter, welches Ende des ersten Lebensjahres beginnt und mit ca. 2;0 Jahren die „Kritzelphase" abschließt.
- Die Stufe 2 bezieht sich auf das voroperationale Denken. Es gliedert sich in zwei Phasen. Zwischen ca. 2;0-4;0 Jahren dominiert das vorschematische Zeichnen und zwischen ca. 4;0-7;0 Jahren findet der Übergang von der Vorschema- zur Schemaphase statt.
- Die Stufe 3 bezieht sich auf die konkreten Operationen des Denkens. Es ist die Phase der Schemata, die in der Zeitspanne zwischen dem 7. und dem 12. Lebensjahr dominiert.
- Die letzte Stufe 4 bezieht sich auf die Phase der formalen Operationen und beschreibt die unterschiedlichen Denkstile des Jugendalters, die ab dem 12. Lebensjahr geplante Gestaltungen erwartet.

Kunsttherapie mit Kindern

„They could not talk and so they drew." (Levick 1983)

Im vorangehenden Kapitel zur Entwicklung der Kinderzeichnung wurden die Grundlagen für ein Verstehen der Bildsprache aufgezeigt. Auf dieser Basis, die beschreibt, was wir wann, in welcher Gestalt und auf welchem Niveau von einem Kind oder Jugendlichen erwarten dürfen, kann man in das kindliche Weltverständnis eingreifen und therapeutisch begleiten. Kinder mit unterschiedlichen Verhaltensauffälligkeiten können beim Zeichnen oder Malen durch nicht erwartete Bildzeichen oftmals unbewusst ihre Probleme andeuten, die dann Grundlage für die weitere Arbeit sind.

Die Kunsttherapie ist eine junge therapeutische Disziplin in der hauptsächlich mit Medien der bildenden Kunst gearbeitet wird. Dazu zählen malerische oder zeichnerische Techniken, plastisch-skulpturale Gestaltungen aber auch fotografische und elektronische Medien. Durch sie können Kinder (Patienten) unter therapeutischer Begleitung innere und äußere Bilder ausdrücken, ihre kreativen Fähigkeiten entwickeln und ihre sinnliche Wahrnehmung ausbilden. Die Kunsttherapie wird in klinischen, pädagogischen, heilpädagogischen oder soziokulturellen Bereichen ausgeübt, also in Schulen, Krankenhäusern, Einrichtungen der Behindertenhilfe, Museen, Gefängnissen, Altersheimen und in freier Praxis.

Das Kind setzt sich während des Zeichenprozesses mit seinen – auch schmerzhaften – Erfahrungen auseinander. Malen ist als beliebte kindgemäße Tätigkeit neben Spielelementen in fast jede Kindertherapie integriert. Darüber hinaus gibt es auch spezielle Programme, die sich neben dem Malen auch auf das Puppen- und Rollenspiel beziehen und zur Behandlung von misshandelten Kindern eingesetzt werden.

Für Edith Kramer, die sich wie die Mehrzahl der Therapeuten auf die Psychoanalyse stützt, bilden dabei die Mechanismen der Katharsis oder der Sublimierung die Grundlagen der Maltherapie oder der Kunsttherapie mit Kindern. Die bildliche Verständigung hat ihren Zweck erfüllt, „wenn Patient und Therapeut die Bedeutung verstehen" (Kramer 1978, S. 208).

Die verwendeten Techniken sind vielfältig und jeder Therapeut wird ein von ihm bevorzugtes Medium einsetzen, ob es freies oder thematisch gebundenes Malen, Zeichnen oder Bauen ist, die Scribbletechnik, Gefühlszeichnen oder das gemeinsame Malen von Klient und Therapeut (Schottenloher 1983, 1994; Schuster 1988).

„Wichtiger als die einzelne Technik oder das einzelne Material" schreibt Schuster, „ist eine liebevolle, dem Kind zugewandte Einstellung und die Konzentration auf die metaphorisch-bildhafte Kommunikation" (Schuster 1990, S. 151).

Kinderzeichnungen als Test und als projektive Verfahren

In den heilpädagogisch orientierten Verfahren der Kunsttherapie sind die bildnerischen Produktionen der Kinder die Grundlage der Gespräche und der Hypothesenbildung über die Situation des Kindes. Es dominiert eine ganzheitliche Betrachtungsweise. Dagegen versuchen Testverfahren, aus bestimmten Merkmalen der Zeichnung signifikante diagnostische Informationen zu erhalten.

Kinderzeichnungen sind im Bereich der Diagnostik von großem Wert und werden in der psychologischen Praxis oft verwendet. In einer Befragung von 661 westdeutschen Psychologen gaben von den Antwortenden 24.4% an, den Test „Familie in Tieren" regelmäßig zu verwenden und 7.8% benutzten regelmäßig den „Baumtest" (Schorr 1995).

Wenn Kinderzeichnungen als Test eingesetzt werden, dann handelt es sich um festgelegte Aufgabenstellungen, die zur Bekundung einer bestimmten psychischen Beschaffenheit führen sollen. Er ist in kurzer Zeit mit einfachen Hilfsmitteln durchzuführen. Er ist nicht Kenntnis- sondern Fähigkeitsprüfung, eine „Art psychischer Stichprobe" (Grubitsch 1991, S. 21).

So enthalten die meisten Schulreife- bzw. Schuleingangsdiagnostiktests auch zeichnerische Aufgaben. Zu den Aufgabengruppen gehört das Abmalen von vorgegebenen buchstabenähnlichen Figuren, das Nachzeichnen stilisierter und geometrisch vereinfachter Gegenstände oder auch das Freizeichnen, zumeist handelt es sich dann um die Menschendarstellung (Grubitsch 1991, S. 437 f.). Die „Intelligenz" eines Kindes anhand der Mensch-zeichnung zu erschließen versucht der „Mann-Zeichentest" (vgl. Ziler 1970). Das Kind wird aufgefordert, einen Menschen zu zeichnen, und die Auszählung registriert, wie differenziert die Zeichnung ist. Für das Vorhan-densein von Augen, Händen, Haar, Fingern, Kleidungsstücken etc. werden Punkte vergeben. Die erreichte Punktzahl wird nach einer Formel berechnet und ergibt damit das „Mann-Zeichenalter". Man erhält durch dieses Verfah-ren einen ersten Eindruck von einem Teilbereich des intellektuellen Ent-wicklungsstands des Kindes, doch ist es nicht möglich, ein diagnostisches Urteil allein auf diesem Zeichentest zu gründen.

Bei anderen bekannten Testverfahren „Familie in Tieren", (Brem-Gräser 1970, 2001), „Die verzauberte Familie" (Kos/Biermann 1973), dem „Mann-Zeichen-Test" (Ziler 1970, 2000), dem „Baumtest" (Koch 1949, 1997) oder dem „Human-Figure-Drawing-Test" (Koppitz 1972), erhalten die Proban-den die Aufgabe, „Zeichne deine (oder irgendeine) Familie", „Zeichne eine verwandelte Familie" bzw. „Zeichne einen Menschen". Formale Kriterien der Zeichnung wie Raumordnung, Größenverhältnisse, Reihenfolge, Aus-lassungen und Hinzufügungen, grafische Auf- und Abwertungen erschlie-ßen den Zugang. In dem anschließenden Gespräch erhält der Therapeut o-der die Therapeutin weitere Einblicke in die Familiendynamik sowie in die Affektkonflikte des Kindes. Die Verkleidung in Form eines Zaubermär-chens erweitert und differenziert Projektionsmöglichkeiten und Symbol-wahl. Bei Kos und Biermann wird mit dem Kind zusätzlich noch der Pi-gemtest durchgeführt. Es wird gefragt, in welches Tier es am liebsten – und in welches Tier es auf gar keinen Fall verwandelt sein möchte. Im Gegen-satz zu Diagnostiktests wird bei den projektiven Verfahren die Persönlich-keit untersucht. Die Zeichnung ist nun Ausdruck der Gesamtpersönlichkeit und nicht nur Maßstab gewisser Fähigkeiten.

Klinische Einzelfallforschung und Biografische Methoden

In einem Modell stellte Richter (1987) Sonderentwicklungen und Struktur-veränderungen in Kinderzeichnungen zusammen. Er führte aus, dass sich Krankheiten und Sinnschädigungen zu Sonderformen, in Sondermotiven oder auch durch „qualitative Andersartigkeit" in Zeichnungen ausdrücken. Verzögerte, andersartige sensomotorische Entwicklungen führen nach Richter zur allgemeinen Retardierung. Neurotische Störungen, primär oder begleitend, äußern sich in einer Häufung emotionaler Faktoren in den Kin-derzeichnungen (vgl. Richter 1987, S. 107).

Das Modell Richters wurde von Seidel (2007) modifiziert übernommen und durch Beispiele aus ihrer Arbeit im Bereich der klinischen Psychologie ausführlich beschrieben (vgl. Seidel 2007, S. 464 f.).

Max Kläger legte 1978 eine monografische Langzeitstudie von dem

Werk eines Mädchens mit Down-Syndrom vor, die sich ausschließlich mit den bildnerischen und verbalen Produkten befasst und Bilder nicht behinderter Personen zu Vergleichszwecken heranzieht. Die hermeneutisch-pragmatische Fallstudie wird durch verschiedene Tests (u. a. Wartegg-Test, Draw-A-Man-Test, Bilder-Präferenz-Test) ergänzt. Das Erkenntnisinteresse richtete sich nicht auf altersentsprechende Einordnungen, sondern im Mittelpunkt steht eine kreativitätstheoretische Lesart, die in der Kinderzeichnung einen Beleg für schöpferische Fähigkeiten sieht. Das Werk des Mädchens mit Down-Syndrom verweist auf eine überlegene Schöpferkraft; es enthält eine Fülle holistischer Lösungen und sie bedient sich inhaltlich primär-prozesshafter, archetypischer Symbole (vgl. Kläger 1978).

Es gibt inzwischen ausreichend Literatur, die von kranken, unheilbar kranken, psychisch oder sozial gestörten Kindern handelt. Bildnerische Aussagen können dabei eine wichtige Funktion einnehmen. Sie dienen dazu, mit Kindern ins Gespräch zu kommen, sie im Prozess der Selbstfindung zu begleiten oder im Rahmen der Heilung einzusetzen. Kinder werden angeregt, vor einer Operation oder Amputation Bilder zu malen und ihre Versagens- und Trennungsängste zu zeichnen. Die Auseinandersetzung mit der inneren Befindlichkeit bietet den Kindern die Möglichkeit, Inhalte, die noch nicht oder nicht mehr verbal geäußert werden können, in ihrem, ihnen aber unbewussten Bilderdenken zu veranschaulichen. Aus den Kinderbildern kann u. a. der Inhalt, die Strichführung, die Verwendung der Farben und Symbole Rückschlüsse auf die Art und den Verlauf der Krankheit, aber auch Hinweise auf das unbewusste Wissen von Lebens- und Todeserwartung der Kinder geben.

Am Beispiel von Bildern, die über einen längeren Zeitraum parallel zur Krebserkrankung entstanden sind, beschreibt Bach (1995) eindrucksvoll, wie Kinder mit unheilbaren Krankheiten umgehen und mit Hilfe ihrer Zeichnungen ihren Zustand verarbeiten. So fand Bach auffällige Merkmale der Zeichnungen in unterschiedlichen Stadien ihrer Krebserkrankung und sie zeigte, dass im Endstadium der Krankheit ein auffallendes Nachlassen der Farbintensität feststellbar war.

Kulturelle Forschungen

Kinderzeichnungen sind kein universelles Phänomen, sondern sie unterliegen historischen Veränderungen ebenso wie soziokulturellen Einflüssen.

Zeichnungen von Kindern aus fremden Kulturkreisen zeigen häufig andere Motiv- und Formelemente, als die Bilder von westeuropäischen Heranwachsenden (vgl. Schmeinck 2007). Als kulturelle Forschungen sind sie auch für die sozialwissenschaftliche Kindheitsforschung grundlegend, die Kontextualität von Kindertexten zu berücksichtigen, besonders familiäre, sub-kulturelle Lebenskontexte oder ethnisch-kulturelle Einflüsse. Den Einfluss von ethnisch-kulturellen Einflüssen untersucht z.B. Meili-Dworetzki (1982) anhand eines Vergleiches von 494 Kinderzeichnungen aus Japan und ca. 800 Zeichnungen schweizerischer Kinder. Zusammenfassend stellt Meili-Dworetzki fest, dass sich in der Menschendarstellung Unterschiede feststellen lassen. Als solche kulturellen Charakteristika gelten etwa geschlechtsspezifische Darstellungsmerkmale. Japanische Kinder verwenden bestimmte Merkmale wie Frisur, Augenformen oder Kopfformen zur Unterscheidung der Geschlechter, während die Kinder aus der Schweiz den Schnurrbart, den Bart, die Pfeife oder Zigarette zur Kennzeichnung benutzen. Ein weiterer Aspekt der Unterscheidung zwischen beiden Populationen sind spezifische Merkmale der Geschlechter wie zierliche, liebenswürdige Mädchen, starke, auf imponierende Wirkung bedachte Jungen, die bei japanischen Kindern stärker herausgearbeitet werden als in den Zeichnungen schweizerischer Kinder (Meili-Dworetzki 1982, S. 158 f.).

Ein wesentlicher Unterschied zwischen westlichen und afrikanischen Kindern besteht darin, dass westliche Kinder in der Regel die Personen mit Augen zeichnen, während afrikanische Kinder die Augen oft weglassen (Court 1989). Während Genitalien auf Bildern westlicher Kinder ohne besondere Gründe nicht gezeichnet werden, ist es im Volksstamm der Tallensi üblich, dass Genitalien genau dargestellt werden (Fortes 1981).

Interkulturelle Forschungen können dazu beitragen, den Begriff des „Normalen" zu relativieren. Darstellerische Auffälligkeiten der einen Kultur lassen in einer anderen auf gute Anpassung an die spezifischen Bedingungen schließen. So zeichneten etwa Beduinenkinder in der syrischen Wüste, die Analphabeten waren und nur beschränkt Bilder kannten, die Gestalt des Menschen fast linear, klein und einfach. Das Gesicht wies kaum Merkmale auf, aber die Hand-, Arm- und Fußdarstellungen zeigten eine größere Differenzierung als die Menschenzeichnungen amerikanischer Kinder.

Anlässlich der deutschen Wiedervereinigung beteiligten sich im Jahr 1991 viele tausend Kinder aus Ost- und Westdeutschland an einem Malwettbewerb zu dem Thema: „Zeigt uns, was ihr über Deutschland denkt". Eine Inhaltsanalyse der eingesandten Arbeiten, getrennt nach ihrer Herkunft aus der DDR oder der BRD, zeigte gravierende Unterschiede auf. Westdeutsche Heranwachsende gingen mit individuell geprägten Aussagen auf das Thema ein und bekundeten ihre Meinung, während die ostdeutschen Jugendlichen einer Stellungnahme überwiegend auswichen und sich mit allgemeinen, neutralen Inhalten (Umwelt, Porträts) zufrieden gaben. Ein anderer auffallender Unterschied zeigte sich bei den Inhalten. Für die West-Heranwachsenden waren die innerdeutsche Grenze, die Mauer mit Stacheldraht oder das Brandenburger Tor ein immer wiederkehrendes Thema, während diese Inhalte bei den Ost-Heranwachsenden gar nicht oder nur ganz vereinzelt vorkamen. Hier zeigt sich, dass zum einen der autoritäre Staat keinen Wert auf individuelle Aussagen legte und zum anderen, dass die

Symbole der Teilung von der DDR-Führung tabuisiert wurden. Deutlich wird, dass sich vor der Folie unterschiedlicher Gesellschaftssysteme die sozialpolitischen und kulturellen Differenzen in den Bildaussagen nachweisen ließen (vgl. Reiß 1997).

Die Erforschung besonderer Wahrnehmungsgegebenheiten kultureller oder historischer Einflüsse leidet häufig unter fehlendem Material oder an nur schwer vergleichbaren Bedingungen in den verschiedenen Ländern und Kulturkreisen (vgl. Richter 1987, S. 350; vgl. Schuster 1990, S. 109f.), ist aber gerade für die sozialwissenschaftliche Kindheitsforschung interessant.

Literatur

Bach, S. (1995): Das Leben malt seine eigene Wahrheit. Über die Bedeutung spontaner Malereien schwerkranker Kinder. Einsiedeln.

Brem-Gräser, L. (2001): Familie in Tieren. Die Familiensituation im Spiegel der Kinderzeichnung. Entwicklung eines Testverfahrens. 8. Aufl., München.

Brem-Gräser, L. (1970): Familie in Tieren. München.

Bühler, K.; Bühler, C. (1922): Die geistige Entwicklung des Kindes, 3. Aufl. Jena.

Court, E. (1989): Drawing on culture. The influence of culture on children's drawing performance in rural Kenya. In: Journal of Art and Design Education, 8, 1, S. 65-88.

Daucher, H. (Hrsg.) (1990): Kinder denken in Bildern. München u. Zürich.

Ebert, W. (1967): Zum bildnerischen Verhalten des Kindes im Vor- und Grundschulalter. Ratingen.

Eng, H. (1927): Kinderzeichnen. Vom ersten Strich bis zu den Farbenzeichnungen des Achtjährigen. Leipzig.

Fortes, M. (Hrsg.) (1981): Universals of human thought. Cambridge.

Grubitsch, S. (1991): Testtheorie – Testpraxis. Psychologische Tests und Prüfverfahren im kritischen Überblick. Reinbek b. Hamburg.

John-Winde, H. (1981): Kriterien zur Bewertung der Kinderzeichnung. Bonn.

Kellog, R. (1969): Analyzing Children's Art. Palo Alto.

Kerschensteiner, G. (1905): Die Entwicklung der zeichnerischen Begabung. München.

Kläger, M. (1974): Das Bild und die Welt des Kindes. Ein monografischer Bericht über die Bilder zweier Kinder vom 2. bis zum 14. Lebensjahr. München.

Kläger, M. (1978): Jane C. Symbolisches Denken in Bildern und Sprache. Das Werk eines Mädchens mit Down-Syndrom in Le Fil d'Ariane. München u. Basel.

Koch, K. (1949/1997): Der Baumtest. 10. Aufl., Bern.

Kolb, G. (1926): Bildhaftes Gestalten als Aufgabe der Volkserziehung. Stuttgart.

Koppitz, E. M. (1972): Die Menschendarstellung in Kinderzeichnungen und ihre psychologische Auswertung. Stuttgart.

Kos, M.; Biermann, G. (1973): Die verzauberte Familie. Ein tiefenpsychologischer Zeichentest. München u. Basel.

Kramer, E. (1978): Kunst als Therapie mit Kindern. München u. Basel.

Krötzsch, W. (1917): Rhythmus und Form in der freien Kinderzeichnung. München u. Basel.

Langer, S. (1979): Philosophie auf neuem Wege. Das Symbol im Denken, Ritus und in der Kunst. 2. Aufl., Mittenwald.

Levick, M. F. (1983): They could not Talk and so they Drew. Springfield u. Illinois.

Lowenfeld, V.; Brittan, L. W. (1982): Creative and mental growth. New York.

Luquet, G.-H. (1927): Le dessin enfantin. Paris.

Meili-Dworetzki, G. (1982): Spielarten des Menschenbildes. Ein Vergleich der Menschenzeichnungen japanischer und schweizerischer Kinder. Bern u. a.

Meyers, H. (1964): 150 bildnerische Techniken: Nachschlagewerk, Unterrichtshilfen für den Kunst- und Werkunterricht. 7. Aufl., Ravensburg.

Mollenhauer, K. (1996): Grundfragen ästhetischer Bildung. Weinheim u. München.

Mosimann, W. (1979): Kinder zeichnen. Die Darstellung von Mensch, Tier, Baum, Raum und Farbe in Kritzel, Zeichen, Bildzeichen und Bild. Bern u. Stuttgart.

Mühle, G. (1975): Entwicklungspsychologie des zeichnerischen Gestaltens. 4. Aufl. Berlin u. a.

Peez, G. (2000): Qualitative empirische Forschung in der Kunstpädagogik. Hannover.

Peez, G. (2007): Handbuch Fallforschung in der Ästhetischen Bildung/Kunst-pädagogik. Baltmannsweiler.

Piaget, J. (1969): Nachahmung, Spiel und Traum. Die Entwicklung der Symbolfunktion beim Kinde. Stuttgart.

Reiß, W. (1996): Die Kinderzeichnung. Wege zum Kind durch seine Zeichnung. Neuwied u. a.

Reiß, W. (1997): Lebensweltliche Aspekte in Bildern von Kindern und Jugendlichen. In: Grünewald, D.; Legler, W.; Pazzini, K.-J. (Hrsg.): Ästhetische Erfahrung, Perspektiven ästhetischer Rationalität. Velber.

Richter, H.-G. (1972): Der Begriff der Entwicklung und das bildnerische Gestalten des Kindes. In: Zeitschrift für Kunstpädagogik, 1.

Richter, H.-G. (1987): Die Kinderzeichnung, Entwicklung, Interpretation, Ästhetik. Düsseldorf.

Schmeinck, D. (2007): Wie Kinder die Welt sehen – Eine empirische Ländervergleichsstudie über die räumliche Vorstellung von Grundschulkindern. Bad Heilbrunn.

Schorr, A. (1995): Stand und Perspektiven diagnostischer Verfahren in der Praxis. Ergebnisse einer repärsentativen Befragung westdeutscher Psychologen. Diagnostica, 41, 1, S. 3-20.

Schottenloher, G. (1983): Kunst- und Gestaltungstherapie in der pädagogischen Praxis. München.

Schottenloher, G. (1994): Wenn Worte fehlen, sprechen Bilder. München.

Schuster, M. (1988): Kunsttherapie. 2. Aufl., Köln.

Schuster, M. (1990): Die Psychologie der Kinderzeichnung. Berlin u. a.

Seidel, C. (2007): Leitlinien zur Interpretation der Kinderzeichnung. Lienz.

Spitzer, K.; Lange, M. (Hrsg.) (1982): Tasten und Gestalten. Waldkirch.

Staudte, A. (1977): Ästhetisches Verhalten von Vorschulkindern. Eine empirische Untersuchung zur Ausgangslage für Ästhetische Erziehung. Weinheim u. Basel.

Stern, C.; Stern, W. (1909): Die zeichnerische Entwicklung eines Knaben vom 4. bis zum 7. Jahre. In: Zeitschrift für angewandte Psychologie u. psychologische Sammelforschung. 3, S. 1-31.

Wulff, O. (1927): Die Kunst des Kindes. Der Entwicklungsgang seiner zeichnerischen und bildnerischen Gestaltung. Stuttgart.

Ziler, H. (1970/2000): Der Mann-Zeichen-Test in detail-statischer Auswertung. 11. Aufl., Münster.

Zinnecker, J. (1985): Literarische und ästhetische Praxen in Jugendkultur und Jugendbiografie. In: Fischer, A.; Fuchs, W. und Zinnecker, J. (Hrsg.): Jugendliche und Erwachsene '85: Generationen im Vergleich. Leverkusen.

Datenauswertung in der qualitatitven Kindheitsforschung

Anna Schütz, Anne Breuer, Sabine Reh

Sequenzanalysen von Kinder-Interaktionen
Zu den Möglichkeiten einer sozialwissenschaftlichen Hermeneutik

In der Kindheitsforschung wird die Frage, ob und wie Kinder, ihre Aussagen, wirklich zu verstehen sind, seit langem kontrovers diskutiert (vgl. z.B. Heinzel und Hülst i. d. B., vgl. auch kritisch Böhme 2003). Problematisiert werden vor allem zwei Aspekte: Zum einen wird die „Unfertigkeit" der Kinder in Bezug auf ihren Spracherwerb, in Bezug also auf ihre sprachliche und kommunikative Kompetenz thematisiert und als Problem für die Auswertung von Daten angeführt (Heinzel 2003, S. 125). Ergebnisse der Spracherwerbsforschung zeigen nun, dass Kinder und Jugendliche nach und nach eine Art Regelwissen der Sprechergemeinschaft erwerben, dass aber der Erwerbsprozess mündlicher Fähigkeiten, im Sinne eines „Zusammenhangs sprachstruktureller und kommunikativ-pragmatischer Fähigkeiten" verstanden, mindestens bis zur Adoleszenz andauert (Quasthoff 2003, S. 108 ff.) und auch erwachsene Sprecher große individuelle Unterschiede im Hinblick auf diese Kompetenz aufweisen. Sie unterscheiden sich etwa darin, wie gut sie Witze oder Geschichten erzählen, wie klar sie Anweisungen geben oder wie überzeugend sie sein können (vgl. Clark 2003, S. 411). Das bedeutet also, dass „der Maßstab dessen, was erwachsene Sprecher in ihrer Sprache können, als sehr variabel anzusehen" ist (Bremer 2009, S. 355).

Zum anderen besteht die Annahme, dass von einem ‚Eigensinn kindlicher Welten' auszugehen sei, der sich nur schwer mit üblichen Forschungsmethoden erschließen lasse. Zum Teil werden Kinder geradezu mystifiziert; so schreibt durchaus kritisch einer solchen Position gegenüber Hülst, Kinder würden geradezu als „eigenartige Ethnie" beschrieben (Hülst in diesem Band), deren „Sinn- und Regelsysteme [...] Erwachsenen teilweise fremd bzw. fremd geworden sind" (Heinzel 2003, S. 124). Innerhalb dieser Argumentation wird von einer kaum überbrückbaren Differenz zwischen der Eigenlogik kindlicher Wirklichkeit und den Möglichkeiten der Sinnrekonstruktion durch die erwachsenen Forschenden ausgegangen.

Tatsächlich allerdings ist jede Kommunikation – unabhängig davon, ob es sich um Kinder oder Erwachsene handelt, um eine Alltags- oder eine Forschungssituation – prinzipiell riskant – und findet dennoch statt. Goffman hat in verschiedenen Studien beobachtet (z.B. 1975, S. 86; 1986), was im Anschluss an Parsons auch Luhmann als „doppelte Kontingenz" (vgl. Luhmann 1984, S. 149 ff.) beschreibt: Prinzipiell ist das, was der andere meint, uneinholbar für ego; unterstellbar ist ein gemeinter Sinn, eine Erwartung, die aber auch im nächsten Sprechakt nicht abschließend zu verifizieren ist. Interaktion ist keine einfache Handlungskoordination, sondern als Spiel von Erwartungen und Erwartungserwartungen ein unendlicher Regress. Allerdings wird in Kommunikationsprozessen intersubjektiv, kokonstruierend Sinn als eine latente Strukturierung des Geschehens sequenziell erzeugt – und kann entsprechend (re-)konstruiert werden.

Wenn Kinder nun also sowohl untereinander als auch mit Erwachsenen kommunizieren, an Interakte anderer anschließen und selbst anschlussfähige Interakte produzieren, ist davon auszugehen, dass prinzipiell in diesem Sinne Verstehensprozesse stattfinden und in den sprachlichen Handlungen intersubjektiv Sinn produziert wird. Wir plädieren also dafür, Kinder als sprechende und intersubjektiv Agierende, anders gesagt als soziale Akteure, zu begreifen. Es stellt sich daher, unserer Ansicht nach, weniger die Frage nach dem – immer auch wieder mystifizierten – Eigensinn kindlicher Welten (vgl. auch Böhme 2003), sondern danach, wie Kinder ihre Wirklichkeit konstruieren und in Aushandlung mit anderen sozialen Akteuren hervorbringen. Dabei kann zwischen Situationen, in denen Kinder mit Kindern interagieren und solchen, in denen Kinder mit Erwachsenen sprechen, unterschieden werden (vgl. zur je unterschiedlichen Entwicklungsbedeutung dieser Piaget 1965 und Youniss 1980). In den letztgenannten werden – in jeweils an den anderen gerichteten Erwartungen bzw. in den Unterstellungen von (gemeintem) Sinn – Vorstellungen, die Erwachsene über Kinder und Kinder über Erwachsene haben, Vorstellungen auch über das generationale Verhältnis von Kindern und Erwachsenen, virulent. In der Regel handelt es sich in Forschungssituationen um Interaktionen zwischen Kindern und Erwachsenen.[1] Folglich ist es Aufgabe der Forschenden „die Beziehung zwischen Kindheit und Erwachsenheit, die latenten mehr oder weniger offensichtlichen Machtbeziehungen zwischen Erwachsenen und Kindern [...] zum theoretischen Ausgangspunkt, zum Erklärungsansatz und gleichzeitig zum Gegenstand der Beobachtung zu machen" (Lange/Mierendorff 2009, S. 189).

Durch den reflexiven Bezug auf die spezifische Forschungssituation und die Einbeziehung dieser Situation in die Analyse können „wesentliche

---

1 Weil Erwachsene entweder direkt in Interaktion mit den Kindern treten – z.B. in Interviews oder in Gruppendiskussionen – oder weil sie mindestens als Beobachter an Interaktionen von Kindern miteinander als Dritte, vor denen etwas stattfindet, teilnehmen.

Problembereiche des Forschens mit Kindern", wie sie etwa Heinzel (2003) benennt, bearbeitet werden: die Bilder der Forschenden über Kinder und Kindheit und die potenzielle Erwachsenenzentriertheit der Forschenden, die zu einer Orientierung der Interpretation „an Regeln und Bedeutungssystemen der Erwachsenenkommunikation" (vgl. Heinzel 2003, S. 124 f.) führen. Es gilt also, das Generationenverhältnis als „doing generation" (Kelle 2005, S. 96) bzw. die „generationale Ordnung als Basis des sozialen Phänomens der Kindheit" (Mierendorff/Lange 2009, S. 188) in die Interpretation einzubeziehen. Hier wird impliziert, dass weniger neue oder andere Techniken des Verstehens von Kindern erforderlich sind, sondern es vielmehr notwendig ist, sich reflektierend mit der Perspektive und dem spezifischen Zugriff auf die Kinderaussagen im Forschungsprozess auseinanderzusetzen, also die „Wahl der Methoden und die Interpretation der erzeugten Daten stärker als bisher selbst zum Gegenstand der Reflexion und Beobachtung" (Lange/Mierendorff 2009, S. 187) zu machen.

In sequenziellen Analysen der von Forschern initiierten Gespräche mit Kindern muss, folgt man dieser Position, der Analyse ihrer Aktionen, etwa ihrer Interviewfrage oder ihres Eingangsimpulses eine große Bedeutung zukommen. In der Interpretation des Impulses und des von den Kindern gewählten sequenziellen Anschlusses wird eine je aufgeführte generationale Ordnung, werden Machtverhältnisse als ein Wechselspiel von sich in der intersubjektiven Konstellation entwickelnden und aufeinander wirkenden Kräften erkennbar, manchmal thematisch und rekonstruierbar.

1. Methodologische und forschungstheoretische Konzeptionen der Sequenzanalyse

Die Rekonstruktion des sequenziellen Sinnaufbaus in der Interpretation von Protokollen der sozialen Wirklichkeit ist das Ziel sequenzanalytischer Verfahren. Die Interpretation von Kinder-Interaktionen muss sich also auf die Frage richten, wie in der Interaktion Sinnstrukturen (re-)produziert werden. In der Analyse der Protokolle interessieren uns demzufolge die latenten, bedeutungsgenerierenden Strukturen. In Frage kommen für die Interpretation neben Transkripten von Interviews und Gruppendiskussionen auch andere Texte, wie Briefe u. ä.; aber auch für Bilder und audiovisuelles Material wurden bereits sequenzanalytische Verfahren entwickelt (vgl. Garz 1994; Knoblauch 2005; Raab/Tänzler 2006). Die Daten gelten als Protokolle einer sinnhaft geregelten bzw. strukturierten Wirklichkeit, deren Produktion Regeln folgt, die genau dabei auch immer wieder an spezifischen Punkten überschritten und variiert werden.[2] Wenn davon ausgegangen wird, dass

---

2 Oevermann behandelt diese Frage unter dem Stichwort der Emergenz des Neuen einer Fallstruktur (Oevermann 1993); unserer Ansicht nach müsste an dieser Stelle disku-

sich Sinn sequenziell aufbaut, lässt sich dieser methodisch kontrolliert mit einem sequenziellen Verfahren, also einer schrittweise verfahrenden Interpretation, rekonstruieren.

Konzeptionell beziehen wir uns hier auf die Ansätze von Soeffner (1989) und Oevermann (1979). Die Hermeneutische Wissenssoziologie[3] im Anschluss an Soeffner gründet die wissenschaftliche Interpretation auf Vorgänge alltäglicher Interaktion und interessiert sich dabei für die Rekonstruktion intersubjektiv geteilter Bedeutungen von Handlungen bzw. von kommunikativem Handlungssinn von Texten (vgl. bspw. Hitzler u.a. 1999; Reichertz 2007). Ziel Objektiv Hermeneutischen Vorgehens ist es, die latenten Sinnstrukturen bzw. objektiven Bedeutungsstrukturen des Textes zu rekonstruieren (Oevermann 2002). Gemeinsam ist beiden Verfahren, dass der Blick nicht auf Intentionen und Motivationen der Akteure gerichtet wird. Vorausgesetzt wird ein – je ontogenetisch im Entwicklungsprozess zu erwerbendes – implizites Regelwissen als Interaktions- und zugleich Interpretationskompetenz (Soeffner 1989, S. 187). Die Annahme, „dass sich die sinnstrukturierte Welt durch Sprache konstituiert und in Texten materialisiert" (Wernet 2000, S. 11) und diese Texte „regelerzeugte Gebilde" (Wernet 2000, S. 13) sind, impliziert, dass sich die Interpretation in der Folge auf genau dieses, einem kompetenten Sprecher verfügbares, Regelwissen stützen kann.

Daher muss an dieser Stelle der Argumentation auf die oben erwähnte Problematik, nämlich die von Kindern als noch nicht voll kompetenten Sprechenden, erneut eingegangen werden. Es liegt die Frage nahe, ob ein „defizitäres kulturelles Regelwissen" (Böhme 2003, S. 164) auf Seiten der Kinder einem Interpretationsverfahren, wie dem hier skizzierten entgegensteht. Soeffner argumentiert, dass die Sprachkompetenz funktional auf die kommunikative Kompetenz der Interaktanten bezogen sei und im Rahmen dieser bewertet, also die „Adäquatheit sprachlicher Formulierungen für einen Interaktionsprozess [...] am Maßstab der kommunikativen Kompetenz der Interaktanten überprüft" wird (Soeffner 1989, S. 344). Es lässt sich also – Soeffner folgend – der Schluss ziehen, dass sobald eine Interaktion zwischen zwei Akteuren zustande kommt – was eine Art regelhafte Erzeugung von Sprechakten und ihrer Bedeutung impliziert und durchaus auf unterschiedlichen sprachlichen Kompetenzen der Sprechenden beruhen kann – diese auch durch einen regelgeleiteten Interpretationsprozess verstanden

---

tiert werden, welchen (ontologischen) Status die hier unterstellten Regeln haben und wie sie, z.B. wie stabil, sie überhaupt zu denken sind, um die Frage nach dem Neuen und der Veränderbarkeit von Regeln diskutieren zu können. Eine Möglichkeit dazu, die wir hier nicht weiter diskutieren können, liefern praxistheoretische Ansätze (vgl. Schatzki 2002, S. 38 ff.)

3 Ursprünglich wurde diese Theorie und Methodologie auch mit dem Namen „Sozialwissenschaftliche Hermeneutik" bezeichnet.

werden kann. In diesem Sinne können die latenten Strukturen eines Sprechaktes, in dem ein Sinn hervorgebracht wird, rekonstruiert werden, auch wenn dieser von einer erwarteten Normalform abweicht (vgl. auch Oevermann 1979, S. 371).

Prinzipien sequenzanalytischer Verfahren

Der Interpretation eines Protokollausschnitts aus einer Gruppendiskussion mit 10-jährigen SchülerInnen sollen zunächst die Prinzipien eines sequenzanalytischen und an der Methode der Objektiven Hermeneutik orientierten Verfahrens vorangestellt werden. Wernet (2000, S. 21 ff.) schlägt fünf Prinzipien vor, an denen wir uns bei der Interpretation orientieren werden. Das Prinzip der *Wörtlichkeit* zielt auf eine strenge Orientierung am Protokoll ab. Das Prinzip der *Kontextfreiheit* fordert, dass sich die Interpretierenden künstlich naiv stellen und den Kontext – Wissen über die Personen, die Forschungssituation u. ä. – ausblenden, um in einem ersten Schritt ausbuchstabieren zu können, was die möglichen, mit einem Sprechakt zu verbindenden Bedeutungen sein können. Dabei wird der Frage nachgegangen, in welchen strukturell unterschiedlichen Zusammenhängen die protokollierten Worte – der Normalformerwartung entsprechend – gesagt werden können. Das Prinzip der *Sequenzialität* deutet auf den Kern des Verfahrens hin: Ziel der sequenzanalytischen Interpretation ist die methodisch begründete „Rekonstruktion des fallspezifisch motivierten Selektionsprozesses" (Sutter 1997, S. 194) – also der gewählten im Kontrast zu den nicht gewählten Anschlussoptionen. Das geschieht, indem Zug um Zug bzw. Sequenz für Sequenz vorgegangen wird, Informationen aus den folgenden Sequenzen also vorerst ausgeblendet werden und vor allem nicht zur Geltungsbegründung einer Interpretation herangezogen werden. Nur die aktuelle Sequenz und die bereits zuvor generierten Rekonstruktionen sind in die Interpretation einzubeziehen. Der extensiven Ausdeutung der ersten Sequenz kommt eine hohe Bedeutung zu. Durch vielfältige Gedankenexperimente werden konsistente Geschichten erzählt, mit deren Hilfe Struktureigenschaften der in Frage stehenden Äußerung herausgearbeitet werden. Auf diese Weise lassen sich im Folgenden Lesarten bilden, die den Bedeutungshorizont einer Äußerung abstecken. Das Prinzip der *Extensivität* markiert, dass möglichst alle Lesarten erschöpfend herausgearbeitet werden sollen. Dieses Vorgehen wird durch die *Sparsamkeitsregel* begrenzt, die besagt, dass nur diejenigen Lesarten als relevant anzusehen sind, die tatsächlich vom Text erzwungen werden.

Anschließend werden die Lesarten mit dem tatsächlichen Kontext konfrontiert, um die Besonderheit des Falles in einer Fallstrukturhypothese formulieren zu können. Nach einer Prognose der möglichen folgenden Äußerungen können die Lesarten, konfrontiert mit der zweiten Sequenz, weitergeführt, ergänzt oder auch fallengelassen werden. Von Sequenz zu Sequenz wird das Wissen über den Text und die immanente Fallstruktur zugleich detaillierter und strukturierter, so dass der Interpretationsprozess abgeschlossen werden kann, wenn die nachfolgenden Sequenzen „als eindeutig motiviert ‚reprognostiziert' werden können" (Oevermann 1981, S. 55).

2. Sequenzielle Interpretation eines Ausschnitts aus einer Gruppendiskussion

Der Protokollausschnitt ist einer Gruppendiskussion mit drei Schülern und einer Schülerin der vierten und fünften Klassenstufe einer Berliner Ganztagsgrundschule entnommen. Die Erhebung von Gruppendiskussionen mit SchülerInnen diente im Kontext eines Forschungsprojektes zu Lernkultur- und Unterrichtsentwicklung in Ganztagsschulen[4] dem Ziel, die subjektiven Deutungen der SchülerInnen über ihren schulischen Alltag zu rekonstruieren. Die hier interpretierte Sequenz ist dem Mittelteil der Diskussion entnommen. In den Äußerungen bringen zwei Schüler zum Ausdruck, was sie am schulisch organisierten Mittagessen problematisch finden und kommentieren so die schulischen Zeitstrukturierungen. Der Verlauf dieses Kommentars, dessen sequenzieller Sinnaufbau, soll im Folgenden nachgezeichnet werden.

Die Interpretation der Frage

Im Mittelteil der Gruppendiskussion stellt eine der beiden Diskussionsleiterinnen (Int 1) folgende Frage: *und wie viel zeit habt ihr fürs mittagessen (?)*.

Es lassen sich unterschiedliche Geschichten zum ersten Teil des Sprechaktes *„und wie viel zeit"* konstruieren. Vorstellbar ist ein Gespräch, in dem ein Autobesitzer einen Mechaniker, der ihm erklärt hat, was repariert werden muss, nun fragt: „und wie viel Zeit muss ich für die Reparatur einplanen?" Möglich wäre auch eine Unterhaltung über eine permanente Arbeitsüberlastung, in der sich ein Freund beim anderen erkundigt: „und wie viel Zeit bleibt dir da noch für die Familie?" Denkbar wäre aber auch, dass der Sprechakt im Rahmen eines Gespräches darüber stattfindet, wie lange man braucht, um ein bestimmtes Ziel mit dem Auto zu erreichen, indem einer überlegt: „das hängt davon ab, welche Strecke man wählt" und ein anderer ergänzt: „und wie viel Zeit man durch eventuelle Staus verliert." Zeit wird

4 Durchgeführt wurde das vom BMBF und dem Europäischen Sozialfonds geförderte Projekt „Lernkultur- und Unterrichtsentwicklung in Ganztagsschulen" von 2005 bis 2009 an der TU Berlin und der Johannes Gutenberg-Universität Mainz unter Leitung von Fritz-Ulrich Kolbe und Sabine Reh und unter Mitarbeit von Bettina Fritzsche, Till-Sebastian Idel und Kerstin Rabenstein (vgl. www.lernkultur-ganztagsschule.de).

in allen Geschichten als kostbares Gut thematisch, mit dem sorgsam umgegangen werden muss oder das verloren gehen kann. Die Lesart, die sich für die erste und die zweite Geschichte bilden lässt, ist die einer Frage an einen in der Sache kompetenten Experten – das kann auch der Experte seiner eigenen Praxis sein. Die dritte Lesart wiederum ist die einer sachlich kompetenten Mitteilung im Kontext einer gemeinsam diskutierten Fragestellung. Im Anschluss an den Sprechakt *„und wie viel zeit"* ist auf jeden Fall zu erwarten, dass konkretisiert wird, für wen oder was Zeit aufgewendet wird.

Diese Erwartung bestätigt sich in der folgenden Sequenz *„und wie viel zeit habt ihr fürs mittagessen"*. Der fragende Sprecher zeigt sich hier interessiert an der Mittagessenspraxis einer informell angesprochenen Gruppe, die er als Experten einer gemeinsamen, geteilten Praxis adressiert. Es wird damit unterstellt, dass alle eine gleiche Praxis haben. Nimmt man die erste Geschichte von oben wieder auf, müsste sie nun ein wenig anders erzählt werden: Derjenige, der sein Auto bei einer ihm bereits vertrauten Werkstatt zur Reparatur bringt, kann den annehmenden Mechaniker fragen: „und wie viel zeit habt ihr für so eine große Sache bisher immer gebraucht?". Unterstellt wäre damit, dass es eine kollektive Praxis und eine gemeinsame Verantwortung gibt. Im Grunde ist es fast uninteressant, wer von den Mechanikern nun das Auto repariert – es interessiert den Fragenden nur, in welchem Zeitraum es möglich sein wird. Im Gegensatz zur Frage „wie lange dauert das Mittagessen?" thematisiert der Sprecher mit der hier gewählten Formulierung das Mittagessen als Zeitraum, den die Angesprochenen gemeinsam, als kollektive Praxis selbst gestalten können. Konfrontiert man die ganze Sequenz mit dem Kontext der Gruppendiskussion, wird deutlich, dass die Interviewerin die SchülerInnen als ExpertInnen einer gemeinsamen schulischen Praxis adressiert; damit unterstreicht sie ihre eigene Rolle als daran interessierte Andere. Die Frage zielt weniger auf eine konkrete Zeitangabe als auf die Erläuterung einer kollektiven Praxis durch die Akteure und betont damit deren Bedeutsamkeit. Die Frage eröffnet Möglichkeiten für die Befragten, Position zu der alltäglich erlebten Praxis und vielleicht sogar zu schulischen Zeitstrukturierungen zu beziehen. Hier zeigt sich, dass die Rollenverteilung einer Gruppendiskussion (vgl. Bohnsack 1999, S. 212 ff.; Heinzel in diesem Band) zwischen Fragenden, die das Gespräch zunächst nur anregen und erst im Verlauf durch ihre Nachfragen strukturieren, und Befragten als Variante eines spezifisch aufgeführten generationalen Verhältnisses gelesen werden kann, in dem Mitglieder der einen Generation sich für die einer anderen interessieren, indem sie unterstellen, diese habe gemeinsame Erfahrungen und eine gemeinsame Praxis. Mit dieser Adressierung werden die Kinder als Schulkinder mit gemeinsamer Praxis noch einmal zu genau diesen vom Erwachsenen gemacht. Gerade indem die Kinder hier als SchülerInnen und damit auch als VertreterInnen der Generation der Kinder angesprochen werden, werden sie als soziale Akteure ernst genommen.

Interpretation der ersten Sequenzen: „na ja manche die schlingen dis auch schnell runter"

Gustav: na ja manche die schlingen dis auch schnell runter manche essen gar nich und dann drängeln sie dauernd oah guck mal da is wer fertig dabei is holt er nur was nach und da so und dann mh wollen die erzieherinnen halt nich mehr länger warten wenn dann welche so drängeln

Der Sprechakt wird mit *„na ja manche"* eingeleitet; dazu lassen sich folgende Geschichten erzählen, in denen die Aussage angemessen erscheint: Eine Passantin beobachtet, wie eine Person die Straße trotz roter Ampel überquert und kommentiert das Geschehen: „Na ja, manche lernen es nie!". Oder ein Mann reagiert auf einen abwertenden Spruch seines Sohnes über Volksmusik diplomatisch: „Na ja, manche mögen diese Musik eben und andere nicht". Gemeinsam ist diesen Geschichten, dass sie Kommentierungen vorheriger Handlungen darstellen, denn „na ja" leitet in der Regel einen Widerspruch oder eine Relativierung ein. In beiden Geschichten wird eine Differenzierung in verschiedene Gruppen markiert, „manche" die etwas nie lernen oder etwas nicht mögen im Gegensatz zu denjenigen, die die Regeln des Straßenverkehrs kennen oder Volksmusik mögen. Im ersten Fall grenzt sich die Passantin von dem Fehlverhalten eines anderen ab, während der Vater im zweiten Fall diplomatisch vermittelnd mit dem Unterschied von Geschmäckern argumentiert und damit darauf verweist, dass solche Urteile nicht generalisierbar seien. Während die erste Lesart als explizite Wertung des Fehlverhaltens einen Schlusspunkt in der Kommunikation markieren oder einen Widerspruch provozieren könnte, lässt die zweite erwarten, dass auf die Eröffnung einer Differenz die Konkretisierung des angekündigten Unterschieds folgt.

Die letztgenannte Annahme bestätigt sich nun, schaut man auf die folgende Sequenz: *„na ja manche die schlingen dis auch schnell runter"*. Die Sequenz könnte in verschiedenen Situationen als wohlgeformt erscheinen: So könnte bei einem Zoobesuch einer Familie während der Fütterung der Affen folgende Äußerung fallen: „Affen sind so niedlich, die essen so manierlich!" Der Wärter entgegnet darauf: „Na ja manche die schlingen dis auch schnell runter. Sie sollten mal dabei sein, wenn alle Affen draußen sind!". Der Wärter, der aufgrund seiner fachlichen Expertise besser über die Praktiken der Affen im Zoo Bescheid zu wissen meint als der Zoobesucher, weist dessen Annahme zurück, dass es eine generalisierbare Praxis der Nahrungsaufnahme bei Affen gäbe. Anders gestaltet sich die Struktur, stellt man sich den Sprechakt innerhalb eines Telefonates zwischen Mutter und Sohn vor, der sich im Landschulheim aufhält. Auf die Frage der Mutter, wie ihm das Essen schmecke, könnte er antworten: „Es schmeckt mir überhaupt nicht." Eine mögliche Reaktion der Mutter wäre „Ja? Und geht das den anderen auch so?", worauf der Sohn reagieren könnte: „Na ja manche die schlingen dis auch schnell runter". Die Struktur ist hier die eines Be- richtes eines (kindlichen) Experten über die erlebte Praxis, zu der die fra- gende Mutter keinen Zugang hat und weniger die einer Richtigstellung ei- ner Vorannahme durch einen Experten. Innerhalb dieser zweiten Lesart ge- hört der Sprecher selbst zur Gruppe, über die er Auskunft gibt und belegt seine individuelle Meinung über das schlechte Essen mit der bestätigenden Praxis der anderen Kinder, die das wenig schmackhafte Essen durch Schlingen schnell hinter sich brächten. Das „Schlingen" hat in beiden Ge- schichten eine zeitliche Komponente im Sinne von „schnell essen" und dient einerseits als Markierung eines animalischen, unkontrollierten Verhal- tens der Tiere und andererseits zur Beschreibung einer „pragmatischen Praktik" von Kindern innerhalb eines Kontextes, in dem es nicht möglich ist, ein anderes Essen zu wählen.

Konfrontiert man die beiden Lesarten – Korrektur einer Vorannahme und rechtfertigender Expertenbericht – mit dem tatsächlichen Kontext, wird deutlich, dass es sich um eine Korrektur handeln könnte – mit anderen Worten: die Unterstellung eines gleichen Erlebens einer gemeinsamen Pra- xis wird in Frage gestellt. Das Verhalten dieser ersten Gruppe wird latent kritisiert, es gibt also eine weitere Gruppe, zu der der Sprecher möglicher- weise selbst gehört. Ein Experte gibt einem Nicht-Experten also den Hin- weis, dass so allgemein, wie gefragt wurde, darüber nicht gesprochen wer- den kann. Der Schüler Gustav gibt über seine spezifische Erfahrung oder sein spezifisches Wissen Auskunft. Es deutet sich an, dass er hier auf einen „Normverstoß" durch die vage benannte Gruppe („manche") verweist, die bezüglich der zeitlichen Strukturierung des Mittagessens womöglich in ir- gendeiner Weise Schwierigkeiten hat oder ihm bereitet bzw. deren Handeln ihm auffällt. Dabei verweist er nicht auf sein subjektives Empfinden, son- dern nutzt ein Wort, das nun die Interviewerin als diejenige adressiert, der Konventionen bekannt sind. Der Gebrauch des Wortes „Schlingen" ver- weist auf – nicht explizit angeführte – Konventionen: Schlingen läuft guten Tischsitten zuwider. Die Anerkennung dieser Konvention ist auf Seiten der Erwachsenen zu erwarten; die Interviewerin könnte als Erwachsene adres- siert gesehen werden. Es ist so ableitbar, dass der Sprecher die Interviewe- rin als Erwachsene adressiert und die Rollenverteilung der Gruppendiskus- sion als Rahmung seiner Äußerung anerkennt, obwohl er die in der Frage enthaltene Aufforderung zurückweist, eine stellvertretende Deutung im Namen aller SchülerInnen formulieren zu sollen, indem er keine generelle Aussage trifft, sondern in seiner Darstellung differenziert. Ob der Sprecher anhebt, um darzustellen, wie er – gewissermaßen individualisiert, als ein- zelnes Subjekt – das Mittagessen erlebt, ist noch unklar. Die Vorannahme der Interviewerin, das Mittagessen sei ein gestaltbarer Zeitraum, wird inso- fern bestätigt, als offensichtlich einzelne Schüler und Schülerinnen es je un- terschiedlich gestalten. Mögliche und zu erwartende Anschlüsse an diese erste Sequenz sind weiterhin Konkretisierungen der angekündigten Unter-

schiede, auch des eigenen Verhaltens oder Verweise auf weitere Normver-
stöße, aber möglicherweise auch eine starke eigene Positionierung zur thematisierten Normverletzung.

Interpretation der folgenden Sequenzen

Die sich anschließende Sequenz *„manche essen gar nich und dann drängeln sie dauernd"* führt, wie erwartet, die begonnene Differenzierung der
unterstellten Schülergruppe fort. Neben der Gruppe der „schlingenden
SchülerInnen" wird nun eine weitere Gruppe angeführt, deren Mitglieder
gar nicht essen. Zusätzlich wird eine Konsequenz des Handelns beider
Gruppen benannt; der Sprecher konkretisiert, inwiefern sich das Verhalten
der Anderen beim Mittagessen auf ihn auswirkt, wenn diese „drängeln" und
sich damit Raum nehmen bzw. die Situation unangemessen beschleunigen.
Der Sprecher grenzt sich von den beschriebenen Gruppen ab, durch die er
sich in den Mittagessenssituationen dauerhaft gedrängt sieht.

Die nun folgende Sequenz *„oah guck mal da is wer fertig"* wird zunächst nicht argumentativ eingebettet. Gustav zitiert scheinbar einen direkten Sprechakt, dessen Urheber er jedoch nicht expliziert. Möglich ist, dass
er sich selbst bzw. seinen eigenen Gedanken wiedergibt, der ihm während
des Mittagessens wiederholt in den Sinn kommt. Betrachtet man, das Zuschreibungen vermeidende „wer" in dieser Aussage als eine Art umgangs-
sprachliche Übersetzung eines ‚Pädagogenjargons', gerät zudem die Möglichkeit in den Blick, dass er einen möglicherweise schon ritualisierten
Sprechakt der am Mittagessen Teilnehmenden zitiert. Die nachgeschobene
Erläuterung – *„dabei is holt er nur was nach"* – kann als Kommentierung
dieser Aussage gelesen werden. Es könnte auch sein, dass manche Teilnehmer das Verhalten anderer falsch – vielleicht bewusst falsch – interpretieren. Es sind also die anderen Anwesenden, die hier voreilig zur Eile auf-
rufen. Die Überleitung zu einer personellen Konkretisierung erfolgt zöger-
lich (*„und da so und dann mh"*) und leitet zugleich eine Kritik ein. Die nun
folgende Erläuterung (*„und da so und dann mh wollen die erzieherinnen
halt nich mehr länger warten wenn dann welche so drängeln"*) kritisiert einerseits neben den gegen Normen des gesitteten Essens verstoßenden
„drängelnden SchülernInnen" auch die Pädagoginnen. Damit nun wird das
generationale Verhältnis der schulischen Situation thematisch. Der erwachsenen Interviewerin gegenüber, von der angenommen werden kann, dass sie
die entsprechenden Konventionen kennt, wird nun die Pädagogin, die sich
von Schülern und Schülerinnen verleiten lässt, diese zu missachten, diskre-
ditiert: Sie wird genutzt als angemessene Adresse für Kritik an Pädagoginnen. Die Mittagessenssituation wird von Gustav explizit als Stresssituation
gekennzeichnet, in der Druck entsteht, weil die Erzieherinnen sich durch
die drängelnden SchülerInnen genötigt sehen, so zu handeln, wie sie es tun.

Ihnen wird implizit ein Disziplinierungsproblem unterstellt und zugleich wird die schultypische Struktur der vornehmlichen Orientierung an den Schnellsten kritisiert, die eine hegemoniale Zeitgestaltung durch „dauerndes Drängeln" durchsetzen können.

Im Anschluss an Gustavs Position findet ein Sprecherwechsel statt. Ferdi setzt an *(„na eigentlich")*. Das verweist auf eine potenzielle Relativierung von Gustavs Aussage. Gustav hat seinen Standpunkt jedoch noch nicht ausgeführt und fährt fort: *„es sind halt auch meistens dieselben und dann sagen die abräumen und viele essen da noch"*. Damit unterstreicht er seine bisherige Aussage, indem er die ständige Wiederholung der die Situation prägenden Struktur beschreibt; es seien immer wieder dieselben, die Druck ausübten. Erneut nimmt er auf das Handeln der ErzieherInnen Bezug, die – ungeachtet der langsameren SchülerInnen – das Ende des Essens festlegten und zum Abräumen aufforderten. Er schildert hier den Umstand, nicht selbst über sein Handeln bzw. das Ende seiner Mahlzeit bestimmen zu können und kommt nach dieser differenzierten Beschreibung der Situation zu einer abschließenden, diplomatischen aber deutlichen Bewertung der Situation: *„dis is ganz schön doof"*.

Als latente Struktur der Situation kann vorläufig festgehalten werden, dass der Schüler in seiner Antwort auf die Interviewerfrage aus einer Expertenhaltung heraus eine Beschreibung der individuell erlebten Atmosphäre beim Mittagessen vornimmt. Er macht deutlich, dass er „zu wenig" Zeit für das Essen habe und kritisiert die Organisation der Mahlzeit durch die Erzieherinnen, die dem Druck eines Teils der SchülerInnen nicht standhalten und somit dazu beitragen, dass Gustav sich der Stresssituation ausgeliefert fühlt, sich der hegemonialen Zeitgestaltung anpassen und seine eigenen Bedürfnisse zurückstellen muss.

Zusammenfassung der weiterführenden Interpretation

Ferdi: *na eigentlich* (gleichzeitig)
Gustav: *es sind* (gleichzeitig) halt auch meistens dieselben und dann sagen die abräumen und viele essen da noch dis is ganz schön doof
Int 1: mhmh
Ferdi: mh (stöhnen (?)) ....
Int 2: (zu Karl) geht dir dis auch so (?) beim mittag also hast du den gleichen eindruck wie die beiden (?)
Karl: mh ja
Int 2: ja (?)
Ferdi: al-also bei spaghetti da eigentlich find ich bei den meisten sachen dis is dann irgendwie n bisschen unfair wenns leckere sachen gibt dann müssen wir früher aufräumen und wenns na ja nich so leckere gibt

Die Interpretation der folgenden Sprecherwechsel wird aufgrund der gebotenen Kürze stark zusammengefasst dargestellt. Die Interviewerin interpretiert Ferdis nonverbale Äußerung („*mh*") als Zustimmung, wartet also nicht auf seine Reaktion und fordert Karl direkt zum Sprechen auf, da sie womöglich Interesse an einer explizit konträren Aussage hat. Damit greift sie lenkend und strukturierend ein, das kann sich als durchaus problematisch für den weiteren Verlauf des Gespräches zeigen. Ihre Bemühungen, Karl am Gespräch zu beteiligen, scheitern. Stattdessen antwortet Ferdi, der damit markiert, dass er durchaus noch etwas aus seiner persönlichen Sicht hinzuzufügen hat, sich hier also durchaus selbstbewusst in Szene setzt. Mit seinem Sprechakt „*al-also bei spaghetti da eigentlich find ich*" verweist er auf eine besondere Situation, unterbricht diese Argumentation jedoch, indem er die Reichweite seiner Beschreibung ausdehnt auf den Großteil der Mittagessenssituationen („*bei den meisten sachen*"). Indem er seine Aussage verallgemeinert, nimmt er ebenfalls die Rolle eines kompetenten Experten ein. Er formuliert einen Vorwurf, indem er auf den Wert der Fairness Bezug nimmt: „*dis is dann irgendwie n bisschen unfair wenns leckere sachen gibt dann müssen wir früher aufräumen*". Ferdi schließt also an Gustavs Position an, differenziert allerdings zwischen solchen Mahlzeiten, die schmecken und solchen, die weniger schmackhaft sind. Indem er fehlende Fairness anführt, verschärft er die Kritik an den Pädagoginnen, die auch aus seiner Perspektive hoheitlich über die schulische Zeitgestaltung verfügen. Das Fazit ist auch hier: die Mittagessenssituation wird von den Erzieherinnen so gestaltet, dass er sich regelmäßig in der Erfüllung seiner Bedürfnisse eingeschränkt sieht.

Konfrontiert man die Interpretationsergebnisse mit dem realen Kontext, erscheinen die Positionierungen der Schüler auffällig: Denn an dieser Schule soll beim gemeinsamen Mittagessen der jahrgangsübergreifenden Lerngruppen konzeptuell eine gemeinschaftlich-familiäre Situation geschaffen werden. Die Äußerungen der Schüler stellen diesem Ziel zwei Argumente entgegen. Zum einen verweisen beide auf die Wirkmächtigkeit schulischer Strukturen hinsichtlich der Orientierung an den schnellen SchülerInnen bzw. der zeitlichen Gestaltungshoheit der Erzieherinnen, sodass individuelle Bedürfnisse Einzelner zurückstehen müssen. Zum anderen widerspricht die Situation dem familiären Idealbild – unter Umständen schon deshalb, weil die Gruppe eben auch sehr viel größer ist als die kernfamiliäre Gemeinschaft und deshalb auch in diesem Sinne schwieriger zu handhaben – wenn die Erzieherinnen eine gemeinschaftliche Situation durch ihr Handeln nicht fördern und nicht für die Durchsetzung quasi familiärer Normen zivilisierten Essens sorgen. Gleichzeitig werden sie auch ihren – sozusagen schul-pädagogischen – Aufgaben nicht gerecht, nämlich Gerechtigkeit unter den gleich zu behandelnden SchülerInnen durchzusetzen.

Schlussbemerkungen

Die dargestellte sequenzanalytische Interpretation des Falles zeigt, dass hier eine Situation vorliegt, in der die in einer Gruppendiskussion befragten 10-jährigen Schüler formulieren, was sie am Mittagessen in ihrer Ganztagsschule problematisch finden. Sie erklären auf unterschiedliche Weise, dass die Art, wie das Mittagessen vonstattengeht, nicht ihren Bedürfnissen entspreche. Die Sinnstruktur des Falles lässt sich als Situation rekonstruieren, in der die Kinder ihre Positionen bezüglich des institutionalisierten Mittagessens deutlich machen, ihr Unwohlsein formulieren und sich somit in die Kommunikation mit den fragenden Erwachsenen und anderen Diskussionsteilnehmern entsprechend ihrer Adressierung als Experten einbringen.

Das Generationsverhältnis ist darüber hinaus in zwei weiteren Dimensionen relevant: Erstens geht es um ein Gespräch über Schule, als einer Institution neben der Familie, deren Basis eine generationale Ordnung im Sinne von Vermittlungsprozessen zwischen Erwachsenen und Kindern bzw. Jugendlichen ist. Im Bezug auf Forschungssituationen in der Schule wird innerhalb der Schulforschung wiederholt die Problematik der sozialen Erwünschtheit diskutiert. Erhebungen in schulischen Kontexten provozierten eine spezifische Art und Weise des „richtigen" Antwortens (Mierendorff/ Lange 2009, S. 198). Die Annahme sozial angepasster Antworten erscheint jedoch – in einem solchen Erhebungssetting, wie dem hier gewählten – viel zu einfach. Der vorliegende Fall zeigt, dass die befragten Kinder die Situation sehr genau wahrnehmen und mit dem Rekurs auf Konventionen auch spielen können. Sie können sich deutlich positionieren, ihre subjektive Praxis schildern und auch ihre Bewertung dieser zum Ausdruck bringen. Sie üben – wie prinzipiell für face-to-face-Interaktionen gezeigt werden kann, auch eine Form von „Macht" aus, im Sinne Foucaults verstanden, als Ausüben einer Kraft, einer Präfiguration des weiteren Geschehens (vgl. Foucault 2008; dazu auch Ricken 2006, S. 71 ff.). Sie sind nicht einfach Unterlegene oder Disziplinierte. Zweitens wird das Generationenverhältnis hier auch inhaltlich thematisch, indem die Schüler durchaus kritisch beschreiben, wie sich die das Mittagessen organisierenden Erzieherinnen zu ihnen als SchülerInnen verhalten und was sie daran problematisch finden.

Das dargestellte sequenzanalytische und an die Regeln der Objektiven Hermeneutik angelehnte Auswertungs- und Interpretationsverfahren erscheint als gewinnbringende Methode, um Aussagen von Kindern zu verstehen und zu deuten. Es wird durchaus dem Anspruch gerecht, „Kinder als eigenständige und wirkungsmächtige Akteure zu betrachten" (Olk 2003, S. 108) und ihre autonomen Selbstdeutungen und Positionierungen in den Blick zu nehmen.

Es wäre an dieser Stelle lohnenswert, dennoch zu überlegen, ob sich im Zusammenhang mit der in der generationalen Ordnung verankerten Problematik der „sozialen Erwünschtheit" andere Erhebungssituationen als die klassischen Befragungen in Interviews oder Gruppendiskussionen anbieten. Zu nennen sind hier vor allem verschiedene Verfahren der (teilnehmenden) Beobachtung und videografische Forschungsverfahren. Beobachtet werden könnte die Praxis der Kinder beim Mittagessen selbst. Sprachliche Äußerungen – wie sie sich per Audiographie erheben lassen – ließen sich so gewinnbringend ergänzen um eine Perspektive, die auch die körperliche Dimension einbezieht. In den Praktiken der Kinder und auch in ihren Gesprächen miteinander werden „Erwachsenen-Normen" möglicherweise weniger thematisch, jedoch können diese rekonstruierten Praktiken keinesfalls – und im Gegenzug zu den Interviews und Gruppendiskussionen – als die „wahre", Kinderwelt im Sinne einer „mystifizierten Eigenlogik" der Kinder verstanden werden, sondern eben nur als eine andere Struktur neben der, die sich im Gespräch mit Erwachsenen ergeben kann.

Literatur

Bremer, K. (2009): Spracherwerb. Vielfältige Perspektiven gefragt. In: Felder, E.; Bär, J. A. (Hrsg.): Sprache. Berlin, S. 341-361.

Bohnsack, R. (1999): Rekonstruktive Sozialforschung. Einführung in Methodologie und Praxis qualitativer Forschung. Opladen.

Böhme, J. (2003): Erlöserkinder: Rekonstruktion eines Newsgroup-Märchens. Reflexionen zur Objektiven Hermeneutik als Methode der Kindheitsforschung. In: Prengel, A. (Hrsg.): Im Interesse von Kindern? Forschungs- und Handlungsperspektiven in Pädagogik und Kinderpolitik. Weinheim u. München, S. 161-173.

Clark, E. V. (2003): First language acquisition. Cambridge.

Foucault, M. (2008): Überwachen und Strafen. Die Geburt des Gefängnisses. Frankfurt a. M.

Garz, D. (Hrsg.) (1994): Die Welt als Text. Frankfurt a. M.

Goffman, E. (1975): Stigma. Über Techniken der Bewältigung beschädigter Identität. Frankfurt a. M.

Goffman, E. (1986): Interaktionsrituale. Über Verhalten in direkter Kommunikation. Frankfurt a. M.

Heinzel, F. (2003): Methoden der Kindheitsforschung. Probleme und Lösungsansätze. In: Prengel, A. (Hrsg.): Im Interesse von Kindern? Forschungs- und Handlungsperspektiven in Pädagogik und Kinderpolitik. Weinheim u. München, S. 123-135.

Hitzler, R.; Reichertz, J.; Schröer, N. (Hrsg.) (1999): Hermeneutische Wissenssoziologie. Standpunkte zur Theorie der Interpretation. Konstanz.

Kelle, H. (2005): Kinder und Erwachsene. Die Differenzierung von Generationen als kulturelle Praxis. In: Hengst, H.; Zeiher, H. (Hrsg.): Kindheit soziologisch. Wiesbaden, S. 83-108.

Knoblauch, H. (2005): Video-Interaktions-Sequenzanalyse. In: Wulf, C.; Zirfas, J. (Hrsg.): Ikonologie des Performativen. München, S. 263-275.

Lange, A.; Mierendorff, J. (2009): Methoden der Kindheitsforschung. Überlegungen zur kindheitssoziologischen Perspektive. In: Honig, M.-S. (Hrsg.): Ordnungen der Kindheit. Weinheim u. München, S. 183-210.

Luhmann, N. (1984): Soziale Systeme. Grundriss einer allgemeinen Theorie. Frankfurt a. M.

Oevermann, U.; Allert, T.; Konau, E.; Krambeck, J. (1979): Die Methodologie einer „objektiven Hermeneutik" und ihre forschungslogische Bedeutung in dne Sozialwissenschaftten. In: Soeffner, H.-G.; (Hrsg.): Interpretative Verfahren in den Sozial- und Textwissenschaften. Stuttgart, S.352-434.

Oevermann, U. (1981): Fallrekonstruktionen und Strukturgeneralisierung als Beitrag der objektiven Hermeneutik zur soziologisch-strukturtheoretischen Analyse. Online: http://www.gesellschaftswissenschaften.uni-frankfurt.de/uploads/391/8/ Fallrekonstruktion-1981.pdf (20.05.2010).

Oevermann, U. (1993): Die objektive Hermeneutik als unverzichtbare methodologische Grundlage für die Analyse von Subjektivität. Zugleich eine Kritik der Tiefenhermeneutik. In: Jung, T.; Müller-Dohm, S. (Hrsg.): „Wirklichkeit" im Deutungsprozess. Verstehen und Methoden in den Kultur- und Sozialwissenschaften. Frankfurt a.M., S. 106-189.

Oevermann, U. (2002): Klinische Soziologie auf der Basis der Methodologie der objektiven Hermeneutik – Manifest der objektiv hermeneutischen Sozialforschung. Online: http://publikationen.ub.uni-frankfurt.de/volltexte/2005/540/pdf/ManifestWord.pdf (20.05.2010).

Olk, T. (2003): Kindheit im Wandel. Eine neue Sicht auf Kindheit und Kinder und ihre Konsequenzen für die Kindheitsforschung. In: Prengel, A. (Hrsg.): Im Inte-resse von Kindern? Forschungs- und Handlungsperspektiven in Pädagogik und Kinderpolitik. Weinheim u. München, S. 103-121.

Quasthoff, U. (2003): Entwicklung mündlicher Fähigkeiten. In: Bredel, U. (Hrsg.): Didaktik der deutschen Sprache – ein Handbuch. Paderborn, S. 107-120.

Piaget, Jean (1965): The moral judgement of the child. New York: Free Press.

Raab, J.; Tänzler, D. (2006): Video Hermeneutics. In: Knoblauch, H.; Schnettler, B. (Hrsg.): Video Analysis. Methodology and Methods. Qualitative Audiovisual Data Analysis in Sociology. Frankfurt a.M., S. 85-96.

Reichertz, J. (2007): Hermeneutische Wissenssoziologie in der Marktforschung. In: Bubner, R.; Holzmüller, H. (Hrsg.): Qualitative Marktforschung. Wiesbaden, S. 111-127.

Ricken, N. (2006):Die Ordnung der Bildung. Beiträge zu einer Genealogie der Bildung. Wiesbaden.

Schatzki, T. R. (2002): The Site of the Social. A Philosophical Account of the Constitution of Social Life and Change. Pennsylvania State Press.

Soeffner, H.-G. (1989): Auslegung des Alltags. Der Alltag der Auslegung. Frankfurt a.M.

Sutter, H. (1997): Bildungsprozesse des Subjekts: eine Rekonstruktion von Ulrich Oevermanns Theorie- und Forschungsprogramm. Opladen.

Wernet, A. (2000): Einführung in die Interpretationstechnik der objektiven Hermeneutik. Opladen.

Youniss, James (1980): Parents and peers in social development: A Sullivan-Piaget perspective. Chicago IL: University of Chicago Press.

Sarah Alexi, Rita Fürstenau

Dokumentarische Methode

Bei der dokumentarischen Methode handelt es sich um ein Auswertungsverfahren der qualitativen Sozialforschung, welches zur Rekonstruktion von milieuspezifischem Orientierungswissen geeignet ist. Der Ertrag der dokumentarischen Methode besteht insbesondere darin, dass sie den Forschenden nicht nur einen Zugang zum reflexiven, sondern auch zum handlungsleitenden Wissen der Beforschten verschafft (vgl. u.a. Bohnsack u.a. 2007a). Möglich wird dies durch das Einnehmen einer Beobachterperspektive, „die zwar auch auf die Differenz der Sinnstruktur des beobachteten Handelns vom subjektiv gemeinten Sinn der Akteure zielt, gleichwohl aber das Wissen der Akteure selbst als die empirische Basis der Analyse belässt" (Bohnsack 2006, S. 41). Die Arbeit mit der dokumentarischen Methode wurde bereits an vielen Stellen ausführlich dargestellt und methodologisch reflektiert (vgl. vor allem grundlegend Przyborski 2004; Bohnsack u.a. 2007a; Bohnsack 2008; Nohl 2009). Verwendung findet die Methode sowohl für die Analyse von „natürlichen" Kommunikationssituationen und moderierten Gesprächen, als auch für die Interpretation von Bild- und Videomaterial. Mittlerweile hat sie einen festen Platz im Kanon der qualitativen Forschungsmethoden und kommt auch in der Kindheitsforschung verstärkt zum Einsatz.

Entstehungshintergrund und Analyseeinstellung

Die dokumentarische Methode hat ihren Ursprung im Wesentlichen in der Wissenssoziologie Karl Mannheims (1964; 1980), der eine Beobachterhaltung herausarbeitete, mit der ein Wechsel der Analyseeinstellung einherging: „Nicht das ‚Was' eines objektiven Sinnes, sondern das ‚Dass' und das ‚Wie' wird von dominierender Wichtigkeit" (Mannheim 1964, S. 134). In Deutschland gewann die dokumentarische Methode in den 1980er-Jahren als Auswertungsmethode für Gruppendiskussionen an Bedeutung, da mit ihr die Weiterentwicklung vom Modell des interpretativen Aushandelns von Bedeutungen hin zu einem Verständnis kollektiv geteilter Orientierungen der Teilnehmenden gelang (vgl. u.a. Bohnsack u.a. 2006).

Die Forschenden gehen im Sinne der Mannheim'schen Wissenssoziologie nicht davon aus, dass sie mehr wissen als die Beforschten, sondern dass die Letztgenannten selbst nicht wissen, was sie alles wissen und somit über ein implizites Wissen verfügen, welches ihnen reflexiv nicht ohne Weiteres zugänglich ist. Dieses implizite oder auch atheoretische Wissen der Akteure gilt es, im Rahmen der dokumentarischen Methode durch die Forschenden zur begrifflich-theoretischen Explikation zu bringen (vgl. Bohnsack u.a. 2007b, S. 11 f.).

Theoretische Grundlagen

Die dokumentarische Methode zielt darauf ab, die Herstellung von Wirklichkeit in der Praxis des milieuspezifischen Handelns zu rekonstruieren (vgl. Bohnsack 1999, S. 216). Mannheim (1980) unterscheidet zwischen *immanentem* und *dokumentarischem* Sinngehalt einer Handlung oder Äußerung, sowie zwischen *kommunikativen* und *konjunktiven* Erfahrungsräumen. Dieser Unterscheidung liegen zwei unterschiedliche Modi der Sozialität zugrunde: „die auf unmittelbarem Verstehen basierende ‚konjunktive' Erfahrung und die in wechselseitiger Interpretation sich vollziehende ‚kommunikative' Beziehung" (Bohnsack 2008, S. 59 f.). Menschen, die einen konjunktiven Erfahrungsraum haben, verfügen über identische Erfahrungen oder Erlebnisse bzw. über „gemeinsam erlebte Strecken des Lebens" (Mannheim 1980, S. 215). Dabei müssen diese Erlebnisse jedoch nicht zwangsläufig unmittelbar miteinander gemacht werden, vielmehr ist es wichtig, dass die Erlebnisse in einer strukturähnlichen Art und Weise erfahren wurden (vgl. Przyborski 2004, S. 48).

Mannheim arbeitete im Rahmen seiner Wissenssoziologie Generation als eine spezifische Gemeinschaft heraus: Menschen, die der gleichen Generationslagerung angehören, werden auf einen bestimmten Spielraum möglichen Geschehens beschränkt und so inhäriert einer jeden Generationslagerung eine Tendenz auf spezifische Verhaltens-, Gefühls- und Denkweisen, welche wiederum aus ihrer Eigenart heraus selbst bestimmbar ist (vgl. Mannheim 1964, S. 528). Auch Kinder verfügen als Angehörige einer Generation über bestimmte Denk-, Gefühls-, und Verhaltensweisen, die sich von denen anderer Generationen und damit auch von denen der erwachsenen Forscherinnen und Forscher unterscheiden (vgl. u.a. Heinzel 2010). Für den Einsatz der dokumentarischen Methode in der Kindheitsforschung eröffnet sich vor diesem Hintergrund eine Forschungsperspektive, die auf analytischer Ebene eine systematische Berücksichtigung der generationalen Strukturiertheit des Forschungsgegenstandes zulässt. Im Rahmen der Typenbildung wird es durch die mehrdimensionale Erfassung von kollektiven Erfahrungsräumen möglich, den Blick darauf zu richten, inwieweit Orientierungen sowie die Art ihrer Hervorbringung in Zusammenhang mit kinderkulturellen Praktiken stehen oder anderen sozialen Zugehörigkeiten zuzuordnen sind (vgl. Nentwig-Gesemann 2006, S. 25 f.). Mit der Möglichkeit, die Gemeinsamkeiten zu fokussieren, die Kinder in ihrem Denken, Fühlen und Tun zum Ausdruck bringen, kann eine Perspektive eingenommen werden, die auf die Rekonstruktion gegenwartsspezifischer Erfahrungsräume gerichtet ist (vgl. Hengst 2009) und sich von einer „Fixierung auf die Unterscheidung zwischen Kindern und Erwachsenen" (Honig 2009, S. 49) löst.

Verwendung in der Kindheitsforschung

Neben der Auswertung von Gruppendiskussionen (Lähnemann 2009; Michalek 2006; Nentwig-Gesemann 2002, 2006) und Einzelinterviews (Helsper u.a. 2007) sowie von teilnehmenden und videogestützten Beobachtungen (Kellermann 2008) wird die dokumentarische Methode in der Forschung mit Kindern vor allem als Auswertungsstrategie bei der Kombination unterschiedlicher Erhebungsmethoden eingesetzt (Krüger u.a. 2008; Wagner-Willi 2005). Eine zentrale Bedeutung nimmt in diesem Zusammenhang die Videointerpretation ein, welche eine explizite Berücksichtigung des Performativen bei der Erforschung kindlicher Erfahrungsräume ermöglicht (vgl. u.a. Nentwig-Gesemann/Wagner-Willi 2007; Wagner-Willi 2010). Auch in dem Bereich der Bildinterpretation erscheint die Anwendung der dokumentarischen Methode in der Kindheitsforschung sinnvoll und ist sowohl im Bezug auf fotografische Darstellungen als auch auf Kinderzeichnungen denkbar. Mögliche Herangehensweisen und Schwerpunkte für die Verwendung der dokumentarischen Methode in der Forschung mit Kindern werden im Folgenden exemplarisch in vier Forschungszusammenhängen dargestellt.

Zur Erforschung von kollektiven Diskurs- und Spielpraktiken von vier bis zehn Jahre alten Kindern führte Iris Nentwig-Gesemann (2002, 2006) videogestützte Gruppendiskussionen durch und wertete diese anschließend mit der dokumentarischen Methode aus. Im Zentrum der Untersuchung stand die Verschränkung von körperlichen und szenischen Aufführungen sowie sprachlichen Äußerungen in der kindlichen Handlungspraxis des Spielens. Darüber hinaus ging die Studie der Frage nach Tradierungsprozessen von praktischem Wissen des Spielens innerhalb der Kinderkultur nach.

Im Bereich der Ritualforschung rekonstruierte Monika Wagner-Willi (2005, 2006) die rituelle Praxis von Grundschulkindern im Übergang von der Hofpause zum Unterricht. Auf der Grundlage von videogestützten Beobachtungen der Übergangssituationen in den Klassenräumen von Grundschulklassen und teilnehmenden Pausenbeobachtungen richtete sich die Auswertung mit der dokumentarischen Methode auf die Formalstruktur der Interaktionsorganisation. Die Analyse von zusätzlichen Gruppendiskussionen fokussierte auf die kollektiven Orientierungen der Kinder bezüglich der Übergangssituationen. Das In-Beziehung-Setzen der verschiedenen Analyselinien ermöglichte das Herausarbeiten von homologen Sinnmustern und die Rekonstruktion von rituellen Formen der Differenzbearbeitung im schulischen Alltag unter Berücksichtigung der performativen Elemente ritueller Handlungsmuster.

Ruth Michalek (2006) verwendete für die Untersuchung der Geschlechtervorstellungen von Jungen im Grundschulalter ebenfalls die dokumentarische Methode. In der Gegenüberstellung von zwei Gruppendiskussionen mit Jungen im Alter von acht bis zehn Jahren ging die Studie der Frage nach, welche Vorstellungen von Geschlecht und Junge-Sein von Jungen in Gruppendiskussionen diskursiv konstruiert werden. Neben der Rekonstruktion zentraler Deutungsmuster in Bezug auf Männlichkeitsvorstellungen der Drittklässler richtete sich ein weiterer Fokus der Arbeit auf die Interaktionsstrukturen innerhalb der Jungengruppen und die Inszenierungen der eigenen Geschlechterzughörigkeit.

Im Kontext der Frage nach Mikroprozessen sozialer Ungleichheit wählte die Forschungsgruppe um Heinz-Hermann Krüger (vgl. zum Überblick und für weitere Verweise Krüger u.a. 2008) die dokumentarische Methode als übergeordnete Auswertungsstrategie zur Untersuchung der Bedeutung von Freundschaftsbeziehungen für die schulischen Bildungs-Biografien von Kindern der fünften Klasse. Auf der Grundlage von Interviews, Gruppendiskussionen, ethnografischen Feldstudien und Videografien richtete sich die Auswertung auf die Rekonstruktion und Theoretisierung der Passungsverhältnisse zwischen biografischen Orientierungen einzelner Kinder und den kollektiven Orientierungen ihrer Freundesgruppen. In Bezug auf die soziogenetische Einbettung der rekonstruierten Orientierungen wurden Zusammenhänge zwischen schulischem Erfolg, Peeraktivitäten und familiären Kontexten sowie geschlechtsspezifischen oder migrationsbezogenen Dimensionen analysiert und diskutiert.

Analyseverlauf

Die Auswertung mit der dokumentarischen Methode zielt auf eine Typenbildung und umfasst neben der systematischen Arbeit mit komparativen Analysen eine Abfolge von Interpretationsschritten, die der Unterscheidung der beiden Sinnebenen von immanentem und dokumentarischem Gehalt folgen. Im Weiteren werden die Analyseschritte für die Auswertung von gesprochener Sprache dargestellt.

Komparative Analysen

Die gezielte Arbeit mit komparativen Analysen durchzieht den gesamten Forschungs- und damit auch den Interpretationsprozess als Forschungsstil und dient dabei zunächst der methodischen Kontrolle der Standortgebundenheit von Wissen (vgl. u. a. Nohl 2009). Die Vergleichshorizonte der Forschenden können durch systematische Vergleiche von empirischen Daten nach und nach durch empirisches Wissen erweitert und relativiert werden. Komparative Analysen bilden damit die Basis für eine Form des Schlussfolgerns, die sich zwischen den Polen von altem Wissen und neuen Erfahrungen bewegt (vgl. Kluge/Kelle 1999, S. 24) und es in dem Sinne einer abduktiven Vorgehensweise (vgl. dazu auch Reichertz 2003) ermöglicht, theoretisches Vorwissen und empirische Daten aufeinander zu beziehen.

Vergleichsfälle können dabei auf drei Ebenen gesucht werden (vgl. Nohl 2007, S. 257 ff.): Im Rahmen von fallimmanenten Vergleichen lassen sich auf der Ebene des immanenten Sinngehalts Gruppen oder Personen in deren Eigenrelationierung als Fälle voneinander abgrenzen, so dass diese vor dem Hintergrund ihrer Gemeinsamkeiten miteinander verglichen werden können. Themenspezifische Vergleichshorizonte dienen, ebenfalls mit Bezug auf den immanenten Sinngehalt eines Diskurses, der Ermittlung von Themen, die mehreren Fällen gemeinsam sind, und bilden damit die Grundlage für Kontrastierungen zwischen den unterschiedlichen Orientierungsrahmen, innerhalb derer ein Thema abgehandelt wird. Diese Vergleiche bewegen sich schließlich auf der Ebene des dokumentarischen Sinngehalts und ermöglichen durch den kontrastiven Einbezug von Erfahrungsdimensionen eine Verknüpfung von geteilten Orientierungsrahmen und spezifischen Erfahrungsräumen.

Thematischer Verlauf und Auswahl von Passagen

Im Anschluss an die Datenerhebung und damit zu Beginn des Analyseprozesses gilt es, das erhobene Material zu sichten. Ziel ist hierbei, eine erste Orientierung über die vorliegenden Daten zu gewinnen. In diesem ersten Schritt fließen sowohl Elemente dessen, *was* geschieht (immanenter Sinn) als auch Elemente dessen, *wie* es geschieht (dokumentarischer Sinn) in die Analyse mit ein, womit Ansätze der formulierenden als auch Ansätze der reflektierenden Interpretation enthalten sind (vgl. Przyborski 2004, S. 50).

Bei dem ersten Abhören bzw. Anschauen der erhobenen Daten werden die einzelnen Themen identifiziert und mit Oberbegriffen versehen. Dabei werden die entsprechenden Stellen notiert, um auf dieser Grundlage Passagen zur späteren Transkription auszuwählen. Transkribiert werden dabei primär Passagen, in denen auf Grund der hohen interaktiven Dichte eine Fokussierungsmetapher vermutet wird, und sekundär Passagen, die von ihrer Thematik her dem inhaltlichen Interesse der Forschenden entsprechen (vgl. Schäffer 2006, S. 77). Bei Fokussierungsmetaphern handelt es sich um Passagen, die sich als dramaturgische Höhepunkte eines Diskurses beschreiben lassen und auf einen Fokus gemeinsamen Erlebens verweisen (vgl. Bohnsack 2006). Mit Bezug auf die spezifischen Ausdrucksformen von Kindern führte Iris Nentwig-Gesemann entsprechend den Begriff des Fokussierungsaktes ein, der jene Passagen fasst, in denen sich konzentrierte und engagierte körperlich-performative Darstellungen finden, die durch komplexe, abgestimmte Handlungen gekennzeichnet sind, welche keiner metakommunikativen Verhandlung bedürfen (vgl. Nentwig-Gesemann 2002, S. 54).

Formulierende Interpretation

Die für die Untersuchung als relevant gekennzeichneten Textpassagen werden im ersten Schritt der formulierenden Interpretation jeweils mit einem Oberthema versehen. Dadurch können bereits an dieser Stelle Daten gewonnen werden, die Vergleiche der Gruppen untereinander auf der inhaltlichen Ebene ermöglichen. Im Anschluss werden die einzelnen Unterthemen identifiziert und es erfolgt eine thematische Feingliederung durch die paraphrasierte Wiedergabe des Gesagten. Um die thematische Struktur des Textes nachzeichnen zu können, wird der Frage danach, *was* gesagt wird nachgegangen. Insgesamt fokussiert die formulierende Interpretation auf dem immanenten Sinngehalt der Äußerungen, ohne dabei jedoch zu deren Geltungsansprüchen hinsichtlich des Realitätsgehalts Stellung zu nehmen (vgl. u.a. Loos/Schäffer 2001, S. 62).

Die formulierende Interpretation bewegt sich innerhalb des Erwartungssystems derjenigen, deren Handeln und Texte Gegenstand der Interpretation sind, wobei deren Rahmen als solcher nicht thematisiert wird (vgl. u.a. Bohnsack 1989, S. 343). Dies geschieht vor dem Hintergrund der Herstellung einer intersubjektiven Überprüfbarkeit, der Überführung der Sprache der Erforschten in die Sprache der Forschenden und der Trennung der Sinnebenen. Für gruppenförmige Gespräche dient diese Vorgehensweise zudem der Fokussierung auf den Gruppendiskurs (vgl. Przyborski 2004, S. 53 f.).

Reflektierende Interpretation

Im Gegensatz dazu richtet sich die reflektierende Interpretation auf den dokumentarischen Sinngehalt. Dieser bildet die Grundlage für die Rekonstruktion des Orientierungsrahmens, innerhalb dessen Themen behandelt werden, und damit für die Erschließung von individuellen und konjunktiven Erfahrungsräumen (vgl. Bohnsack u.a. 2007b, S. 14 f.). Die reflektierende Interpretation dient der Klärung der Frage danach, *wie* etwas gesagt wird und der Analyse der Diskursorganisation[1] (zuerst Bohnsack 1989, ausführ-

---

1 In diesem Zusammenhang bezieht sich der Diskursbegriff auf den Verlauf eines Gesprächs und ist damit von der Verwendung innerhalb der Diskursanalyse abzugrenzen (vgl. etwa Schutter i. d. B.).

lich Przyborski 2004) kommt in diesem Zusammenhang eine zentrale Bedeutung zu. Die Rekonstruktion der formalen Struktur der Bezugnahme von Redebeiträgen dient dabei dem Erfassen der Verhältnisse zwischen den Orientierungsgehalten, die Rekonstruktion der Performanz einer Darstellungen zielt auf die Ermittlung performativ vermittelter Orientierungen (vgl. Przyborski 2004, S. 62).

Die rekonstruierten Orientierungen und deren Einbettung in den Diskursprozess werden anschließend in einer Diskursbeschreibung zusammenfassend und vermittelnd dargestellt. In diesem Zusammenhang bildet das jeweilige Gespräch den übergeordneten Bezugspunkt (vgl. Bohnsack 2008, S. 141). Im Rahmen der anschließenden Typenbildung wird diese Struktur aufgebrochen und die unterschiedlichen Gespräche bilden bei der Formulierung der Typologie die Grundlage für Beispiele und Belege einzelner Typiken.

Typenbildung

Im Bereich der qualitativen Sozialforschung wird, wenn von Typenbildung die Rede ist, zumeist an das idealtypische Verstehen von Max Weber (1990) angeknüpft. Daran anschließend entwickelten sich zwei Tradierungslinien: die Typenbildung des Common Sense und die praxeologische Typenbildung. Die praxeologische Typenbildung, wie sie auch in der dokumentarischen Methode zur Anwendung kommt, geht dabei über die Webersche Konzeption und auch über die des Common Sense hinaus, indem sie auf eine mehrdimensionale Typenbildung abzielt (vgl. u.a. Bohnsack/Nentwig-Gesemann 2006).

Im Rahmen der dokumentarischen Methode wird zwischen zwei Interpretationsstufen unterschieden: der *sinn*genetischen und der *sozio*genetischen Typenbildung. Während bei der sinngenetischen Typenbildung Orientierungsmuster oder Habitus rekonstruiert werden, zielt die soziogenetische Typenbildung darauf ab, den spezifischen Erfahrungsraum der jeweiligen Orientierung herauszuarbeiten (vgl. u.a. Bohnsack 2008). Sobald spezifische Orientierungen, Haltungen oder auch Habitus an einem Fall bzw. einer Gruppe beobachtbar sind, muss die Frage nach dem *Wo* gestellt werden bzw. die Überlegung angestellt werden, in welchem Erfahrungsraum die Genese dieser Orientierung zu suchen ist (vgl. Bohnsack/Nentwig-Gesemann 2006, S. 165). Diese Erfahrungsräume können beispielsweise bildungs-, geschlechts-, generations- oder alterstypischer Art sein (vgl. Bohnsack 2010). Am einzelnen Fall können demzufolge verschiedene Typiken rekonstruiert werden, was zu einer Mehrdimensionalität der Typenbildung führt. Dabei ist die Verortung einer Typik innerhalb einer Typologie Voraussetzung nicht allein für Validität, sondern vor allem für die Generalisierungsfähigkeit des Typus (vgl. Bohnsack 2007, S. 253).

Beispielhafte Interpretation

Der folgende Transkriptausschnitt entstammt einer Gruppendiskussion mit drei Jungen, die gemeinsam die vierte Klasse einer Grundschule, die in einem sogenannten sozialen Brennpunktgebiet einer mittleren Großstadt liegt, besuchen.[2] Alle drei stammen aus Familien mit türkischem Migrationshintergrund; Max (Mm) und Can (Cm) sind neun, Erdem (Em) zehn Jahre alt. Insgesamt dauerte das Gespräch 52:02 Minuten; der gewählte Ausschnitt (Timecode 24:28-26:49) aus der Passage „Freundschaften" schließt an Erzählungen über Ereignisse bei der Einschulung an.

```
01 Mm    Also wir wärn jetzt so in unserer Klasse³
02 Cm          L(              ) Wir sind auch sogar Nachbarn
03    @(.)@
04 Em    LJa
05 Mm    Lin unsrer Klasse wärn jetzt eigentlich so (.) zwölf Jungs oder
06    zehn Jungs ganz viele aber das sind jetzt schon
07 Em                        LJa die ganzen Jungs sind alle
08    umgezogen oder zum Beispiel Taleb is sitzen geblieben und so
09 Cm    Wär Taleb nich sitzen geblie:ben
10 Em                    Ldas is doch auch blöd, wenn man sich
11    verabschieden muss von denen,
12 Mm                    Lalso zum Beispiel
13 Em                    Lwenn sie umziehen oder so
14 Mm                                Lalso
15    so ein Patrick Hussem is weg Karan und Taleb
16 Em                        Ldas warn mindestens sechs
17    Jungens, mindestens
18 Mm                    LVielleicht sogar acht oder so
19 Cm    Wir wären jetzt dings äh (.) wir wären jetzt zwölf Jungs oder so wenn
20 Yf                            LHmhm
21 Cm    niemand weggegangen wär
22 Mm    Aber jetzt sind wir nur wenige in der Klasse:, wir sind nur achtzehn
23    Kinder in der Klasse und
24 Em                    LWir sind nur fünf Jungs
25 Mm                        Lja und ehm wir sind viel
```

---

2 Die Gruppendiskussion wurde von Rita Fürstenau (Yf) im Rahmen ihrer Promotion zu Praktiken der diskursiven Herstellung von Kindheit geführt.

3 Erläuterungen zu dem Transkript:
L Beginn einer Überlappung oder direkter Anschluss beim Sprecherwechsel

(.)	Kurze Pause	(3)	Pause mit Angabe der Dauer in Sek.
@(.)@	Kurzes Auflachen	( )	Unverständliche Äußerungen
betont	Betonung	„ach"	In wörtlicher Rede gesprochen
abgebr-	Abbruch eines Wortes	ja:	Dehnung von Lauten
? Deutliche Frageintonation		;	Schwach sinkende Intonation
. Stark sinkende Intonation		,	Schwach steigende Intonation

26 weniger Kinder in der Klasse, ehm dann is aber auch viel ruhiger in der
27 Klasse eigentlich
28 Cm ⌊Ja
29 Mm ⌊wenn man nur Freunde hat, die reden dann mehr mit
30 dir aber (.) das is eben der Nachteil bei den Pausen weil da hat da hat
31 man nur zwei Freunde:, wenn einer fehlt und einer macht grad was anderes
32 (.) dann is man ganz allein
33 Em ⌊Oder der Nachteil ist (2) oder der Nachteil is auch wenn man zum
34 Beispiel Klassensprecher wählt dann (.) wä- ist ein Junge und ein
35 Mädchen da wählen die ganzen Mädchen äh für das Mädchen und die ganzen
36 Cm ⌊Ja
37 Mm ⌊Das ist blöd
38 Em Jungs für Junge und dann sind die auch nicht fair zum Beispiel bald
39 kommt dies- Lesewettbewerb und dann stimmen die meinen die u:: das war
40 super, obwohl das sowas von schlecht war also nur weil das so Freunde
41 sind (.) sind dann nicht so ehrlich ⌶
42 Mm ⌊also die Mädchen zum
43 Beispiel so (.) sind sechs Leute, so Freund zum Beispiel so eine
44 liest davon und die kreuzn- hörn sich das nicht an die reden die ganze
45 Zeit
46 Em ⌊und dann machen die su:per das war su:per so was von flüssig (.)
47 das ist blöd
48 Mm ⌊ja und bei den Jungs ja wir mögen die nich schlecht; schlecht;
49 schlecht; schlecht;
50 Em Aber di- wir versuchen schon (.)
51 Cm ⌊ehrlich zu sein
52 Em ⌊weil wir so ja weil wir
53 so wenige sind (.) nur wir wollen ehrlich sein aber (.) die Mädchen
54 wollen uns einfach mal platt machen nur weil die mehr sind im Vorteil
55 sind dass sie mehr sind (5) wir hätten °mehrere°
56 (3)

Formulierende Interpretation

01, 05-56OT[4]: Auswirkungen der Klassenzusammensetzung auf das Klassengeschehen

01, 05-26UT: Anzahl der Jungen in der Klasse. In der Klasse wären eigentlich „ganz viele" Jungen. Aber „die ganzen Jungs" sind entweder „alle umgezogen" oder „sitzen geblieben". Wenn man sich von ihnen verabschieden muss weil sie „umziehen oder so", ist das „blöd". Es sind „mindestens sechs Jungens", vielleicht „sogar acht oder so" weggegangen. Wäre

---

4 Erläuterung zu den verwendeten Abkürzungen: Oberthema (OT), Unterthema (UT)

„niemand weggegangen", wären jetzt „zwölf Jungs oder so" in der Klasse. Jetzt sind es nur 18 Kinder in der Klasse, von denen nur „fünf Jungs" sind.

02-04 UT: Verhältnisse der Jungen untereinander. Cm und Em sind „Nachbarn".

26-30 UT: Welche Vorteile es hat, dass die Jungen nicht mehr da sind? Es sind „weniger Kinder in der Klasse" geworden. Dadurch ist es „eigentlich" auch „viel ruhiger in der Klasse". Wenn man in der Klasse „nur Freunde hat", reden diese mehr mit einem.

30-38 UT: Nachteile durch den geringen Jungenanteil in der Klasse. Wenn man nur zwei Freunde hat, hat das in der Pause den „Nachteil", dass man „ganz allein" ist, wenn einer „fehlt" und der andere gerade „was anderes" macht. Ein weiterer Nachteil ergibt sich bei der Klassensprecherwahl. Wenn ein Junge und ein Mädchen zur Wahl stehen, dann wählen „die ganzen Mädchen für das Mädchen" und „die ganzen Jungs für Junge". Das ist „blöd".

38-56 UT: Unehrliches Verhalten der Mädchen. Die Mädchen sind außerdem „auch nicht fair". Für den bald anstehenden Lesewettbewerb wird erwartet, dass die Mädchen ähnlich „stimmen" werden. Sie sagen, dass etwas „super" war, obwohl es „sowas von schlecht" gewesen ist, weil sie befreundet sind. Aufgrund ihrer Freundschaft sind sie nicht „ehrlich". Sie stimmen für einander, obwohl sie sich gegenseitig nicht zuhören, sondern „die ganze Zeit" reden. Sie sagen bei ihren Freundinnen, dass diese „super" und „so was von flüssig" gelesen haben.

Im Gegensatz dazu werden die Jungen von den Mädchen als „schlecht" beurteilt, weil sie diese nicht „mögen". Die Jungengruppe versucht schon „ehrlich" zu sein, weil sie so wenige sind. Die Mädchen hingegen wollen die Jungen „einfach mal platt machen", weil sie „mehr sind" und dadurch „im Vorteil". Hätten die anderen Jungen die Klasse nicht verlassen, wäre das anders.

Reflektierende Interpretation

01, 05-06 Anschlussproposition[5] Mm in Kooperation mit Em. Zu Beginn des gewählten Abschnitts dokumentiert sich eine Orientierung daran, viele Jungen in der Klasse zu sein. Den Kontext bildet dabei eine Fiktion, welche die mögliche Gegenwart beschreibt, dass „eigentlich" (5) viele Jungen in der Klasse wären. Von zentraler Bedeutung ist zunächst nicht, um welche

---

5 Eine ausführliche Darstellung des Begriffsinventars der dokumentarischen Methode findet sich bspw. in Przyborski 2004.

Jungen es sich dabei handelt, sondern deren Anzahl. Auch wenn die genaue Jungenanzahl nicht eindeutig bestimmt wird, steht fest, dass es „ganz viele" (6) wären. In Relation zu der Klasse werden „zwölf Jungs oder zehn Jungs" (5 f.) als große Menge eingeordnet. Die Gemeinschaft der Jungen bildet einen Orientierungshorizont, dessen Relevanz in Bezug auf die Gemeinschaft der Klasse herausgestellt wird.

02-04 Konklusion Cm, Validierung Em. Die vorangegangene Diskursbewegung zu der Freundschaft zwischen den Jungen wird mit einer Wiederholung und deren Bestätigung zu einem Abschluss gebracht.

06-08 Elaboration Mm in Kooperation mit Em. Die aufgeworfene Orientierung an einer großen Gruppe von Jungen in der Klasse wird im Folgenden weiter bearbeitet. In Form einer Begründung wird dargestellt, was in der Vergangenheit dazu geführt hat, dass die zuvor beschriebene Situation nicht eingetreten ist. Die Einordnung von zwölf oder zehn Jungen als „ganz viele" (5) wird damit um einen Sinngehalt erweitert. Da die „ganzen Jungs" „alle" (7) die Klasse verlassen haben, sind nun im Vergleich zu vorher nicht mehr viele übrig. Aus den genannten Gründen für das Verlassen der Klasse geht hervor, dass es sich nicht um selbstbestimmte Entscheidungen der Jungen handelte, sondern dass die Bedingungen, zu der Klasse zu gehören, nicht mehr erfüllt waren. Einfluss auf die Zusammensetzung der Klasse wird dabei sowohl dem Wohnort („umgezogen", 8), als auch den schulischen Strukturen („sitzen geblieben", 8) zugesprochen. Mit wem man zusammen in einer Klasse ist, wird dementsprechend von äußeren Faktoren abhängig gemacht. Warum ein Junge (Taleb) namentlich genannt wird lässt sich nicht sagen: Weil er als einziger nicht umgezogen, sondern sitzen geblieben ist, oder weil die Beziehung zu ihm, im Gegensatz zu den anderen, eine besondere war?

09 Zwischenkonklusion im Modus der Validierung einer Orientierung Cm. Es wird noch einmal betont, dass unter anderen Umständen die Realisierung der zuvor benannten Fiktion möglich gewesen wäre. Wäre „Taleb nicht sitzen geblieben" (9), wäre er noch in der Klasse. Das wiederum hätte Auswirkungen, die Anzahl der Jungen in der Klasse wäre dementsprechend größer. Gleichzeitig rückt hier ein einzelner Junge in den Mittelpunkt, dessen Fehlen bedauert wird und nicht das einer ungenannten Gruppe von Jungen. Dass dieser als Einziger zwar die Klasse, jedoch nicht, wie bei einem Umzug, die Schule verlassen hat und damit nicht ganz aus dem schulischen Alltag verschwunden ist, scheint an dieser Stelle allerdings nicht wichtig zu sein. Der Fokus liegt nach wie vor auf der Situation in der Klasse. Die zu Beginn aufgeworfene Orientierung an einer großen Anzahl an Jungen wird damit bestätigt und die Relevanz dieser für die Situation in der Klasse erneut hervorgehoben.

10-11, 13 Proposition Em. Mit der vorgenommenen Beurteilung der Ereignisse wird ein neuer Orientierungsgehalt in das Gespräch eingebracht. Das Verlassen der Jungen wird nun nicht auf den zahlenmäßigen Anteil an Jungen in der Klasse bezogen, sondern in Beziehung zu dem eigenen Empfinden gesetzt. Vor dem positiven Orientierungshorizont des Wohlbefindens wird die Verabschiedung der Jungen als „blöd" (10) eingeordnet und negativ gerahmt.

12,14-24 Fortsetzung der Elaboration im Modus einer Beschreibung Mm, Em und Cm, eingelagerte Ratifizierung Yf. Die Orientierung daran, dass eine größere Anzahl an Jungen in der Klasse hätte sein können wird erneut aufgegriffen. Dabei wird deutlich, dass die Abwesenheit der Jungen sowohl Auswirkungen auf die Größe der gesamten Klasse, als auch Auswirkungen auf die Größe der Jungengruppe und damit auf den Jungenanteil in der Klasse hat. Durch das Aufzählen der Namen derer, die gegangen sind (14 f.), erscheint die Ermittlung von genauen Zahlen in diesem Zusammenhang zunächst von besonderer Wichtigkeit. Auch wenn die Bestimmung der exakten Anzahl anschließend zugunsten einer Schätzung nicht weiter verfolgt wird, kann die Betonung der großen Anzahl an Jungen („mindestens sechs"; 17, „vielleicht sogar acht oder so"; 18) als das zentrale Anliegen dieser Darstellung beschrieben werden. Der Ist-Zustand hingegen wird mit eindeutigen Zahlen beschrieben und zwar sowohl für die Gemeinschaft der Klasse (22 f.), als auch für die Gemeinschaft der Jungen in der Klasse (24). Insgesamt wird deutlich, dass zahlenmäßig über die Hälfte der zuvor anwesenden Jungen die Klasse verlassen hat. Dieser Veränderung wird eine zentrale Bedeutung zugesprochen und sie wird vor der Orientierung an einer großen Gruppe von Jungen in der Klasse negativ gerahmt.

25-26 Zwischenkonklusion im Modus Mm. Mit der Wiederholung der Folgen für die Größe der gesamten Klasse rückt die Orientierung an der Jungengruppe in den Hintergrund und wird vorerst zu einem Abschluss gebracht. Indem der Fokus auf die Gemeinschaft der „Kinder in der Klasse" (26) gelegt wird, wird die zuvor betonte Differenz zwischen den Jungen und der Klasse nicht weiter aufrechterhalten.

26-32 Anschlussproposition Mm, Validierung Cm. Die zuvor bereits angedeutete Orientierung an dem eigenen Wohlbefinden (10 f.) wird erneut aufgegriffen und in Beziehung zu den Auswirkungen der Veränderung für den schulischen Alltag gesetzt. Die geringere Klassengröße wird dabei als vorteilhafte Folge eingeordnet, aufgrund derer es „viel ruhiger in der Klasse" (26) geworden ist. Diese Darstellung beinhaltet eine Perspektive, die auf die allgemeine Situation in der Klasse zielt und damit den Einzelnen als Teil der Gemeinschaft aller Kinder fasst. Zurückgeführt wird die Entstehung von Ruhe auf die geringere Anzahl von Freunden und die damit einhergehende Einschränkung von Gesprächen zwischen befreundeten Kindern.

Im Kontrast zu der Situation in der Klasse wird das Fehlen einer großen Freundesgruppe für einen anderen schulischen Raum, die Pause, als „Nachteil" (39) eingeordnet. Grundlegend ist dabei ein Verständnis der Pause als Ort der Aktivitäten mit Freunden. Während die Kommunikation zwischen Freunden in der Klasse, also in Situationen des Unterrichts, als störend eingeordnet wird, wird das Zusammensein mit Freunden in der Pause als Voraussetzung für das eigene Wohlbefinden beschrieben. Dabei wird betont, dass eine geringe Anzahl von Freunden die Verwirklichung des eigenen Wohlergehens in Abhängigkeit von den jeweiligen Umständen gefährden kann.

33-38 Anschlussproposition Em in Kooperation mit Mm, eingelagerte Validierung Cm. Die begonnene Aufzählung von Nachteilen wird fortgesetzt. Bezugspunkt bildet dabei allerdings erneut das Klassengeschehen. Während zuvor die persönlichen Erfahrungen im Vordergrund standen, rückt nun die gesamte Jungengruppe in den Mittelpunkt des Gesprächs. Diese wird im Folgenden der Gruppe der Mädchen in der Klasse gegenüber gestellt. Die beschriebene Praxis eines geschlechterbezogenen Umgangs mit Wahlsituationen hat, aufgrund der ungleichen Anzahl an Jungen und Mädchen in der Klasse, zur Folge, dass die Einflussnahme der Jungen auf das Wahlergebnis nicht möglich ist. Die beschriebene Machtlosigkeit im Kontext einer Abstimmungssituation aufgrund der zahlenmäßigen Unterlegenheit wird negativ bewertet. In diesem Zusammenhang erlangt die Zusammensetzung der Klasse und das Fehlen von Jungen eine zentrale Bedeutung für die Mitbestimmungsmöglichkeit der Jungen und damit letztlich auch jedes einzelnen Jungen. Die Einschränkung von Teilhabemöglichkeiten verweist auf die Notwendigkeit der Gruppe für die einzelnen Klassenmitglieder. Den Mädchen wird aufgrund ihrer zahlenmäßigen Überlegenheit eine Machtposition zugeschrieben, welche ihnen die Einnahme einer dominierenden Rolle im Klassenverband erlaubt und von ihnen zur Kontrolle von Entscheidungsergebnissen genutzt wird.

38-49 Elaboration der Anschlussproposition im Modus einer Exemplifizierung Em und Mm. Auch in Bezug auf andere Wettbewerbskontexte wird die geringere Anzahl an Jungen in der Klasse als nachteilig für die verbliebenen Jungen dargestellt. Zudem wird das von den Mädchen praktizierte Verhalten in Bezug auf die Stimmvergabe als „nicht fair" (38) kritisiert und negativ bewertet. Vor dem positiven Orientierungshorizont an einer leistungsbezogenen Beurteilung als Grundlage für die Vergabe von Stimmen bildet das Verhalten der Mädchen einen negativen Gegenhorizont, von dem sich die Jungen distanzieren. Das leistungsunabhängige Zusammenhalten der Mädchen auf der Basis der freundschaftlichen Beziehungen wird als unehrliches Verhalten beurteilt und abgewertet; ebenso wie das Ausnutzen der Situation, um die Leistungen derjenigen, die nicht der eigenen Freundesgruppe angehören, aufgrund ihrer Nichtzugehörigkeit als „schlecht" (48 f.) zu beurteilen. In Bezug auf das Freundschaftsverständnis wird eine Abgrenzung vorgenommen und das Freundschaftsverständnis der Mädchen wird deutlich von der eigenen Orientierung an einem fairen und ehrlichen Umgang im Rahmen eines schulischen Wettkampfes unterschieden.

50-56 Konklusion im Modus der Formulierung einer Orientierung Em in Kooperation mit Cm.

Vor dem positiven Orientierungshorizont eines leistungsbezogenen Verhaltens im Kontext schulbezogener Aktivitäten werden das Verhalten der Mädchen und das Bestreben der Jungen abschließend noch einmal deutlich voneinander abgegrenzt. Von Bedeutung ist dabei auch, dass den beiden Gruppen unterschiedliche, von der Gruppengröße abhängige Handlungsmöglichkeiten zugesprochen werden. Zum einen begründet die zahlenmäßige Unterlegenheit die Forderung nach Ehrlichkeit (51 ff.) und zum anderen wird auch das Bedürfnis, die anderen „platt" (54) zu machen, mit dem Mehrheitsvorteil begründet. Die Akteure befinden sich in einer Dynamik, die auf eine Veränderung in der Klassenzusammensetzung zurückgeführt wird und auf die eine umgestaltende Einflussnahme nicht möglich erscheint. Die Orientierung an dem Wohlbefinden wird damit noch einmal in unmittelbaren Zusammenhang mit der verringerten Größe der Jungengruppe und dem eingangs beschriebenen positiven Orientierungshorizont einer fiktiven Gegenwart gebracht.

Der Modus der Diskursorganisation, der Gesprächsstil des gewählten Ausschnitts lässt sich als „unisono" bezeichnen (vgl. Przyborski 2004, S. 196 ff.): Auf der Ebene der formalen Organisation des Gesprächs weist die gemeinsame Hervorbringung der Diskursbewegung durch häufige Sprecherwechsel und Überlagerungen auf eine geteilte Erfahrungsbasis der Gruppe hin. Die gemeinsamen Erfahrungen, die sich in der Darstellung dokumentieren, sind dabei jedoch nicht nur strukturgleich, sondern identisch. Gemeinsam Erlebtes wird von der Gruppe auf die gleiche Weise wahrgenommen und in *einer* Perspektive kollektiv dargestellt, was die Rekonstruktion eines gemeinsam geteilten Orientierungsrahmens ermöglicht.

Dieser beschreibt das eigene Wohlbefinden in schulischen Kontexten in Abhängigkeit von Freundschaftsbeziehungen und der Größe geschlechtshomogener Gruppen. Während die Gruppe der Jungen zu Beginn des gewählten Abschnitts in Relation zu der Klasse gesetzt wird, werden die Darstellungen im zweiten Teil von einer geschlechterbezogenen Leitdifferenz strukturiert. In der Abgrenzung von der Mädchengruppe wird ein Orientierungshorizont entworfen, der eine positive kollektive Selbstdarstellung und eine moralische Beurteilung der Situation ermöglicht. Darüber hinaus werden die Darstellungen gerahmt von der Orientierung an einem vergangenen Zustand, welcher als fiktive Gegenwartsbeschreibung eine Idealvorstellung formuliert, in der die Machtverhältnisse zwischen Jungen und Mädchen aufgrund des zahlenmäßigen Anteils in der Klasse ausgewogen sind.

Fazit

In der Kindheitsforschung eignet sich die Verwendung der dokumentarischen Methode für Forschungszugänge, die darauf zielen, akteurs- und strukturbezogene Perspektiven aufeinander zu beziehen. Die zugrundeliegende Analyseeinstellung eröffnet eine Möglichkeit, Zugänge zu Wissensbeständen, Deutungsmustern sowie Handlungsorientierungen von Kindern zu erlangen und damit Kinder als Akteure ernst zu nehmen und ihre Perspektiven in Forschungsprozesse einzubeziehen. Gleichzeitig ist es möglich, die soziale Strukturiertheit kindlicher Sinnbildungsprozesse zu berücksichtigen, kindliche Erfahrungen im Kontext sozialer Zugehörigkeiten in den Blick zu nehmen und Kinder als soziale Gruppe in Relation zur Gesamtgesellschaft wahrzunehmen (vgl. Mayall 2001, S. 114 f.).

In der Frage nach der generationalen Strukturiertheit der Kindheitsforschung ergeben sich für die Arbeit mit der dokumentarischen Methode zwei Perspektiven: Zum einen kann die intergenerationale Beschaffenheit der Forschungssituation in den Fokus rücken und auf die Forderung nach dem Einbezug der Interaktionsprozesse und Wirklichkeitskonstruktionen zwischen Beteiligten und Forschenden (vgl. Bock 2010) eingegangen werden. Zum anderen ergibt sich die Möglichkeit, kindspezifische Erfahrungsräume zu fokussieren und in Relation zu performativen Darstellungen und sozialen Zugehörigkeiten herauszuarbeiten.

Literatur

Bock, K. (2010): Kinderalltag – Kinderwelten. Rekonstruktive Analysen von Gruppendiskussionen mit Kindern aus Sachsen. Opladen u. Farmington Hills.

Bohnsack, R. (1989): Generation, Milieu und Geschlecht. Ergebnisse aus Gruppendiskussionen mit Jugendlichen. Opladen.

Bohnsack, R. (1999): Dokumentarische Methode und die Analyse kollektiver Biografien. In: Jüttemann, G.; Thomae, H. (Hrsg.): Biografische Methoden in den Humanwissenschaften. Weinheim u. Basel, S. 213-230.

Bohnsack, R. (2006): Dokumentarische Methode. In: Bohnsack, R.; Marotzki, W.; Meuser, M. (Hrsg.): Hauptbegriffe Qualitativer Sozialforschung. 2. Aufl., Opladen, S. 40-44.

Bohnsack, R. (2007): Typenbildung, Generalisierung und komparative Analyse: Grundprinzipien der dokumentarischen Methode. In: Bohnsack, R.; Nentwig-Gesemann, I.; Nohl, A.-M. (Hrsg.): Die dokumentarische Methode und ihre Forschungspraxis. Grundlagen qualitativer Sozialforschung. 2. erw. und akt. Aufl., Wiesbaden, S. 225-253.

Bohnsack, R. (2008): Rekonstruktive Sozialforschung. Einführung in qualitative Methoden. 7. Aufl., Opladen u. Farmington Hills.

Bohnsack, R. (2010): Die Mehrdimensionalität der Typenbildung und ihre Aspekthaftigkeit. In: Ecarius, J.; Schäffer, B. (Hrsg.): Typenbildung und Theoriegenerierung. Methoden und Methodologien qualitativer Bildungs- und Biografieforschung. Opladen u. Farmington Hills, S. 47-72.

Bohnsack, R; Nentwig-Gesemann, I. (2006): Typenbildung. In: Bohnsack, R.; Marotzki, W.; Meuser, M. (Hrsg.): Hauptbegriffe Qualitativer Sozialforschung. 2. Aufl., Opladen u. Farmington Hills, S. 162-166.

Bohnsack, R.; Nentwig-Gesemann, I.; Nohl, A.-M. (Hrsg.) (2007a): Die dokumentarische Methode und ihre Forschungspraxis. Grundlagen qualitativer Sozialforschung. 2. erw. und akt. Aufl., Wiesbaden.

Bohnsack, R.; Nentwig-Gesemann, I.; Nohl, A.-M. (2007b): Einleitung: Die Dokumentarische Methode und ihre Forschungspraxis. In: Bohnsack, R.; Nentwig-Gesemann, I.; Nohl, A.-M. (Hrsg.): Die dokumentarische Methode und ihre Forschungspraxis. Grundlagen qualitativer Sozialforschung. 2. erw. und akt. Aufl., Wiesbaden, S. 9-24.

Bohnsack, R.; Przyborski, A.; Schäffer, B. (Hrsg.) (2006): Das Gruppendiskussionsverfahren in der Forschungspraxis. Opladen.

Heinzel, F. (2010): Zugänge zur kindlichen Perspektive – Methoden der Kindheitsforschung. In: Friebertshäuser, B.; Langer, A.; Prengel, A. (Hrsg.): Handbuch Qualitative Forschungsmethoden in der Erziehungswissenschaft. Weinheim, S. 707-721.

Helsper, W.; Kramer, R.-T.; Brademann, S.; Ziems, C. (2007): Der individuelle Orientierungsrahmen von Kindern und der Übergang in die Sekundarstufe. Erste Ergebnisse eines qualitativen Längsschnitts. In: Zeitschrift für Pädagogik, 53, 4, S. 477-490.

Hengst, H. (2009): Generationale Ordnungen sind nicht alles. Über kollektive Identität und Erfahrungskonstitution heute. In: Honig, M.-S. (Hrsg.): Ordnungen der Kindheit. Problemstellungen und Perspektiven der Kindheitsforschung. Weinheim, S. 53-77.

Honig, M.-S. (2009): Das Kind in der Kindheitsforschung. Gegenstandskonstitution in den childhood studies. In: Honig, M.-S. (Hrsg.): Ordnungen der Kindheit. Problemstellungen und Perspektiven der Kindheitsforschung. Weinheim, S. 25-51.

Kellermann, I. (2008): Vom Kind zum Schulkind. Die rituelle Gestaltung der Schuleingangsphase. Eine ethnografische Studie. Opladen u. Farmington Hills.

Kluge, S.; Kelle, U. (1999): Vom Einzelfall zum Typus. Fallvergleich und Fallkontrastierung in der qualitativen Sozialforschung. Opladen.

Krüger, H.-H.; Köhler, S.-M.; Zschach, M.; Pfaff, N. (2008): Kinder und ihre Peers. Freundschaftsbeziehungen und schulische BildungsBiografien. Opladen u. Farmington Hills.

Lähnemann, C. (2009): Freiarbeit aus SchülerInnen-Perspektive. Wiesbaden.

Loos, P.; Schäffer, B. (2001): Das Gruppendiskussionsverfahren. Theoretische Grundlagen und empirische Anwendung. Opladen.

Mannheim, K. (1964): Wissenssoziologie. Auswahl aus dem Werk. Hrsg. von K. H. Wolff. 2. Aufl., Neuwied u. Berlin.

Mannheim, K. (1980): Strukturen des Denkens. Hrsg. von D. Kettler, V. Meja und N. Stehr. Frankfurt a. M.

Mayall, B. (2001): Understanding childhoods: a London Study. In: Alanen, L.; Mayall, B. (Hrsg.): Conceptualizing Child-Adult Relations. London u. New York, S. 114-128.

Michalek, R. (2006): „Also wir Jungs sind…". Geschlechtervorstellungen von Grundschülern. Münster.

Nentwig-Gesemann, I. (2002): Gruppendiskussionen mit Kindern. Die dokumentarische Interpretation von Spielpraxis und Diskursorganisation. In: Zeitschrift für qualitative Bildungs-, Beratungs- und Sozialforschung (ZBBS), 3, 1, S. 41-64.

Nentwig-Gesemann, I. (2006): Regelgeleitete, habituelle und aktionistische Spielpraxis. Die Analyse von Kinderspielkultur mit Hilfe von videogestützter Gruppendiskussion. In: Bohnsack, R.; Przyborski, A.; Schäffer, B. (Hrsg.): Das Gruppendiskussionsverfahren in der Forschungspraxis. Opladen, S. 25-44.

Nentwig-Gesemann, I.; Wagner-Willi, M. (2007): Rekonstruktive Kindheitsforschung. Zur Analyse von Diskurs- und Handlungspraxis bei Gleichaltrigen. In: Wulf, C.; Zirfas, J. (Hrsg.): Pädagogik des Performativen. Theorien, Methoden, Perspektiven. Weinheim u. Basel, S. 213-223.

Nohl, A.-M. (2007): Komparative Analyse: Forschungspraxis und Methodologie dokumentarischer Interpretation. In: Bohnsack, R.; Nentwig-Gesemann, I.; Nohl, A.-M. (Hrsg.): Die dokumentarische Methode und ihre Forschungspraxis. Grundlagen qualitativer Sozialforschung. Opladen, S. 255-276.

Nohl, A.-M. (2009): Interview und dokumentarische Methode. Anleitungen für die Forschungspraxis. 3. Aufl., Wiesbaden.

Przyborski, A. (2004): Gesprächsanalyse und dokumentarische Methode. Qualitative Auswertungen von Gesprächen, Gruppendiskussionen und anderen Diskursen. Wiesbaden.

Reichertz, J. (2003): Die Abduktion in der qualitativen Sozialforschung. Opladen.

Schäffer, B. (2006): Gruppendiskussion. In: Bohnsack, R.; Marotzki, W.; Meuser, M. (Hrsg.): Hauptbegriffe Qualitativer Sozialforschung. 2. Aufl., Opladen u. Farmington Hills, S. 75-80.

Wagner-Willi, M. (2005): Kinder-Rituale zwischen Vorder- und Hinterbühne. Der Übergang von der Pause zum Unterricht. Wiesbaden.

Wagner-Willi, M. (2006): Rituelle Praxis im Spannungsfeld zwischen schulischer Institution und Peer Group. Gruppendiskussionen mit Schülern. In: Bohnsack, R.; Przyborski, A.; Schäffer, B. (Hrsg.): Das Gruppendiskussionsverfahren in der Forschungspraxis. Opladen, S. 45-56.

Wagner-Willi, M. (2010): Handlungspraxis im Fokus: die dokumentarische Videointerpretation sozialer Situationen in der Grundschule. In: Heinzel, F.; Panagiotopoulou, A. (Hrsg.): Qualitative Bildungsforschung im Elementar- und Primarbereich. Bedingungen und Kontexte kindlicher Lern- und Entwicklungsprozesse. Baltmannsweiler, S. 43-59.

Weber, M. (1990): Wirtschaft und Gesellschaft. Grundriss der verstehenden Soziologie. Tübingen.

Jutta Ecarius, Nils Köbel

Das narrationsstrukturelle Verfahren in der Kindheitsforschung

Die Methodologien und Methoden in der Kindheitsforschung sind gegenwärtig sehr differenziert entwickelt und berücksichtigen die unterschiedlichen Lebensformen von Kindheit und Kindern. Das narrationsstrukturelle Verfahren ist dabei eines unter anderen, das im Kontext von Kindheit, Kinderleben und Konstruktionen von Kindheit im Generationenverhältnis angewendet und methodisch wie methodologisch diskutiert wird. Nähert man sich dem narrationsstrukturellen Verfahren von Fritz Schütze (1983), dann ist in einem ersten Schritt zu klären, welche Perspektive man auf Kinder und Kindheit auswählt. Denn nicht mit jeder Forschungsperspektive ist das narrationsstrukturelle Verfahren dasjenige, das sich am besten eignet. Die empirische Kindheitsforschung ist vor allem von dem Gedanken getragen, dass der Forschungszugang zur Wirklichkeit von Kinderleben nur ein mittelbarer und damit kulturell und historisch überformt ist von Konstruktionen über Kindheit. Dass das Forschungssubjekt immer ein Fremdes ist, ist nicht neu in der empirischen qualitativen Forschung; es fällt jedoch in der Kindheitsforschung besonders ins Gewicht, da hier eine Generationendifferenz eingelagert ist, mit der entwicklungspsychologische, sozialisationstheoretische und auch gesellschaftliche Aspekte zu berücksichtigen sind. Auch wenn die generationale Differenz in vielen Forschungsfeldern eingelagert ist, so ist der Anspruch der empirischen Forschung, ,wirkliche' Lebensformen und Denkweisen von Kindern zu erheben, eingehend zu diskutieren. Es ist die Frage, wie der Zugriff zu den Erfahrungen von Kindern empirisch operationalisierbar ist und welche theoretischen Annahmen einfließen. Da das narrationsstrukturelle Verfahren von Schütze vor allem auf Erwachsene oder Heranwachsende zugeschnitten ist, die über ein Wissen über Biografie und Formen oder Vorstellungen von einem Ich bzw. Selbst verfügen und dies in narrative Passagen in Form einer Lebensgeschichte gießen können, ist zu fragen, ob für Kinder dies ebenfalls angenommen werden kann (Kelle 2009, S. 464). So macht Honig (1999) darauf aufmerksam, dass Kindheit als Schon- und Vorbereitungsraum in eine generationale Ordnung eingebunden ist und dadurch Diskurse über Entwicklungskindheit und Erziehungskindheit Bedeutung gewinnen. Zugleich ist auf eine Entwicklung in der Kindheitsforschung hinzuweisen, die sich in anglo-amerikanischen

Ländern, Deutschland und Skandinavien in den letzten 20 Jahren etabliert hat. In Kritik an Entwicklungs- und Sozialisationskonzepten, die von einer Reifeentwicklung hin zum Erwachsenen ausgehen und von dort aus Kindheit betrachten (Corsaro 1997), wird am Kinderleben und den kindlichen Aktivitäten direkt angesetzt und die kulturelle Praxis von Kindern fokussiert. Vor diesem Hintergrund ist zu unterscheiden in Kindheitsforschung und Kinderforschung (Honig u.a. 1996). Unter der Rubrik Kindheitsforschung sind Analysen über staatliche, institutionelle, diskursive und rechtliche Konzeptionen von und über Kindheit zu gruppieren und die Kinderforschung fokussiert Kinder als Akteure in ihrer Lebenswelt und in der Konstruktion ihrer Lebensgeschichte.

Beide Forschungsperspektiven haben zu berücksichtigen, dass die generationale Ordnung (Hengst/Zeiher 2005; Wintersberger u.a. 2007) ein wesentliches Moment ist. Aus anthropologischer Perspektive ist die Entwicklungstatsache – so Bernfeld – die lange Zeit der Pflege und des Schutzes, die Erziehung des Kindes und soziale Unterstützung, die Entwicklung von Fähigkeiten, der Sprache und der Aufbau von Wahrnehmungs- und Denkweisen in den Kontext des auszuwählenden Forschungsverfahrens zu stellen. Die pädagogische Verantwortung der älteren Generationen in Form von konkreten Elternbeziehungen oder institutionellen Organisationen ragt direkt in konkretes Kinderleben hinein. Will man einer Mythologisierung von Kindheit entgegen gehen, ist dies voraussetzend in den methodischen Verfahrensweisen und der Anwendung dessen zu bedenken. Diese anthropologische Grundbedingung gilt es, für die Anwendung von qualitativen Verfahren und insbesondere dem narrationsstrukturellen Verfahren zu reflektieren.

Aus dieser Perspektive lässt sich in Anlehnung an Kelle unterscheiden in eine Erforschung von Kindheit als Lebenslage und sozialer Strukturkategorie (1.), von Kindheit als Lebensphase (2.) und von Kindheit als Lebensweise (3.) (Kelle 2009, S. 466) sowie von Kindheit als Diskurs (4.). Ergänzen lässt sich dies aus methodischer und methodologischer Perspektive um einen weiteren Aspekt: Kindheit als biografisches Leben (5.). Kindheit als biografisches Leben verweist auf die Besonderheit, lebensgeschichtlich zu erzählen, Erfahrenes als Biografie mitteilen zu können. Damit ist zugleich das narrationsstrukturelle Verfahren von Fritz Schütze angesprochen. Offen gelegt werden auf diese Weise die Problematiken, die mit diesem Verfahren verbunden sind, wenn Kinder eine biografische Erzählung generieren sollen. Unproblematisch und gut einsetzen lässt sich das narrative Verfahren, wenn in biografischen Erzählungen von Erwachsenen rückblickend biografische Erlebnisse aus der Kindheit erzählt, berichtet oder argumentativ dargestellt werden.

Das narrative Verfahren ist methodologisch eingewoben in eine Konzeption von Biografie, die angekoppelt ist an eine Vorstellung von einem Selbstkonzept bzw. einer biografischen Gesamtform, die jedes Subjekt unabhängig vom Alter erzählen kann. Inwieweit allerdings Kinder biografisch erzählen können, wird in der Kindheitsforschung konträr diskutiert, da für das Erzählen einer Lebensgeschichte ein Wissen über Biografie, eine Konstruktionsfähigkeit von zentralen Erlebnissen in Bezug auf das Selbstbild vorhanden sein sollte und somit eine narrative Kompetenz vorausgesetzt wird. Vor dem Hintergrund dieser Argumente wird zuerst das narrative Verfahren vorgestellt, dann auf den Stand der Kindheitsforschung in Bezug auf das Narrationsverfahren eingegangen und im Anschluss daran werden die Problematiken diskutiert, die mit diesem Verfahren verbunden sind.

Das narrative Verfahren

Erzählen ist für Kinder eine allgegenwärtige Kommunikationsform, um ihre Erlebnisse und Erfahrungen mitzuteilen und sie dient den Professionellen, Erziehern und Eltern, zur Teilhabe an der Lebenswelt von Kindern (Claussen 2000, 2006). Biografische und identitätsherstellende Fragmente sind somit dicht in Alltagskommunikationen eingelassen (Hahn 2000, S. 99 f.). Die Methode des narrativen Verfahrens fußt zwar auf den Grundannahmen von Alltagskommunikation, beruht aber auf methodologischen und methodischen Annahmen, die gerade die Besonderheit des Verfahrens ausmachen. So geht es nicht um den emphatischen Nachvollzug oder die Bedeutungskonstruktion (Brockmeier 2005) von narrativen Berichten und Erzählungen, sondern um eine hermeneutische Analyse zentraler Handlungsmuster und Lernformen, Bildungsprozesse und Problematiken einer erzählten Lebensgeschichte. Das narrative Interview zielt in der qualitativen Forschung auf die Artikulation einer mehr oder weniger kohärenten Lebensgeschichte, in der die biografischen Erfahrungen generiert werden und sich darüber das Selbstkonzept des/der Erzählenden konkretisiert. Zur Entschlüsselung bzw. Analyse steht der tiefer liegende soziale Sinn, der Selbst- und Weltentwurf, der der Lebensgeschichte zugrunde liegt. Narrative Passagen sollen einen Zugang eröffnen, um näher an das Lebenserfahrene und die Sicht der Kinder zu rücken trotz einer Differenz des Fremden. In biografischen Stegreiferzählungen dokumentieren sich Handlungs- und Deutungsmuster im Horizont von Ich, sozialen Strukturen und sozialen Anderen sowie Welt. Der Blick ist ganz gerichtet auf die subjektive Erfahrungsweise des erzählenden Kindes, auf die Hervorbringung eines lebensgeschichtlichen Sinnzusammenhangs, einem „Konstrukt, das wir Biografie nennen" (Rosenthal 2001, S. 268). Mit dem narrativen Interview wird beabsichtigt, subjektive Sichtweisen und Erfahrungen im Spannungsfeld von Konstitution und Konstruktion der eigenen Biografie zu analysieren. Diese recht anspruchsvolle Voraussetzung bzw. Grundannahme beinhaltet Problematiken für die Kindheitsforschung.

Das narrative Interview nach Fritz Schütze (1983) gliedert sich in eine Einstiegsphase, eine erzählgenerierende Eingangsfrage/Haupterzählung, erzählgenerierende Nachfragen und eine Bilanzierungsphase (Hermanns 1995, S. 184f.). Nach einer Kontaktaufnahme mit den Interviewpartnern – mit den ausgewählten Kindern – werden die Modalitäten des Interviews und das Forschungsinteresse so konkretisiert, dass sie verstehen, worum es den Forschenden geht. Zugesichert wird ihnen Anonymität und es wird darauf hingewiesen, dass das Interview auf Tonband aufgezeichnet wird. Begonnen wird das Interview mit einer erzählgenerierenden Eingangsaufforderung. Eine Animation einer lebensgeschichtlichen Stegreiferzählung gelingt in der Regel über die Frage „Wenn du mal zurückschaust auf dein bisheriges Leben und an deine ersten Erinnerungen denkst und diese erzählst und wie es weiterging bis heute". Mit einer solchen Erzählaufforderung wird ein Erzählstimulus gewählt, der auf das Konzept von Biografie bzw. Lebensgeschichte verweist und damit auf ein Wissen, über das die Erzählenden verfügen sollten. Es handelt sich dabei um eine chronologische Ordnung von Erfahrungen, eine Orientierung an der Annahme einer Geschichtlichkeit von Identität in ihrer Erfahrungsaufschichtung (Lucius-Hoene/ Deppermann 2004, S. 89; Dittmann-Kohli 1995, S. 32).

Nach der Haupterzählung folgt der Nachfrageteil, der sich in zwei Bereiche untergliedert. Zuerst werden Fragen gestellt, die erneut zu narrativen Passagen und Erzählungen führen sollen, nämlich solchen, die bisher ausgelassen wurden oder zu denen Unklarheiten oder Informationsbedarf bestehen. Der zweite Teil des Nachfrageteils konzentriert sich auf Fragen, über die Argumentationen und Bilanzierungen hervorgerufen werden sollen. Solche Fragen können Warum-Fragen oder Wieso-Fragen sein, die Begründungsmuster über Handeln oder biografische Entscheidungen vertiefen. Nach dem Abschluss des Interviews wird dieses verschriftlicht, wobei Erzähler, genannte Personen und Orte anonymisiert werden.

Das narrationsstrukturelle Verfahren von Schütze (1981, 1983, 1984; vgl. auch Brüsemeister 2000) basiert auf erzähltheoretischen Annahmen. Erzählen, Berichten und Argumentieren sind typische Darstellungsformen, wobei nach Schütze das Erzählen einer Lebensgeschichte einem formalen Aufbau folgt und das Strukturmuster einer thematischen Orientierung von Komplikation und Auflösung des Erfahrenen enthält. Beim Erzählen wirken Zugzwänge des Erzählens, die Schütze Gestalterschließung, Detaillierung und Kondensierung nennt. Gestalterschließung deutet darauf hin, dass eine Erzählung, die begonnen auch zu Ende erzählt wird. Eine Narration wird dabei so detailliert erzählt, dass die Zuhörer diese nachvollziehen können. Zudem ist die Erzählung kondensiert auf das Wesentliche konzentriert, da nicht alle Lebenserfahrungen erzählt werden können (Schütze 1984; Griese/Griesehop 2007, S. 28).

Die lebensgeschichtliche Erzählung enthält verschiedene Erfahrungsaufschichtungen, wobei sich der Erzählende durch den Strom des Erfahrenen gleiten lässt und aus dieser Sicht vergangene Ereignisverstrickungen, Höhe- und Wendepunkte generiert. Sichtbar werden Ordnungsprinzipien, „welche die Flut des retrospektiven Erinnerungsstroms systematisch und doch für alle möglicherweise sich entwickelnden Erzählkomplikationen flexibel zuordnet" (Schütze 1984, S. 80). Diese kognitiven Figuren, die nach Schütze zu einer autobiografischen Stegreiferzählung führen, basieren darauf, dass der Erzähler sich als ein historisches Ich positionieren kann, wobei auch andere Ereignisträger und Beziehungen eingeführt werden (1.). Zudem sind die Ereignisse so verkettet, dass sich darin die Erfahrungen und Haltungen des Erzählenden als Prozessstrukturen widerspiegeln (2.). In der Stegreiferzählung werden die für die Lebenserfahrung bedeutsamen sozialen Situationen, Lebensräume, Bedingungs- und Orientierungsrahmen sozialer Prozesse fokussiert (3.). Und die Erzählung orientiert sich an einer Gesamtgestalt, der Werdung des Ich. Erzählt werden in Orientierung daran ausgewählte Stationen, Episoden und Ereignisse, die sich in eine biografische Gesamtform zusammenfügen (4.).

Aufgrund dieser vier Figuren des autobiografischen Stegreiferzählens gelangt Schütze zu vier Prozessstrukturen lebensgeschichtlicher Erfahrungsaufschichtung (Schütze 1984, S. 92 ff.): biografische Handlungsschemata, institutionelle Ablaufmuster, Verlaufskurven und Wandlungsprozesse. Die vier Prozessstrukturen können ineinander verwoben sein, der Erzähler kann sich aber auf ein oder zwei Muster konzentrieren (von Felden 2006). Die Interpretation der Lebensgeschichte ist so angelegt, dass „die Veränderung des Selbst des Erzählers als Biografieträger" (Schütze 1984, S. 82) in ihrem Entstehungsprozess herausgearbeitet wird. Unterschieden wird in der Analyse zwischen narrativen und argumentativen (bilanzierenden) Passagen: Die narrativen Passagen geben das Erlebte wieder und die argumentativen und bilanzierenden Passagen enthalten Deutungsmuster über das Erlebte, sowohl aus heutiger als auch damaliger Sicht. Entlang der zentralen Lebensstationen sowie der Handlungs- und Orientierungsmuster wird eine biografische Gesamtformung analytisch erarbeitet, die im weiteren Forschungsprozess mit anderen biografischen Gesamtformungen verglichen wird. Angestrebt wird hierbei, die einzelnen biografischen Rekonstruktionen im kontrastiven Vergleich zu einer Typologie zusammenzuführen (Ecarius 1999).

Stand und Ergebnisse der Kindheitsforschung

Aus der grundlegenden Perspektive auf Kindheit als eigenständiger Lebensphase gehen alle modernen erziehungswissenschaftlichen Forschungsprojekte hervor, die sich mit kindlichen Biografieverläufen beschäftigen (Krüger/Marotzki 1999). Der Untersuchungsfokus ist dabei durchaus unterschiedlich: Sander und Vollbrecht (1985) versuchen in ihrer Studie aus dem

Jahr 1985, mit biografieanalytischen Verfahren die Vorstellungswelten und Handlungspläne von Kindern zu rekonstruieren. Die Autoren kommen in ihren Untersuchungen mit 13-15-Jährigen zu dem Ergebnis, das im Übergangsalter von der Kindheit zur Jugend ein Konzept von Biografie vorhanden ist, in dem Vergangenheit, Gegenwart und Zukunft miteinander verbunden werden. Diese Kohärenzleistung ist den Autoren zufolge jedoch abhängig von dem Grad der Reflexionskompetenz und der Einschätzung der aktuellen Lebenssituation.

Auch in dem Forschungsprojekt „Kindheit im Siegerland" von Behnken und Zinnecker (1993) nehmen biografisch-narrative Forschungsmethoden einen zentralen Stellenwert ein. Hierbei wird dieses Verfahren auch auf 10-jährige Kinder angewandt, um generationenvergleichend veränderte Lebensbedingungen im Zuge familialer Wandlungsprozesse im 20. Jahrhundert aus der Subjektperspektive analysieren zu können. Die Untersuchung zeigt, dass es zu einer zunehmenden Pädagogisierung, Individualisierung und Verhäuslichung von Kindheit im generationalen Vergleich kommt.

Die exklusiv auf Biografieforschung ausgerichtete Studie „Kinderleben" von du Bois-Reymond, Büchner, Krüger, Ecarius, Grunert und Fuhs (1994) versucht schließlich mithilfe von narrativen Interviews mit 12-jährigen Kindern, Verselbständigungsprozesse im Übergang von der Kindheit zum Jugendalter zu erfassen.

Gerade diese neueren Studien sind jedoch zu Ergebnissen gelangt, die eine skeptische Einschätzung hinsichtlich des Einsatzes biografischer Methoden in der Kindheitsforschung nahe legen. Sie zeigen, dass Kinder eher in der Gegenwart als in der Vergangenheit leben und mitunter große Schwierigkeiten und Hemmungen zeigen, kohärente Lebensgeschichten zu entwerfen (Ecarius 1999). So lässt sich anhand des Beispiels ‚Gregor' zeigen, dass Kinder sich mitunter weigern, biografische Erzählungen zu konstruieren: „Er liefert keine narrativen und argumentativen Passagen, bilanziert sein Leben nicht und weigert sich auch, über sein zukünftiges Leben nachzudenken" (Ecarius 1999, S. 140). Interessant an dieser Fallanalyse ist, dass die Ursache des Misslingens der biografischen Darstellung nicht mithilfe kognitiver Entwicklungstheorien erklärt werden kann: Gregor zeigt deutlich die Fähigkeit zum formal-operativen Denken, er ist sowohl kreativ als auch reflexiv. Das Erreichen der höchsten kognitiv-strukturalen Stufe (Piaget 1986) reicht somit anscheinend nicht aus, um biografisch kohärent erzählen zu können, sondern es muss zudem die Bereitschaft ausgebildet werden, das eigene Leben narrativ zu strukturieren. Daher erscheint es notwendig, im Folgenden den Einsatz des narrativen Verfahrens in der Kindheitsforschung selbst zu problematisieren.

Problematiken des narrativen Verfahrens für die Kindheitsforschung

Eine Lebensgeschichte zu generieren bzw. zu erzählen, bedarf einer narrativen Kompetenz (Straub 2000). Da erzählte Lebensgeschichten nicht dem tatsächlichen Leben entsprechen, jede einzelne Erfahrung und jeder Augenblick nicht erzählt werden kann, bewegt sich eine narrative Erzählung auf einem besonderen Abstraktionsniveau. Für die Kindheitsforschung entsteht die Frage, inwiefern Kinder dies in frühem Alter schon leisten können oder es besonderer Erfahrungen, Denk- sowie Lernprozesse bedarf, um narrative Konstruktionen liefern zu können. Dies verweist darauf, dass eine narrative Kompetenz vorhanden sein muss, um dieser Anforderung gerecht werden zu können. Auch für Erwachsene stellt sich die Frage, ob jeder bzw. jede über eine narrative Kompetenz verfügt. Unabhängig des Alters bedarf es eines kognitiven und sprachlichen Vermögens, um narrativ erzählen zu können.

Biografien beruhen auf komplexen und teilweise ‚kunstvoll' zusammengestellten narrativen Formen der Selbstthematisierung (Straub 2000, S. 140). Biografie ist ein narratives Schema (Hahn 1987, S. 13 ff.) und bedarf Akte der Selbstschematisierung. Aus psychologischer, sprach- und kognitionspsychologischer Sicht entsteht in Bezug auf Kinder die Frage, ab wann diese Schemata verfügbar sind und wie sie herausgebildet werden. Auch wenn es dazu noch keine konkreten Forschungserkenntnisse gibt, so weist der Prozess der Entwicklung eines narrativen Schemas von Biografie darauf, wie komplex sich dies gestalten kann und dass damit ein langfristiger Lernprozess verbunden ist.

Gerade dadurch, dass in modernen Gesellschaften das Subjekt zur Reproduktionseinheit des Sozialen (Beck 1986) geworden ist, moderne Gesellschaften erst das biografische Subjekt hervorgebracht haben, und sich in den subjektiven Erfahrungen Geschlechtlichkeit, Ethnizität, soziales Milieu und Alter eingravieren, sind Individuen geradezu darauf verwiesen, eine lebensgeschichtliche Perspektive für sich zu entwickeln und ein Selbst zu formieren. Kinder haben insofern zu lernen und eine Fähigkeit zu entwickeln, ihr Leben in einen mehr oder weniger kontinuierlichen Zusammenhang zu stellen und eine diachrone Identität auszubilden. Das setzt voraus, dass Kinder lernen, Geschichten zu verstehen und sie als solche für sich in den Kontext eines Selbst platzieren zu können. Damit eine Lebensgeschichte erzählbar ist, ist vom Kind eine narrative Kompetenz zu entwickeln, nämlich sein Leben in einen Gestaltzusammenhang zu bringen, seine Erfahrungen aufschichten zu können und diese narrativ mitzuteilen. Straub (2000) versteht dies als eine für moderne Gesellschaften typische und zugleich notwendige Voraussetzung für das moderne Subjekt.

So bedarf eine narrative Kompetenz kognitiver und sprachlicher Kompetenz, mit der der Text als Geschichte organisiert werden kann. Das von

Schütze entwickelte narrative Interview als Forschungsmethode bezieht sich insofern auf erwachsene Subjekte, die über diese Fähigkeiten bereits verfügen. Das Erzählen als ein Phänomen der Moderne konzentriert sich auf die Subjektkonstitution, das Wahrnehmen und Erinnern von Handlungen, Situationen, Ereignisträgern und anderen Subjekten, mit der die Identitätsbildung verbunden ist. „Biografische Selbstthematisierungen beruhen auf der Fähigkeit, Geschichten verstehen bzw. erzählen und damit zugleich Zeitlichkeit entwerfen zu können" (Straub 2000, S. 143).

In erzählten Lebensgeschichten wird nicht einfach das Erfahrene wiedergegeben, sondern diese beruhen auf der Konstruktion von Identität und sozialer Welt, die als erzählte Identität eine aktive Leistung des Sprechenden ist. Insofern ist die Frage zu erörtern, inwiefern kleine Kinder über diese biografische und narrative Kompetenz verfügen bzw. ab welchem Alter diese Fähigkeiten vorhanden sind. Denn Identität, so lässt sich festhalten, wird nicht nur im Lebensbezug hergestellt, sondern hat auch erzählbar zu sein (Griese/Griesehop 2007, S. 39). Erfahrungen sind gedanklich so ineinander zu fügen, dass sie den eigenen Vorstellungen von Identität entsprechen und in ein zeitliches Konzept eingebettet sind, um sie über sprachliche Figuren wie Erzählung, Bericht, Argumentation in eine biografische Gesamtgestalt zu überführen.

Nach Schütze (1983, 1984) ist der Identitätsbegriff eng mit dem Erfahrungsbegriff verbunden. Mit dieser Annahme ist eine Debatte über die Homologieannahme von Erzählung und tatsächlich Gelebtem aufgekommen (Bohnsack 2000, S. 458 ff.), die darum kreiste, ob der aktuelle Erzählstrom dem Strom der damaligen Erfahrung im Lebenslauf tatsächlich entspricht. Auch wenn Schütze eine simple Homologie zwischen Erzählung und Erfahrung nicht intendiert, so kann diese Debatte zugleich fruchtbar gemacht werden für die Problematiken des narrativen Verfahrens in der Kindheitsforschung (Fabel 2003). Die narrative Kompetenz enthält somit auch diejenige, Vergangenes, Gegenwärtiges und Zukünftiges in Bezug auf die Erfahrungen und das Verständnis von sich selbst in einen zeitlichen Kontext zu stellen.

Eine narrative Erzählung zu liefern, ist als ein Herstellungsprozess zu verstehen, der „pragmatisch-interaktiv und auf den aktuellen Interessen der Selbsterforschung, Selbstbehauptung und Selbstdarstellung" (Lucius-Hoene 2000, o. S.) ausgerichtet ist. Zudem gibt es für jeden Erfahrungen des Nicht-Identischen, des Ästhetischen oder Leiblichen sowie solche der alltäglichen Lebensführung, die sich nicht in eine narrative Konstruktion von Biografie im Horizont von Zeitlichkeit gießen lassen. Präzise formuliert hat Ricoeur die Paradoxien der Identitätsherstellung. Das Subjekt hat im Konstruktionsprozess von Identität die Prinzipien Selbigkeit (idem) und Selbstheit (ipse) zu lösen bzw. zu überwinden. Während dem Prinzip der Selbigkeit die einzigartige und selbige Beständigkeit über die Zeit zugrunde liegt, meint Selbstheit die Vorstellung einer größtmöglichen, qualitativen Ähnlichkeit

(Ricœur 1996, S. 144 f.). Zeit produziert nach Ricœur immer Verschiedenheit, Veränderlichkeit und Diskontinuität, wodurch ein fixer Identitätsstatus gar nicht zu bestimmen ist. Vielmehr gefährdet die Zeit eine unveränderliche Beständigkeit. Insofern hat das erzählende Subjekt die Konstruktionsleistung aufgrund von erlebten Erfahrungen zu erbringen, einerseits Muster einer Kontinuität zu produzieren, andererseits aber Veränderungen und Ähnlichkeiten gedanklich aufgrund der lebensgeschichtlichen Erfahrungen zu verarbeiten und – wie auch immer – für das Selbst in ein Gesamtes einzufügen.

Die narrative Kompetenz basiert auf einer immer wieder herzustellenden Konstruktionsleistung: Darin enthalten ist die Konstruktionsleistung, einen Kern von einem Selbst zu produzieren und gleichzeitig in der Zeit geschehene Erfahrungen darin einzufügen bzw. logische Veränderungen oder Wandlungsprozesse anschlussfähig zu machen. Kinder haben insofern über die Vorstellung von biografischer Zeit mit vergangenen und gegenwärtigen Erfahrungen zu verfügen und es ist eine Verbindung zu einer Vorstellung von einem Selbst herzustellen. Es bedarf eines Erfahrungsfundus sowie kommunikativer Strukturen, in denen dies mitgeteilt und in Form anderer Biografien erzählt wird. Gleichzeitig bedarf das Kind genügend eigener erlebnisrelevanter Erfahrungen, um zu einer Konstruktion eines Selbst überhaupt gelangen zu können. Biografische Erfahrungen sind vom Kind aktiv in einen Kontext des Identischen zu stellen, wobei nicht einzelne genügen, sondern eine Vielzahl zu verdichten sind, um überhaupt so etwas wie eine Selbstvergewisserung bzw. ein Selbstbild aufbauen zu können.

Für eine sprachliche Präsentation eines Selbst, basierend auf zeitlich geronnenen Erfahrungen sowie einem Wissen darüber, was Biografie meint, sind zudem basale Prozesse des Spracherwerbs notwendig.

Exkurs: Entwicklungsaufgabe Spracherwerb

Der Spracherwerb bildet eine zentrale Entwicklungsaufgabe des frühen Kindesalters. Indem Kinder lernen, ihre Muttersprache zu verstehen und sie zugleich produktiv und intentional zu verwenden, eignen sie sich ein strukturell neues Weltverständnis an (Mollenhauer 1985). Dem Spracherwerb selbst gehen basale Interaktionsformen schon im Säuglingsalter voraus (Rochat 2001), in denen Kinder sehr früh die Fähigkeit zeigen, Sprachgesten nachahmen zu können (Dornes 1993). Nach George Herbert Mead entfaltet sich die Sprachkompetenz in drei Stadien (Mead 1973): (1.) Die Geste: Der Kontakt wird durch körperliche Haltungen ausgedrückt, eine gegenseitige Verhaltensangleichung wird zwischen den Akteuren hierdurch möglich. (2.) Die vokale Geste: Es vollzieht sich der Übergang zum ‚signifikanten Symbol‘, das Kind kann nun sich selbst und über sein Handeln andere beeinflussen. (3.) Die signifikante Geste: Intentionen und Bedeutungen können jetzt auf dem Bedeutungsgrund der Sprache wechselseitig erschlossen und verarbeitet werden. Die moderne Entwicklungspsychologie differenziert und ergänzt diese

Grundlagentheorie durch kognitionspsychologische Erkenntnisse und unterscheidet drei basale Typen der Geste (Grimm/Wilde 1998): (1.) Vorsymbolische Gesten des Zeigens, Gebens und Hinweisens verweisen vorsprachliche Handlungen in unterschiedliche Kontexte und Referenzbezüge. (2.) Referentielle Gesten wie das Zeigen auf bestimmte Objekte besitzen einen konkreten Bezugspunkt und damit auch bereits eine symbolische Qualität. (3.) Konventionalisierte Gesten wie Winken, Nicken oder Kopfschütteln mit entsprechendem Handlungsbezug zeigen schließlich ein Verständnis von gesellschaftlichen Regeln und Normen sowie von Bedeutungs- und Handlungszusammenhängen. Jeder Satz, den Kinder im Zuge des narrativen Kompetenzaufbaus lernen, ist ein strukturell komplexes Gebilde, das mehrere, ineinander verschränkte Sprachkomponenten beinhaltet. Das Lernen dieser Komponenten geht mit der Ausbildung entsprechender Kompetenzen beim Spracherwerb einher (Grimm/Weinert 2002): Die prosodische Kompetenz bezieht sich auf den zu erlernenden Umgang mit der Sprachmelodie und dem Sprachrhythmus der Muttersprache, während die linguistische Kompetenz in der Handhabung der Kernkomponenten Phonologie, Morphologie, Syntax sowie Lexikon und Semantik besteht. Die pragmatische Kompetenz ist schließlich notwendig, um die linguistischen Fähigkeiten für Konversationen und Narrationen fruchtbar zu machen.

Es lässt sich überpointiert formulieren, dass Identitäten nur dann an Wirklichkeit gewinnen, wenn sie in Form von Texten der Selbstbeschreibung erscheinen (Leitner 1990, S. 320). Narrative Erzählungen öffnen nicht eine Tür zu einer unmittelbaren Identität, sondern über die Erzählung wird ein Identisches konstruiert (Griese/Griesehop 2007, S. 43). Identität erscheint im Erzählen und der Kommunikation mit anderen über das Anwenden von Mustern und Strukturen der Erzählung, mit denen Erfahrungen, Handlungen, Ereignisse und Erinnerungen refiguriert werden. Die biografische Erzählung ist dabei so zu gestalten, dass sie im kommunikativen Erfahrungsaustausch verstehbar und nachvollziehbar ist (Ricœur 1996, S. 201).

Zusammenfassung

Die Konzeptionalisierung von Identität als diskursiven Akt ist eingebettet in moderne Lebensformen, Bilder, stilistische Muster, rhetorische Konventionen sowie moralische Normen, soziale Verhältnisse und Rollenzuweisungen, aber auch weltanschauliche oder religiöse Überzeugungen mit ihren Zivilräumen und Grenzen. Jede Gesellschaft liefert sozial akzeptierte Identitätsschablonen, mit denen in der narrativen Erzählung operiert werden kann. Auch hat ein Sozialisationsprozess vorauszugehen, in dem diese Schablonen, rhetorische Figuren und Erzählstrukturen angeeignet und in eine eigene Sprache übersetzt werden können. Das Kind übt sich darin, eigene Geschichten und Erfahrungen in diese Muster zu gießen, um sich in Interaktion mit anderen verständlich zu machen und für andere verständlich zu machen. Dies bedarf einer stetigen Übung, denn Kinder können zwar bestimmte Ereignisse wiedergeben, aber manchmal fehlt es ihnen an einer Beschreibung der Dichte und der Gestaltform, die es für andere – besonders für Erwachsene – schwer macht, das Gesagte zu verstehen. Insofern liegt im Interaktionsprozess die Erfahrung einer Abstimmung dessen vor, was als Identität anerkannt und wie eine solche erzählt werden kann.

Literatur

Beck, U. (1986): Risikogesellschaft. Frankfurt a. M.

Behnken, I.; Zinnecker, J. (1993): Kindheit im Siegerland. Siegen.

Bohnsack, R. (2000): Rekonstruktive Sozialforschung. Opladen.

Bois-Reymond, M. du; Büchner, P.; Krüger, H.-H.; Fuhs, B. (1994): Kinderleben. Opladen.

Brockmeier, J. (2005): Erzählungen verstehen. In: Mey, G. (Hrsg): Handbuch Qualitative Entwicklungspsychologie. Köln, S. 185-208.

Brüsemeister, T. (2000): Qualitative Forschung. Wiesbaden.

Claussen, C. (2000): Mündliches Erzählen von Kindern. In: Heinzel, F. (Hrsg.): Methoden der Kindheitsforschung. Ein Überblick über Forschungszugänge zur kindlichen Perspektive. Weinheim u. Münschen, S. 105-116.

Claussen, C. (2006): Mit Kindern Geschichten erzählen: Konzept – Tipps – Beispiele. Frankfurt a. M.

Corsaro, W. A. (1997): The Sociology of childhood. Thousand Oaks.

Dittmann-Kohli, F. (1995): Das persönliche Sinnsystem. Göttingen u. a.

Dornes, M. (1993): Der kompetente Säugling. Frankfurt a. M.

Ecarius, J. (1999): „Kinder ernst nehmen". Methodologische Überlegungen zur Aussagekraft biografischer Reflexionen 12jähriger. In: Honig, M.-S.; Lange, A.; Leu, H. R. (Hrsg.): Aus der Perspektive von Kindern? Weinheim u. München.

Fabel, M. (2003): Rekonstruktion biografischer und professioneller Sinnstruktur – methodische Schritte einer fallinternen Zusammenhangsanalyse. In: Zeitschrift für qualitative Bildungs-, Beratungs- und Sozialforschung, 4, 1, S. 145-151.

Felden, H. v. (2006): Erziehungswissenschaftliche Biografieforschung als Bildungsforschung und Untersuchungsansätze zum Lebenslangen Lernen. In: Griese, B. (Hrsg.): Theoretische und empirische Perspektiven auf Lern- und Bildungsprozesse. Mainz, S. 51-73.

Griese, B.; Griesehop, H.-R. (2007): Biografische Fallarbeit. Wiesbaden.

Grimm, H.; Weinert, S. (2002): Sprachentwicklung. In: Oerter, R.; Montada, L. (Hrsg.): Entwicklungspsychologie. Weinheim.

Grimm, H.; Wilde, S. (1998): Im Zentrum steht das Wort. In: Keller, H.: Lehrbuch Entwicklungspsychologie. Bern.

Hahn, A. (1987): Identität und Selbstthematisierung. In: Hahn, A.; Kapp, V. (Hrsg.): Selbstthematisierung und Selbstzeugnis: Bekenntnis und Geständnis. Frankfurt a. M., S. 9-24.

Hahn, A. (2000): Konstruktion des Selbst, der Welt und der Geschichte. Aufsätze zur Kultursoziologie. Frankfurt a. M.

Hengst, H.; Zeiher, H. (Hrsg.) (2005): Kindheit soziologisch. Wiesbaden.

Hermanns, H. (1995): Narratives Interview: In: Flick, U.; Kardorff, E. v.; Keupp, H.; Rosenstiel, L. v.; Wolff, S. (Hrsg.): Handbuch qualitative Sozialforschung. Grundlagen, Konzepte, Methoden und Anwendungen. Weinheim, S. 182-185.

Honig, M.-S. (1999): Entwurf einer Theorie der Kindheit. Frankfurt a. M.

Honig, M.-S.; Leu, H. R.; Nissen, U. (1996): Kindheit als Sozialisationsphase und kulturelles Muster. In: Honig, M.-S.; Leu, H. R.; Nissen, U. (Hrsg.): Kinder und Kindheit: Soziokulturelle Muster – Sozialisationstheoretische Perspektiven. Weinheim, S. 9-29.

Kelle, H. (2009): Kindheit. In: Andresen, S.; Casale, R.; Gabriel, T.; Horlacher, R.; Larcher Klee, S.; Oelkers, J. (Hrsg.): Handwörterbuch Erziehungswissenschaft. Weinheim u. Basel, S. 464-477.

Krüger, H.-H.; Marotzki, W. (1999): Handbuch erziehungswissenschaftlicher Biografieforschung. Wiesbaden.

Leitner, H. (1990): Die temporale Logik der AutoBiografie. In: Sparn, W. (Hrsg.): Wer schreibt meine Lebensgeschichte? Biografie, AutoBiografie und Hagio-graphie und ihre Entstehungszusammenhänge. Gütersloh, S. 315-359.

Lucius-Hoene, G.; Deppermann, A. (2004): Rekonstruktion narrativer Identität. Opladen.

Lucius-Hoene, G. (2000): Konstruktion und Rekonstruktion narrativer Identität. In: FQS. Forum qualitative Sozialforschung, 1, 2. Online: http://www.qualitative-research.net/index.php/fqs/article/view/1087/2377.

Mead, G. H. (1973): Geist, Identität und Gesellschaft. Frankfurt a. M.

Mollenhauer, K. (1985): Vergessene Zusammenhänge: Über Kultur und Erziehung. Weinheim u. München.

Piaget, J. (1986): Die Psychologie des Kindes. München.

Ricoeur, P. (1996): Das Selbst als ein Anderer. München.

Rochat, P. (2001): The infant's world. Cambridge.

Rosenthal, G. (2001): Biografische Methode. In: Keupp, H.; Weber, K. (Hrsg.): Psychologie. Ein Grundkurs. Hamburg, S. 266-275.

Sander, U.; Vollbrecht, R. (1985): Zwischen Kindheit und Jugend. Weinheim u. München.

Schütze, F. (1981): Prozeßstrukturen des Lebenslaufs. In: Matthes, J.; Pfeifenberger; A.; Stosberg, M. (Hrsg.): Biografie in handlungswissenschaftlicher Perspektive. Nürnberg, S. 67-156.

Schütze, F. (1983): Biografieforschung und narratives Interview. In: Neue Praxis. Zeitschrift für Sozialarbeit, Sozialpädagogik und Sozialpolitik, 13, 3, S. 283-293.

Schütze, F. (1984): Kognitive Figuren des autobiografischen Stegreiferzählens. In: Kohli, M.; Robert, G. (Hrsg.): Biografie und soziale Möglichkeit. Stuttgart, S. 78-117.

Straub, J. (2000): Biografische Sozialisation und narrative Kompetenz. In: Hoerning, E. (Hrsg.): Biografische Sozialisation. Stuttgart, S. 137-164.

Wintersberger, H.; Alanen, L.; Olk, T.; Qvortrup, J. (Hrsg.) (2007): Childhood, Generational Order and the Welfare State: Exploring Children's Social and Economic Welfare. Vol. 1 of COST A19: Children's Welfare Odense: University Press of Southern Denmark.

Götz Krummheuer

Interaktionsanalyse

Zur Orientierung

Die Interaktionsanalyse basiert auf der ethnomethodologischen Konversationsanalyse (Eberle 1997; Sacks 1998; Garfinkel 1967). Sie ist entwickelt worden, um *thematische* Entwicklungen in Interaktionsprozessen zu rekonstruieren, wie sie z.B. für fachdidaktische Forschungen von Interesse sind. Derartige thematische Entwicklungen emergieren in dem Wechselprozess von aufeinander bezogenen Rede- und Handlungszügen in der Interaktion. Gemeinhin wird dieser Aspekt der Interaktion als „Bedeutungsaushandlung" bezeichnet (Blumer 1969; Krummheuer/Fetzer 2005, S. 16ff.; Krummheuer/Naujok 1999[1], S. 17 ff.). Die Interaktionsanalyse ist ein Verfahren zur Rekonstruktion dieser Aushandlungsprozesse und der dabei mit hervorgebrachten thematischen Entwicklungen.

Die Interaktionsanalyse kann somit bei Forschungsfragen eingesetzt werden, die sich mit inhaltsbezogenen Vorstellungen und Entwicklungen beschäftigen. In Bezug auf die Kindheitsforschung können das z.B. Fragen zu mathematischen oder naturwissenschaftlichen Kenntnissen von Kindern sein, wie sie z.B. von Elschenbroich (2001) untersucht werden. Erwähnt seien auch Studien, die sich mit Fragen zu inhaltsbezogenen Bildungsprozessen in Familien beschäftigen. Beispielhaft sei hier auf Arbeiten zu mathematischen familialen Bildungsprozessen verwiesen (Anderson 1997; Civil u.a. 2005; Tiedemann 2010). Eine weitere Verwendung bietet sich an bei der Untersuchung von inhaltsbezogenen Gesprächssituationen mit Kindern mit Migrationshintergrund (z.B. Gogolin/Roth 2007; Schütte 2009). In all diesen Anwendungsgebieten ist auf empirischer Seite Voraussetzung, dass die Kinder in Interaktionssituationen untersucht werden.

---

1 In Krummheuer und Naujok 1999 wird die hier vorzustellende Interaktionsanalyse umfassend beschrieben. Der vorliegende Text bezieht sich in einigen Teilen auf diese Veröffentlichung.

Das Verfahren der Interaktionsanalyse

Der Schwerpunkt der Ausführungen liegt auf der Darstellung der Analyseschritte der Interaktionsanalyse. Hierfür benötigt man sorgfältig aufbereitete Transkripte von Videodokumenten alltäglicher Unterrichtssituationen. Zudem kommen einige Anmerkungen zur Erhebung solcher Daten zur Sprache.

Anmerkungen zur Datengewinnung

Die Interaktionsanalyse beruht in der Regel auf Verschriftungen von Videoaufzeichnungen. Die Verwertbarkeit dieser Verschriftungen hängt stark von der Qualität der Videoaufzeichnungen ab. Hierzu bedarf es einer gewissen Sensibilität im Umgang mit dem Forschungsfeld. Denn die Videoaufnahmen können optimiert werden, indem man stark in die zu beobachten beabsichtigte Interaktion eingreift und für optimale Lichtverhältnisse und einen guten Ton sorgt. Dies verändert aber möglicherweise die Bedingungen der zu rekonstruierenden Interaktionsprozesse. Deshalb sollte man sich bemühen, die videobasierten Beobachtungen möglichst zurückhaltend vorzunehmen und das Aufnahmeteam sollte nicht aktiv in das Geschehen eingreifen. Neben den Videoaufzeichnungen empfiehlt es sich deshalb auch, Feldnotizen zu machen. Die Feldnotizen enthalten Anmerkungen über den Verlauf der Aufnahmesituation, atmosphärische Beschreibungen und Hinweise auf Szenen, die in der Situation aus irgendeinem Grunde besonders interessant erschienen.

Der Transkriptionsaufwand ist gewöhnlich sehr groß. Bei wenig Erfahrung kann es leicht passieren, dass man für 1 Minute Videozeit 40 bis 60 Minuten für die Verschriftung benötigt. Deshalb empfiehlt es sich, Videoausschnitte vor der Transkription sorgsam und sparsam auszuwählen. Eine solche Auswahl von Interaktionseinheiten erfolgt in der Regel anhand der Feldnotizen und der nach erster Durchsicht der Bänder erstellten Inhaltsangaben. Inhaltlich ist die Auswahl vorwiegend von den Interessen der Studie geleitet. Diese Auswahl ist selbst bereits ein interpretativer Akt.

Neben den Äußerungen, den verbalen Informationen, ist es bei der Transkription oft angezeigt, auch paraverbale, also das gesprochene Wort begleitende Informationen wie auffällige Betonungen, Dehnungen, Stimmhöhenverlauf und Lautstärke zu notieren. Außerdem werden nonverbale Hinweise auf Bewegungen, Blicke und auch auf die Verwendung von Materialien gegeben. Näheres zu Schreibweise und Sonderzeichen findet sich in der Transkriptionslegende am Ende des Textes.

Während des gesamten Transkriptionsprozesses sollte man sich darum bemühen, in die Transkripte möglichst wenig Interpretation einfließen zu lassen. Mitunter kommt es während der Analyseprozesse zu Fragen an das

Material, zu denen das vorliegende Transkript nur unzureichende Informationen widergibt. In solchen Fällen schaut man sich die Szenen noch einmal an und überarbeitet das Transkript gegebenenfalls.

Die Analyseschritte der Interaktionsanalyse

Die folgende Beschreibung der Analyseschritte ist nicht als statisch festes Schema zu verstehen, sondern dient als Gerüst für die Analyse und als Checkliste für die Darstellung. In der Analyse soll rekonstruiert werden, wie die Individuen in der Interaktion als gemeinsam geteilt geltende Deutungen hervorbringen und was sie dabei aushandeln (zum interaktionstheoretischen Hintergrund s. Brandt 2006; Fetzer 2007; Krummheuer 1992). Die Interaktionsanalyse sollte mehrere Grundsätze bzw. Maximen erfüllen, die in der folgenden Reihenfolge bearbeitet werden können:

(1) Gliederung der Interaktionseinheit
(2) Allgemeine Beschreibung
(3) Ausführliche Analyse der Einzeläußerungen – Interpretationsalternativen (re-)konstruieren
(4) Turn-by-Turn-Analyse
(5) Zusammenfassende Interpretation.

Ein Überspringen und Zurückspringen tritt auf und ist in vielen Fällen auch bereichernd. Entscheidend ist, dass man sich im Zuge der Vervollkommnung einer Interpretation vergewissert, alle Maximen hinreichend berücksichtigt zu haben.

(1) Gliederung der Interaktionseinheit. Die Gliederung einer Interaktionseinheit, etwa einer gesamten Unterrichtsstunde oder einer kürzeren Spielsituation im Kindergarten kann nach unterschiedlichen Kriterien vorgenommen werden. Innerhalb der Gliederung eines Ausschnittes sollten die Kriterien nicht gewechselt werden, da es sonst (verstärkt) zu Überlappungen kommen kann. Die Gliederungskriterien können Forschungsinteressen widerspiegeln, etwa

- fachspezifische/fachdidaktische (z.B. von Beginn bis Ende der Bearbeitung einer bestimmten Aufgabe),
- interaktionstheoretische (z.B. vom Auftritt bis zum Abtritt einer Interaktantin/eines Interaktanten oder von Beginn bis Ende einer Interaktionsform, wie das Geben einer Hilfestellung, oder
- linguistische (z.B. von einem bis zum nächsten zäsierenden Marker, wie „so").

(2) Allgemeine Beschreibung. Die allgemeine Beschreibung ist eine erste mehr oder weniger spontane und oberflächliche Schilderung. Es geht hier zunächst lediglich darum, den in einer Erstzuschreibung vermuteten „immanenten" Sinngehalt zu benennen (s. Bohnsack 1996; Kelle/Kluge 1999).

(3) Ausführliche Analyse der Einzeläußerungen. An die allgemeine Beschreibung schließt eine ausführliche sequentielle Analyse an, d. h. es werden alternative Interpretationsmöglichkeiten entwickelt, die, auf die sequentielle Organisierung von Gesprächen aufbauend, die folgenden Eigenschaften besitzen:

- Die Äußerungen werden in der Reihenfolge ihres Vorkommens interpretiert, womit die Interpretationen nach vorne offen bleiben.
- Plausibilisierungen dürfen und können nur rückwärtsgewandt erfolgen.
- Interpretationen müssen sich im Verlauf der Interaktion bewähren.

Mitunter ist es schwierig, sich an scheinbar eindeutigen Stellen von den eigenen ersten Alltagsinterpretationen zu lösen. Hier mag es in Anlehnung an die extensionale Analyse der Objektiven Hermeneutik hilfreich sein, gedankliche Kontextvariierungen vorzunehmen (zum Verfahren der Objektiven Hermeneutik und dem sequentiellen Vorgehen s. Oevermann u. a. 1976; s. a. Ohlhaver/Wernet 1999 und Wernet 2008; s. a. Schütz u. a. in diesem Band). Auf diese Weise kann man zu alternativen Interpretationen gelangen; denn für eine scheinbar eindeutige Äußerung öffnen sich in anderen Kontexten neue Deutungsmöglichkeiten. Die Erstellung von Interpretationsalternativen kann so der Aufdeckung von Selbstverständlichkeiten dienen. Hilfreich kann außerdem das Interpretieren in Gruppen sein, weil dabei mehrere Sichtweisen häufig einfacher zusammengetragen werden können. Das Ziel dieses Arbeitsschritts ist die Erzeugung mehrerer plausibler Deutungen der Handlungen. Dies ermöglicht, dass unterschiedliche Theorien als Grundlage herangezogen und auf ihre Erklärungsmächtigkeit überprüft werden können.

(4) Turn-by-Turn-Analyse. In Anlehnung an die Konversationsanalyse und basierend auf der sequentiellen Organisierung von Gesprächen können die in der ausführlichen Analyse gewonnenen Deutungsalternativen eventuell wieder eingeschränkt werden. Dazu führt man eine Turn-by-Turn-Analyse durch. Für die generierten Deutungen der Interaktanten werden potentielle Folgehandlungen derart entworfen, dass man sich fragt: Wenn B die Äußerung As so und so deutet, was könnte in der Folge als Reaktion von B zu erwarten sein? Tritt dann eine vorausgesagte Folgehandlung ein, so wird sie als eine Stützung der generierten Deutung der Äußerung von A angesehen und man spricht davon, dass sich eine Interpretation bewährt habe. Das heißt, man versucht zu rekonstruieren, ob der zweite Turnnehmer die vorausgehende Äußerung gemäß einer oder mehrerer der diesbezüglich generierten Deutungen interpretiert haben könnte und zu was er diese erste Äußerung durch seine folgende macht. Es ist möglich, dass einige Alternativen durch eine solcherweise vergleichende Turn-by-Turn-Analyse herausfallen; auch kann es dazu kommen, dass man für die vorausgehende Äußerung neue Deutungen entwickeln muss.

Nachdem somit der zweite Interaktant dem ersten zu verstehen gegeben hat, wie er dessen Äußerung A deutet, hat der erste nun die Möglichkeit, korrigierend einzugreifen. In der Konversationsanalyse wird dann von ,repairs', also von Reparaturen, gesprochen. Unterlässt der erste Interaktant eine Korrektur und äußert keine weiteren Zweifel, so darf man – sowohl der Interaktionspartner als auch der analysierende Wissenschaftler – davon ausgehen, dass er sich angemessen verstanden meint. Das solchermaßen gemeinsam Hervorgebrachte fungiert dann als geteilt geltendes Wissen (s. hierzu insgesamt Edwards 1997).

Die Frage der Turn-by-Turn-Analyse lautet also gewissermaßen: Wie reagieren andere Interaktanten auf eine Äußerung, wie scheinen sie die Äußerung zu interpretieren, was wird gemeinsam aus der Situation gemacht? Indem man diese Beziehung rekonstruiert, rekonstruiert man die gemeinsame, Zug um Zug erfolgende Themenentwicklung in der Interaktion.

(5) Zusammenfassende Interpretation. In einem vorläufig letzten Schritt werden die am besten zu begründenden Gesamtinterpretationen der Szene noch einmal zusammengefasst. Eine solche Zusammenfassung kann den Anstoß zur Theoriegenese geben. Bei Platzmangel werden häufig nur diese zusammenfassenden Interpretationen publiziert. In diesem Fall sollte man sich bemühen, ein Stück der Deutungsvielfalt zu erhalten.

Beispiel einer Analyse[2]

In der hier vorzustellenden Situation nehmen Marie und René aus einer Kindergartengruppe teil. Sie sind vier Jahre alt. Beide sitzen auf Stühlen vor einem für sie gewohnten runden Teppich, der auf dem Tisch vor ihnen liegt. Die begleitende Person, eine Mitarbeiterin des Projektteams, bietet beiden Kindern eine Reihe von Karten mit den Maßen 5 cm mal 5 cm an, auf welchen Marienkäfer in jeweils verschiedenen Farben (rot, grün, gelb)

---

2 Das Beispiel entstammt dem Forschungsprojekt „early Steps in Mathematics Learning" (erStMaL; www.idea-frankfurt.eu/wissen/projekte/projekt-erstmal), das in dem interdisziplinären Forschungszentrum „Individual Development and adaptive Educadation of Children at Risk" (IDeA; www.idea-frankfurt.eu) in Frankfurt am Main durchgeführt wird. Das Beispiel wird auch in dem ebenfalls im IDeA-Zentrum angesiedelten Projekt „Mathematische Kreativität bei Kindern mit ,schwieriger' Kindheit" (MaKreKi; www.idea-frankfurt.eu/wissen/projekte/projekt-makreki) verwendet. Die hier dargestellte Analyse ist in Auszügen aus Hümmer u. a. 2010 entnommen.

und jeweils mit verschiedenen Markierungen (Kreis, Dreieck, Quadrat) in unterschiedlicher Anzahl abgebildet sind.

Die Kinder machen sich mit der Spiel- und Erkundungssituation vertraut, indem sie z.B. nach der Farbe sortieren und Anzahlvergleiche durchführen. Sodann legen sie, teilweise der Farbe nach sortiert, die Karten rund um den Spielteppich:

Dies ist die Ausgangslage für die folgende, genauer zu betrachtende Szene. Die begleitende Person legt in die Mitte des Teppichs drei größere Karten, auf denen im Verhältnis 1:2 zu den bisherigen Bildern größere Marienkäfer abgebildet sind, Marie und René nennen diese großen Marienkäfer „Mama" und „Papa" und die kleinen entsprechend die „Kinder". Es werden einige dieser Karten betrachtet, bis es zu der folgenden Szene kommt. Die Begleitperson legt die folgenden drei großen Marienkäferkarten in die Mitte des Teppichs:

Folgendes Gespräch hat zwischen diesen drei Personen hierzu stattgefunden:

750 751			B	da passt auch einer nicht so richtig\ könnt ihr den erkennen/ von den drei Großen/ *zeigt auf die drei großen, roten Marienkäfer*
752 753		<	René	*schnell* Ja- *zeigt auf den großen Marienkäfer mit vielen kleinen Dreiecken, der rechts oben liegt*
754 755	22:34	< >	B	einer ist so ein bisschen/ . *schaut auf die Karte auf der Renés Finger liegt* mhm\ Was denkst du Marie/ Der René ach nicht René
756 757		>	Marie	*zeigt mit dem Zeigefinger auf den großen, roten Marienkäfer mit den großen Dreiecken*
758 759			René	die hat so gezeigt\ *zeigt mit dem Mittelfinger ebenfalls auf den großen, roten Marienkäfer mit den großen Dreiecken*
760		<	B	das ist nicht schlimm\ *wendet sich an Marie* Wieso meinst du dass das-
761 762 763		<	Marie	*legt die kleinen, gelben Marienkäfer, die sie in der Hand hatte, jeweils auf eine Seite neben die beiden aufeinander gelegten großen, gelben Marienkäfer*
764 765 766			B	*zu René* Wieso denkst du das ist der/ *zeigt auf den rechts oben liegenden, großen, roten Marienkäfer mit den kleinen Dreiecken* und wieso denkt Marie das ist der\ *zeigt auf den Marienkäfer mit den großen Dreiecken*
767 768 769			Marie	*legt die großen, gelben Marienkäfer wieder auseinander* Das ist der weil er so große Zacken hat\ *zeigt in die Richtung des großen, roten Marienkäfers mit den großen Dreiecken*
770			B	aha\ Und du/ *schaut René an*

771 772			René	*verneinend* Mhmh\ *schüttelt den Kopf und zeigt mit dem Finger auf den großen, roten Marienkäfer mit den kleinen Dreiecken*
773		<	B	warum denkst du das ist der/
774		<	Marie	*legt einen der kleinen, gelben Marienkäfer wieder auf die Kreisbahn*
775			René	weil er zu kleine hat\ *kratzt sich am Kopf*
776			Marie	*schiebt einzelne kleinen Marienkäfer auf der Kreisbahn wieder zusammen*
777			B	weil er was hat/
778 779			René	*lauter* Weil er zu kleine hat\ *zeigt mit dem Finger auf die kleinen Dreiecke auf dem rechts oben liegenden, großen, roten Marienkäfer*
780			B	weil er zu kleine\ . zu kleine als was\
781 782 783 784 784.1			René	Zu kleine- vier- *schaut sich um, blickt zu kleinen Marienkäfern* hier so Punkte\ *zeigt auf die kleinen Dreiecke des rechten, großen, roten Marienkäfers, nimmt eine kleine, rote Marienkäferkarte mit zwei kleinen Punkten und zeigt sie B* Wie die hier\ wie die kleinen\
785 786 787			Marie	ähm René\ *schaut sich interessiert Renés Karte mit dem kleinen Marienkäfer an, nimmt sie ebenfalls in die Hand, zusammen legen sie sie wieder auf ihren Platz zurück*
788		<	B	hm\ aber wir müssen uns jetzt einigen\ Also\ einer passt nicht
789 790 791 792 793		<	René	Hey die sind- *streckt seine Hand in Richtung der großen, roten Marienkäfer* die zwei gehören nicht zu\ *zeigt abwechselnd von einem großen, roten Marienkäfer mit kleinen Dreiecken zum anderen* weil die- gleichzeitig\ *pocht deutlich hörbar mehrfach abwechselnd auf die Marienkäferkarten*
794 795			Marie	*nimmt den großen, gelben Marienkäfer mit acht Dreiecken hoch, darunter liegt ein kleiner, gelber Marienkäfer, welchen sie nun oben*

796 797 798				*drauf legt; beschäftigt sich während des folgenden Dialogs mit den zwei großen, gel-ben und dem kleinen, gelben Marienkäfer, nimmt sie hoch, ordnet sie auf dem Teppich an*
799			B	die sind gleichzeitig\
800			René	*bejahend* Mhm
801			B	was meinst du denn damit\
802 803 804 805 806			René	mh- des- der s der hat ein bisschen kleinere *zeigt auf den rechten, großen, roten Marienkäfer mit den kleinen Dreiecken* noch als der/ *zeigt auf den anderen großen, roten Marienkäfer mit den kleinen Dreiecken* nämlich die wachsen n- und die wachs- und die sind schon groß\ *zeigt auf den Marienkäfer mit den großen Dreiecken.*

Es folgt eine beispielhafte Interaktionsanalyse

(1) Gliederung der Interaktionseinheit

750, 751	Begleitperson stellt eine Aufgabe
752-763	Marie und René präsentieren ihre ersten, verschiedenen Lösungsvorschläge
764-787	René und Marie begründen und modifizieren ihre Vorschläge
788-813	Begleitperson drängt auf eine Einigung

(2) Allgemeine Beschreibung. Die begleitende Person legt ein Tripel von Marienkäfer vor und fragt: „da passt auch einer nicht so richtig\. könnt ihr den erkennen von den drei Großen/" <750-751>. Marie zeigt auf den Marienkäfer mit wenigen und großen Dreiecken. René zeigt auf einen der beiden Marienkäfer mit vielen und kleinen Dreiecken. Maries Antwort erscheint dabei auf den ersten Blick leichter verstehbar und der erwarteten Antwort zu entsprechen. Renés davon verschiedener Lösungsvorschlag führt zu einem intensiveren Dialog mit der Begleitperson, in dem er wohl seinen Vorschlag begründet und ihn auf zwei Marienkäferkarten erweitert. Es wird deutlich, dass er die zwei Marienkäfer mit den vielen und kleinen Dreiecken für nicht dazugehörend hält. Seine Begründung bleibt auf den ersten Blick unverständlich.

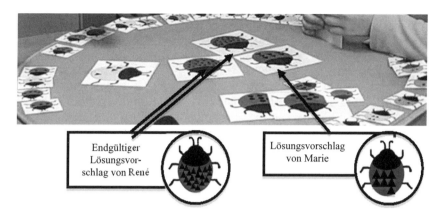

Endgültiger
Lösungsvor-
schlag von René

Lösungsvorschlag
von Marie

(3 u. 4) Ausführliche Analyse der Einzeläußerungen und turn-by-turn Analyse. Aus Platzgründen beschränkt sich dieser Teil der Analyse auf den vierten Abschnitt „Begleitperson drängt auf eine Einigung" <788-813>. Zudem erweist es sich als ökonomisch, den 3. und 4. Analyseschritt integriert darzustellen. Mit den in Klammern gesetzten Zahlen (3) und (4) wird auf den jeweiligen Analyseschritt verwiesen.

(3) B sieht offenbar einen Einigungsbedarf. Mit der Formulierung „einer passt nicht" <788> mag sie auf die Aufgabenstellung verweisen, wie sie es bereits in <750> getan hat. Sie könnte sich aber auch auf die abweichenden Lösungen der beiden Kinder beziehen im Sinne von: einer der beiden Vorschläge passt nicht.

(3) René ergreift bereits das Wort, während B noch spricht. Er „pocht" darauf, dass die Marienkäferkarten mit den vielen, kleinen Dreiecken nicht dazu gehören <789-792>. Sein Lösungsvorschlag ist, dass zwei Marienkäferkarten mit den vielen und kleinen Dreiecken nicht dazugehören.

(4) In Bezug auf den von B eingeforderten Einigungsprozess scheint René relativ massiv an seiner Lösung festzuhalten. Denn bezüglich beider generierten Interpretationen zu der vorangehenden Äußerung von B formuliert er eine abweichende Position: er mag *widersprechen* wollen, dass nur eine Marienkäferkarte nicht dazu gehört (1. Interpretation von Bs Äußerung), oder er mag *insistieren* wollen, dass von den zwei geäußerten Lösungsvorschlägen (auch oder nur) seiner richtig ist (2. Interpretation von Bs Äußerung). Unterstellt man, dass René möglicherweise die abschließende Bemerkung „einer passt nicht" von B nicht mehr vollständig registriert hat, dann scheint die Deutung seines turns als Widerspruch plausibler als ein Insistieren zu sein.

(3) René bemüht sich offensichtlich in <792> um eine Begründung seiner Position. Seine sprachliche Äußerung ist eng gekoppelt mit einer gestischen Handlung: Der von ihm behauptete Zustand von „Gleichzeitigkeit" wird offenbar durch das wechselseitige Zeigen auf die zwei Marienkäferkarten mit den vielen und kleinen Dreiecken auf diese beiden Karten be-

zogen: Sie haben also irgendetwas „gleichzeitig". Das Wort „gleichzeitig" kann man sowohl im wortwörtlichen Sinne, also temporal, als auch im logischen Sinne als gleichwertig verstehen.

Die Verwendung von „gleichzeitig" im temporalen Sinne weist möglicherweise auf ein grundlegendes Verständnis des Ordinalitätsprinzips hin. René zählt die beiden Marienkäfer ab und verdeutlicht durch das wiederholte alternierende Auf-sie-Zeigen, dass hierdurch auch die Mächtigkeit dieser „Teilmenge", also 2, bestimmt ist.

Für René könnten alle Karten auf dem Teppich, also auch die am Rand liegenden, den Bezugsrahmen darstellen. Es gibt für ihn die Kategorie „klein". Unter sie fallen alle Marienkäfer mit kleinen Markierungen (Punkte, Dreiecke, Quadrate). Die großen Marienkäfer bezeichnet er zudem als „Erwachsene" bzw. „Vater und Mutter". Die kleinen Marienkäfer sind für ihn dann die „Kinder". Er verwendet somit zwei Klassifikationssysteme „gleichzeitig", Größe und Familie.

(4) Maries Handlung in <794-798> wird hier so verstanden, dass sie nicht einen turn zu dem „fokussierten Gespräch", das zwischen B und René geführt wird, beiträgt.[3] Wir können zudem <799-801> zusammenfassend als einen turn-Wechsel zwischen B und René verstehen, in dem B verdeutlicht, dass sie weitere Ausführungen zur Renés Standpunkt benötigt.

(3) René scheint sich mit „der hat ein bisschen kleinere" <802> auf die Dreiecke der beiden Marienkäferkarten mit den vielen und kleinen Dreiecken zu beziehen. Seine Gestik unterstützt diese Deutung. Zudem stellt er einen Vergleich zu den Dreiecken auf dem Marienkäfer mit den wenigen und großen Dreiecken <803-804> an. Zu dem Marienkäfer mit den wenigen und großen Dreiecken sagt er „und die wachs. und die sind schon groß\ "<805>. Hier scheint er „groß" im familialen Sinne zu verwenden: die großen „Mama/Papa"-Marienkäfer sind gewachsen und daher schon groß und somit keine „Kinder"-Marienkäfer mehr. Offensichtlich wechselt René zwischen diesen Beschreibungssystemen „Größe" und „Familie" hin und her. Er stellt gleichsam ein Junktim auf: Die großen Marienkäfer haben große Markierungen auf ihren Rücken – so wie Erwachsene auch große Hände haben oder große Rucksäcke tragen können und die kleinen Marienkäfer haben kleine Markierungen – so wie Kinder auch nur kleine Hände haben oder kleine Rucksäcke tragen können.

(4) Renés „gleichzeitig" kann man hier dann im obigen Sinne einer logischen Verknüpfung deuten, in der zum Ausdruck kommt, dass die beiden großen Marienkäfer mit kleinen Markierungen aus dem vorgelegten Tripel die „Ordnung" verletzen, da ein Marienkäfer nicht groß sein kann und gleichzeitig <792> kleine Markierungen auf dem Rücken haben kann. Insofern bewährt sich die obige zweite Interpretation zu Renés Äußerungen in <789-793>.

---

3 Zum Begriff des „fokussierten Gesprächs" s. Krummheuer/Brandt 2001, S. 23 ff.

(5) Zusammenfassende Interpretation. In der vorgestellten Szene haben sich die beiden Kinder bereits mit den Materialien der vorgelegten Spiel- und Erkundungssituation vertraut machen können. Sie hören sich offensichtlich aufmerksam zu und, wiewohl sie ihre Äußerungen meistens an die begleitende Person richten, sind ihre Redebeiträge und Handlungen auch mit an das Tandemkind gerichtet (mitangesprochener Zuhörerstatus; Krummheuer und Brandt 2001). Hierbei haben sie eine familiale Metaphorisierung zu den Marienkäfern hervorgebracht. In der oben genauer vorgestellten Szene ist den beiden Kindern eine Aufgabe zum Anzahlen- bzw. Mustervergleich gestellt worden. Es handelt sich bei diesem Vergleich um eine typische „collection"-Aufgabe (Wheatley 2008), mit denen untersucht wird, ob Kinder derartige Vergleiche durch Mustervergleich, Figurenvergleich, Spontanerfassung (subitizing, Clements/Sarama 2005) oder durch Abzählen lösen.

René löst die Aufgabe durch eine überraschende Kombination von Größenvergleich und familialer Kategorisierung.

	große Markierungen	kleine Markierungen
Erwachsen	zulässig	nicht zulässig
Kind	nicht zulässig	zulässig

Auf der sprachlichen Ebene drückt sich diese Sichtweise vor allem in zwei Formulierungen aus. Er spricht einmal davon, dass die großen Marienkäfer „schon groß" <805> seien. Das Adjektiv „groß" kann sowohl in die Kategorisierung nach der Größe als auch in einer familial orientierten Kategorisierung auftreten. Durch die Formulierung „schon groß" wird zusätzlich ein Entwicklungsprozess thematisch: Ein Marienkäfer kann zu Größe herangewachsen sein und deswegen bestimmte Eigenschaften haben, die er als kleiner bzw. Kind-Marienkäfer nicht besaß. Die zweite Formulierung ist „weil die . gleichzeitig" <792>. Hier gelingt es René, gleichsam auf eine Metaebene den Zusammenhang zwischen seinen beiden Kategorisierungssystemen anzusprechen. Darüber hinaus deutet dieser Wechsel auf Renés Fähigkeit einer Perspektivübername hin, die es ihm ermöglicht, ohne die Hilfe seines Gegenübers Probleme nicht nur zu lösen, sondern seine Lösung seinem Gegenüber auch darzulegen. Dies wird für Kinder im Alter zwischen 4 und 5 Jahren als ein eher untypisches Verhalten eingeschätzt (s. z.B. Tomasello 1996). Interaktionanalysen können so auch dazu beitragen, Vorstellungen davon, was Kinder typischerweise tun, zu überwinden. In diesem Sinne leisten sie einen wichtigen Beitrag zur sozialwissenschaftlichen Kindheitsforschung.

Transkriptionslegende

1. Spalte

Hier ist die (fortlaufende) Zeilennummerierung vermerkt. Die Nummerierung verweist auf die Zeilen im Original-Transkript und kann deshalb in der vorliegenden Formatierung keiner äußerungs- oder zeilenweisen Anordnung entsprechen. Während des Arbeitsprozesses hat sich mitunter eine Erweiterung der Nummerierung um „.1", „.2" usw. ergeben.

2. Spalte

Hier sind die (geänderten) Namen der aktiv an der Interaktion Beteiligten verzeichnet.

3. Spalte

Sie enthält

- die verbalen Äußerungen (normaler Schrifttyp),
- paraverbale Informationen, z.B. Betonung und Prosodie (Sonderzeichen, s.u.),
- die nonverbalen Aktivitäten der Beteiligten *(kursiver Schrifttyp)*.

Paralinguistische Sonderzeichen:

(.)   Pause (max. 1 sec.)

(..)   Pause (max. 2 sec.)

(...) Pause (max. 3 sec)

(4 sec.) Pause mit Angabe der Länge

\   Senken der Stimme

–   Stimme bleibt in der Schwebe

/   Heben der Stimme

denn   fett für starke Betonung

j a a   gesperrt für gedehnte Aussprache

Bei einer Redeüberschneidung der Äußerungen ähnelt die Schreibweise der von Partituren in der Musik; die parallel zu lesenden Zeilen sind vor den Namen durch spitze Klammern („<„) gekennzeichnet, z.B.:

7 <   Lars   aber **mach** ich nich \

8 <   Sandra *zu Ayla* geh ma**weg** bitte \ **rutsch**ma bitte n bischen \

Literatur

Anderson, A. (1997): Families and mathematics: A study of parent-child interactions. In: Journal of Research in Mathematics Education, 28, 4, S. 484-511.

Blumer, H. (1969): Symbolic interactionism. Prentice-Hall, NJ, Englewood Cliffs.

Bohnsack, R. (1996): Forschungsprozess und Interpretation in wissenssoziologischer Perspektive. Umrisse einer praxeologischen Methodologie. Vortrag auf dem 27. Kongress der Deutschen Gesellschaft für Soziologie in Dresden.

Brandt, B. (2006): Kinder als Lernende im Mathematikunterricht der Grundschule. In: Jungwirth, H.; Krummheuer, G. (Hrsg.): Der Blick nach innen. Aspekte der alltäglichen Lebenswelt Mathematikunterricht. Münster, S. 19-51.

Civil, M.; Planas, N.; Quintos, B. (2005): Immigrant parents' perspectives on their children's mathematics education. In: Zentralblatt für Didaktik der Mathematik, 37, 2, S. 81-89.

Clements, D. H.; Sarama, J. (2005): Early childhood mathematics learning. Second handbook of research on mathematics teaching and learning. Charlotte, S. 461-555.

Eberle, T. S. (1997): Ethnomethodologische Konversationsanalyse. Sozialwissenschaftliche Hermeneutik. In: Hitzler, R.; Honer, A. (Hrsg.): Sozialwissenschaftliche Hermeneutik. Opladen, S. 245-279.

Edwards, D. (1997): Discourse and cognition. London u. a.

Elschenbroich, D. (2001): Weltwissen der Siebenjährigen. Wie Kinder die Welt entdecken können. München.

Fetzer, M. (2007): Interaktion am Werk. Eine Interaktionstheorie fachlichen Lernens, entwickelt am Beispiel von Schreibanlässen im Mathematikunterricht der Grundschule. Bad Heilbrunn.

Garfinkel, H. (1967): Studies in ethnomethodology. Englewood Cliffs.

Gogolin, I.; Roth, H.-J. (2007): Bilinguale Grundschule: Ein Beitrag zur Förderung der Mehrsprachigkeit. In: Anstatt, T. (Hrsg.) Mehrsprachigkeit bei Kindern und Erwachsenen. Erwerb – Formen – Förderung. Tübingen, S. 31-45.

Hümmer, A.; Müller, M.; Kirchof, u. a. (2010): Mathematische Kreativität bei sogenannten Risikokindern. Unveröffentlichtes Papier am IDeA Zentrum in Frankfurt a. M.

Kelle, U.; Kluge, S. (1999): Vom Einzelfall zum Typus. Opladen.

Krummheuer, G. (1992): Lernen mit „Format". Elemente einer interaktionistischen Lerntheorie. Diskutiert an Beispielen mathematischen Unterrichts. Weinheim.

Krummheuer, G.; Brandt, B. (2001): Paraphrase und Traduktion. Partizipationstheoretische Elemente einer Interaktionstheorie des Mathematiklernens in der Grundschule. Weinheim.

Krummheuer, G.; Fetzer, M. (2005): Der Alltag im Mathematikunterricht. Beobachten, Verstehen, Gestalten. München.

Krummheuer, G.; Naujok, N. (1999): Grundlagen und Beispiele Interpretativer Unterrichtsforschung. Opladen.

Oevermann, U.; Allert, T.; Konau, E.; Krambeck, J. (1976): Die Methodologie einer „objektiven Hermeneutik" und ihre allgemeine forschungslogische Bedeutung in den Sozialwissenschaften. In: Soeffner, H.-G. (Hrsg.): Interpretative Verfahren in den Sozial- und Textwissenschaften. Stuttgart, S. 352-434.

Ohlhaver, F.; Wernet, A. (Hrsg.) (1999): Schulforschung, Fallanalyse, Lehrerbildung. Opladen.

Sacks, H. (1998): Lectures on conversation. 3. Aufl. Malden.

Schütte, M. (2009): Sprache und Interaktion im Mathematikunterricht der Grundschule. Münster u. a.

Tiedemann, K. (2010): Support in mathematischen Eltern-Kind-Diskursen: funktionale Betrachtungen einer Interaktionsroutine. In: Brandt, B.; Fetzer, M.; Schütte, M. (Hrsg.): Auf den Spuren Interpretativer Unterrichtsforschung in der Mathematikdidaktik. Götz Krummheuer zum 60. Geburtstag. Münster u. a., S. 149-175.

Tomasello, M. (1996): The cultural origins of human cognition. Cambridge.

Wernet, A. (2008): „Mein erstes Zeugnis". Zur Methode der Objektiven Hermeneutik und ihrer Bedeutung für die Rekonstruktion pädagogischer Handlungspro-bleme. Online: http://www.uni-kassel.de/fb1/heinzel/fallarchiv/store_faelle/wernet_erstes_zeugnis.htm (26.11.2010)

Wheatley, G. (2008): Which one doesn't belong. Bethany Beach.

Sabina Schutter

Diskursanalyse

„Kinder sind keine kleinen Erwachsenen" – lautete eine häufig wiederholte
Forderung im Zusammenhang mit den Hartz-IV-Regelsätzen für Kinder
(z. B. Göring-Eckardt 2010). Die in diesem Satz enthaltenen Informationen
sind, wenn man den Kontext der Debatte kennt, aussagekräftig.[1] Je nach
Zusammenhang kann dieser Satz aber auch von geringem Aussagewert
sein. In jedem Fall verweist dies auf Wissensbestände (Was sind Kinder?
Was sind Erwachsene? Wie unterscheiden sie sich voneinander? In welchem Verhältnis stehen sie zueinander?), die nicht im Text vorkommen.
Die Aussage ist mit einer bestimmten Intention verbunden, die sich ebenfalls nicht durch den einzelnen Satz ergibt. Der Zusammenhang zwischen
dem Text und den Wissensbeständen, dem Text und den Intentionen, dem
Text und dem Kontext ist Gegenstand der Diskursforschung. Die Diskursforschung untersucht jeweils gültige Wahrheiten über gesellschaftliche
Realität, deren Wirkung, Wandel und Entstehung.

Welche Wahrheiten gibt es über Kindheit? Oder, mit Honig (2009), wie
ist Kindheit möglich? Wenn Kindheit wie Geschlecht als konstruierte Kategorie aufgefasst wird, sind die Wahrheiten über Kindheit begrenzt oder un-
endlich. Die Diskursanalyse in der Kindheitsforschung untersucht deshalb
die *jeweils geltende Wahrheit* über Kindheit (oder deren Teilbereiche) als
dominanten Diskurs. Im Satz „Kinder sind keine kleinen Erwachsenen"
sind bestimmte Geltungsansprüche enthalten, die gegenwärtig als Wahrheit
über Kindheit bewertet werden können.

Im folgenden Beitrag widme ich mich der Anwendbarkeit, dem Vorgehen und beispielhafter Anwendung der Diskursanalyse in der Kindheitsforschung. In einem ersten Schritt wird die theoretische Rahmung der Diskursanalyse dargestellt und mit der Kindheitssoziologie in Beziehung gesetzt (1). Im zweiten Abschnitt stelle ich beispielhaft das Vorgehen der
Diskursforschung vor und gehe auf ausgewählte methodische Fragen ein
(2). Dies illustriere ich anhand eines Materialbeispiels, das ich in meiner

---

1 Die Aussage bezieht sich auf die Ableitung des Existenzminimums für Kinder aus
  dem Existenzminimum für Erwachsene. Die enthaltene Forderung ist, für Kinder ein
  eigenständiges Existenzminimum zu definieren.

Dissertationsarbeit zu heimlichen Vaterschaftstests verwendet habe.[2] Es handelt sich um einen Redebeitrag in einer parlamentarischen Debatte über die Klärung der genetischen Abstammung und ihr Verhältnis zur Vaterschaftsanfechtung, der sich mit Fragen des Kinderschutzes befasst.

Eine Analyse der Diskurse über Kindheit aus der Perspektive der Kindheitsforschung beinhaltet die doppelte Stellvertreterposition. Es ist aus einem soziologischen Blickwinkel von besonderer Bedeutung, die eigene Begrenzung der Forschungsperspektive im Blick zu haben (3). Im Ausblick wird das Problem des Diskurses über Kindheit im Spannungsverhältnis zu einem Diskurs der Kinder beleuchtet (4). Die Frage, ob es einen Diskurs der Kinder geben kann, sehe ich keineswegs als beantwortet an.

Theoretische Vorbemerkungen zur Diskursanalyse

Der Diskursbegriff geht auf Michel Foucault zurück, der in poststrukturalistischer Tradition untersucht hat, wie in sprachlichen Prozessen, in Dokumenten und Texten dominante Deutungen sozialer Realität entstehen. Für Foucault gibt es jedoch keinen Gegensatz von sozialer Realität und Diskurs, es wird nicht über Realität gesprochen, der Diskurs ist die Realität und Realität ist Diskurs. Methodisch hat er eine Form der genealogischen Diskursrekonstruktion entwickelt (dazu näher unter 3.). Entscheidend für die theoretische Annahme ist die Vorstellung, dass durch und in Sprache Deutungen entwickelt werden, die einem Phänomen seine Form geben. Ohne den Diskurs gibt es das Phänomen nicht. Foucault hat beispielsweise in „Sexualität und Wahrheit – Der Wille zum Wissen" (1976) entwickelt, wie Sexualität sich als modernes Phänomen der Intimität entwickeln konnte, wie darüber gesprochen wurde, wie Probleme und Regulierungsmöglichkeiten geschaffen wurden. Ein für die Kindheitsforschung eindrückliches Beispiel ist der Diskurs um den demographischen Wandel. Die Frage eines Geburtenrückgangs und die entsprechende Debatte über erwünschte Geburtensteigerungen sowie die damit verbundenen familien- und kinderpolitischen Maßnahmen werden nur dann dominant, wenn bestimmte Vorstellungen von Kindern, Eltern und Familie damit verbunden sind. Die Menge der Geburten pro Frau oder deren Rückgang ist nur dann von Bedeutung, wenn gesellschaftliche Reproduktion als Desiderat und nationale Identität als Konstruktion bestehen.

---

2 Meine Dissertationsarbeit mit dem Titel „Richtige Kinder – von heimlichen und folgenlosen Vaterschaftstests" ist eine Diskursanalyse des Bundesverfassungsgerichtsurteils und der parlamentarischen Debatten zum Recht des Vaters auf Kenntnis der Abstammung des eigenen Kindes.

Diskurse und Macht

Neben dem Diskursbegriff ist es vor allem die Perspektive der Machtverhältnisse, die für die sozialwissenschaftliche Forschung bedeutsam ist. Diskurse sind wirkmächtige Deutungen, sie schaffen Wahrheiten und diese Wahrheiten werden zum einen individuell wirkmächtig, verleihen aber auch Macht. Wer definieren kann, was legitim ist, kann andererseits illegitime Deutungen oder illegitimes Verhalten definieren und gegebenenfalls bestrafen. Als Beispiel: In bestimmten Staaten sind homosexuelle Handlungen strafbar. Das heißt, wenn definiert wird, was Wahrheit ist (im Einzelfall: Homosexualität ist illegal), kann diese Wahrheit für bestimmte Gruppen machterhaltend fungieren – also zum Beispiel für heterosexuelle Menschen, denn die Strafbarkeit macht Homosexuelle machtlos (Homosexuelle werden bestraft, können keine öffentlichen Ämter übernehmen etc.). Kindheit ist derzeit in den meisten Gesellschaften so konzipiert, dass Kinder wenige Machtressourcen haben. Das heißt, sie haben kaum Deutungsmacht. Indem der Diskurs über Kindheit Kinder als Kinder definiert, werden sie machtlos. Der Diskurs der Kindheit ist hingegen von Machtstrukturen bestimmt. Doris Bühler-Niederberger (2005) hat die Wirkungsmacht des Kindes in politischen und öffentlichen Diskursen untersucht. Gerade die Machtlosigkeit des Kindes erzeugt diskursiv ein Schutzbedürfnis und Unschuld. Diese „Macht der Unschuld" kann als Diskurs denen Macht verleihen, die sich als Schützer oder Retter von Kindern positionieren. Am eingangs erwähnten Materialbeispiel verdeutlicht sich dieses Machtverhältnis:

> „Da, wo es an die Substanz der kindlichen Seele geht, brauchen wir die Kinderschutzklausel" (Deutscher Bundestag, Lambrecht, SPD, Plenarprotokoll vom 21.02.2008, 15330).

Das Kind (und seine Seele) werden als schutzbedürftig konzipiert und die Rednerin kreiert das Bild der „Substanz der kindlichen Seele". Sie erhält Deutungsmacht, indem sie sich der Diskursformation „Kindheit, Schutz, kindliche Seele" bedient. Ihr könnte nur widersprochen werden, indem die Substanz der kindlichen Seele beispielsweise anders verortet würde (zeitlich oder hinsichtlich der Handlung), nicht jedoch, indem die kindliche Seele als solche angezweifelt würde. Das zeigt, wie wirkungsvoll dieses Element ist. Spätestens hier wird deutlich, dass bei einer sozialwissenschaftlichen Erforschung von Diskursen über Kindheit die Sprecher/innen nicht ausgelassen werden können.

Akteure und Arenen

Es ist vor allem Reiner Keller (z.B. 2006) zu verdanken, in die Diskursanalyse die Akteursperspektive einzubeziehen, indem er in seiner wissenssoziologischen Diskursanalyse den Poststrukturalismus und den Symbolischen Interaktionismus bzw. die Wissenssoziologie aufeinander bezogen hat. In der Tradition der Diskursanalyse nach Foucault entstehen Diskurse eigenmächtig und können aus sich heraus Wirkung entfalten. Sie verleihen zwar den Akteuren Macht, diese kommen jedoch nicht als Akteure, die Diskurse steuern, vor. Demgegenüber beinhaltet der Symbolische Interaktionismus die Akteure als Aushandelnde über gesellschaftliche Realität. Keller beschreibt sie als diejenigen, die den Diskurs zum Leben erwecken, indem sie als Sprecher aktiv werden, aber auch, indem sie die Voraussetzungen für Diskurse schaffen (Keller 2006, S. 134). Die soziologische Diskursanalyse macht so auch die Geschichte der Akteure in der diskursiven Auseinandersetzung sowie ihre Motivlage untersuchbar. Akteure werden auch als Repräsentanten bezeichnet (vgl. z.B. Bühler-Niederberger 2005). Dies ist insofern naheliegend, als dass dominante Deutungen selten in direkten Interaktionen gebildet oder sichtbar werden, sondern beispielsweise in parlamentarischer Auseinandersetzung, in öffentlichen Medien oder Gerichtsprozessen. In all diesen Vorgängen kommen FunktionsträgerInnen vor und in der Regel stehen diese für Bevölkerungsgruppen oder Meinungen oder Parteien. Repräsentanten können aber auch nur für einzelne Diskurse stehen.

Sowohl Keller als auch Anselm L. Strauss (1993) bezeichnen den „Ort" der Auseinandersetzung als Arena. Dies kann sowohl eine öffentliche Debatte sein als auch das Parlament oder der Gerichtssaal.

Diskursformationen und Dispositive

Wenn bestimmte Deutungszusammenhänge Gültigkeit erlangt haben, handelt es sich um eine diskursive Formation (vgl. Schwab-Trapp 2006). „Kinder sind keine kleinen Erwachsenen" kann derzeit als geltende diskursive Formation betrachtet werden. Das Arrangement dieser Formationen kann als Diskurs bezeichnet werden. Der Diskurs über Kindheit bestünde dann beispielsweise aus verschiedenen Deutungsmustern von Kindern und Kindheit, die sich zu einer Form von Gesamtdeutung zusammenstellen, oder auch teilweise konfligieren. Kinder sind keine kleinen Erwachsenen, sie gelten als eigenständige Bevölkerungsgruppe mit eigenen Ansprüchen.

Ein Dispositiv ist das Zusammenwirken von Diskursen, Gegenständen, diskursiven und nichtdiskursiven Praktiken. Jäger (2006, S. 98) beschreibt im Anschluss an Foucault das Dispositiv als die Vergegenständlichung eines Diskurses oder das Verhältnis von Wissen und Vergegenständlichung.

Das juristische System mit Gerichten, Richter/inne/n, Anwält/inne/n, einer bestimmten Sprache und einer bestimmten Wirkung könnte daher ein Dispositiv sein.

Diskursstränge, Strategien und Diskursverschränkungen

In einem Diskurs (zum Beispiel über die Höhe des Hartz-IV-Regelsatzes für Kinder) kommen verschiedene diskursive Stränge vor. Wenn gesagt wird „Kinder sind keine kleinen Erwachsenen" wird auf einen bestimmten Wissensvorrat verwiesen. Wenn im nächsten Satz angeführt wird, „die Eltern kaufen vom Kindergeld ja doch nur Flachbildfernseher", verweist dies auf eine weitere Idee der Verknüpfung von elterlicher Sorgfaltspflicht und der Annahme über das Verhalten von Eltern. Die Wirkungsweise dieser Verknüpfungen kann für die Diskursanalyse sehr interessant sein, denn sie deckt argumentative Strategien auf, die insbesondere dann zum Tragen kommen, wenn neue Diskurse entwickelt werden sollen, also bisher Ungesagtes oder Unsagbares Autorität und Geltung erhalten soll.

Material und methodisches Vorgehen

Der vorliegende Text kann keine umfassende methodische Anleitung sein. Dazu sei auf weiterführende Anleitungen und Hinweise der Interpretation und Textanalyse verwiesen (Keller 2007; Keller u.a. 2004), sowie auf die Beiträge zur Grounded Theory Methode und zur Hermeneutik im vorliegenden Band. Die Diskursanalyse beschreibt eher eine theoretische Annahme über das Verhältnis von Wissen, Bedeutungszuschreibung und Macht als ein bestimmtes methodisches Vorgehen.

Wo und wie wird über Kindheit gesprochen? Diese beiden Fragen leiten die Diskursanalyse in der Kindheitsforschung an. Dies kann beispielsweise die öffentliche Debatte zur Werteerziehung in den Jahren 2005 bis 2009 sein oder ein bestimmter parlamentarischer Vorgang, wie die Debatte zu den heimlichen Vaterschaftstests.

Im Projekt „Wert der Kinder" hat Doris Bühler-Niederberger verschiedene Diskurse über Kindheit untersucht und im Band „Kindheit und die Ordnung der Verhältnisse" (2005) zusammenfassend veröffentlicht. Sie hat die Glorifizierung des „unschuldigen Kindes" als extrem machtvolle Deutung identifiziert. Dazu hat sie parlamentarische und öffentliche Debatten zu Kindheit untersucht. Die Figur des unschuldigen Kindes als schutzbedürftigem Wesen verweist Kinder auf die minoritäre Position und ermöglicht es dadurch, für Kinder Partei zu ergreifen. So entsteht ein doppelter Effekt: Kinder sind einerseits überhöhte normative Figuren, denen andererseits keine eigenständige Vertretung zugeschrieben wird. Diese Machtlosigkeit ermöglicht es erwachsenen Stellvertretern, sich als Retter der Kinder zu stilisieren und dadurch die „Macht der Unschuld" zu nutzen.

Reiner Keller (2007) empfiehlt zur sozialwissenschaftlichen Diskursforschung ein Vorgehen nach der Grounded Theory Methode, bestehend aus den stets wiederkehrenden Schritten des offenen Codierens, der empirischen Sättigung und der Theoriekonstruktion (siehe Beitrag zur Grounded Theory Methode in diesem Band).

Anders als in Beobachtungssettings ist das empirische Material einer Diskursanalyse nicht unbegrenzt, daher müssen die Begriffe der Grounded Theory Methode ausgeweitet und angepasst werden. Ich halte mich hierbei an die von Reiner Keller verfassten Hinweise zur Diskursforschung (2007), sowie an Schwab-Trapp (2006), die jeweils sehr hilfreiche Hinweise für das methodische Vorgehen der Diskursforschung geschrieben haben.

Der Datenkorpus

Die Diskursanalyse ist nicht darauf festgelegt, bestimmte Ereignisse zu analysieren, auch wenn dies häufig naheliegt. Die Untersuchung kann sich auf Ereignisse (die Kindschaftsrechtsreform), Akteure (der Diskurs der SPD) oder Arenen (der juristische Diskurs) oder die jeweiligen Zeitabschnitte beziehen und die Analyseebenen verschränken. Diskursive Ereignisse markieren häufig einen Wandel der Wahrnehmung, der Wissensbestände oder der Machtverhältnisse und deuten daher auf eine besondere sozialwissenschaftliche Geltung hin (vgl. Jung 2006, S. 43).

Die sozialwissenschaftliche Diskursforschung sucht nach Deutungen, die eine besondere gesellschaftliche Relevanz bzw. Deutungsmacht haben. Die Verteilung von Macht und die Manifestation von Diskursen erfolgt in erster Linie über Textdokumente (z.B. Zeitungsartikel, parlamentarische Debatten, Ratgeberbücher, Stellungnahmen, Urteile). Wer bestimmte wirkmächtige Diskurse untersuchen möchte, wird auf Texte stoßen. Deshalb bietet sich eine Diskursanalyse vor allem bei der Untersuchung dominanter Deutungen in schriftlichen Dokumenten an. Um die Daten abzugrenzen, sollte die eigene Fragestellung möglichst konkret und thematisch oder zeitlich eingegrenzt sein. Die nachfolgenden Interpretationsschritte hat Keller in „Diskursforschung" (2007) entwickelt. Sie sind nicht nacheinander, sondern ausgewählt und gleichzeitig anzuwenden.

Wo wird gesprochen? Situativer Kontext

Insbesondere für die sozialwissenschaftliche Diskursanalyse ist der Kontext der Aussagen interessant, denn nicht jede Aussage an jeder Stelle hat die gleiche Bedeutung. Eine Kampagne der Bildzeitung über ‚Florida-Rolf' kann eine ungleich höhere Auswirkung auf den dominanten Diskurs haben als eine wissenschaftliche Veröffentlichung über Armut unter Rentner/inne/n. Ein Urteil des Bundesverfassungsgerichts trifft häufig auf höhere Aufmerksamkeit und hat einen stärkeren Weisungscharakter als jeder andere politische Akt in der Bundesrepublik. Darüber hinaus ist in unterschiedlichen Kontexten eine unterschiedliche Sprachverwendung angezeigt und sowohl die korrekte Befolgung dieser Regeln als auch deren Durchbrechung ist Hinweis auf eine diskursive Entwicklung. Die Situiertheit einer Aussage ist demnach als Hintergrundwissen hilfreich, auch wenn ihre Ausblendung bei der Textinterpretation ebenso hilfreich sein kann.

Im bereits beschriebenen Beispiel handelte es sich um einen parlamentarischen Redebeitrag, der bestimmten Regeln von Polemik und Rhetorik folgt. Der gleiche Beitrag müsste beispielsweise in einer kinderpsychologischen Fachdiskussion anders interpretiert werden.

Welche Struktur hat die Aussage?

Die sprachliche Struktur der Aussage kann einen ersten Zugang zum Material bieten. Handelt es sich um einen Appell, eine Frage? Auch klassische Überzeugungsstrategien sind hier zu verorten: handelt es sich um eine Strategie der Legitimation, der Leugnung, der Enttabuisierung? Da es sich bei der Erforschung diskursiver Phänomene häufig um die Erforschung einer Aushandlung oder eines diskursiven Konfliktes handelt, sind Identifikationen dieser Strategien wichtige Schritte auf dem Weg zu einem Gesamtbild.

Assoziationen, Möglichkeiten, Alternativen: Interpretation

Die interpretative Analytik beschreibt Keller (2007) in Form von drei Möglichkeiten der Textinterpretation, die ebenfalls ergänzend erfolgen können. Die Phänomenstruktur eines Textes untersucht, wie ein Problem beschrieben wird, wie es als Problem formuliert wird. Dieser Schritt entspricht der Entwicklung von Codes nach der Grounded Theory. In einem weiteren Schritt werden die Codes dimensionalisiert, das heißt, sie werden inhaltlich ausgefüllt. So genannte Kodierfamilien entstehen, Codes, die miteinander in Beziehung stehen. Bei diesem Vorgang können immer neue Forschungsfragen entstehen, und zunächst interessante Kodierungen können im Verlauf der Analyse wieder verschwinden. Die Kategorienbildung erfolgt in einer ständigen Rückbindung an das Material im Sinne einer theoretischen Sättigung der Kategorien. Eine theoretische Sättigung liegt vor, wenn das Material keine neuen Ergebnisse mehr liefert (vgl. Keller 2007, S. 99 ff.).

Die Analyse der Deutungsmuster untersucht, auf welche Wissensvorräte rekurriert wird und stellt für den vorliegenden Fall den wichtigsten Analyseschritt dar. Wie wird ein Problem definiert? Wie entstehen bestimmte Wissensvorräte oder auf welche Muster wird verwiesen? Die Untersuchung der narrativen Struktur eines Textes sucht demgegenüber nach Erzählsträngen und spezifischen Kontexten, nach der Verknüpfung der Deutungsmuster zu einer „Geschichte" (vgl. Keller 2007, S. 110).

In der Zusammenschau ist das Ziel dieser Interpretationsschritte die Suche nach sozialer Typik, nach Phänomenen und Deutungsmustern, die wiederholt auftauchen und gegebenenfalls von verschieden Sprechern aufgegriffen werden, denn diese Wiederholung ist ein Indiz für die Bedeutung des Phänomens.

Insbesondere bei direkten Aushandlungsprozessen wie beispielsweise Gerichtsverhandlungen, Stellungnahmen oder parlamentarischen Auseinandersetzungen und Diskussionen bietet sich eine Suche nach klassischen Deutungen und Strategien der Überzeugung an. Durch Polemisierung, die Entwicklung von Feindbildern oder – beispielsweise in Bezug auf Kinder – die Entwicklung von besonders glorifizierten Figuren kann ein guter Materialzugang erfolgen.

Am Beispiel des vorliegenden Textabschnittes könnte eine erste Interpretation so aussehen:

„Wir brauchen *[Identifikation, Appell]* die Kinderschutzklausel *[Schutz des Kindes]* in diesem Moment *[Zeitdimension]* und nicht dann, wenn es darum geht, ob Unterhalt gezahlt wird *[Entökonomisierung]*, ob es ein Besuchsrecht gibt oder ob weiß der Teufel welche rechtlichen Regelungen getroffen werden *[Entfernung vom Kind als Rechtssubjekt, Religion/ Teufel]*. Da, wo es an die Substanz der kindlichen Seele *[Wechsel von Zeit zu Ort, Assoziation Teufel und Seele, Seele des Kindes wird bedroht durch Recht, Bedrohungsszenario – bedroht durch wen?]* geht, brauchen wir die Kinderschutzklausel *[Appell an Kinderschutz, Wiederholung Appell, Identifikation mit Kinderschutz]*" (Deutscher Bundestag, Lambrecht, SPD, Plenarprotokoll vom 21.02.2008, 15330).

Die Geschichte könnte sein, dass das Kind durch rechtliche Vorgänge in seiner Seele bedroht wird, es wird so sehr bedroht, dass der Kinderschutz zu einem bestimmten Zeitpunkt geschehen muss, er darf nicht zu einem anderen Zeitpunkt geschehen. Die Sprecherin identifiziert sich mit dem Kinderschutz, sie (und alle anderen) braucht die Kinderschutzklausel. Es kommt eine Passage vor, die das Kind von der Frage des Unterhalts trennt, dies ist ein häufig vorkommendes Thema – daher habe ich hier bereits den Begriff der „Entökonomisierung" eingefügt. Hinzu kommt, dass die Bedrohung der kindlichen Seele anonym stattfindet, obgleich das zu schaffende Verfahren im Ergebnis die Bedrohung auslöst.

Dies ist nur ein kleiner Ausschnitt der Interpretation. Zur Diskursanalyse gehört, weitere Abschnitte zu interpretieren, Kontrastfälle zu bilden und die Befunde in einen Diskurszusammenhang zu stellen.

Vom Einzelbefund zum Diskurs

Die Diskursforschung sucht nach sozialer Typik. Es kann daher nicht ausreichen, einzelne Befunde zusammenzutragen. Bedeutsam ist hier wieder die Grounded Theory Methode, die dazu anhält, auch bei einzelnen bereits interpretierten Passagen stets erneut das Material zu befragen und in einem Prozess des Kontrastierens, Systematisierens und der theoretisch begründeten Auswahl die Diskursbefunde in einen Zusammenhang zu stellen (vgl. Keller 2007).

Bezogen auf die oben dargestellte Interpretation zur „kindlichen Seele" wäre es nun fraglich, ob andere Sprecher/innen andere Bilder des Kindes formulieren, ob sie gezielt das Kind angreifen. Denkbar wäre es beispielsweise, dass das Kind – da es in diesem Fall um Abstammung geht – mit der altbekannten Deutung des „Bastards" belegt wird. Dies war im vorliegenden Material nicht der Fall.

Wann ist der Diskurs ein Diskurs? Wenn eine bestimmte Deutung so dominant ist oder sich so gewandelt hat, dass sie andere verdrängt und Konsequenzen hat, wie beispielsweise ein Gesetz, eine Strafandrohung, eine politische Maßnahme oder eine bestimmte soziale Praxis. Im Forschungsverlauf kann sich dabei eine Verschiebung der Forschungsfrage ergeben. In meiner Dissertationsarbeit habe ich untersucht, wie Kinder in der Debatte um die „heimlichen Vaterschaftstests" thematisiert wurden. Dabei habe ich mich zunächst darauf konzentriert, dass Kinder erwartungsgemäß als unschuldige Opfer eines von der Mutter verschuldeten Vorganges des „Unterschiebens" beschrieben wurden. Auch im Urteil des Bundesverfassungsgerichts zu diesen Vaterschaftstests kamen Kinder als Figuren vor, die nur an sozialen Beziehungen interessiert sind, die ihren Vater vorbehaltlos lieben. Im Verlauf der Untersuchung kristallisierte sich jedoch heraus, dass die Ambivalenz nachmoderner Vaterschaft zwischen Fürsorge und Männlichkeitsvorstellungen eine wesentlich dominantere Problemstellung war, aus der sich die Deutung einer Brüchigkeit nachmoderner Männlichkeit ergab. Das Gesetz zur Abstammungsklärung wurde so eher zu einer Form der politisch-gesetzlichen Anpassung von Väterlichkeit und Männlichkeit. Die Deutung, der Mann wird zum Vater durch die Hinwendung zum Kind und er wird zum Mann, indem ihm die Macht verliehen wird, die Abstammung des Kindes zu kontrollieren, wurde das Kernergebnis der Arbeit.

Es ist also wichtig, nach Wiederholungen, Auslassungen und Konstellationen zu suchen, die den Diskurs ausmachen und dabei doch offen für Alternativen zu bleiben. Die Darstellung bleibt dabei dem/der Forscher/in überlassen, seien dies Schaubilder oder eine reine Textdarstellung. Es ist zum Beispiel möglich, diskursive Formationen nebeneinander darzustellen und diese zu einem Gesamtdiskurs oder einer bestimmten Strategie oder einem bestimmten Ereignis zusammenzufassen.

Diskurse über Kindheit

Die Diskursanalyse als Methode stellt die Kindheitsforschung vor eine zentrale Frage: Kann es einen Diskurs der Kinder geben? Traditionell untersucht die Diskursanalyse dominante Deutungen von Phänomenen oder – allgemeiner – von Wirklichkeit und sprachliche Vorgänge der Legitimation dieser Deutungen. Die Forschungsperspektive untersucht, verkürzt ausgedrückt, wie in einem Prozess der Verhandlung Wahrheiten entstehen. Vorgänge der Legitimation werden durch diejenigen gesteuert, die Deutungsmacht haben, bzw. denen der herrschende Diskurs Deutungsmacht verleiht. „Kindermund tut Wahrheit kund" heißt ein gängiges Sprichwort, aber diese Wahrheit hat meist keine Wirkung. Beziehen wir mit Foucault den Aspekt der Macht in die Analyse ein, wird schnell deutlich, dass Kinder in ihrer minoritären Position keine dominanten Diskurse gestalten können. Wird in der Kindheitsforschung von Diskursen gesprochen, dann kann damit nur die Analyse der Diskurse über Kindheit, über Kinder oder über das Generationenverhältnis gemeint sein.

In der Einleitung habe ich es bereits angedeutet: wenn SozialforscherInnen Diskurse über Kindheit untersuchen, laufen sie Gefahr, nur eine zweite Stellvertreterfunktion einzunehmen. Dies ist insbesondere der Fall, wenn eine politische Kritik mit der Analyse verbunden wird (und diese lässt sich bei Diskursanalyse schwer vermeiden). Die Diskursanalyse ist immer eine Beobachterunterstellung (vgl. Keller 2006) und begrenzt sich damit auf die Perspektive der Forscher/innen oder ggf. einer Interpretationsgruppe. Betrachten wir noch einmal das eingangs erwähnte Zitat:

„Da, wo es an die Substanz der kindlichen Seele geht, brauchen wir die Kinderschutzklausel" (Deutscher Bundestag, Lambrecht, SPD, Plenarprotokoll vom 21.02.2008, 15330).

Dieses Zitat provoziert. Aus einer kindheitssoziologischen Perspektive springt die Stellvertretung des Kindes sofort ins Auge, die Darstellung des schutzbedürftigen, minoritären Kindes, und dies, um eine Prüfung des Kindeswohlvorbehaltes zu vermeiden. Es liegt nahe, die Diskursanalyse darauf zu fokussieren, dass der Kinderschutz ins Feld geführt wird, um Kindern die eigene Vertretung zu nehmen. Eine Möglichkeit wäre es nun, alternative Deutungen und Ungesagtes zu benennen, um zu verdeutlichen, wie das Kind instrumentalisiert wird. Damit beschränkt sich die Forschungsperspektive darauf, die Position des Kindes stellvertretend einzunehmen und kommt damit im Ergebnis nicht weiter als die Sprecherin im Material. Die Beobachterunterstellung der Diskursanalyse in der Kindheitsforschung ist daher mit der Gefahr verbunden, schlicht einen weiteren Diskurs über Kindheit zu schaffen, da die Beobachtenden Erwachsene sind.

„Dabei muss sich der kritisierende Wissenschaftler darüber klar sein, dass er mit seiner Kritik nicht außerhalb der Diskurse steht, da er sonst sein Konzept der Diskursanalyse selbst in Frage stellt" (Jäger 2006, S. 85).

Ziel der Diskursforschung über Kindheit kann es nicht sein, Kindern eine Stimme zu geben, sondern zu untersuchen, worüber gesprochen wird, wie Legitimität erzeugt wird und warum welche Diskurse wo auftauchen, welche Diskurse verdrängt, verschwiegen oder delegitimiert werden.

Ausblick: Kinder und Diskurse?

Eingangs habe ich die Frage gestellt, ob es einen Diskurs der Kinder geben kann. Diese Frage kann ich nicht abschließend beantworten. Für den Forschungsprozess der Diskursanalyse in der Kindheitsforschung heißt das Bewusstsein, dass die Diskursanalyse Diskurse über Kinder untersucht, die eigene Begrenzung anzuerkennen, statt zum zweiten Stellvertreter zu werden. Die Entwicklung der feministischen Frauenforschung hat gezeigt, dass sich durchaus eigene Diskurse und diskursive Strategien entwickeln können, die abseits vom dominanten ‚all-white-male' Diskurs funktionieren und auch politisch wirkmächtig sind. Das fortbestehende hierarchische Geschlechterverhältnis zeigt jedoch auch, dass die Abgrenzung vom herrschenden Diskurs andauert. Darüber hinaus hat die feministische Frauenforschung sich mit einem expliziten politischen Anliegen entwickelt, das für die Kindheitsforschung weder generell noch spezifisch formuliert werden kann.

Interessant wäre es zu untersuchen, wie Kindheitsdiskurse beispielsweise medial übernommen werden, wie bewusst kindliche Sprache oder „Babysprache" (man denke an die in der Werbung verwendete Floskel „Haben Wollen") verwendet wird – also, ob sich im dominanten Diskurs ein phantasierter Diskurs der Kinder auffinden lässt. Strategisch wäre hier zu fragen, wie Kinder darauf Einfluss haben oder haben können.

Darüber hinaus können auch innerhalb machtloser Gruppen Diskurse identifiziert und untersucht werden, auch daraus ließen sich Binnendifferenzierungen und Machtstrukturen ableiten. Es wäre die Frage, inwiefern Diskurse von Kindern als eigenständige Diskurse gelten oder beispielsweise Übertragungen von Erwachsenendiskursen sind. Ein weiteres Problem stellt die Erlangung von Datenmaterial dar, denn Kinder veröffentlichen kaum

Dokumente oder Texte (s. auch Röhner in diesem Band). Diese Perspektiven könnten die Diskursanalyse in der Kindheitsforschung erweitern.

Literatur

Bühler-Niederberger, D. (2005): Kindheit und die Ordnung der Verhältnisse. Von der gesellschaftlichen Macht der Unschuld und dem kreativen Individuum. Weinheim u. München.

Deutscher Bundestag (2008): Plenarprotokoll vom 21.02.2008.

Foucault, M. (1976): Sexualität und Wahrheit. Bd. 1: Der Wille zum Wissen. Frankfurt a. M.

Göring-Eckardt, K. (2010): Hartz IV-Regelsätze: Kinder sind keine kleinen Erwachsenen. Pressemitteilung der Bundestagsabgeordneten Katrin Göring-Eckardt. Online: http.//www.goeringeckardt.de/cms/default/ dok/326/326844 .hartz _ivregelsaetze_kinder_sind_keine_kl.html (18.03.2010).

Honig, M.-S. (2009): Das Kind in der Kindheitsforschung. Gegenstandskonstitution in den childhood studies. In: Honig, M.-S. (Hrsg): Ordnungen der Kindheit. Weinheim u. München, S. 25-52.

Jäger, S. (2006): Diskurs und Wissen. Theoretische und methodische Aspekte einer Kritischen Diskurs- und Dispositivanalyse. In: Keller, R.; Hirseland, A.; Schneider, W.; Viehöver, W. (Hrsg.): Handbuch sozialwissenschaftliche Diskursanalyse. Bd. 1: Theorien und Methoden. Wiesbaden, S. 83-114.

Jung, M. (2006): Diskurshistorische Analyse. Eine linguistische Perspektive. In: Keller, R.; Hirseland, A.; Schneider, W.; Viehöver, W. (Hrsg.): Handbuch sozialwissenschaftliche Diskursanalyse. Bd. 1: Theorien und Methoden. Wiesbaden, S. 31-54.

Keller, R.; Hirseland, A.; Schneider, W.; Viehöver, W. (Hrsg) (2004): Handbuch sozialwissenschaftliche Diskursanalyse. Bd. 2: Forschungspraxis. Wiesbaden, S. 197-232.

Keller, R. (2007): Diskursforschung. Eine Einführung für Sozialwissenschaftler-Innen. Wiesbaden.

Keller, R. (2006): Wissenssoziologische Diskursanalyse. In: Keller, R.; Hirseland, A.; Schneider, W.; Viehöver, W. (Hrsg): Handbuch sozialwissenschaftliche Diskursanalyse. Bd. 1: Theorien und Methoden. Wiesbaden, S. 115-146.

Schutter, S. (2011): „Richtige" Kinder. Von heimlichen und folgenlosen Vaterschaftstests. Wiesbaden.

Schwab-Trapp, M. (2006): Diskurs als soziologisches Konzept. Bausteine für eine soziologische Diskursanalyse. In: Keller, R.; Hirseland, A.; Schneider, W.; Viehöver, W. (Hrsg): Handbuch sozialwissenschaftliche Diskursanalyse. Bd. 1: Theorien und Methoden. Wiesbaden, S. 263-286.

Strauss, A. L. (1993): Continual Permutations of Action. New York.

Erhebung und Auswertung
verbindende qualitative Methoden

Jochen Lange, Jutta Wiesemann

Ethnografie

„Alfred versuchte, Siegfried zum Fingerhakeln zu überreden. Detlev fürchtete, Siegfried würde sich darauf einlassen. Niemand im Waisenhaus konnte so gut Fingerhakeln wie Alfred.
– Fingerhakeln ist Weibersache
Alfred und Siegfried holten vor dem Kampf die Messer und die Katapulte und die Schnupftücher aus den Taschen. Alfred wollte Detlev alles übergeben, damit der es auf den Tisch legte. Detlev nahm Siegfrieds Sachen entgegen und legte sie zur Seite. Alfred musste warten, bis das Wackerl ihm etwas abnahm.
– Das zahle ich Dir heim. Das mit dem Abnehmen, sagte Alfred zu Detlev.
Der Kreis schloß sich um die Kämpfer. Die Zugucker stiegen auf die Bänke, auf den Tisch, auf die Fensterbänke. Detlev lehnte sich an den großen Geschirrschrank. Unten im Fach bei den Töpfen saß der Neue. Er zog von innen die Schiebetüren vor und schlug mit seiner Puppe gegen die Bretter."
(Aus Hubert Fichte: Das Waisenhaus. Frankfurt am Main 1984. S. 116-117; Originalausgabe 1964)

In seiner literarischen Darstellung einer den meisten Lesern wohl fremden Welt des Waisenhauses gelingt es Hubert Fichte, eine alltägliche Szene als dramatische Verdichtung von Freundschaft, Rivalitäten, Ängsten und Beziehungen unter Kindern zur Anschaulichkeit für uns zu bringen. Kampf und Spiel, Waffen und Puppen, Objekte der Erwachsenen- und der Kinderwelt treffen aufeinander.

Dem fiktionalen literarischen Blick in solche fremden Welten literarischer Protagonisten steht in der sozialwissenschaftlichen Forschung der Versuch gegenüber, eine unverstellte und interessierte Perspektive auf reale Sozialwelten einzunehmen. Diese Perspektiveneinnahme kennzeichnet im Kern die Ethnografie. Zunächst als das geordnete, „objektivierte" Beschreiben uns „fremder Kulturen" in der Ethnologie des 19. Jahrhunderts, sollten solche Beschreibungen das menschliche Handeln an entfernten Orten festhalten. Mit dem Anspruch einer Kultur-Beschreibung war zugleich der eines (wissenschaftlichen) Verstehens wie Deutens des entfernten Unbekannten verbunden. Zu diesem fernen Unbekannten gehörten ebenso die alltäglichen Lebensäußerungen wie die Sprache. So ging es auch darum, in der eigenen Sprache das Fremde erst verständlich zu machen.

Den territorialen Grenzüberschreitungen der im Gefolge eines weltweiten Kolonialismus operierenden Ethnologie stand zu Beginn des 20. Jahrhunderts eine „einheimische" Exploration neu entstandener, unbekannter Welten gegenüber. Solche für die Sozialwissenschaft unbekannten Welten entdeckten zuerst Soziologen aus Chicago in den Distrikten der Großstädte. Das von Robert E. Parks (vgl. Park 1915) Studenten überlieferte Motto „*Go into the district, get the feeling, become acquainted with people*" vermittelt prägnant die zentrale empirische Strategie. Anstelle einer quantifizierenden, an Makrophänomenen großstädtischen Lebens interessierten Sozialforschung mit Survey und Fragebogen rückte die Feldforschung mit direkten Kontakten des Forschers zu den Bewohnern in den methodischen Mittelpunkt der sogenannten Chicago School. Die Details, die kleinen Ereignisse des Alltäglichen, die Erforschung des Fremden in der eigenen Kultur bildeten das Fundament einer Mikrosoziologie städtischer Subkulturen, deren theoretische Grundlagen heute mit den Namen von Georg Herbert Mead, William E. Thomas und Robert E. Park verbunden sind.

Mit dem Ende einer seit Mitte des 20. Jahrhunderts in den Sozialwissenschaften dominierenden Makroperspektive auf gesellschaftliche Prozesse und Phänomene in den späten 70er-Jahren, kam es zu einer Wiederentdeckung der Handlungs- und Interaktionsordnungen und ihren mikrosoziologischen Theoretisierungen. Anstelle großstädtischer Milieustudien des Abweichenden und Subkulturellen richtete sich nun ein neues Interesse auf gesellschaftliche Phänomene der Normalität und der Mehrheitskultur: So auf Wissenschaft und ihre Erkenntnispraxis, auf Geschlechterverhältnisse und ihre soziale Verfasstheit in der alltäglichen Begegnung, auf Schule und den Alltag des Lernens, auf Kindheit und Generationenverhältnisse. Methodisch geht es bei all diesem neuen Interesse an „normaler" sozialer Ordnung und Praxis in der eigenen Gesellschaft wie in der zitierten Maxime Ezra Parks um die Unmittelbarkeit der forschenden Erfahrung. Ethnografie treiben heißt dann, aus dem methodisch angeleiteten, unmittelbaren Erleben eines alltäglichen menschlichen Geschehens, ob nun in einer Arztpraxis, auf dem Schulhof oder im Klassenzimmer einer Grundschule oder an irgendeinem konkreten Ort in unserer Gesellschaft (sozial-)wissenschaftliche Erkenntnis über deren Ordnung zu gewinnen. So wird auch Kindheit in einem explorierenden Zugriff nicht mehr nur als eine biografisch vorübergehende, abstrakt zu beschreibende Entwicklungsphase im Sozialisationsprozess betrachtet, sondern als ein dauerhafter kultureller Zusammenhang, der eine Ordnung sui generis aufweist. Als ein solcher kultureller Zusammenhang wird Kindheit zu einem autonomen Feld ethnografisch argumentierender, empirischer Forschung. In diesem Forschungsfeld für Pädagogik, Erziehungswissenschaft und Soziologie wird das Kind und seine Lebenswelt, werden seine kulturellen und sozialen Errungenschaften zunächst als der Forschung noch weitgehend unbekannte Akteure und fremde Aktivitäten beschrieben. Eine solche „befremdende" (Amann/Hirschauer 1997) Perspektive war zunächst gewöhnungsbedürftig. Sie problematisierte die normale Vorstellung einer immer schon für uns Erwachsene gegebenen, verstehenden Nähe zu Kindern und Kindheit. Sie hinterfragt die vermeintliche Vertrautheit mit den unterschiedlichen Welten wie Schule und Familie. Danach haben die bisherigen Erkenntnisse über Entwicklung, Bildung und Erziehung ihre Grenzen dort, wo Kindheit zu einem eigenständigen kulturellen Phänomen und das jeweilige Kind zur hervorgehobenen Person empirischer Neugier avanciert.

Die neue Perspektive auf Kinder als Akteure ihrer eigenen Lebenswelt und die Grundannahme einer je eigenen Perspektive kultureller und sozialer Akteure treffen sich in den phänomenologisch orientierten Lebensweltethno-graphien. Die daran anknüpfenden Interaktionsanalysen haben ihre erkennt-nistheoretische Fundierung in der Vorstellung einer beobachtbaren und analysierbaren Erzeugung von sozialer Wirklichkeit durch die Akteure. Der dauerhafte wissenschaftliche Erfolg solcher Analysen und ihre Überzeugungskraft hängen entscheidend davon ab, wie es über eine empirische Durchdringung der sozialen Mikrowelten gelingen kann, die Spezifiken kultureller Ordnungen von Kindheit zu explizieren.

Kindheit als ethnografisch erforschbares kulturelles Phänomen

Ethnografie wurde als ursprüngliches Dokumentationshandwerk westlicher Ethnologen und Kulturanthropologen von diesen genutzt, um fremde Kulturen in fernen Ländern der eigenen Wissenschaftlergemeinschaft zugänglich zu machen. Die Forscher gingen „ins Feld" (oder ließen sich auch nur von Reisenden berichten), lebten mit den Menschen „vor Ort", partizipierten an ihrem Alltag und versuchten, zeitweise in dieser Fremde vertraut zu werden. Sie erfassten ihre durch Beobachtungen gemachten Entdeckungen und Eindrücke dokumentarisch in ihren Feldnotizbüchern, indem sie Verschriftlichungen von erlebten Situationen und Bräuchen anfertigten. Nach einer gewissen Zeit im Feld verließen es die Forscher und formulierten danach ihr Verständnis dieser besuchten Kultur in ihrer eigenen Sprache und in den Theorien ihrer Disziplin.

Kindheit ist keine fremde, zu bereisende Kultur. Gleichwohl hat sie nach unseren gegenwärtigen Vorstellungen ihre genuinen Plätze und Orte, ihre eigenen Akteure und besonderen Aktivitäten („kulturelle Praktiken"). Bei einer ethnografisch motivierten Kindheitsforschung geht es darum, kinderkulturelle Ordnungen zu beschreiben und verstehen zu lernen. Heute bezeichnet der Begriff Ethnografie eine komplexe Forschungsstrategie und steht zugleich für eine methodologische Haltung. Deren Kern bildet stets eine intensive, persönliche Kontaktaufnahme mit einem Untersuchungsfeld, dessen lokale Eigenlogiken exploriert werden. „Für ein solches Vorgehen, das seine Methoden den Gegebenheiten des Feldes unterordnet, hat sich der

Begriff der Ethnografie durchgesetzt" (Krüger 2006, S. 96). Als eine qualitative Forschungsstrategie kombiniert ethnografische Forschung „alle möglichen Verfahren der Datenerhebung und -analyse: Audio- und Videoaufzeichnungen, Interviews, Analysen von Dokumenten, Artefakten und Gesprächen usw." (Hirschauer 2001, S. 431). Die hierbei verbundenen Methoden und erkenntnistheoretischen Überlegungen unterscheiden sich teils erheblich voneinander. Scheinbar omnipräsent ist die Methode der *teilnehmenden Beobachtung*, die Erstellung von *Feldnotizen* und *dichter Beschreibungen*. Andere Ethnografen setzen ihren Schwerpunkt auf *ethnografische Interviews* oder videografieren im Sinne *einer Kamera-Ethnografie* (Mohn 2010).[1]

Die Heterogenität ethnografischer Forschungspraxis zeigt sich entlang der verschiedenen wissenschaftlichen Disziplinen, die sich heute der ethnografischen Forschung bedienen und in der entsprechenden Vielzahl verschiedener Forschungsfelder. Denn die fremden und indigenen Kulturen verschwinden nur vermeintlich von der zivilisatorischen Oberfläche unserer Welt. Unsere vielschichtigen Wissensgesellschaften multiplizieren Fremdheitserfahrungen in der eigenen Gesellschaft (vgl. Amann/Hirschauer 1997, S. 12). In diesem Sinne sind es die Subkulturen, Spezialistengemeinschaften oder Peer-Groups der komplexen Gesellschaften unserer Zeit, die nur auf den ersten Blick vertraut und alltäglich wirken, bei genauer Beobachtung aber eine „Befremdung der eigenen Kultur" (Amann/Hirschauer 1997) notwendig werden lassen, um so auf ethnografischen Wegen beforscht und verstanden werden zu können. Wenn wir nun Kindheit in dieser Weise als eine ethnografisch zu befremdende Kultur betrachten, dann ist nach einer Identifikation ihrer Lokalitäten die teilnehmende Präsenz an Aktivitäten innerhalb kindlicher Lebenswelten unabdingbare Voraussetzung. Kindheitsforscher suchen Kinder zunehmend selbstverständlich unter der Perspektive einer „Eigenständigkeit von Kinderkultur" (vgl. Kelle/Breidenstein 1996, S. 54) in ihrer natürlichen Umgebung auf. Für diese Forschungsperspektive stellt die Ethnografie einen genuinen und prädestinierten Zugang dar. Hengst spricht in diesem Zusammenhang davon, dass die neue soziologische Kindheitsforschung mit ihrem Perspektivenwechsel geradezu ein methodisches „Plädoyer für Ethnografie" formuliert habe (Hengst 2008, S. 562 f.).

„Der aus der Anthropologie stammende ethnografische Ansatz hat sich vor allem im angelsächsischen Raum durchgesetzt. Ethnografische Kinderforscher interessieren sich für die Aktivitäten der Kinder in ihren natürlichen Umgebungen, verwenden qualitative Methoden bei der Datenerhebung und bevorzugen Analysekategorien, die sie als Denkkonzepte der Kinder, ihrer Forschungssubjekte, herausarbeiten. Die einschlägigen

---

1 Mit diesen exemplarischen Nennungen sind die Grenzen ethnografischer Methoden längst noch nicht umrissen, wohl aber sind einschlägige Ausrichtungen angeführt.

Studien betonen die Kreativität, Vitalität und Energie, mit der Kinder (als von der legitimierten institutionellen Macht Ausgeschlossene) sich eine bedeutungsvolle und lebenswerte Welt schaffen" (Hengst 2008, S. 564).

Ethnografisch kann die Kinderkultur – die im Kontrast zur Kultur der Erwachsenen als das gänzlich Andere und Fremde konstituiert wird[2], welches es zu entschlüsseln gilt (vgl. Lange/Mierendorff 2009, S. 198 f.) – auf ihre Regelhaftigkeiten und inneren Kohärenzen hin beforscht werden. Mit dem Fokus auf die Mikrostrukturen des Sozialen interessiert die Herstellung und Aufrechterhaltung gemeinsamer Wirklichkeit mit ihren zugehörigen Mechanismen und Praktiken.

Kindheit als Konstruktionsprozess: kulturelle Praktiken und Differenz

Ethnografische Kindheitsforschung hat insbesondere dazu beigetragen, den Prozess der „Entdeckung der Kindheit" im pädagogischen und gesellschaftlichen Alltag zu verankern. Die empirische Bearbeitung der spezifischen Sicht der Kinder auf ihren Lebensraum und die besondere kindliche Nutzung urbaner Räume und Orte kann rückblickend als Startschuss für eine Ethnografie der Kindheit als eigene kulturelle Ordnung rekonstruiert werden, der nun eine Ethnografie der gesellschaftlichen Konstitution von einzelnen Kindern folgt.

Um exemplarisch auf Forschungsfelder, -themen und -methodologien hinzuweisen beginne ich mit dem Klassiker (ethnografischer) Kindheitsforschung, der Längsschnittstudie von Martha Muchow aus den 30er-Jahren des letzten Jahrhunderts, stelle kurz einige Studien vor, die die Exploration der Kinderkultur als Peerkultur empirisch bearbeitet haben und skizziere dann ebenso exemplarisch die Vorgehensweise einer Untersuchung, die die prozesshafte Herstellung des „normalen" Kindes systematisch am Beispiel der Vorsorgeuntersuchung bearbeitet.

Der Klassiker

Die unter dem Titel „Der Lebensraum des Großstadtkindes" gefassten Untersuchungen „wollen einen Beitrag zur Erkenntnis und zum Verständnis der ‚Welt des Kindes' liefern" (Muchow/Muchow 1935, S. 69).

---

2 Vgl. zudem die Überlegungen zu einer ethnografischen Kindheitsforschung von Schäfer (1997, S. 390 ff.), unter der Überschrift „Das Kind als Fremder, ein strategischer Blickwinkel".

„Hier werden wir uns verschiedener Beobachtungsmethoden bedienen und werden aus dem Verhalten der Kinder, aus der Art ihres Umganges mit den ‚Gegebenheiten' der Großstadtwelt zu erschließen versuchen, in welcher Weise sie diesen großstädtischen Raum lebend aktualisieren." (Muchow/Muchow 1935, S. 72)

Sie stellen somit gewissermaßen eine Brücke zwischen den oben genannten Arbeiten der Chicago School und der aktuellen Kindheitssoziologie her. Auch wenn die hierzu mit den Kindern geführten Interviews aus einer heutigen Methodenperspektive nicht als ethnografisch bezeichnet werden können, verfolgen sie die Zielsetzung, die kulturelle Selbstrepräsentation der kindlichen Akteure zu verstehen. Mit den Befragungen wollte Marta Muchow „den Lebensraum des Großstadtkindes soweit als möglich von der Seite des kindlichen Erlebens her [...] untersuchen." (Muchow/Muchow 1935, S. 97). „Der Großstadtraum aus der Perspektive von Kindern" – so könnten wir heute den Forschungsgegenstand von Muchow bezeichnen. Das Zitat verweist auf die sozialinteraktionistischen Wurzeln und die Grundannahme, dass gesellschaftliche Räume – wie die Großstadt – erst durch die Interaktionen und Deutungen der Menschen dort entstehen und ihre Wirkungsmacht entfalten. Damit gilt die Studie von Muchow auch als Wegbereiter ethnografischer Kindheitsforschung im deutschsprachigen Raum. Sowohl Zinnecker (2001) als auch Krappmann/Oswald (1995) haben in ihren Studien diese Spur aufgenommen und Interaktionen von Kindern und Jugendlichen beobachtet mit dem Ziel, Sozialisationsprozesse im Alltag zu untersuchen.

Gleichaltrigenkultur in schulischen und städtischen Räumen

Die Kindheitsethnografie von Breidenstein und Kelle aus dem Jahre 1998 ist die erste im deutschsprachigen Raum, die sich als ethnografische Studie zur Gleichaltrigenkultur bezeichnet. Unter Einbeziehung angloamerikanischer und skandinavischer Vorbilder wie Alanen (1997), Corsaro/Eder (1990), Prout/James (1990) und Youniss (1994) und mit der kritischen Würdigung der Arbeiten von Zinnecker (1996) und Krappmann/Oswald (1995) konzipiert und etabliert das Forscherpaar den Kern der Beobachtungen um die Frage nach den Praktiken und der Praxis der Geschlechterunterscheidung. Sie führen damit erstmals exemplarisch eine Perspektive auf Kinder und Kindheiten vor, als eine von den Akteuren selbst hergestellte Alltagskultur und soziale Ordnung, die beobachtbar ist. Ziel einer so definierten Ethnografie der Gleichaltrigenkultur ist die Klärung des sozialen Sinns der Praktiken und der kulturellen Hervorbringungen der Kindheitsakteure. Kindheit wird als Konstitution einer generationalen Ordnung konzipiert, deren Akteure in eigentümlicher Weise ihr Kindsein in peerkulturellen Interaktionen bestimmen. Damit wird Kindheit nicht mehr als bloße Entwicklungs- und Sozialisationsphase, sondern als eigenständige kulturelle und gesellschaftliche Praxis von Kindern erforscht.

Fast zeitgleich bearbeitet Scholz in seiner Studie Wahrnehmungen, Theorien und Traditionen als Eigenwelten von Kindern. Sein Fokus auf Lernpraktiken von Kindern ist phänomenologisch ausgerichtet und beschreibt Kinder und ihre „Kulturen des Umgangs" (Scholz 1996, S. 92). Scholz' Arbeiten zu Lernprozessen von Kindern[3] als beobachtbare und empirisch zugängliche Szenen und Situationen des Voneinander-Lernens zogen weitere ethnografische Forschungen zu Lernen und Lernprozessen von Kindern nach sich (Wiesemann 2000; Sunnen 2005; Huf 2006).

Wulf u.a. (2001, S. 7) rekonstruieren kindliche Lebensräume als performative Räume. Mit ihren Forschungsarbeiten entstand „eine qualitative, ethnografisch inspirierte Fallstudie zum innerstädtischen Leben von Kindern in Berlin um die Jahrtausendwende" (Wulf u.a. 2001, S. 11). Ausgehend von vier verschiedenen Feldern wird der Frage nachgegangen, wie in diesen Lebensräumen 10-13jähriger Kinder Gemeinschaft in Ritualen und Ritualisierungen hergestellt wird (vgl. Wulf u.a. 2001, S. 10). So widmet sich etwa Birgit Althans der Stadt als Raum des Performativen (Althans 2001), Kathrin Audehm und Jörg Zirfas beschreiben die Familie als rituellen Lebensraum (Audehm/Zirfas 2001 und aktuell Audehm 2007), Michael Göhlich und Monika Wagner-Willi fokussieren die rituellen Übergänge im Schulalltag (Göhlich/Wagner-Willi 2001), Anja Tervooren betrachtet Pausenspielen als performative Kinderkultur (Tervooren 2001, siehe auch Tervooren 2008) und Constanze Bausch beobachtet mit Stephan Sting rituelle Medieninszenierung in Peergroups (Bausch/Sting 2001). Die Studie entwickelt letztlich einen performativen Ritualbegriff und zeigt auf, wie rituelles Handeln je spezifische Gemeinschaft herstellt.

Konstitutionen von Kindern: Aushandlungen im Prozess

Neuere ethnografische Studien zur Kindheit erweitern die Perspektive auf die kulturelle Ordnung der Kindheit hin zu Konstruktionspraxen als Unterscheidungspraktiken für die Konzepte Kinder und Kindheit.

Tervooren (2006) verortet ihre Studie als eine qualitativ-ethnografische Kulturanalyse zwischen Kindheits- und Geschlechterforschung. Als solche fokussiert sie die „ausgehende Kindheit" und die mit ihr verbundene Separierung und Einübung von Geschlecht sowie die damit einhergehenden Verhandlungen von Sexualität und Begehren. In einem spannenden Brückenschlag entwickelt die Arbeit letztlich eine dynamisierte, performative Sozialisationstheorie, betrachtet Geschlecht aber zunächst und primär eth-

---

3 Siehe auch Beck/Scholz 1995a und b.

nografisch im Prozess der situativen Hervorbringung (vgl. Tervooren 2006, S. 224 ff.). In diesem Sinne fragt die Arbeit: „Wie aber machen Mädchen und Jungen im Alter von zehn bis dreizehn Jahren in ihren alltäglichen Praxen sich selbst oder werden gemacht?" (Tervooren 2006, S. 10).

Das Forschungsprojekt „Kinderkörper in der Praxis"[4] unter der Leitung von Kelle (Bollig/Kelle 2008a, 2008b; Kelle/Tervooren 2008) fokussiert in Anlehnung an die Arbeiten von Prout (2000), Hengst/Kelle (2003) und Tervooren (2006) die Formierung und Hervorbringung der kindlichen Entwicklung und des kindlichen Körpers am Beispiel der Vorsorgeuntersuchungen. „Unser Blick wird unter diesen Vorzeichen auf die Unterscheidung in normale und nicht-normale, entwicklungsgestörte Kinder selbst zu richten sein, auf ihre Entstehung, auf ihre historisch variierenden Grenzziehungen und auf ihre politischen und pädagogischen Funktionen" (Kelle/ Tervooren 2008, S. 11). Die ethnografisch empirische Erfassung der Praxis von Vorsorgeuntersuchungen so wie sie in diesem Projekt vollzogen wird, setzt auf die sozialwissenschaftliche Theoretisierung der kindlichen Entwicklung. Nicht die Peerculture ist hier von Interesse, sondern Prozesshaftigkeit und der Aushandlungscharakter kindlicher Entwicklung im Vollzug (vgl. Bollig/Kelle 2008b, S. 122).

Ethnografie als Entdeckungsstrategie

So unterschiedlich thematische, methodologische und disziplinäre Bezüge in den exemplarisch vorgestellten Studien zum Tragen kommen: Die Gemeinsamkeiten ergeben sich aus dem sozialwissenschaftlichen Interesse an Kinderkultur(en), dem Alltag der Kinder und den Konstruktions- und Konstitutionsprozessen von Kindheit und Kindern. Dieses Interesse geht einher mit der Etablierung der Ethnografie als einem Forschungsverfahren in der Erziehungs- und Sozialwissenschaft, das die Erkundung des Fremden und das Verstehen sozialer Ordnungen zum Forschungsprogramm erhoben hat. Das wissenschaftlich begründete Verstehen-Lernen des Alltags der Kinder ist das vorrangige Ziel der ethnografisch angelegten Kindheitsforschung.

Das sozialwissenschaftliche Interesse an Kindern richtet sich ethnografisch gewendet zunächst statt auf das „Entwicklungswesen Kind" auf das Kind als „kompetenten Akteur" seiner Lebenswelt. Kindheit wird aufgewertet als bedeutsamer Lebensabschnitt, der als eigenständig konzipiert

---

4 Verortet an der Schnittstelle zwischen Kindheits-, Körper- und Medizinsoziologie handelt es sich um eine Ethnografie der Kindervorsorgeuntersuchungen, bezogen „auf eine institutionalisierte Praxis, der fast alle Kinder in Deutschland unterzogen werden; eine Praxis, die gleichwohl nicht wie Kindergarten, Schule oder peer group den Lebensalltag von Kindern durchzieht, vielmehr ist sie von herausgehobenem Charakter (9 Einzeltermine) gegenüber dem sonstigen Alltag." (Bollig/Kelle 2008b, S. 122).

wird. Kinder stehen nun nicht mehr ausschließlich im Fokus sozialisatorischer und erzieherischer Maßnahmen und Programme. Sie werden als Gestalter, als „Selbst" konstituiert: *Bildung als Selbstbildung* oder *Sozialisation als Selbstsozialisation* sind die Schlagworte, die den Blick auf Kinder als Akteure ihrer Bildungs- und Entwicklungsprozesse richten. Im Fokus ethnografischer Kindheitsforschung stehen daher Situationen, in denen die Interaktionen von Kindern das Alltägliche mit seinen innewohnenden Regeln, seinen Ordnungen und Ritualen hervorbringen. Ethnografische Forschung setzt forschungslogisch auf das „Dabeisein" an den „Kindheits"-Orten (Straße, Schule, Familie) als Königsweg der Entdeckung und des Verstehens.

Ethnografische Kulturanalyse und die teilnehmende Beobachtung

Das Aufsuchen von Kindern in alltäglichen und realen Situationen ist die Besonderheit ethnografischer Kindheitsforschung und zeigt sich forschungspraktisch in den vorgestellten empirischen Studien.[5] Zentraler Bezugspunkt aller Kindheitsethnografien ist der Alltag der Kinderakteure. Für die alltäglichen gemeinsamen Aktivitäten gilt erstens, dass sie beobachtbar sind. Dies allein schon deshalb, weil sie notwendig aufeinander bezogen sind. Wir beobachten, was Menschen sagen und tun, und wie sie es sagen und tun. Das kann zweitens nur deshalb gelingen, weil in jeder Alltagssituation die Beobachtbarkeit durch die Teilnehmer selbst füreinander sichergestellt werden muss. Verstehen und sich aufeinander beziehen können ist ja nur möglich, wenn dabei gemeinsam verständliche Regeln, Zeichen und Symbole gebraucht werden. Wir beobachten dann als wissenschaftliche Beobachter, wie die Menschen in konkreten Situationen sich darauf einigen, wie das Soziale funktioniert. Diese Perspektive gelingt, wenn die Forscherinnen und Forscher am sozialen Geschehen teilnehmen. Ergebnisse dieses sogenannten „Feldaufenthaltes" sind dann neben den Beobachtungen auch Interviews, Audio- und Videoaufzeichnungen und unterschiedliche schriftliche oder bildliche Dokumente.

Vor dem Hintergrund der schon angeklungenen Thematisierung der Vielfalt von ethnografischen Daten, Verfahren und Analysen verweist Hirschauer darauf, dass es das bezeichnende Element der Ethnografie sei, „solche heterogenen Daten in einem dauerhaften Feldaufenthalt zu zentrieren, dessen soziale Form mit einem schillernden Begriff ‚*teilnehmende Beobachtung*' genannt wird" (Hirschauer 2001, S. 431, Herv. i. Orig.). Eine solche Kenn-

---

5 Die Analyse von Interaktionen und Praktiken der Kinder beruht auf einem interaktionistischen Verständnis sozialer Wirklichkeit (vgl. Mead 1973), das soziale Handeln als grundsätzlich situativ verankert zu verstehen (vgl. Goffman 1964, 1977).

zeichnung von teilnehmender Beobachtung verknüpft diese stark mit Ethnografie als deren gemeinsame Forschungsstrategie. Eine Charakterisierung, die als legitim gelten kann, jedoch die Gefahr birgt, teilnehmende Beobachtung – in einem nur kleinen Schritt der Simplifizierung – mit Ethnografie gleichzusetzen. Als terminologisch trennschärfer erscheint es, teilnehmende Beobachtung explizit als *Forschungsmethode* zu bestimmen (vgl. Scholz in diesem Band), über die in einem ethnografischen Forschungsprojekt die Datenerhebung realisiert werden kann. „Die Teilnehmende Beobachtung als Forschungsmethode hat die Auffassung zur Grundlage, daß die Beobachtung von Menschen nicht mit Methoden der Naturwissenschaft erfolgen kann" (Beck/Scholz 2000, S. 149). Es ist der Forscher, der als Beobachter teilnimmt[6] und als „personaler Aufzeichnungsapparat" (Amann/Hirschauer 1997, S. 31) fungiert. „Der entscheidende methodologische Schritt für die Etablierung [kulturanalytischer, d. Verf.] ethnografischer Empirie ist [...] die Befreiung von jenen Methodenzwängen, die den unmittelbaren, persönlichen Kontakt zu sozialem Geschehen behindern" (Amann/Hirschauer 1997, S. 17). Die persönliche Teilnahme am Geschehen erleichtert es, „neben der Beobachtung von Fremdverhalten auch Erfahrungen ‚am eigenen Leibe' zu machen [...]" (Bortz/Döring 2006, S. 337). Hier begegnet uns ein entscheidendes Charakteristikum dieser ethnografischen Praxis: „Teilnehmende Beobachtung bedeutet die Produktion von Wissen aus eigener und erster Hand" (Amann/Hirschauer 1997, S. 21). Mit einer solchen Produktion von Wissen ist eine Bereitschaft zur Interpretation unlösbar verbunden: „Die Forscherin [der kulturanalytischen Ethnografie, d. Verf.] begreift sich als Prozessorin der Forschung, die analog zu den Teilnehmern des Feldes vor der Aufgabe steht, die beobachteten Aktivitäten zu interpretieren. Diese methodologische Symmetrisierung geht auf die Grundannahme des qualitativen Paradigmas zurück, dass alle Welterfassung interpretativ ist" (Kelle 2001, S. 196). Im Sinne einer solchen nicht standardisierten und betont subjektiven Betrachtung ist es notwendig, die Sicht auf den – uns allen vermeintlich bekannten – kindlichen Alltag zu befremden: „Es ist ein befremdender Blick, der auf die praxeologischen Selbstverständlichkeiten des Handelns und Wissens von Pädagogik und Kindern trifft und diese reflexiv verfügbar macht" (Zinnecker 1995, S. 21). Verbunden hiermit ist unter anderem die Bereitschaft, Beobachtetes als „fragwürdig" und nicht als wohl bekannt aufzufassen (vgl. Beck/Scholz 1995a, S. 17).

Mit einer solchen inneren Haltung der Offenheit und Revidierbarkeit werden die Beobachtungen im Feld angestellt. „Es geht um den zeitglei-

---

6 Ansätze der Techniksoziologie verweisen darauf, dass auch die Objekte an Situationen teilnehmen und auf Handlungen wirken – eingebunden in Netzwerke und im Sinne eines „objects too have agency" (vgl. Latour 2005, S. 63). Zur Rolle des „Objekts Kamera" als teilnehmende Beobachterin im Feld und einer Kamera-Ethnografie siehe Mohn: http://www.kamera-ethnografie.de.

chen, aufmerksamen und mit Aufzeichnungen unterstützten Mitvollzug einer [...] lokalen Praxis *und* ihre distanzierte Rekonstruktion [...]" (Amann/Hirschauer 1997, S. 21, Herv. i. Orig.). In dieser klassischen Form geschieht das erste Aufzeichnen über das oben schon erwähnte Feldnotizbuch[7] in das der teilnehmende Beobachter notiert. „Das Protokollieren ist einerseits eine Aufzeichnung, z.B. des Wortlauts von Äußerungen [...]. Andererseits ist es mehr als ein solcher ‚Mitschnitt', da mit der Vertextung auch die analytische Arbeit des Ethnografen beginnt" (Amann/Hirschauer 1997, S. 28). Zwischen einer „sachlichen Beschreibung" und einer „subjektiven Wahrnehmung" kann und soll somit nicht getrennt werden: „Jede ‚Beobachtung' von Verhalten [...] ist vor aller Interpretation bereits in der Wahrnehmung des Verhaltens durch den Beobachter geprägt" (Beck/Scholz 2000, S. 150). Das detaillierte, hochgradig selektive und subjektive Beschreiben ist in diesem Sinne ein Qualitätsmerkmal gelungener Aufzeichnungen. Gilbert Ryle nannte derartige Produkte *dichte Beschreibungen*, Clifford Geertz (1983) griff die Betitelung und die Überlegungen zum Schreiben weiterentwickelnd auf. Bei dieser Art des Schreibens geht es um die „Mobilisierung von Erfahrungen" (vgl. Amann/Hirschauer 1997, S. 30), der Leser soll Partizipation fühlen und greifen können. „Beobachtungen werden nicht nur als Erlebnisakkumulationen sozialwissenschaftlich relevant, sondern als *Protokolle*, die weiterverarbeitet werden, und als *dichte Beschreibungen*, die ‚weitererleben' lassen können" (Amann/Hirschauer 1997, S. 30, Herv. i. Orig.). Bloße Beschreibungen von Beobachtungen oder Ereignissen sind in diesem Sinne noch nicht als ethnografische Daten zu verstehen, zu diesen werden sie erst durch eingebettete *Sinnstiftungen des Autors* (vgl. Amann/Hirschauer 1997, S. 31). Gilbert Ryle (1971; zitiert nach Geertz 1983, S. 10ff.) führt das Beispiel an, dass aus der (dünnen) Beschreibung eines schnellen Lidschlags einer Person noch nicht ersichtlich wird, ob es sich um ein ungewolltes biologisches Zucken oder um ein beabsichtigtes kulturelles Zeichen handelt. Für sich betrachtet sind die Bewegungsvorgänge gleich. Teilnehmende BeobachterInnen können – einzig mit Feldnotizbuch und geübtem Blick – frei und flexibel ihren Fokus im Feld lenken und verändern. Der Raum als Ganzes kann betrachtet werden, um dann aus seiner Vielfalt einen besonderen Aspekt, eine spezielle Situation oder Interaktion genau zu fokussieren. Möglichkeiten, die stationäre Aufnahmegeräte nur bedingt bieten. Diese ermöglichen – im räumlichen Idealfall – eine wörtliche Aufzeichnung verbaler Artikulationen. Als Herausforderung zu beachten ist jedoch, „dass im ethnografischen Schreiben etwas *zur Sprache gebracht* wird, das vorher nicht Sprache war." (Hirschauer

---

7 Für anregende Hinweise zu Handwerk und Praxis des Schreibens siehe Lofland/ Lofland (1994, 1999), Emerson u.a. (1995) sowie die pointiert auf Geertz bezogenen Hinweise zum ethnografischen Schreiben von Tervooren (2006, S. 60ff.) im Kontext ihrer Forschungen zu „Geschlecht in der Kindheit".

2001, S. 430, Herv. i. Orig.). Bestimmen auf dem Pausenhof der Schule, dem Essen am Mittagstisch oder dem Toben auf dem Spielplatz doch stets auch die sprachlosen Interaktionen in besonderer Weise die soziale Situation. Der geübte ethnografische Blick fokussierte eben diese (kindlichen) Handlungen, inklusive ihrer Mimik und Gesten für die Sinnzuschreibung.

Letztendlich geht es darum, durch ein „Zusammenkomponieren" von Protokollnotizen, Sinneseindrücken und situativen Assoziationen Erfahrungsqualität zu simulieren (vgl. Amann/Hirschauer 1997, S. 34). „Und wie man jemand anderen ‚Erfahrungen machen' läßt, ist weniger ein pädagogisches als ein literarisches Problem" (Amann/Hirschauer 1997, S. 34). Zentrales Anliegen der Teilnahme an Situationen und dessen Beschreibung ist das literarische Verarbeiten und „Mobilmachen" der eigenen Subjektivität. Nicht mit dem Ziel, „die Welt der anderen mit ihren Augen zu sehen, sondern die Weltsicht als ihre gelebte Praxis zu erkennen" (Amann/Hirschauer 1997, S. 24).

Fazit

Methodischer Kern der Ethnografie sind der Feldaufenthalt und die persönliche Präsenz in alltäglichen Situationen. In der Kindheitsforschung gilt: „[Ihre] Verfahren zielen auf die Beschreibung der Herstellung sozialer Situationen und sinnhafter Ordnungen durch Kinder" (Heinzel 2003, S. 128). Ziel von Ethnografie ist es – über unterschiedlich akzentuierte Analysen und Interpretationen – ein Verständnis der kulturellen Eingebundenheit der Akteure zu ermöglichen und deren Deutungsmuster herauszuarbeiten, die *in situ* und *in actu* eine Rolle spielen (vgl. Tervooren 2009, S. 84). Durch diese auf gegenwärtige Situationen und soziale/sprachliche Interaktionen gerichtete Fokussierung wird das Potential der Ethnografie für die neue Kindheitsforschung evident, die sich für Kinder nicht als zukünftig Werdende, sondern gegenwärtig Bedeutende interessiert.

Das in verschiedenen theoretischen Bezugsrahmen (Habitustheorie, Phänomenologie, Ethnomethodologie, Diskursanalyse) genutzte Erkenntnispotential der Ethnografie und ihr Gebrauch in unterschiedlichen disziplinären Zusammenhängen (Soziologie, Erziehungswissenschaft, Psychologie, Geschlechterforschung, Schulforschung) erweitern systematisch den Bereich theoretischer und empirischer Fragen nach der Konstitution der Kindheit. Neben die Erkenntnis der Eigenständigkeit der Nutzung und Wahrnehmung von Räumen durch Kinder, neben die Perspektive auf Kindheit als eigenständige kulturelle Ordnung in der gegenwärtigen Kindheit vermitteln aktuelle ethnografische Forschungen zu gesellschaftlichen Konstitutionspraktiken „des Kindes" eine weitere Perspektive. Zwischen Diagnose und Therapie, zwischen Test und Förderung zeichnet sich ein neues Kindheitsverständnis ab. Die empirische Analyse der Herstellung von Differenz in Aushandlungsprozessen um Körper, Geschlecht und Entwicklung rückt als eine zentrale Aufgabe weiterer ethnografischer Forschungen in den Blick der Kindheitsforschung. Neben der Kindheit als kultureller Ordnung steht diese systematische Exploration der gesellschaftlichen „Konstitution des Kindes im Vollzug" noch aus. Nicht zuletzt trägt „die Entdeckung der *frühen* Kindheit"[8] dazu bei, die Entwicklungstatsache und damit die biografische Verortung von Bildungsprozessen und Lernen in neuer Weise empirisch zu fassen. Vielleicht sprechen wir dann in Zukunft eher von Kinderforschung als von Kindheitsforschung.

Literatur

Alanen, L. (1997): Soziologie der Kindheit als Projekt: Perspektiven für die Forschung. In: Zeitschrift für Soziologie der Erziehung und Sozialisation, 17, 1, S. 162-177.

Althans, B. (2001): Die Stadt als performativer Raum. In: Wulf, C.; Althans, B.; Audehm, K.; Bausch, C.; Göhlich, M.; Sting, S.; Tervooren, A.; Wagner-Willi, M.; Zirfas, J.: Das Soziale als Ritual. Zur performativen Bildung von Gemeinschaften. Opladen, S. 19-36.

Amann, K.; Hirschauer, S. (1997): Die Befremdung der eigenen Kultur. Ein Programm. In: Hirschauer, S.; Amann, K. (Hrsg.): Die Befremdung der eigenen Kultur. Zur ethnografischen Herausforderung soziologischer Empirie. Frankfurt a. M, S. 7-52.

Audehm, K.; Zirfas, J. (2001): Familie als ritueller Lebensraum. In: Wulf, C.; Althans, B.; Audehm, K.; Bausch, C.; Göhlich, M.; Sting, S.; Tervooren, A.; Wagner-Willi, M.; Zirfas, J.: Das Soziale als Ritual. Zur performativen Bildung von Gemeinschaften. Opladen, S. 37-116.

Audehm, K. (2007): Erziehung bei Tisch. Zur sozialen Magie eines Familienrituals. Bielefeld.

Bausch C.; Sting, S. (2001): Rituelle Medieninszenierungen in Peergroups. In: Wulf, C.; Althans, B.; Audehm, K.; Bausch, C.; Göhlich, M.; Sting, S.; Tervooren, A.; Wagner-Willi, M.; Zirfas, J.: Das Soziale als Ritual. Zur performativen Bildung von Gemeinschaften. Opladen, S. 249-323.

Beck, G.; Scholz, G. (2000): Teilnehmende Beobachtung von Grundschulkindern. In: Heinzel, F. (Hrsg.): Methoden der Kindheitsforschung. Ein Überblick über Forschungszugänge zur kindlichen Perspektive. Weinheim u. München, S. 147-170.

Beck, G.; Scholz, G. (1995a): Beobachten im Schulalltag. Ein Studien- und Praxisbuch. Frankfurt a. M.

Beck, G.; Scholz, G. (1995b): Soziales Lernen. Kinder in der Grundschule. Reinbek.

Bollig, S.; Kelle, H. (2008a): Kinderkörper in der Praxis. Ein Forschungsprojekt zur Kulturanalyse von entwicklungsbezogenen kindermedizinischen Untersuchungen. In: L.O.G.O.S. interdisziplinär. Fachzeitschrift für Logopädie/Sprach-heilpädagogik und angrenzende Disziplinen, 16, 2, S. 108-113.

Bollig, S.; Kelle, H. (2008b): Hybride Praktiken. Methodologische Überlegungen zu einer erziehungswissenschaftlichen Ethnografie kindermedizinischer Vorsorgeuntersuchungen. In: Hünersdorf, B.; Maeder, C.; Müller, B. (Hrsg.): Ethnografie und Er-

---

8 Aktuelle ethnografische Arbeiten zur frühen Kindheit finden sich versammelt bei Schäfer/Staege (2010).

ziehungswissenschaft. Methodologische Reflexionen und empirische Annäherungen. Weinheim u. München, S. 121-130.

Bortz, J.; Döring, N. (2006): Forschungsmethoden und Evaluation. Für Human- und Sozialwissenschaftler. 4. üb. Aufl., Heidelberg.

Breidenstein, G.; Kelle, H. (1998): Geschlechteralltag in der Schulklasse. Ethnographische Studien zur Gleichaltrigenkultur. Weinheim u. München.

Corsaro, W. A.; Eder, D. (1990): Children's Peer Cultures. In: Annual Review of Sociology, 16, S. 197-220.

Emerson, R. M.; Fretz, R. I.; Shaw, L. L. (1995): Writing Ethnografic Fieldnotes. Chicago.

Fichte, H. (1964/1984): Das Waisenhaus. Frankfurt a.M.

Geertz, C. (1983): Dichte Beschreibung. Beiträge zum Verstehen kultureller Systeme. Frankfurt a.M.

Goffman, E. (1977): Rahmen-Analyse. Frankfurt a.M.

Goffman, E. (1964): The Neclected Situation. In: American Anthropologist, 66, 6, 2, S. 133-136.

Göhlich, M.; Wagner-Willi, M. (2001): Rituelle Übergänge im Schulalltag. Zwischen Peergroup und Unterrichtsgemeinschaft. In: Wulf, C.; Althans, B.; Audehm, K.; Bausch, C.; Göhlich, M.; Sting, S.; Tervooren, A.; Wagner-Willi, M.; Zirfas, J: Das soziale als Ritual. Zur perfomativen Bildung von Gemeinschaften. Opladen, S. 119-204.

Heinzel, F. (2003): Methoden der Kindheitsforschung. Probleme und Lösungsansätze. In: Prengel, A. (Hrsg.): Im Interesse von Kindern? Weinheim u. München, S. 123-135.

Hengst, H. (2008): Kindheit. In: Willems, H. (Hrsg.): Lehr(er)buch Soziologie. Für die pädagogischen und soziologischen Studiengänge. Bd. 2. Wiesbaden, S. 551-581.

Hengst, H; Kelle, H. (Hrsg.) (2003): Kinder-Körper-Identitäten. Theoretische und empirische Annäherungen an kulturelle Praxis und sozialen Wandel. Weinheim u. München.

Hirschauer, S. (2001): Ethnografisches Schreiben und die Schweigsamkeit des Sozialen. Zu einer Methodologie der Beschreibung. In: Zeitschrift für Soziologie, 30, 6, S. 429-451.

Huf, C. (2006): Didaktische Arrangements aus der Perspektive von SchulanfängerInnen. Eine ethnografische Feldstudie über Alltagspraktiken, Deutungsmuster und Handlungsperspektiven von SchülerInnen der Eingangsstufe der Bielefelder Laborschule. Bad Heilbrunn.

Kelle, H. (2001): Ethnografische Methodologie und Probleme der Triangulation. Am Beispiel der Peer Culture Forschung bei Kindern. In: Zeitschrift für Soziologie der Erziehung und Sozialisation, 21, 2, S. 192-208.

Kelle, H.; Breidenstein, G. (1996): Kinder als Akteure. Ethnografische Ansätze in der Kindheitsforschung. Zeitschrift für Sozialisationsforschung und Erziehungssoziologie, 16, 1, S. 47-67.

Kelle, H.; Tervooren, A. (Hrsg.) (2008): Ganz normale Kinder. Heterogenität und Standardisierung der kindlichen Entwicklung. Weinheim u. München S. 187-205

Krappmann, L.; Oswald, H. (1995): Alltag der Schulkinder. Beobachtungen und Analysen von Interaktionen und Sozialbeziehungen. Bd. 5 Kindheiten. Weinheim u. München.

Krüger, H.-H. (2006): Forschungsmethoden in der Kindheitsforschung. In: Diskurs Kindheits- und Jugendforschung, 1, 1, S. 91-115.

Lange, A.; Mierendorff, J. (2009): Methoden der Kindheitsforschung. Überlegungen zur kindheitssoziologischen Perspektive. In: Honig, M.-S. (Hrsg.): Ordnungen der Kindheit. Problemstellungen und Perspektiven der Kindheitsforschung. Weinheim u. München, S. 183-210.

Latour, B. (2005): Reassembling the social. An introduction to actor-network-theory. Oxford.

Lofland, J.; Lofland, L. H. (1994): Analyzing Social Settings. A Guide to Qualitative Observation and Analysis. 3. Aufl. Belmont.

Lofland, J.; Lofland, L. H. (1999): Data logging in observation: Fieldnotes. In: Bryman, A.; Burgess, R. G. (Hrsg.): Qualitative research. Vol. 3. London, S. 3-12.

Ryle, G. (1971): Collected Essays 1929-1968 (Collected Papers, Bd. 2). London u. New York.

Mead, G. H. (1973): Ich, Identität und Gesellschaft. Frankfurt a.M.

Mohn, B. E. (2010): Dichtes Zeigen beginnt beim Drehen. In: Thole, W.; Heinzel, F.; Cloos, P.; Köngeter, S. (Hrsg.): Auf unsicherem Terrain. Ethnografische Forschung im Kontext des Bildungs- und Sozialwesens. Wiesbaden, S. 153-169.

Muchow, M.; Muchow, H.-H. (1935/1998): Der Lebensraum des Großstadtkindes. Neuausgabe mit biografischem Kalender und Bibliografie. Herausgegeben und eingeleitet von Jürgen Zinnecker. Weinheim u. München.

Park, R. E. (1915): The City. Suggestions for the Investigation of Human Behavior in the City Environment. In: American Journal of Sociology, 20, S. 577-612.

Prout, A. (Hrsg.) (2000): The Body, Childhood and Society. Houndsmill u.a.

Prout, A.; James, A. (1990): A New Paradigm for the Sociology of Childhood? Provenance, promise and problems. In: James, A.; Prout, A. (Hrsg.): Construc-ting and Reconstructing Childhood. London.

Schäfer, G. E. (1997): Aus der Perspektive von Kindern? Von der Kindheitsforschung zur ethnografischen Kinderforschung. In: Neue Sammlung, 37, 3, S. 377-394.

Schäfer, G. E.; Staege, R. (2010): Frühkindliche Lernprozesse verstehen. Ethnografische und phänomenologische Beiträge zur Bildungsforschung. Weinheim u. München.

Scholz, G. (1996): Kinder lernen von Kindern. Baltmannsweiler.

Sunnen, P. (2005): Lernprozesse am Computer. Theoretische und empirische Annäherungen. Frankfurt a.M.

Tervooren, A. (2009): Bildung als kulturelle Praxis. Ethnografische Bildungsforschung. In: Göhlich, M.; Zirfas, J. (Hrsg.): Der Mensch als Maß der Erziehung. Festschrift für Christoph Wulf. Weinheim u. Basel, S. 77-90.

Tervooren, A. (2008): „Auswickeln", entwickeln, vergleichen. Kinder unter Beobachtung. In: Kelle, H.; Tervooren, A. (Hrsg.): Ganz normale Kinder. Heterogenität und Standardisierung der kindlichen Entwicklung. Weinheim u. München, S. 41-58.

Tervooren, A. (2006): Im Spielraum von Geschlecht und Begehren. Ethnografie der ausgehenden Kindheit. Weinheim u. München.

Tervooren, A. (2001): Pausenspiele als perfomative Kinderkultur. In: Wulf, C.; Althans, B.; Audehm, K.; Bausch, C.; Göhlich, M.; Sting, S.; Tervooren, A.; Wagner-Willi, M.; Zirfas, J: Das Soziale als Ritual. Zur performativen Bildung von Gemeinschaften. Opladen, S. 205-248.

Wiesemann, J. (2000): Lernen als Alltagspraxis. Lernformen von Kindern an einer Freien Schule. Bad Heilbrunn.

Wulf, C.; Althans, B.; Audehm, K.; Bausch, C.; Göhlich, M.; Sting, S.; Tervooren, A.; Wagner-Willi, M.; Zirfas, J: (2001): Das Soziale als Ritual. Zur performativen Bildung von Gemeinschaften. Opladen.

Youniss, J. (1994): Soziale Konstruktion und psychische Entwicklung. Frankfurt a.M.

Zinnecker, J. (2001): Stadtkids. Kinderleben zwischen Straße und Schule. Weinheim u. München.

Zinnecker, J. (1996): Soziologie der Kindheit oder Sozialisation des Kindes? Überlegungen zu einem aktuellen Paradigmenstreit. In: Honig, M.-S.; Leu, H. R.; Nissen, U. (Hrsg.): Kinder und Kindheit. Weinheim u. München, S. 31-54.

Zinnecker, J. (1995): Pädagogische Ethnografie. Ein Plädoyer. In: Behnken, I.; Jaumann, O. (Hrsg.): Kindheit und Schule. Kinderleben im Blick von Grundschulpädagogik und Kindheitsforschung. Weinheim u. München, S. 21-38.

Dirk Hülst

Grounded Theory Methodology

Grounded Theory Methodology und Kindheitsforschung

Die lebhaften gesellschaftlichen Veränderungen der letzten Jahrzehnte und damit einhergehende soziokulturelle Veränderungen haben sich auf Kindheit und Jugend ebenso ausgewirkt wie auf die Institution Familie und die gesamte Bildungs- und Erziehungsorganisation. Sie wandeln beständig den Sinn und die Relevanz von Normen, Regeln und Ritualen und sind verantwortlich für eine in ihren Aspekten verschiedenartige und wenig zeitstabile Kindheit (als soziologische Kategorie). In der pluralisierten und individualisierten Sozialwelt der Gegenwart gewinnen Kinder zunehmend erweiterte Gelegenheiten, ihre gesellschaftliche Situation durch Umgestaltung oder Kompensation aktiver als frühere Kindergenerationen (mit) zu konstruieren. Sie gehen als Subjekte immer auch auf irgendeine Weise eigensinnig, kreativ mit den an sie gerichteten Zuschreibungen und sozial hergestellten Bedeutungen um und vermögen dabei unterschiedliche und auch innovative ‚Realitätsakzente' (Schütz/Luckmann 1984) zu setzen. Ein der Komplexität dieses Gegenstandsbereichs[1] gewachsener Ansatz findet sich im Forschungsstil der Grounded Theory Methodology (GTM).

Diese Form der *Forschungsorganisation* vermeidet starre und rigide Vorgaben und eröffnet daher für Untersuchungen in erst vorläufig abgestecktem oder durch Wandlungsprozesse unsicher gewordenem Terrain, wie es für Kindheitsforschung und insbesondere die Forschung *mit* Kindern charakteristisch ist, willkommene Freiheiten. Ihre gegenstandsorientierte Anwendung vermag Einblicke in innere Zusammenhänge des Untersuchungsbereichs zu geben und Wege zur Gewinnung von fruchtbaren Hypothesen wie zur Konstruktion von Bausteinen für eine zunehmend Kontur gewinnende Theorie zu eröffnen und damit der Besonderheit ihres Gegenstandes gerecht zu werden.

Die als Bestandteil der GTM angelegte Verpflichtung zu konsequenter Sondierung und ggf. Erweiterung des zugänglichen Datenmaterials und

---

1 Es ist m.E. nicht besonders sinnvoll, von *der* Kindheitsforschung zu sprechen, weil die Abstraktion Homogenität suggeriert, wo doch verschiedene Gegenstandsbestimmungen und theoretische Koordinatensysteme in z.T. unvereinbaren Kontrapositionen zu finden sind. Daher wird im folgenden Text der bestimmte Artikel (‚die') vermieden.

dessen komparativer Analyse macht sie Forschungsstrategien, die sich vor allem auf die Überprüfung gegebener Theorien oder Theoreme richten, überlegen. Da sie auch die Aktivierung vorhandenen Wissens nicht ausschließt, bleibt eine Bezugnahme auf theoretisches und vortheoretisches Wissen jederzeit möglich und kann als sensibilisierende Kraft bei der Analyse der Daten, aber auch zur Dekomposition vorhandener Theorien und Theoriebausteine eingesetzt werden (vgl. unten: ‚theoretische Sensibilität‘).

Im Zentrum der GTM steht die Untersuchung von vorliegendem und während seiner Anwendung nach bestimmten Richtlinien erfasstem (Daten-) Material. Sie schreibt eine besondere Form des ‚Kodierens‘ (s. u.) vor, das als spezielles Analyseverfahren angesehen werden kann, sollte jedoch nicht als ‚Methode der qualitativen Sozialforschung‘ bezeichnet werden. Ihr Forschungsstil stellt sie in Kontrast vor allem zu deduktiven Strategien der Hypothesenprüfung.

Entstehungsgeschichte und Intention des Verfahrens

Im vorliegenden Beitrag, der nur einen ersten Überblick bieten kann[2], wird unterschieden zwischen der im Verfahren entwickelten Theorie (GT), und dem eigentlichen Forschungsverfahren – der Grounded Theory Methodology (GTM). Zentrale Begriffe der GTM (z. B. Daten, Kodieren, Konzept, Sampling) erscheinen in ihrer Bedeutung gegenüber der eingebürgerten Methodenlehre mit stark veränderter Akzentuierung. Die forschungspraktischen Leitlinien und Techniken der GTM sind hilfreich und nützlich, um Information methodisch zu gewinnen, zu ordnen und zu analysieren. Ihre Flexibilität lädt dazu ein, Veränderungen im Vorgehen je nach Forschungszweck und Umständen des Vorhabens sowie den Erfordernissen des fachwissenschaftlichen Schwerpunktbereichs, in dem die GTM Anwendung findet, kontrolliert zu organisieren. Sie lässt sich problemlos mit qualitativen und quantitativen Verfahren (‚Triangulation‘) kombinieren.

Eine erste Darstellung des Verfahrens (Glaser/Strauss 1967) hatte vor allem drei Zielsetzungen umrissen: es sollte (1) qualitative Forschung zur Aufbesserung ihres damals noch geringen wissenschaftlichen Ansehens methodologisch fundiert und (2) ein Weg aufgezeigt werden, Theorien möglichst systematisch aus ‚Daten‘ zu entwickeln. Darüber hinaus sollte (3) die Verankerung der Forschung im Feld gefördert werden.

Erstrebt wird die Konstruktion zunächst eher kleinteilig geschnittener Theorien, die in engem Kontakt zur Datenbasis den zu erforschenden sozialen Sachverhalt unter Bezug auf seine Umgebungsbedingungen und die mit ihm verknüpften Konsequenzen begreiflich machen. Das macht das Verfah-

---

2 Ausführlicher u. a. in: Strauss/Corbin 1996 u. 1997; Strübing 2004; Truschkat u. a. 2005; Hülst 2009.

ren heute für einen Forschungsbereich ‚Kindheitsforschung' attraktiv, wenn bzw. da eine ‚große' umfassende Theorie noch nicht in Sicht oder nicht unbedingt erstrebenswert ist. Beispiele wären hier: Studien zur Erfassung der ‚Perspektive' von Kindern unterschiedlicher Altersgruppen und Sozialschichten – nicht in der Umkehrung des Blicks von Erwachsenen[3], sondern in sorgfältigen Untersuchungen kindlicher Welterschließung und eigensinniger ‚frames'[4].

Eine genaue Untersuchung ausgewählter, die Aufmerksamkeit erregender Besonderheiten soll zur Entdeckung und Entwicklung von Theorien führen, die möglichst eng (‚grounded') auf das soziale Feld, an dessen Untersuchung sie generiert wurden, bezogen bleiben. Da erst im Fortgang des Verfahrens erfasst und pointiert wird, was in dem Untersuchungsbereich relevant ist (vgl. Strauss/Corbin 1996, S. 8), werden die Konturen von gegen-standsfundierten Theorien und ihre Plausibilität erst allmählich sichtbar und sukzessive begründet[5].

Das Konzept der GTM hat seit der oben bezeichneten Schrift (Glaser/Strauss 1967) Veränderungen in verschiedene Richtungen durchlaufen. Die seinerzeit angestoßenen Diskussionsprozesse haben dazu beigetragen, die Vorzüge qualitativer Forschung im Allgemeinen und der GTM im Besonderen zu verdeutlichen. In einer beachtlichen Zahl nachfolgender Schriften wurden die Konturen der GTM präzisiert, wodurch sich neben technischen Verfeinerungen auch eine erkenntnistheoretisch und methodologisch bedeutsame Kontroverse entwickelte. Diese soll hier nicht dargestellt werden[6]. Die im Folgenden beschriebene Variante folgt der aktuellsten Fassung der GTM von Strauss und Corbin (1996).

Die Grounded Theory Methodology

Ausgegangen wird von einem vorläufig umrissenen Forschungsziel, einer undogmatisch-offenen Fragestellung[7], die unterschiedlich stark konturiert

---

3 Vgl. z. B. die Kritik von Schäfer 1997; Baacke 1997.
4 Vgl. meine Hinweise zu ‚frames' in meinem Artikel „Das wissenschaftliche Verstehen von Kindern" in diesem Band.
5 Selbstverständlich können auf diese Weise erarbeitete Theorien, wenn sie konkrete Wirkungszusammenhänge hinter den untersuchten Daten zu Tage fördern, auch Bedeutung für weitere wissenschaftliche Aktivität (Konfrontation mit anderen Theorien der jeweiligen Disziplin, weitere Forschungsarbeit) gewinnen und praktische Anwendungen (Erklärungen, Vorhersagen/Planung und Interpretationen/Deutung) anleiten.
6 S. auch Kelle 2007a.
7 Ein erstes *Vertraut-machen* mit der Fragestellung wird vor allem durch die intensive Auseinandersetzung mit zwei Fragen erreicht: 1. was soll über den Untersuchungsgegenstand herausgefunden werden? 2. sind Themen oder Kategorien durch die Fragestellung, einen bereits entwickelten Leitfaden o. ä. vorgegeben? Falls ja, – wie stark ist ihr Einfluss auf das Vorgehen gewollt oder ungewollt?

(vgl. Strauss/Corbin 1996, S. 21 ff.) sein kann und den Rahmen für erste Feldkontakte unter Anwendung ausgewählter Erhebungstechniken[8] absteckt. Auch die Verwendung von bereits vorhandenen Dokumenten, wie z.B. Tagebüchern, Briefen, Dossiers, Texten aller Art ist üblich. Es ist relativ beliebig, an welchen Phänomenen des Forschungsbereichs der Analyseprozess ansetzt. Allerdings sollten Forscherinnen und Forscher zunächst ggf. vorhandenes theoretisches Vorwissen über ihr Forschungsgebiet ausklammern, damit sie möglichst unbeeinflusst viele neue Aspekte des Problemfelds finden und kombinatorisch durchspielen können.

Das Verfahren der GTM besteht – grob skizziert – in einer ggf. mehrfach zu durchlaufenden analytischen Triade:

- die Analyse von bereits vorliegendem Datenmaterial und der Prozess des *Kodierens,*
- die Erhebung neuer Daten, *theoretisches Sampling,* durch jeweilige Resultate angestoßen,
- die systematische Entwicklung von Theoriebausteinen wie Konzepten, Kategorien und daraus konstruierten Theorien sowie der Reflexionsprozess des Verfahrens.

Auf jeden der genannten Punkte wird im Folgenden näher eingegangen.

(1) Kodieren bezeichnet im Rahmen der GTM die Analyse von Daten. Es werden nicht, wie es in inhaltsanalytischen Verfahren traditionell üblich ist, zumeist *vor der Analyse* entwickelte (aus vorhandenen Theorien oder Hypothesen abgeleitete) Kategorien ausgesuchten Textstellen zugeordnet, diese also ‚vercodet' oder ‚codiert'. GTM – ‚Kodes' werden grundsätzlich erst im Verlauf des Analyseprozesses gebildet, im Fortgang der Auswertung nach und nach erweitert und verfeinert. Es werden drei Arten des Kodierens unterschieden: das offene, das axiale und das selektive Kodieren.

Durch das *offene Kodieren* – eine erste intensive Auseinandersetzung mit den Daten – werden die Inhalte ‚aufgebrochen' mit dem Ziel, eine begriffliche Einteilung der Facetten des untersuchten Materials in Form von Konzepten und Kategorien zu entwickeln. Im darauffolgenden Analyseschritt des *axialen Kodierens* werden dann die logischen und inhaltlichen Beziehungen zwischen den Kategorien (ihre ‚Achsen')[9] genauer untersucht und – falls möglich – eine hierarchische Anordnung der Kategorien vorgenommen.

---

8 Die wichtigsten Erhebungstechniken qualitativer Daten bilden nicht-standardisierte oder teilstandardisierte Befragungen, Beobachtungen und non-reaktive Verfahren, s. neben den einschlägigen Beiträgen zu diesem Band etwa Flick u.a. 2000; Bortz/Döring 1995.

9 Diese Form des Kodierens dreht sich „um die ‚Achse' einer Kategorie" (Strauss 1994, S. 63).

Hier sollen, über die Betrachtung des in Interviews oder der Beobachtung aufgezeichneten Materials hinausgehend, vordringlich die *Eigenschaften des Untersuchungsgegenstands* (dies meint ‚grounded' = *gegenstandsbezogen*) und nicht seine sprachlichen oder handlungspraktischen Indikatoren herausgearbeitet werden. In manchen methodologisch orientierten Schriften zur Kindheitsforschung wird diese Chance, über eine Analyse des Sinns erfasster Texte (Interviews, Tagebücher, Aufzeichnungen anderer Art) hinauszugehen, nicht gesehen und die GTM als Technik der Kodierung von Inhalten beschrieben (z.B. Krüger 2006, S. 101). Auch eine erhebliche Zahl von Studien beschränkt sich auf das Kodierverfahren, einen Teilschritt der GTM, ohne seine tiefergehenden Möglichkeiten auszuschöpfen (z.B. Witt 2006; Straub 2006; Wagener/Kruse 2009; de Boer 2009).

Zur Erleichterung der Analyse wurde später (Strauss 1994; Strauss/ Corbin 1996) ein soziologischer Orientierungsrahmen in Form eines – insbesondere für theoretisch noch eher unerfahrene Forscher/-innen geeigneten – ‚Kodierparadigmas' entwickelt, das den Blick unmittelbar auf die Sinn- und Situationsstrukturen der betrachteten sozialen Welt lenkt. Es ermöglicht Kategorien, genauer: das *materiale Phänomen,* für das eine Kategorie steht, leichter zu erkennen, zu ordnen und vergleichend zu durchdringen. Folgende Rubriken sollen theorierelevante Fragen an die Daten anregen[10].

- die genaue Bestimmung des *Gegenstands*
- die konstitutiven *Ursachen* des Phänomens in den *Interaktionen* der Akteur/-innen
- die *Kontextbedingungen des Handelns* bzw. intervenierende Einflüsse
- Handlungsstrategien und Taktiken der Akteur/-innen
- *Veränderungen* der ursächlichen, kontextuellen *Bedingungen* und anschließender *Handlungen*[11].

Die ins Kodierparadigma eingebettete handlungstheoretische Ausrichtung zielt vorrangig auf Handlungsbedingungen und -abläufe in Interaktionen und Institutionen. Je nach theoretischer Ausrichtung, Belesenheit und Vorlieben der Forscher/-innen lassen sich auch abgewandelte Paradigmata verwenden (vgl. Kelle 2007b, S. 47ff.; Tiefel 2005). Im Bereich qualitativer Kindheitsforschung wären Kodierparadigmata naheliegend und bedeutsam, die stärker auf die Rekonstruktion subjektiver Sinnzusammenhänge, Orientierungen und ihre Entstehung ausgerichtet sind.

Treibende Kraft des axialen Kodierens ist eine Art Gestaltbildungsdruck, eine innere Dynamik der Erkenntnis des *Falls*, die dazu anleitet, die zerlegten Details wieder zusammenzufügen. In diesem Schritt werden auch

---

10 Glaser hat sich von diesem Versuch der „Kodifizierung der Kodierung" heftig distanziert (Glaser 1992).
11 Die Stärke qualitativer Forschung liegt generell darin, ein komplexes Handlungsfeld auf Veränderungen durch die Akteure/-innen hin untersuchen zu können.

bisher verwendete (ältere) Konzepte und Annahmen über Beziehungen zwischen den Kategorien überprüft, ggf. *dekomponiert* und neue (auch gegensätzlich-kontrastierende) Zusammenhänge vorgestellt, bis ein zunehmend konturiertes und durch die Deutungsarbeit kontrolliertes Gedankenbild des Falls entsteht. Daraufhin können dann ggf. die gewonnenen theoretischen Verknüpfungen als Hypothesen in weiteren Untersuchungsschritten überprüft werden.

In Formen der herkömmlichen qualitativen Inhaltsanalyse werden in ‚qualitativen' Designs gewonnene Daten durch Zuordnung von Codes typifiziert, klassifiziert und ausgezählt. Die Zuordnung zu Typen oder Klassen, die auf spätere Gewichtung durch das Auszählen von Häufigkeiten zielen, lassen jedoch, auch wenn sie während des Kodierverfahrens erst ‚gefunden' werden, die Besonderheit des einzelnen Falles und seine Strukturierungsbedingungen in der Allgemeinheit aufgesetzter Begrifflichkeiten (den Namen für die codierten Einzelheiten) verschwinden. Die Zusammenfassung von Einzelfällen sollte demgegenüber nicht als logische Subsumtion unter Kategorien vorgenommen werden, sondern im Nachweis gemeinsamer in der Realität wirksamer Faktoren, die ihre Ähnlichkeit hervorbringen. Hierin liegt einer der Schwerpunkte der GTM.

Durch offenes und axiales Kodieren entstehen in einer zyklischen Bewegung im Gegenstand verankerte, zugleich aber auch abstrahierende Konzepte und Kategorien, die analytisch aufeinander bezogen werden, bis Kernkategorien entworfen werden können, die den Erkenntnis eröffnenden Schlüssel zum Verständnis des interessierenden Phänomens und damit seiner Erklärung enthalten. So wird eine Begrenzung auf die Inhalte gewährleistet, die zur Bildung verallgemeinernder Theorie überleiten, z.B. ein Verhaltensmuster in seiner Vielfalt und seinen Variationen zu erklären vermögen (exemplarisch: Gläser 2002; Badawia 2002; Chassé u.a. 2003; Wihstutz 2006; Albrecht u.a. 2007; Flügel 2008).

Die semantischen Eigenschaften einer Schlüsselkategorie, der eine möglichst treffende Bezeichnung zu geben ist (wenn möglich ein in-vivo Kode[12]), sollten plausibel sein und ihre Beziehungen zu anderen Kategorien sollten detailliert aufgefächert werden. Schlüsselkategorien integrieren mehrere Kategorien unter folgenden Gesichtspunkten:

- Zentralität: Bezug zu möglichst vielen forschungsbezogenen Themen,
- Repräsentanz: zahlreiche Indikatoren im Material,
- Vernetztheit: Bezüge zu anderen Schlüsselkategorien,
- Produktivität: Hervorbringung neuer/weiterer theoretischer Annahmen, Hypothesen und Verbindungen,
- Allgemeinheit: Erfassung der maximalen Breite einer Thematik einschließlich möglicher Variationen.

---

12 Die Zitat-ähnliche Übernahme von Textstellen aus dem Material.

Die einzelnen Schritte der Analyse verlaufen nicht nach einem zwingenden logischen Schema, sie bewegen sich kreisförmig, sprunghaft, bisweilen rekursiv und immer beweglich, dem jeweiligen Stand des Erkenntnisprozesses und der offenen Fragen entsprechend. Es wird einer inneren Abfolge von Induktion, Deduktion und Verifikation gefolgt, die sich wechselseitig herausfordern, befruchten und hervorbringen (Strauss 1991, S. 37). *Induktion* umfasst die Vielfalt der aus dem Material hervorgehenden Aspekte, die zu einer Vermutung, These oder Idee für weitere Fragen oder Annahmen führen, die später ggf. in Erklärungen[13] integriert werden. Die *deduktiven Schritte* des Verfahrens beinhalten die Prüfung der entwickelten Erkenntnis indem – ausgehend von Hypothesen – Kategorien und Inhalte des vorliegenden Materials miteinander in Beziehung gesetzt werden.

(2) **Theoretical Sampling:** Während *Sampling* (Fallauswahl) im übrigen Methodenbereich bedeutet, Stichproben nach vorheriger theoretischer Überlegung zu Untersuchungsbereich (Grundgesamtheit) und Fragestellung, im Idealfall nach einem wahrscheinlichkeitstheoretischen Modell als sog. ‚kontrollierte Zufallsauswahl' unter dem Gesichtspunkt ihrer Repräsentativität zu ziehen, so wird in der GTM ein vollkommen anderer Weg eingeschlagen. Hier bezeichnet *sampling* eine Art Konzentrationsprinzip: die bewusste *Auswahl charakteristischer Fälle* oder Elemente, die während der Analyseaktivität in dem aktuellen Projekt eine besondere theoretische Bedeutung erhalten haben. Forscher/-innen gewinnen, während sie sich durch die verschiedenen Formen des Kodierens mit dem Material vertraut machen, zunehmend mehr Anhaltspunkte für noch offen bleibende Fragen und neue analytische Gesichtspunkte, für die weitere Forschungsschritte in einem zweiten (wenn notwendig, in weiteren) Erhebungsverfahren erforderlich werden (z.B. Kontrastierung der interessierenden Phänomene mit neuen Perspektiven). Dann lässt sich – nach sorgfältiger Abwägung der theoretischen Absichten – festlegen, über welche Gruppen oder Untergruppen von Populationen, welche Ereignisse oder Handlungen (etc.) weitere Information beschafft werden muss.

Die Datenbasis wird also nicht nur einmal (zu Beginn des Projekts), sondern während des gesamten Forschungsprozesses nach und nach aufgebaut (vgl. Strauss/Corbin 1996, S. 148 ff.). Die zunehmend theoriegeleitete, weil vom jeweiligen Stand der Theoriebildung abhängige Erschließung weiterer Datenquellen (z.B. durch Einsatz von Instrumenten der empirischen Sozialforschung) erfolgt, um Information über die interessierenden

---

13 Die geistige Fähigkeit, aus einer Sammlung vorliegender Information Zusammenhänge – bisweilen blitzartig – zu erschließen, wird als *Abduktion* bezeichnet, eine Art ‚Schluss' oder Vermutung, die bis dato unverbindliche Assoziationen in eine „erklärende" Gestalt integriert. Als Hypothese muss sich jedoch ihre Geltung und Haltbarkeit an weiterem Material bewähren (vgl. dazu Reichertz 2003, 2007; Kelle 1994).

Phänomene aus unterschiedlichen Perspektiven zu sammeln. In diesem zirkulären Prozess (von der Datenerhebung über Kodieren und Analyse zu erneuter Datenerhebung, Kodieren und Analyse usw.), wird allmählich eine Sättigung des Interesses und Schlüssigkeit der entwickelten Theorie-Bausteine (Konzepte, Kategorien etc.) erreicht, wenn bzw. weil alle bedeutsamen Aspekte einer Fragestellung nach und nach erfasst werden konnten. Auf diese Weise gelang es beispielsweise Anne Wihstutz in einer beispielhaften GTM-Studie (Interviews und Gruppendiskussionen mit 40 Mädchen und Jungen im Alter von 9 bis 15 Jahren aus Ost- und Westberliner Bezirken), vier Dimensionen der Bedeutung von Arbeit aus der Sicht von Kindern (Wihstutz 2006) zu rekonstruieren. Eva Gläser gelang es, mit ihrer GTM-Studie (Gläser 2002) Annahmen einer linearen Entwicklung des Gesellschaftsverständnisses von Kindern (11 Leitfadeninterviews mit 9-12 jährigen Mädchen und Jungen) und die Geltung eines altersbezogenen Stufenmodells infrage zu stellen. Ihre Ergebnisse belegen die enge Beziehung zwischen den (rekonstruierten) Alltagstheorien der interviewten Grundschulkinder und ihrer konkreten Lebenswirklichkeit.

(3) Zum Begriff ‚Theorie' in der GTM: Das Verfahren der GTM wird i.d.R. nicht eingesetzt, um nur einen einzigen Fall zu untersuchen. Mit seiner Hilfe soll über den Einzelfall hinausweisende Erkenntnis erzeugt werden, wie z.B. theoretisch formulierte Beziehungen zwischen Phänomenen/Aspekten des Falls, ein plausibles Beziehungsgeflecht der am Fall gewonnenen Zusammenhänge und Faktoren und schließlich vielleicht sogar ein fallorientierter und zugleich fallübergreifender „theoretischer Rahmen" (Strauss/ Corbin 1996, S. 32) erarbeitet werden. Daher erscheint es zwingend, soll die Theoriebildung nicht an der Oberfläche des Offenkundigen stagnieren, mittels fachspezifischer (soziologischer, erziehungswissenschaftlicher, psychologischer usw.) theoretischer Konzepte, Tiefendimensionen des Untersuchungsbereichs zu eröffnen und die Entdeckungen des aktuellen Untersuchungsverfahrens in sie zu integrieren. So konnten in der Untersuchung von Albrecht u.a. (2007) (vorwiegend informelle) Gruppen von Jugendlichen (13 West/21 Ost) hinsichtlich ihrer Konflikte und Konfliktbearbeitungsmuster unter Berücksichtigung so unterschiedlicher Dimensionen wie sozialräumliche Bedingungen, jugendspezifische Aneignungsmöglichkeiten des Raums, Gender, Einfluss lokaler Politik und Einfluss öffentlicher Programme analysiert werden.

Den nach der GTM nach Strauss vorgehenden Forscher/-innen sollte bewusst sein, dass ganz grundsätzlich in ihre deutende Verarbeitung des Daten-Materials eine gehörige Portion von Vorwissen (in der Form von Alltagswissen, Kontextwissen, Erfahrung, Theorie des jeweiligen Fachs und des besonderen Gegenstands sowie wissenschaftliche Forschungsstände) eingeht, daher sollten diese Theoriebausteine so weit wie möglich offen gelegt und damit in kontrollierter Form zur Anwendung gebracht werden.

Theoriebildung bezeichnet einerseits die im Kodierprozess erfolgende Entwicklung von Kategorien und ggf. einer kategorialen Struktur (Konzepte/Kategorien/Kernkategorien) am Material und andererseits den expliziten Aufweis der zwischen den entwickelten Kategorien bestehenden inhaltlichen Verknüpfungen.

Mehrere Eigenschaften der forschenden Personen begünstigen das Theoretisieren (Strauss 1994, S. 348ff.): ein möglichst umfangreiches Kontextwissen; die verstehende Sensibilität für den Sinn, den die untersuchten Akteure mit ihrem Verhalten verknüpfen; die Fähigkeit, die als Daten geltenden Beobachtungen aus verschiedenen theoretischen Perspektiven zu betrachten; die Beherrschung der GTM und Geduld bei ihrer Anwendung sowie eine gut entwickelte analytische Kompetenz.

Computereinsatz

Wenn im Forschungsprozess viel Material angesammelt wird (Interviewtransskripte, Beobachtungsprotokolle, Codenotizen, Memos ...), wird der Einsatz von Computerprogrammen (z.B. atlas.ti[14] oder MaxQDA[15]) hilfreich sein, um den Überblick zu behalten und Zugriffe auf die Daten und die entwickelten Kodes möglichst treffsicher und schnell zu erreichen. Geeignete Programme ermöglichen durch die in der Software angelegten Kodier-, Memorier- und Zitiermöglichkeiten der in schriftlicher Form[16] vorliegenden Daten eine Vernetzung der verschiedenen Informationen und unterstützen damit die Entwicklung theoretischer Modelle, übernehmen jedoch nicht die geistige Arbeit der Analyse der Daten (Kelle 2005; Lewins/Silver 2007; Kuckartz 2007; Muhr 1994). Es empfiehlt sich für kleinere Forschungsarbeiten den Einsatz von derartigen Programmen sorgfältig abzuwägen, da sich der nicht geringe Aufwand, ihre Technik zu crlernen, nicht grundsätzlich lohnt.

Vor- und Nachteile der GTM für Kindheitsforschung

In Studien zur Kindheitsforschung werden die vielversprechenden Möglichkeiten der GTM bisher erst in geringem Umfang[17] und wenn, dann häu-

---

14 http://www.atlasti.com/de/.

15 S. Kuckartz 2007 und Kuckartz u.a. 2007.

16 atlas.ti bietet auch die Möglichkeit Bilder, Bildelemente und Audiodateien zu bearbeiten (vgl. Gerhold/Bornemann 2004; Muhr 1994).

17 Vgl. auch Bamler u.a. (2010, S. 136) die darauf verweisen, dass nach ihren Recherchen im Bereich der Kindheitsforschung bisher kaum mit GTM gearbeitet wird und die der GTM bescheinigen, sehr gut geeignet zu sein, „Datenmaterial von Mädchen

fig nur unzureichend genutzt. Sei es, dass (1) – zumeist in ethnografisch konzipierter Forschung[18] – die für sie typische Kodierstrategie aus dem methodischen Gesamtzusammenhang herausgelöst wird, was zur Folge hat, dass ihre Besonderheit (z.b. Rekursivität, theoretical sampling, Wirklichkeitsbezug) gegenüber den aus der qualitativen Inhaltsanalyse bekannten Kodiertechniken eingeebnet wird (z.B. Breidenstein/Kelle 1998[19], Witt 2006; Weise 2008[20]). Sei es, dass (2) – da die konventionelle Methodologie wiederholtes Sammeln von Daten/Stichproben während eines ‚Forschungsschritts' aus Gründen der Objektivität verbietet – mit Verweis auf die GTM mehrfache Samplingschritte gerechtfertigt werden, deren Notwendigkeit sich jedoch selten bis nie folgerichtig aus (Zwischen-)Ergebnissen der vorhergehenden Datenanalyse, sondern zumeist aus günstig erscheinenden Gelegenheiten ergibt. Sei es, dass (3) Möglichkeiten der Theoriebildung nur ansatzweise ausgeschöpft werden oder dass (4) naheliegende Möglichkeiten der Kombination mehrerer Erhebungsverfahren (Triangulation) ergriffen und fälschlich als GTM bezeichnet werden.

GTM ist geeignet zur Erschließung von Gegenstandsbereichen, über die erst gering entfaltetes Wissen vorliegt oder die durch starke Veränderungen (Wandel, neue Faktoren, Unbekannte) geprägt sind. Sie eröffnet Kindheitsforschung einen flexiblen Weg, wann immer erforderlich, Daten aus den unterschiedlichsten Quellen zu schöpfen (theoretical sampling) und durch eigene Kodierprozesse vermittelt Theorien zu entwerfen, die offen und beweglich genug auch auf zunächst unklar deutbare Daten reagieren. Sie ermöglicht aber auch, Verbesserungen oder Differenzierungen vorhandener Theorien auszuarbeiten (vgl. Helsper u.a. 2001, S. 256).

Die implizit enthaltene Aufforderung zur Einklammerung und ggf. Dekonstruktion[21] vorhandener Vorstellungen und Begrifflichkeiten und die be-

---

und Jungen einer tiefgründigen Analyse zu unterziehen und dabei vielfältige, auch subtil wirkende Einflüsse zu berücksichtigen".

18 Viele als ‚ethnografisch' deklarierte Studien residieren der intendierten Offenheit und absichtsvoll geringen theoretischen Vorstrukturierung wegen in großer Nähe zur GTM.

19 Krüger, der in seinem Aufsatz „Forschungsmethoden in der Kindheitsforschung" (2006, S. 101) die GTM explizit (und irreführend) als *Auswertungsverfahren* der qualitativen Inhaltsanalyse einordnet, charakterisiert die Arbeitsweise dieser prominenten Studie so: „arbeiteten nach der grounded theory, um den Alltag von Mädchen und Jungen in Grundschulklassen zu erheben. Dabei analysierten sie Beobachtungsprotokolle und transkribierten ethnografische Interviews und verdichteten das Datenmaterial Schritt für Schritt zu Kategorien".

20 Weise (2008) spricht unverständlicherweise der sog. Heuristischen Sozialforschung den Status einer „Weiterentwicklung der Grounded Theory" zu, da sie ihr Codierverfahren als Basis nehme, zugleich aber „darüber hinaus" nach Gemeinsamkeiten in den Daten suche (Weise 2008, S. 7).

21 Hinweise zur Technik der Dekonstruktion finden sich z.B. in Jaeggi u.a. 1998; eine Beispielstudie Moser 2010.

tonte Vorläufigkeit der erarbeiteten Kategorien und theoretischen Skizzierungen lassen die GTM vor allem zur Bearbeitung von Fragestellungen geeignet erscheinen, die sich auf die Rekonstruktion der Perspektive von Kindern richten. So können auch komplexe mehrdimensionale Gegenstandsbereiche in mehreren Schritten ausgelotet werden.

Die komparativen Züge des Verfahrens führen bei direkter Realitätsanbindung des Datenmaterials und sorgfältiger Analyse zu wirklichkeitsgerechter Theorie und gestatten, ggf. auch Unzulänglichkeiten der Daten zu erkennen und zu korrigieren (vgl. Glaser/Strauss 1998, S. 228).

Der Kodierprozess sollte in einer Gruppe durchgeführt und ausführlich diskutiert werden und es sollte ausreichend Gelegenheit zur Nachbereitung gegeben sein, in der die theoretischen Entdeckungen mit anderen Theorien und Forschungsergebnissen verglichen werden, in andere Kontexte gestellt werden um ihre Verallgemeinerbarkeit zu überprüfen oder mit weiteren (quantitativ oder hypothetisch-deduktiven) Verfahren (Methodenkanon der Sozialforschung) überprüft werden.

Weniger geeignet dürfte die GTM für kleine Projekte mit kurzen Laufzeiten sein, da theoretisches sampling die Wiederholung mehrerer Verfahrensschritte verlangt und eine oft langwierige Suchbewegung für geeignetes Material erfordert.

Die Entwicklung allgemeiner Theorien gesamtgesellschaftlich-struktureller Ordnung oder strukturellen Wandels (z.B. die Rekonstruktion von Kindheiten im historischen Raum) wird im Rahmen der GTM nur schwer möglich sein. Ihr bevorzugter Anwendungsbereich ist die Untersuchung von Mikroprozessen[22] (orientierende frames[23], Interaktionen, Interdependenzen und individuelle Handlungsmodelle), mit dem Ziel der Entwicklung von Theorien mittlerer Reichweite (auch der Novellierung bestehender Theorien), die eine Verbindung zwischen gesellschaftlichen Mikro- und Makrobereichen (Kindheit und Gesellschaft) herzustellen vermögen.

Wenn auch der Forschungsprozess niemals ohne vorhandenes theoretisches und empirisches Wissen, Reflexivität, Routine und Kriterien zur Auswahl des Themenbereichs und Forschungsfelds begonnen werden kann, so bewirkt der erklärte Verzicht auf die vorgängige Formulierung von zu prüfenden Hypothesen – ein grundlegendes Charakteristikum aller interpretativen Sozialforschung – eine produktive Befremdung (Hirschauer) von Forschenden und die Chance, sich möglichst unvoreingenommen auf die Eigenart des untersuchten Feldes einzulassen.

---

22 Davon ausgehend, dass sich Gesellschaft in beständigem Fluss befindet, dass die Ziele und Pläne, Wert- und Normorientierungen, Handlungen und Unterlassungen der Menschen und ihre – auf einer oberhalb der einzelnen Handlungen liegenden Ebene entstehenden – strukturbildenden Verflechtungen (Figurationen im Sinne von Norbert Elias 1992) Gegenstand der Untersuchung sein sollten.

23 Siehe meinen Beitrag „Das wissenschaftliche Verstehen von Kindern" in diesem Band.

Literatur

Albrecht, P.-G.; Eckert, R.; Roth, R.; Thielen-Reffgen, C.; Wetzstein, T. (2007): Wir und die anderen: Gruppenauseinandersetzungen Jugendlicher in Ost und West. Wiesbaden.

Baacke, D. (1997): Kinder und ästhetische Erfahrung in alten und neuen Medien. Chancen für Qualifikationen und Qualitäten. In: tv diskurs, 1, 1, S. 60-73. Online: http://www.fsf.de/php_lit_down/pdf/baacke_tvd01.pdf.

Badawia, T. (2002): Der dritte Stuhl. Eine Grounded Theory-Studie zum kreativen Umgang bildungserfolgreicher Immigrantenjugendlicher mit kultureller Differenz. Frankfurt a. M. u. London.

Bamler, V.; Werner, J.; Wustmann, C. (2010): Lehrbuch Kindheitsforschung. Grundlagen, Zugänge und Methoden. Weinheim u. München.

Boer, H. de (2009): Von der Konstruktion des „normalen" Schülers zur Rekonstruktion der kindlichen Perspektive. In: Boer, H. de; Deckert-Peaceman, H. (2009): Kinder in der Schule. Zwischen Gleichaltrigenkultur und schulischer Ordnung. Wiesbaden.

Bortz, J.; Döring, N. (1995): Forschungsmethoden und Evaluation in den Sozialwissenschaften. Berlin.

Breidenstein, G.; Kelle, H. (1998): Geschlechteralltag in der Schulklasse. Ethnographische Studien zur Gleichaltrigenkultur. Weinheim u. München.

Chassé, K. A.; Zander, M.; Reich, K. (2003): Meine Familie ist arm. Wie Kinder im Grundschulalter Armut erleben und bewältigen. Opladen.

Elias, N. (1992): Die Gesellschaft der Individuen. Frankfurt a. M.

Flick, U.; Kardorff, E. v.; Steinke, I. (Hrsg.) (2000): Qualitative Sozialforschung. Ein Handbuch. Reinbek.

Flügel, A. (2008): „Kinder können das auch schon mal wissen…" – Nationalsozialismus und Holocaust im Spiegel kindlicher Reflexionen und Kommunikationsprozesse. Opladen.

Gerhold, L.; Bornemann, S. (2004): Qualitative Analyse audiovisueller Informationen mit atlas.ti. In: MedienPädagogik, 5, S. 1-20.

Glaser, B. G. (1992): Basics of Grounded Theory Analysis. Mill Valley, CA.

Glaser, B. G.; Strauss, A. L. (1998): Grounded Theory. Strategien qualitativer Forschung. Bern.

Glaser, B. G.; Strauss, A. L. (1967): The discovery of grounded theory. New York.

Gläser, E. (2002): Arbeitslosigkeit aus der Perspektive von Kindern. Eine Studie zur didaktischen Relevanz ihrer Alltagstheorien. Bad Heilbrunn.

Helsper, W.; Herwartz-Emden, L.; Terhart, E. (2001): Qualität qualitativer Forschung in der Erziehungswissenschaft. Ein Tagungsbericht. In: Zeitschrift für Pädagogik, 47, 2, S. 251-269.

Hülst, D. (2009): Grounded Theory. In: Friebertshäuser, B.; Prengel, A. (Hrsg.): Handbuch qualitative Forschungsmethoden in der Erziehungswissenschaft. Weinheim u. München.

Jaeggi, E.; Faas, A.; Mruck, K. (1998): Denkverbote gibt es nicht! Vorschlag zur interpretativen Auswertung kommunikativ gewonnener Daten. Forschungsbericht (Nr. 2-98) aus der Abteilung Psychologie im Institut für Sozialwissenschaften (ISSN 1433-9218). Online: http//:www.gp.tu-berlin.de/psy7/pub/reports.htm.

Kelle, U. (1994): Empirisch begründete Theoriebildung: Zur Logik und Methodologie interpretativer Sozialforschung. Weinheim.

Kelle, U. (2005): Computergestützte Analyse qualitativer Daten. In: Flick, U.; Kardorff, E. v.; Steinke, I. (Hrsg.): Qualitative Forschung. Ein Handbuch. Reinbek, S. 485-501.

Kelle, U. (2007a): „Emergence" vs. „Forcing" of Empirical Data? A Crucial Problem of „Grounded Theory" Reconsidered. In: Historical Social Research, Supplement, 19, S. 133-156.

Kelle, U. (2007b): Theoretisches Vorwissen und Kategorienbildung in der „Grounded Theory". In: Kuckartz, U.; Grunenberg, H.; Dresing, T. (Hrsg.): Qualitative Datenanalyse: computergestützt. Methodische Hintergründe und Beispiele aus der Forschungspraxis. 2. Aufl. Wiesbaden, S. 32-49.

Krüger, H.-H. (2006): Forschungsmethoden in der Kindheitsforschung. In: Diskurs Kindheits- und Jugendforschung, 1, 1, S. 91-115.

Kuckartz , U. (2007): Einführung in die computergestützte Analyse qualitativer Daten. 2. Aufl. Wiesbaden.

Kuckartz, U.; Grunenberg, H.; Dresing, T. (Hrsg.) (2007): Qualitative Datenanalyse: computergestützt. Methodische Hintergründe und Beispiele aus der Forschungspraxis. 2. Aufl. Wiesbaden.

Lewins, A.; Silver, C. (2007): Using Software in Qualitative Research: A Step-by-Step Guide. Los Angeles.

Moser, S. (2010): Beteiligt sein – Partizipation aus der Sicht von Jugendlichen. Wiesbaden.

Muhr, T. (1994): atlas.ti – ein Werkzeug für die Textinterpretation. In: Böhm, A.; Mengel, A.; Muhr, T. (Hrsg.): Texte verstehen. Konzepte, Methoden, Werkzeuge. Schriften zur Informationswissenschaft, Bd. 14. Konstanz, S. 317-324.

Reichertz, J. (2003): Die Bedeutung der Abduktion in der Sozialforschung. Opladen.

Reichertz, J. (2007): Die Macht der Worte und der Medien. Wiesbaden.

Schäfer, G. E. (1997): Aus der Perspektive des Kindes? Von der Kindheitsforschung zur ethnographischen Kinderforschung. In: Neue Sammlung, 37, 3, S. 377-394.

Schütz, A.; Luckmann, T. (1984): Strukturen der Lebenswelt, Frankfurt a. M.

Straub, I. (2006): Medienpraxiskulturen männlicher Jugendlicher. Medienhandeln und Männlichkeitskonstruktionen in jugendkulturellen Szenen. Wiesbaden.

Strauss, A. L. (1994): Grundlagen qualitativer Sozialforschung. Datenanalyse und Theoriebildung in der empirischen soziologischen Forschung. München.

Strauss, A. L. (1991): Grundlagen qualitativer Sozialforschung. Datenanalyse und Theoriebildung in der empirischen soziologischen Forschung. München.

Strauss, A.; Corbin, J. M. (1996): Grounded Theory: Grundlagen qualitativer Sozialforschung. Weinheim.

Strauss, A.L.; Corbin, J. M. (Hrsg.) (1997): Grounded Theory in practice. London.

Strübing, J. (2004): Grounded Theory: zur sozialtheoretischen und epistemologischen Fundierung des Verfahrens der empirisch begründeten Theoriebildung. Wiesbaden.

Tiefel, S. (2005): Kodierung nach der Grounded Theory. Lern- und bildungstheoretisch modifizierte Kodierleitlinien für die Analyse biographischen Lernens. Zeitschrift für qualitative Bildungs-, Beratungs- und Sozialforschung, 1, 6, S. 65-84. Online: http://www.uni-magdeburg.de/zsm/node/125.

Truschkat, I.; Kaiser, M.; Reinartz, V. (2005): Forschen nach Rezept? Anregungen zum praktischen Umgang mit der Grounded Theory in Qualifikationsarbeiten. FQS, 6, 2, Art. 22. Online: http://www.nbn-resolving.de/urn:nbn:de:0114-fqs0502221.

Wagener, M.; Kruse; L. (2009): Gegenseitiges Helfen in jahrgangsübergreifenden Klassen. In: Röhner, C.; Henrichwark, C.; Hopf, M. (Hrsg): Europäisierung der Bildung. Konsequenzen und Herausforderungen für die Grundschulpädagogik. Wiesbaden, S. 271-275.

Weise, M. (2008): Der Kindergarten wird zum „Forschungsort" – Das Puppet Interview als Forschungsmethode für die Frühe Bildung. In: Ludwigsburger Beiträge zur Medienbildung, 11.

Wihstutz, A. (2006): Die Bedeutungen der Arbeit von Kindern aus der Perspektive von Kindern, unter besonderer Berücksichtigung ihrer bezahlten und unbezahlten Haus- und Sorgearbeit. Berlin (Diss.).

Witt, D. (2006): Die „Natur des Kindes" – Beobachtungen am Kindergartenzaun. In: Promotionskolleg „Kinder und Kindheiten im Spannungsfeld gesellschaftlicher Modernisierung" (Hrsg.): Kinderwelten und institutionelle Arrangements – Modernisierung von Kindheit. Wiesbaden.

Annedore Prengel

Erkunden und erfinden

Praxisforschung als Grundlage professionellen
pädagogischen Handelns mit Kindern

*„Vierzehn Tage lang seit der Einschulung weint Andreas jeden Tag beim
Abschied von seiner Mutter und während der Schulstunden. Ich (die
Klassenlehrerin) habe den Eindruck, er ist ‚überbehütet', nichts, kein Un-
terrichtsthema, kein anderes Kind, kann ihn wirklich erreichen und für die
Schule interessieren. Im Laufe der ersten beiden Schulwochen erfahre ich,
dass Andreas sich sehr für Hunde interessiert und sehr in der Welt der
Hunde lebt. Ich komme auf die Idee, ein Hundebild an der Wand der Klasse
aufzuhängen. Seit der Anwesenheit des Bildes im Klassenraum beruhigt
sich das Kind und beginnt, sich dem Unterricht zuzuwenden"
(vgl. Prengel 1995, S. 110).*

Das Fallbeispiel, mitgeteilt von einer Lehrerin in einer Fortbildungsgruppe,
verdeutlicht die folgenden Zusammenhänge: In der pädagogischen Arbeit
mit Kindern geht es stets darum, zwei Gesichtspunkte zueinander in Beziehung zu setzen: die subjektiven kindlichen Existenzweisen und die institu-
tionell regulierten Bildungsziele. Denn in schulischen und außerschulischen
Feldern finden Unterricht, Erziehung, Beratung oder Betreuung an den
Schnittstellen von individuellen biografischen Entwürfen einerseits und institutionellen Strukturen andererseits statt. Aufgabe der erziehenden Erwachsenen ist es, die Abstimmung zwischen beiden Seiten zu ermöglichen.
Solche Koordination gelingt umso besser, je prägnanter pädagogisch Handelnde einerseits die jeweiligen Bildungsanforderungen ihrer kindlichen
Zielgruppe zugänglich machen können und je einsichtsvoller sie andererseits deren subjektive Lern- und Lebensweisen begreifen. Denn je mehr PädagogInnen vom Denken und Fühlen der Kinder, mit denen sie arbeiten,
wissen, umso angemessener können sie auf der Basis der „stellvertretenden
Deutung" (Oevermann 1997) Bildungsinhalte präsentieren und Bildungs-
situationen inszenieren. Aus der Sicht der Kindheitsforschung kommt dabei
noch folgendem Zusammenhang besondere Bedeutung zu:
    „Bei der Analyse der Lebensphase Kindheit muss nach unserer Auffas-
sung eine Perspektive gefunden werden, die es erlaubt, das subjektive
Wohlbefinden von Kindern als Beurteilungskriterium für ihre Lebensbe-

dingungen und ihre Lebensqualität heranzuziehen" (Bründel/Hurrelmann 1996, S. 41).

Pädagogisches Handeln beinhaltet also u. a. den permanenten Perspektivenwechsel zwischen der professionellen Perspektive der älteren Generation und den Annäherungen an die Perspektive der Kindergeneration. Dem folgenden Beitrag liegt die Annahme zugrunde, dass Praxisforschung in der pädagogischen Arbeit mit Kindern diesen Perspektivenwechsel fördern kann, indem Zugänge zur kindlichen Perspektive entwickelt und intensiviert werden. Diesen Gedanken möchte ich in vier Schritten erläutern: Ich werde Praxisforschung als eine Möglichkeit der Kindheitsforschung perspektivitätstheoretisch, methodologisch und bildungspolitisch begründen und auf ausgewählte Methodenbeispiele hinweisen.

Perspektivitätstheoretische Begründung

Im weiten Spektrum der Forschungsansätze zum Phänomen Kindheit bildet Praxisforschung eine Ausnahme, weil sie nicht aus der Außenperspektive von WissenschaftlerInnen, sondern aus der Innenperspektive von in Praxisfeldern professionell tätigen PädagogInnen durchgeführt wird. Perspektivitätstheoretische Überlegungen können helfen, Praxisforschung zu begründen, sie klar von wissenschaftlicher Forschung und von Handlungsforschung abzugrenzen, ihre Erkenntnisreichweite zu präzisieren und ihre Binnenperspektiven aufzufächern.

Ausgangspunkt von perspektivitätstheoretischen Analysen ist die Einsicht, dass kognitive Situationen grundsätzlich perspektivisch strukturiert sind (vgl. Graumann 1960; zusammenfassend Friebertshäuser u. a. 2010). Standort, Blickwinkel und motivationale Geprägtheit des Blicks des Erkenntnissubjekts, Größendimension und Ausschnitt des in den Blick genommenen Erkenntnisobjekts ermöglichen, begrenzen und prägen unsere Erkenntnisse. Ein und derselbe Gegenstand kann von verschiedenen Standpunkten aus in verschiedenen Ausschnitten und Größendimensionen sowie aufgrund verschiedener Motive in verschiedenen Aspekten wahrgenommen werden. Auch für Forschung gilt, was für jede kognitive Situation gilt: Stets nehmen wir einiges wahr und anderes nicht. Kinder als Erkenntnisgegen-stand der Kindheitsforschung werden aus der Perspektive der pädagogischen Praxisforschung als einzelne oder Gruppen in konkreten Situationen oder über längere Zeiträume von den sie professionell begleitenden Erwachsenen beobachtet. Der Beobachtungsprozess lässt sich beschreiben als Spirale, in der die Beobachtungen zur Gestaltung neuer pädagogischer Situationen führen, die wiederum neue Beobachtungen erfordern und so fort. Diese ins pädagogische Handeln eingelassene Forschungstätigkeit ermöglicht Annäherungen an die Kinderperspektive im Kontext pädagogischer Situationen. Sie lässt Einsichten in Ausschnitte aus der Nähe des Alltags zu und dient den unmittelbaren Handlungsentwürfen. In der Perspektive der Praxisforschung ist man nicht in der Lage zu erfassen, was aus der durch Distanz geprägten wissenschaftlichen Perspektive möglich ist, so zum Beispiel, was in familiären und in informellen, nicht pädagogisch begleiteten Kontexten geschieht, was durch die systematische Fokussierung auf wenige Aspekte in Beobachtungen über lange Zeiträume (vgl. z.b. Krappmann/Oswald 1995) sichtbar wird, was Kinder in Befragungen durch außenstehende Experten (vgl. zum Beispiel Petillon 1993a, b) mitteilen oder auch, was durch Erhebungen mit repräsentativen Stichproben an generalisierenden Tendenzen der Kindheitsentwicklung sichtbar wird. Auch ist ausgeschlossen, dass Praxisforschung der wissenschaftlichen Forschung vergleichbar auf theoriegeleiteten Fragestellungen, wissenschaftlichen Erkenntnisständen und methodologischem Repertoire beruhen könnte. Das ist aber kein Mangel, da ihre Aufgabe nicht ist, in der scientific community zu debattierende Forschungsberichte zu veröffentlichen und langfristig auf Bildungsprozesse zurück zu wirken; Praxisforschung ermöglicht vielmehr Erkenntnisse als kurzfristige Situationsanalysen aus der Nähe, die der unmittelbaren Gestaltung von Handlungsentwürfen dienen. Damit unterscheidet sich Praxisforschung auch von Handlungsforschung (Prengel u.a. 2008; Johansson u.a. 2007), in der VertreterInnen aus Wissenschaft und Praxis kooperieren, um verallgemeinerbare wissenschaftliche Erkenntnisse zu gewinnen.

Für den wichtigsten möglichen Gewinn der Praxisforschung halte ich methodisch elaborierte, häufige und zugleich zeitlich begrenzte Annäherungen an die Kinderperspektive bzw. an KinderBiografien in ihrer Einzigartigkeit. Allerdings wäre es falsch, die Kinderperspektive als einzig maßgebliche zu propagieren. Es geht in pädagogischen Kontexten vielmehr darum, eine Haltung zu kultivieren, in der PädagogInnen zwischen Verdeutlichung der eigenen professionellen Erwachsenenperspektive und Erkundung der Kinderperspektive pendeln (Heinzel 2001).

Bildungspolitische und kindheitstheoretische Begründung

Praxisforschung wird angesichts aktueller gesellschaftlicher Entwicklungen in pädagogischen Arbeitsfeldern immer wichtiger. Während – vereinfachend zusammengefasst – in der Vergangenheit ein erheblicher Teil der Bildungseinrichtungen von mehr oder weniger eindeutig bildungspolitisch vorgegebenen Aufgaben, Planungen und Arbeitsweisen sowie von relativ eindeutig typischen Zielgruppen ausging, setzt sich gegenwärtig stärker ein Trend durch, der Offenheit für die Heterogenität der Kindergruppen beinhaltet. So enthalten zum Beispiel heute gültige Richtlinien für Grundschulen die Forderung, dass Unterricht sich öffnen, auf die Heterogenität der Kindergruppe eingehen und Individualisierung ermöglichen solle (vgl. Rahmenplan 2004). Je bedeutsamer in Bildungsprozessen das Moment der Unbestimmtheit (vgl. Marotzki 1988), der Offenheit für nicht zuvor Festgelegtes erachtet wird, umso wichtiger wird im Rahmen professionellen Handelns die Fähigkeit, stets neu emergierende Aspekte pädagogischer Situationen zu erkunden. Bemerkenswert ist, dass auch Standardisierungsansätze mit der Forderung nach der Diagnose individueller Lernausgangslagen verknüpft werden (Rahmenplan 2004), die als eine Form der Erkundung im Sinne des hier erläuterten Verständnisses von Praxisforschung verstanden werden kann.

Mit der Institutionalisierung und Ausdifferenzierung von Kindheit in der Familie und in Bildungsinstitutionen entstanden für Kinder historisch neue Möglichkeiten, ihre Individualität zu entfalten. In der Kindheitsforschung wird u. a. die Komplexität der kindlichen Lebenswelt und die Differenzierung von kindlichen Lebensmustern erforscht. Kinder stehen angesichts der „zweiten Moderne" am Anfang einer Biografie in einer sozialen Welt, die ihnen die Freiheit eröffnet oder – anders gesagt – sie dazu zwingt, zu eigenen Lebensentwürfen zu finden. Unabhängig davon, was man von solchen Modernisierungstheorien hält, auf eins weisen sie unausweichlich hin: PädagogInnen haben es mit Kindern einer Generation zu tun, die der Halt gebenden Bindung und Orientierung ebenso bedarf wie der Ermutigung zur Selbstbestimmung und der Qualifikation entsprechend der je individuellen Fähigkeiten (vgl. Beck 1996). Darum sind die Erziehenden gefordert, davon auszugehen, dass Erwachsenengeneration und Kindergeneration einander auch fremd sind, und dass die Zukunft der Kinder ungewiss ist. Weil Erwachsene zunächst wenig wissen über Gegenwart und Zukunft der Kinder in ihren individuell, sozioökonomisch, geschlechtsbezogen und kulturell heterogenen Lebensweisen, ist Praxisforschung notwendig. Die freilich stets nur annäherungsweise gelingende, stets unvollkommen bleibende Übernahme der Kinderperspektiven ist ein Weg, Wissen in Gestalt von Vermutungen über Kinder zu gewinnen. Ergänzt werden kann das aus solchen Ansätzen, kindliche Selbst- und Weltdeutungen in pädagogischen Situationen kennenzulernen, hervorgehende Wissen um in Kind-Umfeld-Analysen gesammelte Erkenntnisse zu den Einzelfällen und um aus wissenschaftlichen Studien zu rezipierende Kenntnisse sozialisatorischer, entwicklungspsychologischer, sozialökologischer, erziehungswissenschaftlicher etc. Provenienz.

Methodische Zugänge

Die Methode der pädagogischen Praxisforschung ist die Fallarbeit. Sie lässt sich abgrenzen von der als wissenschaftliche Tätigkeit definierten „Fallstudie" (Binneberg 1979, 1985). Praxisforschung realisiert sich immer als

Fallarbeit, wenn sie versucht, kindliche situative Erlebnisweisen oder biografische Entwicklungen zu erheben. Auch kann wohl jeder Ausschnitt eines pädagogischen Feldes, jeder Problem- oder Konfliktfall, zum zu untersuchenden „Fall" werden: die klassischen Untersuchungseinheiten wie die 45-Minuten-Schulstunde, kleine Einheiten wie Interaktionsszenen und größere Einheiten wie ein ganzes Kindergarten- oder Schuljahr, ein Projekt oder eine Institution. Untersuchungseinheiten, „Fälle", auf die jeweils fokussiert wird, können unter anderem als Szenenportraits, Selbstportraits, Schülerportraits, Gruppenportraits, Stundenportraits, Projektportraits, Einrichtungsportraits oder als Portraits pädagogischer Beziehungen in Zeiteinheiten verschiedener Dauer gefasst werden. Fälle bilden die Grundlage professionellen Wissens (Shulman 2004).

Alle systematischen Methoden der Praxisforschung enthalten im Kern zwei Phasen: Erstens diagnostizieren sie, „was ist", zweitens entwerfen sie „wie es weitergeht". Die vorhandene Perspektive auf den „Fall" wird analysiert und zum Ausgangspunkt genommen für die intendierte und inszenierte Suche nach neuen Perspektiven. Mit der abschließenden Evaluation beginnt zugleich der Forschungsprozess in einer Spiralbewegung auf anderer Ebene wieder mit der Wahl eines Untersuchungsausschnitts neu. Diagnose[1] und Neuorientierung bilden also die beiden umfassenden Phasen von Fallarbeit als Perspektivenerweiterung. Diese können in drei diagnostische Arbeitsschritte – Fragestellung und Methode klären, Erfahrungen beobachten und beschreiben, neue Deutungen finden – sowie in drei Interventionsschritte – Handlungskonzepte entwerfen, realisieren und überprüfen – aufgefächert werden:

Fragestellung klären (Wahl der Ausgangsperspektive):

Zur Vorbereitung muss ein bestimmter zeitlicher und räumlicher Ausschnitt einer gewählten pädagogischen Situation bzw. eines Prozesses als Untersuchungseinheit eingegrenzt und in einer Forschungsfrage präzisiert werden. Diese vorbereitenden Entscheidungen richten sich danach, über welche Aspekte PraktikerInnen sich Erkenntnisse verschaffen wollen. In Abhängigkeit vom Erkenntnisinteresse und vom gewählten Untersuchungsgegenstand werden Methoden ausgewählt.

Erfahrungen beobachten und beschreiben (Verbalisierung des Anblicks aus der Ausgangsperspektive): Im zweiten Schritt wird der gewählte Ausschnitt anhand der gewählten Methode untersucht. Beobachtungen können unmittelbar im Praxisfeld stattfinden (teilnehmende Beobachtung, Spuren-

---

1 Der klassische methodische Dreischritt der Fallstudie – beobachten, beschreiben, interpretieren – (Binneberg 1979, 1985) ist Kern der Diagnosephase.

sicherung). Sie können auch auf absichtlich erzeugte Erfahrungen, zum Beispiel im szenischen Spiel, gerichtet werden (experimentelle Beobachtung). Schließlich können Beobachtungen auch nachträglich erinnert oder zusammengetragen werden (sprachliche, bildliche oder gegenständliche Dokumente erstellen oder sammeln).

Alle Erfahrungen und Beobachtungen münden in einen Text. Dieser Text, mit Anfang und Ende, enthält und rahmt die Ausgangsperspektive auf den gewählten Gegenstand. Verschiedene Textsorten können hier erstellt werden, zum Beispiel: eng oder weit fokussierende Beobachtungsprotokolle, frei assoziierende innere Monologe, mündliche Erfahrungsberichte, Dialoge, Tagebuchtexte, Szenenportraits von aktuellen oder erinnerten pädagogischen Situationen, Geschichten, Verbalisierungen nonverbaler Erfahrungen des szenischen Spiels. Auch quantitative Datensammlungen können einen solchen Text bilden, zum Beispiel wenn für ein Stundenportrait ausgezählt wird, wie oft SchülerInnen zu Wort kommen.

Beschreibungen können sich sowohl am phänomenologischen Prinzip strenger Deskriptivität als auch am metaphern- und assoziationsreichen Stil der „Dichten Beschreibung" orientieren. So kann eine Erzieherin ein Kinderportrait beginnen, indem sie zunächst ausschließlich darstellt, was sie in einer Szene gesehen und gehört hat. Sie kann aber auch spontan all ihre subjektiven Eindrücke vom Kind in unzensierter Assoziation verbalisieren. Jeder der Texte vermag es, auf eine bestimmte, auf je spezifische Weise informative Ausgangsperspektive zu verweisen. Sowohl der deskriptive als auch der assoziative Text können manchmal auf den ersten Blick unsinnig erscheinen, sie ermöglichen jedoch in einem schöpferischen Prozess des Suchens neue Interpretationen.

Deutungen finden (Perspektiven- und Horizonterweiterung durch vielfältige Interpretationen): Liegt die Beschreibung als Manifestation einer Ausgangsperspektive vor, so entsteht in einem deutlich getrennten Schritt eine Deutung, der weitere Interpretationen folgen können. Dabei ist es sinnvoll, bewusst mit Horizonterweiterungen zu experimentieren und mit ungewohnten Deutungsmotiven zu erproben, wie der Fall in einem anderen Licht erscheint. Der Fall gewinnt im Spiegel eigener späterer Lektüre, im Spiegel der Reaktionen einer Kollegengruppe oder einer einzelnen Person, im Spiegel der Vorgeschichte, im Spiegel weiterer Untersuchungen und schließlich im Spiegel von Theorien und wissenschaftlichen Daten eine neue Gestalt.

Handlungskonzepte entwerfen (Erfinden einer neuen Handlungsperspektive): Auf der Basis einer kritisch-prüfenden und auswählenden Auseinandersetzung mit allen jetzt zugänglichen Perspektiven werden pädagogische und soziale Erfindungen entwickelt und didaktisch-methodische Schritte entworfen.

Handlungskonzepte realisieren (Intervention, Innovation): Die neue Erfindung wird in der Praxis angewendet, das pädagogische Angebot, einschließlich der Lernmaterialien und der vorbereiteten Umgebung, wird modifiziert. Neue Erfahrungen werden sowohl für Kinder als auch für Erwachsene möglich.

Handlungsergebnisse überprüfen (Evaluation): Wirkungen der Erneuerung werden untersucht. Die neuen Erfahrungen werden also zur Ausgangsperspektive für die nächsten Forschungsfragen, so dass der Forschungs- und Handlungsprozess spiralförmig mit neuen Fragestellungen weitergeführt werden kann.

Die beiden zentralen (hier aus je drei Arbeitsschritten bestehenden) Phasen sind also stets Analyse (als Klärung der Ausgangsperspektive) und Neuorientierung (als Perspektivenerweiterung). Beide sind eng aufeinander bezogen, da die erhellende Einsicht in das, was ist, oft bereits einer wirksamen Intervention gleichkommt[2].

Professionelle pädagogische Arbeit zeichnet sich dadurch aus, dass die zum einzigartigen Fall gewonnenen Erkenntnisse in Beziehung gesetzt werden zu allgemeinem professionellem Wissen. Pädagogisches Erkunden und Erfinden in der Arbeit mit Kindern beruht stets auf der Kombination von auf das einzelne Kind oder die einzelne Kindergruppe gerichtetem Fallverstehen mit hinsichtlich der jeweiligen Zielgruppen aufschlussreichen fachlich fundierten Erkenntnisständen. Dazu gehört, dass selbstverständlich vorfindliche pädagogische Konzeptionen übernommen werden können, allerdings sind sie stets im Hinblick auf die Einzigartigkeit der jeweiligen pädagogischen Situation hin zu variieren.

Methodenbeispiele

In den folgenden Abschnitten werden ausgewählte konkrete Methodenbeispiele vorgestellt, die dazu anregen, Wissen über Praxisausschnitte in pädagogischen Arbeitsfeldern hervorzubringen und so begründete Neuorientierungen möglich zu machen. Die Methoden pädagogischer Fallarbeit sind dabei nicht etwa als starre Rezepte zu übernehmen, sondern situationsspezifisch zu modifizieren. Die folgenden Abschnitte präsentieren sowohl komplexe, facettenreiche Methodenansätze als auch einzelne konkrete Verfahren. Sie werden kommentiert, um die Potentiale der Perspektivenerweiterung von Praxisforschung zu verdeutlichen, die Beispiele werden in aller Kürze aufgeführt; lediglich berufsbezogene Selbsterfahrung und Supervisi-

---

2 Vgl. dazu den Verweis auf Freud (1927) bei Leuzinger-Bohleber/Garlichs (2010, S. 653-671).

on werden abschließend ein wenig ausführlicher behandelt, um zu begründen, warum gerade diesen Arbeitsformen Forschungspotentiale zugesprochen werden.

Ethnografie in der Sozialen Arbeit (Schütze 1994). Umfassende Begründung und Methodenvorschläge zur systematischen Perspektivenvertiefung und -erweiterung in der Sozialen Arbeit durch ethnografisches Fremdverstehen.

Projekt-Berichterstattung (Hörster 2000). Eine lange Tradition haben „reformpädagogische Experimentberichte", die Aspekte des Gelingens und Scheiterns sozialpädagogischer und schulpädagogischer Vorhaben aus der Sicht von Praktiker-Autoren, denen es um die Berücksichtigung der Kinderperspektive ging, darstellen (z.B. Redl/Weinemann 1984; Aichhorn 1969; Korczak 1973a, b; Bettelheim 1990; Mannoni 1987). Als bedeutendes aktuelles Beispiel für einflussreiche Praxisberichte ist das Buch von Reinhard Stähling (2009): „Du gehörst zu uns. Die inklusive Grundschule" zu nennen.

Sozialpädagogische Fallarbeit (Müller 1993). Anamnese, Diagnose, Intervention und Evaluation sind die Schritte professioneller multiperspektivischer Fallarbeit.

Kind-Umfeld-Diagnose (Carle 2010; Hildeschmidt/Sander 1997). In einem Förderausschuss wird aus der Zusammenschau der Perspektiven sowohl des Kindes als auch der erwachsenen Beteiligten (Eltern, Erzieher, Lehrer, Sozialpädagoge, Psychologe usw.) der Förderbedarf eines Kindes diagnostiziert.

Inventare zur Evaluierung des eigenen Unterrichts (Kormann 1995). Ein detaillierter Fragenkatalog verhilft Lehrkräften dazu, die Wechselwirkungen zwischen Kind und schulischem/sozialem Umfeld genau zu erkunden. Er regt dazu an, enge diagnostische Perspektiven auf Defizite des isoliert gesehenen Kindes aufzugeben.

Pädagogische Ethnografie (Zinnecker 1996). Vorschläge, die subjektive Sicht von Kindern auch angesichts restriktiver institutioneller Strukturen zu dokumentieren.

Schülerportraits (Döpp u.a. 1995). Heterogene Weltsichten und biografische Horizonte von Schülern werden aufgrund von Beobachtungen, Dokumentenanalysen und Interviews rekonstruiert, denn das Konzept „Eine Schule für alle Kinder" lässt vielfältige Perspektiven von Kindern zu.

Aktionsforschung mit Lehrern (Altrichter/Posch 1994). Reichhaltige Methodensammlung zur systematischen Untersuchung beruflicher Einzelsituationen durch Lehrer, die ausgehend von der sorgfältigen Klärung des „Ausgangspunktes" zahlreiche Perspektiven eröffnen kann.

Didaktische Analyse (Klafki 1964). Klafkis vor Jahrzehnten formulierte didaktische Grundfragen widmen sich intensiv auch der Weltsicht der Kinder. Sie erschließen fünf Perspektiven (auf den Unterrichtsinhalt, auf die Gegenwart der Kinder, auf die Zukunft der Kinder, auf die pädagogische Struktur des Inhalts, auf die Zugänglichkeit des Inhalts für Kinder). Erst nach Klärung dieser Voraussetzungen jeder ganz konkreten Unterrichtssituation wird Unterricht konzipiert, realisiert und reflektiert. Auch andere didaktische Modelle gehen von der Voraussetzungsanalyse aus, um zum Unterrichtskonzept zu kommen (vgl. z.B. Heimann u.a. 1966).

Diagnostik im Offenen Unterricht (Wallrabenstein 1991). Im Offenen Unterricht wird nicht die 45-Minuten-Unterrichtsstunde für eine Klasse geplant, sondern eine Lernumgebung geschaffen, die den SchülerInnen individuell gerecht werden und selbständiges Lernen ermöglichen soll. „Fehler" werden als Ergebnisse individueller regelhafter Lernstrategien gedeutet (Scherer-Neumann/Petrow 1992; Lorenz 1993). Grundlage des Offenen Unterrichts ist in Weiterentwicklung der klassischen didaktischen Analyse die Erforschung der unterschiedlichen sozialen und kognitiven Perspektiven der Schüler.

Beobachten im Schulalltag (Beck/Scholz 1995). Anleitung zur Beschreibung und Deutung von Schulszenen, die sowohl die Perspektive der Kinder als auch die der PädagogInnen berücksichtigt.

Erkundung kindlicher Themen und Lerndispositionen mit „Learning Stories" (Leu u.a. 2007; Carr 2001). Im Elementarbereich wurden international Ansätze der Kinderbeobachtung im Alltag ausgearbeitet, um die Interessen und Lernweisen der Kinder zu dokumentieren, zu analysieren und die pädagogischen Angebote daran auszurichten. Die protokollierten Lerngeschichten werden auch genutzt, um Kindern Rückmeldungen zu geben und Eltern fundiert zu informieren.

Leistungsdokumentation (Bambach 1994). Die Leistungs- und Persönlichkeitsentwicklung einzelner Kinder mit ihren heterogenen Persönlichkeitsanteilen, Stärken, Begrenzungen, kognitiven und psychosozialen Entwicklungen wird genau dokumentiert. Die Autorin macht in Briefform den SchülerInnen ihre (kindorientierte) Lehrerperspektive verständlich.

Lern- und Verhaltensdokumentation mit Karteikarte (Nicolas 1996). Regelmäßige Aufzeichnungen mit Hilfe eines in der Praxis entwickelten Karteikartensystems tragen dazu bei, Schülerentwicklungen in den verschiedenen Lernbereichen langfristig zu überschauen.

Reflexion unbewusster Interaktionsthemen (Reiser 1995, Warzecha 1990). Vorschläge, die in jeder Lerngruppe einflussreichen unbewussten Gruppenthemen der Kinder als perspektivische Ausschnitte zu erforschen.

Studentische Schülerhilfe (Garlichs 1996). Studierende begleiten in einem sorgfältig geplanten schul- und sozialpädagogischen Prozess ein Schulkind während eines Schuljahres und dokumentieren ihre Erfahrungen und die Entwicklung des Kindes. Sie erwerben die Kompetenz der Perspektivenübernahme.

Lernwerkstatt (Ernst 1988). In der besonders von Karin Ernst propagierten Variante hat das forschende Lernen von LehrerInnen besondere Bedeutung. Sie finden in der Lernwerkstatt eine Umgebung vor, in der sie im „Selbstversuch" eigene neue Perspektiven auf Inhalte, die sie sonst lehren, erarbeiten können. Sie entwickeln und erproben neue Lernmaterialien und neue Lernwege. Indem Lehrkräfte quasi in der Schülerrolle die Möglichkeiten selbsttätigen forschenden Lernens erkunden, gewinnen sie Zugänge zum besseren Verständnis von Kindern in solchen Lernsituationen.

Selbsterfahrung und Supervision (Gudjons 1992; Reiser/Lotz 1995; Schütze 1994; Dlugosch 2006). Die Arbeit in Supervisions- und berufsbezogenen Selbsterfahrungsgruppen ist methodisch-systematische Perspektiven- und Horizonterweiterung. Supervision lässt sich auch analysieren als forschende Tätigkeit im Interesse der Verbesserung pädagogischer Praxis. In Supervisionsstunden stellen PraktikerInnen einen „Fall" vor, erkunden ihre Ausgangsperspektive und erarbeiten neue Hinsichten auf den Fall, u. a. mit Hilfe der Kollegengruppen oder der Supervisoren. Die Forderung nach Deskriptivität meint hier zum einen methodisch begründete nicht zensierende Offenheit für möglicherweise zunächst unsinnig erscheinende Emotionen und Assoziationen, um die Ausgangsperspektive bewusst zu machen und dann neue Interpretationsstandorte, -motive und -horizonte zu entdecken. Zum anderen kann Deskriptivität bedeuten, dass man ausdrücklich Abstand nimmt von allem Vorwissen und sich so unvoreingenommen wie möglich auf die Wahrnehmung des Falles einlässt, um ihn neu sehen zu lernen (Schütze 1994). In der einschlägigen Literatur findet sich eine Fülle an konkreten methodischen Formen solcher Fallarbeit, die durchweg als Klärung einer Ausgangsperspektive und Erarbeitung von Multiperspektivität gekennzeichnet werden kann (vgl. z. B. Gudjons 1992; Ehinger/Hennig 1994; Reiser/Lotz 1995).

Perspektivitätstheoretisch besonders interessant ist in diesem Zusammenhang eine Methode des szenischen Spiels[3], die „Identifikationsmethode" (Prengel 1989). Es handelt sich um die (ursprünglich in der Gestalttherapie entwickelte) Inszenierung einer Perspektivenübernahme in forschender Absicht. Eine Pädagogin identifiziert sich zum Beispiel experimentell mit einem Mädchen, das sie ablehnt. Sie nimmt ihre Körperhaltung ein, bewegt sich und spricht wie sie und experimentiert damit, wie es ihr „in der Haut" der anderen ergeht. Sie beobachtet sich selbst während dieses Experiments und wird von anderen gesehen. Darauf folgen deskriptive Verbalisierungen des Erfahrenen und Beobachteten und anschließend die verschiedenen Interpretationen. Im Spiegel der Wahrnehmungen der Kollegengruppen können bisher verdeckt gebliebene Schichten der pädagogischen Situation der Erkenntnis zugänglich gemacht werden. Deutungen können sich sowohl auf Gegenübertragungsaspekte der Pädagogin beziehen als auch Vermutungen (nicht Wissen!) über existentielle Erfahrungen der Schülerin in ihrem Lebensumfeld ermöglichen. Die Pädagogin kann, als perspektivische Ansichten und prägende Motive ihrer selbst, die in der Gegenübertragung wirksam werdenden Aspekte ihrer Lebens- und Lerngeschichte erforschen. Weitere Hinsichten z.B. auf die (Lern)Biografie des Kindes, seine Familiensituation, seine Rolle in der Kindergruppe, die sozioökonomische Situation, die Gesundheit und vor allem auf die Struktur und den subjektiven Sinn von Lernstörungen (Reiser 1995) können aufgefächert werden. Auf der Basis der neuen Einsichten und Hypothesen lassen sich dann neue Zugänge zu dem zuvor abgelehnten oder unverstandenen Kind entwickeln.

Resümee

Die pädagogischen, perspektivitätstheoretischen und methodologischen Analysen verknüpfend, ist abschließend festzuhalten: Praxisforschung beruht auf der Anerkennung der Unterschiedlichkeit und Fremdheit von Lebens- und Lernperspektiven, die die Haltung der Neugierde und die Arbeit des Erforschens erst notwendig machen (vgl. Schütze 1994). Den Weg des Forschens in der Praxis mit Kindern einzuschlagen, heißt, eigene Perspektiven aufzuklären und mitzuteilen, neugierig zu sein auf die Perspektiven von Kindern und Wissen zu sammeln über die intergenerativen und intersubjektiven Wechselwirkungen in den Arbeitsfeldern der Pädagogik.

In der Kindheitsforschung ist ein vielstimmiges Spektrum von Forschungsmethoden notwendig, um Kindheiten angesichts ihrer Vielschichtigkeit und der Unendlichkeit der zu untersuchenden Ausschnitte angemessen erkunden zu können. Die besonderen Erkenntnismöglichkeiten der Pra-

---

3 Das Erkenntnispotential szenischen Spiels wird ausführlich von Nitsch und Scheller (2010) herausgearbeitet.

xisforschung liegen darin, dass PraktikerInnen viel Zeit kontinuierlich mit Kindern verbringen und umfassend Gelegenheit haben, die Perspektiven von Kindern kennenzulernen.

Literatur

Aichhorn, A. (1969): Verwahrloste Jugend. Die Psychoanalyse in der Früherziehung. 6. Aufl. Bern u. a.

Altrichter, H.; Posch, P. (1994): Lehrer erforschen ihren Unterricht. Eine Einführung in Methoden der Aktionsforschung. Bad Heilbrunn.

Bambach, H. (1994): Ermutigungen – Nicht Zensuren. Zeugnisse ohne Noten in der Grundschule. Lengwil.

Beck, U. (1996): Das „eigene" Leben in die eigene Hand nehmen. In: Pädagogik, 48, 7-8, S. 41-47.

Beck, G.; Scholz, G. (1995): Beobachten im Schulalltag. Frankfurt a. M.

Bettelheim, B. (1990): Der Weg aus dem Labyrinth: Leben lernen als Therapie. 2. Aufl. München.

Binneberg, K. (1979): Pädagogische Fallstudien. Ein Plädoyer für das Verfahren der Kasuistik in der Pädagogik. In: Zeitschrift für Pädagogik, 25, 3, S. 395-402.

Binneberg, K. (1985): Grundlagen der pädagogischen Kasuistik. In: Zeitschrift für Pädagogik, 31, 4, S. 773-788.

Bründel, H.; Hurrelmann, K. (1996): Einführung in die Kindheitsforschung. Weinheim u. Basel.

Carle, U. (2010): Pädagogische Diagnostik als forschende Tätigkeit. In: Friebertshäuser, B.; Langer, A.; Prengel, A. (Hrsg.): Handbuch Qualitative Forschungsmethoden in der Erziehungswissenschaft. 3. vollst. überarb. Aufl. Weinheim u. München, S. 831-844.

Carr, M. (2001): Assessment in Early childhood Settings. Learning stories. London.

Dlugosch, A. (2006): „So hab' ich das noch nie gesehen..." Kollegiale Fallberatung auf der Grundlage der Themenzentrierten Interaktion. Friedrich Jahresheft 2006 – Diagnostizieren und Fördern. Seelze, S. 128-131.

Döpp, W.; Hansen, S.; Kleinespel, K. (1995): Eine Schule für alle Kinder. Die Laborschule im Spiegel von BildungsBiografien. Weinheim.

Ehinger, W.; Hennig, C. (1994): Praxis der Lehrersupervision. Leitfaden für Lehrergruppen mit und ohne Supervisor. Weinheim u. Basel.

Ernst, K. (1988): Wie lernt man offenen Unterricht? Erfahrungen in der Lernwerkstatt an der TU Berlin. In: Pädagogik, 40, 6, S. 14-18.

Friebertshäuser, B.; Langer, A.; Prengel, A. (Hrsg.) (2010): Handbuch Qualitative Forschungsmethoden in der Erziehungswissenschaft. 3. vollst. überarb. Aufl. Weinheim u. München.

Garlichs, A. (1996): Forschendes Lernen in der Lehrerausbildung. In: Die Grundschulzeitschrift, 10, 95, S. 52-98.

Graumann, C. F. (1960): Grundlagen einer Phänomenologie und Psychologie der Perspektivität. Berlin.

Gudjons, H. (1992): Spielbuch Interaktionserziehung. Bad Heilbrunn.

Heimann, P.; Otto, G.; Schulz, W. (1966): Unterricht. Analyse und Planung. Hannover.

Heinzel, F. (2001): Kinder im Kreis. Kreisgespräche in der Grundschule als Sozialisationssituation. Habilitationsschrift. Halle/S.

Hildeschmidt, A.; Sander, A. (1997): Der ökosystemische Ansatz als Grundlage für Einzelintegration. In: Eberwein, H. (Hrsg.): Handbuch Integrationspädagogik: Kinder mit und ohne Behinderung lernen gemeinsam. 4. Aufl. Weinheim, S. 269-276.

Hörster, R. (2000): Das Methodenproblem sozialer Bildung im pädagogischen Experiment. Zum praxeologisch-empirischen Gehalt von August Aichhorns Aggressionsbericht. In: Schmid, V. (Hrsg.): Verwahrlosung, Devianz, antisoziale Tendenz. Stränge zwischen Sozial- und Sonderpädagogik. Freiburg i.B. S. 104-117.

Johansson, I.; Sandberg, A.; Vuorinen, T. (2007): Practitioner-oriented research as a tool for professional development. In: European Early Childhood Education Research Journal 15, 2, S. 151-166. Online: http://www.informaworld.com/smpp/ content~content=a779853985~db=all (13.10.2008).

Klafki, W. (1964): Didaktische Analyse als Kern der Unterrichtsvorbereitung. In: Roth, H.; Blumenthal, A. (Hrsg.): Didaktische Analyse. Hannover, S. 5-34.

Korczak, J. (1973a): Das Recht des Kindes auf Achtung. Göttingen.

Korczak, J. (1973b): Wie man ein Kind lieben soll. 4. Aufl. Göttingen.

Kormann, R. (1995): Was nur Lehrerinnen und Lehrer über Lernprobleme ihrer Schülerinnen und Schüler wissen können: Inventare zur Evaluierung eigenen Unterrichts. In: Eberwein, H.; Mand, J. (Hrsg.): Forschen für die Schulpraxis. Was Lehrer über Erkenntnisse qualitativer Sozialforschung wissen sollten. Weinheim, S. 364-376.

Krappmann, L.; Oswald, H. (1995): Alltag der Schulkinder. Beobachtung und Analyse von Interaktionen und Sozialbeziehungen. Weinheim u. München.

Leu, H. R.; Fläming, K.; Frankenstein, Y.; Koch, S.; Pack, J.; Schneider, K.; Schweiger, M. (2007): Bildungs- und Lerngeschichten. Bildungsprozesse in früher Kindheit beobachten, dokumentieren und unterstützen. Weimar u. Berlin.

Leuzinger-Bohleber, M.; Garlichs, A. (2010): Theoriegeleitete Fallstudien im Spannungsfeld qualitativer und quantitativer Forschung. Zum Dialog zwischen Psychoanalyse und Erziehungswissenschaft. In: Friebertshäuser, B.; Langer, A.; Prengel, A. (Hrsg.): Handbuch Qualitative Forschungsmethoden in der Erziehungswissenschaft. 3. vollst. überarb. Aufl. Weinheim u. München, S. 653-671.

Lorenz, J. H. (1993): Möglichkeiten die Lernausgangslage festzustellen. In: Lorenz, J. H.; Radatz, H. (Hrsg.): Handbuch des Förderns im Mathematikunterricht. Hannover, S. 36-71.

Mannoni, M. (1987): Ein Ort zum Leben. Die Kinder von Bonneuil, ihre Eltern und das Team der Betreuer. Frankfurt a.M.

Marotzki, W. (1988): Bildung als Herstellung von Bestimmtheit und Ermöglichung von Unbestimmtheit. In: Hansmann, O.; Marotzki, W. (Hrsg.): Diskurs Bildungstheorie I: Systematische Markierung. Weinheim, S. 311-334.

Müller, B. (1993): Sozialpädagogisches Können. Ein Lehrbuch zur multiperspektivischen Fallarbeit. Freiburg i.B.

Nicolas, B. (1996): Beobachtung ist das Fundament aller Förderung. Verhaltens- und Lernentwicklungen dokumentieren. In: Die Grundschulzeitschrift, 91, 10, S. 44-45.

Nitsch, W.; Scheller, I. (2010): Forschendes Lernen mit Mitteln des szenischen Spiels als Medium und Methode qualitativer Forschung. In: Friebertshäuser, B.; Langer, A.; Prengel, A. (Hrsg.): Handbuch Qualitative Forschungsmethoden in der Erziehungswissenschaft. 3. vollst. überarb. Aufl. Weinheim u. München, S. 897-910.

Oevermann, U. (1997): Theoretische Skizze einer revidierten Theorie professionalisierten Handelns. In: Combe, A.; Helsper, W. (Hrsg.): Pädagogische Professionalität. Untersuchungen zum Typus pädagogischen Handelns. Frankfurt a.M., S. 70-182.

Petillon, H. (1993a): Das Sozialleben des Schulanfängers. Weinheim.

Petillon, H. (1993b): Soziales Lernen in der Grundschule. Anspruch und Wirklichkeit. Frankfurt a.M.

Prengel, A. (1989) Gestaltpädagogik. In: Goetze, H.; Neukäter, H. (Hrsg.): Pädagogik bei Verhaltensstörungen. Handbuch der Sonderpädagogik. Bd. 6. Berlin, S. 793-803.

Prengel, A. (1995): Szenenporträts aus der Grundschule. Unveröff. Textsammlung 1985-1998. Potsdam.

Prengel, A.; Heinzel, F.; Carle, U. (2008): Methoden der Handlungs-, Praxis- und Evaluationsforschung. In: Helsper, W.; Böhme, J. (Hrsg): Handbuch der Schulforschung. 2. Aufl. Wiesbaden, S. 181-197.

Rahmenlehrpläne für die Grundschule (2004): Bildung und Erziehung in der Grundschule. Berlin, S. 7-16.

Redl, F.; Winemann, D. (1984): Kinder, die hassen. Auflösung und Zusammenbruch der Selbstkontrolle. München u. Zürich.

Reiser, H. (1995): Entwicklung und Störung – Vom Sinn kindlichen Verhaltens. In: Reiser, H.; Lotz, W. (Hrsg.): Themenzentrierte Interaktion als Pädagogik. Mainz, S. 177-191.

Reiser, H.; Lotz, W. (1995) (Hrsg.): Themenzentrierte Interaktion als Pädagogik. Mainz.

Scheerer-Neumann, G.; Petrow, O. (1992): Lesen- und Schreibenlernen im offenen Unterricht Lernangebote und Entwicklungsverläufe. In: Lütgert, W. (Hrsg.): Einsichten, Impulse. Bd. 21. Bielefeld, S. 112-123.

Schütze, F. (1994): Ethnografie und sozialwissenschaftliche Methoden der Feldforschung. Eine mögliche methodische Orientierung der Ausbildung und Praxis der Sozialen Arbeit. In: Groddeck, N.; Schumann, M. (Hrsg.): Modernisierung Sozialer Arbeit durch Methodenentwicklung und -reflexion. Freiburg i.B., S. 189-297.

Shulman, L. S. (2004): The Wisdom of Practice. Essays on Teaching, Learning and Learning to Teach. Jossey-Bass.

Stähling, R. (2009): „Du gehörst zu uns." Die inklusive Grundschule. Hohengehren.

Wallrabenstein, W. (1991): Offene Schule – Offener Unterricht. Ratgeber für Eltern und Lehrer. Reinbek.

Warzecha, B. (1990): Ausländische verhaltensgestörte Mädchen im Grundschulalter. Eine Prozessstudie über heilpädagogische Unterrichtsarbeit. Frankfurt a.M.

Zinnecker, J. (1996): Grundschule als Lebenswelt des Kindes. Plädoyer für eine pädagogische Ethnografie. In: Bartmann, T.; Ulonska, H. (Hrsg.): Kinder in der Grundschule. Anthropologische Grundlagenforschung. Bad Heilbrunn, S. 41-74

Rose Ahlheim

Wie entsteht eine psychoanalytische Fallstudie?

Auch wenn entwicklungspsychologischen Ansätzen in der sozialwissenschaftlichen Kindheitsforschung kritisch begegnet wird, kommt dem fallorientierten Arbeiten mit psychoanalytischen Konzepten bis heute große
Bedeutung zu, wenn es darum geht „Szenen" mit Kindern zu verstehen. In
diesem Beitrag wird deshalb die Frage beantwortet, wie eine psychoanalytische Fallstudie entsteht.

Intersubjektive Verständigung

Das wichtigste Praxis- und Forschungsfeld der Psychoanalyse ist die intersubjektive Verständigung unter zwei Personen – dem Analysanden und
seinem Analytiker. Die großen, immer wieder bewährten Entdeckungen in
der Psychologie des Unbewussten – etwa die vielschichtige unbewusste De-
termination neurotischer Symptome, die Funktion der psychischen Abwehr
und ihre Erscheinungsformen, die infantile Sexualität – sind seit Sigmund
Freuds Zeiten den Einzelanalysen abgewonnen. Es geht in der Interaktion
der beiden Beteiligten um die Phantasien, Gefühle, Ängste, Wünsche, die
die Beziehung des Analysanden zu seinem Analytiker begleiten und bestimmen. Beide sind verbündet in der gemeinsamen Absicht, unbewussten
Anteilen der Interaktion auf die Spur zu kommen. Im Falle der Kinderpsy-
choanalyse ist es etwas komplizierter. Zwischen dem Kind und seiner Analytikerin gibt es die Zwei-Personen-Beziehung und daneben gibt es (meistens) die Beziehung zwischen seinen Eltern und der Analytikerin, die ebenfalls von einer eigenen Dynamik geprägt ist. In den Kinderstunden wird viel
agiert, real gehandelt, und die Kinderanalytikerin muss oftmals mit einstei-
gen, aber auch hier geht es immer um das Verstehen der unbewussten
Komponenten und Konnotationen der manifesten Aktionen und Mitteilungen. Das Beziehungsangebot des Analysanden – ob kindlich oder erwachsen – an seinen Analytiker wird, wie alle anderen Kontakte in seinem Leben auch, von den unbewussten Erwartungen und Beziehungsmustern überformt sein, die er im Laufe seiner Lebensgeschichte erworben hat – von
seinen Wünschen, Sehnsüchten, seinen Hass- und Rachegefühlen, seinen

Ängsten und von all den psychischen Manövern, mit denen er sich vor Schmerz und Angst zu schützen gewohnt ist. Die inneren Bilder seiner wichtigen Beziehungspersonen prägen die Wahrnehmung des aktuellen Gegenübers, in diesem Falle also des Analytikers, sie werden ihm gewissermaßen übergestülpt. Diesen Vorgang nannte Freud die *Übertragung:* lebensgeschichtlich erworbene Erfahrungen und Erwartungen, Ängste, Wünsche oder Phantasien werden unwillkürlich auf den Analytiker „übertragen". Dieser aber wird, vor dem je eigenen persönlichen und lebensgeschichtlichen Hintergrund, auf diese Übertragung reagieren, wird Affekte, Emotionen, Phantasien und Handlungsimpulse in sich spüren und registrieren, das ist die *Gegenübertragung.* Das Besondere an der psychoanalytischen Beziehung ist nun, dass diese stets nebenher laufenden Beziehungsanteile, die im Alltag meistens unbemerkt bleiben, beiseite gewischt oder unterdrückt würden, in den Mittelpunkt des Interesses rücken. Das sorgfältige Beobachten von Übertragung und Gegenübertragung ist das wichtigste Arbeitswerkzeug in der Psychoanalyse.

Im Medium von Übertragung und Gegenübertragung ist Annäherung an die psychische Realität des Anderen möglich, auch an ihre unbewussten Anteile. Empathisches Verstehen ist eingebettet in eine therapeutische Beziehung. Vielfach wird diese therapeutische Beziehung in Analogie zur Mutter-Kind-Interaktion verstanden. Die *holding function* der Mutter (Winnicott 1973) oder ihr *containing* der kindlichen Affektzustände (Bion 1990) sind auch Kennzeichen der psychoanalytischen Haltung. „Empathie" oder „Rêverie" (Ogden 2006) des Analytikers sind ursprünglich Bezeichnungen für jene besondere Art von Wahrnehmung, die eine Mutter für ihr Kind entwickelt, wie sie schon von R. Spitz (1976) beschrieben und als „coenästhetische" Wahrnehmung von der diakritischen, für den alltäglichen Umgang mit der Realität tauglichen unterschieden wurde. Das basale Erleben der Gegenübertragung vor aller konzeptionellen Einordnung ist oftmals ein Körperempfinden – Herzklopfen, ein Schwindelgefühl, eine Übelkeit, ein Impuls, nach dem Gegenüber die Arme auszustrecken.

Szenisches Verstehen

In den 1960er-Jahren setzte sich im Frankfurter Sigmund-Freud-Institut ein methodischer Ansatz durch, der die Begegnung zwischen Analytiker und Analysand als eine „Szene" auffasst, die der Analysand nach unbewussten Mustern gestaltet und in die der Analytiker, ob er will oder nicht, mit einsteigt, indem er auf die unbewussten Vorerwartungen und Interaktionsmuster seines Gegenübers reagiert, wobei unvermeidlich seine eigenen unbewussten Beziehungsentwürfe mit ins Spiel kommen. Analytisches Verstehen ist danach ein szenisches Verstehen der gesamten dynamischen Beziehungssituation (Argelander 1967; Lorenzer 1970). Dieser Ansatz wurde von Lorenzer auch zu einem sozialwissenschaftlichen Verstehen weiterentwickelt, das er „Tiefenhermeneutische Kulturanalyse" nannte (Lorenzer 1986; s. auch Klein 2010). Zu der „Szene" gehören nicht nur die ausgetauschten Worte, sondern Körperhaltung, Blicke, Gesten, kleine Nebenhandlungen beider Beteiligten, beobachtbare Interaktion also, und ebenso die inneren Prozesse, die nur der Introspektion zugänglich sind. Schon der Auftakt der Begegnung, die telefonische Kontaktaufnahme, das erste Klingeln, kann szenisch signifikant und damit als Einstimmung der Gesprächspartner bedeutsam sein. Die Auffassung der unbewussten Inszenierung als „Handlungsdialog" zweier Dialogpartner (Klüwer 1983) definiert die Psychoanalyse endgültig als eine Zwei-Personen-Psychologie, einen Prozess zwischen den Beteiligten, in dem der Analytiker sich nicht auf neutrales Terrain zurückziehen kann. Dennoch sollte der Analytiker möglichst zurückhaltend in der Interaktion sein, nicht bewerten oder urteilen, kein Thema vorgeben, die Gestaltung der Beziehungsdynamik so weit es geht dem Analysanden überlassen. Er kann nicht als „leere" Person arbeiten, aber er sollte sich mit seinem Partner auf einer möglichst leeren Bühne befinden und ihm die Regie überlassen. Für seine breitgefächerte Bereitschaft, verbale wie außersprachliche Mitteilungen ebenso wahrzunehmen wie auf die eigenen körperlichen und emotionalen Reaktionen und begleitenden Phantasien – seien sie auch noch so flüchtig – ohne Urteil sorgsam zu achten, gibt es keine bessere Bezeichnung als die schon von Freud geprägte: „Gleichschwebende Aufmerksamkeit".

Das neurobiologische Korrelat zu dieser speziellen zwischenmenschlichen Wahrnehmungsfähigkeit hat man vor einigen Jahren in den Spiegelneuronen ausgemacht, die das Handeln des Anderen (Körperhaltung, Muskeltonus, Gestik, Mimik usw.) im zuschauenden Subjekt durch eine genau entsprechende neuronale Erregung der beteiligten Hirnareale abbilden, so als führe das beobachtende Subjekt selbst diese Handlung aus (vgl. Bauer 2005).

Die Bedeutung der Einzelfallgeschichte

Weil nun die Wahrnehmung und das empathische Verstehen in der psychoanalytischen Begegnung sich auf derart subjektive und körpernahe Weise ereignen, weil auch jedes psychoanalytische Paar – wie jedes Mutter-Kind-Paar – eine eigene Sprache, einen eigenen Schatz von Bildern, Anspielungen und Verdichtungen erschafft, weil schließlich die innere Welt des Patienten in ihrer subjektiven Eigenart einzigartig ist, ist davon auch nur auf höchst subjektive Weise angemessen zu berichten. Es ist deshalb kein Zufall, dass in der psychoanalytischen Literatur seit Sigmund Freud die Einzelfallgeschichte, die die Geschichte der Verständigung zweier Personen erzählt, eine so wichtige Rolle spielt.

Freuds Entdeckungen und Konzeptualisierungen waren ja seinen einzelnen Krankenbehandlungen und Lehranalysen abgewonnen, und je nach dem aktuellen Erkenntnisstand konnte Freud – wie sein Lebenswerk zeigt – die Theorien, die er aus klinischen Erfahrungen abgeleitet hatte, überarbeiten, ergänzen, abwandeln oder auch verwerfen und durch andere ersetzen, die zum Verstehen des aus dem Unbewussten ans Licht Gezogenen besser geeignet schienen. „In der Psychoanalyse", schreibt Freud 1927, „bestand von Anfang an ein Junktim zwischen Heilen und Forschen, die Erkenntnis brachte den Erfolg, man konnte nicht behandeln, ohne etwas Neues zu erfahren, man gewann keine Aufklärung, ohne ihre wohltätige Wirkung zu erleben. Unser analytisches Verfahren ist das einzige, bei dem dies kostbare Zusammentreffen gewahrt bleibt" (Freud 1927, S. 293 f.). Jede neue Erfahrung bringt die Möglichkeit einer (vielleicht minimalen und unbemerkten) Modifikation des Wissens und des Denkens mit sich. M. Leuzinger-Bohleber (1995, S. 455) beschreibt dieses Junktim in ihrem Plädoyer für die „Einzelfallstudie als psychoanalytisches Forschungsinstrument" so: Analytische Behandlungen enthalten „immer ein Stück ‚Novum', ‚Originalität' und idiosynkratischer Interaktionsdramatik oder -geschichte", und daher macht es Sinn, „diese unverwechselbare Dramatik und ihre Manifestationen in der psychoanalytischen Interaktionssituation in Gestalt einer Fallnovelle oder novellistischen Fallskizze wiederzugeben und auf diese Weise die dadurch gewonnenen Erkenntnisse an die psychoanalytische Community zu kommunizieren".

Natürlich ist jede dieser Geschichten – stärker noch als es die therapeutische Begegnung selbst schon war – von den theoretischen Vorannahmen und Konzepten des Verfassers geprägt. Diese weitgehend offenzulegen, gehört zum sachgerechten Schreiben. Im Laufe der Ausbildung und Berufspraxis lernen wir allerdings eine Vielzahl von Konzepten, Denkmustern und Metaphern kennen, auch unterschiedliche Theoriesprachen, die einander teils ergänzen, teils fremd bleiben, teils aber auch widersprechen. Weil kein theoretischer Entwurf, keine Metapher die hyperkomplexen innerseelischen Prozesse exakt bezeichnen kann, ist eine solche Pluralität dem Gegenstand durchaus angemessen, und in jedem Praktiker bildet sich ein lockeres System von vorbewusst bereitliegenden Denkfiguren und theoretischen Teilaspekten, „die sozusagen in Reserve zur Verfügung stehen, um nach Bedarf abgerufen zu werden" (Sandler 1983, S. 583) und die sich mit ganz persönlichen individuellen Erfahrungen, Gedanken und Überzeugungen mischen. Diese „impliziten" Theorien sorgen für die Flexibilität in der analytischen Situation und ermöglichen auch kreative Neuformulierungen, wie sie hin und wieder auch in der Fachöffentlichkeit aufgegriffen werden und neue Denktraditionen begründen. Um mehr Transparenz und Vergleichbarkeit der psychoanalytischen Arbeitsweisen herzustellen, versucht man neuerdings, solche impliziten, unausgesprochenen, oftmals auch ganz selbstverständlich und ohne explizite Überlegung angewendeten „privaten" Theorieanteile im Einzelnen zu untersuchen und nach bestimmten Kriterien zu beschreiben (Bohleber 2007; Tucket 2007). Für jeden Leser wiederum wird die erzählte Geschichte nochmals etwas anderes, ganz Eigenes abbilden: Die je eigenen Fragen, Erfahrungen und Unklarheiten werden sich in die Rezeption des Textes hineinschieben, so wie auf jede Falldarstellung in einer kollegialen Gruppe unweigerlich die Bemerkung folgt „Das erinnert mich an einen Patienten, der …". In dieser Offenheit für subjektive Aneignung und Weiterverwendung liegt eine Stärke der Fallgeschichte. Jeder Leser, dem sie etwas sagt, wird versuchen, für sich im Besonderen das Allgemeine zu finden, die mitgeteilte Erfahrung exemplarisch für sich zu nutzen.

Fallgeschichten sind unvermeidlich konstruierte Geschichten in dem Sinne, dass sie aus einem äußerst vielfältigen und vielschichtigen Material eine Auswahl treffen, die bestimmt ist von der spezifischen Fragestellung des Berichterstatters. Ob er nach störungsspezifischen Gesichtspunkten fragt, nach bestimmten Ausformungen des Übertragungsgeschehens, nach dem Duktus des Verständigungsprozesses, der sich in dem wechselhaften Hin und Her der regelmäßigen Begegnungen erkennen lassen könnte, nach der Bedeutung der Träume oder des Spiels, nach den Wirkfaktoren, die eine Veränderung ermöglicht haben – er wird jeweils Einzelheiten herausgreifen, an denen er seinen Gedanken explizieren kann, und andere zwangsläufig unbeachtet lassen.

Eine Fallgeschichte kann auch dem Zweck dienen, für Außenstehende die Arbeitsweise in einer Psychoanalyse nachvollziehbar zu machen. Dann wird der Erzähler vermutlich die besonders dichten, aussagestarken Szenen heraussuchen.

Das Basismaterial einer Fallstudie kann von unterschiedlichem Umfang sein. Die Geschichte eines ganzen Behandlungsverlaufs könnte erzählt werden oder der Verständigungsprozess einer einzelnen Stunde, eine psychoanalytische Erstbegegnung – solche Erstinterviews enthalten oft in nuce die unbewusste Dynamik, die dann sich im Behandlungsverlauf entfalten wird – oder eine Fallvignette, ein kurzer Ausschnitt, der unter einem besonderen Thema ausgewählt wurde.

Ein Beispiel

Wenn ich nun im Folgenden Ausschnitte aus einer Behandlungsgeschichte wiedergebe, so möchte ich an diesem Beispiel zweierlei zeigen. Erstens geht es darum, die Arbeitsweise in der psychoanalytischen Stunde, also die „Datenerhebung" zu beschreiben, zweitens darum, die Methode des Berichtens aus der subjektiven Perspektive plausibel zu machen. Aus einer ausführlicheren Fallgeschichte (Ahlheim 2008) habe ich einen Themenstrang herausgegriffen und dazu Szenen ausgewählt.

Nahezu zwei Jahre lang endeten Jacques' Therapiestunden alle mit der gleichen Szene, mit dem unvermeidlichen Treppensturz seines Freundes Teddy Ahlheim. Jede Stunde beschloss Jacques damit, dass er den dicken Teddy meinem Griff entwand, gegen meinen Protest und mein Flehen („ach bitte lassen Sie mein Kind am Leben") mit immer neuen kleinen Variationen hohnlachend zwei Stockwerke tief abstürzen ließ und dann für unwiderruflich tot und verloren erklärte. „104 mal im Jahr muss er sterben", erklärte Jacques, „und 104 mal überlebt er doch!" Jacques war 10 Jahre alt, als ich ihn kennen lernte, und hatte gerade in einem furiosen Aggressionsdurchbruch die Wohnung seiner Pflegeeltern verwüstet: Steckdosen aus der Wand gerissen, Heizkörper demoliert und Scheiben zerbrochen. Er hatte schon eine Kette von Trennungen hinter sich. In seinem dritten Lebensjahr hatte ihn die Mutter zur Diagnose in eine kinderpsychiatrische Klinik gebracht, weil er „so hibbelig" sei, und hatte sich nicht mehr blicken lassen. In der Klinik erst habe Jacques sprechen gelernt, heißt es im Bericht der Klinik, nachdem er anfangs in seinen kognitiven Fähigkeiten deutlich retardiert gewesen sei. Der Kleine konnte – wie zwischen den Zeilen dieses Berichtes zu lesen ist – einige Betreuer so für sich gewinnen, dass es zu liebevollen Beziehungen kam und er in vieler Hinsicht große Entwicklungsschritte machen konnte. Der Bericht dieser kinderpsychiatrischen Klinik vermerkt aber auch die absonderliche Beharrlichkeit, mit der der kleine Junge versuchte, unter die Röcke der Betreuerinnen zu kriechen oder auch ihre Schuhe abzulecken. Diese Eigenart führte zu dem vagen und nicht verifizierbaren Verdacht eines vorangegangenen sexuellen Missbrauchs. Eine Verkettung unglücklicher Ereignisse führte dann dazu, dass der Kleine aus mehreren Pflegefamilien unvermittelt herausgenommen wurde, bis er mit 8 Jahren geeignete und qualifizierte Pflegeeltern fand. Zu Beginn der letzten von fünf vereinbarten Probestunden wollte Jacques nicht zu mir hereinkommen. Vor der Gartentür versuchte er voller Wut, sich dem festen Griff seines Pflegevaters zu entwinden, er sah mich nicht an und reagierte auf keine Ansprache. Ich bat den Pflegevater, den Jungen loszulassen und einfach zu gehen. Nun drückte sich Jacques am Gartentor herum, vermied weiterhin den Blickkontakt und blieb stumm, als ich versuchte, den Grund für sein Widerstreben zu erraten. Ich setzte mich notgedrungen ins Gras und wartete, und nach einer Weile setzte er sich in sicherer Distanz ebenfalls. So saßen wir fast 20 Minuten still nebeneinander, bis Jacques mit einer Kopfbewegung zu verstehen gab, nun könnten wir hineingehen. Im Miniaturformat ist hier zu sehen, wie die Verständigung mit einem Nicht-Verstehen beginnt. Dieses Nicht-Wissen zuzugeben und auszuhalten, ist ein Merkmal der psychoanalytischen Haltung. Statt etwas zu sagen, stellte er ein Holzfigürchen auf den Tisch, schnickte es mit den Fingern fort, stellte es wieder auf und begann das Spiel von neuem. Als er bemerkte, wie interessiert ich sein Tun verfolgte, sprach er dazu. „Du bist unwichtig!", fuhr er das Figürchen an, „du hast hier nichts zu suchen! Unwichtig! Unwichtig!" Und er nahm das

Blasrohr, um es vom Tisch zu pusten. Als ich nun in das Spiel einstieg und das Männchen sagen ließ, es müsse doch irgendwo bleiben, und es verstehe nicht, was man mit ihm mache, steigerte er sich in kalten Hohn. „Unwichtig bist du! Weg damit!" Die Intervention – eine „ausgespielte" Deutung, bei der ich unausgesprochen an Jacques' Lebensgeschichte dachte – hat offenbar das Richtige getroffen. Jacques hat symbolisch mit seinem Spiel mitgeteilt, was er nicht sagen, vielleicht auch nicht denken kann. Nun konnte ich also sagen, anscheinend habe er vorhin prüfen müssen, ob auch *er* unwichtig für *mich* sei, so dass ich ihn einfach von meiner Tür wegschnicken würde. Oft genug sei er ja schon fortgeschickt worden. Er fuhr in seinem Spiel mit dem Holzmännchen fort, wurde aber ganz vergnügt dabei, ließ mich weiter für das Männlein jammern und sagte zum Abschied: „Das spielen wir jetzt immer!" Offenbar fühlt er sich verstanden. Wir haben gemeinsam – er in der symbolischen Darstellung, ich mit der Deutung nunmehr in der Übertragung und der Verknüpfung mit seiner Lebenserfahrung – eine „Minitheorie" entwickelt, die seine Verweigerung mit der Angst vor dem Fallengelassenwerden verbindet. Eine Folge von unvorbereiteten, unverständlichen, unerwarteten Trennungen, wie sie er sie erlebt hatte, jedes Mal mit einem radikalen Milieuwechsel verbunden, würde wohl ausreichen, ein Kind zu traumatisieren. Aber da war noch eine besondere Note in Jacques' Beziehungsaufnahme, die sich bald einstellte, und da war auch der ominöse Verdacht der kinderpsychiatrischen Klinik. Schon bald begann Jacques mich auf zunächst flegelhaft-alterstypische, dann aber immer gröbere Manier sexuell „anzumachen". (Viel später in der Behandlung würden wir verstehen, wie vielfältig er die Sexualisierung zur Abwehr von schmerzhaften Gefühlen benutzte. Besonders Wut und Trennungsangst pflegte er zu überspielen, indem er sich selbst in eine sexuelle Erregung hineinsteigerte – so musste er sonst nichts in sich wahrnehmen. Aber diese Abwehr verstanden wir, wie gesagt, erst später). Zunächst einmal war einfach die Schamlosigkeit und Zudringlichkeit seiner sexuellen Anspielungen auffällig, begleitet von einem echten kindlichen Wunsch, die Bedeutung vieler Reizwörter erklärt zu bekommen. Er stellte aber auch mir persönlich die zudringlichsten, taktlosesten und absonderlichsten Fragen über meinen Körper und meine Sexualität. Diese provokative Forschungslust war recht unangenehm – Jacques versuchte sozusagen immer wieder und unverdrossen unter meinen Rock zu kriechen, um bei dem Bild aus der Kinderpsychiatrie zu bleiben. Zugleich konnte ich seine Zudringlichkeiten nicht nur als alterstypische Flegelei abtun, weil sie so offensichtlich begleitet waren von dem dringenden Wunsch, etwas in Erfahrung zu bringen und zu verstehen, wofür er die treffende *Frage nicht kannte*. Auch von der lustvollen, von Gekicher und dem Spaß an Unanständigkeiten begleiteten Wissbegier, die Kinder seines Alters am liebsten untereinander ausleben, unterschied sich Jacques' Fragerei durch ihre dranghafte, fast quälende Intensität. Ich fühlte mich in der Tat ein wenig „sexuell missbraucht" von diesem (inzwischen) Elfjährigen. Wie

schon die Frage, ob er mir wichtig sei, so wurde auch das Problem einer sexuellen Überstimulierung zuerst in der Übertragungsbeziehung zwischen
uns beiden zu einem noch unverstandenen Thema, bevor wir es in Sprache
bringen und mit einer sinnvollen Bedeutung versehen konnten: Eines Tages
dann stand nach dem Klingeln kein Jacques vor der Tür, als ich öffnete.
Stattdessen fand ich einen Pappkarton auf der Türschwelle, in dem eine
Puppe sorgsam zugedeckt lag – ein Findelkind. Kein Jacques weit und breit
– er hatte sein alter ego zur Adoption dort ausgesetzt. Natürlich hockte er
hinter einer Hecke und lauschte, was ich der Puppe, dem Findelkind sagen
würde. Das war nicht leicht, denn ich musste ja die Sehnsucht der Puppe
verstehen und akzeptieren, dass sie so gern Kind in meiner Familie sein
wollte, und ihr gleichzeitig vermitteln, dass ihre Sehnsucht keine Erfüllung
finden könne – ihr Platz/Jacques' Platz würde in meinem Haus nicht sein
können. Es stellte sich dann heraus, dass die Puppe ein Mädchen namens
Jaqueline war. Als wir mit Jaqueline schließlich im Therapiezimmer waren,
ließ er an ihr den Teddy als Verführer und Vergewaltiger tätig werden. Neben der Erregung, Neugier und Zeigelust des Elfjährigen war in der Szene
auch die Verwirrung, Ängstlichkeit und Erschrockenheit eines kleinen Kindes zu spüren. Während er die beiden Darsteller erregt hantieren und zap-
peln ließ, wollte Jacques von mir wissen, wie „die sich fühlen" könnten. Ich
sprach nun zu dem triebhaften Teddy, dass er in seiner Erregung nicht mehr
wisse, was erlaubt sei und was nicht, und was man einem so kleinen Kind
wie Jaqueline antun dürfe. Zu Jaqueline sagte ich: „Das macht ein so star-
kes Gefühl, dass es sich nicht mehr gut anfühlt. Man weiß gar nicht wohin
mit so einem starken Gefühl, wenn man noch zu klein dafür ist. Es macht
ganz durcheinander. Schlimm wäre für dich, wenn du nachher denken
musst, du wärst schuld und musst daher von der Mama weg." Überrascht, ja
erschrocken blickte Jacques mich an und sagte: „Das hat sich plötzlich so
ganz traurig angefühlt!" Aber als ich dann sagte, vielleicht sei es ihm schon
ähnlich ergangen, tauchte er wieder ab ins sexualisierte Spiel. Später versuchte er Klarheit für sich zu schaffen mit einem Text, den er an die Tafel
schrieb. „Was sind Gefühle? Für Teddy: Er denkt nur an das da. Für Jaqueline: Ich bin noch klein. Ich werde durcheinander." Abgesehen von der an-
fänglichen Arbeit an Jacques' Verlassenheit und unerfüllbarer Sehnsucht,
haben wir hier auch eine neue „Mini-Theorie" geschaffen, die er in die
prägnanten Worte fasst „Ich bin noch klein. Ich werde durcheinander". Seine Identifikation mit der Opferposition kommt in der Ich-Form dieses Sat-
zes zum Ausdruck. Die Frage, was da wohl einmal gewesen sein mochte,
blieb offen und für die nächste Zeit eher im Hintergrund. Der Triebtäter
Teddy blieb weiter aktiv, doch benahm sich der Bär nun unflätig und zu-
dringlich gegen mich selber, dafür phantasierte Jacques sich auch die sadis-
tischsten Strafen aus, mit denen ich den Teddy verfolgen würde. So war das
darstellende Spiel zugleich in die Übertragungsbeziehung verwoben. Dieser
Teddy erhielt nun den Nachnamen „Ahlheim", und Jacques ließ ihn eine

vordergründig „normale" Kindheit im gemeinsamen Spiel erleben, aber am Ende jeder Stunde musste mein Teddykind sterben, wie eingangs berichtet, um dann aber doch zu überleben. Wir besaßen damit für lange Zeit eine gemeinsame Metapher, in die Jacques Neid und Hass, aber auch Überlebenswillen und die Sorge um das Liebesobjekt kleiden konnte. Für mich floss in die Metapher vom Töten und Überlebenlassen die Kleinsche Theorie der „depressiven Position" ein. „Diesmal darf er am Leben bleiben", sagte Jacques nach seiner letzten Stunde. Destruktivität und sexuelle Übererregung blieben indessen untergründig virulent. Außerhalb der Therapie provozierte Jacques geradezu hochgefährliche Unfälle und blieb nur mit viel Glück unverletzt. In unseren Stunden aber fand er einen Weg, mich in Angst und Schrecken zu versetzen. Er stellte sich gelegentlich ans offene Fenster und brüllte hinaus: „Hilfe, Frau Ahlheim will mich missbrauchen, sie will mich verführen, Hilfe, Frau Ahlheim ist eine Kinderverderberin!" Da war nun er der Täter, gegen den ich wehrlos war. Die unstillbare Sehnsucht nach der Sicherheit und Aufgehobenheit, die Jacques dem Teddy zuschrieb und an der er illusionär teilhaben wollte, wurde jäh unterbrochen von offener, wirklich gefährlicher Destruktivität. Dieses Zerstörungspotential durchbrach die Grenzen des Spieles, ich musste mich real angegriffen und gefährdet fühlen. Denn Jacques beschäftigte sich tatsächlich lange mit dem Plan, mich beim Jugendamt anzuzeigen, mir Übergriffe anzudichten und meine Existenz zu vernichten. Dann hätte er die Macht und ich die Ohnmacht. Er ließ sich oft bestätigen, dass er ganz real diese Macht haben könnte. „Warum machen Kinder das, dass sie Erwachsene falsch beschuldigen?" fragte er mich zwischen seinen riskanten Aktionen am Fenster. Ich sagte ihm, er wolle wohl nicht ein machtloses Opfer sein, auch nicht Objekt eines sexuellen Übergriffs, und er mache lieber sich selbst zum Täter und Angreifer, um das Geschehen in der Hand zu haben. Es beruhigte mich, dass er den Zusammenhang offenbar verstehen konnte. Mit seiner Frage bringt Jacques den Prozess einer Symbolisierung in Gang: Aus unverstandenem, potentiell destruktivem Agieren kann er zu einem Verstehen des verborgenen Sinnes kommen. Der Wunsch, sich selbst zu verstehen und dadurch sicherer zu fühlen, ist auch Kindern eigen. Mit meiner Deutung stütze ich mich auf ein allgemein anerkanntes Theoriesegment, das in die Theorie der Abwehrmechanismen ebenso passt wie in die Narzissmustheorie. Eine weitere Überlegung in diesem Kontext bezog sich auf die psychoanalytische Gedächtnistheorie: Wenn es tatsächlich einen sexuellen Übergriff gegeben haben sollte, dann am ehesten in den ersten Lebensjahren, als er noch bei der Mutter war. Dann hätte ein solches Ereignis jenseits des Erinnerungsvermögens gelegen, wäre nicht als episodische Erinnerung abrufbar, wohl aber im „Körpergedächtnis" verankert und wie ein Resonanzboden stets zu einem dumpfen Mitklingen zu bringen, wenn Jacques sich in eigentlich altersentsprechender Weise mit sexuellen Empfindungen und Phantasien beschäftigte. Eine merkwürdige Szene war die, als er nach einem flegelhaften Herumräkeln in die Lücke hinter dem Sofa rutschte und sich aus dieser Falle nicht befreien konnte. Ich hörte ihn gedämpft dort zwischen Wand und Sofa jammern und konnte mir zunächst nicht vorstellen, dass er sich nicht zu helfen wusste, nahm seine zappelnden Beine zugleich wie die eines Kleinkindes wahr und musste der Versuchung widerstehen, ihn bei den Beinen zu packen und herauszuziehen. Realer Körperkontakt hätte eine Grenze überschreiten und den Jungen in Verwirrung stürzen können. Die Bedeutung der Szene aber blieb zunächst unverstanden. Jacques begann nach längerer Zeit, seine leibliche Mutter ausdrücklich vor falscher Anschuldigung zu schützen. Er stellte klar, wie schwer sie es bestimmt hatte, wie arm sie gewesen war, und sie hatte ja nur ein kleines Zimmer gehabt – auf einmal glaubte er sich zu erinnern, wie es ausgesehen hatte, das Zimmer seiner Mutter. Hier der Schrank, da das Bett, ein Tisch … und alles so seltsam groß! Nun war er ja auch selbst ganz klein gewesen, überlegten wir. Er begann Geschichten zu erzählen von kleinen Jungen, die hinterm Schrank oder unterm Bett versteckt waren und schreckliche Mordtaten mit ansehen mussten, das Opfer röchelte, der Täter tobte und der kleine Junge konnte sich nicht rühren. Bei solcher Gelegenheit erinnerte ich ihn an die Stunde, in der er eingeklemmt gewesen war hinter der Couch. Darauf kauerte er (inzwischen 14 Jahre alt) sich seitlich hinter der Sofalehne zusammen, so dass ich von ihm nichts sehen konnte, und gab die erschreckendsten Stöhn-, Jammer- und Grunzlaute von sich. Ich sagte ihm, vielleicht sei es das, was ihm geschehen war. Er war klein, konnte im Winkel hinter Schrank oder Bett verschwinden, es gab nur ein Zimmer, er musste vieles miterleben und mithören und konnte dazu die schrecklichsten Phantasien haben. Ich dachte im Stillen daran, wie kleine Kinder öfter die Urszene auffassen: die fremden Laute der Eltern, so seltsam fremdartig und erregt, kommen ihnen wie die Begleitgeräusche einer Gewalttat vor, sie können nicht anders als sich eine unheimlich sadistische Untat vorstellen. Anstelle einer Antwort war Jacques mit einem Satz am Fenster, riss es auf und brüllte mit einer tiefen Stimme: „Stell dich nicht so an, du alte Schlampe, du zierst dich doch sonst nicht so – du dumme Sau, dich krieg ich, dir zeig ichs, du altes Miststück …" Und dazwischen mit heller Stimme: „Lass mich gehen, du Saukerl, lass mich los, verdammt, hör auf damit …" Schon oft hatte ich Jacques für seine schauspielerische Begabung bewundert und mich über seine Darstellungskunst gefreut. Jetzt aber war ich beklemmt und erschrocken, wie gelähmt von einer Vergewaltigungsszene, als sei ich deren Zeugin. Und am offenen Fenster, so dass zufällige Ohrenzeugen auf der Straße sich fragen würden, was hier passierte. Ein Element von Bloßstellung war dabei, deren Opfer ich war, und eine Übererregung des schreienden Jungen, aber ich fühlte mich nicht von ihm bedroht. Er wurde denn auch ruhig, als ich sagte: „Nun hör mir mal zu …" als sei er dankbar für die Unterbrechung seiner Phantasie. Diese eindrucksvolle szenische Darstellung muss keine realistische Wiedergabe von tatsächlichen Ereignissen sein. Sie gilt zu einem gewissen Teil wohl auch mir, und Jacques schützt vielleicht unseren gemeinsamen „Spielraum", indem er das Ganze aus dem Fenster brüllt und gewissermaßen von uns beiden fernhält. Die angstvolle Lähmung, die ich dennoch empfand, könnte das Gefühl des kleinen Jungen hinter dem Schrank/unter dem Bett abbilden (ein Beispiel für projektive Identifizierung). Die Geschichte, die er gestaltet hat, macht Sinn. Jacques und ich hatten keine abgesicherten Informationen, aber die Rekonstruktion, die ich nun für ihn in Worte fasste, hatte für uns beide hohe Evidenz: Ich bot ihm folgende Möglichkeit an, die Spielszene und mit ihr aufgeblitzte Erinnerungsbilder zu verstehen: Er war vielleicht als ein sehr kleiner Junge Zeuge gewesen, wie seine Mutter sexuell grob angegangen, vielleicht auch überwältigt wurde, hatte als Ohrenzeuge schreckliche Dinge dazu phantasiert und er hatte nichts tun können. Ein solches Erlebnis – besonders, wenn es sich wiederholt ereignet hätte – hätte wohl ausgereicht, um einen kleinen sensiblen Jungen zu verwirren und zu überwältigen. Diese Geschichte, von uns in einer aufgewühlten Szene gemeinsam rekonstruiert – oder auch konstruiert – beruhigte Jacques ungemein. Sie war zu ertragen und auszuhalten, gab all seinem auffälligen Agieren einen Sinn und ermöglichte es Jacques, auf sein bedrohliches Agieren wie auch auf wirkliche Ausbrüche von Destruktivität zu verzichten. Es gab weiterhin viel Aufregung, aber die Grenze zwischen Phantasie und Handeln schien mir von diesem Punkt an zunächst gesichert. Das Unheimliche an seiner Aggressionsbereitschaft schien verschwunden, weil wir uns nun vorstellen und verstehen konnten, was in ihm vorging. Er konnte nun seine Beunruhigung und unverstandene Umtriebigkeit mit einer Vorstellung verbinden, ihr einen Sinn geben – er musste sich nicht mehr für verrückt oder monströs halten. Insofern ist es in diesem Fall von untergeordneter Wichtigkeit, wie weit dieses Narrativ reale Ereignisse wiedergibt oder wie weit es nur deren als Körpererinnerung dem impliziten Gedächtnis eingeschriebenen Affektgehalt einfängt und an eine konstruierte Geschichte bindet.

Die Psychoanalyse hat es mit subjektiven Bedeutungen zu tun und mit Konflikten und Paradoxien, die man nur erzählend wiedergeben kann (Stuhr 2007). Aber auch für diese Art, Entdecktes festzuhalten und mitzuteilen, gibt es spezifische Gütekriterien (vgl. Leuzinger-Bohleber/Fischmann 2006; Leuzinger-Bohleber 2009), wie Evidenz, Transparenz des präsentierten Materials, Plausibilität der Interpretationsschritte und der Konzeptualisierung. Veränderungen in der unbewussten Abwehrstrategie des Analysanden (z. B. Nachlassen des destruktiven Agierens), seine spontanen Reaktionen auf eine treffende Deutung (z. B. „das hat sich plötzlich so ganz traurig angefühlt") können, wenn sie folgerichtig aus dem Material heraus zu verstehen sind, die dargestellte Interpretationslinie bestätigen.

Ein erster Schritt der Qualitätskontrolle ist die selbstkritische Auswertung des Stundenprotokolls, die der Analytiker selbst vornimmt. Dann wird er seine Arbeit regelmäßig supervidieren und von Fachkollegen diskutieren lassen, ob in Einzelsupervision, Intervisionsgruppen oder Qualitätszirkeln. Kaum eine andere Berufsgruppe wendet so viel Arbeitszeit für die kritische Überprüfung der täglichen Arbeit auf – auch das ist der Tatsache geschuldet, dass Psychoanalytiker in einen intersubjektiven Prozess eingebunden sind, in den ihr eigenes Unbewusstes mit hineinspielt.

So gehört also die Einzelfallstudie als wesentliches Forschungsinstrument zu den wissenschaftlichen Methoden der Psychoanalyse – neben empirischen Methoden wie Feldstudien (auch in Zusammenarbeit mit Nachbarwissenschaften wie der Neurobiologie oder den Sozialwissenschaften), Katamnesestudien oder progressiven Wirksamkeitsstudien (vgl. Leuzinger-Bohleber 2007, 2009). Die zwingende Verbindung zwischen dem Gegenstand der Untersuchung und den Forschungs- und Darstellungsmethoden, die gerade diesem Gegenstand angemessen sind, gilt nicht nur für die Psychoanalyse, sondern für alle wissenschaftlichen Disziplinen – für die Rechtswissenschaft und die Theologie ebenso wie für die Physik. Sie haben ihre je eigene Theoriesprache, deren Begriffe nicht in die Sprache anderer Disziplinen einfach übersetzt werden können. Eine „Einheitswissenschaft" mit universeller Systematik und universellen Regeln, an der die „Wissenschaftlichkeit" auch der Psychoanalyse zu messen wäre, gibt es nicht (Hampe 2004). „Vielmehr entwickeln die Wissenschaften simultan Formen des Theoretisierens und des Erfahrens, die beide als *Formen des disziplinierten Handelns zum Zweck der Erkenntnisgewinnung* beschrieben werden können" (Hampe 2004, S. 22). Als verbindende und verbindliche Norm in einem pluralen System von unterschiedlich konstituierten Wissenschaften kann die Forderung nach Wahrhaftigkeit gelten – ihr ist auch die psychoanalytische Forschung verpflichtet.

Literatur

Ahlheim, R. (2008): Gitter vor den Augen. Innere und äußere Realität in der psychoanalytischen Therapie von Kindern und Jugendlichen. Frankfurt a. M.

Argelander, H. (1967): Das Erstinterview in der Psychotherapie. In: Psyche – Zeitschrift für Psychoanalyse, 24, S. 341-368; S.429-467; S.473-512.

Bauer, J. (2005): Warum ich fühle, was du fühlst. Intuitive Kommunikation und das Geheimnis der Spiegelneuronen. Hamburg.

Bion, W. (1990): Lernen durch Erfahrung. Frankfurt a. M.

Bohleber, W. (2007): Der Gebrauch von offiziellen und von privaten impliziten Theorien in der klinischen Situation. In: Psyche – Zeitschrift für Psychoanalyse 61, 9/10, S. 995-1016.

Freud, S. (1927): Nachwort zur Frage der Laienanalyse. In: GW Bd. 14, S. 287-296.

Hampe, M. (2004): Pluralität der Wissenschaften und Einheit der Vernunft – Einige philosophische Anmerkungen zur Psychoanalyse. In: Leuzinger-

Bohleber, M.; Deserno, H.; Hau, S. (Hrsg.): Psychoanalyse als Profession und Wissenschaft. Stuttgart. S. 17-32.

Klein, R. (2010): Tiefenhermeneutische Analyse. In: Friebertshäuser, B.; Prengel, A. (Hrsg.): Handbuch Qualitative Forschungsmethoden in der Erziehungswissenschaft (Neuausgabe). S. 263-280.

Klüwer, R. (1983): Agieren und Mitagieren. In: Psyche – Zeitschrift für Psychoanalyse 37, 9, S. 828-840.

Leuzinger-Bohleber, M. (1995): Die Einzelfallstudie als psychoanalytisches Forschungsinstrument. In: Psyche – Zeitschrift für Psychoanalyse, 49, S. 434-480.

Leuzinger-Bohleber, M.; Fischmann, T. (2006): What is conceptual research in psychoanalysis? In: The International Journal of Psychoanalysis, 87, 5, S. 1355-1386.

Leuzinger-Bohleber, M. (2007): Forschende Grundhaltung als abgewehrter „common ground" von psychoanalytischen Praktikern und Forschern? In: Psyche – Zeitschrift für Psychoanalyse, 61, 9/10, S. 966-994.

Leuzinger-Bohleber, M. (2009): Frühe Kindheit als Schicksal? Trauma, Embodiment, Soziale Desintegration. Psychoanalytische Perspektiven. Stuttgart.

Lorenzer, A. (1970): Sprachzerstörung und Rekonstruktion. Vorarbeiten zu einer Metatheorie der Psychoanalyse. Frankfurt a. M.

Lorenzer, A. (1986): Tiefenhermeneutische Kulturanalyse. In: Kultur-Analysen. Frankfurt a. M., S. 11-98.

Ogden, T. H. (2006): Das analytische Dritte, das intersubjektive Subjekt der Analyse und das Konzept der projektiven Identifizierung. In: Altmeyer, M.; Thomä, H. (Hrsg.): Die vernetzte Seele. Stuttgart. S. 35-64.

Sandler, J. (1983): Die Beziehungen zwischen psychoanalytischen Konzepten und psychoanalytischer Praxis. In: Psyche – Zeitschrift für Psychoanalyse, 37, S. 577-595.

Spitz, R. (1976): Vom Säugling zum Kleinkind, 5. Aufl. Stuttgart.

Stuhr, U. (2007): Die Bedeutung der Fallgeschichte für die Entwicklung der Psychoanalyse und heutige Schlußfolgerungen. In: Psyche – Zeitschrift für Psychoanalyse 61, 9/10, S. 943-965.

Tucket, D. (2007): Wie können Fälle in der Psychoanalyse verglichen und diskutiert werden? Implikationen für künftige Standards der klinischen Arbeit. In: Psyche – Zeitschrift für Psychoanalyse, 61, 9/10, S. 1042-1071.

Winnicott, D. W. (1973): Die therapeutische Arbeit mit Kindern. München.

Quantitative
Kindheitsforschung

Sabine Maschke, Ludwig Stecher

Standardisierte Befragungen von Kindern

Neben qualitativen haben sich in der Kindheitsforschung in den letzten etwa 40 Jahren zunehmend auch quantitative Datenerhebungsverfahren etabliert. Hierzu gehört u.a. die Befragung mittels standardisierter Fragebögen
(siehe den Beitrag von Grunert in diesem Band). Dieser Form der Befragung von Kindern liegt – ähnlich wie dies in der Sozialforschung mit Erwachsenenstichproben der Fall ist – die Überzeugung zu Grunde, dass sich
Informationen über die Einstellungen, Wahrnehmungen und Handlungspra-
xen von Kindern valide und zuverlässig über standardisierte, das heißt für
alle Befragten identische Frage- und Antwortstimuli gewinnen lassen (vgl.
Lang 1985, S. 71). Dabei geht es der Kindheitsforschung um eine übergrei-
fende Erfassung und Beschreibung von Kindheit als „gesellschaftliche Lebensform" (Honig u.a. 1999b, S. 9). Standardisierte Befragungen von Kindern stützen sich deshalb häufig auf repräsentative Stichproben, auf deren
Basis sich die Befunde auf eine möglichst große Gruppe von Kindern bzw.
auf die Kindheit verallgemeinern lassen. Wir sprechen in einem solchen
Fall von Kindersurvey-Forschung (vgl. ausführlich Stecher/Maschke 2011).

In der Kindersurvey-Forschung hat sich seit den 1990er-Jahren, nicht
zuletzt auch auf der Basis der sich etablierenden Neuen Soziologie der
Kindheit, eine wissenschaftliche Diskussion um die Möglichkeiten, Grenzen und Chancen dieses Verfahrens entwickelt (siehe z.B. Honig u.a.
1999a; Heinzel 2000). Die Diskussion bezieht sich dabei u.a. auf die Spezifika kindgerechter Fragebogenentwicklung, auf die Erhebungssituation, auf
die ‚Zuverlässigkeit' der Angaben von Kindern sowie auf Fragen, die die
Stichproben-Ziehung betreffen.

Im vorliegenden Beitrag möchten wir auf einige dieser Fragen eingehen.
In einem ersten Schritt geben wir einen Überblick über die Kindersurvey-
Forschung in den letzten etwa vier Jahrzehnten (zur ausführlicheren Beschreibung der Entwicklungen in der quantitativen Kindheitsforschung siehe Stecher/Maschke 2011). Ziel ist es, über die Vorstellung einiger zentraler und wegweisender Studien sowie deren Untersuchungsdesign die Vielfalt der Kindersurvey-Forschung und ihr Potenzial zu verdeutlichen.
Zugleich soll gezeigt werden, welchen Einschränkungen die einzelnen Studien und damit das aus ihnen ableitbare Wissen über Kinder und Kindheit

unterliegen. Im zweiten Abschnitt werden wir dann auf der Basis u.a. unserer eigenen langjährigen Erfahrungen mit Befragungen von Kindern auf einige elementare Fragen zum Design standardisierter Kinder-Befragungen sowie zu deren Durchführung eingehen.

Kindersurvey-Forschung

Die Darstellung der folgenden Studien erhebt keinen Anspruch auf Vollständigkeit. Einbeziehen konnten wir nur einige aus unserer Sicht bedeutsame Studien (siehe im Anhang Übersicht 1). Wir beschränken uns darüber hinaus auf eine komparative Darstellung der Besonderheiten der jeweiligen Studie; eine umfassende Beschreibung der einzelnen Studien ist aus Platzgründen nicht möglich.

Während sich die standardisierte Befragung von Jugendlichen, u.a. durch die Unterstützung der Deutschen Shell (bzw. deren Jugendwerk) bereits Mitte der 1950er-Jahre zu etablieren beginnt[1], finden sich wissenschaftlich ernst zu nehmende Befragungen von Kindern (das heißt von unter 15-Jährigen) erst seit Anfang der 1970er-Jahre. Eine Vorreiterrolle spielen hier im Besonderen Marktforschungsinstitute, allen voran das Institut für Jugendforschung (IJF) in München (vgl. Zinnecker 1996). In der IJF-Studie (23/E) „Empirische Daten zur Situation der 12- bis 25-Jährigen in der BRD unter besonderer Berücksichtigung ihrer Drogenaffinität", im Auftrag der Bundeszentrale für Gesundheitliche Aufklärung, werden 1973 erstmals unter 15-Jährige in eine für die (damalige) Bundesrepublik und West-Berlin repräsentative Befragung einbezogen (Sand/Benz 1979, S. 162 ff.). Ebenso werden 1973 und 1974 repräsentative Befragungen u.a. zum Thema der Mediennutzung mit Kindern ab dem 12. Lebensjahr durchgeführt. Die Altersgrenze der Befragten verschiebt sich in späteren IJF-Studien zunehmend nach unten: Sie sinkt auf 10 Jahre in der IJF-Studie 47 von 1976 – die mit den Themen Rauchen und Alkohol die auf Gesundheitsgefährdungen fokussierten Studien zu Anfang der 1970er Jahre fortsetzt – auf 9 Jahre in einer Untersuchung im Auftrag des Zweiten Deutschen Fernsehens 1977 (IJF-Studie 54 „Jugend und Sportstudio") und schließlich auf 6 Jahre bei zwei repräsentativen Befragungen im Jahre 1978 (IJF-Studie 61/G und IJF-Studie 65; Sand/Benz 1979, S.162 ff.). Die Themen, die hier bearbeitet werden, beziehen sich u.a. auf Urlaube und Reisen mit der Familie, auf das ‚eigene Zimmer', den Medienkonsum und auf das Freizeitverhalten der Kinder.

---

1 Die Altersspanne in den Shell-Jugendstudien variiert. Während in den 1950er-Jahren die Altersuntergrenze in der Regel 15 Jahre betrug, sank sie in den Studien der 1990er-Jahre auf 12 Jahre. In den Shell-Jugendstudien 2002 und 2006 wurde die Altersuntergrenze wieder auf 15 Jahre angehoben.

Zu einem der wesentlichen Charakteristika der IJF-Studien gehört, dass es sich bei den Erhebungen jeweils um bundesweit repräsentative Stichproben handelt, die auf einem Ziehungsverfahren beruhen, wie dies für Erwachsenenstichproben auf der Basis von Master-Sample-Plänen (u.a. Haushaltsstichproben) der Fall ist. Dies ermöglicht erstmals verallgemeinerbare Aussagen über die Lebensphase Kindheit in Deutschland. Die Befragungen werden – wie bei den Shell-Jugendstudien – als Einzelinterviews zuhause bei den Kindern durchgeführt.

Bei den IJF-Studien handelt es sich in der Regel um Auftragsstudien. Marktbeobachtung und Erschließung neuer Käufergruppen sind damit ein wesentlicher Impuls für die Kinder-Survey-Forschung in den 1970er-Jahren, der zur Befragung von immer jüngeren Altersgruppen führt.

Vergleichbare Impulse aus der Wissenschaft lassen sich erst gegen Ende der 1970er bzw. zu Beginn der 1980er-Jahre feststellen. Der erste wissenschaftliche repräsentative Kinder-Survey im deutschsprachigen Raum wurde 1980 von Sabine Lang im Rahmen des Sonderforschungsbereichs „Öffentliche und private Wohlfahrtsproduktion" mit 7- bis 11-jährigen Kindern durchgeführt (Lang 1985).

Im Kindersurvey 1980 wurden die Kinder nicht wie bei den IJF-Studien auf der Basis haushalts- bzw. personenbezogener Repräsentativstichproben ausgewählt, sondern über die Schulen rekrutiert, d.h., es wurden so genannte *Klassenbefragungen* durchgeführt (Clusterstichprobe). Die Möglichkeit, die Kinder in der Klasse als Gruppe zu befragen, wird von Lang positiv bewertet. „Die Methode der class room-Interviews hat nicht nur den Vorteil, dass relativ viele Kinder auf einmal erreicht werden können, sie nimmt den Kindern auch die Befangenheit, die sie manchmal in Interviewsituationen haben und erleichtert so die Befragung" (Lang 1985, S. 47). Die Stichprobe umfasste 2.048 Kinder der 2. bis 4. Jahrgangsstufe aus 35 Schulen in 6 Bundesländern.

Parallel zu den Kindern wurden im Kindersurvey 1980 auch deren Eltern befragt (1.248 teilnehmende Elternpaare).

Im Kern des Kindersurveys 1980 stehen die Alltagserfahrungen der Kinder (vgl. Lang 1985, S. 42). Wo sich diese auf die unmittelbaren Lebensbedingungen der Kinder wie z.B. Familiengröße und -struktur oder die Spielmöglichkeiten in der Wohnumgebung beziehen, wurden sie durch geschlossene, meist nur dichotom kodierte Antwortvorgaben (ja/nein) abgefragt. Ebenfalls als geschlossene Fragen mit vorgegebenen Antwortmöglichkeiten wurden von den Kindern Bewertungen ihrer Lebensumstände wie z.B. zu der Frage, ob sie gerne zur Schule gehen, ob sie gerne lernen und zur Qualität der Beziehungen zu Erwachsenen/Eltern erbeten. Zu den wesentlichen Kennzeichen des Kindersurveys 1980 gehört – neben dem integrierten Einsatz offener Frageformate z.B. in Bezug auf (Veränderungs-) Wünsche und Ängste seitens der Kinder – die Abfrage allgemeiner lebensbereichsspezifischer Zufriedenheitseinschätzungen. Die Kinder sollten bewerten, wie wohl sie sich u.a. in der Schule, in ihrer Familie, mit ihren Freunden oder ganz allgemein fühlen (vgl. Lang 1985, S. 77f., S. 83). „Hierzu wurde den Kindern eine optische, aus fünf unterschiedlich traurig bzw. fröhlich aussehenden Gesichtern bestehende Skala (,Gesichterskala') vorgegeben" (Lang 1985, S. 45). Die Gesichterskala, die sich im Kindersurvey 1980 bewährt hat[2] und auf den methodischen Arbeiten von Andrews und Crandall (1976) beruht, wurde in späteren Kindersurveys – wie z.B. dem Kinderbarometer (LBS-Initiative Junge Familie 1998) oder den World-Vision-Studien (Hurrelmann/Andresen 2010) – mehrfach aufgegriffen.

Zu den standardisierten Kinderbefragungen in Schulklassen gehört auch der von Helmut Fend Ende der 1970er-Jahre begonnene Konstanzer Längsschnitt.[3] Im Rahmen dieser Studie wurden dieselben Schüler und Schülerinnen der (ausgangs) 6. Jahrgangsstufe (durchschnittliches Alter: 12 Jahre) über fünf Messzeitpunkte bis zur 10. Jahrgangsstufe (durchschnittliches Alter 16 Jahre) befragt. Die Ausgangsstichprobe umfasste 2.054 Schüler und Schülerinnen, an allen fünf Erhebungen nahmen 851 Heranwachsende teil (vgl. Fend 1991, S. IXf., 1990). Die Konstanzer Studie stellt die erste wissenschaftliche *Panel-Survey-Studie* dar, die sich (auch) auf die Phase der Kindheit bezieht.

Im Mittelpunkt des Konstanzer Längsschnitts stehen entwicklungspsychologische Fragen des Übergangs von der Kindheit in die Jugendphase. Neben der ereignisgeschichtlichen Beschreibung dieses Übergangs (mit Blick etwa auf Risikoverhalten wie Rauchen oder Alkoholkonsum, Selbstständigkeit, Bildungsverhalten), richtet Fend das Augenmerk vor allem auf die Persönlichkeits- und Identitätsentwicklung in diesem Lebensabschnitt. Ähnlich wie beim Kindersurvey 1980 spielen dabei die Bereiche Familie, Freunde und Schule eine wesentliche Rolle.

Die längsschnittliche und kohortensequenzielle Studienanlage des Konstanzer Längsschnitts ermöglicht es, Testungs-, Alters- und (in gewissem Rahmen auch) Kohorteneffekte in den Entwicklungsdaten der Kinder voneinander zu unterscheiden. Damit geht der Konstanzer Längsschnitt hinsicht-lich der Beschreibung der Lebenswelt von Kindern (und Jugendlichen) weit über die Möglichkeiten hinaus, die eine Querschnittuntersuchung wie der Kinder-Survey 1980 bietet, weil es erstmals möglich wird, die individuellen Veränderungen und Entwicklungen der Heranwachsenden mit dem Älterwerden in den Blick zu nehmen.

Zu den Charakteristika des Konstanzer Längsschnitts, die in späteren Kinderstudien aufgegriffen wurden, gehört der Einsatz von die standardisierte Befragung ergänzenden qualitativen Datenerhebungsmethoden. Dies

---

2 Zumindest in der Hinsicht, dass bei der Gesichterskala keine überzufälligen Quoten fehlender Werte bzw. Antwortverweigerungen auftreten.
3 Dieser gründet auf verschiedenen schulbezogenen Vorläuferstudien an der Universität Konstanz (vgl. Fend 1991, S. 5).

umfasst neben den – auch im Kindersurvey 1980 eingesetzten – offenen Fragen auch den Einsatz von Interviews, Aufsätzen und die Durchführung von „Intensivstudien" mit einer kleinen Zahl teilnehmender Familien (Fend 1991, S. X).[4] Mitte bzw. Ende der 1980er-Jahre finden sich nur wenige wissenschaftlich bedeutende Survey-Studien im Kindesalter. Eine Ausnahme bildet die Studie „Was tun Kinder am Nachmittag?", die das Deutsche Jugendinstitut 1988 – gewissermaßen als Vorgängerstudie zum DJI-Kinderpanel 2002 (siehe unten) – als Studie zum Freizeitverhalten 8- bis 12-jähriger Kinder durchführte. Anders als beim Kinder-Survey 1980 oder dem Konstanzer Längsschnitt, handelt es sich dabei nicht um eine klassenweise Befragung, sondern um Einzelinterviews mit Kindern. Die Stichprobe wurde auf der Basis eines Masterstichprobenplans für Haushalte gezogen. Insgesamt nahmen an der Studie 1.056 Kinder und deren Eltern teil. Ausgeschlossen waren Kinder mit Migrationshintergrund (de Rijke 1992, S. 13).

Deutlichere Initiativen in der Kinder-Survey-Forschung zeigen sich erst wieder mit Beginn der 1990er-Jahre – dies sowohl in Deutschland als auch in Österreich.

So wurde 1991 bis 1992 am Institut für Soziologie der Universität Linz die Studie „Kindsein in Österreich" durchgeführt. An dieser Studie nahmen etwa 3.000 10-jährige Kinder, die repräsentativ für Österreich ausgewählt wurden, teil. Im Mittelpunkt dieser Studie standen die aktuelle Lebenssituation der 10-Jährigen sowie ihr psychosoziales Befinden. Ähnlich dem Konstanzer Längsschnitt wurden im österreichischen Survey neben standardisierten Befragungsmethoden auch Datenerhebungsverfahren eingesetzt, beispielsweise mündliche Leitfadeninterviews und projektive Testverfahren (Wilk 1996, S. 59).

Kurze Zeit nach dem Kindersurvey in Österreich wurde im Rahmen des DFG-Schwerpunktprogramms „Kindheit und Jugend in Deutschland vor und nach der Vereinigung" der DFG-Kindersurvey 1993 initiiert (Zinnecker/Silbereisen 1998). Ausgangspunkt dieser Kinderbefragung war eine Stichprobe von 703 10- bis 13-jährigen Kindern, repräsentativ ausgewählt für das gesamte Bundesgebiet (damit erstmals West- und Ostdeutschland gemeinsam[5]). Anders als beim Kindersurvey in Österreich, beim Konstanzer Längsschnitt oder dem Kindersurvey 1980, handelt es sich beim DFG-Kindersurvey 1993 nicht um eine Befragung, die in Schulklassen durchge-

---

4 2002 wurden 1.527 Schüler und Schülerinnen der Ausgangserhebung von 1979 im Rahmen eines Follow-Ups des (ehemaligen) Konstanzer Längsschnitts wieder befragt (Life-Studie; Fend 2006).

5 Zwar wurden u. a. bereits 1990 in der Schülerstudie 1990 ost- und westdeutsche Heranwachsende befragt. Die zu Grunde liegende Stichprobe umfasste allerdings nur zwei Regionen (das Ruhrgebiet und die Region Halle/Leipzig) und bezog darüber hinaus als jüngste Befragtengruppe erst die 7. Jahrgangsstufe (befragt wurden darüber hinaus die 9. und 11. Jahrgangsstufe) ein (Behnken u. a. 1991, S. 205 f.).

führt wurde, sondern um Einzelinterviews. Wie der Konstanzer Längsschnitt stellt auch der DFG-Kindersurvey 1993 eine Panelbefragung dar, bei
der dieselben Kinder im Abstand von einem bis eineinhalb Jahren insgesamt vier Mal befragt wurden. Die Stichprobenziehung erfolgte auf der
Grundlage einer Zufallsauswahl von Wohngemeinden in Deutschland, verbunden mit einer Quotenauswahl. Zusätzlich zu den Kindern wurden auch
die Eltern der Kinder befragt (Silbereisen/Zinnecker 1999; Masche/Reitzle
1999). Der DFG-Kindersurvey 1993 ermöglichte damit erstmals eine auf
einer bundesweit *repräsentativen Stichprobe* beruhende, längsschnittlich
orientierte Entwicklungsperspektive auf den Übergang Kindheit und Jugend, dies sowohl mit Blick auf die Kinder, als auch auf deren Eltern.[6] Im
Gegensatz zu den vorgenannten Survey-Studien wurden im DFG-
Kindersurvey 1993 ausschließlich standardisierte Befragungsinstrumente
eingesetzt, ein Multimethodenansatz wurde nicht realisiert.

Als auf den DFG-Kindersurvey 1993 aufbauend kann das Kinderpanel
des Deutschen Jugendinstituts (DJI-Kinderpanel 2002) angesehen werden.
Auch beim DJI-Kinderpanel 2002 handelt es sich um eine Längsschnittstudie, bei der sowohl die Kinder als auch deren Eltern im Jahresabstand
mehrfach befragt wurden. Die Altersgrenze der mittels eines standardisierten Fragebogens befragten Kinder liegt mit 8 bis 9 Jahren unterhalb des
Eingangsalters im DFG-Kindersurvey 1993. Einbezogen in die Studie wurden auch 5- bis 6-jährige Kinder, für die die Daten in der Ausgangserhebung jedoch über die Eltern eingeholt wurden (Proxy-Interviews). Erst in
der dritten Erhebungswelle wurden die Kinder dieser jüngeren Kohorte,
mittlerweile waren sie zwischen 8 und 9 Jahre alt, ebenfalls mittels eines
standardisierten Fragebogens befragt. Insgesamt konnte im DJI-Kinderpanel eine Kohorte (ausgangs) 8- bis 9-Jähriger in einem zahlenmäßigen
Umfang von 1.068 Befragten erreicht werden sowie eine Kohorte 5- bis 6-
Jähriger in einem Umfang von 1.150 Kindern. Beide Kohorten wurden repräsentativ für die Bundesrepublik Deutschland gezogen (Alt/Quellenberg
2005). Damit setzt das DJI-Kinderpanel 2002, ähnlich wie der Konstanzer
Längsschnitt, auf einen Kohorten-Stichprobenansatz. Durchgeführt wurden
die Interviews mit den Eltern und Kindern – wie dies auch beim DFG-
Kindersurvey 1993 der Fall war – in der häuslichen Umgebung. Ein Unterschied zwischen beiden Surveys besteht jedoch darin, dass Kinder mit Migrationshintergrund beim DFG-Kindersurvey 1993 explizit nicht mit einbezogen wurden, jedoch im DJI-Kinderpanel 2002 eine spezifische Zielpopu-
lation darstellten.

Die Tradition des DFG-Kindersurveys 1993 und der Shell-Jugend-

---

6 Die Eltern wurden – anders als im Konstanzer Längsschnitt – in den gleichen Abstän-
den wie die Kinder befragt. Dabei wurden sowohl ein spezifischer Fragebogen für
Mütter, ein spezifischer Fragebogen für Väter sowie ein Haushaltsfragebogen eingesetzt.

studien der 1990er-Jahre fortsetzend, wurden 2001 und 2003 zwei Kinder-
(und Jugendstudien) vom Siegener Zentrum für Kindheits-, Jugend- und
Biografieforschung durchgeführt: die Studie NRW-Kids 2001 und die Studie Lernen und Bildung 2003 (LernBild 2003[7]; Zinnecker u. a. 2003; Behnken u. a. 2004).

Im Rahmen der Studie NRW-Kids 2001 wurden zwischen August und
Oktober 2001 knapp 8.000 10- bis 18-Jährige schriftlich befragt. Beteiligt
waren rund 350 Schulklassen an über 160 allgemeinbildenden und beruflichen Schulen vom 4. bis zum 12. Jahrgang (mit Ausnahme der Förderschu-
len). Die Studie ist für das Bundesland Nordrhein-Westfalen repräsentativ.
Die Studie LernBild umfasst 2.000 10- bis 18-Jährige, die 2003 ebenfalls
repräsentativ für Nordrhein-Westfalen schriftlich befragt wurden.

Bei beiden Studien handelt es sich um querschnittliche Kinderbefragungen. Sie unterscheiden sich von anderen Querschnittbefragungen wie dem
Kindersurvey 1980 oder der DJI-Studie „Was tun Kinder am Nachmittag"
durch ihren breiten und umfassenden Blick auf die Lebenswelt der Kinder
(und Jugendlichen). Dies gilt im Besonderen für die Studie NRW-Kids
2001. Sie ist als so genannte *Panoramastudie* konzipiert, das heißt, sie versucht, möglichst viele Themen und Lebensbereiche von Kindern in den
Blick zu nehmen. Zur Umsetzung der Themen-Vielfalt wurden verschiedene Fragebogen-*Module* eingesetzt: Einige Fragen – wie zum Beispiel nach
dem Alter, dem Geschlecht oder der besuchten Schulform – waren dabei für
alle Befragten gleich. Sie bildeten den *Basisteil* des Fragebogens. An den
Basisteil schlossen sich jeweils Fragen an, die sich auf spezifische Themenbereiche bezogen und die jeweils nur von einem Teil der Befragten
ausgefüllt werden sollten. Ein Verfahren, das bereits in der ‚Schülerstudie
1990' (Behnken u. a. 1991) mit Erfolg eingesetzt wurde. Diese Module –
auf Grund der großen Stichprobe von 8.000 Befragten konnten sechs verschiedene Module eingesetzt werden – bezogen sich auf die Bereiche Familie (incl. Großeltern), Freunde, Freizeitinteressen, das Verhältnis zwischen
Kindern mit und ohne Migrationshintergrund u. v. m.

Weitere wichtige Studien der jüngeren Kinder-Surveyforschung sind der
Kinderbarometer und die World-Vision-Studien.

Der Kinderbarometer wird in einzelnen Bundesländern seit 1997 jähr-
lich durchgeführt (Klöckner u. a. 2002). Befragt werden darin 9- bis 14-
Jährige u. a. zum Wohlbefinden in der Schule, in der Familie und im Freundeskreis.

Die World-Vision-Studien orientieren sich an den Shell-Jugendstudien.
Im Rahmen dieser Studie wurden erstmals 2007 8- bis 11-jährige Kinder zu
ihrer Lebenssituation befragt. Ergänzt werden die Angaben der Kinder
durch kurze Elterninterviews. 2009 wurde die World-Vision-Studie ein

---

7 Die Studie LernBild 2003 wurde vom Siegener Zentrum für Kindheits-, Jugend- und
  Biografieforschung gemeinsam mit ProKids-Herten durchgeführt.

zweites Mal durchgeführt, das Eingangsalter der Befragten wurde dabei auf sechs Jahre abgesenkt. Da das Befragungsinstrumentarium in beiden Erhebungswellen weitgehend identisch geblieben ist, ermöglichen die World-Vision-Studien im Besonderen Trendaussagen zur Kindheit.

In den hier vorgestellten Studien konnten wir die Spannbreite der Kindersurvey-Forschung nur andeuten. Auf weitere Studien, die eigentlich zu einem vollständigen Überblick über die Survey-Forschung mit Kindern gehören – wie Schulleistungsstudien (z. B. IGLU) oder neuere Studien wie das Nationale Bildungspanel (das auch Kinderbefragungen umfasst) oder den Integrierten Survey des Deutschen Jugendinstituts (AID:A) – können wir an dieser Stelle nicht näher eingehen (vgl. hierzu Stecher/Maschke 2011).

Zur Durchführung von Kindersurvey-Studien[8]

Im Folgenden wollen wir uns mit einigen zentralen Problemen der Kindersurvey-Forschung beschäftigen, deren Bearbeitung bzw. Lösung wesentlich die Qualität der Befragung von Kindern bestimmen. Hierzu zählen u.a. Kriterien zur Erstellung des Fragebogens, zur Ausgestaltung der Erhebungssituation sowie zur Datenerfassung.

Der Fragebogen

Der Fragebogen, der zur Befragung von Kindern eingesetzt wird, stellt besondere Ansprüche an die Qualität. Damit verbunden ist ein spezieller, an den Kindern orientierter ‚Zuschnitt‘ des Frage-Instrumentes. Dies bedeutet auch, dass sich eine standardisierte Kinderbefragung in der Regel von Erwachsenen- und Jugendbefragungen unterscheiden *muss*. Neben den allgemeinen Regeln zur Gestaltung von Fragebögen und zur Entwicklung von Fragen – wie Einfachheit, Verständlichkeit, Eindimensionalität etc. – müssen sich Fragebögen, die sich an Kinder richten, im Besonderen an vier Kriterien orientieren:

- Die Fragen müssen den kognitiven Fähigkeiten der Kinder (u.a. mit Blick auf die jeweilige Altersstufe bzw. mit Blick auf Unterschiede in der Lese- und Schreibkompetenz) angemessen sein (siehe Emde und Fuchs in diesem Band).

---

8 Die Erfahrungen der Autorin und des Autors, die im Folgenden mit Blick auf die Durchführung und Gestaltung von standardisierten Befragungen von Kindern dokumentiert sind, stammen aus ihrer Mitarbeit am DFG-Kindersurvey 1993, den Studien NRW-Kids 2001, LernBild 2003 sowie dem DJI-Kinderpanel 2002.

- Die Fragen müssen sich auf konkrete lebensweltliche Erfahrungen der Kinder beziehen. Lipski kommt in seinen Betrachtungen unterschiedlicher Untersuchungen mit Kindern zu dem Schluss, dass „häufiger mit falschen Antworten" der Kinder gerechnet werden muss, wenn diese „außerhalb der unmittelbaren Erfahrung der Kinder liegen" (2000, S. 82), wozu beispielsweise der Beruf der Eltern zählt. Auch Emde und Fuchs (in diesem Band) weisen darauf hin, dass Fragen zur Herkunftsfamilie häufig einen hohen Anteil von fehlenden und Weiß-nicht-Antworten aufweisen. Fragen, die auf den unmittelbaren Erfahrungsbereich der Kinder zielen, etwa nach Anzahl und Geschlecht der Familienmitglieder, werden von den Kindern hingegen in der Regel ‚richtig' beantwortet. In der Kindheitsforschung geht es allerdings nicht darum, Kinder nach Sachverhalten zu befragen, die die Erwachsenen bzw. Eltern, denken wir beispielsweise an sozialstatistische Angaben wie Bildungsabschlüsse, genauer beantworten können. „Hier geht es vielmehr um Inhalte, für die Kinder die bessere bzw. sogar die einzige Informationsquelle sind" (Lipski 2000, S. 82).
- Im Fragebogen müssen die „Bedeutungsmuster von Kindern und erwachsenen Forschern" (weitgehend) miteinander in Deckung gebracht werden (Kränzl-Nagl/Wilk 2000, S. 71). Dies betrifft nicht nur den Sinngehalt der verwendeten Begriffe, sondern auch die Relevanzstrukturen der erfragten Bereiche. Dies bezieht die Anerkennung von Interessen, die Kinder an einer sie betreffenden Fragebogenstudie haben können, mit ein.
- Soll in einer Studie der Fragebogen von den Kindern selbst ausgefüllt werden (bei Paper and Pencil Interviews, PAPI), so ergeben sich daraus spezifische Anforderungen an die Gestaltung des Fragebogens. Das Ziel, das Aufmerksamkeitsniveau und die Motivation der Kinder über den gesamten Befragungszeitraum in etwa konstant zu halten, bedarf einer altersgemäßen *Gestaltung* der Fragebögen. Das heißt, dass Fragebögen für Kinder besondere Anforderungen an das Layout, die Frage- und Antwort-Gestaltung sowie an die Befragungsführung zu erfüllen haben.

Die Einlösung dieser Grundkriterien der Fragebogengestaltung in Kinderstudien lässt sich aus unserer Sicht nicht allein durch die Reflexion des/der Forscher/in und auf der Basis entsprechenden Literaturstudiums gewährleisten, sondern bedarf notwendiger Weise der *Einbeziehung der Befragten* – also der Kinder – *in die Planung und Erstellung des Fragebogens*. Der Prozess der Entwicklung eines Kinderfragebogens sollte deshalb aus unserer Sicht spezifischen explorativen Phasen und Pre-Testungen folgen, die eine Beteiligung der Kinder in weitem Umfang ermöglichen. Im Folgenden wollen wir den Prozess der Fragebogenentwicklung exemplarisch an der Studie NRW-Kids 2001 vorstellen.

Prozess der Fragebogenentwicklung

Wie in Bezug auf die Kriterien für die Entwicklung von Fragebögen genannt, kommt es in Kinderstudien im Besonderen darauf an, gemeinsame Bedeutungsmuster und Relevanzstrukturen zwischen den Kindern und den erwachsenen ForscherInnen herzustellen. In der Studie NRW-Kids 2001 wurden hierzu in einem ersten Schritt informelle Gespräche mit einzelnen Gruppen von Kindern geführt, in denen das inhaltliche Anliegen der Studie vorgestellt wurde (explorative Entwicklungsphase). Im Mittelpunkt des Interesses seitens der Forschenden stand die Beschreibung kindlicher Lebenszusammenhänge. Dazu diskutierten wir mit den Kindern, was ihrer Meinung nach zu den wichtigen Dingen in ihrem Leben gehört.[9]

- Ziel war es, zum einen alltagsrelevante Themen der Kinder zu identifizieren und sie mit den Forschungsfragen zu verbinden. Zum anderen sollten für (unterschiedliche) Altersstufen nachvollziehbare und verständliche Fragen und Antwortvorgaben entwickelt werden. Im Vordergrund stand dabei, die verschiedenen Themen in Begriffe zu ‚übersetzen‘, die möglichst eindeutig sind und an die Lebenswelt der Kinder anknüpfen. Wert legten wir insbesondere auf Verständlichkeit bei Kindern mit Migrationshintergrund. Zum anderen standen auch einzelne Frage-Instrumente und Skalen zur Diskussion. Diese wurden von den Kindern bearbeitet und anschließend in der Diskussion bewertet.

Auf der Basis der Erfahrungen während der Entwicklungsphase wurden die einzelnen Fragen bzw. der Fragebogen insgesamt entworfen. Der darauf folgende zweite Schritt umfasste den *Pretest* des Fragebogenentwurfs.

- Der Pretest zielte insbesondere darauf, den vorläufigen Fragebogen auf Verständlichkeit der Fragen und Antwortvorgaben sowie der Orientierungshilfen zum Ausfüllen etc. zu überprüfen. Zudem stand auch das Layout, beispielsweise verschiedene Illustrierungen etc. zur Diskussion. In der Studie NRW-Kids 2001 wurden gezeichnete Figuren in den Fragebogen eingesetzt (ein Mädchen und ein Junge, die in etwa dem Alter der befragten Kinder entsprachen sowie einen ‚Tipp-Vogel‘ in Comicart), die den Kindern auf der ersten Seite vorgestellt wurden, und die die Kinder auf ihrem Weg durch den Fragebogen begleiteten. Über diese Figuren war es möglich, den befragten Kindern Hinweise zum Ausfüllen auf vergleichsweise spielerische Art zu geben, Filterführungen zu erläutern, aber auch die Motivation der Kinder zu unterstützen.

---

9 Ein Gesprächsstimulus beinhaltete, dass die Kinder sich vorstellen sollten, sie würden ein Kind aus einem anderen Kontinent kennen lernen und wollten etwas über das Leben, Denken und Fühlen dieses Kindes erfahren. Was würden sie fragen?

- Beim Pretest wurden die Kinder und Jugendlichen gebeten, den Fragebogen auszufüllen und in einer anschließenden Runde zu diskutieren und zu bewerten. Die Daten des Pretests wurden auch zur Überprüfung der Skalenqualität einzelner Befragungsinstrumente genutzt.

An die neuerliche Überarbeitung des Fragebogens schloss sich schließlich ein *Ablauf-Pretest,* der eine Art „Generalprobe" darstellte, an: Im Mittelpunkt stand die Gesamtüberprüfung des Untersuchungsablaufs und die Frage, ob es noch letzte Uneindeutigkeiten und Schwierigkeiten mit dem Fragebogen gab.

All diese Schritte wurden mit Kindern unterschiedlicher Altersstufen bzw. Jahrgangsstufen und Schulformen durchgeführt, entsprechend der Feld- und Stichprobencharakteristika der NRW-Kids-Studie.

Die Erhebungssituation

Wesentlichen Anteil am Gelingen standardisierter Kinderbefragungen hat die Gestaltung der Erhebungssituation. Dies gilt bei einer klassenweisen Befragung in der Schule ebenso wie bei einem Einzelinterview in der häuslichen Umgebung des Kindes. Wir wollen auf der Basis der Studie NRW-Kids 2001 auf die Erhebungssituation in der Schule näher eingehen.

Um den Eindruck einer ‚Prüfungssituation' zu vermeiden, bemühten wir uns um die Schaffung einer Atmosphäre, die vom üblichen Schulalltag abweicht, beispielsweise durch spezielle Sitzordnungen, durch abwechslungsreiche und die Kinder aktivierende Moderationstechniken oder auch, indem wir einen kleinen Imbiss anboten.

Mit Blick auf den Termin zur klassenweisen Befragung wiesen uns die Kinder bereits im Pretest darauf hin, dass sie gerne an den Befragungen teilnehmen würden, insbesondere dann, wenn dadurch spezielle Unterrichtseinheiten ausfallen würden (oder wie ein Junge das ausdrückte: „Mir hat der [Fragebogen, d. V.] ganz gut gefallen, besonders weil wir kein Mathe und Deutsch haben."), andere jedoch eher nicht ausfallen sollten (allen voran Sport). Wir bemühten uns dementsprechend bei den Terminabsprachen mit den Schulen darum, die von den meisten Kindern favorisierten Fächer möglichst nicht ausfallen zu lassen.

Ein Ergebnis aus der Entwicklungs- und Pretestphase betraf die Auswahl und die Aufgaben der InterviewerInnen. Für die Klassenbefragung erwies es sich als vorteilhaft, dass jeweils zwei InterviewerInnen diese durchführten. Diese konnten sich als Zweier-Team vielfältigen Aufgaben zuwenden, beispielsweise den Nachfragen der SchülerInnen, der Protokollierung der Erhebungssituation etc. Auch in den Fällen, in denen sich die LehrerInnen im Klassenzimmer aufhielten, waren die InterviewerInnen angewiesen, die Befragungssituation möglichst selbstständig zu lenken, um

Eingriffe seitens der Lehrkräfte in die Erhebungssituation zu verhindern. Die Zusammensetzung des jeweiligen InterviewerInnen-Teams sah eine weibliche Interviewerin und einen männlichen Interviewer vor. Zudem bemühten wir uns, InterviewerInnen mit Migrationshintergrund zu gewinnen (ihr Anteil an der Gruppe der InterviewerInnen war jedoch gering).

In der Studie NRW-Kids 2001 waren die InterviewerInnen-Teams aufgefordert, die Erhebungssituation in Protokollbögen zum Teil standardisiert, zum Teil offen zu dokumentieren. In diesen Protokollbögen wurde festgehalten, ob die Klassen im Vorfeld von den LehrerInnen bzw. der Schulleitung über die Durchführung der Befragung informiert wurden, ob die Befragung gegebenenfalls bereits vorher im Unterricht thematisiert worden war, wie viele SchülerInnen der Klasse an diesem Tag anwesend waren, ob die Befragungszeit für die meisten der Kinder ausreichte, welche Probleme es während der Erhebung gab usw. Aus den Protokollbögen lässt sich beispielsweise ersehen, dass Probleme durch Unruhe und Störungen etc. während der Erhebungssituation nur in Ausnahmefällen berichtet wurden. Die überwiegende Mehrheit der SchülerInnen widmete sich mit großer Gewissenhaftigkeit der Befragung.

Datenerfassung

Am Ende noch ein kurzer Hinweis zu Datenerfassung und -eingabe. Üblicherweise werden die Fragebögen in Survey-Studien maschinenlesbar konzipiert und die Angaben der Befragten über Belegleser eingelesen. Wie sich jedoch schon in den Pretests der NRW-Kids 2001 andeutete, neigen Kinder teilweise dazu, sich nicht nur auf die im Fragebogen vorgegebenen Antwortfelder zu beschränken, sondern die ein oder andere Antwort mit eigenen Kommentaren zu versehen, oder eine eigene Antwortkategorie hinzuzufügen. Die Daten wurden deshalb manuell von Studierenden (doppelt) eingegeben. Dies bot die Möglichkeit, Bilder, Kommentare etc. mit denen die Kinder den Fragebogen zusätzlich bereicherten, zu sammeln. Festhalten lässt sich, dass neben der standardisierten Befragung, also über das Vorgebene hinaus, von den Kindern spezifische und individuelle Ausdrucksmöglichkeiten häufig geradezu gesucht werden. Diese gilt es, trotz höherer Kosten, mittels einer manuellen Eingabe zu erfassen.

„Die Fragen haben mir gut gefallen, weil da auch Sachen drin waren, die ich gerne mache"

Die Kindersurvey-Forschung ermöglicht repräsentative Einblicke in die Lebenswelt und die gesellschaftliche Situation von Kindern, und zwar auf der Basis einer ‚großen Zahl' Befragter. Dies ist ein Pluspunkt quantitativer

Forschung. Zugleich kann damit aber auch die Bedürfnislage von Kindern in der Erhebungssituation in den Hintergrund gerückt werden – indem die befragten Kinder auf die Funktion des reinen ‚Datenlieferanten' reduziert werden. Unter den in diesem Beitrag vorgestellten (zusätzlichen) Qualitätskriterien standardisierter Befragungen von Kindern stellt für die meisten Kinder die Befragungssituation eine außeralltägliche Situation dar, von der ein hoher Aufforderungscharakter ausgeht und die in den meisten Fällen mit großem Engagement wahrgenommen wird. Dass viele Kinder Befragungen gegenüber positiv eingestellt sind, illustrieren drei ausgewählte Zitate, mit denen Kinder im Alter von 10 bis 12 Jahren ihren Fragebogen in der Studie NRW-Kids 2001 bewerten: „Ich fand es gut, dass Leute in unserem Alter auch nach ihrer Meinung gefragt werden", „Gut, dass mal so was durchgeführt wird – mal was anderes!", oder „Mir hat die Befragung gut getan."

Fern von Befragungen, die an schulische Inhalte erinnerndes Wissen *abfragen*, rückt die Kindersurvey-Forschung – im günstigen Fall – Sachverhalte in den Mittelpunkt, mit denen die Kinder sich *auskennen*, für die sie ernst zu nehmende Experten sind, für die ihre Einschätzungen und Beurteilungen gefragt sind. Dieses Potenzial zu nutzen, liegt in der Verantwortung der ForscherInnen. Eine Verantwortung, die aus unserer Sicht nur durch das konsequente Mit-Einbeziehen der Kinder in den Forschungsprozess gewährleistet werden kann. Einige der Schritte, die hierfür notwendig sind, haben wir in diesem Beitrag beschrieben. In dem Maß, in dem dies gelingt, steigt die Validität und die Zuverlässigkeit der Daten.

Literatur

Alt, C.; Quellenberg, H. (2005): Daten, Design und Konstrukte. Grundlagen des DJI-Kinderpanels. In: Alt, C. (Hrsg.): Kinderleben – Aufwachsen zwischen Familie, Freunden und Institutionen. Aufwachsen in der Familie. Wiesbaden, S. 277-303.

Andrews, F.; Crandall, R. (1976): The Validity of Measures of Self-Reported Well-Being. In: Social Indicators Research, 1, 3, S. 1-19.

Behnken, I.; Beisenkamp, A.; Hunsmann, M.; Kenn, S.; Klöckner, C.; Kühn, D. u. a. (2004): Lernen, Bildung, Partizipation. Die Perspektive der Kinder- und Jugendlichen. Düsseldorf: Ministerium für Schule, Jugend und Kinder des Landes Nordrhein-Westfalen.

Behnken, I.; Günther, C.; Kabat vel Job, O.; Keiser, S.; Karig, U.; Krüger, H.-H. u. a. (1991): Schüler-Studie '90. Weinheim u. München.

Fend, H. (1990): Vom Kind zum Jugendlichen – Der Übergang und seine Risiken. Bern u. a.

Fend, H. (1991): Identitätsentwicklung in der Adoleszenz. Bern.

Fend, H. (2006): Mobilität der Bildungslaufbahnen nach der 9. Schulstufe: Koppelung und Entkoppelung von Bildungsverläufen und Berufsausbildung an die Schulformzugehörigkeit – neue Chancen oder alte Determinanten. In: Georg, W. (Hrsg.): Soziale Ungleichheit im Bildungssystem. Eine empirisch-theoretische Bestandsaufnahme. Konstanz, S. 265-289.

Heinzel, F. (Hrsg.) (2000): Methoden der Kindheitsforschung. Ein Überblick über Forschungszugänge zur kindlichen Perspektive. Weinheim.

Honig, M.-S.; Lange, A.; Leu, H. R. (Hrsg.) (1999a): Aus der Perspektive von Kindern. Zur Methodologie der Kindheitsforschung. Weinheim u. München.

Honig, M.-S.; Lange, A.; Leu, H. R. (1999b): Eigenart und Fremdheit. Kindheitsforschung und das Problem der Differenz von Kindern und Erwachsenen. In: Honig, M.-S.; Lange, A.; Leu, H. R. (Hrsg.): Aus der Perspektive von Kindern. Zur Methodologie der Kindheitsforschung. Weinheim u. München, S. 9-32.

Hurrelmann, K.; Andresen, S. (2010): Kinder in Deutschland 2010. 2. World Vision Kinderstudie. Frankfurt a. M.

Klöckner, C. A.; Beisenkamp, A.; Schröder, R. (2002): Der LBS-Kinderbarometer. In: LBS-Initiative Junge Familie (Hrsg.): Kindheit 2001 – Das LBS-Kinderbarometer. Opladen, S. 21-43.

Kränzl-Nagl, R.; Wilk, L. (2000): Möglichkeiten und Grenzen standardisierter Befragungen unter besonderer Berücksichtigung der Faktoren soziale und personale Wünschbarkeit. In: Heinzel, F. (Hrsg.): Methoden der Kindheitsforschung. Ein Überblick über Forschungszugänge zur kindlichen Perspektive. Weinheim, S. 59-75.

Lang, S. (1985): Lebensbedingungen und Lebensqualität von Kindern. Frankfurt a. M. u. New York

LBS-Initiative Junge Familie (1998): LBS-Kinderbarometer NRW. Stimmungen, Meinungen, Trends von Kindern in Nordrhein-Westfalen. Münster.

Lipski, J. (2000): Zur Verläßlichkeit der Angaben von Kindern bei standardisierten Befragungen. In: Heinzel, F. (Hrsg.): Methoden der Kindheitsforschung. Ein Überblick über Forschungszugänge zur kindlichen Perspektive. Weinheim, S. 77-86.

Masche, G.; Reitzle, M. (1999): Stichprobe und Design. In: Silbereisen, R. K.; Zinnecker, J. (Hrsg.): Entwicklung im sozialen Wandel. Weinheim, S. 39-62.

Rijke, J. de (1992): Untersuchungsanlage, sozial-ökologischer Ansatz und Beschreibung der Regionen. In: Deutsches Jugendinstitut (Hrsg.): Was tun Kinder am Nachmittag. Ergebnisse einer empirischen Studie zur mittleren Kindheit. München, S. 7-30.

Sand, H.; Benz, K. H. (1979): Jugend und Freizeitverhalten. Ergebnisse empirischer Jugendforschung. 1. Aufl. Fellbach.

Silbereisen, R. K.; Zinnecker, J. (Hrsg.) (1999): Entwicklung im sozialen Wandel. 1. Aufl. Weinheim.

Stecher, L.; Maschke, S. (2011): Die quantitative Kindheitsforschung als Beitrag zur Vermessung der Kindheit. In: Diskurs Kindheits- und Jugendforschung, 6, 3, S. 281-298.

Wilk, L. (1996): Die Studie „Kindsein in Österreich". Kinder und ihre Lebenswelten als Gegenstand empirischer Sozialforschung – Chancen und Grenzen einer Surveyerhebung. In: Honig, M.-S.; Leu, H. R.; Nissen, U. (Hrsg.): Kinder und Kindheit. Soziokulturelle Muster – sozialisationstheoretische Perspektiven. Weinheim u. München, S. 55-76.

Zinnecker, J. (1996): Kindersurveys – Ein neues Kapitel Kindheit und Kindheitsforschung. In: Clausen, L. (Hrsg.): Gesellschaften im Umbruch – Verhandlungen des 27. Kongresses der DGS in Halle an der Saale 1995. Frankfurt u. New York, S. 783-794.

Zinnecker, J.; Behnken, I.; Maschke, S.; Stecher, L. (2003): null zoff & voll busy. Die erste Jugendgeneration des neuen Jahrhunderts. 2. Aufl. Opladen.

Zinnecker, J.; Silbereisen, R. K. (Hrsg.) (1998): Kindheit in Deutschland. 2. Aufl. Weinheim u. München.

Übersicht 1: Auswahl wichtiger Kinder-Surveystudien

Studientitel	Jahr der Erhebung	Alter der Befragten	Referenz	Design
IJF-Studie 23/E	1973	12 – 25 Jahre	Sand/Benz 1979	Querschnitt
IJF-Studie 47	1976	10 – 18 Jahre	Sand/Benz 1979	Querschnitt
IJF-Studie 54	1977	9 – 15 Jahre	Sand/Benz 1979	Querschnitt
IJF-Studie 65	1978	6 – 19 Jahre	Sand/Benz 1979	Querschnitt
Kindersurvey 1980	1980	7 – 11 Jahre	Lang 1985	Querschnitt
Konstanzer Längsschnitt	1979-1983	(eingangs) 12 Jahre	Fend 1991	1-Kohorten-Längsschnitt
Kinder am Nachmittag (DJI)	1988	8 – 12 Jahre	De Rijke 1992	Querschnitt
Kindsein in Österreich	1991/92	10 Jahre	Wilk 1996	Querschnitt
DFG-Kindersurvey	1993-1999	(eingangs) 10 – 13 Jahre	Zinnecker/ Silbereisen 1998	Längsschnitt
LBS Kinder-barometer	1997 ff.	9 – 14 Jahre	Klöckner/ Beisenkamp/ Schröder 2002	Querschnitte (Trend-studie)
NRW-Kids 2001	2001	10 – 18 Jahre	Zinnecker u. a. 2003	Querschnitt
DJI-Kinderpanel	2002-2005	5 – 6 Jahre (Proxy-Int.); 8 – 9 Jahre	Alt/Quellen-berg 2005	2-Kohorten-Längsschnitt
LernBild	2003	10 – 18 Jahre	Behnken u. a. 2004	Querschnitt
World-Vision-Studien	2007 und 2010	6 bzw. 8 – 11 Jahre	Hurrelmann/ Andresen 2010	Querschnitte (Trend-studie)

Matthias Emde, Marek Fuchs

Datenqualität in standardisierten Interviews mit Kindern

Die Befragung von Kindern im Rahmen von Face-to-Face Interviews etabliert sich mehr und mehr als gängige Forschungspraxis. Wurden in den zurückliegenden Jahrzehnten primär Eltern befragt, um Informationen über das Leben von Kindern zu erfahren, werden im Rahmen standardisierter Befragungen immer häufiger Einstellungen und Verhaltensweisen direkt von Kindern erhoben. Diese Entwicklung ist nicht unproblematisch, weil die Umfrageforschung ihre methodischen Standards vorrangig aus Erfahrungen und methodischen Evaluationen von Befragungen mit erwachsenen Auskunftspersonen bezieht und sich daher die Frage stellt, ob das etablierte methodische Instrumentarium bei Kindern Daten von ähnlicher Qualität liefert.

Dieser Beitrag diskutiert die Eignung von standardisierten Befragungen bei Kindern speziell im Hinblick auf den Frage-Antwort-Prozess. Nach einer Darstellung bisheriger Forschungsergebnisse, folgt im Anschluss eine differenzierte Betrachtung des Einflusses der kognitiven Fähigkeiten von Kindern auf die zu erwartende Datenqualität in Kinderinterviews. Darauf aufbauend wird die Bedeutung von Frageschwierigkeit und -typ in Bezug zu den kognitiven Fähigkeiten von Kindern gesetzt sowie die Relevanz von Standardisierung und Interviewerverhalten für die Datenqualität in Kinderinterviews erläutert. Daraus werden abschließend Implikationen für die Forschungspraxis abgeleitet und ein Ausblick auf Probleme und offene Forschungsfragen gegeben.

Einschränkungen der Datenqualität in Kinderinterviews – ein Problemaufriss

Die sich seit den 80er-Jahren entfaltende empirische Kindheitsforschung hat ein wachsendes Interesse an den Lebenslagen und Lebensbedingungen von Kindern mit sich gebracht. Nicht nur Themen wie Kinderarmut, Kinderrechte, Kinderdevianz oder Kindesmissbrauch (Lang 1998) rücken die Perspektiven und Sichtweisen von Kindern selbst ins Zentrum von Forschungsaktivitäten. Vielmehr entsteht ganz allgemein ein Interesse an den kindlichen Auskünften, die komplementär zu den Sichtweisen und Betrachtungen von Erwachsenen in die Charakterisierung der kindlichen Lebenswelt, Lebenslagen und Lebensbedingungen eingehen. Während in den 1960er und 1970er-Jahren weitgehend galt: „Über Kindheit zu reden heißt, daß Erwachsene reden" (Lenzen 1985, S. 11) werden heute zusehends Kinder selber zu Beforschten und Datenlieferanten. Darin kommt eine veränderte Positionierung von Kindern in der sozialen Ordnung des Wissens zum Ausdruck (Zinnecker 1996). Zwar werden Kinder nicht als jugendliche oder gar erwachsene Auskunftspersonen begriffen, aber als vollwertige Mitglieder der Gesellschaft, die für sich selber sprechen können, deren Aussagen komplementär zu den nach wie vor wichtigen Sichtweisen von Erwachsenen/Eltern zusätzlich zu berücksichtigen sind. Sie werden damit zu einer „befragungswürdigen Gruppe" (Kränzl-Nagl/Wilk 2000); demgegenüber hat sich die Skepsis der frühen Jahre der Kindheitsforschung (Lüscher 1977) gelegt.

Zwar hat es, ähnlich wie in den Vereinigten Staaten, wo es schon früh Repräsentativbefragungen unter Kindern gab (Watts/Hernandez 1982), auch in Deutschland frühe Untersuchungen gegeben, die sich, zusätzlich zu Befragungen von Eltern, auf die Auskünfte von Kindern stützten (vgl. für einen Überblick Zinnecker 1996). Aber eine größere Verbreitung von standardisierten Befragungen bei Kindern ist erst seit etwa Anfang der 90er-Jahre zu beobachten. Natürlich hat die Markt- und Meinungsforschung spätestens seit den späten 1980er/frühen 1990er-Jahren die Kinder als Konsumenten entdeckt, die über beträchtliche ökonomische Ressourcen verfügen bzw. indirekt über ihren Einfluss auf familiale Kaufentscheidungen von Bedeutung sind (IMAS 1991; vgl. auch Lipski 2000). Daneben sind aber insbesondere sozialwissenschaftliche Untersuchungen bei Kindern zu nennen, von denen der DJI-Kindersurvey (Alt 2005) zu den wichtigen Studien gehört. Daneben sind die Repräsentativbefragungen von Zinnecker und Silbereisen (1996) zu nennen sowie der Österreichische Kindersurvey (Wilk/ Bacher 1994). Schließlich sind eine Fülle von kleineren und größeren Untersuchungen zu spezifischen Themenstellungen und Zielgruppen durchgeführt worden. So soll hier exemplarisch die Untersuchung unter Aussiedlerkindern von Schmitt-Rodermund und Silbereisen (2002) genannt werden sowie die großangelegte Untersuchung des Robert Koch-Instituts zu Gesundheitsfragen (z.B. Kurth u.a. 2002).

Neben den Untersuchungen der Markt- und Meinungsforschung und der akademischen Sozialforschung werden Kinder insbesondere im Rahmen von Schulleistungsmessungen befragt, um Informationen und Auskünfte über ihre Lebenswelt, den sozialen Hintergrund und die Bedingungen des Aufwachsens im Elternhaus zu erschließen. Neben der Grundschulbefragung IGLU (z.B. Bos u.a. 2005) ist hier insbesondere auf das neu aufgelegte nationale Bildungspanel in Deutschland (z.B. Blossfeld u.a. 2008) zu verweisen.

Wie in der empirischen Sozialforschung mit Erwachsenen, ist auch in der Kindheitsforschung die standardisierte Befragung die am häufigsten angewendete Methode (Petermann/Windmann 1993). Die Methodologie der standardisierten Befragung hat in den letzten ca. 10 bis 15 Jahren eine erhebliche Professionalisierung in Deutschland erfahren, die vor allem durch eine Rezeption der amerikanischen Literatur zur Survey Methodology (z.B. Tourangeau u.a. 2000; Biemer/Lyberg 2003; Dillman u.a. 2008; Groves u.a. 2009) angeregt und ihren Niederschlag in der Gründung spezifischer englisch- und deutschsprachiger Methodenzeitschriften (z.B. „Survey Research Methods" oder „Methoden – Daten – Analysen") und in einer eigenen Forschungstradition zu methodischen Fragestellungen der Umfragemethodologie gefunden hat.

Die entscheidende Frage bei der Anwendung von standardisierten Befragungen bei Kindern lautet aber, ob diese für Erwachsene etablierten Methoden auch für junge Befragte geeignet sind (Garbarino/Stott 1992). So wird die Validität und Reliabilität der mit diesen Methoden gewonnenen Daten durch die zum Teil nur unzureichende Beherrschung von basalen Kulturtechniken (Lesen und Schreiben), die für die selbstadministrierte Befragung von zentraler Bedeutung sind (Kränzl-Nagl/Wilk 2000), erheblich in Frage gestellt. Daneben wird aber insbesondere angenommen, dass der noch nicht voll entfaltete kognitive Entwicklungsstand von Kindern eine Anwendung der Standardmethodologie der Umfrageforschung in Frage stellt (Fuchs 2004, 2005).

Der einer standardisierten Befragung zugrunde liegende Frage-Antwort-Prozess stellt sich als komplexe Interaktion zwischen Befragten, der Frage und (sofern es sich nicht um eine selbst-administrierte Befragung handelt) dem Interviewer dar. Befragte müssen dabei in einem ersten Schritt die gestellte Frage verstehen, bevor sie sich relevante Informationen zur Beantwortung der Frage in Erinnerung rufen. Anschließend wird die Antwort generiert und dem bestehenden Antwortschema angepasst, bevor in einem letzten Schritt editiert und geäußert wird (z.B. Groves u.a. 2009; Schwarz/ Oyserman 2001). Die Generierung einer Antwort gestaltet sich dabei als komplexe Aufgabe, die ein Mindestmaß kognitiver Fähigkeiten voraussetzt. Vor diesem Hintergrund stellt sich die Frage ob Kinder, die im Vergleich zu Erwachsenen über weniger entwickelte kognitive Fähigkeiten verfügen, adäquate Antworten in Befragungen geben können.

Ein Blick in die Literatur zeigt, dass die mithilfe der standardisierten Befragung von Kindern gewonnenen Daten unter Umständen nur von eingeschränkter Datenqualität sind. So vermuten Kränzl-Nagl und Wilk (2000), dass Kinder versuchen, ihre Familie in einem günstigen Licht erscheinen zu lassen und dass sie daher bei heiklen Themen eher positivere, sozial erwünschte Antworten geben. Die Autoren nehmen dabei an, dass zusätzlich zum klassischen Konzept der sozialen Erwünschtheit bei Kindern die „personale Erwünschtheit" auftritt. Hinweise auf dieses Konzept finden sich bei einem Vergleich der Aussagen im Österreichischen Kindersurvey (Wilk/Bacher 1994) zur Häufigkeit familialer Konflikte. Diese Angaben wurden mit den entsprechenden Aussagen aus qualitativen Interviews und den aus Fortsetzungsgeschichten gewonnenen Angaben konfrontiert (Wilk/Beham 1994). Die Ergebnisse zeigen, dass Kinder in den qualitativen Interviews und in den Fortsetzungsgeschichten weit mehr familiale Konflikte benennen, als sie dies in standardisierten Befragungen tun.

Als wesentliches Problem der standardisierten Befragung – insbesondere im Kontext von Schulleistungsmessungen – erweist sich weiter die Verwechslungsgefahr mit einer Testsituation („test-taking mentality" Hershey/Hill 1976) – vor allem, wenn Befragungen im Rahmen eines Classroom-Settings administriert werden. Hier besteht die besondere Herausforderung für die Forscher darin, den Kindern zu vermitteln, dass es im Befragungsteil der entsprechenden Studie nicht um eine „Überprüfung" von Kenntnissen oder Kompetenzen geht, sondern dass die Kinder in diesem Teil der Untersuchung als Experten und Auskunftspersonen dienen, was nur gelingen kann, wenn eine prinzipielle und strukturelle Gleichberechtigung von Forscher und Beforschten betont wird (Oswald/Krappmann 1991).

Daneben liegt die Vermutung nahe, dass Kinder in vielen Fällen einen geringeren Wissensstand aufweisen als ihre Eltern (Lipski 2000). Insbesondere wenn Kinder Auskunft über ihre Herkunftsfamilie geben sollen, weisen die Daten zu den für die Berechnung des sozio-ökonomischen Status erforderlichen Indikatoren (Bildung, Beruf usw. der Eltern) in der Regel viele Missings bzw. Weiß-nicht-Antworten auf. Zudem ist die Validität der gegebenen inhaltlichen Antworten immer wieder in Frage gestellt worden. Entsprechende Validierungsstudien nutzen in der Regel zur Überprüfung der Gültigkeit der Kinderangaben die Aussagen der Eltern auf identische Fragen (Meulemann/Wieken-Mayser 1984). So zeigen Untersuchungen aus den 70er-Jahren (Saint John 1970; Kerckhoff u.a. 1973), dass die Angaben von Schülern der sechsten Klasse zur elterlichen Bildung einerseits sehr viele Weiß-nicht-Antworten aufweisen und andererseits in der Regel im Kontrast zu den Angaben der Mütter eine Überschätzung des elterlichen Bildungsniveaus darstellen. Zudem können die Kinder zwar allgemein den Beruf des Vaters zutreffend angeben (Lang/Breuer 1985); jedoch scheinen die Angaben zur Stellung im Beruf (Bauer u.a. 1984) zu ungenau zu sein, als dass sie die Basis für die Berechnung des sozio-ökonomischen Status des Elternhauses abgeben könnten. Jedoch steigt die Genauigkeit der Angaben zu Bildung und beruflicher Stellung der Eltern mit dem Alter der Kinder an.

Schon jüngere Kinder führen – wenn auch weniger ausgeprägt als Jugendliche – ein Eigenleben, über das die Eltern unter Umständen nur bedingt informiert sind (Lipski 2000). Daher sind bei Themenfeldern, die die Lebenswelt der Kinder direkt betreffen (also nicht den sozio-ökonomischen Hintergrund im Elternhaus), Validierungen durch Elternangaben weniger geeignet (Loeber/Farrington 1989; Scott 1997), weil die Eltern unter Umständen nur bedingt über die Aktivitäten, Präferenzen und Sichtweisen ihrer Kinder im Bilde sind. Daher lässt sich die Qualität entsprechender Angaben nicht durch einen Abgleich mit den vermeintlich korrekten Angaben der Eltern überprüfen, sondern lediglich aus indirekten methodischen Indikatoren ableiten.

Im Folgenden sollen die vorliegenden Ergebnisse der Methodenforschung zur Beschreibung und Erklärung der zum Teil nur eingeschränkten Datenqualität in Kinderbefragungen zusammenfassend dargestellt werden.

Einfluss der kognitiven Fähigkeiten der befragten Kinder

Die klassischen entwicklungspsychologischen Ansätze von Piaget (1948) und Kohlberg (1976) beschreiben die Entwicklung von Kindern und Jugendlichen als kontinuierlichen Prozess, indem über einen längeren Zeitraum hinweg nacheinander konsekutive Stufen der kognitiven und sozialen Entwicklung erreicht werden. Piaget (1948) beschreibt die qualitative Veränderung intellektueller Strukturen über vier zentrale Entwicklungsphasen: ausgehend von der (1) sensumotorischen Intelligenz (0 bis 2 Jahre) folgt die Phase der (2) präoperationalen Intelligenz (2 bis 7 Jahre) in Vorbereitung auf die Phase der (3) konkreten Operationen (7 bis 11 Jahre) und der abschließenden Phase der formalen Operation (12 bis 16 Jahre). Jeder Schritt der Entwicklung baut dabei auf dem vorhergehenden auf und überformt diesen, so dass mit zunehmender Entwicklung komplexere Aufgaben rascher erfasst und bearbeitet werden können. Obwohl alle Kinder diese Entwicklungsstufen durchlaufen, tun sie dies zeitlich und individuell unterschiedlich. Auch wenn also Kinder keine homogene Gruppe darstellen, nehmen die kognitiven Fähigkeiten von Kindern mit dem Alter zu.

Borgers und Kollegen (2000) konnten zeigen, dass Jugendliche ab einem Alter von 15 Jahren wie Erwachsene in einer Befragung behandelt werden können. Unterhalb dieser Altersschwelle ist die Befragbarkeit auf Grund noch nicht voll entwickelter sozialer und kognitiver Fähigkeiten nur eingeschränkt gewährleistet. Ab einem Alter von vier Jahren ist es jedoch grundsätzlich möglich, Kinder zu befragen, wobei begrenzte verbale Fertigkeiten und Verständnisprobleme die Befragbarkeit stark einschränken (Desrochers 2008; Borgers u.a. 2000). Ab einem Alter von etwa 8 bis 10 Jahren ist die standardisierte oder teilstandardisierte Befragung von Kindern als probate Methode anzusehen, obgleich Fragen speziell auf diese Befragtengruppe anzupassen sind. Es wird angenommen, dass Kinder diesen Alters sich bereits der Stufe der formalen Operation nähern (Piaget 1948) oder – in Kohlbergs (1976) Terminologie – der ersten Stufe des konventionellen Levels der moralischen Entwicklung. Daher sind sie in der Lage und willens, abstrakte Inhalte zu verarbeiten und Regeln zu folgen, die unabhängig von spezifischen Subjekten in konkreten Interaktionssituationen Geltung bean-spruchen. Es ist jedoch offensichtlich, dass 10-jährige Kinder Fragen vor dem Hintergrund weniger entwickelter kognitiver Fähigkeiten betrachten und bearbeiten als Jugendliche oder Erwachsene, und dass sich daher ihr Antwortverhalten in standardisierten Befragungen unterscheidet.

Hinzu kommt, dass die soziale und kognitive Entwicklung von Jungen und Mädchen unterschiedlich verläuft, was sich unter anderem in unterschiedlichen Schulleistungen beider Geschlechter manifestiert (Amelang/ Bartussek 2007; Freudenthaler u. a. 2008). Dabei zeigen Studien, dass Mädchen bessere verbale Fähigkeiten besitzen, Jungen in numerischen Tests besser abschneiden, globale Intelligenzmaße aber keine nennenswerten Geschlechterunterschiede replizieren können (Freudenthaler u. a. 2008).

Bisher liegen nur wenige konkrete Studien zur Befragbarkeit von Kindern und zum Einfluss ihres kognitiven Entwicklungsstandes vor. Häufig werden proxy-Indikatoren wie Bildungsjahre oder Schulleistung herangezogen, um Aussagen über den Einfluss kognitiver Fähigkeiten auf den Frage-Antwort-Prozess abzubilden (Borgers 2003; Fuchs 2008; Kränzl-Nagl/ Wilk 2000; Scott 1997). Vaillancourt (1973) untersuchte die Stabilität von Antworten im Rahmen einer Panelbefragung zu Einstellung und Verhaltensweisen von Kindern mit dem Ergebnis stark schwankender Antworten zwischen den einzelnen Panelwellen. Der Vergleich der Antworten von Grundschulkindern mit den Antworten von Schülern weiterführender Schulen von Amato und Ochiltree (1987) zeigt, dass „weiß nicht" und inadäquate Antworten bei der jungen Befragtengruppe signifikant häufiger auftreten. In einer Studie von Borgers und Kollegen (2000) erwies sich die Anzahl absolvierter Schuljahre als aussagekräftiger Prädiktor für die interne Konsistenz von Multi-Item-Skalen. Außerdem konnten die Autoren der Studie zeigen, dass mangelnde Lesekompetenz die Datenqualität negativ beeinflusst und dass die Beantwortung mehrdimensionaler Antwortskalen für jüngere Kinder mit größeren Problemen behaftet ist. Weitere Bestätigung der Relevanz kognitiver Fähigkeiten für die Bearbeitung des Frage-Antwort-Prozesses findet sich bei de Leeuw und Otter (1995), die einen negativen Effekt mehrdeutiger Fragen auf die Datenqualität bei jüngeren Kindern nachweisen konnten.

In einer von Fuchs (2007a, 2008) durchgeführten Studie wurde der Einfluss kognitiver Kompetenzen auf die Befragbarkeit von Kindern feldexperimentell untersucht. Anhand von videoaufgezeichneten Face-to-Face-Befragungen von 225 Kindern im Alter zwischen 8 und 14 Jahren wurden deren Verhaltensweisen während des Interviews audiovisuell aufgezeichnet und anschließend kodiert. Außerdem durchliefen die Kinder kognitive Tests zum Kurzzeitgedächtnis, Wortschatz und zur allgemeinen Intelligenz (Fuchs 2007a, 2008), so dass ein direkter Test des Einflusses kognitiver Fähigkeiten auf das Antwortverhalten möglich ist. Als Indikator der Befragbarkeit von Kindern wurde das Auftreten problematischer Verhaltensweisen wie inadäquate Antworten, Antwortunsicherheiten, „weiß nicht" oder zu früh gegebene Antworten genutzt. Dabei zeigte sich, dass Kinder mit hohen kognitiven Fähigkeiten deutlich weniger Probleme bei der Beantwortung von Fragen haben.

Die bisher vorliegenden Ergebnisse bestätigen die Relevanz kognitiver Fähigkeiten für die adäquate Beantwortung von Fragen in Kinderinterviews. Weil die Fragebogenfrage im Rahmen des Frage-Antwort-Prozesses eine exponierte Stellung einnimmt, gehen wir im Folgeabschnitt näher auf die Bedeutung von Fragetyp und -schwierigkeit in Kinderinterviews ein.

Einfluss des Fragetyps und der Frageschwierigkeit

Der Frage-Antwort-Prozess bindet die kognitiven Ressourcen jedes Befragten. Zentral für das Verstehen einer Frage ist, ob der Befragte diese genau so interpretiert, wie dies vom Forscher intendiert ist. Wenn beispielsweise danach gefragt wird, was man am heutigen Tag alles getan hat, ist es nicht leicht, eine Antwort zu finden. Das semantische Verständnis der Wörter, die eine Frage bilden, reicht nicht aus, diese auch inhaltlich zu verstehen (Schwarz/Oyserman 2001). Letztlich entscheidet nicht nur die Frage selbst über die zu erwartende Datenqualität, sondern eben auch die Fähigkeiten und Kompetenzen der Befragten. Unter Berücksichtigung von Krosnicks (1991) „Satisficing" Theorie gewinnt die Wirkung kognitiver Fähigkeiten auf den Frage-Antwort-Prozess speziell für schwierige Fragen an Bedeutung. Nach Krosnick (1991) geben Befragte nur selten eine optimale Antwort, sondern brechen aus Gründen hoher Fragekomplexität, mangelnder kognitiver Fähigkeiten oder Motivation den Frage-Antwort-Prozess vorzeitig ab, sobald sie zu einer für sie zufriedenstellenden Antwort gelangt sind.

Folglich zeigt sich in der feldexperimentellen Kinderstudie von Fuchs (2007b) auch bei zunehmender Frageschwierigkeit ein Anstieg problematischer Verhaltensweisen im Antwortprozess. Aber auch der Fragetyp hat Konsequenzen für Datenqualität in Kinderbefragungen. Klassifiziert nach Fakt-, Verhaltens-, Einstellungs- und Schätzfragen zeigen sich unterschiedlich starke Auswirkungen des Fragetyps auf die gezeigten problematischen Verhaltensweisen der befragten Kinder: Faktfragen, z.B. nach dem eigenen Alter, stellen befragte Kinder insofern vor geringere Probleme, als sie über dieses speziell abgefragte Wissen verfügen oder nicht verfügen und daher weniger häufig inadäquat, unsicher, zu früh oder gar nicht antworten. Einstellungs- und Verhaltensfragen setzen ein höheres Abstraktionsniveau voraus und stellen damit höhere Anforderungen an den Befragten, was wiederum zu vermehrten Antwortproblemen führt. Die größten Probleme im Antwortprozess bestehen für Schätzfragen, deren Beantwortung wesentlich ressourcenintensiver ist, im Vergleich zu den übrigen drei Fragetypen.

Folglich wird der Schwierigkeitsgrad einer Frage anteilig vom Fragetypus mitbestimmt.

Die bisherige Darstellung zeigt, dass die Datenqualität in Kinderinterviews von kognitiven Fähigkeiten und der jeweils zu beantwortenden Frage beeinflusst wird. Bei der Überwindung daraus folgender Probleme beim Einsatz standardisierter Befragungen können Interviewer (oder bei Befragungen im Classroom-Setting eine entsprechende Lehrkraft) helfen. Allerdings erhöht jedes Unterstützungsverhalten oder Hilfestellung die Gefahr von Interviewer-Effekten, denn Kinder reagieren stärker als Erwachsene auf die psycho-sozialen Faktoren der Befragungssituation, die potenziell die Antworten und damit die Datenqualität beeinträchtigen können (Lipski 2000). Im nächsten Abschnitt wird daher näher auf die Bedeutung des Interviewers und des Interviewstils für die Qualität der gewonnenen Daten eingegangen.

Einfluss des Interviewers und des Interviewerstils

Häufig werden Interviews, zumindest zu einem gewissen Grad, standardisiert, um die Antworten der Befragten vergleichbar zu machen. Neben diesem augenscheinlichen Vorteil ergeben sich aber speziell bezogen auf die Befragung von Kindern Einschränkungen. In hochgradig standardisierten Befragungen sind Befragte bei der Beantwortung einer Frage auf sich allein gestellt und können lediglich über den Kontext vorheriger Fragen versuchen sich eine unverständliche Frage zu erschließen (Schwarz/Oyserman 2001). Bei einer offeneren Gestaltung der Interviews, die Rückfragen ermöglicht und dem Interviewer bestimmte Freiheiten einräumt, kommt es hingegen seltener zu Verständnisproblemen. Schober, Conrad und Fricker (2004) konnten zeigen, dass Interviewer, die stärker von dem vorgegebenen standardisierten Schema abwichen, passendere Antworten zu den von ihnen gestellten Fragen erhielten. Die Autoren führen diesen Befund auf die zusätzlich angebotene Hilfe der Interviewer bei auftretenden Verständnisproblemen zurück.

Die von Fuchs (2007a, b, 2008) durchgeführten feldexperimentellen Interviews mit 8- bis 14-Jährigen wurden in zwei Gruppen als hochstandardisiert oder flexibel durchgeführt und randomisiert zugewiesen. Dabei zeigte sich wider Erwarten, dass die standardisiert geführten Interviews im Vergleich zu den flexibel administrierten weniger Probleme im Frage-Antwort-Prozess, also weniger inadäquate oder zu früh gegebene Antworten provozierten. Eine mögliche Ursache für diesen Befund ist, dass die standardisierte Befragungssituation im Vergleich zu der flexiblen Administrierung eindeutiger ist und zu weniger Verunsicherungen auf Seiten der Befragten führt.

Interviewer sind als integrativer Bestandteil am Frage-Antwort-Prozess beteiligt und nehmen daher anteilig direkten Einfluss auf die Datenqualität. Neben der bereits angesprochenen Administrierung der Frage (standardisiert vs. flexibel) steht die Antwort des Befragten auch unter dem Einfluss der sozio-ökonomischen Merkmale der interviewenden Person. Eigenschaften des Interviewers wie Alter, Geschlecht, Kleidung, Bildungsniveau, ethnische oder soziale Herkunft beeinflussen das Antwortverhalten von Befragten, gerade wenn das jeweilige Interviewermerkmal für die Beantwortung einer Frage von Bedeutung ist (Sudman/Bradburn 1974; Biemer/Lyberg 2003). Die hinsichtlich dieser Merkmale bestehenden Gemeinsamkeiten oder Unterschiede zwischen Befragtem und Interviewer prägen die soziale Distanz und damit gleichermaßen das Antwortverhalten und die Kooperationsbereitschaft des Befragten (Tu/Liao 2007). Bei hohen Übereinstimmungen der genannten Persönlichkeitsmerkmale, also bei geringer sozialer Distanz, liegt der Anteil valider Antworten höher (Sudman/Bradburn 1974).

Insbesondere die Wirkung von ethnischer Herkunft, Alter und Geschlecht wurde in diesem Zusammenhang vielfach an Erwachsenen untersucht. So konnten z.B. Sudman und Bradburn (1974) zeigen, dass ältere Interviewer geringere Verweigerungsraten produzieren, was die Autoren primär der erhöhten Vertrauenswürdigkeit dieser Personengruppe zuschreiben. Lamb und Garretson (2003) untersuchten den Einfluss des Geschlechterverhältnisses in Befragungen mit Kindern mit dem Ergebnis, dass männliche Interviewer Jungen und Mädchen annähernd gleich behandeln wohingegen weibliche Interviewer bei der Befragung von Jungen deutlich häufiger suggestive Hinweise zur Beantwortung von Fragen geben.

Die von Emde und Mitarbeitern (2010) vorgelegte Studie zu Interviewereffekten bei Kindern liefert entsprechende Ergebnisse und zeigt, dass Kinder mehr problematische Verhaltensweisen zeigen, wenn die sie interviewende Person ein anderes Geschlecht aufweist. Die Relevanz steigender sozialer Distanz auf den Frage-Antwort-Prozess wird zusätzlich durch den Anstieg problematischer Verhaltensweisen mit zunehmendem Alter des Inter-viewers bestätigt. Weiterhin zeigte sich, dass erfahrene Interviewer weniger problematische Verhaltensweisen seitens der befragten Kinder hervorriefen. Groves und Kollegen (2009) argumentieren in diesem Zusammenhang, dass erfahrene Interviewer stärker auf die Kooperation mit der befragten Person bedacht sind.

Ausgewählte Empfehlungen

Standardisierte Kinderinterviews stellen eine probate Methode dar, um auf direktem Wege mehr über die Lebenswelt von Kindern zu erfahren. Dennoch unterliegt die Befragbarkeit von Kindern Restriktionen, die primär durch die noch nicht voll ausgeprägten kognitiven Fähigkeiten bedingt sind.

Zur Gewährleistung einer ausreichenden Datenqualität müssen befragte Kinder daher über ein Mindestmaß an Fähigkeiten zur Bewältigung des Frage-Antwort-Prozesses verfügen. Ab einem Alter von etwa 8-10 Jahren sind Kinder in der Lage an standardisierten Befragungen teilzunehmen. Auf einem sehr einfachen Niveau ist eine Befragung jedoch auch in jüngeren Altersgruppen möglich. Weil die kognitive Entwicklung von Kindern aber individuell sehr unterschiedlich verläuft, haben konkrete Altersangaben eher einen Empfehlungscharakter. Wenn Studien mit besonders jungen Kindern durchgeführt werden, kann es sich daher lohnen die Ergebnisse über eine weitere ältere Befragtengruppe zusätzlich zu validieren. Zur Beurteilung der Datenqualität bietet sich außerdem eine Befragung zu mehreren Zeitpunkten an, um die Konsistenz gegebener Antworten zu überprüfen.

Darüber hinaus sollten in Kinderinterviews nur Themenkomplexe erfragt werden, die die Lebenswelt der Kinder selbst betreffen. Fragen nach soziodemographischen Merkmalen wie dem Bildungsgrad der Eltern oder der Einkommenssituation der Familie überfordern Kinder oftmals (Kränzl-Nagl/Wilk 2000). In einem solchen Fall liefert die parallele Befragung der Eltern in der Regel verlässlichere Angaben. Die allgemeinen Handlungsempfehlungen, die für Realisierung von Befragungen mit Erwachsenen gelten (vgl. z.B. Faulbaum u.a. 2009) gelten in noch stärkerem Maße für Kinderinterviews. Speziell die Frageschwierigkeit ist ein entscheidender Faktor für die Qualität erhobener Daten. Um den noch nicht voll ausgeprägten kognitiven Fähigkeiten junger Befragter Rechnung zu tragen, sollten daher zu komplexe Fragen vermieden oder alternativ in mehrere Einzelfragen unterteilt werden. Bei standardisierten Kinderinterviews muss außerdem beachtet werden, dass die kindliche Wahrnehmung und Interpretation von Fragen sich gegenüber der von erwachsenen Befragten unterscheidet (Kränzl-Nagl/Wilk 2000). Umfassende Pre-Tests zur Hauptstudie können dabei helfen Unterschiede in der Bedeutungswahrnehmung der Fragen von Kindern und Erwachsenen zu erkennen und anzupassen.

Neben der Frage selbst ist insbesondere deren Administrierung von zentraler Bedeutung. Obgleich die Literatur flexiblere Befragungsformen für Kinder favorisiert (Kränzl-Nagl/Wilk 2000; Schober u.a. 2004), finden sich auch Belege, die das standardisierte Vorgehen vorteilhaft erscheinen lassen (Emde u.a. 2010). Ein Interviewerstil, der flexible Reaktionen des Interviewers auf Rückfragen oder auf andere Indizien für Antwortprobleme des Kindes zulässt, erscheint zwar sinnvoll und praktikabel, findet aber in der Studie von Emde und Mitarbeitern (2010) keine Bestätigung. Insofern sind Aussagen darüber, wie strikt die Standardisierung in Kinderinterviews durchgehalten werden sollte, derzeit nicht möglich.

Interviewereffekte sind bei Face-to-Face-Befragungen unvermeidlich. Kinder sind dabei in einer sozial und kommunikativ schwächeren Position als die sie befragenden erwachsenen Interviewer, was dazu führen kann, dass sie ihre Ansichten weniger gut vertreten. Kinder reagieren daher in einem stärkeren Maße auf die interviewende Person und sind damit auch stärker beeinflussbar. Um die Folgen für die Datenqualität gering zu halten, ist es daher wichtig, diese umfassend zu schulen, um durch sie bedingte Beeinflussungen zu reduzieren.

Offene Forschungsfragen

Die methodologische Forschung zur Qualität der von Kindern erhobenen Daten hat bisher keinesfalls Schritt gehalten mit der beträchtlichen Anzahl von Studien, die Informationen von Kindern direkt mithilfe der standardisierten Befragung erheben. Zwar sind in den zurückliegenden Jahrzehnten und verstärkt seit den 90er-Jahren immer wieder methodologische Begleitforschungen zu den durchgeführten Surveys bei Kindern angestrengt worden; jedoch haben diese Evaluationen der Datenqualität in Kinderbefragungen den beträchtlichen Nachteil, dass sie jeweils nur auf Basis der für inhaltliche Zielsetzung erhobenen Daten vorgenommen wurden. Jenseits solcher Sekundäranalysen sind methodologische Studien zur Befragbarkeit von Kindern und zur Qualität der von ihnen erhobenen Antworten kaum vorhanden. Die Konzentration auf Sekundäranalysen und Erfahrungsberichte schränkt jedoch die Reichweite der methodologischen Evaluationen erheblich ein – will man doch die Aussagekraft der zugrundeliegenden inhaltlichen Untersuchungen durch die methodologische Begleitforschung nicht beeinträchtigen. Ein wesentliches Defizit der Methodenforschung zu Kinderbefragungen besteht also darin, dass bisher nur vereinzelt labor- oder feldexperimentelle Studien zur Brauchbarkeit der von Kindern erhobenen Antworten durchgeführt wurden.

Neben diesem grundsätzlichen Designproblem der Methodenforschung zu Kinderbefragungen ist eine Reihe von Fragestellungen virulent, die bisher nur ansatzweise durch fundierte methodologische Kenntnisse beantwortet werden können. Dazu gehört insbesondere das Problem, dass sich für die Datenqualität von Kinderbefragungen ergibt, wenn diese im Kontext von Schulleistungsmessungen oder anderen Kompetenzfeststellungsverfahren durchgeführt werden. Die oben bereits angesprochene test-taking mentality (Hershey/Hill 1976) von Kindern wird durch die Kombination von standardisierten Befragungen und Testverfahren vermutlich beträchtlich verstärkt. Bisher können wir nur darüber spekulieren, ob Kinder ihr Antwortverhalten in einer standardisierten Befragung verändern, wenn sie zuvor oder nachfolgend einem Kompetenz- oder Schulleistungstest unterzogen werden. Da aber das Bearbeiten eines Tests und die Beantwortung eines standardisierten Fragebogens grundsätzlich verschiedene kognitive Prozesse erfordern – bei einem Test wird das Kind auch dann eine Antwort zu geben versuchen, wenn es im Grunde über keine oder nur sehr geringe Kenntnisse zum Inhalt der jeweiligen Testaufgabe verfügt, während wir bei einer standardisierten

Befragung in einem solchen Fall lieber ein „Weiß-Nicht" wünschen – steht zu befürchten, dass die Kinder die kognitive Strategie der Beantwortung einer Testaufgabe „um jeden Preis" auch auf den Fragebogen übertragen. Hierzu liegen aber bisher kaum empirische Untersuchungen vor, so dass man nur spekulieren kann, ob und in welcher Weise standardisierte Befragungen und Testverfahren sich wechselseitig beeinflussen.

Bisher sind weiterhin die Analysen zu spezifischen Frageformen, die für Kinder in besonderer Weise geeignet bzw. ungeeignet sind, nicht sehr weit gediehen. Wesentlich scheint daher die Identifikation solcher Fragetypen, bei denen man mit größerer Gewissheit von validen und reliablen Antworten der Kinder ausgehen kann und umgekehrt die Bestimmung derjenigen Frageformen, die für Kinder weniger geeignet sind. Die oben zusammengestellte Literatur enthält zwar bereits einige Hinweise auf solche besonders problematischen Fragetypen; eine umfassende Validierung derartiger Aussagen und Untermauerung durch Datenqualitätsindikatoren liegt aber bisher nicht vor.

Nicht nur in Deutschland weist ein beträchtlicher Teil der Kinder einen Migrationshintergrund auf und damit unter Umständen nur eingeschränkte sprachliche Fähigkeiten im Deutschen. Die in diesem Beitrag zusammengefassten Probleme von Kindern mit standardisierten Befragungen werden also überlagert von möglicherweise zusätzlich auftretenden Sprachproblemen. Die kulturvergleichende Forschung hat sich ähnlich wie die Survey Methodology bisher wesentlich auf erwachsene Befragte konzentriert (z. B. Harkness u.a. 2002). Für unsere Kenntnis zur Befragbarkeit von Kindern mit Migrationshintergrund liegen jedoch bisher kaum brauchbare Sekundäranalysen oder Primärforschungen vor. Angesichts des steigenden Anteils von Kindern mit Migrationshintergrund in Deutschland sollte diese Lücke der Methodenforschung dringend geschlossen werden.

Insgesamt lässt sich festhalten, dass die standardisierte Befragung von Kindern zwar durchaus möglich ist, dass wir aber die Qualität der erhobenen Daten bisher nur sehr eingeschränkt einschätzen können. Oftmals erweist sich die Methodenforschung als „nachlaufende Forschung": Wie beispielsweise bei der Nutzung von Handys oder anderen Informations- und Kommunikationstechniken in Befragungen, werden zunächst in der Praxis der Umfrageforschung entsprechende Techniken eingesetzt, ohne dass umfassende methodologische Studien zur Beurteilung der Datenqualität vorliegen würden. Ähnliches geschieht bei der Befragung von Kindern. Auch hier eilt die Praxis der akademischen, wie der Markt- und Meinungsforschung, der methodologischen Evaluation, der Qualität der gewonnenen Daten voraus. Hier könnte eine konzertierte Aktion von Markt- und Meinungsforschung, Gesundheitsforschung, empirischer Schul- und Unterrichtsforschung sowie sozialwissenschaftlicher Kindheitsforschung dazu beitragen, die Lücke zwischen der praktischen Anwendung von Kinderbefragungen und der methodologischen Begleitforschung zu schließen.

Literatur

Alt, C. (2005): Das Kinderpanel: Einführung. In: Alt, C. (Hrsg.): Kinderleben – Aufwachsen zwischen Familie, Freunden und Institutionen. Bd.1: Aufwachsen in Familien. Wiesbaden, S. 7-22.

Amato, P. R.; Ochiltree, G. (1987): Interviewing Children About Their Families: A Note on Data Quality. In: Journal of Marriage and Family, 49, 3, S. 669-675.

Amelang, M.; Bartussek, D.; Hagemann, D. (2006): Differentielle Psychologie und Persönlichkeitsforschung. Stuttgart.

Bauer, A.; Langenheim, H.; Schork, B. (1984): Kinder als Informanten. Eine empirische Untersuchung über die Zuverlässigkeit der Schichteinstufung der Eltern durch Schüler aus der 4. Klasse. In: Meulemann, M.; Reuband, K. H. (Hrsg.): Soziale Realität im Interview. Empirische Analysen methodischer Probleme. Frankfurt a.M., S. 241-250.

Biemer, P. P.; Lyberg, L. E. (2003): Introduction to Survey Quality. New York.

Blossfeld, H.-P.; Doll, J.; Schneider, T. (2008): Bildungsprozesse im Lebenslauf – Grundzüge der zukünftigen Bildungspanelstudie für die Bundesrepublik Deutschland. In: Recht der Jugend und des Bildungswesens, 56, 3, S. 321-328

Borgers, N. (2003): Questioning Children's Responses. The Effects of Child and Question Characteristics on Response Quality in Self-Administered Survey Research with Children and Adolescents. Amsterdam.

Borgers, N.; de Leeuw E.; Hox, J. J. (2000): Children as Respondents in Survey Research: Cognitive Development and Response Quality. In: Bulletin de Methodologie Sociologique (BMS), 66, 1, S. 60-75.

Bos, W.; Lankes, E.-M.; Prenzel, M.; Schwippert, K.; Valtin, R.; Walther, G. (Hrsg.) (2005): IGLU – Vertiefende Analysen zu Leseverständnis, Rahmenbedingungen und Zusatzstudien. Münster.

Desrochers, S. (2008): From Piaget to Specific Genevan Developmental Models. In: Child Development Perspectives, 2, 1, S. 7-12.

Dillman, D. A.; Smyth, J. D.; Christian, L. M. (2008): Internet, Mail, and Mixed-Mode Surveys: The Tailored Design Method. New York.

Emde, M.; Spindeler, D.; Fuchs, M. (2010): Interviewer-Effects in Face-to-Face Interviews with Children. i. V.

Faulbaum, F.; Prüfer, P.; Rexroth, M. (2009): Was ist eine gute Frage? Wiesbaden.

Freudenthaler, H. H.; Spinath, B.; Neubauer, A. C. (2008): Predicting School Achievement in Boys and Girls. In: European Journal of Personality, 22, 3, S. 231-245.

Fuchs, M. (2004): Kinder und Jugendliche als Befragte. Feldexperimente zur Befragung Minderjähriger. In: ZUMA-Nachrichten, 54, S. 60-88.

Fuchs, M. (2005): Children and Adolescents as Respondents. Experiments on Question Order, Response Order, Scale Effects and the Effect of Numeric Values Associated with Response Options. In: Journal of Official Statistics, 21, 4, S. 701-725.

Fuchs, M. (2007a): Face-to-face Interviews with Children. Question Difficulty and the Impact of Cognitive Resources on Response Quality. Proceedings of the Section on Survey Research Methods. American Statistical Association, S. 2683-2690.

Fuchs, M. (2007b): Standardisierte Interviews mit Kindern. Zum Einfluss von Frageschwierigkeit und kognitive Ressourcen der Kinder auf die Datenqualität. In: Rehberg, K. S. (Hrsg.). Die Natur der Gesellschaft. Verhandlungen des 33. Kongresses der Deutschen Gesellschaft für Soziologie in Kassel 2006. CD-Rom. Frankfurt a. M., S. 1-16.

Fuchs, M. (2008): The Reliability of Children's Survey Responses. The Impact of Cognitive Functioning on Respondent Behavior. Proceedings of Statistics. Canada symposium 2008 Data Collection: Challenges, Achievements and New Directions. Ottawa, S. 1-8.

Garbarino, J.; Stott, F. M. (1992): What Children can tell us. Elicting, Interpretation and Evaluating Information from Children. San Francisco u. Oxford.

Groves, R. M.; Fowler, F. J.; Couper, M. P.; Lepkowski, J. M.; Singer, E.; Tourrangeau, R. (2009): Survey Methodology. Hoboken.

Harkness, J.; Van De Vijver, F. J. R.; Mohler, P. (2002): Cross-Cultural Survey Methods. New York.

Hershey, M. R.; Hill, D. B. (1976): Positional Response Set in Pre-Adult Socialization Surveys. In: Social Science Quarterly, 56, 4, S. 707-714.

Institut für Markt- und Sozialanalyse – IMAS (1991): Kinder-ÖVA (Österreichische Verbraucheranalyse). Linz.

Kerckhoff, A. C.; Mason, W. M.; Poss, S. S. (1973): On the Accuracy of Children's Reports of Family Status. In: Sociology of Education, 46, 2, S. 219-247.

Kohlberg, L. (1976): Moral Stages and Moralization. The Cognitive-Developmental Approach. In: Lickona, T. (Hrsg.): Moral Development and Behavior. Theory, Research and Social Issues, New York, S. 31-53.

Kränzl-Nagl, R.; Wilk, L. (2000): Möglichkeiten und Grenzen standardisierter Befragungen unter besonderer Berücksichtigung der Faktoren soziale und personale Wünschbarkeit. In: Heinzel, F. (Hrsg.): Methoden der Kindheitsforschung. Ein Überblick über Forschungszusammenhänge zur kindlichen Perspektive. Weinheim u. München, S. 59-76.

Krosnick, J. (1991): Response Strategies for Coping with the Cognitive Demands of Attitude Measures in Surveys. In: Applied Cognitive Psychology, 5, 3, S. 213-236.

Kurth, B. M.; Bergmann, K. E.; Hölling, H.; Kahl, H.; Kamtsiuris, P.; Thefeld, W. (2002): Der bundesweite Kinder- und Jugendgesundheitssurvey. Das Gesamtkonzept. In: Gesundheitswesen, 64, 1, S. 3-11.

Lamb, M. E.; Garretson, M. E. (2003): The Effects of Interviewer Gender and Child Gender on the Informativeness of Alleged Child Sexual Abuse Victims in Forensic Interviews. In: Law and Human Behavior, 27, 2, S. 157-171.

Lang, S. (1998): Zielgruppe Kinder: Methodische Besonderheiten bei der Befragung. In: Planung und Analyse, 25, 4, S.71-75.

Lang, S.; Breuer, S. (1985): Die Verlässlichkeit von Angaben acht- bis zehnjähriger Kinder über den Beruf des Vaters. In: Zeitschrift für Soziologie der Erziehung und Sozialisation, 18, 4, S. 403-422.

Leeuw, E. de; Otter, M. (1995): The Reliability of Children's Responses to Questionnaire Items: Question Effects in Children's Questionnaire Data. In: Hox, J.; Van der Meulen, B. F.; Janssens, J. M. A. M.; Laak, J. J. F.; Tavecchio, L. W. C. (Hrsg.): Advances in Family Research. Amsterdam, S. 251-257.

Lenzen, D. (1985): Mythologie der Kindheit. Die Verewigung des Kindlichen in der Erwachsenenkultur. Versteckte Bilder und vergessene Geschichten. Reinbek.

Lipski, J. (2000): Zur Verläßlichkeit der Angaben von Kindern bei standardisierten Befragungen. In: Heinzel, F. (Hrsg.): Methoden der Kindheitsforschung. Ein Überblick über Forschungszugänge zur kindlichen Perspektive. Weinheim u. München, S. 77-86.

Loeber, R.; Farrington, D. (1989): Development of a New Measure of Self-Reported Antisocial Behaviour for Young Children: Prevalence and Reliability. In: Klein, M. (Hrsg.): Cross-National Research in Self-Reported Crime and Delingency. Dordrect.

Lüscher, K. (1977): Sozialpolitik für das Kind. In: Kölner Zeitschrift für Soziologie und Sozialpsychologie, Sonderheft 19: Soziologie und Sozialpolitik, S. 591-628.

Meulemann, H.; Wieken-Mayser, M. (1984): Kategorien der Sozialstatistik und Alltag der Familie. Die Übereinstimmung von Gymnasiasten des 10. Schuljahres mit ihren

Eltern in Angaben zur Struktur und zur sozialen Position der Familie. In: Meule-mann, H.; Reuband, K. H. (Hrsg.): Soziale Realität im Interview. Empirische Analy-sen methodischer Probleme. Frankfurt a. M. u. New York, S. 251-280.

Oswald, H.; Krappmann, L. (1991): Kinder. In: Flick, U. (Hrsg.): Handbuch qualitative Sozialforschung. München, S. 355-358.

Petermann, F.; Windmann, S. (1993): Sozialwissenschaftliche Erhebungstechniken bei Kindern. In: Markefka, M.; Nauck, B. (Hrsg.): Handbuch der Kindheitsforschung. Neuwied.

Piaget, J. (1948): The Moral Judgment of the Child. Glencoe.

Saint John, N. (1970): The Validity of Children's Reports of their Parents' Educational Level: A Methodological Note. In: Sociology of Education, 43, 3, S. 255-269.

Schmitt-Rodermund, E.; Silbereisen, R. K. (2002): Psychosoziale Probleme bei jungen Aussiedlern. Eine Längsschnittstudie. In: Zeitschrift für Entwicklungspsychologie und pädagogische Psychologie, 34, 2, S. 63-71.

Schober, M. F.; Conrad, F. G.; Fricker, S. (2004): Misunderstanding Standardized Lan-guage in Research Interviews. In: Applied Cognitive Psychology, 18, S. 169-188.

Schwarz, N.; Oyserman, D. (2001): Asking Questions about Behavior: Cognition, Communication and Questionnaire Construction. In: American Journal of Evaluation, 22, 2, S. 127-160.

Scott, J. (1997): Children as Respondents. Methods for Improving Data Quality. In: Lyberg, L.; Biemer, P.; Collins, M.; de Leeuw, E.; Dippo, C.; Schwarz, N.; Trewin, D. (Hrsg.): Survey Measurements and Process Quality. New York, S. 331-350.

Sudman, S.; Bradburn, N. M. (1974): Response Effects in Surveys: A Review and Syn-thesis. Chicago.

Tourangeau, R.; Rips, L.; Rasinski, K. (2000): The Psychology of Survey Response. Cambridge.

Tu, S. H.; Liao, P. S. (2007): Social Distance, Respondent Cooperation, and Item-Nonresponse in Sex Survey. In: Quality and Quantity, 41, 2, S. 177-199.

Vaillancourt, P. (1973): Stability of Children's Survey Responses. In: Public Opinion Quarterly, 37, 3, S. 373-387.

Watts, H. W.; Hernandez, D. J. (Hrsg.) (1982): Child and Family Indicators: A Report with Recommendations. Washington D. C.

Wilk, L.; Bacher, J. (Hrsg.) (1994): Kindliche Lebenswelten. Eine sozialwissenschaftli-che Annäherung. Opladen.

Wilk, L.; Beham, M. (1994): Familienkindheit heute: Vielfalt der Formen – Vielfalt der Chancen. In: Wilk, L.; Bacher, J. (Hrsg.) (1994): Kindliche Lebenswelten. Eine sozi-alwissenschaftliche Annäherung. Opladen, S. 89-159.

Zinnecker, J. (1996): Kindersurveys: ein neues Kapitel der Kindheit und Kindheitsfor-schung. In: Sahner, H. (Hrsg.): Gesellschaften im Umbruch. Verhandlungen des 27. Kongresses der Deutschen Gesellschaft für Soziologie in Halle an der Saale. Opla-den, S. 783-794.

Zinnecker, J.; Silbereisen, R. K. (1996): Kindheit in Deutschland. Aktueller Survey über Kinder und ihre Eltern. Weinheim u. München.

Katrin Luise Läzer

Standardisierte Testverfahren

„Die Neue Kindheitsforschung sucht die Annäherung an die Perspektiven der Kinder, sie versucht, die Welt von Kindern und ihre Weltsicht unter den verschiedensten Gesichtspunkten zu erfassen. Sie betont die Gegenwärtigkeit und Eigenständigkeit von Kindheit und fordert, Kinder nicht als sich entwickelnde und zukünftige Erwachsene anzusehen, sondern fragt nach der Eigenlogik und Andersartigkeit kindlicher Erfahrungen und Welten im Hier und Jetzt" (Breidenstein/Prengel 2005, S. 8).

Die in diesem Zitat postulierte programmatische Ausrichtung der Neuen Kindheitsforschung scheint mit der Idee *standardisierter* Testverfahren unvereinbar zu sein. Einige Wissenschaftlerinnen und Wissenschaftler der „Early Social Childhood Studies", die sich ethnografischer und soziologischer Methoden bedienen, sehen in ihnen vor allem die Tendenz der Standardisierung und Normierung von Kindheit.

Der folgende Beitrag stellt standardisierte Testverfahren als eine Methode der psychologischen (Entwicklungs-)Diagnostik dar, die in den letzten drei Jahrzehnten für den Kinder- und Jugendbereich durch Schuleingangsuntersuchungen, Sprach-, Entwicklungs- und andere Tests an sehr Bedeutung gewonnen hat. Die Diagnostik von Kindern ist heute zu einer fast unumgänglichen lebensgeschichtlichen Erfahrung von Kindheit geworden, die nicht selten über den weiteren Lebens- und Bildungsweg mitentscheidet. Die sich daraus ergebende Brisanz ist für Eltern und Kinder dann erfahrbar, wenn sie aufgrund von Testergebnissen unter Handlungsdruck geraten, sei es – um nur zwei Beispiele herauszugreifen – weil eine Hochbegabung diagnostiziert oder eine Lese-Rechtschreibschwäche festgestellt wird.

Der Beitrag beschäftigt sich mit standardisierten Verfahren, die der empirisch forschenden Psychologie und damit einem anderen disziplinären Kontext entstammen als die sozialwissenschaftliche und Neue Kindheitsforschung. Der Fokus des Beitrags liegt in der Vermittlung der Grundlagen des Aufbaus und der Entwicklung psychometrischer Tests. Der erste Abschnitt führt in die psychologischen Testverfahren und die Definition von psychometrischen Tests ein. Anschließend werden die Konstruktionsprinzipien entlang der Klassischen Testtheorie und der Probabilistischen Testtheorie erläutert und die Hauptgütekriterien dargestellt. Der Intelligenztest

HAWIVA-III für Vorschulkinder dient der Illustration, an die sich am Ende die Diskussion standardisierter Testverfahren im Kontext der Kindheitsforschung anschließt.

Einführung in psychologische Testverfahren

Wissenschaftsgeschichtlich ist die Idee der Messbarkeit individueller und kollektiver Merkmale eng mit der Gründung der statistischen Gesellschaften im frühen 19. Jahrhundert verknüpft, die sich damals hauptsächlich dem Sammeln von Beobachtungen in tabellarischer Form widmeten; z.B. Sterberegister mit der jährlichen Auflistung der Todesfälle und der Sterbeursache erstellten (Bynum 2008, S. 126 f.). Die Einführung der „Signifikanz" in der Statistik durch den Mediziner und Mathematiker Francis Galton (1822–1911), dem Vetter von Charles Darwin, und die Festlegung des Wertes „p" (als Wahrscheinlichkeit, in der eine gemessene Variable korrekt ist) durch seinen Schüler Karl Pearson (1857–1936) sind von dauernder Wichtigkeit. „Galton quantifizierte viele menschliche Eigenschaften wie Körpergröße, Lebensdauer, Muskelkraft und ‚Erfolg' im Leben" (Bynum 2008, S. 127), Pearson untersuchte die Erblichkeit von Tuberkulose und Alkoholismus (Bynum 2008, S. 127). Die damit begründete „Quantifizierung" der Medizin und Psychologie hat bis heute ihre Relevanz nicht verloren.

Standardisierte Testverfahren werden in der Regel zu diagnostischen Zwecken in vielfältigen gesellschaftlichen Bereichen angewendet. Sie werden sowohl in Kliniken, Beratungsstellen, der staatlichen Verwaltung (z.B. in der Kinder- und Jugendhilfe), im forensischen Bereich (z.B. im Jugendstrafvollzug), aber auch in Schulen und im pädagogischen Bereich (Elternberatung, Schülernachhilfe) eingesetzt. Drei Arten von Tests lassen sich unterscheiden: Leistungstests, psychometrische Persönlichkeitstests und Persönlichkeits-Entfaltungs-Verfahren (Bühner 2004, S. 10-12). Leistungstests, die hier als Spezialfall standardisierter Verfahren näher beleuchtet werden, weil sie bei Kindern besonders häufig angewendet werden, dienen – wie der Begriff nahelegt – zur Erfassung von Leistung.

Amelang und Zielinski (2002, S. 117-120) führten eine hilfreiche Unterscheidung der Leistungstests zwischen sogenannten Schnelligkeitstests (oder Speedtests) und Niveautests (Powertests) ein. Geht es in einem Speedtest darum, die Schnelligkeit eines Kindes zu testen, indem ihm leichte, von jedem zu lösende Aufgaben gegeben werden, die in einer festgesetzten Zeit erledigt werden müssen, steigt das Schwierigkeitsniveau bei Powertests kontinuierlich an, so dass die letzten Aufgaben nicht von allen, sondern nur von wenigen Kindern gelöst werden können und auf diese Weise das intellektuelle Niveau oder die ‚Denkkraft' („Power") gemessen wird.

Die Tradition der Leistungstests kann auf eine hundertjährige Geschichte zurückblicken, die sowohl mit der Bemühung begann, lernschwache

Schüler zu identifizieren, die eine besondere Förderung benötigten und im Jahr 1905 im Auftrag des Französischen Unterrichtsministeriums zur Entwicklung des ersten Intelligenztests führte (Binet/Simon 1905). Andererseits entstanden bekannte Vorläufer heute noch gängiger Intelligenztests – wie dem Hamburg-Wechsler-Intelligenztest – zur Verbesserung der Auswahl von Rekruten während des ersten Weltkriegs in Amerika (der Army Alpha Test und Army Beta Test, Thorndike 1997).

Aus diesen Anfängen der Testentwicklung lassen sich bereits unterschiedliche Zielrichtungen von Tests ableiten. Bei der fokussierten Auswahl von Soldaten durch den damaligen Army Alpha und Beta Test, wie auch bei der heutigen Auswahl von geeigneten Kandidaten in den Personalabteilungen, der Schuleingangsdiagnostik, die über Jahrzehnte das Ziel verfolgte, nicht schulfähige Kinder zu identifizieren und zurückzustellen oder bei der Eignungsprüfung für bestimmte Ausbildungen (z.B. dem Medizinertest) dienen Tests zur sogenannten „Selektionsdiagnostik" (Amelang/Schmidt-Atzert 2006, S. 7).

Stehen hingegen psychische Störungen wie Drogenmissbrauch, Depression, Prüfungsangst, Essstörungen, aggressives, impulsives oder selbstverletzendes Verhalten oder aber die Suche nach optimaler Förderung von Schülern im Mittelpunkt, dienen Tests zur differentialdiagnostischen Beschreibung, um therapeutische und/oder pädagogische Maßnahmen zu ergreifen, die eine Modifikation des Verhaltens oder der Bedingungen einleiten. Tests werden dann mit dem Ziel eingesetzt, die bestmögliche Förderung oder Therapie im Rahmen gesellschaftlich anerkannter Verfahren und Institutionen zu identifizieren.

Psychologische Tests und insbesondere Leistungstests dienen der Diagnostik, die auf unterschiedlichen Ebenen angesiedelt sein kann. Man kann a) an der Position eines Kindes oder Jugendlichen innerhalb einer Gruppe interessiert sein (z.B. wie gut ein Kind in einem Mathematiktest gegenüber anderen Kindern abschneidet). Es können b) Unterschiede zwischen Kindern oder Kindergruppen mittels eines Tests diagnostiziert werden (bspw. um herauszubekommen, ob dieser oder ein anderer Schüler für die weiterführende Schule geeignet ist). Es kann c) im Sinne einer Förderung aber auch darum gehen, ein Profil der individuellen Merkmalskombinationen festzustellen. Dieses kann entlang der unterschiedlichen Bereiche des Denkens und Sprechens, die ein Leistungstest untersucht, festgestellt werden. Schließlich können d) Tests bei der Entscheidung helfen, ob ein bestimmtes Kriterium oder ein Schwellenwert erreicht ist oder nicht. Ob ein Kind als verhaltensauffällig einzustufen ist oder nicht, ob es die diagnostischen Kriterien für ein Aufmerksamkeitsdefizit-Hyperaktivitätssyndrom oder eine Hochbegabung erfüllt oder nicht, wird mittels psychologischer Tests festgestellt.

Lienert und Raatz (1998, S. 1) lieferten eine viel zitierte Definition, die anzeigt, was unter einem psychometrischen Test verstanden werden sollte.

Danach ist dieser „ein wissenschaftliches Routineverfahren zur Untersuchung eines oder mehrerer empirisch abgrenzbarer Persönlichkeitsmerkmale mit dem Ziel einer möglichst quantitativen Aussage über den relativen Grad der individuellen Merkmalsausprägung". Entlang metrischer Skalen – d.h. entlang einer Skala, wie sie vergleichsweise auf einem Lineal abgebildet ist, auf dem der Abstand zwischen der Messeinheit, Zentimeter, immer gleich ausfällt – werden die Ausprägungen individueller Eigenschaften und Merkmale im Verhältnis zu anderen Personen gemessen. Die Betonung liegt hierbei auf dem Vergleich von Merkmalen einer Person mit den Merkmalen anderer Personen. Ein psychometrischer Test könnte folglich nie an nur einer einzigen Person entwickelt und validiert werden. Die Ergebnisse psychometrischer Tests stellen sich immer als relative Aussagen zu anderen Personen dar.

Psychometrische Tests werden gemeinhin in folgende Tests untergliedert: Entwicklungstests, Intelligenztests, allgemeine Leistungstests, Schultests und spezielle Funktionsprüfungs- und Eignungstests[1].

Einführung in die Konstruktionsprinzipien psychometrischer Tests

Psychometrische Tests haben den Anspruch, normiert, objektiv, strukturiert und zulänglich sowie entweder nach der Klassischen oder der Probabilistischen Testtheorie konstruiert zu sein. Dies gilt für alle psychometrischen Tests, unabhängig davon, ob sie für Kinder, Jugendliche oder Erwachsene entwickelt wurden. Damit ist im Einzelnen folgendes gemeint:

Normiert wird ein Test, indem er mit Personen aus einer hinreichend großen Stichprobe mit repräsentativen Merkmalen durchgeführt wird, d.h., dass bspw. Personen verschiedenen Alters (Merkmal Alter) sowie Frauen und Männer (Merkmal Geschlecht) untersucht werden. Die erzielten Rohwerte aller Teilnehmerinnen und Teilnehmer werden dann auf die Normalverteilung geprüft, ggf. angepasst und in standardisierte Werte transformiert. Abbildung 1 zeigt eine normal verteilte Häufigkeitskurve, in der der Mittelwert und die Standardabweichungen für verschiedene Normwerte abgetragen sind. Für Intelligenztests ist der standardisierte IQ-Wert relevant, für den ein Mittelwert von 100 und eine Standardabweichung von 15 festgelegt wurde. Das bedeutet, dass 68% der untersuchten Personen in der Normstichprobe einen IQ-Wert zwischen 85 und 115 aufweisen. Ein IQ-

---

1 Der Hogrefe Verlag bietet auf der Webseite: http://www.testzentrale.de/ (zuletzt recherchiert am 01.07.2010) eine gut strukturierte Übersicht zu den gängigsten verfügbaren deutschsprachigen Tests an. Beispielsweise werden dort 156 Schultests, 64 Intelligenztests, 27 Leistungstests und 77 Entwicklungstest mit kurzen Einführungstexten zum Konzept, zur Anwendung und Durchführung sowie zu den Gütekriterien vorgestellt.

Wert über 130 drückt hingegen aus, dass nur 2 % der untersuchten Personen der Normstichprobe diesen IQ-Wert erreichen. Folglich wird dieser Wert (IQ > 130) als Hinweis auf eine Hochbegabung interpretiert.

Zu einem objektiven Test wird eine Untersuchung, indem man die Durchführung und Auswertung weitestgehend standardisiert. Strukturiert ist ein Test schließlich dann, wenn er klare und eindeutige Aufgabenstellungen und Antwortkategorien beinhaltet. Mit dem Anspruch eines Tests, zulänglich zu sein, ist die Vorhersagekraft eines Tests gemeint. Ein Intelligenztest ist bspw. dann zulänglich, wenn er ein bestimmtes Außenkriterium wie den Schulerfolg vorhersagen kann (Bühner 2004, S. 18 f.).

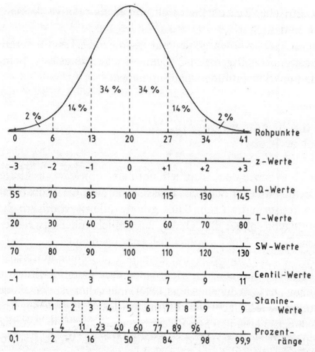

Abbildung 1: Darstellung der gebräuchlichsten Normen (aus Stelzl 1993, S. 58)

Klassische Testtheorie

Nach Rost (1996, S. 140) basieren 95 % aller Tests auf der Klassischen Testtheorie. Da diesem Konstruktionsprinzip eine besondere Bedeutung zukommt, werden die Grundzüge dieser Theorie kurz eingeführt. Wesentliches Charakteristikum der Klassischen Testtheorie ist die Annahme einer Messfehlertheorie. Was ist damit gemeint? Nehmen wir das Beispiel eines Weitspringers. Dieser wird an einem Tag viele Male das Springen trainieren und die Sprünge werden unterschiedliche Weiten messen. Jeden einzelnen Trainingssprung bezeichnet die Klassische Testtheorie als „beobachteten Wert (X)". Summiert man alle beobachteten Werte auf und teilt sie durch die Anzahl der Sprünge, erhält man den Mittelwert aller Sprünge. Diesen Mittelwert nimmt die Klassische Testtheorie als den „konstanten wahren Wert (T)" (T wie „True") an. Daraus leiten sich zwei Grundannahmen ab. (1) Das Existenzaxiom beschreibt diesen wahren Wert als Mittelwert der beobachteten Werte $T=M(x)$. (2) Das Verknüpfungsaxiom, die zweite Setzung der Theorie, führt den Messfehler (E) – wie „Error" ein. Greift man einen einzigen Sprung des Sportlers aus seinen vielen Trainingssprüngen heraus, kann man sagen, dass dieser beobachtete Wert (X) sich aus dem konstanten wahren Wert (T) plus dem Messfehler (E) zusammensetzt: $X=T+E$. Anders ausgedrückt lässt sich der Messfehler (E) als der Differenzbetrag zwischen dem beobachteten Wert (X) und dem wahren Wert (T) verstehen: $E=X-T$ (Amelang/Zielinski 2002, S. 34).

Aus diesem Existenz- und dem Verknüpfungsaxiom leiten sich eine Reihe von Eigenschaften des Messfehlers und des Zusammenhangs zwischen Messfehler und wahrem Wert ab. Wichtig ist die Annahme, dass der Mittelwert des Messfehlers M(E) immer Null ist: $M(E)=0$. Dies folgt aus der Bedingung, dass der Mittelwert aller Messungen den konstanten wahren Wert darstellt. Weiter wird angenommen, dass der Messfehler und der wahre Wert sowohl in der Person als auch in der Teilpopulation nicht miteinander korrelieren dürfen (r steht für Korrelation): $r(E,T)=0$. Auch die Fehler zweier Tests zum gleichen Konstrukt dürfen keinen Zusammenhang aufweisen: $r(E_A, E_B)=0$. Schließlich darf kein Zusammenhang zwischen einem Messfehler eines Tests und dem wahren Wert eines anderen Tests bestehen: $r(E_A, T_B)=0$ (ebda).

Diese Annahmen sind folgenschwer; so werden mit diesen Regeln systematische Fehler, sogenannte „Bias" aus der Betrachtung ausgeschlossen. Die Messfehlertheorie erlaubt und berechnet aufgrund ihres Existenz- und Verknüpfungsaxioms nur unsystematische Fehler. Die Klassische Testtheorie impliziert weiter, dass nur Daten mit einem bestimmten Skalenniveau, nämlich ausschließlich intervallskalierte und metrische Daten berücksichtigt werden können. Nur mit ihnen können Mittelwerte und Differenzen berechnet werden. Auch ein zentrales Konzept der Gütekriterien, das der Messgenauigkeit – Reliabilität r_{tt}, baut auf den Annahmen der Klassischen Testtheorie auf. Ein Test in demnach messgenau oder reliabel, wenn der Testwert von Personen bei wiederholter Messung gleich ausfällt und/oder wenn die Rangfolge der Personen zwischen erster und zweiter Messung gleich ausfällt (Bühner 2004, S. 24).

Probabilistische Testtheorie

Das bekannteste Beispiel für die Anwendung der zweiten Theorie zur Entwicklung von psychometrischen Tests sind die Leistungstests der PISA-Studien. Die dafür eingesetzte Probabilistische Testtheorie geht davon aus, dass die Antworten auf Items (z.B. Aufgaben) Indikatoren für latente (verborgene) Fähigkeiten, Merkmale oder Verhaltensdispositionen darstellen und die Wahrscheinlichkeit, dass ein Item gelöst werden kann (z.B. eine vorgegebene Höhe beim Stabhochsprung), von (1) der Fähigkeit einer Person sowie (2) von der Schwierigkeit des Items abhängt. Das in diesem Zusammenhang häufig verwendete „dichotome Rasch-Modell" (vgl. Moosbrugger 2002) sieht nur zwei Ausprägungen vor: Item gelöst (+) vs. Item nicht gelöst (-), wobei der Summenwert, der aus den Itemantworten gebildet wird, etwas über den Ausprägungsgrad der Fähigkeit aussagt. Berechnet wird in dieser Theorie die Wahrscheinlichkeit, mit der eine Person – mit einer bestimmten Fähigkeit (Personenparameter, Θ Theta) – ein Item mit einer bestimmten Schwierigkeit (Itemschwierigkeit, Itemparameter σ Sigma) löst. Die Itemschwierigkeit σ wird berechnet, indem der Anteil nicht oder falsch beantworteter Items (1-p+) durch den Anteil richtig beantworteter Items (p+) für jedes Item dividiert und logarithmiert wird. Zur Bestimmung der Personenfähigkeit Θ wird der Anteil richtig gelöster Items (p+) durch den Anteil falsch gelöster Items (1-p+) für jede Person dividiert und ebenfalls logarithmiert. Auf diese Weise entsteht ein sogenannter „Wettquotient", der die Wahrscheinlichkeit angibt, mit der eine Person ein Item löst. Liegt bspw. ein Wettquotient von zwei vor, besagt dieser, dass die Wahrscheinlichkeit, ein Item zu lösen, doppelt so hoch ist wie die Wahrscheinlichkeit, es nicht zu lösen.

Ingesamt führt die Probabilistische Testtheorie zu mathematisch komplexeren Berechnungen als die klassische Testtheorie und kann ihr gegenüber die Konstrukte (von Itemhomogenität, Personenhomogenität und die stochastische Unabhängigkeit) separat prüfen.

Als Vorteil der Probabilistischen Theorie hob Fischer (1974) hervor, dass latente Dimensionen und beobachtete Variablen voneinander getrennt betrachtet würden. Dass heißt, dass das beobachtete Verhalten lediglich als Indikator für eine Fähigkeit (latente Variable) aufgefasst würde, die mit einer bestimmten Wahrscheinlichkeit auftrete. In der Klassischen Testtheorie stelle der Messwert hingegen selbst nur eine „undefinierte" Fähigkeit dar. Oder anders ausgedrückt: „Insgesamt ist die Probabilistische Testtheorie eine psychologische Testtheorie (sie macht Annahmen über das Zustandekommen von Itemantworten), während die Klassische Testtheorie lediglich eine mathematische Formalisierung über das Zustandekommen von Messwerten darstellt" (Bühner 2004, S. 41). Zur vertiefenden Lektüre werden Rost (1996), Steyer/Eid (2001) und Moosbrugger (2002) empfohlen, für die Unterschiede zwischen den Theorien siehe MacDonald/Paunonen (2002).

Einer der zentralen Vorteile der Item-Response-Theorie liegt in der Möglichkeit, sogenannte *Computergestützte Adaptive Tests (CAT)* zu konstruieren: CATs sind in der Entwicklung sehr aufwändig, aber sie ermöglichen die individuelle Anpassung der Itemdarbietung an die Merkmalsausprägung einer Person. Dies geschieht, indem Testpersonen während der CAT-Bearbeitung nur die Items zur Beantwortung dargeboten werden, welche dem individuellen Ausprägungsniveau einer Person optimal entsprechen („adaptives Testen"). Welches Item jeweils während der CAT-Bearbeitung als „optimal" gilt, hängt dabei sowohl von der individuellen Beantwortung vorangegangener Items, als auch von der vorher an einer Kalibrierungsstichprobe errechneten Iteminformation der einzelnen Items ab. Dadurch, dass einer Testperson nur die jeweils „passenden" bestmöglichen Items vorgelegt werden, kann eine deutliche *Itemreduktion* bei einem gleichzeitig *konstant hohen Messpräzisionsniveau* erreicht werden. Beides wirkt sowohl für den Diagnostiker als auch für die Testperson entlastend (Becker 2004). Ein in diese Richtung weisender Intelligenztest ist der AID 2 (Adaptives Intelligenz Diagnostikum 2) von Klaus Kubinger für den Altersbereich von 6;0 bis 16;11 Jahre, der in der zweiten Auflage von 2009 u.a. für Kinder und Jugendliche mit Türkisch als Muttersprache in Deutschland und Österreich normiert wurde.

Gütekriterien psychologischer Tests

Nachdem deutlich geworden sein sollte, dass psychologische Tests theoriegeleitet konstruiert werden und die Ergebnisse an einer Normstichprobe validiert werden müssen, wird im Folgenden auf die Frage eingegangen, wie man als Anwender einen „guten" von einem „schlechten" Test unterscheiden kann. Hier helfen anerkannte Kriterien, die Güte eines Tests einzuschätzen, die für alle Tests – sowohl für Kinder als auch für Jugendliche und Erwachsene gelten. Zu den Hauptgütekriterien gehören die Objektivität, die Reliabilität und die Validität, die im Folgenden einführend erläutert werden (vgl. Testkuratorium 2006).

Objektivität zeigt im Idealfall die Unabhängigkeit von Testergebnis und Untersucher an. In der Durchführung ist ein Test dann objektiv, wenn der Test standardisiert durchgeführt wird und nicht von Untersuchung zu Untersuchung variiert. Die Anleitungen müssen wortgetreu wiedergegeben werden, die Zeitbegrenzungen und Hilfestellungen eingehalten werden (Durchführungsobjektivität). In der Auswertung ist ein Test objektiv, wenn gewährleistet ist, dass genaue Auswertungsvorschriften vorliegen und diese einheitlich über alle Untersuchungen hinweg durchgeführt werden. Auswertungsbögen und Schablonen helfen bspw. bei Intelligenztests, exakt zu definieren, wann ein Item als „richtig gelöst" gewertet wird (Auswertungsobjektivität). Die Objektivität erstreckt sich auch auf die Interpretation der Ergebnisse, die bei verschiedenen Untersuchern nicht variieren sollte und durch die Normierung eines Tests und die Standardisierung der erreichten Werte, z. B. in einen IQ Wert, erreicht wird (Interpretationsobjektivität). In allen drei erwähnten Bereichen der Durchführung, der Auswertung und der Interpretation geht es darum, den subjektiven Faktor, d. h. die subjektiven Eindrücke eines Testleiters, seine spontanen Urteile und Interpretationen so gering wie möglich zu halten.

Die *Reliabilität* beantwortet die Frage, wie genau ein Test ein bestimmtes Merkmal misst. Drei Arten der Berechnung der Reliabilität können unterschieden werden.

Eine *Paralleltestreliabilität* bezieht sich auf die Untersuchung von zwei Tests, die so konstruiert sind, dass beide Tests inhaltlich möglichst ähnliche Items („Itemzwillinge") beinhalten. Korrelieren beide Tests hoch miteinander, geht man davon aus, dass die Paralleltestreliabilität hoch und der Test reliabel ist. Der sehr hohe Aufwand, der mit der Konstruktion eines Paralleltests zusammenhängt, führt in der Praxis dazu, dass diese Art der Berechnung selten angewendet wird.

Für die Überprüfung einer zweiten Art, der *Retest-Reliabilität* oder *Stabilität*, benötigt man nur einen Test, der jedoch zu zwei unterschiedlichen Messzeitpunkten bei denselben Personen durchgeführt wird. Gemessen wird die Stabilität über die Zeit, wobei die zu berechnende Korrelation zwischen beiden Messzeitpunkten von dem Zeitintervall und möglichen Übungseffekten abhängen kann.

Die dritte Art der Reliabilitätsprüfung zählt aufgrund seiner Praktikabilität und geringen Kosten zur der Methode, die am häufigsten Anwendung findet. Unter der *Testhalbierungsreliabilität* versteht man Folgendes: Der Test wird in möglichst gleiche Testhälften unterteilt und diese werden miteinander korreliert. Bei der *Inneren Konsistenz* wird jedes einzelne Item als eigenständiger Testteil angesehen und der mittlere Zusammenhang unter Berücksichtigung der Testhälfte bestimmt. Ein häufig in Testmanualen berichteter Kennwert ist der Koeffizient „Cronbach-alpha" (Bühner 2004, S. 29, Amelang/Schmidt-Atzert 2006, S. 145 ff.).

Das dritte Kriterium ist die *Validität*, die sich mit der Frage beschäftigt, ob ein Test überhaupt misst, was er vorgibt zu messen. Sie steht für das Ausmaß, in dem eine Testleistung mit einem oder mehreren Kriterien zusammenhängen, korrelieren sollte. Die erzielte Intelligenzleistung sollte bspw. positiv mit der Schulnote als ein Außenkriterium korrelieren. Wird die Intelligenzmessung vor einer bestimmten Ausbildung (z. B. vor einem Studium) erhoben und korreliert sie hoch mit der später erlangten Abschlussnote in der Ausbildung, würde der Test eine hohe *prognostische Validität* aufweisen (Vorhersagevalidität).

Es ist auch möglich, die Intelligenzleistung, die während eines Studiums erhoben wurde, mit den Schulnoten des zurückliegenden Abiturs zu korrelieren. In diesem Fall würde man von einer *retrospektiven Kriteriumsvalidi-*

tät sprechen, wobei auch hier die Schulnoten das Kriterium darstellen, das durch den Intelligenztest vorhergesagt werden sollte (zu weiteren Arten siehe Bühner 2004, S. 31; Amelang/Schmidt-Atzert 2006, S. 149 ff.).

Von der Kriteriumsvalidität, die auf äußere Kriterien wie Schulnoten abzielt, ist eine weitere Art, die Konstruktvalidität abzugrenzen. Bereits bei der Entwicklung eines Tests wird festgelegt, wie dieser sich zu anderen bereits bestehenden Tests verhalten sollte. Bei der Entwicklung eines neuen Intelligenztests würde man bereits mit der Hypothese arbeiten, dass der neue Test mit einem etablierten Verfahren hoch korrelieren sollte. Dies wird *konkurrente* oder *konvergente Validität* genannt.

Neben der Erwartung, dass Tests das gleiche Konstrukt wie andere Tests abbilden sollten, gibt es auch die Erwartung, dass sich der Test von bestimmten Konstrukten unterscheiden sollte. Ein Konzentrationstest mit dem Konstrukt „Konzentration" sollte sich bspw. von dem Konzept „Gedächtnis", das eng mit ihm zusammenhängt, deutlich unterscheiden (diskriminieren). Man spricht daher von der *diskriminanten oder divergenten Kriteriumsvalidität* (Bühler 2004, S. 32).

Beispiel für ein standardisiertes Testverfahren: Der Intelligenztest HAWIVA-III

Die Hamburg-Wechsler-Intelligenztests gehören nach Umfragen von Steck (1997) und Schorr (1995) zu den am häufigsten genannten Verfahren in der diagnostischen Praxis. Diese Vorreiterstellung liegt u. a. in der 70-jährigen Tradition dieser Tests begründet, die mehrfach überarbeitet und zu Meilensteinen wurden, an denen sich neue Intelligenztests im Sinne der Kriteriumsvalidität messen müssen. Die erste Version für Erwachsene wurde als „Wechsler-Bellevue-Intelligence Scales" 1939 auf den Markt gebracht, dem 1949 der Test „Wechsler-Intelligence Scale" für Kinder folgte. 36 Jahre nach der Erstveröffentlichung erschien 1975 die „Wechsler-Preschool and Primary Scale of Intelligence" für Vorschulkinder. Im deutschsprachigen Raum sind für Erwachsene der HAWIE-R (Hamburg-Wechsler-Intelligenztest für Erwachsene), der HAWIK-IV (Hamburg-Wechsler-Intelligenztest für Kinder, Petermann/Petermann 2010) und der HAWIVA-III (Hannover-Wechsler-Intelligenztest für das Vorschulalter, Ricken u. a. 2007b) verfügbar.

Der HAWIVA-III für Vorschulkinder wurde als Beispiel ausgewählt, da die Fördermöglichkeiten für die Entwicklung kognitiver Leistungsfähigkeit bei Kindern mittlerweile in der frühesten und frühen Kindheit verortet werden (neuere Forschungsergebnisse deuten auf einen engen Zusammenhang zwischen den Erfahrungen des Säuglings mit den primären Bezugspersonen, den sich daraus entwickelnden Bindungs- und Affektregulierungsmustern während des ersten Lebensjahres und der kognitiven Entwicklung des Kindes, vgl. für einen Überblick Leuzinger-Bohleber 2009). Die Messung der Intelligenz und damit die Förderung des Kindes hat sich in das Vorschulalter verlagert. Im Unterschied zum HAWIK-IV, mit dem Kinder zwischen 6 und 17 Jahren untersucht werden, ist die Anwendung von standardisierten Testverfahren bei Vorschulkindern eine besondere Herausforderung und kann kritisch diskutiert werden. Gerade für diese Altersgruppe ist es eine anspruchsvolle Aufgabe, die Testbedingungen für die jüngeren Kinder so zu gestalten, dass reliable und valide Messungen möglich sind. Die Leistungsfähigkeit hängt in diesem Alter stark von konkreten Situationen und der Tagesform ab und unterliegt den individuellen, entwicklungsbedingten Schwankungen (Ricken u. a. 2007a, S. 19).

Der HAWIVA-III ist ein Intelligenztest zur Erfassung allgemeiner und spezifischer Fähigkeiten bei Kindern im Vorschulalter und wurde, um den großen Veränderungen in der Leistungsfähigkeit von Kindern im Laufe ihrer Entwicklung gerecht zu werden, für zwei Altersbereiche entwickelt: 2;6 bis 3;11 und 4;0 bis 6;11. In Abhängigkeit vom jeweiligen Untersuchungszweck und vom Alter des Kindes können der *Verbal-IQ*, der *Handlungs-IQ* (fluide Intelligenz), der *Gesamt-IQ* sowie ein Quotient für die *Verarbeitungsgeschwindigkeit* und die *Allgemeine Sprache* gebildet werden.

Grundsätzlich definierte David Wechsler, der Autor dieser Tests, die Intelligenz (erwachsener Personen) als „die Kapazität eines Individuums, planvoll zu handeln, rational zu denken und erfolgreich in seiner Umwelt zu handeln" (Wechsler 1944, S. 3). Die Zusammenfassung der Untertests in einen Handlungs- und Verbal-IQ wollte Wechsler jedoch nicht als einzig mögliche Bereiche von Intelligenz verstanden wissen und auf diese beschränken. Für ihn stand weniger die theoretische Konzeptarbeit, sondern der praktische Gewinn, den die Ergebnisse des Tests lieferten, im Vordergrund. Er entwickelte sie pragmatisch aus bestehenden Verfahren (z.B. dem Alpha und Beta Army Test) und sah in ihnen nur eine begrenzte Auswahl des komplexen Konstrukts der Intelligenz.

Trotz fortschreitender Erkenntnisse in den Neurowissenschaften ist es bis heute schwierig geblieben, die Untertests mit unterschiedlichen und diskriminanten Funktionen des Gehirns in Verbindung zu bringen. Der präfrontale Cortex ist beispielsweise sowohl an der Verarbeitungsgeschwindigkeit als auch am abstrakten Denken beteiligt. Für die Untertests, die als Handlungs-IQ zusammengefasst werden, ließ sich nachweisen, dass die Verarbeitung von Abstraktionen, Regeln, Verallgemeinerungen und logischen Beziehungen entscheidend ist (Carroll 1993). Das Konstrukt des Handlungs-IQ ist dabei eng mit Cattells (1963) Konzept der fluiden, d. h. der angeborenen, vererbten Intelligenz verknüpft, die er von der kristallinen Intelligenz, die sich im Laufe des Lebens durch Erfahrung und durch Umwelteinflüsse weiterentwickelt, unterschieden hatte. Zum Handlungsteil gehören die Untertests: Gemeinsamkeiten finden, Mosaik-Test und neu in der Überarbeitung für die dritte Auflage hinzugekommen: Matritzen-Test, Klassen bilden und Begriffe erkennen (siehe Tabelle 2, Abbildung 2).

Eine weitere Differenzierung kognitiver Leistungsfähigkeit bieten die Untertests Kodieren und Symbol-Suche, die die Verarbeitungsgeschwindigkeit beschreiben. Unterschiedliche Studien haben gezeigt, dass es bei jüngeren Kindern einen engen Zusammenhang zwischen der Verarbeitungsgeschwindigkeit, der Entwicklung des Nervensystems sowie der Entwicklung kognitiver Fähigkeiten gibt und die Verarbeitungsgeschwindigkeit einen guten Prädiktor für ihre Leistung in Intelligenztests ist. Es wird davon ausgegangen, dass ein schnelleres Verarbeiten von Informationen die Anforderungen an das Arbeitsgedächtnis und damit das schlussfolgernde Denken erleichtern kann (Ricken u.a. 2007a, S. 21 f.). Hyperaktive Kinder bspw. schneiden in diesen Untertests schlechter als andere Kinder ab.

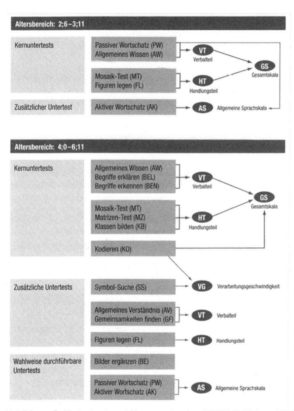

Abbildung 2: Untertest und Kennwerte des HAWIVA-III (aus Ricken u. a. 2007b, S. 21)

Die verbale Intelligenz kann sowohl als Verbal-IQ als auch als Quotient der Allgemeinen Sprache dargestellt werden und wird mittels der folgenden Untertests festgestellt: Allgemeines Wissen, Begriffe erklären, Begriffe erkennen, Passiver und Aktiver Wortschatz (siehe Tabelle 2, Abbildung 2).

Tabelle 2: Untertests des HAWIVA-III mit Kurzbeschreibung (aus Ricken u. a. 2007a, S. 19)

Untertest	Abkürzung	Kurzbeschreibung
Mosaik-Test	MT	Das Kind legt entsprechend den Vorlagen des Testleiters oder einer Vorlage im Stimulus-Buch1 mit ein- oder zweifarbigen Würfeln Mosaike nach.
Allgemeines Wissen	AW	Dieser Untertest besteht aus Bilder-Items und verbalen Items. Bei den Bilder-Items soll das Kind das passende von mehreren präsentierten Bildern auswählen. Im zweiten Teil beantwortet das Kind verbale Fragen des Testleiters (z. B. „Wie viele Beine hat ein Vogel?").
Matritzen-Test	MZ	Das Kind betrachtet ein unvollständiges Muster und wählt das fehlende Teil aus vier oder fünf vorgegebenen Antwortmöglichkeiten aus.
Begriffe erklären	BEL	Das Kind definiert Begriffe, die der Testleiter vorgibt.
Klassen bilden	KB	Dem Kind werden zwei Reihen mit Bildern vorgelegt. Zwei Bilder (eins aus jeder Reihe) passen zusammen. Beide soll das Kind finden.
Symbol-Suche	SS	Das Kind vergleicht ein vorgegebenes Symbol mit einer Reihe unterschiedlicher Symbole und entscheidet, ob das Symbol in der Reihe vorkommt.
Begriffe erkennen	BEN	Dem Kind werden Umschreibungen vorgelesen und es muss das Objekt oder das umschriebene Konzept erraten.
Kodieren	KO	Das Kind vervollständigt einfach geometrische Figuren mit Zeichen entsprechend der Vorlage.
Allgemeines Verständnis	AV	Das Kind antwortet auf Fragen, die das Verständnis für allgemeine Prinzipien und soziale Situationen erfassen.
Bilder ergänzen	BE	Das Kind sieht ein Bild und zeigt oder benennt dann ein wichtiges fehlendes Teil des Bildes.
Gemeinsamkeiten finden	GF	Dem Kind wird ein unvollständiger Satz vorgelesen, der zwei Objekte oder Begriffe mit einem gemeinsamen Merkmal enthält. Das Kind soll dann den Satz vervollständigen, indem es die Gemeinsamkeiten beider Begriffe bzw. Objekte deutlich benennt.
Passiver Wortschatz	PW	Das Kind schaut sich vier Bilder an und zeigt auf das, welches der Testleiter laut benennt.
Figuren legen	FL	Dem Kind werden einzelne Puzzlesteine in standardisierter Anordnung vorgelegt. Das Kind setzt innerhalb von 90 Sekunden die Einzelteile zu einem Bild zusammen.
Aktiver Wortschatz	AK	Das Kind benennt Bilder, die auf Vorlagen dargestellt sind.

Der HAWIVA-III ist ein komplexes Verfahren, dessen Durchführung, Interpretation und Ableitung von Interventionsmaßnahmen gute diagnostische Kompetenzen voraussetzt. Damit sind psychodiagnostische Grundkenntnisse und hinreichende Erfahrungen in der Anwendung und Interpretation standardisierter Testinstrumente gemeint. Eine weitere wichtige Voraussetzung sind Erfahrungen in der Testung jüngerer Kinder und von Kindern mit Entwicklungsverzögerung. Für weniger erfahrene Testanwender wird stets empfohlen, die ersten Testdurchführungen unter Supervision durchzuführen (Ricken u.a. 2007a, S. 23).

Wie die konkrete Testsituation aus der Perspektive der Testentwickler für den deutschsprachigen Raum kindgerecht gestaltet und eine gute Beziehung zum Kind aufgebaut werden kann, wird im Folgenden erläutert. Auch die Frage nach der Angemessenheit des Tests bei jüngeren Kindern und bei Kindern mit besonderen Förderbedürfnissen findet Berücksichtigung.

Angemessenheit und Fairness der Testdurchführung. Kinder unter 4 Jahren bearbeiten weniger Tests. Von ihnen wird auch weniger sprachliche Ausdrucksfähigkeit verlangt. Sollten Probleme auftauchen, die eine Durchführung negativ beeinflussen, dürfen einzelne Untertests durch zusätzliche Untertests ersetzt werden (vgl. Abbildung 2; Ricken u.a. 2007a, S. 24f.)

Gestaltung der Testsituation. „Im Testverlauf muss der Testleiter immer wieder die Aufmerksamkeit des Kindes auf die Aufgaben lenken. Dies ist durchaus schwierig, da Kinder im Vorschulalter strukturierte Anforderungssituationen eher nicht gewohnt sind. Außerdem wird die Aufmerksamkeit durch Übermüdung, Ängstlichkeit, Unruhe und Unsicherheit des Kindes beeinträchtigt. Manche Kinder trennen sich weinend von dem begleitenden Vater oder der begleitenden Mutter. Solche Trennungssituationen sollten nicht zu lange ausgehalten werden. Denn je länger Sie auf die Freiwilligkeit des Kindes warten, desto schwieriger wird es für das Kind, sich vom Elternteil zu trennen. Wenn deutlich wird, dass aufgrund der Trennungsprobleme die Testung nicht durchgeführt werden kann, sollten Sie den Termin verschieben" (Ricken u.a. 2007a, S. 34f.).

Aufbau einer guten Beziehung zum Kind. Für die Durchführung des Tests ist die volle Aufmerksamkeit des Untersuchers und Einfühlungsvermögen in das Kind erforderlich. Unter dieser Bedingung fällt es Kindern leichter gut mitzuarbeiten und sich anzustrengen. Ricken u.a. (2007a, S. 36) schreiben: „Begegnen Sie dem Kind vertrauensvoll. Anspannungen und Versuche, eine Kooperation mit dem Kind zu erzwingen, führen eher zu einem Verweigerungsverhalten oder zur Unterbrechung der Situation. Beginnen Sie die Testdurchführung z.B. mit einem freundlichen Gespräch über seine Aktivitäten und Interessen. Erklären Sie dem Kind, dass Sie ihm einige Fragen stellen und einige Aufgaben mit ihm zusammen bearbeiten werden.

Betonen Sie den spielerischen Charakter der Aufgaben, aber bezeichnen Sie den Test nicht als Spiel. Aussagen wie: „Du arbeitest gut! Toll, prima!" usw. oder „Mach bitte weiter!" sind erlaubt. Geben Sie jedoch keine Rückmeldungen über die Lösung, außer wenn dies in den Durchführungsanleitungen explizit vorgesehen ist. Schneidet ein Kind beim ersten Untertest sehr schlecht ab, ist es sinnvoll, den Untertest kurzfristig zu unterbrechen und einen anderen Untertest durchzuführen, in dem das Kind vielleicht größere Erfolgschancen hat. Kehren Sie zur Standardreihenfolge zurück, wenn das Kind sicherer wirkt und einige Erfolge erlebt hat."

„Wird ein Kind unruhig oder nervös, dann lassen Sie es kurz im Raum herumlaufen oder zur Toilette gehen. Bei jungen Kindern können mehrere kurze Unterbrechungen und Pausen notwendig sein. Sollte ein Kind durstig sein, können Sie ihm ein Glas Wasser geben. Es ist zu empfehlen, den Test dann durchzuführen, wenn die Leistungsfähigkeit des Kindes hoch ist. Das ist bei vielen Kindern am Vormittag der Fall" (Ricken u. a. 2007a, S. 37).

„Bei Kindern, die nicht kooperieren oder die trotz Unterstützung zu ängstlich sind, um zu antworten, sollte der Test etwa mit den Worten unterbrochen werden: ‚Wir versuchen es später noch einmal'. Machen Sie in solchen Fällen das Kind auf das Testmaterial neugierig, um die zweite Sitzung vorzubereiten, verdeutlichen Sie aber auch, dass es eine zweite Sitzung geben wird" (Ricken u. a. 2007a, S. 37).

Angemessenheit des Tests bei Kindern mit besonderen Förderbedürfnissen. „Kinder mit besonderen Förderbedürfnissen, z.B. mit physischen Einschränkungen oder Sprachbehinderungen, werden häufiger psychologisch untersucht. Die besondere Schwierigkeit für die Beurteilung liegt darin, dass die Testleistungen durch motorische und sensorische Beeinträchtigungen negativ beeinflusst sein können. Um diesen Effekt zu reduzieren, muss der Diagnostiker die Situation soweit wie möglich den Bedingungen des Kindes anpassen und insbesondere darauf achten, dass die Aufgabenstellung verstanden wird und das Antwortverhalten eindeutig zu erkennen ist. Der Diagnostiker muss sich also mit den Auswirkungen der Behinderung des Kindes vertraut machen. So ist z.B. zu prüfen, auf welche Art die Kommunikation mit dem Kind zu gestalten ist und auf welche Weise das Kind auf die Fragen antworten kann. Die Situation muss flexibel und einfühlsam gestaltet werden, so dass einerseits den besonderen Bedürfnissen des Kindes entsprochen wird und andererseits, so weit wie möglich, die standardisierte Testdurchführung eingehalten werden kann. Gegebenenfalls ist auf die Durchführung zu verzichten. [...] Alle Abweichungen von der standardisierten Testdurchführung und den festgelegten Bewertungskriterien sollten auf dem HAWIVA-III Protokollbogen dokumentiert und bei der Auswertung berücksichtigt werden." (Ricken u. a. 2007a, S. 26 ff.)

Durchführung. Die einzelnen Untertests (siehe Tabelle 2) werden in fester Reihenfolge in Form eines standardisierten Dialogs abgearbeitet, wobei sich Untertests aus Handlungs- und Verbalteil abwechseln. Manche Untertests müssen vom Untersucher gleich bewertet werden, ein Notieren der Antworten ist notwendig, unabhängig davon, ob die Antwort richtig oder falsch ist. Dadurch kann auch bei späterer Einsicht in das Testprotokoll die Bewertung nachvollzogen werden. Bei einigen Tests kann mit einem schwierigen Item begonnen werden. Löst das Kind das Item richtig, werden ihm die zuvor gegebenen Punkte gut geschrieben. Löst das Kind nicht das Item, beginnt man nochmals den Untertest mit den leichten Aufgaben. Allgemein ist es das Ziel, das bestmögliche Testergebnis für jedes Kind zu erreichen. Falls der Eindruck entsteht, das Kind könnte mehr Leistung zeigen, als es gerade tut oder es sehr wenige Punkte erhält, können die zusätzlichen Untertests durchgeführt werden. Für jeden Untertest wird eine Abbruchregel angegeben, die festlegt, nach wie vielen falsch gelösten Items der Untertest abgebrochen wird.

Die Durchführung dauert je nach Alter und Untertest zwischen 30 und 90 Minuten.

Auswertung. Die Ergebnisse der Untertests werden in Protokollbögen notiert. Die vergebenen Punkte werden addiert und zu Wertpunkten umgewandelt, die dann in Tabellen im Manual zur Durchführung und Auswertung für das jeweilige Alter entsprechend in IQ-Werte umgerechnet werden können. Es steht zudem eine Software zur Verfügung, die nach Angabe des Geschlechts und des Alters des Kindes, nur die Eingabe der Rohwerte der Untertests erfordert und automatisch das Leistungsprofil erstellt. Die IQ-Werte sind auf einen Mittelwert von 100 und einer Standardabweichung von 15 festgelegt.

Normen. Die Normierung des HAWIVA-III basiert auf einer repräsentativen Stichprobe von insgesamt 1.322 Kindern aus Deutschland, Österreich und der Schweiz im Alter von 2;6 bis 6;11 Jahren und wurde 2004 und 2005 erhoben (Ricken u.a. 2007b, S. 48 ff.). Die Angaben zur Normierung und zu den Gütekriterien sind im „Manual zur Testentwicklung und Interpretation" ausführlich dargestellt.

Reliabilität. Für die Gesamtskala konnte eine interne Konsistenz zwischen $r = .89$ und $r = .95$ gezeigt werden. Die Zuverlässigkeit der Untertests (innere Konsistenz) liegt zwischen $r = .74$ und $r = .90$. Für alle Skalen und Untertests werden Vertrauensintervalle bzw. Standardmessfehler sowie kritische Differenzen angegeben (Ricken u.a. 2007b, S. 61 ff.).

Validität. Die *Validität* des HAWIVA-III wurde anhand von Faktorenanalysen überprüft. Korrelationen mit Außenkriterien (Untertests aus CFT 1 und

KAB-C) liegen zwischen r = .39 und r = .80. Korrelationen zwischen HAWIVA-III und BISC (als diskriminantes Kriterium) sind erwartungsgemäß niedrig. Erzieherurteile korrelieren signifikant mit den HAWIVA-III-Werten. Verhaltensprobleme (beurteilt mit dem SDQ) korrelieren ebenfalls bedeutsam mit den Intelligenzwerten (Ricken u.a. 2007b, S. 81ff.).

Diskussion: standardisierte Testverfahren als Anwendung der Kindheitsforschung

Standardisierte Tests sollten den Anwender nicht darüber hinwegtäuschen, dass mittels dieser Tests nur Ausschnitte kindlicher Fähigkeiten, Kompetenzen und Schwächen abgebildet werden. Psychologische Tests sind in ein festes Gerüst von theoretischen und mathematisch-statistischen Konzepten und Modellen gespannt. Die Beobachtung eines individuellen Merkmals auf der phänomenologischen Ebene muss stets ein Äquivalent auf der numerischen Ebene finden und zudem auf andere Probanden anwendbar sein (vgl. Lienert/Raatz 1998).

Die Quantifizierung von individuellen Merkmalen von Personen ist Ziel und Programm psychologischer Testverfahren. In testpsychologischen Verfahren wird die Einzigartigkeit eines Individuums in Kategorien gefasst, quantifiziert und mit anderen Individuen verglichen. Dieses Faktum diskutierte der Psychologe Gordon W. Allport bereits 1949. Er beschäftigte sich mit der Frage, wie eine empirisch begründete Psychologie der Persönlichkeit aussehen könnte und griff auf den Philosophen Wilhelm Windelband (1904) zurück, der eine Unterscheidung zwischen nomothetischen und idiosynkratischen Wissenschaften getroffen hatte. Idiosynkratische Wissenschaften interessieren sich für den Einzelfall, für das Individuelle des Individuums und für seine qualitativen Unterschiede zu anderen Menschen. Diesem Erkenntnisinteresse wird durch qualitative Methoden Rechnung getragen, wie sie die Biografieforschung oder psychoanalytische Forschung (mit dem Forschungsgegenstand unbewusster Konflikte und Phantasien) anwendet. Nomothetische Wissenschaften, wie die Physik, stehen demgegenüber für eine Suche nach Regeln und Gesetzen, die allgemeine Gültigkeit besitzen. Sie sind mit einem positivistischen Wissenschaftsverständnis, d.h. mit der Vorstellung der Objektivierbarkeit und Messbarkeit von Untersuchungsgegenständen, assoziiert.

Die Persönlichkeitspsychologie hat sich zuletzt zugunsten der nomothetischen Wissenschaft entschieden, die für sich behauptet, individuelle Merkmale nomothetisch abbilden zu können. Amelang und Bartussek schreiben dazu: „Eine erste Aufgabe der nomothetischen Persönlichkeitspsychologie besteht darin, Beschreibungssysteme zu entwickeln, mit denen Einzelfälle erfasst und kategorisiert werden können. Beispielsweise gilt es festzustellen, ob alle Individuen mit Hilfe einer allgemeinen Dimension ‚Intelligenz' oder ‚Gefühlsbetontheit' beschrieben werden können" (Amelang u. a. 2006, S. 48 f.).

Jenseits wissenschaftstheoretischer und konzeptioneller Kontroversen gehören standardisierte Testverfahren zur gesellschaftlichen Praxis und sind aus ihr kaum wegzudenken. Sowohl in der Gesundheits- als auch in der Bildungspolitik müssen knappe Ressourcen verteilt werden. Beide Politikbereiche würden ohne statistische Analysen von individuellen Merkmalen der betroffenen Personen nicht funktionieren. Die Bedarfsplanung von Grundschulen seitens der Bildungspolitiker und -administratoren ist auf konkrete Zahlen von Vorschulkindern und ihren Kompetenzen angewiesen. Die Planung von weiterführenden Schulen beruht auf Zahlen zur durchschnittlichen Leistung von Schülern, zur Hochbegabung sowie zu Schülern, die besonderer Förderung bedürfen. Vielen dieser Aussagen liegen standardisierte Testverfahren, wie sie hier besprochen wurden, als Instrument zugrunde. Standardisierte psychologische Tests können in diesem Sinne als praxisorientierte und zweckgebundene Anwendung psychologischer Forschung aufgefasst werden.

Die Neue Kindheitsforschung leistete in den vergangenen Jahren einen kritischen Beitrag zur Rezeption der standardisierten Testverfahren bei Kindern und ihrer immer häufigeren Anwendung. Auf den Spuren der „Entstehung des Paradigmas der (normalen) kindlichen Entwicklung" identifiziert Helga Kelle die Entwicklungspsychologie (und damit die Testpsychologie als ein Teilgebiet) „als (Leit-)Disziplin der Kinderwissenschaften, indem sie sich auf die wissenschaftliche Erforschung der kindlichen Entwicklung konzentrierte und deren empirische Methoden rationalisierte" (Kelle 2009, S. 84). Danach diene die Veröffentlichung und Verbreitung der Durchschnittswerte für kindliche Entwicklung in Tabellen und Grafiken seit dem Ende des 19. Jahrhunderts nicht nur erfolgreich dem moralisch begründeten Ziel einer verbesserten Wahrung der Entwicklungschancen von Kindern, sondern trage auch zur Normierung bei, dass Kinder sich zunehmend an ihnen messen lassen mussten (Kelle 2009, S. 85 f.). Untersucht wurden im Rahmen der „Early Social Childhood Studies" in Deutschland kindermedizinische Vorsorgeuntersuchungen (Bollig 2008), Kinderkörpernormen in Somatogrammen (Kelle 2007), Schuleingangsuntersuchungen (Bollig/Tervooren 2009) sowie diagnostische Verfahren, beispielsweise zur Legasthenie (Bühler-Niederberger 1991). Standardisierte Verfahren werden in dieser Forschungsdisziplin als Wegbereiter der „Normalisierung", „Standardisierung" und gesellschaftlichen „Institutionalisierung" von Kindheit mittels (natur)wissenschaftlich anerkannter Methoden verstanden (Kelle/ Tervooren 2008).

Schließlich und endlich aber haben sich die standardisierten Testverfahren dem Kindeswohl unterzuordnen. Die damit angesprochene ethische Dimension von psychologischen Testverfahren lässt sich entlang der UN-Kinderkonvention entfalten, die 1992 für Deutschland in Kraft trat. Für die

Untersuchung eines Kindes mit einem standardisierten Test sind Artikel 3 (Wohl des Kindes), Artikel 12 (Berücksichtigung des Kindeswillens) und Artikel 29 (Bildungsziele, Bildungseinrichtungen) zentral. Artikel 3 besagt Folgendes: „Bei allen Maßnahmen, die Kinder betreffen, gleichviel ob sie von öffentlichen oder privaten Einrichtungen der sozialen Fürsorge, Gerichten, Verwaltungsbehörden oder Gesetzgebungsorganen getroffen werden, ist das Wohl des Kindes ein Gesichtspunkt, der vorrangig zu berücksichtigen ist". Für die Anwendung standardisierter Tests bedeutet das, dass sie dem Wohl des Kindes dienen müssen.

Artikel 12 sichert dem Kind, „das fähig ist, sich eine eigene Meinung zu bilden, das Recht zu, diese Meinung in allen das Kind berührenden Angelegenheiten frei zu äußern, und berücksichtigen die Meinung des Kindes angemessen und entsprechend seinem Alter und seiner Reife." Dem Kind steht weiter nach Absatz 2 das Recht zu, „gehört zu werden". Das heißt, man kann ein Kind nicht gegen seinen Willen untersuchen und man hat ihm mit Respekt gegenüberzutreten und seine Äußerungen (verbale wie nonverbale) im Kontext seines Alters und seiner Reife aufzunehmen und in seinem Sinne zu verstehen.

Die meisten standardisierten Testverfahren für Kinder stehen im engeren oder weiteren Zusammenhang mit Bildungszielen. Die UN-Kinderkonvention besagt im ersten Absatz von Artikel 29, „dass die Bildung des Kindes darauf gerichtet sein muss, die Persönlichkeit, die Begabung und die geistigen und körperlichen Fähigkeiten des Kindes voll zur Entfaltung zu bringen". Die Entwicklung und Anwendung von standardisierten Testverfahren muss daher mit diesen Zielen in Übereinstimmung gebracht werden.

Inwieweit sich dieser Anspruch mit der Praxis der sogenannten Selektionsdiagnostik vereinbaren lässt, bleibt weiter zu diskutieren. Der Artikel 29 legt m. E. ein Verständnis von Förderung nahe, die sich von einer selektiven Diagnostik distanziert. Förderung im Einklang mit dem Artikel 29 würde Testverfahren notwendig machen, die sich konzeptionell weniger an einer Vergleichsnorm orientieren, sondern mehr die individuellen Fähigkeiten eines Kindes als Ausgangspunkt der Förderung nehmen. Im Sinne einer Kindheitsforschung entlang der UN-Kinderkonventionen wäre bei der Entwicklung und Anwendung von standardisierten Testverfahren eine konzeptionelle Hinwendung zu idiosynkratischen Methoden wünschenswert, die die Kreativität und die vielfältigen Lösungen stärker berücksichtigen, die Kinder bspw. bei mathematischen Problemen finden und mit denen sie auch ihre Entwicklung mitgestalten.

Literatur

Allport, G. W. (1949): Persönlichkeit. Struktur, Entwicklung und Erfassung der menschlichen Eigenart. Stuttgart.

Amelang, M.; Bartussek, D.; Stemmler, G.; Hagemann, D. (2006): Differentielle Psychologie und Persönlichkeitsforschung. Stuttgart.

Amelang, M.; Schmidt-Atzert, L. (2006): Psychologische Diagnostik und Intervention. Heidelberg.

Amelang, M.; Zielinski, W. (2002): Psychologische Diagnostik und Intervention. Berlin.

Becker, J. (2004): Computergestütztes Adaptives Testen (CAT) von Angst entwickelt auf der Grundlage der Item Response Theorie (IRT). Dissertation. Freie Universität Berlin. Online: http://www.diss.fu-berlin.de/diss/receive/FU-DISS_thesis_0000 00001495 (01.07.2010).

Binet, A.; Simon, T. (1905): Methodes nouvelles pour le diagnostic du niveau intellectuel de anormaux. In: L'Annee Psychologique, 11, S. 191-244.

Bollig, S. (2008): „Praktiken der Instrumentierung". Methodologische und methodische Überlegungen zur ethnografischen Analyse materialer Dokumentationspraktiken in kindcrärztlichen Vorsorgeuntersuchungen. Zeitschrift für Soziologie der Erziehung und Sozialisation, 28, 3, S. 301-315.

Bollig, S.; Tervooren, A. (2009): Die Ordnung der Familie als Präventionsressource. Informelle Entwicklungsdiagnostik in Vorsorge- und Schuleingangsuntersuchungen am Beispiel kindlicher Fernsehnutzung. Zeitschrift für Soziologie der Erziehung und Sozialisation, 29, 2, S. 157-173.

Breidenstein, G.; Prengel, A. (2005): Schulforschung und Kindheitsforschung – ein Gegensatz? Wiesbaden.

Bühler-Niederberger, D. (1991): Legasthenie – Geschichte und Folgen einer Pathologisierung. Opladen.

Bühner, M. (2004): Einführung in die Test- und Fragebogenkonstruktion. München.

Bynum, W. (2008): Geschichte der Medizin. Stuttgart.

Carroll, J. B. (1993): Human cognitive abilities: A survey of factor-analytic studies. Cambridge.

Cattell, R. B. (1963): Theory of fluid and crystallized intelligence: A critical experiment. Journal of Educational Psychology, 54, 1, S. 1-22.

Fischer, G. (1974): Einführung in die Theorie psychologischer Tests, Grundlagen und Anwendungen. Bern.

Kelle, H. (2009): Kindliche Entwicklung und die Prävention von Entwicklungsstörungen. Die frühe Kindheit im Fokus der childhood studies. In: Honig, M.-S. (Hrsg.): Ordnungen der Kindheit. Problemstellungen und Perspektiven der Forschung. Weinheim, S. 71-96.

Kelle, H. (2007): „Ganz normal": Die Repräsentation von Kinderkörpernormen in Somatogrammen. Eine praxisanalytische Exploration kinderärztlicher Vorsorgeinstrumente. In: Zeitschrift für Soziologie 36, 3, S. 199-218.

Kelle, H.; Tervooren, A. (Hrsg.) (2008): Ganz normale Kinder. Heterogenität und Standardisierung kindlicher Entwicklung. Weinheim.

Kubinger, K. D. (2009): AID 2. Adaptives Intelligenz Diagnostikum 2 (Version 2.2). Göttingen.

Leuzinger-Bohleber, M. (2009): Frühe Kindheit als Schicksal? Trauma, Embodiment, Soziale Desintegration. Psychoanalytische Perspektiven. Mit kinderanalytischen Fallberichten von Angelika Wolff und Rose Ahlheim. Stuttgart.

Lienert, G.; Raatz, U. (1998): Testaufbau und Testanalyse. Weinheim.

Mac Donald, P.; Paunonen, S. V. (2002): A Monte Carlo comparison of item and person statistics based on item response theory versus classical test theory. Educational and Psychological Measurement, 62, 6, S. 921-943.

Moosbrugger, H. (2002): Item-Response-Theorie (IRT). In: Amelang, M.; Zielinski, W.: Psychologische Diagnostik und Intervention. Berlin, S. 68-91.

Peterman, F.; Petermann, U. (2010): HAWIK-IV. Hamburg-Wechsler-Intelligenztest für Kinder – IV. Göttingen.

Ricken, G.; Fritz, A.; Schuck, K. D.; Preuß, U. (2007a) (Hrsg.): HAWIVA-III. Hannover-Wechsler-Intelligenztest für das Vorschulalter – III. Übersetzung und Adaption des WPPSITM-III von David Wechsler. Manual zur Durchführung und Auswertung. Göttingen.

Ricken, G.; Fritz, A.; Schuck, K. D.; Preuß, U. (2007b) (Hrsg.): HAWIVA-III. Hannover-Wechsler-Intelligenztest für das Vorschulalter – III. Übersetzung und Adaption des WPPSITM-III von David Wechsler. Göttingen.

Rost, J. (1996): Lehrbuch Testtheorie, Testkonstruktion. Göttingen.

Schorr, A. (1995): Stand und Perspektiven diagnostischer Verfahren in der Praxis. Ergebnisse einer repräsentativen Befragung westdeutscher Psychologen. Diagnostica, 41, 1, S. 3-20.

Steck, P. (1997): Psychologische Testverfahren in der Praxis: Ergebnisse einer Umfrage unter Testanwendern. Diagnostica, 43, 3, S. 267-284.

Stelzl, I. (1993): Testtheoretische Module. In: Tent, L.; Stelzl, I. (Hrsg.): Pädagogisch-psychologische Diagnostik. Göttingen, S. 39-201.

Steyer, R.; Eid, M. (2001): Messen und Testen. Berlin.

Stroß, A. M. (2008): Der Schularzt – Funktionalität und Normierungstendenzen eines neuen Berufsfeldes des 19. Jahrhunderts. In: Kelle, H.; Tervooren, A. (Hrsg.): Ganz normale Kinder. Heterogenität und Standardisierung kindlicher Entwicklung. Weinheim, S. 93-107.

Testkuratorium (2006): TBS-TK. Testbeurteilungssystem des Testkuratoriums der Föderation Deutscher Psychologenvereinigungen. Stand und Perspektiven, Fassung vom 28.9.06. Report Psychologie, 31, S. 492-499.

Thorndike, T. M. (1997): The early history of intelligence testing. In: Flanagan, D.P.; Genshaft, J.L.; Harrison, P. L. (Hrsg.): Contemporary intellectuel assessment: Theories, test and issues. New York, S. 3-16.

UN-Kinderrechts-Konvention im Wortlaut mit Materialien. Übereinkommen über die Rechte des Kindes vom 20. November 1989, am 5. April 1992 für Deutschland in Kraft getreten, Bekanntmachung vom 10. Juli 1992 – BGBl. II S. 990. Online: http://www.national-coalition.de/pdf/UN-Kinderrechtskonvention.pdf (01.06.2010).

Windelband, W. (1904): Geschichte und Naturwissenschaft. Straßburg.

Christian Alt, Andreas Lange

Implikationen und Grenzen einer modernen Sozialberichterstattung – am Beispiel des Kinderpanels

Historischer Wandel – Kindheitsforschung einst

Spätestens seit Beginn des 20. Jahrhunderts betätigte sich ein Kreis von Pädagogen, Medizinern, Heilpädagogen und Psychologen in ausdrücklicher Weise als Kinderforscher (Liegle 2002). Ihr Interesse galt dem „werdenden" Kind, das als im maximalen Kontrast zum Erwachsenen stehend aufgefasst wurde (Bühler-Niederberger 2005). Beobachtet wurde der „normale" sowie der abweichende Entwicklungsverlauf des Kindes vor dem Hintergrund, dass es erst noch zu einem vollwertigen Mitglied der Gesellschaft werden musste. Dabei lag allem Bestreben nach dem Erwachsenwerden eine implizite, oftmals aber auch explizite Vorstellung eines normalen Entwicklungsprozesses zu Grunde. Man ging dabei gegenüber den Vorstellungen in der frühen Neuzeit davon aus, dass es die Aufgabe der Eltern war, das Kind gemäß diesen Normvorstellungen großzuziehen. Unterstützt wurde dieser Normierungsprozess durch die zunehmende Nutzung der Statistik und ihrer graphischen Visualisierung in Entwicklungskurven (Turmel 2008), die den Entwicklungsfortschritt wie die vermeintliche Retardierung desselben „augenscheinlich" machten (Kelle 2008).

Es ist daher wenig verwunderlich, dass die Lebenssituation von Kindern und Jugendlichen lange Zeit als ein vom elterlichen Verhalten bedingtes Phänomen mit einem Fokus auf die zukünftige Verwirklichung von Fähigkeiten und Kompetenzen der Kinder wahrgenommen wurde. So wurde auch nahezu 100 Jahre nach den wissenschaftlichen Anfängen der Kindheitsforschung sehr ausführlich beschrieben, welche Konsequenzen Kinder für die innerfamiliale Arbeitsteilung haben, welche Kosten durch Kinder entstehen, welche Formen der Betreuung innerhalb und außerhalb der Familie zur Verfügung stehen und welche Aufgaben die Eltern im Laufe der Entwicklung der Kinder zu bewältigen haben. Eltern, Mütter wie Väter, wurden noch Mitte der 90er-Jahre aufgefordert, ihre soziale Kompetenz zu erhöhen, wenn im Zeitalter der Individualisierung gefordert wird, dass die Familie jedem die Möglichkeit geben soll, sich nach seinen Möglichkeiten frei zu entfalten (Bundesministerium für Familie und Senioren 1994).

Im Kontext der fortschreitenden Akzeptanz der Individualisierung der Lebensführung von Familien setzte sich dann vermehrt das Verständnis durch, dass der damit verbundene Wandel und die beobachtbaren Veränderungen Konsequenzen für alle Mitglieder der Familie, also auch für die Kinder haben. Dies zeigt sich schon an den ökonomischen Bedingungen der Familie, aber auch an der Realisierung von neuen Familienformen. In diesem Zusammenhang sei nur erinnert an Stieffamilien, an Adoptionsfamilien oder andere Formen der multiplen Elternschaft. Hier sind Kinder in gleicher Art und Weise „Betroffene" wie die Eltern, aber zunehmend auch aktive Gestalter ihrer Lebensverhältnisse (Morrow 2003). Dennoch war die Erforschung der Lebensbedingungen von Kindern weiter in erster Linie geprägt durch die Befragung der Erwachsenen als kompetenten Auskunftspersonen. Eine Ursache für diese Art der Nichtbeachtung der Kinder und Jugendlichen liegt in der Art der Gliederung der amtlichen Statistik, die auf Haushalte und nicht auf Familien bzw. ihre Mitglieder abstellt. In der amtlichen Statistik wird man aus diesem Grund nach den Lebensbedingungen der Kinder in Familien vergeblich suchen. Eine andere Ursache ist in der Meinung zu verorten, man könne Kinder nicht über ihr reales Leben befragen, da ihnen dazu die kognitiven wie evaluativen Kompetenzen fehlten. Beide Begründungsmuster wurden durch die soziologische Kindheitsforschung nicht nur „dekonstruiert", sondern in der Folge wurde sowohl das Klassifikationssystem der Statistik uminterpretiert als auch auf direktem methodischen Pfad versucht, Kinder zu Wort kommen zu lassen (Hengst/Zeiher 2005).

Parallel zur Aufwertung der Wahrnehmungen, Meinungen und Praktiken der Kinder selbst rückten mit dem wachsenden Interesse an altersübergreifenden Analysen individueller Lebensverläufe die durch gesellschaftliche Veränderungen mit beeinflussten Entwicklungsprozesse im Leben der Kinder als mitstrukturierende Phase in den Vordergrund wissenschaftlicher Forschung. Typische Fragestellungen waren der Einfluss von Trennung und Scheidung der Eltern (Sander 1988; Fthenakis 1993), die Auswirkungen sozialstruktureller Veränderungen auf die Sozialisationsbedingungen, der Bildungserfolg, die Folgen ökonomischer Deprivation (Walper 1988), die Bedeutung der sozialen und räumlichen Mobilität und die Familienbildungsprozesse (vgl. Mayer 1990). Weitere im Kontext dieser Forschungsbemühungen entstandene Fragestellungen befassten sich mit der Bedeutung der Erwerbstätigkeit der Mütter, dem Aufwachsen in unvollständigen Familien, der Situation von Einzelkindern und dem Wertewandel im Kontext der Langzeitfolgen von Kindheitserfahrungen (vgl. Nauck 1991; McLanahan/Bumpass 1988; Grundmann/Huinink 1991; Bertram 1997c). Ab Mitte der 80er Jahre des letzten Jahrhunderts werden Kinder in diesen Forschungsansätzen nicht mehr nur als „Bedingungsfaktoren der Lebensbedingungen von Erwachsenen oder als Objekte sozialpolitischer Sorge betrachtet" (Nauck 1993a, S. 145). Vermehrt rückte demgegenüber die Frage in den Mittelpunkt, wie Kinder ihre Lebenssituation wahrnehmen und deuten – ein wichtiger Markstein auf dem Weg zur Gestaltung ihrer sozialen Ökologien in der Kommune, in den Regionen und der Gesellschaft insgesamt. Als Zielvariable schält sich dabei insgesamt mehr und mehr nicht die individuelle Entwicklung als solche als Kern der Bemühungen und des Interesses heraus, sondern die Förderung der Lebensqualität im „hier und jetzt" (Ben-Arieh 2009) – damit liegt die Debatte um die Kindheit heute auf der prinzipiell gleichen Linie wie die Lebensqualitätsforschung über den gesamten Lebensverlauf hinweg (Weidekamp-Maicher 2010): In Abgrenzung zur „Quantität", mit der insbesondere die einseitige Förderung des wirtschaftlichen Wachstums gemeint war, gilt das Konzept Lebensqualität als politisch-ideelle Vorstellung einer „besseren" Gesellschaft, die durch gerichteten sozialen Fortschritt angestrebt werden sollte und ihren kleinen wie großen Bürgern mehr objektiv und subjektiv gute Lebensbedingungen schaffen sollte.

Kindheitsforschung heute – ein Perspektivenwechsel

Im Kontext neuer Forschungsvorhaben und eines in sich differenzierten Wandels der Kindheitsforschung (Alt/Lange 2009; Hengst/Zeiher 2005) hat sich die Perspektive dahingehend verändert, dass Eltern und Familie, aber auch die Gesamtheit der sozial-ökologischen Bestimmungsfaktoren als Bezugspunkte einer am Kind orientierten Sozialberichterstattung angesehen werden. Startpunkte einer genuinen kindbezogenen Sozialberichterstattung sind neben dem Alter der Befragungspopulation (die Kinder waren zwischen 8 und 13 Jahre alt) das Erkenntnisinteresse an den Bestimmungsfaktoren und Ursachen kindlicher Zufriedenheit bzw. kindlichen Wohlbefindens, zuweilen als „Glück der Kinder" (Bucher 2001) umschrieben sowie den Unterschieden der kindlichen Wahrnehmung von Aspekten ihrer Lebenslage gegenüber der Wahrnehmung der Eltern. Damit eröffnete sich für die Soziologie ein multidimensionaler Zugang zu kindlichen Lebenswelten und deren Einflussgrößen.

Voraussetzung dieser Entwicklung war ein Wandel im Verständnis von Familien und Kindheit. Familie wird nicht mehr ausschließlich als Ort der Privatheit verstanden, sondern man ist dazu übergegangen, Familie als ein spezielles System zu verstehen mit relativ klaren Grenzen und Mustern auf Grund der den Familien zugeschriebenen Aufgaben der Pflege, Sorge und Erziehung von Kindern. Dieser Sachverhalt wurde durch eine Fülle von Studien eindrücklich belegt, in denen auch der sich wandelnde Wert der Kinder für ihre Eltern rekonstruiert wurde (Zelizer 1995). Besondere Bedeutung konnte in diesem Zusammenhang die bürgerliche Familienkonzeption als normatives Deutungsmuster erlangen. Sie wurde gleichsam als „natürliche" Lebensform betrachtet (Gillis 1997; Bertram 1997; Borhard

1999). Vor diesem Hintergrund kam der familien- und kindheitshistorischen Forschung eine wichtige Funktion in der Korrektur von idealisierten Familienbildern bzw. Familienrhetoriken zu (Cyprian 2003; Lüscher 1997).

Die neue soziologische Kindheits- und Jugendforschung sieht Kinder in betonter Absetzbewegung von der konventionellen Entwicklungspsychologie nicht primär als defizitäre Wesen, deren Perspektiven und Handlungen es möglichst an den Erwachsenen auszurichten gilt, sondern versteht sie als teil-kompetente und teil-autonome Akteure ihrer selbst und in ihren Sozialwelten (Morrow 2003). Sie räumt damit der Erkundung der Kompetenzen und Handlungsbefähigungen (Agency), sowie ihrer eigenen Interpretation der sozialen Welt einen immer größeren Raum ein. Beredter Ausdruck dieser neuen Sichtweise ist, dass Kindern zugestanden und abverlangt wird, über eine eigene erzählenswerte Biografie zu verfügen (Ecarius 1999).

Man erforschte zunehmend das Kind im Hier und Jetzt, und maß vermehrt den Lebensäußerungen von Kindern, ihren Handlungsregeln und Bedeutungszuschreibungen (Breidenstein/Kelle 1998), einen Eigenwert jenseits ihrer Nützlichkeit für das Aufwachsen und der damit verbundenen Funktionalität für die Gesellschaft zu. Einen großen Anteil an dieser neuen Sichtweise hatten historische und sozial-konstruktivistische Debatten, welche die Plastizität der Ausgestaltung von Kindheit und der sie fundierenden sowie legitimierenden Konzeptionen belegten (Cunningham 2006). In einer solchen Perspektive betrachtet, erscheint die Konzentration auf Entwicklung und Sozialisation ebenso wie das gesellschaftliche Bemühen, Kinder vor allem im Bereich der Kognition und der Vernunft zu fördern, als eine Schwerpunktsetzung unter vielen anderen möglichen.

Eine einseitig auf Sozialisation und Erziehung bezogene Zugangsweise ist nunmehr um eine Vielfalt von Dimensionen des Kindseins erweitert worden (Andresen/Hurrelmann 2007; Andresen u.a. 2010; Bühler-Niederberger/Sünker 2008; Grunert/Krüger 2006; Wyness 2006). Nur folgerichtig erscheint da der Ruf nach einer interdisziplinären Kindheitswissenschaft (Lange 2006; Prout 2005; Reyer 2004). Wesentliche Fundamente für ein solches Wissenschaftsprojekt entstammen der Soziologie der Kindheit (Hengst/Zeiher 2005), der Entwicklungspsychologie (Hasselhorn/Schneider 2007), der Sport-, Gesundheits- sowie Medien- und Musikwissenschaften. Alle genannten Disziplinen steuern wichtige Befunde zu zentralen Feldern und Inhalten kindlicher Lebensführung bei und profitieren von den theoretisch-methodologischen Diskursen um die gemeinsamen und differentiellen Wege der Erforschung von Kindern im Vergleich mit anderen Populationen in der Soziologie und der Entwicklungspsychologie. Zudem hat sich die empirische Forschung in Form von großen, repräsentativen Kindersurveys, aber auch in Form von einer Vielzahl qualitativer Spezialstudien intensiv entwickelt (s. Alt 2004–2008; Andresen/Hurrelmann 2007; Andresen u.a. 2010; Klöckner u.a. 2007). Dazu kommt als unerlässliches Standbein eine Theoretisierung der Lebensphase Kindheit (Honig u.a. 1999; James u.a.

1998) und ein dezidiertes Interesse für die übergreifenden sozialen Veränderungsprozesse von Kindheit im Übergang von der entwickelten zur späten Moderne (Kränzl-Nagl/Mierendorff 2007), die alle Versuche abweist,
Kindheit als etwas „Natürliches" zu behandeln und dagegen anstrebt, „die
Interessen an Kindern und Verantwortlichkeiten für Kinder so zu verallgemeinern, dass dies sich eben nicht länger aus der Perspektive von Erwachsenen allen, sondern als relationales Konzept und damit auch im Interesse
von Kindern darstellen lässt" (Bühler-Niederberger/Sünker 2009, S. 178).

Die Methoden der Kindheitsforschung als Quelle für eine differenzierte Sozialberichterstattung

Eine besondere Herausforderung stellen die methodischen Zugänge dar,
wenn man sich der Perspektive des Kindes annähern möchte (Heinzel 2003;
Honig u.a. 1999; Lange/Mierendorff 2009; Paus-Hasebrink 2005). Während man heute weitgehend Konsens innerhalb der sozialwissenschaftlichen
Kindheitsforschung dahingehend feststellen kann, dass Kinder selbst zu befragen sind und sie auch über weite Strecken sehr gut Auskunft über ihre
Lebenswelten geben können, ist die weitergehende Forderung, Kinder als
„Hauptforscher" zu betrachten und die Erwachsenen als ihre Assistenten,
höchst umstritten (Andresen u.a. 2010, S. 39 ff.).

Quantitative Herangehensweisen werden im Bestreben nach Repräsentativität der gewonnenen Aussagen genutzt. Mit ihrer Hilfe konnte bereits eine Reihe von unterschiedlichen Kenntnissen über heutiges Kindsein zwischen Familie, Freunden und Institutionen (Alt 2005; Zinnecker u.a. 1999)
in Deutschland, eingeschlossen der Aufarbeitungen sozialer Ungleichheiten
zwischen Kindern aus unterschiedlichen Milieus (Betz 2006) und Unterschieden zwischen Mädchen und Jungen sowie unterschiedlichen räumlichen Strukturen generiert werden. Diese Forschungen sind ein wichtiger
Beitrag zu einer eigenständigen Sozialberichterstattung zu Kindheit (Betz
2008; Betz u.a. 2007). Dazu galt es, standardisierte Befragungsverfahren zu
entwickeln, deren Fragen möglichst konkret und kindgerecht formuliert
werden. Dieser eigentlich selbstverständliche Anspruch an die Konstruktion
von Fragebögen ist durch eine ansprechende typographische und graphische
Gestaltung des Fragebogens zu unterstützen. Zum anderen sollten die abge-
fragten Themenbereiche möglichst konkrete Belange berühren (vgl. Kränzl-
Nagl/Wilk 2000; van Deth 2007).

Ferner bedient man sich des gesamten Spektrums qualitativer Methoden
der Sozialforschung, um der Welt aus Kinderperspektive auf die Spur zu
kommen: Das Interesse gilt hier insbesondere der Entwicklung von Typen
und Aufdeckung von Eigenarten von Kindern hinsichtlich deren Deutungs-
und Handlungsmuster. Das Spektrum angewandter qualitativer Verfahren
reicht vom Einzelinterview über die Gruppendiskussion bis hin zu den Va-

rianten der teilnehmenden Beobachtung und der Videoprotokollierung (Bausch 2006; Feil u. a. 2005; Kölbl u. a. 2005; Nentwig-Gesemann 2007; Tervooren 2006; Wagner-Willi 2007; für einen ausführlichen Überblick siehe Lange/Mierendorff 2009) und hat wichtige Einblicke in das alltägliche Handeln, die Wünsche und Perspektiven von Kindern erbracht. Verfahren der Diskursanalyse, also der Analyse von Argumenten und öffentlichen Rhetoriken über Kinder und Kindsein (Bühler-Niederberger 2005) zeigen dies ergänzend, wie Kinder und ihre Bezugspersonen durch Rekurs auf Teile der öffentlichen Argumentationen definieren, was eine „gute Kindheit" bedeutet. Erste explorative Befunde deuten darauf hin, dass sich eine gute Kindheit aus Kindersicht durch vielfältige Beziehungen und verlässliche Fürsorgeerfahrungen auszeichnet (Albus u. a. 2009) – diese Befunde wiederum sind Anknüpfungspunkt für eine Überprüfung der Verteilung solcher Konzeptionsdimensionen in der gesamten Kinderpopulation. Weitergehend kann aufgezeigt werden, wie Kinder sich selbst unter Rückgriff auf solche Diskurse in der Generationsordnung positionieren (Hagen 2007).

Bilanzierend gesehen, liegt als ein wesentlicher Ertrag der Absicht, Kinder aus ihrer Perspektive zu Wort kommen zu lassen, ein ganzer Kranz von Daten und damit Befunden zu den Sichten von Kindern vor. Das Spektrum der dabei erfassten Sachverhalte reicht von lebensweltnahen Urteilen und Wahrnehmungen über ihre Familie (Brake 2005), die Schule und Zeugnisse (Beutel 2005) bis hin zu ihren Auffassungen von Arbeit (Hungerland u. a. 2005) und Politik (van Deth u. a. 2007) sowie Kriminalität (Bott 2007).

Quer dazu existiert die Forderung, die für jede Variante der Sozialberichterstattung gilt: eine regelmäßige, rechtzeitige, systematische und autonome Information über gesellschaftliche Strukturen (Zapf 1977), über die Lebensbedingungen der Bevölkerung bzw. hier im Speziellen der Bevölkerungsgruppe „Kinder" (Nauck 1995) herzustellen. Diese soll sich aber nicht nur darauf beschränken, die reflexive Aufklärung der gesellschaftlichen Öffentlichkeit im weitesten Sinne über Kindsein heute im rein akademischen Sinne zu leisten. Sondern es ist durchaus intendiert, die Sozialberichterstattung so auszurichten, dass Materialien, Daten und Leitsätze/-empfehlungen für die politisch Verantwortlichen zur Gestaltung der Lebensbedingungen von Kindern im Rahmen der Familien-, Sozial- und Kinderpolitik deutlich werden. Das gilt auch für die kommunale Sozialberichterstattung zu Kindheit, die unmittelbare Relevanz für die örtliche Jugendhilfeplanung hat, die im Spektrum der örtlichen Sozialplanung heutzutage einen hervorgehobenen Stellenwert einnimmt (Brülle/Hock 2010, S. 79).

Das DJI-Kinderpanel – Sozialberichterstattung der neuen Art

Laut Nauck (1995) hat die Sozialberichterstattung über Kinder eine regelmäßige, rechtzeitige, systematische und autonome Bereitstellung von Informationen über die Lebensbedingungen der Bevölkerungsgruppe „Kinder" zur Verfügung zu stellen. Eine derart intendierte Sozialberichterstattung richtet den Fokus insbesondere auf die Lebenslagen von Kindern, um deren Lebensbedingungen im Kontext von Schule, Kindertageseinrichtungen, Hort, Familie oder Peers differenziert beschreiben zu können (vgl. Joos 2001; Leu 2002). Die Deskriptionen der Lebenslagen schließen auch größere Gebietseinheiten wie die Differenzierung in Ost- und Westdeutschland, Unterschiede auf Bundesländerebene, Stadt-Land-Unterschiede oder auch Differenzierungen innerhalb von Städten und Gemeinden z.B. nach Vierteln ein, so dass sich auf dieser Ebene sozialstrukturell-geographisch unterschiedliche Bedingungen des Kindseins herausarbeiten lassen (vgl. Alt 2004-2008) – eine Weiterführung der Sozialökologie der Kindheit, wie sie vor allem Bronfenbrenner (1981) eingefordert hatte.

Zweitens richtet sich der interdisziplinär informierte Blick der neu ausgerichteten Sozialberichterstattung jetzt auch auf die Persönlichkeitsentwicklung der Kinder. Leitfragen dieser vorwiegend (entwicklungs-)psychologischen, aber auch sozialisationstheoretischen Perspektive (vgl. Bornstein/Bradley 2003; Huston/Bentley 2010) sind: Unter welchen Rahmenbedingungen entwickeln Kinder Fähigkeiten, um soziale Beziehungen aufbauen und aufrecht erhalten zu können, sich in Gruppen zu positionieren, gemeinsam mit anderen Probleme zu lösen und Konflikte zu bewältigen, soziale Unterstützung zu geben oder zu nutzen? Welche Konstellationen bergen die Gefahr, dass die Kinder in ihrer persönlichen und sozialen Entwicklung (z.B. im Schulerfolg, in ihrer persönlichen Interessenentfaltung) eingeschränkt werden oder aber Problemverhalten entwickeln (z.B. Aggressivität, Krankheiten, abweichendes Verhalten)? Lassen sich spezifische Resilienzfaktoren für bestimmte Kinder(gruppen) bestimmen (vgl. Wustmann 2005)?

Wie oben schon angedeutet, geht es drittens verstärkt auch um die soziale Verortung von Kindern (soziologisch-(sozial)pädagogische Perspektive) und damit auch um Fragen der sozialen Ungleichheit. Die Leitfragen dieser Analyserichtung lesen sich exemplarisch wie folgt: Gibt es herkunftstypische Verschränkungen formaler und informeller Bildungsprozesse? Sind herkunftsspezifische Differenzen im Schulerfolg, im Übertrittsverhalten der Kinder auszumachen? Gibt es Hinweise darauf, dass ungleiche Sozialisationsbedingungen aktuelle wie zukünftige, Inklusions- oder Exklusionserfahrungen (in den Peergruppen, im Bildungssystem, etc.) wahrscheinlicher machen (vgl. Helsper/Hummrich 2005)?

Übergreifend bearbeitet eine so bewusst breit und interdisziplinär verstandene Sozialberichterstattung die Frage, wie die Lebenslagen die Handlungsspielräume von Kindern und ihre Persönlichkeitsentwicklung beeinflussen. Dies ist keinesfalls gleichbedeutend damit, dass die beschriebenen „Einflüsse" nur in eine Richtung wirksam wären. Das Bild vom Kind, das dieser Sozialberichterstattung zugrunde liegt, geht vielmehr von komplexen wechselseitigen Verschränkungen von Individuum und Umwelt aus. Individuen sind nicht nur passive Opfer der Verhältnisse, sondern immer auch Akteure dieser Umwelten (Lerner u. a. 2005). Es gilt an den unterschiedlichsten Stellen aufzuzeigen, inwiefern die Kinder und ihre Umwelt aufeinander relational bezogen sind und wie die Kinder selbst ihre ‚Umwelt' mit hervorbringen. Notwendig ist bei all diesen Unternehmungen ein reflexives „Monitoring" der eigenen Erkenntisproduktion, also der Frage, welche Kindheitsvorstellungen und -bilder die eigene Arbeit anleiten und welche möglichen Konsequenzen die Produktionen der Sozialberichterstattung haben können (ausführlich dazu: Betz u. a. 2007).

Vor allem der sozialen Herkunft wird im Rahmen einer Sozialberichterstattung eine enorme Bedeutung in Bezug auf den zukünftigen Erfolg der Kinder beigemessen (siehe z. B. PISA). Merkmale der Persönlichkeit werden in sozialwissenschaftlichen Untersuchungen jedoch kaum thematisiert, da dieses Forschungsthema meist als Domäne der Psychologie betrachtet wird. Persönlichkeitsmerkmale („Little Five") wie Externalisierungen, Internalisierung, motorische Unruhe oder sozial und kognitive Aufgeschlossenheit bestimmen Handeln, Einstellungen und Emotionen auch unabhängig von der sozialen Herkunft. Individuen, die sich in der gleichen sozialen Lage befinden, können die unterschiedlichsten Persönlichkeitsausprägungen aufweisen. Vor diesem Hintergrund ist es besonders erfreulich, dass sich die moderne Kindheitsforschung auch dieser Aspekte der Persönlichkeit angenommen hat.

Laut ersten Befunden sind extravertierte Kinder in einem überdurchschnittlichen Ausmaß gerne mit anderen zusammen, finden schnell Freunde und mögen es, wenn um sie herum viel passiert. Je extravertierter, desto glücklicher die Jungen und Mädchen. Mit der Introversion manifestiert sich, dass Kinder lieber alleine sein wollen. Dies geht im Allgemeinen mit weniger Kindheitsglück einher, wobei der Effekt nicht so stark ist wie bei Extraversion. Im Kinderpanel wurden neben diesen beiden Aspekten eine ganze Reiher anderer Persönlichkeitsmerkmale abgefragt. Diese wurden unter dem Motto „das soziologische Kind trifft das psychologische" sehr bewusst für die Erklärung von Entwicklungen bei den Kindern im sozialen, emotionalen oder Kompetenzbereich eingesetzt. Die bislang vorliegenden Ergebnisse weisen allesamt darauf hin, dass sich jede Entwicklung immer im Zusammenspiel von Struktur und Persönlichkeit vollzieht. Dabei hängt die Größe und Zusammensetzung der sozialen Netzwerke ebenso von dieser Konstellation ab, wie Schulerfolg oder Freizeitgestaltung, innerfamiliale Aktivitäten aber auch die Partizipation in Familie oder Schule.

Grenzen einer Sozialberichterstattung aus der Sicht der Kinder

Die Anforderungen an die bislang skizzierte Sozialberichterstattung von Kindern basiert in erster Linie auf sozialstrukturellen wie auch auf soziokulturellen Ungleichheiten. In Weiterführung von Theorieelementen Bourdieus wird dabei das Milieukonzept als eigenständige Kategorie sozialer Ungleichheit favorisiert, welches neben den strukturellen und soziokulturellen Kategorien zudem die ‚bildungsrelevanten' Sozialisationsprozesse der Akteure, auf Ebene der Familie wie auch der Kinder, mit einbezieht und darüber hinaus einen interethnischen Vergleich ermöglicht.

Vor diesem Hintergrund reicht es nicht mehr aus, die Über- oder Unterlegenheit als in der Leistung des Einzelnen begründete Tatsachen zu betrachten, als natürliche Trennung von begabt/unbegabt, fähig/unfähig. Vielmehr wird es darum gehen, die Abhängigkeiten der individuellen Leistungsfähigkeit vom ökonomischen und kulturellen Kapital der Eltern (vgl. Bourdieu 1992) darzustellen. Zugleich ließ sich z.B. mit Hilfe des Kinderpanels nachweisen, dass formale Bildung unabhängig vom Milieu einen hohen Stellenwert einnimmt (vgl. auch Betz 2006), der als schulischer „Bildungsehrgeiz" betrachtet werden kann (Stecher 1999). Betz konnte auf Basis der bislang vorliegenden Empirie zeigen, dass von typischen „Bildungsmilieus" (Grundmann u.a. 2006) ausgegangen werden kann. Für die Kinder bedeutet dies, dass sie spezifische Übergangserfahrungen gewissermaßen „zwischen den Welten" machen, wenn sie sich zwischen den milieutypischen informellen und formalen Bildungskontexten bewegen. Dies darf als Hinweis darauf aufgefasst werden, dass es künftig nicht mehr ausreichen wird, Ungleichheitsphänomene als Abweichungen von einem idealtypischen Mittelschichtskind zu verstehen, sondern es müssen Ansätze generiert werden, die den sehr heterogenen Milieus angemessen sind. Hier steckt das Projekt der Sozialberichterstattung noch in den Kinderschuhen.

Weiterentwicklung der konzeptionellen Grundlagen

Grundlegend für den Erfolg eines Systems sozialer und anderer Indikatoren heutiger Kindheit ist es, die Auswahl der Indikatoren bzw. Variablen stärker als bislang theoretisch und mit Blick auf gesellschaftlich gewünschte Zielsetzungen zu fundieren. Auf der Ebene der Lebenslagen und Kontexte als „input" hieße dies, fokussiert theoretisch begründete Dimensionen zu erheben und in den Blick zu nehmen. Neben offensichtlichen Aspekten wie der Ausstattung der Wohnumwelt mit Freizeitmöglichkeiten lassen sich weitere Dimensionen ableiten: Eine wichtige Annahme, die es hier intensiv zu bearbeiten gilt, kann aus der Bronfenbrennerschen Theorie abgeleitet werden, nämlich dass das Ausmaß an „Turbulenz", also Wandel, das von

Kindern bewältigt werden muss, in einem Zusammenhang mit Maßen der kindlichen Entwicklung steht. So haben Moore u. a. (2009) einen ersten Versuch unternommen, aus unterschiedlichen Lebensbereichen stammende Veränderungen kindlicher Lebensverhältnisse in einen Indikator zu integrieren. Es handelt sich dabei um Veränderungen der kindlichen Betreuungsbedingungen, der Familienstrukturen, des Wohnorts und der Schule. Solche konstruktorientierten, über einzelne Domänen hinweg zielenden konzeptionellen Ansätze gilt es weiter zu verfolgen.

Auf der Ebene der Outcomes sind grundlegende Aspekte eines gelingenden Kinderlebens diskursiv zu bestimmen. Der britische Ökonom Richard Layard (2005) spricht sich dafür aus, Wohlbefinden und subjektive Lebensqualität als wichtige politische Ziele anzuerkennen und die Regierungsarbeit schwerpunktmäßig daran auszurichten. Eine solche Erweiterung ist grundsätzlich zu begrüßen, doch hierbei muss auf die Fallstricke einer Verabsolutierung des Politikzieles „Steigerung des persönlichen Wohlbefindens" der Bürger hingewiesen werden. Durch eine bedingungslose Fixierung des utilitaristischen Kalküls von „Glück" können andere wichtige Güter wie Gerechtigkeit und Entwicklung von Handlungskompetenzen ins Hintertreffen geraten (Lane 2000). Anzustreben ist vielmehr, das Wohlbefinden als eine wichtige Komponente zur Erreichung von angestrebten Politikzielen mit zu bedenken. Gutes Leben umfasst nämlich eine Vielfalt von Aspekten. Neben die Vielzahl negativer Indikatoren sollten also positive treten. Dabei sind zwei grundlegende Klassen und auch Gewinnungsweisen von Indikatoren zu unterscheiden. Die eine besteht aus induktiv gewonnenen, in den letzten Jahren sich bewährenden wie deduktiv abgeleiteten. Hier schieben sich derzeit in den Vordergrund der Ansatz des Nobelpreisträgers Amartya Sen (2002), das so genannte Agency-Konzept, in dem die Kompetenz und die Selbstwirksamkeit so verknüpft werden, dass die Fähigkeiten („capabilities"), sein eigenes Leben selber zu gestalten und das Recht, darauf befähigt zu werden, im Zentrum der Bemühungen stehen sollen. Es geht eben nicht mehr ausschließlich darum, gesellschaftlicher und individueller Verantwortung gerecht zu werden, sondern man ist in besonderer Weise am Wohlergehen von Menschen und an ihrer Handlungsfähigkeit interessiert. Man nimmt die Person unter dem Aspekt ihres Handelns (agency) in den Blick, indem man ihre Fähigkeit, Ziele, Verpflichtungen, Werte usw. entwickelt, anerkennt und respektiert. Dies ist, wie unsere Untersuchungen zeigen, für die große Mehrzahl der Eltern heute schon zur Maxime geworden.

Wie die Arbeiten von Albus u. a. (2010) und von Andresen/Hurrelmann (2007) überdies aufzeigen, sollte die Sozialberichterstattung über Kinder und ihre Kindheit die Auffassungen der Kinder selbst zu einem guten Leben und Aufwachsen schwerpunktmäßig erheben – und gerade hier ist man auf eine Verknüpfung qualitativer und quantitativer Verfahren angewiesen. Ausgehend von konzeptionell-theoretischen Überlegungen ist der Bedeutungs- und Merkmalsraum explorativ auszumessen, um dann die Verteilung dieser Auffassungen und ihre Einbettungen in das Gefüge der weiteren unabhängigen und abhängigen Variablen des Tableaus der Sozialberichterstattung zu erschließen.

Das Ansinnen einer künftigen Sozialberichterstattung sollte es insgesamt sein, die vermittelnden Prozesse zwischen Lebenslage und kindlicher Lebensführung in einer höheren Auflösung zu erfassen. Inspirieren lassen kann man sich dabei von vorliegenden theoretischen und qualitativen Ansätzen, die es dann in ein Set von quantifizierbaren Variablen zu übersetzen gilt. Konkret hieße dies beispielsweise, Vorstellungen von der Transmission von Ungleichheit, wie sie von Annette Lareau (2003) in Form von Interviews und teilnehmender Beobachtung in die beiden Konstrukte der „concerted cultivation" und „natural accomplishment of growth" gefasst wurden, in ein Set von prozessbezogenen Variablen zu übersetzen – was in der amerikanischen Forschung schon ansatzweise unternommen worden ist (Bodovski/Farkas 2008).

Literatur

Albus, S.; Andresen, S.; Fegter, S.; Richter, M. (2009): Wohlergehen und das ‚gute Leben' in der Perspektive von Kindern. Das Potenzial des Capability Approach für die Kindheitsforschung. In: Zeitschrift für Soziologie der Erziehung und Sozialisation, 29, 4, S. 346-358.

Albus, S.; Greschke, H.; Klingler, B.; Messmer, H.; G. Micheel, H. G. (2010): Wirkungsorientierte Jugendhilfe. Abschlussbericht der Evaluation des Bundesmodellprogramms „Qualifizierung der Hilfen zur Erziehung durch wirkungsorientierte Ausgestaltung der Leistungs-, Entgelt- und Qualitätsvereinbarungen nach §§ 78a.

Alt, C. (Hrsg.) (2004-2008). Kinderleben. Bd. 1-6. Wiesbaden.

Alt, C.; Lange, A. (2009): Kindheitsforschung heute – ein Perspektivenwechsel. In: Sozialwissenschaftliche Rundschau, 59, S. 79-92.

Andresen, S.; Hurrelmann, K. (2007): Was bedeutet es, heute ein Kind zu sein? Die World Vision Kinderstudie als Beitrag zur Kinder- und Kindheitsforschung. In: Hurrelmann, K.; Andresen, S. (Hrsg.): Kinder in Deutschland 2007. 1. World Vision Kinderstudie. Frankfurt a.M., S. 35-64.

Andresen, S.; Hurrelmann, K.; Fegter, S. (2010): Wie geht es unseren Kindern? Wohlbefinden und Lebensbedingungen der Kinder in Deutschland. 2. World Vision Studie. TNS Infratest Sozialforschung. Frankfrut a.M., S. 35-59.

Bausch, C. (2006): ‚Verkörperte Medien'. Die soziale Macht televisueller Inszenierungen. Bielefeld.

Ben-Arieh, A. (2009): The Child Indicators Movement – Identifying childcentred indicators for shaping child policies. In: Forum 21 – Europäische Zeitschrift für Kinder- und Jugendpolitik, 13, S. 106-112.

Bertram, H. (1997): Die Familie: Solidarität oder Individualität? In: Vaskovics, L. A.: Familienleitbilder und Familienrealitäten. Opladen.

Bertram, H. (1997): Familien leben. Neue Wege zur flexiblen Gestaltung von Lebenszeit, Arbeitszeit und Familienzeit. Gütersloh.

Betz, T. (2006): Ungleiche Kindheit – Ein (erziehungswissenschaftlicher) Blick auf die Verschränkung von Herkunft und Bildung. Zeitschrift für Soziologie der Erziehung und Sozialisation, 26, 1, S. 52-68.

Betz, T.; Lange, A.; Alt, C. (2007): Das Kinderpanel als Beitrag zur Sozialberichterstattung über Kinder. Theoretisch-konzeptionelle Rahmung sowie methodologische und methodische Implikationen. In: Alt, C. (Hrsg.): Kinderleben – Start in die Grundschule. Band 3: Ergebnisse aus der zweiten Welle. Wiesbaden, S. 19-59.

Betz, T. (2008): Ungleiche Kindheit. Weinheim.

Beutel, S.-I. (2005): Zeugnisse aus Kindersicht. Kommunikationskultur an der Schule und Professionalisierung der Leistungsbeurteilung. Weinheim.

Bodovski, K.; Farkas, G. (2008): Concerted Cultivation and unequal achievement in elementary school. In: Social Science Research, 37, 4, S. 901-918.

Bohrhardt, R. (1999): Ist wirklich die Familie schuld? Familialer Wandel und soziale Probleme im Lebensverlauf. Opladen.

Bornstein, M. H.; Bradley, R. H. (2003): Socioeconomic status, parenting, and child development. London.

Bott, K. (2007): Kriminalitätsvorstellungen in der Kindheit. Eine explorative, kriminalsoziologische Studie. Wiesbaden.

Bourdieu, P. (1992): Die verborgenen Mechanismen der Macht. Hamburg.

Brake, A. (2005): Wohlfühlen in der Familie? Wie Mütter und 8- bis 9jährige Kinder ihr Zusammenleben bewerten. In: Alt, C. (Hrsg.): Kinderleben – Aufwachsen zwischen Familie, Freunden und Institutionen. Bd. 1. Wiesbaden, S. 45-62.

Breidenstein, G.; Kelle, H. (1998): Geschlechteralltag in der Schulklasse. Ethnographische Studien zur Gleichaltrigenkultur. Weinheim.

Brülle, H.; Hock, B. (2010): Dimensionen von Sozialplanung in den Kommunen und der Stellenwert von Jugendhilfeplanung. In: Maykus, S.; Schone, R. (Hrsg.): Handbuch Jugendhilfeplanung. Grundlagen, Anforderungen und Perspektiven. 3. üb. Aufl. Wiesbaden, S. 67-87.

Bronfenbrenner, U. (1981). Die Ökologie der menschlichen Entwicklung. Stuttgart.

BuMi für Familie und Senioren (1994): Familien und Familienpolitik im geeinten Deutschland – Zukunft des Humanvermögens. Bonn.

Bühler-Niederberger, D. (2005): Die Ordnung der Verhältnisse. Weinheim.

Bühler-Niederberger, D.; Sünker, H. (2008): Theorien und Geschichte der Kindheit und des Kinderlebens. In: Sünker, H.; Swiderek, T. (Hrsg.): Lebensalter und Soziale Arbeit. Bd. 2. Hohengehren, S. 5-46.

Bühler-Niederberger, D.; Sünker, H. (2009): Gesellschaftliche Organisation von Kindheit und Kindheitspolitik. In: Honig, M.-S. (Hrsg.): Ordnungen der Kindheit. Problemstellungen und Perspektiven der Kindheitsforschung. Weinheim, S. 155-182.

Bucher, A. (2001): Was Kinder glücklich macht. Historische, psychologische und empirische Annäherungen an Kindheitsglück. Weinheim.

Cunningham, H. (2006): Die Geschichte des Kindes in der Neuzeit. Düsseldorf.

Cyprian, G. (2003): Familienbilder als Forschungsthema. In: Cyprian, G. (Hrsg.): Familienbilder. Interdisziplinäre Sondierungen. Opladen, S. 9-19.

Deth, J. W. v. (2007): Politische Themen und Probleme. In: Deth, J. W. v.; Abendschön, S.; Rathke, J.; Vollmar, M. (2007): Kinder und Politik. Politische Einstellungen von jungen Kindern im ersten Grundschuljahr, Wiesbaden.

Deth, J. W. v.; Abendschön, S.; Rathke, J.; Vollmar, M. (2007): Kinder und Politik. Politische Einstellungen von jungen Kindern im ersten Grundschuljahr, Wiesbaden.

Ecarius, J. (1999): ,Kinder ernst nehmen'. Methodologische Überlegungen zur Aussagekraft biographischer Reflexionen 12jähriger. In: Honig, M.-S.; Lange, A.; Leu, H. R. (Hrsg.) Aus der Perspektive von Kindern? Zur Methodologie der Kindheitsforschung. Weinheim u. München. S. 133-151.

Fthenakis, W. (1993): Kindliche Reaktionen auf Trennung und Scheidung. In: Markefka, M.; Nauck, B.: Handbuch der Kindheitsforschung. Neuwied u. a., S. 601-615.

Feil, C.: Decker, R.; Gieger, C. (2005): Wie entdecken Kinder das Internet? Beobachtungen bei 5-12jährigen Kindern. Wiesbaden.

Gillis, J. R. (1997): Mythos Familie. Auf der Suche nach der eigenen Lebensform. Weinheim.

Grundmann, M.; Dravenau, D.; Bittlingmayer, U. (2006): Handlungsbefähigung und Milieu. Zur Analyse milieuspezifischer Alltagspraktiken und ihrer Ungleichheitsrelevanz. Münster.

Grundmann, M.; Huinink, J. (1991): Der Wandel der Familienentwicklung und der Sozialisationsbedingungen von Kindern. In: Zeitschrift für Pädagogik, 37, 4, S. 529-554.

Grunert, C.; Krüger, H.-H. (2006): Kindheit und Kindheitsforschung in Deutschland. Forschungszugänge und Lebenslagen. Opladen.

Hagen, I. (2007): „We can't just sit the whole day watching TV' Negotiations concerning media use among youngsters and their parents." Young, 15, 4, S. 369-393.

Hasselhorn, M.; Schneider, W. (Hrsg.) (2007): Handbuch der Entwicklungspsychologie. Göttingen.

Heinzel, F. (2003): Methoden der Kindheitsforschung – Probleme und Lösungsansätze. In: Prengel, A. (Hrsg.): Im Interesse von Kindern? Weinheim u. München. S. 123-135.

Helsper, W.; Hummrich, M. (2005): Erfolg und Scheitern in der Schulkarriere: Ausmaß, Erklärungen, biografische Auswirkungen und Reformvorschläge. In: Grunert, C.; Helsper, W.; Hummrich, M.; Theunert, H.; Gogolin, I. (Hrsg.): Kompetenzerwerb von Kindern und Jugendlichen im Schulalter. München, S. 95-173.

Hengst, H.; Zeiher, H. (2005): Von Kinderwissenschaften zu generationalen Analysen. Einleitung. In: Hengst, H.; Zeiher, H. (Hrsg.): Kindheit soziologisch. Wiesbaden, S. 9-23.

Honig, M.-S.; Lange, A.; Leu, H.-R. (Hrsg.) (1999): Aus der Perspektive von Kindern. Weinheim.

Hungerland, B.; Liebel, M.; Liesecke, A.; Wihstutz, A. (2005): Bedeutungen der Arbeit von Kindern in Deutschland. Wege zu partizipativer Autonomie? In: Arbeit, 14, 2, S. 77-93.

Huston, A.; Bentley, A. C. (2010): Human Development in Societal Context. In: Annual Review of Sociology, 61, S. 411-437.

James, A.; Jenks, C.; Prout, A. (1998): Theorizing Childhood. Oxford.

Joos, M. (2001): Die soziale Lage der Kinder. Sozialberichterstattung über die Lebensverhältnisse von Kindern in Deutschland. Weinheim.

Kelle, H. (2008): „Normale" kindliche Entwicklung als kulturelles und gesundheitliches Projekt. In: Kelle, H.; Tervooren, A. (Hrsg.): Ganz normale Kinder. Heterogenität und Standardisierung kindlicher Entwicklung. Weinheim, S. 187-205.

Klöckner, C.; Beisenkamp, A.; Hallmann, S. (2007): LBS-Kinderbarometer Deutschland 2007. Stimmungen, Meinungen, Trends von Kindern in sieben Bundesländern. Berlin.

Kölbl, C.; Billmann-Mahecha, E. (2005): Die Gruppendiskussion. Schattendasein einer Methode und Plädoyer für ihre Entdeckung in der Entwicklungspsychologie. In: Mey, G. (Hrsg.): Handbuch Qualitative Entwicklungspsychologie. Köln, S. 321-350.

Kränzl-Nagl, R.; Mierendorff, J. (2007): Kindheit im Wandel – Annäherung an ein komplexes Phänomen. SWS-Rundschau, 47, 1, S. 5-28.

Kränzl-Nagl, R.; Wilk, L. (2000): Möglichkeiten und Grenzen standardisierter Verfahren unter besonderer Berücksichtigung der Faktoren sozialer Erwünschtheit. In:

Heinzel, F. (Hrsg.): Methoden der Kindheitsforschung. Ein Überblick über Forschungszugänge zur kindlichen Perspektive. Weinheim u. München, S. 59-76.

Lane, R. E. (2000): The Loss of Happiness in: Market Democracies. New Haven.

Lange, A. (2006): Generationssoziologische Einkapselung oder interdisziplinärer „meeting point"? Entwicklungspfade der sozialwissenschaftlichen Kindheitsforschung. In: Sozialwissenschaftliche Literatur Rundschau, 29, 2, S. 79-93.

Lange, A.; Mierendorff, J. (2009): Methoden der Kindheitsforschung. Überlegungen zur kindheitssoziologischen Perspektive. In: Honig. M.-S. (Hrsg.): Ordnungen der Kindheit. Weinheim.

Lareau, A. (2003): Unequal Childhoods. Class, Race, and Family Life. Berkeley u. a.

Layard, R. (2005): Die glückliche Gesellschaft. Kurswechsel für Politik und Wirtschaft. Frankfurt a. M.

Lerner, R.; Theokas, C.; Jelicic, H. (2005): Youth as Active Agents in Their Own Positive Development: A Developmental Systems Perspective. In: Greve, W.; Rothermund, K.; Wentura, D. (Hrsg.): The Adaptive Self. Personal Continuity and Intentional Self-Development. Göttingen S. 31-47.

Leu, H. R. (2002): Sozialberichterstattung über die Lage von Kindern – ein weites Feld. In: Leu, H. R. (Hrsg.): Sozialberichterstattung zu Lebenslagen von Kindern. Opladen. S. 9-33.

Liegle, L. (2002): Anfänge der pädagogischen Kindheitsforschung. In: Uhlendorff, H.; Oswald, H. (Hrsg): Wege zum Selbst. Soziale Herausforderungen für Kinder und Jugendliche. Stuttgart. S. 53-73.

Lüscher, K. (1997): Familienrhetorik, Familienwirklichkeit und Familienforschung. In: Vaskovics, L. A. (Hrsg.): Familienleitbilder und Familienrealitäten. Opladen. S. 50-67.

Mayer, K.-U. (Hrsg.) (1990): Lebensverläufe und sozialer Wandel. In: Kölner Zeitschrift für Soziologie und Sozialpsychologie, Sonderheft 31. Opladen

McLanahan, S. S.; Bumpass, L. L. (1988): Intergenerational Consequences of Marital Disruption. In: American Journal of Sociology, 94, S.130-152.

Moore, K. A.; Vandivere, S.; Kinukawa, A.; Ling, T. (2009): Creating a Longitudinal Indicator: an Exploratory Analysis of Turbulence. In: Childhood Indicators Research, 2, 1, S. 5-32.

Morrow, V. (2003): Perspectives on Children's Agency Within Families. In: Kuczynski, L. (Hrsg.): Handbook of Dynamics in Parent-Child Relations. Thousand Oaks, S. 109-129.

Nauck, B. (1995): Kinder als Gegenstand der Sozialberichterstattung. Konzepte, Methoden und Befunde im Überblick. In: Nauck, B.; Bertram, H. (Hrsg.): Kinder in Deutschland. Lebensverhältnisse von Kindern im Regionalvergleich. Opladen, S.11-87.

Nauck, B. (1993): Die Lebensqualität von Kindern. In: Elschenbroich, D. (Hrsg.): Was für Kinder. Aufwachsen in Deutschland. Ein Handbuch. München. S. 222-228.

Nauck, B. (1991): Familien- und Betreuungssituationen im Lebenslauf von Kindern. In: Bertram, H. (Hrsg.): Die Familie in Westdeutschland. Stabilität und Wandel familialer Lebensformen. Opladen. S. 389-428.

Nentwig-Gesemann, I. (2007): Sprach- und Körperdiskurse von Kindern – Verstehen und Verständigung zwischen Textförmigkeit und Ikonizität. In: Friebertshäuser, B.; Felden, H. v.; Schäffer, B. (Hrsg.): Bild und Text. Methoden und Methodologien visueller Sozialforschung in der Erziehungswissenschaft. Opladen, S. 104-120.

Paus-Hasebrink, I. (2005): Forschung mit Kindern und Jugendlichen. In: Mikos, L.; Wegener, C. (Hrsg.): Qualitative Medienforschung. Ein Handbuch. Konstanz, S. 222-231.

Prout, A. (2005): The Future of Childhood. London.

Reyer, J. (2004): Integrative Perspektiven zwischen sozialwissenschaftlicher, entwicklungspsychologischer und biowissenschaftlicher Kindheitsforschung? Versuch einer Zwischenbilanz. Zeitschrift für Soziologie der Erziehung und Sozialisation, 24, 4, S. 339-361.

Sander, E. (1988): Überlegungen zur Analyse fördernder und belastender Bedingungen in der Entwicklung von Scheidungskindern. In: Zeitschrift für Entwicklungspsychologie und pädagogische Psychologie, 20, 1, S. 77-95.

Sen, A. (2002): Ökonomie für den Menschen. Wege zu Gerechtigkeit und Solidarität in der Marktwirtschaft. München.

Stecher, L. (1999): Bildungsehrgeiz der Eltern, soziale Lage und Schulbesuch der Kinder. In: Silbereisen, R. K.; Zinnecker, J. (Hrsg.): Entwicklung im Sozialen Wandel. Weinheim, S. 337-356.

Tervooren, A. (2006): Im Spielraum von Geschlecht und Begehren. Ethnografie der ausgehenden Kindheit. Weinheim.

Turmel, A. (2008): A Historical Sociology of Childhood. Developmental Thinking, Categorization and Graphic Visualization. Cambridge.

Wagner-Willi, M. (2007): Videoanalysen des Schulalltags. Die dokumentarische Interpretation schulischer Übergangsrituale. In: Bohnsack, R. (Hrsg.): Die dokumentarische Methode und ihre Forschungspraxis. Grundlagen qualitativer Forschungspraxis. Wiesbaden, S. 125-145.

Walper, S. (1988): Familiäre Konsequenzen ökonomischer Deprivation. München.

Weidekamp-Maicher, M. (2010): Materielles Wohlbefinden im späten Erwachsenenalter und Alter: Eine explorative Studie zur Bedeutung von Einkommen, Lebensstandard und Konsum für Lebensqualität. dissertation.de Verlag im Internet.

Wustmann, C. (2005): Die Blickrichtung der neuen Resilienzforschung. In: Zeitschrift für Pädagogik, 51, 2, S. 192-206.

Wyness, M. (2006): Cildhood and Society. An Introduction to the Sociology of Childhood. Houndsmills.

Zapf, W. (1977): Einleitung in das spes-indikatorentableau. In: Zapf, W. (Hrsg.): Lebensbedingungen in der Bundesrepublik. Sozialer wandeln und Wohlfahrtsentwicklung. Frankfurt a. M., S. 11-27.

Zelizer, V. (1995): Pricing the Priceless Child. The Changing Social Value of Children. New York.

Zinnecker, J.; Silbereisen, R. K. (1998): Kindheit in Deutschland. Aktueller Survey über Kinder und ihre Eltern. Weinheim.

Die Autorinnen und Autoren

Rose Ahlheim, Sonderschullehrerin und Diplompädagogin, Analytische Kinder- und Jugendlichenpsychotherapeutin (AKJP) in eigener Praxis in Marburg, Dozentin und Kontrollanalytikerin am Institut für Analytische Kinder- und Jugendlichenpsychotherapie in Hessen e. V., Frankfurt/Main.

Sarah Alexi, Lehrerin an der Neuen Schule Hamburg, Wissenschaftliche Mitarbeiterin am Institut für Erziehungswissenschaft des Fachbereiches 01 – Humanwissenschaften der Universität Kassel.

Christian Alt, Dr. phil., Wissenschaftlicher Mitarbeiter am Deutschen Jugendinstitut München. Lehraufträge an den Fachhochschulen Landshut und München.

Anne Breuer, Doktorandin und Lehrbeauftragte am Institut für Erziehungswissenschaft der Fakultät I – Geisteswissenschaften der Technischen Universität Berlin.

Gisela Dittrich, bis Ende 2009 Wissenschaftliche Referentin am Deutschen Jugendinstitut München, Abteilung Kinder und Kinderbetreuung.

Mechthild Dörfler, Dipl. Päd.; Wissenschaftliche Referentin am Deutschen Jugendinstitut, Abteilung Kinder und Kinderbetreuung im ehemaligen Projekt „Konfliktverhalten von Kindern in Kindertagesstätten"; Dozentin in der Fort- und Weiterbildung von pädagogischen Fachkräften; von 2005-2008 Auslandsaufenthalt in Südafrika; Leiterin eines Sprachförderprojekts beim Stadtschulamt der Stadt Frankfurt a. M.

Jutta Ecarius, Dr., Professorin für Kindheitsforschung am Institut für Bildungsphilosophie, Anthropologie und Pädagogik der Lebensspanne der Humanwissenschaftlichen Fakultät an der Universität zu Köln.

Matthias Emde, Dipl.-Soz.-Wiss., Wissenschaftlicher Mitarbeiter in der empirischen Sozialforschung am Institut für Soziologie der Technischen Universität Darmstadt.

Burkhard Fuhs, Prof. Dr. Dr. habil., Lehrstuhl für Lernen und Neue Medien, Schule und Kindheitsforschung an der Erziehungswissenschaftlichen Fakultät Grundschulpädagogik und Kindheitsforschung der Universität Erfurt.

Marek Fuchs, Dr. rer. pol., Professor für empirische Sozialforschung im Institut für Soziologie der Technischen Universität Darmstadt.

a Fürstenau, Illustratorin, Doktorandin an der Universität Kassel, Fachreich 01 – Humanwissenschaften.

athleen Grunert, Dr. phil., Leiterin des Arbeitsbereiches Quantitative und qualitative Forschungsmethoden in der Erziehungswissenschaft, Martin-Luther-Universität Halle-Wittenberg.

Friederike Heinzel, Dr. phil., Professorin für Erziehungswissenschaft mit dem Schwerpunkt Grundschulpädagogik am Institut für Erziehungswissenschaft des Fachbereiches 01 – Humanwissenschaften der Universität Kassel.

Norbert Huhn, Dozent in der Aus- und Fortbildung für Frühpädagogik.

Dirk Schmitz von Hülst, Dr. phil., Professor im Ruhestand am Institut für Soziologie der Philipps-Universität Marburg.

Nils Köbel, Dr., Wissenschaftlicher Mitarbeiter an der Universität zu Köln, Humanwissenschaftliche Fakultät, Institut für Bildungsphilosophie, Anthropologie und Pädagogik der Lebensspanne.

Heinz-Hermann Krüger, Dr. phil., Professor für Allgemeine Erziehungswissenschaft an der Martin-Luther-Universität Halle-Wittenberg.

Götz Krummheuer, Dr. phil., Professor für Mathematikdidaktik der Grundschule am Institut für die Didaktik der Mathematik und der Informatik der Johann Wolfgang von Goethe-Universität Frankfurt a. M.

Andreas Lange, Dr. habil, M.A., Professor für Soziologie in den Handlungsfeldern Soziale Arbeit, Gesundheit und Pflege an der Hochschule Ravensburg-Weingarten.

Jochen Lange, Wissenschaftlicher Mitarbeiter an der Universität Siegen, Fakultät II – Bildung, Architektur, Künste, Department Erziehungswissenschaft und Psychologie.

Katrin Luise Läzer, Dr. phil, Diplom-Psychologin, Diplom-Sozialwissenschaftlerin, wissenschaftliche Mitarbeiterin im Fachgebiet für Psychoanalyse an der Universität Kassel und wissenschaftliche Mitarbeiterin am Sigmund-Freud-Institut Frankfurt am Main.

Sabine Maschke, Dr. phil., Lehrkraft für besondere Aufgaben am Institut für Erziehungswissenschaft. Professur für Erziehungswissenschaft mit dem Schwerpunkt Pädagogik des Jugendalters, Justus-Liebig-Universität Gießen.

Hans Oswald, Dr., Professor im Ruhestand an der Universität Potsda
partement für Erziehungswissenschaften.

Annedore Prengel, emeritierte Professorin für Grundschulpäda
Anfangsunterricht unter Berücksichtigung sozialen Lernens und Inter
on Behinderter an der Universität Potsdam.

Sabine Reh, Dr. phil., Professorin für Allgemeine und Historische Er
hungswissenschaft am Institut für Erziehungswissenschaft der TU Berlin.

Wolfgang Reiß, Dr. phil., Professor für Kunstpädagogik an der Johannes
Gutenberg-Universität Mainz.

Charlotte Röhner, Dr. phil. habil., Professorin für Pädagogik der frühen
Kindheit und der Primarstufe an der Bergischen Universität Wuppertal.

Kornelia Schneider, bis Ende 2009 Wissenschaftliche Referentin am Deutschen Jugendinstitut, Abteilung Kinder und Kinderbetreuung.

Sabina Schutter, Dr. phil., Grundsatzreferentin für Familienpolitik und fa-
milienbezogene Leistungssysteme am Deutschen Jugendinstitut München,
Abteilung Familie und Familienpolitik.

Anna Schütz, Wissenschaftliche Mitarbeiterin im Fachbereich 12 – Erzie-
hungs- und Bildungswissenschaften an der Universität Bremen.

Gerold Scholz, Dr. phil., Professor im Ruhestand für Erziehungswissen-
schaft mit dem Schwerpunkt Grundschulpäadgogik und Sozialisation am
Institut für Pädagogik der Elementar- und Primarstufe der Johann Wolfgang
Goethe-Universität Frankfurt a. M.

Ludwig Stecher, Dr. phil., Professor für Erziehungswissenschaft mit dem
Schwerpunkt Empirische Bildungsforschung am Institut für Erziehungswissenschaft der Justus-Liebig-Universität Gießen.

Jutta Wiesemann, Dr., Professorin für Erziehungswissenschaft mit dem
Schwerpunkt Grund- und Vorschulpädagogik im FB 2 Erziehungswissenschaft und Psychologie der Universität Siegen.